国家“十二五”规划重点出版项目

吕振羽全集

【第三卷】

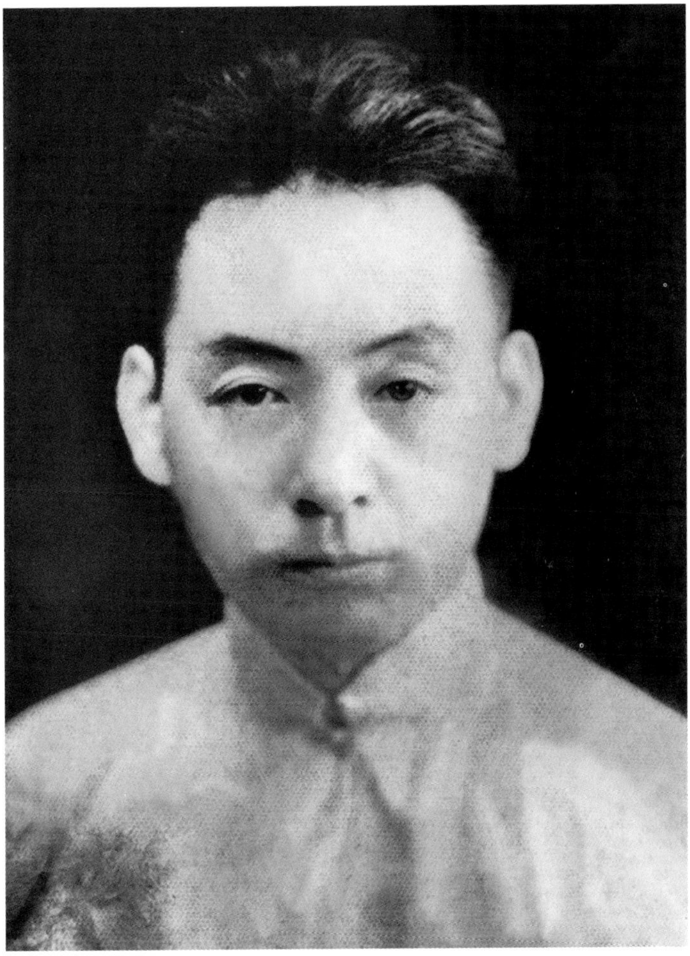

1936 年，吕振羽在南京留影

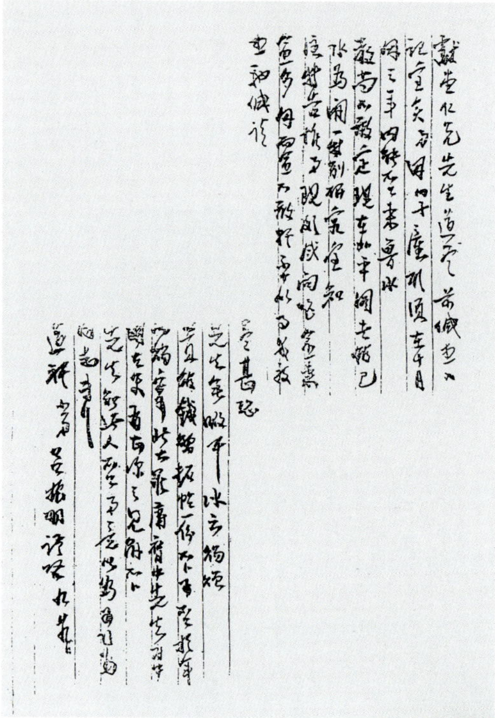

1934 年，吕振羽致山东图书馆馆长王献唐信函

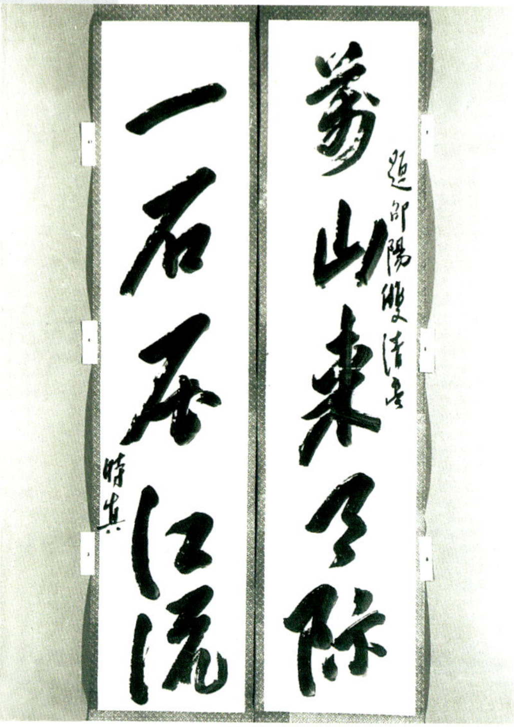

1938 年，吕振羽题邵阳双清亭

《史前期中国社会研究》书影

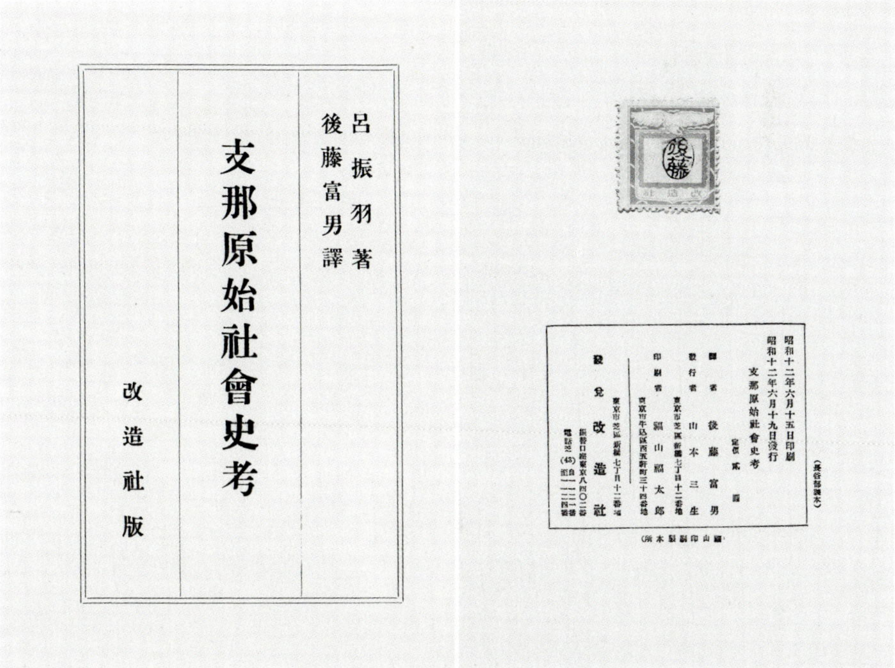
支那原始社會史考

呂振羽著
後藤富男譯

改造社版

昭和十二年六月十五日印刷
昭和十二年六月十九日發行

支那原始社會史考　定價貳圓

譯者　後藤富男
發行者　山本三生　東京市芝區新橋七丁目十二番地
印刷者　福山福太郎　東京市牛込區西五軒町三十四番地

發兌　改造社　東京市芝區新橋七丁目十二番地
振替口座東京八四〇二番
電話芝(43)自一一二一番至一一二四番

（長谷部譯本）

（福山印刷製本所）

《史前期中国社会研究》日译本书影

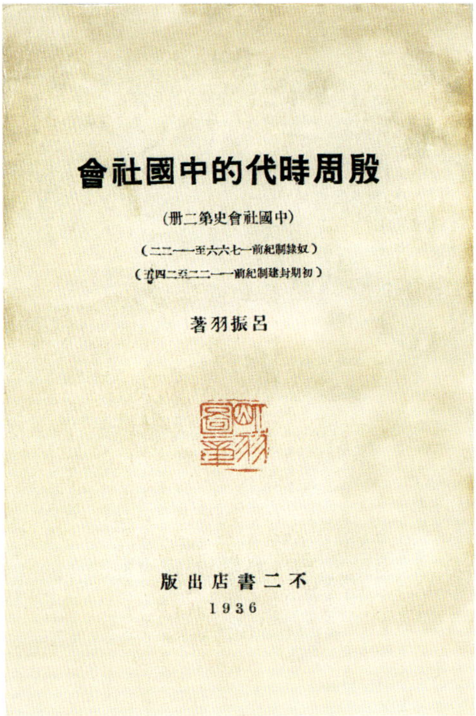

殷周時代的中國社會
(中國社會史第二冊)
(奴隸制紀前一七六六至一一二二)
(初期封建制紀前一一二二至二四九)
呂振羽著
不二書店出版
1936

《殷周时代的中国社会》书影

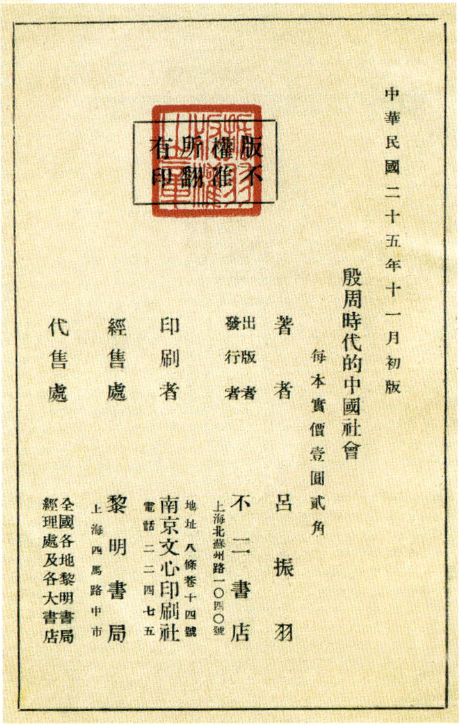

中華民國二十五年十一月初版
殷周時代的中國社會
每本實價壹圓貳角
版權所有 不准翻印
著者 呂振羽
出版發行者 不二書店
上海北蘇州路一〇四〇號
印刷者 南京文心印刷社
地址 八條巷十四號
電話 二二四七五
經售處 黎明書局
上海西馬路中市
代售處 全國各地黎明書局經理處及各大書店

目　次

史前期中国社会研究

编印说明

《史前期中国社会研究》撰于1933年，1934年由北平人文书店初版。李达先生作序，指出："著者对于方法论的应用，可说是很严谨，关于史料的搜集和考证上，也是很慎重"。本书由后藤富男翻译署为《中国原始社会史考》，1935年由日本东京改造社出版。1940年由耕耘出版社署为《中国原始社会史》，在桂林出版。1949年该社又以本书和《殷周时代的中国社会》合辑为《中国社会史纲》在上海出版。1961年本书修订本，由北京三联书店出版，把1960年撰写的有关"我国远古遗存与原始公社制"的两篇论文作为补编辑入。1979年再版。2000年本书（外一种）被收入《二十世纪中国史学名著》，由河北教育出版社出版。

本书以马克思主义为指导，以考古成果为基础，结合对古代神话传说分析，拨开盲目崇古和疑古之风，在中国史研究领域突破了阶级社会的界限，从殷再推前到原始社会时代，为中国原始社会史研究尽了一个开辟任务。从历史科学观点来看，还有现实意义。

全集编辑，以三联书店1979年版为底本，整理排校，只更正出版时个别错讹，内容和观点均保持原貌。

阮芳纪

目录

一九六一年新版序

拙著《史前期中国社会研究》这本册子，从成书到现在已有二十八年，从其中《中国社会形式发展的诸阶段》一文的第一次发表到现在已有三十多年。初由北平人文书店印行过两次，副题为《中国社会史纲Ⅰ》。一九四〇年受生活书店之托，在重庆就文字方面略加修订，因在国民党顽固派反共反人民的逆流中，国统区的进步出版事业改采分散经营的方针，乃由耕耘出版社署为《中国原始社会史》在桂林印行，一九四九年该社又以本书和拙著《殷周时代的中国社会》合辑为《中国社会史纲》在上海印行。耕耘版大概因当时条件关系，讹错颇多。我因在国民党顽固派发动第一次反共高潮的皖南事变时即去华中抗日民主根据地，所以耕耘的两次印本直到解放后才见到。又一九三五年东京印行的日人后藤富男氏的日译本，则署为《中国原始社会史考》。

这本册子和收集在这本册子中的论文，是在第二次国内革命战争时期与托洛茨基派、“新生命”派（包括“食货”派）及其他反动流派作斗争的一个小兵的战果。当时伪马克思主义各流派，为要反对马克思主义和我们党所领导的民族民主革命，在中国社会史的问题方面：便假借马克思所说的“亚细亚的”词句，来取消马克思列宁主义的阶级分析和阶级斗争，来否认中国农民阶级和其在革命中的地位与作用，以之来阉割马克思列宁主义的灵魂和反对中国共产党的纲领，即反对中国革命；以中国没有奴隶制社会阶段的存在或从外因论去渲染的所谓奴隶制社会论，来反对马克思列宁主义的社会发展阶段论和社会革命论，宣传卖国投降或不抵抗主义；以所谓“商业资本主义社会”论或所谓“前资本主义社会”论、“专制主义社会”论，来反对历史唯物主义和中国共产党所领导的民族民主革命，等等。这就是我们当时和伪马克思主义流派斗争的几个主要问题，这种斗争，实质上乃是革命和反革命的斗争。

在这本册子中，又和胡适的反动的历史观进行了斗争。胡适为要歪曲中国历史和贬低中国历史的传统，以适应帝国主义侵略和买办阶级的奴才主义的要求，乃以腐朽的美国资产阶级的实验主义来“考据”中国历史，不只把中国历史说成支离破碎和漆黑一团，并把它截去一长节，硬说中国的历史只是从甲骨文字等文献可考的商代开始，而且一开始就是有阶级制度和国家权力的时代；说商以前的历史，全系儒家伪托，等等。许多人随声附和，竟形成一股“疑古”风和“疑古”派。在这本册子中，我由于冲破了“疑古”风，根据所能见到的地下出土资料和神话传说性的古籍记载，进行了统一的研究，论证商代以前是中国原始公社制社会阶段，并初步作了系统的分析和叙述；同时以爱国主义反对了胡适的买办主义、奴才主义。

在这本册子中，对个别马克思主义历史家的某些论点，也提出了不同意见和批评；但这是属于自己阵营内的“争鸣”的性质，属于批评和自我批评的性质。

这本册子，从历史科学的观点来看，还有它的现实意义；但在某种意义上，它又具有史料的性质。因此，这次的新版，基本上不改变原来的论点、论证和内容，只作了一些必要的修订、引申和文字润色，并核对了引文。另外，就解放后对少数民族社会历史调查资料和全国各地地下发掘的丰富资料，新增加了《地下出土的远古遗存和我国原始公社制时代的历史过程》、《我国若干少数民族的原始公社制或其残余》两篇，作为《补编》。

这次对这本册子的加工，得到江明同志的实际帮助，就此向她表示衷心的感谢。由于我的水平和体力的限制，而这又是一本早年的著作，错误、缺点一定不少，希望在日益火热的百家争鸣中，得到同行和读者同志的指教，使我能得到提高，这就是我的愿望。

吕振羽

一九六一年三月二十四日，北京

初版李序

在中国史研究的课题中，据我目前所感到的，有两个重要问题：第一是历史方法论的问题，第二是史料的缺乏及其真伪考辨的问题。关于第一个问题，如果能够生动地正确地掌握和应用历史唯物主义，而不误入实验主义或机械论的歧途，困难还容易解决。关于第二个问题，史料的缺乏，阻碍我们研究的进行，而史料的真伪的鉴别如有错误，结果必会颠倒历史的真相，而此也只有依靠历史唯物主义去进行考证。这两个问题是密切的联系着，我们必须连同去解决，才能着手研究。

本书著者吕振羽君，在着手以前，曾提出许多问题来和我商榷，本书写成以后，也经我阅读过一遍。

著者对于方法论的应用，可说是很严谨，关于史料的搜集和考证上，也是很慎重。

其次，著者对中国史发展阶段的划分，先把中国史和世界史作比较的研究，以探讨其一般性；又从中国史本身所具有的种种固有独特之点，以指出其特殊性。因此，著者把中国史划分为如次的连续的发展阶段：

一、传说中之“尧舜禹”的时代，为中国女性中心的氏族社会时代；

二、传说中之“启”的时代，为中国史由女系本位转入男系本位的时代；

三、殷代为中国史的奴隶制社会的时代；

四、周代为中国史的初期封建社会时代；

五、由秦代到鸦片战争前这一阶段，为变种的即专制主义的封建社会时代；

六、由鸦片战争到现在，为半殖民地半封建社会时代。

本书的著者，采取谨严的立场，一方面指出波格达诺夫主义的“商业资本社会”论的错误，一方面指出马扎亚尔派“亚细亚生产方法”论的错误；同时，又从世界史的观点，指出伪历史唯物主义流派的非奴隶制度社会论的错误，坚决的确认奴隶制度为社会发展过程中必经的阶段。这是本书的第一个特点。

对于殷代以前的那一长远的历史时期，著者根据莫尔根的《古代社会》、恩格斯的《家庭、私有制和国家的起源》、卢森堡的《经济学入门》等著，探求出史前期人类社会的一般特征；根据中国古籍中神话传说式的记载和仰韶各期古物，探求中国史前期社会的一般特征，对于这一历史时期，整理出一个整然的系统。这是本书的第二个特点。

我认为吕君这本书，确实有许多新的收获，特向读者介绍。同时，我希望吕君继续努力，完成全部著作。

李　达

一九三四年四月十日

初版自序

本书算是拙著《中国社会史纲》的第一分册（我计划共作四个分册，当继续出版）。这一分册的内容，是关于中国原始社会的研究。我在这一部分的研究所根据的材料，第一为各种古籍中的神话传说式的记载，第二为仰韶各期的出土物。可说是以后者为正料，以前者为副料的。

我并不敢说凭我这点研究，就把史前期的中国社会完全正确地理解出来了。我的目的，第一只在给无人过问的史前期整理出一个粗略的系统，引起大家来研究；第二只在说明中国社会的发展过程，和世界史的其他部分比校，自始就没有什么本质的特殊，而是完全有其同一的过程。要想对史前期的中国社会发展过程能完全正确无误的表达出来，那当然还有待于地下的发现，和其他关于人类学、民俗学、语言学、古生物学等的进一步的研究。

我之来参加中国社会史研究和论争的动机，完全由于感觉这一问题很重要，已迫切的需要解决。其次，深深的感觉一般中国史研究者——尤其是那些冒充“辩证论”的“历史家”们——大多不是如实的在履行着实验主义的方法论，便又陷入了机械论的歧途。结果虽然给我们提出了一些问题，但不曾替我们解决了问题。对历史事实的混淆颠倒，徒然又替中国史蒙上一层新面具。因此使我不能不冒险来尝试。

在我对中国史研究的当中，吾师李达先生，对一般理论上，曾给了我不少的指示，又承对本书详细的校阅了一遍，并为我作序。其次关于材料的选择上，得到中大国学系主任吴承仕先生、北大教授罗膺中先生、中大教授罗根泽先生及山东图书馆长王献唐先生等给了我不少帮助和指导。又王一民、张凤阁诸先生都替我搜集了一些可贵的材料。均此声明致谢。同时承人文书店常恩波先生担任本书出版，并此声明谢意。

我还该声明一句，我的能力和时间，都是十分有限，因而错误或者是难免的。不过我不敢有丝毫成见，我愿意诚恳的去领取学术界前辈和读者的批评——不论是善意的或恶意的——使我知道去改正。其次我在我的研究中，对几位前辈的意见，不免尝有所指摘和批评，这并不是对个人有何憎恶，或完全想把他人抹煞，而是在想把问题弄明白。因为真理是要仗多数人去发现，在历史的长流中积累起来的，并不能仗任何个人完全给我们发现，我们就只管去享现成。我的研究态度是如此的。这应该能取得无成见的人们的原谅吧。

一九三四年四月十六日，著者自序于风雨频袭之一小楼

《中国原始社会史》修订版序

本书是一九三三年脱稿的拙著《史前期中国社会研究》的增订版。为的使书名更与内容符合，今改订为《中国原始社会史》。

自《史前期中国社会研究》出版后，曾受到某些所谓史家和国学家的热烈反对，劳得他们写出好些篇专文来评驳（如南开史学教授戴某等），甚至公开谩骂；不过同时，又获得青年读者的同情，与国内外学术先进史学同道的奖许和指教，并蒙日本史家后藤富男先生译成日文（译名《中国原始社会史考》），闻尚有他国同道的翻译，但我自己并未见着。这使我惭感，也给了我莫大的鼓励。

这次的增订版，不会改变原来的编制，仅能就读者和同道所指出的，或为我自己基于当前史学水准上所发现的错误点加以修改，新加入的一些材料和意见，则一律注明为"补订"。

本书是拙著《中国社会史纲》的第一分册，拟将《殷周时代的中国社会》改订为《中国奴隶制及初期封建史》，作为第二分册继续出版，同时着手写第三分册——《中国专制的封建制及半殖民地半封建史》，以结束我这个工作的初步计划，并借偿我对读者的这笔债务。

一九四〇年十二月二日，重庆

一

绪 论

今日的中国史，特别是史前史，即原始公社制度史，还是一块荒莽的天地。因之，在今日的可能条件下，去探究中国史前的社会，无疑是带着几分冒险尝试的性质。然而在时代的需要上，这种冒险的尝试，却是必要的。

问题是在于历史材料的不充分，和既有材料之难于正确运用。从问题的一方面说，古代遗存下来的典籍，无论其是否完全真确可靠，也是极有限的；而地下发现的古代遗物，就更属不多。就殷虚所发现的殷代文物说，殷虚只是从盘庚以来的殷代首都，盘庚以前的殷代文物是否由盘庚的迁殷而全部或部分运来新都，是一问题。此其一。殷虚所保存的文物，一方面由于不规则的开挖，容有散失，二方面殷虚被水冲淹时，① 容有一部分文物为水所漂流而去，加之数千年来，洹水水流易道，殷虚故址，或又不免有部分的冲破，此均意想中可能之事。此其二。三方面保存到今的部分，还不曾全部开挖出来，开挖出来的，也不得全部为我们所用。此其三。因而我们现在所能看见的殷虚出土的东西，还只能算作殷代文物的一部分。再次，殷虚所保存的东西，照目前已出土的看，多是关于王室方面的遗物，如兵器、祭器、食器、龟片等，当时民众所应用的生产工具，是否连手工工具、农耕工具都包容在内，还是问题。

从材料问题的另一方面说：典籍方面之显属后人伪托者无论矣；即所认为一些可靠之古籍，亦大都经过历代儒家无数次的修改和附会，而不能漫然无条件引用。关于金石文字和甲骨文字的释文，亦不无问题。因各家所解释之金石

---

① 按又有谓殷虚非水淹之说者，姑志之。(见前中央研究院《安阳发掘报告》第四期。)

文及甲骨文字，大都以《说文》为底本；《说文》本身还有问题，已为现代一些学者所公认。以没有相当的科学知识的汉宋人眼光去解释“周金”，已属难免谬误；后人本以字解字、以文解字的框框，更拘此以释远在周前之甲骨文字，更难认为完全可靠，因而各家释文尚多歧异。又因文片甲骨破碎不完，故释文多梗塞难解；以之与可靠之殷代文献中文句相较，显多疑问。而甲片之伪者更无论矣。更次，除殷墟而外，历代出土古物，关于其时代的考定上，还多有问题，如我在山东图书馆所见陈列之玉鼎，汉代之物与商代之物，有形式甚相似、花纹精粗亦同者。该馆馆长王献唐先生亦认为还有问题。

其次，从甲骨文字看，并不如郭沫若先生所说，为原始象形文字；实际，而是已发展到了“声音文字”即形声阶段的文字。照人类发明文字的演进程序去推断，中国文字从原始象形图画发展到甲骨文字的阶段，至少应有千年以上的历史。但散在世界的其他各民族，在其当时所散处地域内的天然石壁上，多发现有能应用声音字母以前的原始象形文字，象形图画。在中国，在殷周各民族当时所散布的地域内，前于甲骨文字的文字，至今尚无系统发现。这样便可能发生两个问题：(1) 殷民族是否在其形成国家前就到了中国？〔按自城子崖的发掘，已发现殷人的新石器遗物。——一九四〇年补订〕(2) 殷代的文字，是否由其本土所创造发明的？但石器时代遗物的发现，一九三一年，法国神父桑德华（Father Licent）和德日进（Father Teilhard de Chardin）两人在蒙古鄂尔多斯所发现之旧石器时代遗物，① 以及北京周口店所发现之五十万年前人类牙骨，② 我们尚不敢确认其是否和现在之中国民族有关。〔按布拉克(Black) 医士认其时人身构造与现代华北人相类。——一九四〇年补订〕但在河南仰韶所发现之新石器时代遗物，③ 以及和仰韶同一系统之新石器及金石器时代遗物，却能充分证明系属中国民族在史前时期之遗物。其次从殷人当时散布的地域研究，她或者比当时散处在黄河上游各民族，还有先来到中原的可能。似此，第一个问题似是毋庸研究的。关于第二个问题，西欧学者曾有各种

---

① 民国《北京历史博物馆丛刊》第一年第三期附录载此等古物，埋藏在黄土层下砂砾层中，和法国发现之旧石器形状相似。专家判定为五万年前之遗物。

② Peking Reader, Oct. 23, 24, 1920.

③ 安迪生（J. G. Anderson）：《中华远古之文化》（Early Chinese Culture）。按安氏于一九二〇年（民国九年）在河南渑池仰韶村掘出大宗新石器时代之石器。后在辽、陕、甘、豫、晋等省，均有与此同系统之石器及铜器出土。

不同判断：高本汉（B. Karlgren）判定中国文字纯系本土创造,① 查瓦德（A. Churchward）判定中国文字与埃及文字同源,② 波尔（C. J. Ball）则谓中国文字与巴比仑文字类似。③ 但甲骨文字中十二支辰文字恰与巴比仑之十二星象暗合,④ 易经卦文与巴比仑之楔形文字亦甚相类似,⑤ 此则甚堪注意。因而，这一问题的圆满解决，不仅有待于国内之大规模的地下发掘和对中国近亲各民族之研究，而且有待于我们对中亚细亚作大规模的发掘，以及作语言学、民俗学、人种学等各方面之研究。然而这在目前，是很少有可能性的。⑥

似此，如果人类历史发展法则的一般性不得到确立，便可以使我们对中国古代社会的研究，不能前进一步。如我们所见，像胡适，他从美国布尔乔亚学者那里抄来一些术语，从所谓实验主义出发，把其所谓《中国哲学史》粉饰一段之后，便无法再继续下去。像李季，不论他是否居心想创造历史发展法则的新理论，但是因为其一定立场限定他对历史唯物论的隔阂，使他对中国社会史研究所作的结论，不能不陷于机械论的公式主义的谬误。像陶希圣，他似乎在企图重新创造一历史发展法则的各别性——多元性的理论,⑦ 结果不惟对中国历史的真际性不曾把握着，且使其自己的研究，辗转于历史循环论的泥沼中，在儒家所画定的圈子中踹来踹去。虽然陶希圣自认已跳出儒家的骗局。我在后面，对这几位先生的理论，不免要提出一些意见商榷。

幸而恩格斯、卢森堡以及莫尔根（A. Morgan）和其他伟大的社会学者、考古学者、古生物学者、人种学者、民俗学者、语言学者们各方面的努力，根据事实研究的结果，指示出史前期人类活动的一幅轮廓画，并求得其一般的共同的社会特征。再加其他历史唯物论的历史家们，对人类社会历史发展过程的

---

① B. Karlgren：*Philology and Ancient China*, p. 25.

② A. Churchward：*Origin and Evolution of Human Race*, p. 367.

③ C. J. Ball：*The Sumerian and the Chinese*, p. 1～4.

④ 郭沫若：《甲骨文字研究》，释干支。

⑤ 除卦文外，兹再举数例："王"迦勒底（即巴比仑）作"[illegible]"意释光明等，汉文古文作"[illegible]"意释美贵等；迦勒底"金"作"[illegible]"，汉文"金"作"[illegible]"；迦勒底"吉"作"[illegible]"，汉文作"[illegible]"；迦勒底"北"作"[illegible]"，汉文"西"作"[illegible]"，等。

⑥ 近年来的地下大量发现和研究结果，中国文字和古代文化，完全系中国民族自己首创性的创造。——一九六〇年补注。

⑦ 陶希圣反对把马克思、恩格斯等所发现的历史学方法论，即历史唯物主义应用到中国史的研究上，只允许从中国社会的本身去零星探求。

研究——无论从全人类之总括的或从各国家民族历史的各别的研究——所得出的结论，不惟证明了人类社会发展法则的共同性，在其过程中各个阶段上所表现的各主要特征的一般性，而且证实了人类社会的发展法则，完全符合了辩证法的发展法则——正确的说来，人类社会就是辩证法的发展法则的实践；辩证法的本身，是存在于自然社会和人类思维自身发展的法则之中。

郭沫若先生说得好："中国人不是神，也不是猴子。"所以中国社会历史的发展，当然也不能在这个共同的法则之外，另有一个途径。

因而历史唯物论，不啻是我们解剖人类社会的惟一武器，是惟一正确的历史学方法论。

我们握住这付锐利的武器来解剖中国社会发展的过程，一切问题都不难迎刃而解。而且对于史料问题，不惟搀杂在真史中的伪的成分能够分别出去，即伪史中的真的成分，也不难分别出来，供正确的引用。这正如地下考古一样，从地层的分析上，分别出同时代的遗物，和因地层的变动或其他原因而杂入之不同时代的东西。所以我们在中国史的研究上，对古书中的材料，也必须要经过一次开挖的手续，才能正确引用。

我为什么说伪史中有真的成分呢？大抵古代伪书的一部分，出自战国诸家所假托，一部分出自后代诸家所假托。在战国时代的社会矛盾的基础上，反映着各种意识形态的斗争，因而产生所谓诸子百家的争鸣。有人认为：由于当时科学知识的水平，大家不但竞相从历史上找根据，且不惜托古以加强自己的论证，因而演成伪造史实的风气。其实，伪造历史乃是剥削阶级的传统。在汉代——尤其是西汉末，——一方面有儒家和非儒家的斗争，他方面，有儒家内部的饭碗斗争。为符合以王莽为首的贵族地主的需要，古文家所伪托的古书便纷纷出现；为符合商人地主的需要，今文家的作品又纷纷出世。但无论伪书作者的动机如何，更无论其出自战国时代抑出自汉人之手，当时或有所根据的材料，而为后代所不及见已归湮没者；一部分或系根据当时所流传之神话传说，而加以粉饰——用作者自己时代的意识去扮演出来。如果是凭空臆造，在当时也不可能有任何说服力和站得住脚的。尤其如司马迁的《史记》及班固的《汉书》关于殷代事实的记载，与今日发现的甲骨文研究出的结果，每多所暗合；因而，他们在当时必有可靠史料的根据，为我们今日所不及见者。不然，以科学知识水平较低的古人，而所记每有合于古代社会之事实，宁非奇迹？

二

中国社会形式发展的诸阶段

A. 关于历史方法论上的几个问题

人类社会历史发展的法则，是一元的——均有其一般性的，这在我们的前驱者，已指示得十分正确、明白，毋庸再事申述。

那班抱历史发展法则之多元的唯心论者们，只要他们肯转向事实、即历史的真实方面去“思维”一下，问题或者也有让他们明白的一天——如果肯放弃其特定的立场来讨论问题的话。

只是一般冒牌的唯物论者们，究起他们的本源来，本是和唯心论者有其血缘关系的；因而他们不惜把历史唯物论七折八扣之后，便又跑回到唯心论的怀抱里去，呼爹唤妈，同时却拼命扯着唯物论的招牌，不肯放手。这不惟给“历史唯物论”这一术语，加上一层污点，而且淆乱大众的听闻——这毋宁是他们一种卑鄙的可耻的企图。因而我们便不能不略有声述。

在中国，在历史研究这一范畴里，问题最纠纷的，莫过于“亚细亚的生产制”、“奴隶制”、“商业资本制”这三个问题。易言之，其一便是“亚细亚的生产方式”，在社会发展之一般的过程中，是否能独自成为一特定的阶段？在中国是否存在过？其次便是奴隶制度在社会发展之一般的过程中，是否能独自成为一特定的阶段？再次便是商业资本是否能作为一种经济的领导，而构成其独自存在之一社会阶段？

因而种种奇异的议论便于此发生了。就“亚细亚生产方式”说，有谓马克思所指的亚细亚生产方式，适当于原始共产社会的那一个阶段——且系前于古代氏族社会的那一阶段；有谓在古代共产社会崩溃以后，便发生两个可能的前途，其一转入奴隶制，其一转入亚细亚生产制；有谓亚细亚生产制所说明的社会，便是所谓“专制主义”的国家，正所以别于欧洲的封建国家。

关于奴隶制度的问题，有谓在世界若干民族的发展过程中，除古代希腊、罗马而外，都不曾有奴隶制度这一特定阶段的存在；有谓中国的奴隶制度，是和亚细亚生产方式平行地混合着的；更有人看见在中国历史运动的长时期中，都有使用奴隶这一事实的存在，便不问其是主要还是残余，无条件的把这些时代都划归奴隶制度社会去管辖。

关于商业资本和高利贷资本的存在，竟亦有人喊出“商业资本主义的社会”来。

这些别开生面的议论，一一陈列起来，不禁使人发生两个连带的疑问：在那些先生的脑子里，历史运动的法则，究竟是一元的还是多元的呢？在历史发展的进程中，有没有中断和飞跃的形势的相继到来呢？先生们所假借的历史唯物论，是什么“史的唯物论”呢？

可惜本文注重在“立”的工作，不注重在“破”的工作。不然，就这些“别开生面”的议论一一加以分析，简直可以写成一部《历史方法论批判》的书来。

不过，混淆究竟只混淆了人们自己的脑子；问题的本身呢，只一离开先生们衰弱或别有作用的脑海，仍不曾染着半点混淆的色彩。

关于社会发展诸阶段的问题，马克思在其《政治经济学批判·序言》中，对我们曾有如次的明白指示：

> 大体说来，亚细亚的、古代的、封建的与现代资本主义的生产方式，是社会经济形态向前发展的几个时代。①

后来普列汉诺夫对马克思之所谓“亚细亚的”这一问题，曾有所注释。他说：“当马克思后来读到莫尔根的《原始社会》（即《古代社会》——吕）

① 人民出版社一九五九年版，第三页。

一书时，他大概改变了他对于古代生产方式同东方生产方式的关系的观点。”① 普列汉诺夫的这种解释，是不正确的，是对马克思主义的修改。但这种修正主义的观点，给以后对“亚细亚的生产方式”的问题在理解上，留下了很大的坏影响——马扎亚尔、威特福格等都受了这种错误见解的影响。

作为所谓“亚细亚的生产方式”的一个特征去把握的印度村落公社，卢森堡说它和德国的马克、俄国的米尔，本质上是完全同一的东西。这自然有着局部的正确性。但卢森堡并没有解决问题，她而且没有把它从奴隶制度的历史范畴和封建制的历史范畴分别开来把握。

这问题在中国重新提出，是马扎亚尔开始的。照他所说明的所谓亚细亚生产方式的特征，可概括为如次的几点：

（1）土地属于国家所有，适用一种永佃制转佃给人民，地租采取一种赋税的形式；

（2）全国分成无数的公社，公社都是各自独立的小社会；

（3）国家和官吏是社会事业的承担者，水利的掌管者，统治着那些各自独立的小社会，专制政权便由此形成的。

马扎亚尔所指出的这些特征，在中国是否存在，我们暂时把这问题搁置。只是马扎亚尔在这里对问题的认识方法，又不免把辩证法的首尾倒置起来了，这不能不是他的一个严重错误。一个忠实的辩证论者，总不应该倒果为因，认为上层建筑的东西能孤立于下层建筑之外，去规定社会的构成；而且关于那些上层建筑的东西，并不能当作独自存在的东西去研究的。

说到“亚细亚的”国家水利系统的存在这一问题，自然谁也不能否认那是一个特殊的地理的条件，然也只能对于所谓“亚细亚的”国家在形式上多多少少扮演一点特色，它并不能改变所谓“亚细亚的”国家的历史法则的一般特性。波特卡诺夫说得对：

> 中国的官僚，若是我们认其是从灌溉制度上生长起来的超阶级的东西，这便是错误。国家纯属在实现对农奴和被压迫大众之封建集团的政策，而行使其支配各阶级的机关，在中国也是一样，这是我们应该知

① 普列汉诺夫：《马克思主义的基本问题》，人民出版社一九五七年版，第四〇页。

道的。①

因而在考察其有这一——水利系统——特殊的地理条件的“亚细亚的”诸国家，而欲说明其历史运动的法则时，只有从生产力以及与之矛盾统一的生产诸关系上去考察。如果所谓“亚细亚的”国家支配的生产力及生产关系的内容，土地所有者对直接从事生产者之阶级的相互关系的内容，能符合于封建主义，则适应于上层的建筑物，也便不能不是封建主义的。关于这一问题，李达先生曾为我介绍如次的一段话：

> 土地所有，是剩余生产物的占有的基础；直接生产者营独立的经济。在生产手段所有者与直接生产者之间的关系上，经济外的强制实行支配，在土地所有的阶层制度，照应于政治权力的阶层制度。
>
> 关于封建主义的这个定义，如果是正确的话，那么，亚细亚的封建主义的问题，就要看那些国家的社会制度中有无因这个表征而显出特征的关系以为断。

这个意见，对于封建主义的特征说，我以为是相当正确的。

因而只要人们在研究上肯放弃主观的成见，不把所谓灌溉制度故事夸张，不依仗“水”的力量来糊人，问题就会明白的。我们试一考察秦始皇的“统一”，是否完全借助于“水”的力量呢？照我看来，那不过是旧封建领主政权向新兴地主阶级政权的转移的问题，此外构成其社会之一切特征的条件，只是在其本身内前进了一步，而并无质的改变。而且，秦始皇的统一，真际的内容上，究竟统一到了怎样的程度，这也该考察的。如果我们不愿平白受儒家骗弄的话，便可以看见所谓统一的内容，也还是有限的、在一定形式上的，易言之，它只是一种封建主义的统一。如果我们不考察历史的具体内容，而为文字的语义所蒙蔽，那么，将可以推演出如次的一个结论来：在秦始皇时代的中国政治是完全统一了，但现在的中国，反完全恢复了军阀割据的状态，然而这不是历史的运动在倒退吧！实际，历史并不曾倒退，只是我们“历史家”的脑筋在开倒车。

再则，马扎亚尔提出的所谓亚细亚生产方式诸特征，在理论的范畴里，不只是一种错误，而且在政治上包含着一种极大的危险性。他无异把地主占有，

① 波特卡诺夫：《唯物史观世界史教程》，日译本第三分册。

在“土地国有”的名义之下隐蔽起来；把地主的阶级构成，在“官僚”的名义之下隐蔽起来；把土地对于农民的束缚，在国家的“永佃制”的名义下面隐蔽起来；把地主对农民的剥削关系，在国家“赋税的形式”下面隐蔽起来；把地主的阶级支配的政权，在所谓“社会事业”和“水利调节”的基础上，建起一座空中的楼阁来。这样，便当然没有地主阶级，也没有农奴或农民阶级的存在了——无论马扎亚尔和马扎亚尔派怎样去解释——从而当然便没有社会革命。因而马扎亚尔不只显明的在反对恩格斯和列宁关于国家的学说，在取消所谓亚细亚国家的历史运动的动力，且又取消了民主革命的反封建任务（如在中国）——这不单是逻辑上的错误，而且是一种背叛史实和革命实践的结论。在马扎亚尔所指出的那种所谓亚细亚国家的政权形式，在马克思列宁主义的范畴里，应该把它归之于哪一种类型的政权呢？除了拿“亚细亚”那个字来作遁词外，又能叫做什么东西呢？我想除去马扎亚尔心目中的空想世界的“亚细亚”而外，在人间的世界内，恐怕不会有它的归宿地吧！这显然是非辩证主义的理论。

不过马扎亚尔还可说对东方的情形不甚熟悉，他的这种错误，我们还可作万一的原谅；而从马克思列宁主义的原则上说来，仍是无可原谅的。尤其是以讹传讹，一般中国的所谓“历史家”，更从而夸张起来，结果便形成了取消农民在政治上重要性的一个错误的结论，取消中国革命的反封建任务。这便无法宽容。

按“亚细亚的生产方法”问题，科瓦列夫等人研究的结果，认为它是东洋奴隶制度的“变种”。请参阅科氏《古代社会论》、拙著《殷周时代的中国社会》页九～十三及《理论与现实》二卷二期拙作《亚细亚的生产方式与所谓中国社会的“停滞性”问题》。——一九四〇年补订

关于奴隶制度，是否在社会历史的进程中，为一般存在的一个特定阶段这一问题，也是近年才提出的。

他们提出这一问题的中心意见，说马克思和恩格斯所指的奴隶制度社会，单在指古代希腊、罗马而说的；在欧洲现代的诸国家如英、德、法等，也都不曾经过奴隶制度这一特定阶段。所以除古代希腊、罗马而外，在其他各国家中，奴隶制度经济并不曾取得过独立的领导地位（?），因而它并不能代表一个特定的社会阶段，而是在阶级社会之各阶段中附属存在着的因素的东西。

但是马克思和恩格斯所指的奴隶制度社会，究竟是否系单指古代希腊、罗马而说的呢？在希腊、罗马而外的世界各国家、民族，在其社会历史的发展进程中，是否都不曾有奴隶制这一特定阶段的存在呢？前者只拿马克思和恩格斯自己说过的话来作证据，才能解决，后者只有拿历史的具体内容来作证据才能解决。

恩格斯说到奴隶制度时，都是明白的在指一般的古代的阶级压迫的支配形态而说的，并不曾限于希腊和罗马。他在《英国工人阶级状况》中说：

> 在古代的亚洲、希腊和罗马，阶级压迫的主要形式是奴隶制，即与其说是群众的土地被剥夺，不如说他们的人身被占有。……在中世纪，封建剥削的根源不是由于人们从土地上解放出来，相反地，而是由于他们被束缚在土地上。当时农民保有自己的土地，但是他们是作为农奴或奴仆束缚在土地上，而且必须给土地占有者服劳役或缴纳产品。①

在《家庭、私有制和国家的起源》中说：

> 随着奴隶制（它在文明时代达到了最高度的发展）底出现，发生了社会分成剥削阶级和被剥削阶级的头一次大分裂。这个分裂继续存在于文明底全部时期。奴隶制是古代世界所特有的头一个剥削形式；继之而来的是中世纪的农奴制与近代的雇佣劳动制。三大文明时代所特有的三大奴役形式，便是如此。②

他又指出，没有奴隶制，便不能有希腊、罗马的国家以及其科学、艺术；从而也不能有罗马帝国。没有希腊、罗马帝国的基础，便不会有现代的欧洲文明。在这里，恩格斯已给我们极其明确地指出：奴隶制度，是人类社会发展过程中一个共同的必经的阶段；若没有这一特定阶段的存在，则后来的文明时代便不可思议。

马克思说道：

> 在古代世界，商业的影响和商人资本的发展，总是结果为奴隶经济；或视其始点如何，结果不过把奴隶制度，由家长式（Patriarchalischen）的，以生产直接生活资料为目标的，转化为以生产剩余价值为目标的。但

① 人民出版社一九五六年版，《序言》第一一页。

② 人民出版社一九五五年版，第一六八～一六九页。

在近代世界，它是归结为资本主义的生产方式。

又说：

在一切以奴隶经济（不是家长式的奴隶经济，而是像后期的希腊、罗马时代一样的奴隶经济）为致富手段……。①

在这里，马克思是说得很明白的，所指的后于家长式的，以生产剩余价值为目标的奴隶经济，并不单指希腊和罗马，他还特别注明，是指一般的“像后期的希腊、罗马时代一样的奴隶经济”。在前一段话中，并明确指出，家长式奴隶经济的直接转化的前途，“为以生产剩余价值为目标的”奴隶经济。

在马克思和恩格斯的文集中，像这一类的话，我们还可以找出许多来。他们在很多地方都提到奴隶制、封建制、资本主义或古代、中世纪和资本主义，并论证了继资本主义而起的是社会主义的历史必然性；在读到莫尔根的《原始社会》以后，又解决了到其时还没得到解决的原始社会的谜。列宁总结了马克思和恩格斯的论证，说道：

世界各国所有一切人类社会数千年来的发展都向我们表明，这种发展的一般规律和次序是这样的：起初是无阶级的社会，即氏族社会，没有贵族的原始社会；然后是以奴隶制为基础的社会，即奴隶占有制社会，整个现代文明的欧洲，都经过这个阶段……。

在历史上继这个社会形态而起的另一个形态是农奴制。

农奴制在西欧各国被消灭了。……资本主义代替了农奴制。②

其次，在罗马国家存在的当时，日尔曼人和罗马国家的关系怎样，这是值得考察的。照我所知，当时的日尔曼人，大部分是在罗马的统治之下的——无论其关系如何？

不宁惟此，而且在罗马国家的末期，奴隶制已走上衰退途径的时候，已有大批的日尔曼人，或由于被掠获而参加在罗马经济生产的领域中，作了后代农奴之前驱的科劳士（Colonus）；或是在罗马管辖下的区域内，由士兵而作了所谓“边疆佃户”。易言之，在罗马国家解体期中，日尔曼人不仅和罗马发生了很密切的关系，而且在罗马国家内的日尔曼系人，也已经形成了一种潜伏力

---

①《资本论》第三卷，人民出版社一九五三年版，第四一〇、七七一页。

②《列宁全集》第二九卷，人民出版社一九五六年版，第四三二、四三三页。

量。[①] 他方面，罗马国家在其没落的当时，已创造出其后来的封建制度的各种因素，这已替日尔曼人预备了其创造另一新社会制度的历史因素。因而日尔曼人以罗马的世界原理和日尔曼的世界原理相合流而创造其历史，即在罗马社会的废墟上，从奴隶制转变为封建制。所以若把日尔曼各氏族历史的发展过程，脱离罗马历史的关联去考察，诚然“空白”了奴隶制度这一阶段，但日尔曼的“中世”史不能脱离古代罗马的关联。[②] 这好像今日的匈牙利一样，她若在德奥资本主义之下，而演过资本主义社会这一阶段，将来匈牙利直接由此而跃入社会主义社会的时候，我们断不能说匈牙利在历史发展的一般法则中，另有一个途径。欧洲人一走入南北美洲，对其祖国的社会所走过的途程，便不再重复，直接就过渡到资本主义社会。

另一方面，除古希腊、罗马外，再从古代世界中其他部分的具体内容看，首先日本历史的发展，已依次经过原始公社制，古代奴隶制，中古封建制，近代资本主义制的相续的诸阶段。在这里，因为不是研究日本社会史，对其社会演进过程的详细内容，恕我不作介绍。但日本史的这种过程，不只在佐野学的《物观日本史》中，能给予一个基本的概念；而且在日本著名的资产阶级经济学教授福田德三的《日本经济史》中，也能暗示出这个线索——虽则福田是戴上一副布尔乔亚的色眼镜在观察日本史的。其次在俄国的历史发展过程中，从罗斯王朝到伟大的“十月革命”也依样经过原始公社制，奴隶制，封建制，资本主义制诸阶段。——现在并已进到社会主义阶段。虽则像嘉治隆一之流，曾企图从市民史学的旧套头出发去加以歪曲。[③]

此外在古代印度、古代埃及及古代西南亚细亚各国，在其基本的特征上，也都是奴隶制度的——虽则不曾发展得像希腊、罗马那样典型。

最后关于“商业资本主义社会”问题，在中国的所谓“学者”们，也都是从波格达诺夫那里抄袭来的。这在稍具社会科学常识的人们看来，本是无用申辩的。因为所谓商业资本这东西，它并不能代表何种独特的生产方式，也并

---

① 参看《唯物史观世界史教程》日译本第二分册，第六～八页。

② 波特卡诺夫：《唯物史观世界史教程》说：“在纪元四世纪，在罗马帝国形成的经济的——政治的制度的基本底要素，便作为新的建设日尔曼诸国的新条件而为进一层的发展。罗马的世界原理和日尔曼的世界原理相同化和相互作用的过程，便助长了西欧的封建主义的形成。”（日译本第二分册，第八页）。

③ 请参看改造社《经济学会集》第二九卷，《各国经济史》，嘉治隆一：《俄国经济史》。

不能独自的创造出何种生产力和它所代表的何种独特的生产关系；也就是说，“商业资本的发展，就其自身说，……不足以媒介成由一个生产方式到别一个生产方式的过渡，也不能把这种过渡说明。”① 它是在最远的古代就已经存在着。马克思在《资本论》第三卷又说过：

> 货币流通和商品流通，能够在组织最不相同，依其内部结构仍然是以使用价值生产作为主要目标的各生产部门间，充作媒介。②

因而商业资本并不能代表一种独特的社会阶段。而且，就是在商业资本最发达的封建社会末期，它也并不能对于封建社会的生产关系有何根本性的决定作用。不宁惟此，马克思又教导我们说：

> 说资本当作商人资本有独立的和优势的发展，等于说生产没有从属于资本，等于说资本是在一个与资本相异且与其独立的社会生产形态基础上发展。所以，商人资本的独立发展，与社会一般经济的发展，是成反比例的。③

照我看来，这在制造商业资本社会论的人们，也或者不是完全不知道，而是想故意歪曲吧!?

但是他们也常常拿马克思自己说过的话，去作他们理论的掩护。只可惜是断章取义的。譬如马克思的《资本论》第三卷第二十章，便是他们最喜欢引证的一章；最为他们重视的，又莫过于如次的一段。这无非想窃弄科学的社会主义发明者的招牌而希图支持他们那种由封建社会到资本主义之间的一个所谓“商业资本社会”的歪曲理论，一面想借以愚弄群众，作为献媚其主人的礼品。看他怎样在故意歪曲吧：

> 封建生产方式的转变，取两条途径。生产者变为一个商人与资本家，正与中世农业自然经济及城市行会手工业相反对。这是真正革命的路。或则由商人以直接的手段，占有生产。……这种方法到处都是真正资本主义生产方法的障碍，依后者的发达而常归崩坏的。④

我们无妨再翻看一下马克思的原文，把它重译一下：

---

①《资本论》第三卷，人民出版社一九五三年版，第四〇四～四〇五页。

②《资本论》第三卷，人民出版社一九五三年版，第四〇四～四〇五页。

③《资本论》第三卷，人民出版社一九五三年版，第四〇四～四〇五页。

④ 见朱其华《中国社会的经济结构》，陶希圣《序言》引。

由封建生产方式的推移，是二重地进行的。生产者成为商人与资本家，而与农业的自然经济，与中世纪城市产业在行会中结合着的手工业相对立。这是现实的革命的路。但或者是商人直接支配生产。这后一条路，虽然在历史上极其厉害地当作过渡来发生作用——例如十七世纪英国的毛织物商人，曾把那些仍然独立的毛织工人，放在自己的统制下，把羊毛售给他们，而购买他们的织物——但它本身却是这样少地唤起旧生产方式的革命，不过保存它，把它当作它的前提来维持。举例来说，甚至在这个世纪中叶，法国丝工业和英国织袜工业和花边工业的工厂主，大部分仍然不过名义上是工厂主，实际上不过是商人；他让织工人在他们旧式的分散的方法中继续劳动，不过实行商人的统治，他们实际也是为商人劳动的。这个方法，到处成为现实资本主义生产方式的障碍，跟着后者的发展而消灭。它不变革生产方式，不过使直接生产者的地位变坏，使他们变成单纯的工资劳动者和无产者，所处条件，比直接在资本支配下的人还坏，而在旧生产方式的基础上，占有他们的剩余劳动。①

在我们没有看见这段原文之前，也几于忍不住地想呼和一声，“社会的转变是这样的非机械的”呵！（究竟不知是谁把它看成机械的！）“商业资本社会形状多着咧！”不幸得很，一拿出原文和上面那段零碎割裂的引文对照一下，锦簇花团的美人背后便露出一条狐狸尾巴来。我们于此看见“商业资本社会”论者，恰恰把那些最重要的地方删去，又是在怎样的在改变原文的意义呵！这是玩的什么把戏呢？恭喜我们的“学者”，由于这种神出鬼没的手段，而获得了“负有国际声誉的学者”的荣衔；可怜我们这群“小的”，真是受骗得“不亦乐乎”。

因而，由封建主义的生产方式到资本主义的生产方式的过渡期间，并不曾有所谓第三种生产方式的存在；无论商业资本在那一过渡期间的作用如何，但绝不能也没有存在另一种占有支配地位的独特的生产方式。马克思说得明白：

因为商业资本是封闭在流通领域内的，其机能专在媒介成商品交换，所以它的存在——除开未发展的由直接生产物交换发生的形态不说——只

①《资本论》第三卷，人民出版社一九五三年版，第四一三～四一四页。

需要有简单的商品的和货币的流通作为条件。或者，宁可说，后者就是他的存在条件。当作商品加到流通中去的生产物，无论是在什么生产方式的基础上生产出来的——无论是在原始共同体的基础上，是在奴隶生产的基础上，是在小农民和小市民的生产基础上，还是在资本主义生产的基础上——都不会改变生产物的商品性质；……。[①]

所以，所谓“商业资本社会”，既没有与之相照应的独自的生产方式作基础，那么，在人间的世界内，便没有它独自存在的处所；如果说有的话，那只有在那班诡辩论者的脑子里。

B. 中国社会发展阶段的划分——原始公社制，奴隶制，封建制，半殖民地半封建制

中国社会发展的法则或客观规律，和世界其他各民族、国家一样，并没有什么本质的特殊。

中国原始公社制社会——原始群团阶段，氏族社会阶段，依样是顺次的存在过。不过我们目前对这方面的认识，还太缺乏罢了。因为关于旧石器时代的实物，还可说全无发现——在蒙古所发现的，还不能完全确定其是否和中国民族有关。[②] 新石器及金石器时代的出土实物，不惟很少，而且至今还不曾完全确定其系统出来。[③]

然而这些实物——新石器和金石器时代出土古物——和丰富的神话传说，能指示我们：太古时代中国诸民族活动的一幅轮廓画，则能确切相信的。

现下研究中国史的，大抵都只肯从殷代开始；对殷以前的那个悠久的传说时代、并有了旧石器和新石器出土的时代，都很小心的不去过问。可是问题长此的悬下去，似乎太不妥当。严格的说，我们对于殷代的可靠史料，也还

---

① 《资本论》第三卷，人民出版社一九五三年版，第四〇一页。

② 近年来的地下发现和研究成果，已能完全确定，它是中国民族在远古时代的遗物。——一九六〇年修订本补注。

③ 近年来社会主义建设过程中，已有了较系统的发表。——一九六〇年修订本补注。

是很不够的。因而我胆敢对这悠久的传说时代，以地下出土物为骨骼，作一次探险的尝试。或者可以因此而引起大家对这一问题的研究，这是我徒行探险的第一个愿望。如果我所采取的航路错误了，由我个人负责，如果将来事实的发现，万一能符合了我的尝试的结果，那就更能证明历史唯物论的正确。

照我根据目前能有的材料研究的结果，传说中之“尧舜禹”的时代，正是中国母系氏族社会发展完成的时期。所有能借神话传说所指出的一些特征，几与恩格斯及莫尔根对古代社会的研究所得出的结果，完全符合。

不过所谓“尧舜禹”这三位“圣人”或者都是神化的人物也未可知。①或不免系殷周及殷周以后的人们，根据古代神话传说作底本，又制造出这三位“圣人”来，拿他们和神话传说相结合，又加入作者的时代意识去粉饰一番，便成功了儒家的“华胥之国”。总之，要肯定，还有待于地下的发现。其次，“尧”，“姚”，“虞”，“夏”这四个字，我以为或者就由“夏”这一字的讹变而转出来的。“夏”（或“雅”）或者就是当时这一族的总名称。这都在后面还要研究。

传说中之“启”的时代，是太古时代中国社会的一大变革期——由男系代替母系社会的一大变革期。和其所结合着的神话传说，也恰能暗示出这一变革时代的特征来。

“羿因民”而“距”大康，是罢免酋长的神话传说；同时又“立其弟仲康”，是酋长的男系世袭权确立的一种传说。对偶婚的形迹，在“浞因羿室”和浇与浞的子媳共宿等传说中，可以得到证明。畜牧业的发展，在“庖正”和“牧正”等传说中，可以寻出其形迹来。

在传说中之所谓“桀”的时代，我也找着一点由血缘氏族组织到地域组织的市区的转变形迹，虽然不甚充分。

① 舜即帝夋，在甲骨文字中已得到的证明，这点是可信的。但帝喾就是帝舜之说，也已得到多数人的公认，我虽然不说“帝喾即帝舜”的结论是错误，然而我觉得证据还不免薄弱一点。在古代，“夏商”两族，似系各为一支的，这从其各自散布的地域去考察可以得到证明。因而如果“帝喾即帝舜”，则在“商”的“帝舜”是实有其人，而在和“尧”“禹”结合着的“帝舜”仍不能肯定实有其人——在地下没有证物的发现前。“禹”之为神化的人，庄子就曾说过：“无为有为，虽有神禹，且不能知。”（《齐物》）近有人谓“禹”为一图腾名称，待商榷。

自然，对于古代的许多事情，是我们无法知道的。只有依据历史唯物论，根据恩格斯对原始社会之谜的科学揭发，作比较的研究，去理解其轮廓，或者再待于地下地上的发现和调查研究。

出土的一些新石器和金石器时代的实物，所能指出的时代，和神话传说所暗示的，竟能符合——自然还有空白——而其出土的主要地方，亦竟能和神话传说所寄托的主要区域相当，这并不是偶然的。

只是有一点，恩格斯及莫尔根曾有：在东半球，直到中期开化时代的终局，还不曾知道种植的一个假说。① 这在中国，凭神话传说和出土物所指明的，却并不如此；她在新石器时代，一方面和东半球的其他区域一样，知道畜牧，他方面又能和西半球一样，也知道种植。② 不过这并不曾违反恩格斯所揭露的原则和莫尔根的论证，这是应该声明的。

殷代的社会，现下国内的历史家，几于一致的判定为氏族社会。若是用投票的方法可以表决，那我就再没有提出研究的必要了。无奈事实不许我们对感情让步，所以我还是不能不投一张反对票。

我所以投反对票的理由，因为殷代不仅有很繁盛的畜牧，③ 而且有很盛的农业；不仅在生产事业的领域里及其他事务上都使用奴隶，而且有专靠奴隶为生的自由民阶级和其贵族集团的存在。在上层建筑的政治形态上已经完全看不见古代民主主义的形迹，充分在表现阶级支配的机能。

这些特征，在甲骨文字和殷墟出土物中，也都能表示出来；在殷代和周初的文献中，更表现的明白——自然，殷代文献中的后人附加部分，应该要分别出去。

---

① 莫尔根在其《古代社会》中曾说："在东半球，……经过开化低级状态而接近于开化中级状态的末叶的时候，似乎还不知道谷物及其他植物的栽培。"恩格斯在《家庭、私有制和国家的起源》中，也有与此相同的论证。不过他们都不曾作为根据人类全部历史而作出的肯定结论，而只在说"似乎"是那样。

② 在仰韶的出土物中，曾发现有用于种植上的石锄和石耨，又发现有印有布纹的陶器，又发现谷粒；同时还发现有大堆的家畜骨骼。可是并不曾有铜器的发现。在同时发现铜器的辛店、沙井和寺洼，知道农业的形迹更显然，可是从其出土物作全盘的考察，主要是适应于中期未开化时代的。

③ 据山川均的研究，谓"奴隶制度，多是在畜牧对于纯农业比较占着优势，且是于对外贸易占着有利地位的区域发生的。"（山川均：《唯物史观经济史》）从人类全部历史看，山川均的话是符合若干古代国家和民族的情况的。因此，奴隶制度的经济，在畜牧比农业占着优势的情况下，都是可能的。

殷代王位之小部分为兄终弟及的事实，我以为这种上层建筑的东西，是没有决定的重要意义的。而且终归是男系的父子兄弟的世袭，这种世袭，又不曾有半点选举的遗迹。全员的选举和自承（或阶级的选举）是氏族社会和“文明时代”之政治范畴里的划界线，莫尔根在其《古代社会》中，对此曾再三论述过。而且兄终弟及的事实，不惟在古代国家存在过，就是在此后的国家也存在过的，在中国的例子就很多，如武王之与周公，[①] 赵匡胤与赵光义……是；在罗马，甚至还有翁婿相承的事情。

关于“铁”的问题，无疑是问题的中心。莫尔根在《古代社会》（四三页）中说：

> 铁的获得，是人类经验中的事件中的大事件，再没有可与它相等、没有可与它匹敌的，除了它，其他一切发明及发现都是无足道的，或至少是处于从属地位的。由铁产出铁锤及铁砧，斧及凿，备有铁尖的犁，以及铁剑等；要之，可以说文明的基础完全是定立在这一种金属之上的。[②]

恩格斯在《家庭、私有制和国家的起源》中，对“铁”的任务，作了如次的一个表述：

> 我们在这里（开化晚期——吕）初次看到了带有铁尖的用家畜拉的木犁；自有木犁以后，大规模的土地耕耘，田野耕作，从而生活品在当时条件下几乎毫无限制的增加，便都有可能了；其次我们也看到了，森林的清除及其变为耕地和草地，如果没有铁斧与铁锄，这也是不可能大规模进行的。同时，人口也急速增殖起来，稠密地住在不大的地域内。而在田野耕作以前，应有非常特殊的环境才能把半百万人联合在一个统一的中央领导之下：这大概从来没有过。[③]

因而田野耕作的出现——铁的功用，它无异是文明时代的接生婆（青铜器在适当的条件下，也似乎有仅次于铁的这种功用的可能）。可是到现在为止，在殷墟的可靠出土物中，还不曾有铁器的发现；然而从出土的铜器中，我

---

① 周公曾为天子，在《周书》及其他周代的文献中，都说得很明白。这到研究周代社会的时候，还要详细论述的。

② 三联书店一九五七年版，第四四～四五页。

③ 人民出版社一九五四年版，第二六页。

们却已找着一点铁的形迹。[①] 虽然还不敢判定，系属铜的自然的含量，还是经过加工的合金。这就是说，我们还不能信任罗振玉所搜集的古物中的铁器为可靠。陶弘景所谓"（夏）孔甲在位三十一年，以九年岁次甲辰，采首阳山铁铸一剑，名曰夹，古文篆书，长四尺一寸"[②] 云云，我们更不能把它来作证物。

铁到春秋初期，似乎还把它当作"恶金"，只用作制造农具，而不曾用它来制造兵器，制造兵器是用当时人所谓"美金"的铜。殷虚是殷代的首都，人民所用的农耕工具手工工具的东西，是否都容在内，这却还是一个问题。在殷虚的出土物中，多是些祭器，食器，兵器等，关于农耕工具的东西，还不多见，——严格的说，可称还不曾发现。据一九三三年十月三十一日北平《世界日报》所载，董作宾发掘春秋时代郝国（按即邹）的遗址，亦不曾有铁的发现。[③] 如果所发现的果属春秋或战国时代的遗物，并且在该处将来若继续仍无铁的发现，这便值得我们特别的注意。不过凭传说去判定古物的时代，这是

① （一）殷虚出土铜器，照地质调查所梁冠宇的化验的结果，系含有如次的各种原质成分的合金：

铜28.09%	铁2.16%	银　微量
铅　微量	锡5.00%	矽酸质3.66%

化学研究所王琎化验的结果，各原质配合的成分如次：

铜39.20%	锡10.71%	铁1.14%
氧化矽7.39%	水分？	氧化炭？

英国皇家科学研究院采矿科教授哈罗（Sir H. C. Haroed Carpenter）化验的结果是如次的：

标　本	黄铜成分	锡成分
刀	85.00%	15.00%
矢	83.00%	17.00%
句　兵	80.00%	20.00%
礼　器	?	10.20%

哈罗并曾慎重声明，这种合金中是否尚有其他金属质存在，他不敢确定；并声明这些标本都过于氧化。（见《庆祝蔡元培先生六十五岁论文集》李济：《殷墟铜器五种及其相关之问题》。）

（二）山东图书馆馆长王献唐先生对我说，明义士最近在殷虚得出土陶器一件，内附著有半熔解之铁矿一块；该件陶器之为殷虚时代物，从其色素方面看，都能作充分的决定。我为此事曾两度赴齐鲁大学访问明义士，欲得亲眼一见该附著铁矿之陶器，可惜当时他不在济；该校中人曾这样对我说。（如果对王先生的话记述错误由我负责。）

② 陶弘景：《刀剑录》。

③ 北平《世界日报》民国二十二年十月三十一日："董作宾谈，此地（发掘地）俗呼谷堆顶……按诸历史，当为郝国之地，亦即今春周代铜器出土之地……各坑出土物，如陶器，骨片，贝壳等……本日（二十四日）所得者，多为陶器碎片，约长半公尺之鹿角一枝，海螺壳骨，箭头一镞……海螺壳蚌甲甚多……此种物品在城子崖，殷墟出土尤夥。"箭头为何素质，董作宾虽未说明，据其意推，似系铜质。

很危险的。山东境内，在周代以前，就有其他民族的散布。我根据历史传说等方面去推测，认为山东境内或有发现早于殷虚的殷代遗物的可能（按城子崖所发现的殷代遗物，时代性早于殷虚——一九四〇年补订）。可是这不是在这里须要提出的问题。

按斯大林论证说："这样的生产关系（奴隶制的生产关系——吕）在基本上是与当时的生产力状况相合的。此时人们所拥有的已经不是石器，而是金属工具……"① 不说铁器工具而说金属工具，这是值得注意的。事实上，如奴隶制度的古代埃及，就是使用青铜器工具的。殷代的生产工具也是青铜器，石器是已退处到从属地位或是已被废弃的前代遗物，下册详论。——一九四〇年补订。

从文字演进的程序说，甲骨文的文字，并不是所谓象形文字；实际而是已演到较复杂之形声文字阶段的文字。这是大家都能看得见的事实。那么，拿莫尔根研究的结果来说，就此已能证明是文明时代的象征。②

在甲骨文中的"令周侯"三字的发现之后，③ 不但指出了殷代有了一定的政治疆域和疆域的广大，同时又指明了贵族诸侯之业已存在。这实在给我们说明了不少的问题。④

商业对于奴隶制度，是具有一定的重要意义的。殷代商业发展的情形，虽然像如次的一些传说，我们并不能以之看作可靠的根据；充其量，也只能作为旁证。例如所谓：

自太昊以来则有钱矣，太昊氏、高阳氏谓之金；有熊氏、高辛氏谓之货；陶唐氏谓之泉；商人、周人谓之布；齐人、莒人谓之刀。⑤

禹以历山之金铸币。⑥

---

①《列宁主义问题》，人民出版社一九五五年版，第七一二页。

② 文明时代"开始于音标字母的使用和文字记录的产生"。（《古代社会》，三联书店一九五七年版，第一一页。）

③《安阳考古报告》第一期。

④ 殷代有其从属的诸侯，骨文中尚多见。（参看郭沫若《甲骨文字研究·释封》。）一九四〇年补订：此等诸侯，大都为被征服异族的首领，他们是以殷代国家的征税吏和其氏族首长的两重人格而存在。

⑤《通志·食货略·钱币》。

⑥《管子·山权数》。

汤“铸金币”。①

农工商交易之路通，而龟贝金钱刀布之币兴焉。所从来久远，自高辛氏之前尚矣，靡得而记云……虞、夏之币，金为三品，或黄或白或赤，或钱或布或刀或龟贝。②

凡货：金钱布帛之用，夏殷以前，其详靡记云。③

夏后以玄贝，周人以紫石，后世或金、钱、刀、布。④

古者宝龟而货贝。⑤

秦兼天下……珠玉龟贝银锡之属为器饰宝藏，不为币。⑥

这种传说式的记载，其中也不是完全没有可信的成分，但不能依以说明历史上悬而未决的问题。

然而在殷代，从奴隶作为商品交易，⑦ 以及从殷虚遗物中的远方物件的发现等事象来考察，便不难想见其时商业上的发展概况。

作为商品交换媒介物的货币形态，可作为考察商业发展程度的一个尺度。在古代的希腊和罗马，作为商品交换媒介物的东西如阿司（ass），也还是货币之一种早期的形态；以 ass 作为货币的单位，真正的意义上，就是意义着以一匹驴为货币的单位。因而不论其后来的代替物是什么，它也还是一种早期形态的货币。我们在殷虚所发现的珠玉和贝货，⑧ 从它的性质说，也已经专门在作为商品交换的媒介物而存在了。这从上面所引的那些传说式的记载，可能作为旁证，此其一。我国文字凡关于货币的字类均从贝，从贝字除三数字外又多系形声，“商”字的本身，也便是一个从贝的形声字，⑨ 贝当为最初的专门化的

---

①《今本竹书纪年》汤二十一年条。

②《史记·平准书》。

③《汉书·食货志》。

④《盐铁论·错币》。

⑤ 扬雄：《太玄》。

⑥《文献通考·钱币考》。

⑦《易经·旅卦》。

⑧ 按有真贝、骨贝、珧贝、铜贝（据郭沫若《甲骨文字研究·释朋》），这已专门充任货币的职份，郭先生亦不否认。

⑨ 许慎：《说文解字》第六下：“商，行贾也，从贝，商省声，式阳切。”段玉裁等人均赞同许氏所述。

货币，① 此其二。我在山东曾亲自见过一块和周代的铲币形状一样的铲贝，并灼有“文贝”字样，而视其构造大小，又非能作为器物使用者，我以为这便是在古代曾专门充任货币任务的贝货，——这虽然还不能确定其时代——此其三。

但是我并不否认，殷代的奴隶制度，或并不曾发展到像古代希腊、罗马的奴隶制度那样高度就向封建制度转化了。这是各受其地理的环境及其条件的影响和限制的。古代希腊、罗马占取地中海那样交通等自然条件良好的区域，和古代中国的黄河比较，是不能同日而语的。她们又得以吸收古代埃及和西南亚细亚的文化成果，也是中国的殷代所没有的条件。凡此，我们到专论殷代社会时再说明。

两周的社会，还有使用奴隶的事实存在，是不容否认的；然在生产领域里，奴隶经济已在各个地区，或先或后地逐步在退出支配地位，而向着农奴经济让渡；原来的奴隶主，在政治上自“武王革命”后就已让位给了封建领主。所以在两周，奴隶被使用这一事实，那不过是作为过渡和残余的形态存在，而且这种作为残余形态的东西，实通过了所有阶级制度的社会，通同存在着。

这——奴隶的被使用——到战国以末以迄汉代，甚而此后的一个长时间（直至现代），不仅贵族们（或商人——地主）不少人还拥有大批的奴婢，如秦之吕不韦，汉之王侯公主，便是例证；而且卖子鬻女的事情，也还存在着。如果我们只从表面去捉弄，这些表面的事实，便可以蒙蔽我们，能使我们误认秦、汉为奴隶制度社会，可是我们一考察谁是主要的被剥削阶级的时候，却看见不是和工具一样的奴隶，而是具有一半人格的农奴；被榨取的，却是用地租、劳役和赋税等表现出来的剩余劳动；榨取的方式，曾充分表现着超经济以外的强制榨取。秦、汉的文献，均能充分表示出来这些特征。这而且一直继续到后来一个较长的时间。

话又说回来，在西周时的西周地区，从事生产的农民，所耕作的土地，不

① 《安阳侯家庄出土之甲骨文字》（载《田野考古报告》第一册）：贝在殷代为重要货币，发掘所得，有孔可系者均属之。《侯家庄新出骨文》第五期，卜词有记取贝事……新出骨词云：“遻取贝百，□取贝六百。”在早期卜词中，贝为货币，亦可参见一二。可知商人以贝为货币，在虚虚时期，是始终一致的。近年来，在殷朝的遗址中，并有属于殷币的铜贝的发现（见《考古报告》第九期，第五二页），一九六〇年修订补注。

但是“公田”，同时并有“私田”，这在《诗经》：“雨我公田，遂及我私”的一句话便能说明的。农民饲养的牲畜之类，除供纳给领主以外，自己还可以留存一部分，《诗》：“七月流火”对这事就有确切的说明。凡此都不是工具化的奴隶们所能想像的。这不过是一些例子。

政治上之隶属关系，也完全在表现初期封建社会的一种形态。

研究西周的社会，在周金文和《诗经》这一类可靠的材料中，就能找到它的说明。郭沫若先生在其大著《中国古代社会研究》中所例举关于西周社会的一些史证，大多只能说明封建制度，并不能说明所谓奴隶制度。

在春秋时代，在周朝国家的全国范围，可说是由奴隶制到初期封建制度完成过渡的时代，而且出现了农奴制的典型的形态。无论表现在阶级剥削关系的内容上，抑其上层建筑诸形态上，均系如此。确切的内容，我们到专论春秋时代的社会时，再详细说明。

很有人紧紧啃住欧洲式的庄园制度来硬套中国的封建社会，一若欧洲式的庄园经济就是衡量初期封建社会的尺度。实际，照我所见，那就是在中世欧洲的各国家，也并非一般都是那样典型。而两周时代，也存在着像“井田”、“采”、“邑”或“社”式的庄园制的。（按西周彝器铭文“锡采”、“锡邑”、“锡田”之事甚多。）虽然，“井田”在原初并非一种土地制度，而是一种灌溉制度，但孟轲口中的“井田”，却正是原来的庄园。

战国时代，中国封建社会内部，显现着一种较强烈的部分的质变运动。一方面，新兴地主的经济渐次确立和商业资本的抬头，一方面，原来的封建领主相继没落。① 因而直到周、秦之际，这种内部的部分的质变的结果，是旧封建领主所支配的农奴经济，让渡给新兴封建地主的经济；建筑于其上层的封建领主的政权，当然也不能完全符合新兴地主的要求。点面交错的地主的土地占有，代替了封建领主的圈地，便不能不要求一种联合的管理机关——郡县制，去代替原来的领邑组织。从而出现了由地主分化出来的地税，作为联合管理机

① 历史文献，对这种事情的说明多得很，关于商业资本，特在这里先介绍一点较新的材料。山东图书馆近年在齐国故都临淄掘出战国时代的刀币和陶片甚多：一方面，刀币似乎已大批的被使用；一方面，陶片上的文字，更具有十分重要的意义——陶片上大多均有“楚贯购，□□里豆”字样。这对于其时历史的许多方面都有其重要说明的。譬如对工艺的发展情况上，商业、交通的发展上，都有所说明。

关的经费。秦始皇中央集权的专制主义的封建制的政权，便在地主阶级的阶级支配的基础上建立起来了。

像这样以地主而表现领主职分这一形式的封建社会，为要把它别于原来的封建社会，可以称之为专制主义的封建制或后期封建制，或者借波特卡洛夫的话来说，便可以叫作“变种的封建社会”。实际，阶级剥削关系的内容，本质上并不曾改变。这是应该知道的。

由秦朝一直到鸦片战争的前夜，这种经济性质的内容，基本上并不曾改变，只在封建经济的体制内表现着连续的发展，和部分的质变，直到资本主义“列强”的侵入，才入于灾难深重的半殖民地半封建的过渡时期——也是社会革命、民族民主革命的伟大时代。

只是一入秦朝以后的封建社会，系后期的形态，因而在政治的形式上表现为一种统一形式的国家，经济上有较发达的商业资本及高利贷资本的存在和活动。这便使许多唯心论的历史家们都陷入迷途，只能看见现象，对于其本质上的认识，便显出十分无力的窘状。因为只停留在现象上去认识问题，连什么都无法认识的。只有从现象深入社会自身最本质的最基础的东西方面去把握，社会，连同建筑于其上层的一切东西及种种现象，才能正确地被我们认识。因而要正确地阐明入秦以后至鸦片战争前这一阶段的社会性质，只有从其时社会的生产关系、阶级的剥削关系的内容上去考察，才是问题的核心，才能说明其社会的性质。如果生产关系、阶级的剥削关系的主要内容是封建主义的，那么，社会也便是封建主义的。封建主义的经济和其以前的奴隶制经济、其后的资本主义经济，都各有其一定的特征和特质，是不容混淆的。这两者的分别，最好拿马克思和列宁的话来说。列宁在《俄国资本主义的发展》中说道：

> 农民在自己的份地上经营“自己的”经济，是地主经济存在的条件，其目的不是“保证”农民有生活资料，而是“保证”地主有劳动力。
>
> 我们把这种经济制度叫作徭役经济。显然，这种经济制的占优势是以下列必要条件为前提的。第一、自然经济占统治地位。农奴主的领地必然是一个自给自足的和闭关自守的整体，同外界很少联系。地主为出卖而生产粮食（这种生产在农奴制后期特别发达）！这是旧制度崩溃的先声。第二、在这种经济下直接生产者必须分有一般生产资料特别是土地，同时他必须束缚在土地上，否则就不能保证地主获得劳动力。因而攫取剩余产品

的方法在徭役经济下和在资本主义经济下是截然相反的：前者以生产者占有份地为基础，后者则以生产者从土地上解放出来为基础。第三、农民对地主的人身依附是这种经济制度的条件。如果地主没有直接支配农民个人的权力，他就不可能强迫那些得到份地而自行经营的人来为他们作工。所以，正如马克思在阐述这种经济制度时所说的，……必须实行“超经济的强制”。这种强制，可能有各种各样的形式和不同的程度，从农奴地位起，一直到农民有不完全的等级地位为止。最后，第四、技术的极端低劣和停滞是上述经济制度的前提和后果，因为种地的都是些迫于贫困、处于人身依附地位和头脑愚昧的小农。①

列宁在这里，是就俄国的封建经济说的；但它在原则上，完全可以活用于中国后期的封建经济。由初期封建制时期占支配地位的劳动地租，发展而成为在后期封建制时期占支配地位的生产物地租，并没有任何本质的变化。马克思教导说：“它（生产物地租——吕）和前一形态（徭役地租形态——吕）是由这一点来区别：剩余劳动不复在它的自然形态上，也不复在地主或他的代表人直接的监督和强制下进行。……那就是由他自己负责来进行这种剩余劳动。在这里，剩余生产——意指直接生产者在必要的需要以上，并且在实际上属于他自己的生产场所内，他自己所利用的土地内进行的生产，而不像前一场合，是在领主的所有地……内进行……。在这种关系下，直接生产者对于他的全部劳动时间如何利用，已经有权可以自己支配了，虽然这个劳动时间的一部分……，现在还是和以前一样，要无代价地，属于土地所有者；不过地主现在已经不是在劳动的自然形态上直接得受这种剩余劳动，他是在劳动借以实现的生产物的自然形态上得到它。”“生产者为自己做的劳动和他为地主做的劳动，不复在时间和空间上显明分开了。”在关于农奴经济和奴隶经济的根本区别，马克思说道：“它（农奴经济——吕）和奴隶经济或殖民地奴隶经济是从这一点来区别：奴隶是用别人所有的生产条件来劳动，不是独立的。”② 这里再没有什么可以引起误解的地方了，除非人们故意去歪曲。

根据这些原则去考察由秦到鸦片战争前的中国社会，除去在明末出现了资

①《列宁全集》第三卷，人民出版社一九五九年版，第一五八～一六一页。

②《资本论》第三卷，人民出版社一九五三年版，第一〇三七、一〇三八、一〇三二页。

本主义工场手工业的胚卵、到明末清初，受到清军血洗政策的摧毁，在康雍以后的重新出现，到鸦片战争的结局又被先进资本主义所绞杀者外，我们却找不出资本主义的特性来，也看不见奴隶制的支配形态的存在；反之，却自始至终地具备着封建主义的诸特征。这到我们专论这一时期的社会时，还要详细说明的。

可是，自秦至鸦片战争前这一长的时期中，社会的性质，虽还是不曾改变，却也在曲线式地向前发展中。譬如从地租和赋税的形态来说，除官府的徭役外，在秦朝，大体上可说还行着劳动及生产物地租和赋税——后者虽成了主要形态，前者也还相当普遍；到汉代，地租和赋税，便都以生产物为主要形态了——劳动地租渐被排除；一到唐代的“天宝”时代，在赋税的领域里，便开始表现出生产物和货币之同等重要的事实；到明代英宗以后，在赋税的领域里，现物便完全为货币所代替。但在地租方面，直到这一时期末，还是生产物占优势。虽然，直到这一时代的最后期，且直至半封建社会的时期，劳动地租还常常存在着，可是它的重要性，是随时代的进展而渐次减弱了的。

地租的本身，在前资本主义的场合里，无论用何种形态表现出来，本质上都是剩余劳动即无偿劳动的构成物。马克思在《剩余价值学说史》第三卷说：

> 地租……在历史上……是表现为剩余劳动的一般形态，是无代价做的劳动的一般形态。在资本家的场合，剩余劳动的占有，是以交换为媒介，但在这里，不是这样。它的基础，乃是社会一部分人对于他一部分人的强制的支配权，从而是直接的奴隶制度，农奴制度，或政治的隶属关系。①

封建地租之最始基的形态，便是劳动地租，而且“地租的最单纯的形态，是劳动地租”。“从经济学方面来说，由劳动地租到生产物地租（produktenrente）的转化，并没有改变地租的性质。”② 就是由生产物地租转化为货币地租的时候，在封建制的体系内构成地租的基础的东西，也还是同样的。马克思说：

> 在这里我们是把货币地租——要和那种以资本主义生产方式为基础的产业的或商业的地租相区别，那只是平均利润以上的余额——理解为单纯

① 三联书店一九五一年版，第四四六~四四七页。

②《资本论》第三卷，人民出版社一九五三年版，第一〇三〇、一〇三六页。

由生产物地租转形而生的地租，而生产物地租又只是转形的劳动地租。在这里，直接生产者不是把生产物付给他的地主……而是把生产物的价格支付给他。

但这种地租的基础（虽然已经面临着解体的前途），还是和在生产物地租（那是出发点）内一样。直接生产者依然是世袭的或传统的土地占有者，他依然要为地主（这种最必要的生产条件的所有者）在转化为货币的剩余生产物的形态上做剩余的强制劳动，那就是做没有给付、没有代价的劳动。①

拉歇恩可依据马克思和列宁的论旨论述说：

单纯货币地租的发生，和劳动地租及生产物地租比较，证明为社会的经济的诸关系之显著的高度的阶段。后二种地租形态，为与封建的——农奴制的经济不可分的结合着的……货币地租——在那还没转化为资本主义的地租——为与历史上的手工行业、都市经济及工场工业以前的时代结合着的。②

不过在这里须慎重指出的，生产物地租一转化到货币地租的形态，即由劳动地租递演到货币地租的形态，封建地租的基础，便临于崩溃。同时随着货币地租的发现以后，农村无产劳动者即农村雇佣工人阶级便必然伴着产生，而且是先行着的。这种农村无产劳动者，他们在表面上的人格的完全自由以及雇者与被雇者间的契约的完全自由这一点上，和后来的产业无产业阶级是相同的。但随着这一新的阶级的发生，社会的阶级剥削关系的内容，并不能立即引起质的变化——直到这一阶级在生产的领域上占着优势的时候。马克思说：

……实物地租到货币地租的转化，不仅必然会陪伴有一个无产的，为货币而被人雇佣的日佣劳动者阶级的形成，而且会由这样一个阶级的形成而被预料。在这个阶级还是初生，还只是稀疏出现的时期，在处境较优而有纳租义务的农民间，必然已经有为自己利益而剥削农村工资劳动者的习惯发展起来，好比在封建时代，某些有财产的居隶属地位的农民已经有隶属的农民一样。

---

①《资本论》第三卷，人民出版社一九五三年版，第一〇四〇页。

②《农业经济学》日译本，第一六八页。

生产物地租到货币地租的转化，那种最初只是间或地，此后则多少在全国范围内进行的转化，把商业、城市产业、商品生产一般，及货币流通已有显著发展这一件事作为前提。①

为要说明封建地租诸形态，不禁把马克思的话引得过多，现在再回到本题来。

由秦到鸦片战争前这一长的时期中，社会内部的矛盾，曾爆发过多少次农民和地主的阶级间的战争。战争的结局，常归结为两个形式：其一、是农民阶级被其同盟者或流氓领袖所拍卖，归结为地主的政权在改朝换代的形式下得到延续；其一、在进行战争的两阶级间的胜负快到决定的时候，农民军并往往为地主阶级引来的他族统治集团的力量所压服，因而地主阶级的政权，乃在另一种朝代更换的形式下得到延续。前者如秦末农民军与泗上亭长而兼小土地所有者的刘邦，西汉末农民军与商人地主刘秀，元末农民军与李善长、朱元璋等。……后者如唐代的农民军黄巢一群为唐政府引来的沙陀李克用……所镇压，明末农民军为地主阶级的政府引来之满洲贵族势力所镇压。这都是历史上一些最显著的例子。直到清代的太平天国，地主阶级的朝廷亦曾把关税等特权，易来美、英、法等殖民主义者的协同围攻，才把太平军打败的。

不过每一次战争的结局，由于地主阶级武装在反农民军过程中的烧、杀、抢掠和肆行破坏，特别在其对人民肆行残杀而引起人口的大量减少，和人口的大量移徙，便常使地主阶级的经济，一时呈显衰退。另方面，大暴动的结局，又常迫使地主阶级向农民作些让步，而实行一些改良，这又往往使阶级间的矛盾，暂趋缓和，生产得到发展；直至矛盾的发展一达到某种局势，阶级间的战争，便又重新爆发。不过这种战争的范围，总是一次比一次更扩大，内容也便一次比一次更丰富。

自北宋自由商人的集团的形成，都市行会手工业和商业更趋发展，封建制度自此已走到下坡。到元代，商业资本和高利贷资本的畸形发展，可说已达到尖端。这时的中国，无异已成了中世的国际市场。尤其是和外海交通的广州和泉州，手工制造业中心的杭州，内河商业都市中心的苏州和扬州，……更成了商业的中心地。可是随着元代政权的崩灭，中国和中亚细亚的交通，便被强制

① 《资本论》第三卷，人民出版社一九五三年版，第一〇四二～一〇四三、一〇四七页。

地停止了。然而在社会经济遭受战争的大破坏之后，由于到明朝，全国范围恢复到宋朝的发展轨道，以及明初一系列的较进步的政策的推行，生产便得到较快的恢复和发展。因此，明廷又极力在恢复和探寻海外通商航路，并有三保太监郑和等“七下西洋”以及其他类此的壮举，对亚非和亚欧的经济往来与文化交流，作出了不朽的贡献。

因而在清代，当资本主义列强未侵入前的时代，中国的资本主义因素，业已开始在孕育；但自外国资本主义的侵入以后，那个未出世的资本主义婴孩，便被绞死了。以后便沦入了半殖民地半封建的社会状态。

人们或者总不免嫌恨中国封建社会（初期封建制、专制主义的封建制等）的时期太长，所以便有些人在它的上头截去一长节，划归奴隶制度去管辖；有些人在它的下部截去一长节，划归所谓“商业资本社会”或“前资本主义社会”去管辖；更有些别有用心的人们，在继着这一时代之后的时代，急忙粉饰出一个资本主义社会来。他们完全不问社会自身的真实性和科学的真理性，只按照自己主观的意图来胡诌。这就是那般所谓“历史家”的科学。我真不解！难道科学肯允许人们这样胡来么!?

中国社会的现阶段，便是半殖民地半封建社会。建筑于其上层的诸形态的东西，均和其下层的基础相适应。对此，列宁早就作出了科学的论证。在一九一三年五月发表在《真理报》的文章《落后的欧洲和先进的亚洲》中就说过：“而‘先进的’欧洲呢？它掠夺中国，帮助中国民主、自由的敌人!”“反对中国的民主派”，“拥护准备实行军事独裁的袁世凯”。“整个欧洲的当权势力，整个欧洲的资产阶级，都是与中国所有一切中世纪反动势力实行联盟的。”①后来在《论尤尼乌斯底小册子》，② 在《共产国际第二次代表大会》③ 等文章和报告中，都多次提到中国、土耳其、波斯，都是“处于半殖民地地位的国家”，在经济、军事、财政以至文化等方面，都是从属和依附于帝国主义国家的。同时，早在一九一二年的文章《中国的民主主义和民粹主义》中，他就明确地指出中国社会的半封建性，说：“……中国这个落后的、半封建的农业国家的客观条件，在将近五亿人民的生活日程上，只提出了这种压迫和这种剥

① 《列宁全集》第一九卷，人民出版社一九五九年版，第八三页。

② 《列宁斯大林论中国》，解放社一九五〇年版。

③ 《列宁全集》第三一卷，人民出版社一九五八年版。

削的一定的历史独特形式——封建制。农业生活方式和自然经济占统治地位是封建制度的基础；中国农民这样或那样地受土地束缚是他们受封建剥削的根源；这种剥削的政治代表就是以皇帝为政体首脑的全体封建主和各个封建主。"[①] 以当前阶段中国社会性质为"资本主义社会"或"末期封建社会"的人，是常常引用马克思和列宁的词句来反对列宁的。[②]

关于中国社会的半殖民地半封建性，到专论现阶段的社会时，再详细论证。

---

①《列宁全集》，第一八卷，人民出版社一九五九年版，第一五四页。

② 当时托洛茨基派和"新生命"派等伪马克思主义流派，在这个问题上的阴暗的政治意图，是在反对中国共产党关于民族民主革命的纲领和党领导的民族民主革命。

列宁关于中国社会性质和中国革命性质的论旨，毛泽东同志和我们党在领导中国革命的实践过程中，作了极全面的、深刻的科学的系统的阐明和创造性的发展，主要表现在毛泽东同志的《中国革命和中国共产党》、《新民主主义论》等经典著作中。关于社会性质，毛泽东同志在《中国革命和中国共产党》中说道："自从一八四〇年的鸦片战争以后，中国一步步地变成了一个半殖民地半封建的社会。自从一九三一年九一八事变日本帝国主义武装侵略中国以后，中国又变成了一个殖民地、半殖民地半封建的社会。""……我们这个殖民地、半殖民地、半封建的社会，有如下的几个特点：一、封建时代的自给自足的经济基础是被破坏了；但是封建剥削制度的根基——地主阶级对农民的剥削，不但依旧保持着，而且同买办资本和高利贷资本的剥削结合在一起，在中国的社会经济生活中，占着显然的优势。二、民族资本主义有了某些发展，并在中国政治的、文化的生活中起了颇大的作用；但是，它没有成为中国社会经济的主要形式，它的力量是很软弱的，它的大部分是对于外国帝国主义和国内封建主义都有或多或少的联系的。三、皇帝和贵族的专制政权是被推翻了，代之而起的先是地主阶级的军阀官僚的统治，接着是地主阶级和大资产阶级联盟的专政。在沦陷区，则是日本帝国主义及其傀儡的统治。四、帝国主义不但操纵了中国的财政和经济的命脉，并且操纵了中国的政治和军事的力量。在沦陷区，则一切被日本帝国主义所独占。五、由于中国是在许多帝国主义国家的统治或半统治之下，由于中国实际上处于长期的不统一状态，又由于中国的土地广大，中国的经济、政治和文化的发展，表现出极端的不平衡。六、由于帝国主义和封建主义的双重压迫，特别是由于日本帝国主义的大举进攻，中国的广大人民、尤其是农民，日益贫困化以至大批地破产，他们过着饥寒交迫的和毫无政治权利的生活。中国人民的贫困和不自由的程度，是世界所少见的。这些就是殖民地、半殖民地、半封建的中国社会的特点。"（《毛泽东选集》，第二卷，人民出版社一九五二年版，第六二〇、六二四~六二五页）——一九六〇年七月补注。

三

古代社会的一般特征

人类才从兽类脱离出来的状态，在生活的若干方面，依旧和高级兽群分别不大，为实行漫无规律的血缘杂交的原始群团，以草木及果实等为食物，栖息的处所，也依旧与禽兽无别的巢居；所别的，只是人类已知道言语。① 正确地说，因为知道制造与使用劳动工具，从而语言的形成，人类才从兽类脱离出来。但是人类在原始群团中的杂交的真实情况，却不是我们今日的正确的知识所能达到的。②

从这时始，到文明开始的时代止，这一悠久的期间，恩格斯及莫尔根根据科学研究的结果，把它划分为野蛮和开化两个时代，又把每一时代划分为初期、中期、晚期（或低级、中级、高级）三个时期。每一时期，各有其不同之特征。

---

① “……男女杂交的状况，表示在野蛮阶段中可能想像的最低状态——它代表人类进步阶梯的最下阶段。在这种状态之下的人类，和环绕在他们周围的各种动物差不多没有什么区别。不知婚姻为何事，大抵过着游群生活，他们不只是野蛮人，而且只具有一种微弱的智能与更微弱的道德观念。”（莫尔根：《古代社会》，三联书店一九五七年版，第五八六页。）

② “杂交可从理论上推论出来作为血缘家族的一种必要的先行存在的社会状态；但是，这种事实已隐蔽于人类的远古迷雾之中，而为实证的知识所能达到的范围以外了。”（同上书，第五八八页。）

“这种男女杂交的状况，表示在野蛮阶段中可能想像的最低状态——它代表人类进步阶梯的最下阶段。”（同上书，第五八六页。）

A. 关于工具演进和生产方式

在古代社会，即原始社会里，各时期的相续发展，而构成其时社会的诸形态；那均系基于生产力的相续发展，及与之矛盾对立的生产关系的发展、变化所构成的各种生产方式的本身及其上层的表现。

关于工具的演进和生产方式的一般特点，根据恩格斯和莫尔根所得出的结论，可概括为如次的一幅轮廓画。

野蛮时代初期，人类由使用天然的木枝石块作工具，以草木及果实等为食物的生活，进到知道捕鱼并发明用火而止。

野蛮时代中期，由发明用火及知道捕鱼类充作食物为始，进到知道旧石器之使用而终局。

野蛮时代晚期，由弓矢的发明始，男子从事游猎，女子管理家内事务兼采集果实等。新石器之发明与使用的事实，在本期开始出现。

开化时代初期，由知道新石器的使用，及制陶术与纺织的发明为始，到东半球知道饲养动物，西半球知道玉蜀黍等植物的栽培，及用亚伯多砌砖和石块建筑家屋而终局。

这一时期，以新石器之使用为标志，可说是由采取经济过渡到了生产经济，人类已由原始的漂泊集团而转营定住生活。①

开化时代中期，东半球以知道畜牧，② 西半球知道种植，及用亚伯多砌砖建筑住屋为始，到发明冶金术③而终局。氏族社会，到本期发展完成。

---

① “生产经济是出现于新石器时代”。“采取经济和生产经济之间……向新的经济形态推移，和漂泊群团之定住有密切关系。这定住，只在有多量的食料生活品存在之时，才会发生。最初的人类集团，主要是住在河川、湖水、海滨的沿岸，或是野禽丰富的地方。”（波特卡诺夫：《唯物史观世界史教程》，日译本，第一分册。）

② “当亚洲及欧洲诸部落经过开化低级状态而接近于开化中级状态的末叶的时候，似乎还不知道谷物及其他植物的栽培。”（莫尔根：《古代社会》，三联书店一九五七年版，第二二页。）

③ “……美洲土著们在没有家畜的情况下而能得到如此显著进步……；秘鲁人发明了青铜，从时间的顺序上来说，这仅次于并且是接近于铁矿的冶炼方法的。”（莫尔根：《古代社会》，三联书店一九五七年版，第二六页。）

开化时代晚期，“开始于铁器的制造，终止于音标字母的发明及用文字于文学作品的写作。到这个时候文明也就开始了。”① 同时，田野农业开始出现。

文明时代，“开始于音标字母的使用和文字记录的产生，并分为古代及近代二期。石刻象形文字亦可以认为是文明时代开始的相等的标识。”②

古代社会的经济制度，是原始共产制的。一切都没有“你的”“我的”的分别，只有个人日常的贴身用物如刀斧之类，才属于个人，但也并不是作为私有财产而看待的。就是发展到古代社会的末期，私有财产的观念业已萌芽，仍没有个人对其所有及占有物之变卖或转让给氏族集团以外的自由——必须在氏族集团和公约范围内行使。

因而，在氏族社会内，自由平等的原则适应的范围，没有阶级的分别（正确的说，是没有阶级存在），也没有男女的分别。

在土地作为主要生产工具以后的古代社会，恩格斯和莫尔根曾说：

> “土地乃是全部落的财产，仅仅小小园圃归家庭经济暂时使用，……大家都是平等、自由的，包括妇女在内。他们还不曾有奴隶；奴役异部落的事情，照例，也是没有的。”③ 当开化中期，“土地的所有权依旧属于部落所共有，但是土地的一部分已划分开来作为维持政府之用，另一部分作为支持宗教上的使用。”④

氏族的财产，以保存在氏族内为原则。但是氏族内死亡者的财产——这里所谓财产，不是含有现代的财产的意义——的处置，莫尔根指出有如此的三种相续法：第一种相续法，财产保存于氏族内；第二种相续法，财产由父方亲族承继；第三种相续法，财产只为其子女所承继。这三种相续法，都各和其社会一定的生产方式相适应的。

掠夺他人劳动力的事情，是氏族社会临没期才发生的。因为在原来，每个人的劳动生产量，只能维持其自身的生活，事实上没有能被剥夺的剩余。只有在个人的劳动生产量能超过维持其个人生活的生产量的情况下，才有被剥夺的可能。科学的社会主义的发明者说：

---

① 莫尔根：《古代社会》，三联书店一九五七年版，第一一页。

② 莫尔根：《古代社会》，三联书店一九五七年版，第一一页。

③ 恩格斯：《家庭、私有制和国家的起源》，人民出版社一九五五年版，第九二页。

④ 莫尔根：《古代社会》，三联书店一九五七年版，第六三〇页。

劳动愈不发展，其生产品底数量、从而社会底财富愈有限制，则血统纽结对于社会制度底支配影响便显得愈强烈。然而，在以血统纽结为基础的社会底这种肢分中，劳动底生产率却愈来愈发展起来，随之私有制与交换、财富上的差别、使用他人劳动力底可能性、及因此而来的阶级矛盾底基础，诸如此类的新的社会成分也愈来愈发展起来；这些新的社会成分在几世代中竭力使旧的社会体制适应于新的情势，直到两者底不相容性最后引到一个完全的革命为止。奠基在血统联系上面的旧社会，由于新形成的社会各阶级底冲突而破裂了；新的社会便取它而代之，并组织成为国家，这种国家底基层结合已不再是血统底结合，而是地域的结合了，在这种社会里面，家庭制度已经完全地服从于所有权关系了，而且在它里面，阶级矛盾和阶级斗争从此自由地展开起来，这种阶级矛盾和阶级斗争构成了今日以前全部成文历史底内容。①

所谓对他人劳动力的掠夺，最初而最主要的形态，是把俘虏当作家畜一样的奴隶使用而开始的。在最初——在野蛮时代，——因为食物的缺少而流行着食人的习惯，俘虏在此时，便当作食物而被杀戮。到初期开化时代，因为生活资料比较易于获得，随着食人习惯的停止，俘虏便被收录而编入为氏族的成员——主要在作为养子的名义下而被收录的，只有在当作牺牲的时候才被杀戮；到了开化中期，因为人类的劳动力，在与工具的改进俱来的情况下，便能生产维持其生活更多的生产量，俘虏便被当作奴隶使用而被榨取了。后来因为社会内部贫富的分割，贫者便充任了奴隶的第二个来源。更因奴隶使用范围的扩大，奴隶便被当作商品而买卖，又作为补充奴隶的来源之一种调剂方法。到这时，阶级制度已发展完成，原始公社制度已临于灭亡，人榨取人的范围，也极其宽广了。

B. 社会制度和家系制度演进的诸形态

在氏族未发生以前的初期野蛮时代，人类还在原始群团的状态中；在这种

① 恩格斯：《家庭、私有制和国家的起源》，人民出版社一九五五年版，《一八八四年第一版序言》，第六页。

状态下面，婚姻制度——硬要拿这一术语来说的话——完全为一种漫无规律的杂交行为。在野蛮的中期和晚期，婚姻制度便演化为彭那鲁亚（Punaluan）制，社会便成为依性别和年龄而分级的社会；同时，氏族在其适应的条件下，发生于中期，经过晚期的发展，而过渡到开化时代的氏族社会。①

但是要说明氏族的真正起源的状况，是困难的，甚而是不可能的。“因为这些事实与情况，都是属于遥远的古代的。但是氏族则可以追溯到适合于其发生的一种古代社会的情况，这即是我所企图要作的。氏族的起源，属于人类发展的一低级阶段，属于社会的一极古的状况；虽然比群婚家族的最早的出现要晚些。氏族制之发源于群婚家族，是十分明显的，因为构成一群婚团体的人员，基本上是与一氏族的成员相符合的。”②

一般说来，在开化时代的初期和中期，都是以对偶婚为基础的婚姻制度。

> 当美洲的土著初次被发现时，其中之处在开化低级状态中的一部分，他们的家族形态已经进到了对偶家族制。
>
> 在开化中级状态中的村落印第安人中，虽然西班牙的著作家所给予我们的材料是空泛及一般性的，但是这种家族制在他们之间是通行的形式则是无可怀疑的。
>
> 处在开化低级状态中的美洲土著，当其被发现的时代，对偶家族制在他们之中是通行的形式。

对偶婚家族的产生，也不是偶然的，而是随着对自然条件的改进而发生的。“当人类脱离野蛮状态进到开化低级状态以后，他们的情况就大大地改善了。为着文明的斗争一大半已经赢得。一种缩小婚姻集团中的人数到更小范围以内的倾向，必定在野蛮时代尚未终结以前就已经开始表现出来。”③

由于对偶婚的发生，掠婚的习惯便随着出现。

一夫一妻制家族，则发生在开化晚期，继续至“文明时代”。间在对偶婚与一夫一妻制家族之间的，还有一种家长制的家族存在。

---

① “氏族在蒙昧中级阶段（按即野蛮中期——吕）发生后，在其高级阶段继续发展起来，就我们的资料所许可的范围内去判断，到了野蛮底低级阶段（按即开化初期——吕），它便达到了全盛时代。”（恩格斯：《家庭、私有制和国家的起源》，人民出版社一九五三年版，第一五二页。）

② 莫尔根：《古代社会》，三联书店一九五七年版，第四九四页。

③ 莫尔根：《古代社会》，三联书店一九五七年版，第五二八、五三八、五九〇页。

血缘家族、彭那鲁亚家族、对偶婚家族、一夫一妻制家族，这几种家族形态，各和人类社会进程中的各主要阶段相适应的。莫尔根说：

血缘家族与群婚家族则是属于野蛮状态的——前者属于其最低期，后者属于其最高期——而群婚家族则继续延展到开化时代的初期之中；对偶家族是属于开化时代的初期和中期的，而延续至其晚期；单偶家族属于开化时代的晚期，而继续到文明时代。①

恩格斯总结了全部人类历史，给予了如次的一个高度的科学概括，说道：

这样，我们便有了三种主要的婚姻形式，在大体上这三种家庭形式是与人类发展底三个主要阶段相适应的。群婚是跟蒙昧时代相适应的，对偶婚是跟野蛮时代相适应的，以破坏夫妇贞操与卖淫为补充的一夫一妻制是跟文明时代相适应的。在野蛮底高级阶段，在对偶婚与一夫一妻之间，插入了男子对女奴隶的支配和一夫多妻制。②

家族制度的三种形态，与人类发展的三个主要阶段相适应，迄今为止的全部人类历史，证实了这一伟大的科学概括。而自血缘群婚以后的各种形态的家族，结成夫妇的成员不能属于一个氏族，而是属于不同的氏族，因此，它附丽于氏族团体，又自始就和氏族存在着相互间的矛盾。莫尔根说："家族却不能全体加入于氏族，因为夫与妻必然他是属于各自相异的氏族的。直到最后的时期，妻还自己认为她是属于她父亲的氏族的，……因为所有的部分必须加入于整体，所以家族便不能成为氏族组织的单位。社会组织的这种单位的地位，则为氏族所占有。"③ 这种矛盾随着氏族制社会的灭亡才基本消灭，而男女间地位不平等的矛盾，则只有到共产主义时代才能消灭。

适应于原始社会各时期的社会性质，大抵从野蛮时代发轫，通过开化时代的初期和中期，在人类史上，一般都属于母系本位的氏族社会。依据莫尔根，这也不是没有例外，他说："到了开化时代的中级期，印第安人部落开始改变女性本位而为男性本位世系，因为此时代的对偶家族已经开始具有单偶制的

---

① 莫尔根：《古代社会》，三联书店一九五七年版，第五三八页。

② 恩格斯：《家庭、私有制和国家的起源》，人民出版社一九五五年版，第七一页。此书译文的"蒙昧时代"，即莫尔根：《古代社会》译文和本书的"野蛮时代"；此书译文的"野蛮时代"，即莫著译文和本书的"开化时代"。

③ 莫尔根：《古代社会》，三联书店一九五七年版，第五四四页。

特征。”[1]

在晚期未开化时代，随着一夫一妻制的出现，母系本位的氏族社会，便随即为男系本位的氏族社会所代替，而由此直接过渡到“文明时代”的“政治社会”，氏族社会便也由此瓦解。

在考察到氏族的组织时，恩格斯及莫尔根依照一般的情况，曾指出有如次的四个相连系的构成：氏族，胞族，部落，部落联合。每一部落包含着同血统的几个胞族，每一胞族包含着同血统的几个氏族，部落联合，则系几个部落由同意而组成。所以氏族，胞族，部落，为基于血统关系上的自然的成长物。部落联合，虽属是一种社会的必然的产物，最初也是由其同血统的关系而发展起来的，却也有不同血统的部落由同意而加入到一个联合之内的事实。

因而氏族，便是氏族社会组织的基础单位。不过氏族并不是最原始的组织。莫尔根说：“在论究政治观念的发展问题时，那种以血缘亲属为基础的氏族组织，自然的便成为一种形成古代社会的原始骨干的东西；但是却还有一种较诸氏族组织为更古和更原始的组织，这就是以性别为组织基础的级别制。”[2]

说到氏族社会的政治体制——我们不能不拿政治体制这一术语来说的话——因为氏族在本质上就是原始民主的组织，所以氏族社会的组织，便都是原始民主的。

在每个氏族中，都设有执行公共事务的世袭酋长一人，此外并设有普通酋长。世袭酋长必须为本氏族的成员才能充任。氏族成员对于世袭酋长有选举和罢免的权利。他们对一切会议的决议，以全场的一致为其原则，因为他们根本就不知道所谓多数和少数的方法。

部族以世袭酋长组织的酋长会议为最高的权力机关。但是在许多部落里面，通常都置有领袖酋长一人。这领袖酋长也必须由选举产生，并且还得被罢免的。他为部落的军务酋长（或军务司令官），为着宗教上的仪典及执行纪念和祭祀的时候，充任司祭者，因而于其本职外，便兼摄僧侣的职权，稍后一点，又有兼司法官职务的。

部落联合，也以世袭酋长所组成的酋长会议为最高权力机关。在易洛魁部

---

① 莫尔根：《古代社会》，三联书店一九五七年版，第七〇页。
② 莫尔根：《古代社会》，三联书店一九五七年版，第四八页。

族联合的总会议中，无领袖行政官的设置，但设有权限相等的两名军务总司令官。这种军务总司令官也必须由选举产生，并且还得被罢免的。

由于部落和联合的最高军事领袖的设置，氏族社会的政治便胚种为后来的在国家名义下的阶级政治，军事的民主政治，充任了这两者间之过渡的桥梁。自然，这都是社会自身，在其一定的必须的条件下的自然成长物，其自身并非能自由的发生以及能独自存在的——但这不是说，不须通过人类的创造作用。

由氏族社会到“文明时代”的“政治社会”间，莫尔根指出三个阶段的相续形态。

> 第一阶段为由氏族所选举的酋长会议所代表的部落政府。此种政府可称为一权政府，即会议政府。它通行于开化状态低级期的诸部落间。第二阶段，即酋长会议与军务司令官握有同等权力的政府，会议代表民政上的职能，司令官代表军事上的职能。这个第二种形式的政府；在开化状态低级期部落联盟形成以后才开始出现，迨至开化状态的中级期才至于确立……此第二阶段的政府可称之为二权政府……第三阶段，即由酋长会议、人民大会及军务总司令官三者所组成的一种人民或民族政府。此种政府，在达到开化状态高级期的部落中……才开始出现。……第三阶段的政府可称之为三权政府。①

> 氏族的命名，在原先，都是采取动物或无生物的名称，发生为原始的图腾标志；采取人类个人的名称为氏族的名称，这是人类进步到历史上可以识别的时候才有的事情。原始的群团一演进到图腾群团，同一图腾群团中男女的性交，便开始受到排斥了。但是图腾制度的存在，在历史上比母系制氏族社会还早。②

怎样由图腾制过渡到母系本位的氏族制和母系本位的氏族制如何产生？库斯聂在其《社会形势发展史》中，又有如此的一段叙述：

> 由这种图腾制度，后来就发展到了母系制度（其意即指妇人将自己的姓氏给与后裔）。血族关系能发展到这一阶段，是限制婚姻的结果。此阶段之能闻名后代，是由于婚姻“阶级”各种制度之崩溃。新阶段之特

① 莫尔根：《古代社会》，三联书店一九五七年版，第一三〇页。
② 库斯聂（Kushner）：《社会形势发展史》，中译本，第二〇九页。

> 点，即在于妇人不仅将自己故有的姓氏保存着，且能转给她的儿女。因之，氏族的内部发生了各种图腾的成份，图腾的本意已不相当于部落的名称了，在邻近的部落都成了同样的图腾，因此，部落中的联系非常广阔，图腾制度的根源从此也就被截断了。此后游牧部落，已经不是图腾的氏族，……氏族集团同时也是几个部落的组合。此种关系之形式是源于族外婚姻而来的。从此就产生了母系制度。①

因而，图腾制的存在，是适应于婚姻的“阶级”集团婚存在的阶段，正确地说，它的出现，是和一定形式的采集经济相关联的。

上述古代社会即原始社会发展的诸特征，基本上是人类社会共同的一般法则。在采集经济时代，社会面貌，并不那样受地理等条件的影响，② 在入于生产经济阶段的氏族制时代所受地理等自然条件的影响，也还是较小的。也就是说，在一般的共同法则的基础上，不只出现在地球各部分的图腾群团，彼此间的特殊性较少，直到氏族制度的初期，出现在地球各部分间的各氏族集团，人们为获得生活资料所进行的生产，不能不直接受到地理和气候等自然条件的影响，不能不给予彼此间以较多的特殊性，而较之其后来的时代，还是较小的。随着生产越益往前发展，地区间的分工和彼此差异的特殊性也便越来越多了，彼此间发展的不平衡便越来越显著了。因此，氏族制度和其以前的图腾制度，是人类历史上最普遍存在过的社会制度。莫尔根依据自己的研究，说：“氏族组织给我们展示了人类中最古而且流行最广的制度之一。它几乎供给了古代社会的——不拘是亚洲的、欧洲的、非洲的及澳洲的（美洲是莫尔根古代社会研究的标本——吕）——政府的普遍方案。氏族制度是社会所赖以组织和维系的工具。它发端于野蛮时代，经过开化时代的三时期，——一直继续到政治社会的建立为止，而政治社会在文明时代开始以前是尚未出现的。”③ 的确，从全人类来看，到现在止，存在过最普遍的制度，莫过于氏族社会。到今为止，地球上许多民族，还迟滞在氏族社会阶段。氏族社会以前的图腾制社会也是普遍存在过的，但已只留下一些遗迹和传闻，其具体情况已难于完全确切知道。

---

① 库斯聂：《社会形势发展史》，第二〇五～二〇六页。

② 原书在此处复出了其后一句话的文字，今据文意删去。——校者注。

③ 莫尔根：《古代社会》，三联书店一九五七年版，第六四～六五页。

四

神话传说所暗示之野蛮时代的中国社会形态

在这里，重复声明一句，我是带着几分探险的性质。若是这次探险失败了，毋妨再继续数次以至于问题得到解决。

在史前期这一阶段的研究上，我们能利用的材料，只有一些神话传说式的记载和一些有限的旧石器、新石器及金石器时代出土的遗物。

中国史上的所谓“三皇五帝”以及所谓“三代”的夏代的部分，我们还不能确定其传说中的人物的有无，要确定，还有待于地下的发现。但以他们和一些有历史的正确意义的传说结合在一起，我为行文的便利，暂以之代表其神话传说的时代，把他们当作甲乙丙丁的代名词看。

我对于这一时代——史前时代，作为研究范围的，原先是计划为新石器时代开幕后和“文明时代”以前的一个阶段。但关于新石器时代以前的时代，在各种古籍中所保留着的神话传说式的记载，不仅能正确地暗示着一个时代的历史特征，并且还相当丰富，我不忍割爱，所以又追溯到原定计划以前的一个时代去。同时，使读者知道中国民族经过的过程，一般上，完全和其他世界各民族一样，并不是从另一个星球上飞来的，也不是如孔子和孔子之徒的假托，一开始就是“圣人御极”的“郅治之世”。给读者以这个概念，也似乎是必要的。不过确切的情形，在旧石器时代的实物和其他遗迹等没有更多的发现前，还是我们无从知道的。

那些散见于各种记载中的神话传说的来源，我们虽不敢完全确定，但它们能反映历史上一定时代的实际，是我们敢于确定的。剥削阶级的人们虽或不免有造谣的特长，但以绝少社会科学知识的古人，“无中生有”的制造，如若全无根据，断不能造得那样合于历史的真际事实。所以我们从他们那些谰言连篇的废话中，抽出真实可靠的部分来，我认为这是历史研究上的一个必要而严肃的工作。

A. 从原始群团到氏族社会诸特征的存在（一）

中国民族从远古时代到“文明时代”经过多少万年？以及距今的年代多少？这是我们无法知道的。汉代的儒家以及战国时代的学者，曾有如次的几种推测，例如：

> 天地开辟，至春秋获麟之岁，凡二百七十六万岁。①
>
> 杨朱曰：太古之事灭矣，孰志之哉！三皇之事，若存若亡；五帝之事，若觉若梦；三王之事，或隐或显亿不识。……太古至于今日，年数固不可胜纪；但伏羲以来三十余万岁。贤愚好丑，成败是非，无不消灭。②

但这都是不可靠的。北京周口店所发现的“北京人”，专家判定为五十万年前的人类牙骨。如果这个结论可靠，便证明了中国的北部在五十万年前就有人类的存在。它还可能是中国民族的远古祖先，专家分析其残骸，也得出和华北人体构造近似的判断，但肯定它和现在中国人的关系，还须待更充分的材料来说明。而这里对年代判断的结论，也只是盖然性的。因而如果不愿作不负责的推断，则关于中国史前期的年代问题，还是不能把它搁置起来。③

关于远古的情况，都不是没有足够科学知识的后代人所能意识得到的。人类在原始的最低阶段中，是和禽兽差不远的，还不知道用火。在不知用火的状态中的人类，食物完全依靠自然的草木果实……之类，居处则为和禽兽相似的巢穴，衣则为草叶羽毛之类。中国的古书中，有不少关于这类事情的传说式的记载。

---

①《春秋纬元命苞》。

②《列子·杨朱》。

③ 根据解放后的地下发现和专家们的辛勤研究，这个结论已得到肯定——一九六〇年补注。

昔者，先王未有宫室，冬则居营窟，夏则居增巢；未有火化，食草木之实、鸟兽之肉，饮其血，茹其毛；未有丝麻，衣其羽皮。①

上古之世，人民少而禽兽众；人民不胜禽兽虫蛇……构木为巢，以避群害……曰有巢氏。食果蓏螺蛤，腥臊恶臭，而伤害腹胃，民多疾病。……钻燧取火，以化腥臊。②

古者，民茹草饮水，采树木之实，食蠃蛖之肉，时多疾病毒伤之害。③

古者，丈夫不耕，草木之实足食也；妇人不织，禽兽之皮足衣也。④

昔者，昊英之世，以伐木杀兽，人民少而木兽多。⑤

古之民……就陵阜而居，穴而处，……衣皮带茭，……素食而分处。⑥

（衣）先知蔽前，后知蔽后。⑦

古者，禽兽多而人少，于是民皆巢居以避之。昼拾橡栗，暮栖土木，故命之曰有巢氏之民。⑧

东方曰夷，被发文身，有不火食者矣；南方曰蛮，雕题交趾，有不火食者矣；西方曰戎，被发衣皮，有不粒食者矣；北方曰狄，衣羽毛、穴居，有不粒食者矣。⑨

饥即求食，饱即弃余，茹毛饮血，而衣皮苇。⑩

像这一类的传说式的记载，散在各种古籍中的，录不胜录，都是关于原始群团时代人们的衣食住的说明，断不是那班诸子百家们所能意识得到的。而传说竟如此普遍地被传述，说明它正是历史真实的传流和反映。

与那种原始的物质生活相适应的，又有关于如次一类的杂交的传说：

①《礼记·礼运》。
②《韩非子·五蠹》。
③《淮南子·修务训》。
④《韩非子·五蠹》。
⑤《商君书·画策》。
⑥《墨子·辞过》。
⑦ 郑玄：《易纬乾凿度》注。
⑧《庄子·盗跖》。
⑨《礼记·王制》。
⑩《白虎通德论·号》。

昔太古常无君矣，其民聚生群处，知母不知父，无亲戚兄弟夫妇男女之别，无上下长幼之道。①

男女杂游，不媒不聘。②

在湖南武冈、邵阳一带也有如次一种最流行的神话：

在古代，有次洪水滔天，人们全被淹死了，只留下东山老人和南山小妹两兄妹，他俩为着要传后代，所以同胞兄妹就结了婚，现在的人全是他俩的后代。

直到今日，当地人的祖先堂上所供奉的第一对祖宗，就是东山老人和南山小妹，因而这段神话，无疑也正反映了原始的血缘杂交。

同胞兄妹可以结婚，男女可以“不媒不聘”的“杂游”，并且也没有什么“亲戚、兄弟、夫妇、男女”的分别，大家“聚生群处”，这种情形，在彭那鲁亚婚制发生以后，便要受着排除的。只有在原始杂交的群团中，才能画出这幅两性生活的图画来。

刚从兽类脱离出来，只知道言语的人类的形状，传说式的记载，也有如次一类的描述：

有蚩尤兄弟八十一人，并兽身人语。③

庖牺氏、女娲氏、神农氏、夏后氏，蛇身人面，牛首虎鼻，此有非人之状。④

禹长颈鸟喙，面貌亦恶矣。⑤

伏羲龙身牛首，渠肩达掖，山准日角。⑥

伏羲虎鼻山准。⑦

神农长八尺有七寸，宏身而牛头，龙颜而大唇。⑧

有神人名石年。苍色大眉，……号曰皇神农。⑨

---

①《吕氏春秋·恃君览》。
②《列子·汤问》。
③《史记正义》引《龙鱼河图》。
④《列子·黄帝》。
⑤《尸子·君治》。
⑥《春秋纬合诚图》。
⑦《论语摘辅象》。
⑧《孝经援神契》。
⑨《春秋纬命历序》。

黄帝身逾九尺，紨函挺朵，修髯华瘤，河目隆颡。[①]

这反映了原始宗教魔术即图腾崇拜的传说，同时也正描画着一幅原始人的图画。这种原始人的社会、组织的具体情形怎样，不是我们今日所有的正确知识所能推想出来的。不过，他们或者还不曾和兽类完全分离出来。如次的一些神话式的记载，许是确切的。

兽处群居，以力相争。[②]

万物群生，连属其乡，禽兽成群，草木遂长；……日与禽兽居，族与万物并。[③]

野居穴处，未有室屋，则与禽兽同域。[④]

居不知所为，行不知所之，含哺而熙，鼓腹而游。[⑤]

上世尝有不葬其亲者，其亲死，则举而委之于壑。[⑥]

古之人，同气于天地，与一世而优游。当此之时，无庆赏之利，刑罚之威。礼义廉耻不设，毁誉仁鄙不立。[⑦]

上古之时，人民无别；群物无殊，未有衣食器用之利。[⑧]

未有蚩尤之时，固剥林木以战矣，胜者为长。[⑨]

昔容成氏之时，道路雁行列处，托婴儿于巢上，置余粮于畮首，虎豹可尾，虺蛇可蹍，而不知其所由然。[⑩]

如果这些传说式的记载，对于原始集团的状态能有所说明的话，则我们可以看见，在这种状态中的人类的动息，还是和禽兽掺杂着的。连直系母子的关系，都还不曾被了解。他们所使用的工具，还不过是木枝和天然石块之类。对自然的占有、能动性的发挥和知识等等，都处在一种最低级的状态中。

上面所列举的一些事象，却能符合恩格斯及莫尔根所论证的野蛮初期的状

---

①《孝经援神契》。
②《管子·君臣》。
③《庄子·马蹄》。
④《新语·道基》。
⑤《庄子·马蹄》。
⑥《孟子·滕文公》。
⑦《淮南子·本经训》。
⑧《易纬乾凿度》。
⑨《吕氏春秋·孟秋纪》。
⑩《淮南子·本经训》。

态，应该不是偶然的。

神话传说的本身，原系邃古各时代人类实际生活所构成的一种遗留到后代的传说，这些传说一定反映到后代人的脑子里，便被复制和混合起来，即把他们所说明的各异的时代性，混合在一起，再加以复制。再则他们又替每篇神话，都去找一个主人和它相结合——无论是有意无意的制造，都有这个可能——例如对于巢居的原始野人，就捧出一个神化的有巢氏来作说明；对于刚发明用火的原始人，就捧出一个神化的燧人氏来作说明；对于刚知道熟食和鱼畋的原始人，就捧出一个庖羲氏来作说明，这类的例子多着咧！因为不创造一个具体的人来作代表，即以之和具体的人结合起来，对于邃古各时代的神话，是难于说明和传留的，尤其在人类还处在低级阶段的时代。

用火是人类进化程途上的一个重大事件。但人类发明用火的经过，在现代的科学研究中，大抵可归结为如次的两个结论：一、由于原始人在劳动的过程中，因燧石的相击或钻木而发生出来的火，为给与人类对“火”的第一次印象；二、火山爆发出的自然“火”，为给与人类对“火”的第一次印象。不过照人类进化的过程说，火的发明，一般都是在旧石器时代之前的。因而前者的燧石相击的结论，应是在人类知道用火以后，在发明旧石器工具的制造过程中，又发现保存火种的一种方法。火的最初的发明，是在生产力发展到一定的阶段上，在磨擦木器或竹器的过程所创造出的辉煌成果。因为木或竹的磨擦生热，热度达到燃烧点，擦下的木屑或竹屑便生出火来，这是容易想象的。今日一些处在低级阶段的民族，都是使木片或竹片磨擦生火，以之为保存火种的方法。这照中国的传说来说，就叫作“钻木取火”。这种由钻木而第一次发现火，虽是偶然，却是通过必然性才知道使用的。所以人类在第一次和火相遇的时候，必不免引起一种绝大的惊异。至于火山爆发的偶然事象，和因这种偶然而获得火所烧过的已死动物或草根果实等来作食物，给予他们熟食的感觉，或由于近火而发生温暖的感觉，也都要通过必然性，即生产力发展到一定阶段所给予的必然性的基础上，才能实现。

在中国的太古时代，对于发明用火的经过，也同样有两种传说，第一种，由于“钻木”而发明用火的传说：

(伏羲)错木作穴，天乃大流火。①

(黄帝)钻燧易火，所以以去兹毒也。②

钻燧取火，以化腥臊，……曰燧人氏。③

燧人始钻木取火，炮生为熟。④

燧人氏钻木出火，造火者燧人也，因以为名。⑤

木与木相摩则然。⑥

黄帝作钻燧生火，以熟荤臊，民食之无兹胃之病，而天下化之。⑦

燧人上观辰星，下察五木以为火。⑧

这类传说并不是偶然地臆造的；它对原始人怎样发明用火，有着正确的说明，而且是符合实际情况的。

第二种关于火山的传说：

往古之时，四极废，九州裂，天不兼覆，地不周载，火滥炎而不灭，水浩洋而不息。⑨

天乃大流火。⑩

天皇君时遭劫火。⑪

根据我们在上面的研究，这与中国民族发明火的历史无关，只是关于太古时代的火山的传说，所以传说的本身也没有把它和火的发明相关联，而此对于太古时代的某时期火山爆发的说明，却是合乎实际情况的。

恩格斯对火的发明的评价，认为在蒸汽机的发明以上。

自发明用火以后，人类生活的情况便大大地改进了。火不仅给予人们以取暖的源泉和经验知识，充任了他们对于野兽的防卫，而且自从给予人们以熟食

---

①《河图始开图》，汉学堂引清河郡本。
②《管子·禁藏》。
③《韩非子》、《淮南子》、《易系辞》。
④《风俗通义》引《礼含文嘉》。
⑤《世本·作篇》。
⑥《庄子·外物》。
⑦《管子·轻重戊》。
⑧《尸子·君治》。
⑨《淮南子·览冥训》。
⑩《河图始开图》。
⑪ 转引自《绎史》卷一。

之后，食物的种类和范围才因之扩大，人类生理的变化才显著地从兽类分化出来。我国古人关于火的发明对人类所产生的巨大作用，也有如次一类的素朴的估价。

古者，民不知衣服，夏多积薪，冬则炀之，故命之曰知生之民。①

次后有人，五色长肘，号曰有巢……戳温次之，号曰燧皇，冬则穴居，夏则巢处，燔物为食，使民无腹疾。②

山居则食鸟兽，……近水则食鱼鳖螺蛤。加米于烧石之上而食之。③

以土涂生物，炮而食之。④

黄帝作火食。⑤

燔黍捭豚。⑥

黄帝之王，谨逃其爪牙，不利其器，烧山林，破增薮，焚沛泽，逐禽兽。⑦

这些传说式的记载，对于人类开始从野蛮初期演变过来、发明用火以后产生的新情况，以及火在以后的初期农业生产上的作用，等等，都作了一定的说明。它说明了这时的人类还“不知衣服”，用火去取暖，还没有陶器或其他煮物器具的发明，或把捕获的生物涂上泥土，放置到火中去炮烧，或放到烧烈的石块上面去燔烤。而且他们虽然还是“不利其器”，但是已知道用火去防御毒蛇猛兽的袭击。这种情况，在今日的若干落后民族中，还可以看到它的遗留。

我们的祖先，离开野蛮初期以后的野蛮中期和晚期的生活，在生产方式上，传说也表述了如次的一些情况：

焚林而田，竭泽而渔，人械不足。⑧

枯泽童山……烧增薮，焚沛泽。⑨

---

①《庄子·盗跖》。

②《命历序》，汉学堂引清河郡本。

③ 谯周：《古史考》。

④《内则》，郑注。

⑤《世本·作篇》。

⑥《礼记·礼运》。

⑦《管子·揆度》。

⑧《淮南子·本经训》。

⑨《管子·国准》。

无器械舟车城郭险阻之备。[1]

断木为杵，掘地为臼。[2]

剥林木以战。[3]

从这种情形，演进到旧石器的使用，才知道“作结绳而为网罟，以佃以渔”[4]。并从而才知道“绞麻索缕，手经指挂，其成如网罗”[5]。“枕石寝绳”[6]的衣服的制造。并从而才能去“因陵丘掘穴而处焉”,[7]“构木为台……积壤而邱处”[8] 的住室的建筑。

在前此未知使用石器以前，这些“构木为台”，“错木作穴”和“掘穴”的工作，都是无法实现的，充其可能，也只能就天然的地洞用木枝去加点工作，或者就只能“构木为巢”。但到这时，畜牧和种植仍然不曾发生。所以《淮南子》说“黄帝之世，不麛不卵”。居住的地理，因为鱼类充任了主要食物的来源，便已由高地而迁近于水滨。这在下面的一些传说中，可以寻出其形迹来。

仇夷山，四绝孤立，太昊之沼，伏羲生处。[9]

缘水而居，不耕不稼。[10]

太昊……母华胥，居于华胥之渚。[11]

黄帝居若水。[12]

青阳降居江水。[13]

黄帝以姬水成，炎帝以姜水成。[14]

①《吕氏春秋·恃君览》。
②《易经·系辞》。
③《吕氏春秋·孟秋纪》。
④《易经·系辞》、《孔子集语》。
⑤《淮南子·汜论训》。
⑥《绎史》卷三引《文子》。
⑦《墨子·节用》。
⑧《淮南子·本经训》。
⑨《太平御览》引《盾甲开山图》。
⑩《列子·汤问》。
⑪《路史》。
⑫《帝王世纪》。
⑬《史记·五帝本纪》。
⑭《国语·晋语》。

共工之王，水处什之七，陆处什之三。①

适应于这种生产方式之上的社会制度，便应该是依两性而分级的社会，和婚姻制度上的彭那鲁亚制。基于这种“分级”而组织的“分级”的形迹，如次的一些神话式的记载，能与以相当说明的。《列子·汤问》说：“长幼侪居，不君不臣。”《史记·五帝本纪》正义引《龙鱼河图》说：“黄帝摄政时，有蚩尤兄弟八十一人。”《国语·晋语》说：“黄帝之子二十五人。”这里所谓“长幼侪居”，无疑便是依男女两性而各依“老年”、“中年”、“成年”、“少年”而分成为阶级的一种传说；依这种“分级”组成的社会，是还没有世袭酋长和领袖酋长之设置的“不君不臣”的一种组织；这在澳洲土人中，以老年人为分配食物和经验的传授者、神箭和符箓的保管者。因而所谓“兄弟八十一人”，便是意义着包含有八十一人的“中年”（或成年）人的一个“阶级”；在他们的上面，无疑还有一个父或母辈的“老年”人阶级，在他们的下面，还有一个子或女辈的“成年”（或少年）人“阶级”，在“成年”人阶级的下面，还有一个孙辈的“幼年”人“阶级”存在。因而所谓“子二十五人”，便无疑是意义着一个包含有二十五人的中年人、成年人或少年人“阶级”。

与这种“级别”组织相适应的彭那鲁亚婚姻制，是男女两性各于其同辈的“阶级”中自由结合的。所以“长幼侪居，不君不臣，男女杂游，不媒不聘”的传说，便是这种婚姻制度内容的一种说明。不过在这种婚姻制度的内容上，当氏族出现以后，男女两性便只许和其对方氏族中的同辈“阶级”结婚。莫尔根说：

当氏族制出现之初，一群兄弟是与彼此的一群妻子互相婚配的，一群姊妹也是与彼此的一群丈夫互相婚配的，氏族对此并未加以阻碍。但是氏族却对于兄弟姊妹间的婚姻关系则极力排除。②

因而传说中之所谓“上古男女无别，伏羲始制嫁娶，……女娲氏与伏羲同母，……佐伏羲以重万民之别，而民始不渎”③ 的神话，在这里便能得到说明了；这便在意义着开始排除兄弟姊妹间结婚关系的一种传说。

因而属于小典氏的男子，便必须去找有蟜氏的女子结婚，属于神龙氏的男

---

①《管子·揆度》。

② 莫尔根：《古代社会》，三联书店一九五七年版，第七八页。

③ 转引自《竹书纪年》笺。

子，便必须去找奔水氏的女子结婚，属于方雷氏的男子，便必须去找彤鱼氏的女子结婚。[①] 这大概就是关于彭那鲁亚集团婚、即“阶级”群婚的传说的反映。

在这种社会状态下面，在家系上，便是父的“阶级”均为父，父的父的“阶级”均为父的父；子的“阶级”均为子，子的子的“阶级”均为子的子；同样母的“阶级”均为母，母的母的“阶级”均为母的母；女的“阶级”均为女，女的女的“阶级”均为女的女。同辈的男子都是兄弟，同辈的女子都是姊妹。同辈的男子和女子，都叫作兄弟和姊妹。所以《礼记·礼运》篇说：

> 人不独亲其亲，不独子其子，使老有所终，壮有所用，幼有所长，矜、寡、孤、独、废、疾者皆有所养……是谓大同。

这时对生身父的识别，当然还不可能；但对于生身的母，大概已能从一群母中识别出来，所以有：

> 古之时，未有三纲六纪，人民但知其母，不知其父。[②]
>
> 知母不知父。[③]
>
> 民知其母，不知其父，与麋鹿共处。[④]
>
> 天设地而民生之，当此时也，民知其母，而不知其父。[⑤]

只有在“阶级”群婚制度下才有这种情形。到对偶婚时代，在母系的家族制度下面，每个人对于他生身的父，虽然不容易正确地识别出来，而且他们并不去作这种正确的识别，但都有一个从习惯而得到确认的主要的父——他或她的母亲的主要的夫。

在这种社会中，法律上——如果硬从法律的观点来说的话——只具有一种没有人为的强制性的自然的习惯，就是后来的氏族社会里面那种有组织条理的公约，在他们的意识中，并不是具有什么强制权力的东西，而是每个人自觉的遵守。如次的一些传说式的记载，无疑是正确地反映了当时的实际情况的。

---

① 转引自向乃祺：《土地政策讲义》：“小典氏与有娇氏女婚，神龙氏与奔水氏女婚，轩辕氏与西陵氏女婚，方雷氏与彤鱼氏女婚。”

②《白虎通德论·号》。

③《吕氏春秋·恃君览》。

④《庄子·盗跖》。

⑤《商君书·开塞》。

古之人，同气于天地，与一世而优游。当此之时，无庆贺之利、刑罚之威。礼义廉耻不设，毁誉仁鄙不立。①

伏羲女娲，不设法度。②

但在这种社会里的共同的习惯和公约，本质上却具备着“文明时代”的公约和法律所不能具有的人人遵守的力量和作用；“文明时代”的公约和法律，又毋宁是从此萌芽和演化出来的。反映在“诸子”中的这类传说，有如次一类记载：

神农无制令而民从，唐虞有制令而无刑罚，夏后氏不负言。③

黄帝之治天下，使民心一，民有其亲死而不哭。④

伏羲神农，教而不诛；黄帝尧舜，诛而不怒。⑤

神农之世……刑政不用而治。⑥

所谓“无制令”应是野蛮时代的状态，“有制令”而无刑罚和“教而不诛”，以及共同遵守公约（不负言），是未开化时代的根本原则——在氏族社会中，对于氏族成员，危害身体的刑罚，在其大部分时间内，是不存在的。因而“诛而不怒”的原则之加于氏族成员间，这应该是其最末期的情形；在这种情形下，可说已奠下了后来阶级社会的法律的基础了。和这些神话传说结合着的人物，不论其人物之有无，却是合于历史的法则的；但其次序的颠倒零乱，正表现了神话传说的本色。

上述由传说记载所反映的社会面貌，是人类历史的真实存在，并不是实用主义者所说的儒家的“乌托邦”，也并不如某些先生所说，殷代，特别是“尧、舜、禹”及其以前的传说时代，或是不存在的，或者说中国社会没有原始共产制阶段——它也并不像儒家所说，那是阶级社会的“圣人御极”的“郅治之世”。

---

①《淮南子·本经训》。
②《淮南子·览冥训》。
③《淮南子·氾论训》。
④《庄子·天运》。
⑤《商君书·更法》。
⑥《商君书·画策》。

B. 从原始群团到氏族社会诸特征的存在（二）

如果我们认为《山海经》和《穆天子传》是关于中国民族的古代、即原始时代的传说，那么，这两部久被世人目为“怪诞”和“神异”的古书，对中国原始社会，便有相当的说明，即它反映了原始社会的若干情况。如果这两部书所记载的与中国民族无关，也必系关于太古时代中国近亲民族的活动的记载，那至少也能作为研究中国原始社会的旁证。但从其所记载的山川人物和氏族（国）名称，等等，又似乎可以推定为关于中国民族自身的古代传说。

说到这两部成书的时代问题，我们目前还很难作出正确的论断，为要推定这两部书的出世时代，我们必得先指出一个前提来。照我看，这两部书似乎都包含有商人的关系在里面，因为在《山海经》中所叙述的，除对于野蛮时代的社会所有描写外，便都注重在金宝珠玉等的探求；在《穆天子传》中所叙述的，除去大部分对畜牧社会有所叙述外，中心问题完全注重在一种为牟利的商品交换上。因而《穆天子传》的原本如果真系出自汲冢，则或系关于奴隶制度社会的殷代商人们的一种传说，或系关于春秋战国时期或汉代商人们对落后民族地区的一种传说，作成本书的底本，都有可能。或者又根据周穆王曾经有西征的一点影子，便拿来和这些神话传说结合起来；所以在本书中的周穆王，无疑是一个神化了的人物。不过汲冢中即真有这本书发现，而我们现在所能读到的《穆天子传》，至少也已经过无数次的修改，而非其本来面目了。《山海经》的时代的断定就更要困难，如果允许我作一个假定的话，我认为出自战国时期：第一，因为战国时究竟离古代较近，关于古代人的生活的传说和记载，必比我们现代多得多，才能对于古代的情状去作有意无意的说明；第二，其所表白的商人的思想意识和所述及的各种物品的情况，大致是可以适合于战国时期的背景。不过我们今日所能见到的《山海经》，曾经过后人的修改，恐怕也没有什么疑问。

这两部书所能说明的时代是不一样的：《山海经》所说明的大部分是野蛮时代的社会，《穆天子传》所说明的，则大部分是开化初期以及中期的社会。

因为人们通常都把这两部书说到一块，所以我也从权把它们放到一个题旨下面来研究，实际是不很合适的。

同时我们应用这两部书来作材料，应该把那些掺杂在里面的阶级社会的思想意识和其物质条件分别出去，是有必要的。如《山海经》中之所谓“封”、“帝”、“臣”、“妾”等以及“铁”、“银”之类的东西，都不是其所说明的社会中所能有的现象。

在《山海经》的“神怪”的记录中，我们能够看见一些刚从兽类脱离出来的奇形怪象的原始人和一些奇异的现象，它给予我们以接近太古社会的机会，特别给我们以接近原始的宗教魔术的机会。

在人物方面，我们得以看见一些“人面兽身”的人、“龙身人面”的人、“人面虎尾”的人，同龙蛇嘶（厮）混在一堆的人，被缚着手足挂在树上的人（俘虏），此外又有玩蛇的哪，“穿胸”的哪，一个眼睛的哪，全身生毛的哪，小人国的小人哪，一个手一个足的独脚人哪，背上生着翅膀的人哪，还有那和“周穆王”讲恋爱的“其状如人，豹尾虎齿，而善啸蓬发”的“西王母”哪，等等。这种种奇形怪象……不仅有许多奇形怪象的人，而且有各种掺杂在他们周围的奇形怪象的生物。真的，只怕人们自己的眼睛看得晕花！实际这些怪物，倒还有好些和我们历史家们颇为熟悉的，尤其是原始社会史的研究者。

究竟人类是怎样从兽类脱化出来的？从哪一部分开始变化？哪一部分在最后才脱化的？其确切的情形，我们已不能确切知道。由猿到人的转变，是一个突变；但达到这个突变，却必然要经过一种渐变的过程。我们对于其实际情况，今日已无从知道。上面的传说，自然也不能而且不是给我们解答这个问题。不过在这里，却给了我们以关于原始宗教魔术的可贵材料，它又反映了原始人生活的若干方面。

对我们的问题最有意义而又能引起最大兴味的，莫过于那位“善啸蓬发”的“西王母”，住在水中央的“女子国”，和那一群“小人国”的“小人”和“短人国”的“短人”。因而我们便不能不从许多重要记事中，先抽出这类事情来考究。

那一位神化的“西王母”原来是一位戴着“胜杖”，全靠“三青鸟”作为食物的主要来源的原始人。可是她之所以被称为“西王母”，可能由于她左右还有众多的女子和男子，她正是其中的首领。在还处在野蛮时代的澳洲土人中，我们也曾见过有这样的人物存在，那便是氏族中一位年老的主事者。“西王母”之所以被称为神化的“西王母”，那也必因她是一位年老的主事者而被传称的，从而被神化的。

说到那一群“小人国”的“小人”，照我看来，倒不曾组织所谓“小人国”，却是一个“小人”“阶级”——幼年人“阶级”。情形也便是和野蛮时代的澳洲土人一样。“小人”的父辈，其父的父辈，以及其祖的父辈，也必然和他们一样，各组成一个“阶级”；在女子方面也是一样。因为这一群“小人”，断不能像果子一样能从树上结出来——而且果子也要有树木才能结实——便不能不有他们的父辈和母辈，父和母的父辈和母辈，祖父和祖母的父辈和母辈存在。

“小人国”和“西王母”的传说结合起来，便能说明野蛮时代的澳洲土人的社会的一个侧面。

在他们之中，都是按年龄从一级升到一级分化，各个群团的主事者或首领，都是从老年辈中选出，他们为神箭和符箓的保管者、公共约束和传统习惯的解释和履行者、犯罪成员的处分的执行者，以及婚姻的组合与大规模渔猎的组织者和领率。

“小人国”和“西王母”的传说，虽然对此还不能作充分的说明；但从中我们可以得出若干正确的解释。

“居水周之”，“居一门中”的“女子国”，这在某些人们看来，或者又是“怪诞不经”的“无稽神话”。波特卡洛夫在《唯物史观世界史教程》第一分册中，有这样一段叙述：

> 先将木桩插进川或湖的底下，然后于其上铺以木板，在木板上建筑小屋，借小船和陆上往来。湖上居民，在新石器时代的欧洲各处都可以发见，——特别在瑞士。而且在许多落后民族间，直到现在还采用。

那么，这段“怪诞不经”的神话，便不啻成了新石器时代母系氏族社会的写真。因而对于那和这段神话关联着的“轩辕之国”，即传说中的轩辕氏族的时代性，也便给了一点暗示。

这里还该特别提出来说明的，《山海经》所指出的婚姻制度和家族制度，也不只在说明某一特定时期。《山海经》说：

司幽生思士，不妻；思女，不夫。①

鲧妻士敬，士敬曰炎融。②

伯陵同吴权之妻阿女缘妇，缘妇孕三年，是生鼓延殳。③

从这三条传说的内容去考究：《大荒东经》条是杂交的说明，《海内经》条是对偶婚的一种说明，《大荒南经》条便只说明了母系本位。可是在他处还有“丈夫国”，那便是男系已代替了母系而成了社会本位的一点暗示。

我们回头再考察一下《山海经》中那班怪人的实际生活。在我们一走入这一游历的途程时，最初而最普遍的，就是一些幼稚得可笑的一幅一幅奇形怪象的图画（神形），④ 呈现到我们眼前：我们遇着一次把面目全掩盖着，背上装着四扇翅膀，下身装着四只假足的原始人的歌舞大会。⑤ 还参观了一些奇怪的祭典——他们把一些可贵的、令商人发迷的，有“财货”价值的东西埋到土中去，⑥ 还见着把兽乳涂在被敌人砍去脑袋的死亡者的身上，画成一副假眼和一个假口的怪习惯。⑦ 我们又觉出他们的一种奇怪的习惯迷信，即认为有些动物是不可侵犯的，若是人们侵犯它，便有灾害（“大兵”）。又见着他们之中，有“夹窫窳之尸，皆操不死之药”的巫人。⑧ 又参观了原始集团和集团间之残酷的斗争，并连带发生着人食人的残酷的“奇迹”。⑨ 我们又遇着不知用火的“厌火国”人，“人面鸟喙”的渔父，口中含着火玩魔术的“怪物”，操弓射蛇的毛

---

①《大荒东经》。

②《大荒南经》。

③《海内经》。

④ 那些奇形怪象的粗具人形的图画，无疑是原始的图腾标志或宗教魔术。原始人均认为他们最初的祖先是从某种特定的动物转变过来的。对他们的生活有一种神秘的支配力。所以作为图腾标志的图画，又是一种宗教的表征。同时作为原始人的艺术作品的图画，又是和其生产相关联的一种宗教魔术的表征。所以像这些图画，对原始人的意识形态，是有着确切的反映和说明的。

⑤《西次三经》：“六足四翼，浑敦无面目，是识歌舞。”这种奇怪装束和歌舞，直到今日，在若干落后的民族中，还能找出它的踪迹或残余。

⑥ 把能作为食品的动物、其他食物及常用的工具，和圭、璧、玉之类的东西，埋入地下，作为祭品，这是古代社会最普遍的习惯，在中国，就是到了殷代，还有甲骨文中所谓“瘗”的习惯。

⑦ 在原始人的意识中，是不知所谓死的，认为死就是同睡眠一样，还可以活转来的。只是被敌人砍去脑袋的人，没有眼睛也没有口了，就是不能看光，也不能饮食，这便是他们最关心的一件事。

⑧ 这是原始社会的人们的意识形态的一种必然现象。

⑨ 食人的习惯，通过野蛮全时代都相当盛行，开化时代到来以后，因为生产的进步，和较容易获得生活资料，这种野蛮残酷的习惯统统归于停止。所以野蛮人把俘虏的敌人杀戮作为食品是一种比较经常的事情。

人，不知道死为何事的“不死人”，捕鱼的“长臂人”，衣“鱼皮”而食鸥的怪物，通同都才有三尺来高的一群“短人”,[①] 司祭的“女祭司”。[②] 我们由此又绕过许多奇怪的“国”然后在有些地方看见牧人，和一些“据树欧丝”的妇女，又有些以兽肉为食和衣冠带剑的武士。[③] 最后我们离开“女子国”，才达到“衣冠带剑”的“丈夫国”的国境。[④] 这都是在我们的游历中所见的一些“奇迹”。

话该说回来，《山海经》中的那些怪人，有只靠草果和树浆作食物的，有只靠捕鱼、鸟作食物的，也有能靠兽肉和兽乳作食物的。又发现有竹箭和弓，畜牧和种植，还有圭和贝，桑和丝，等等。他们居住的住室，有同鸟兽一样的巢，有湖上房屋，湖边村落（邑），甚而还有比此进步的村落。在人物方面，和我们在神话传说中听得最熟悉的，有西王母、轩辕、共工、祝融、帝喾、尧、舜、禹、启、羿、巫咸、后稷等人。因而我认为《山海经》是反映了：全部野蛮时代和开化时代的若干历史情况。

我在上面对《山海经》的记载，只作了一个概括的摘取。实际在这部书中，还包括有许多宝贵的材料——虽然只能作为神话传说看，必须以地下出土物作骨骼，才能说明真实的历史。

从上面我们所指出的一些事迹看，《山海经》对古代社会有所说明，是十分明白的。那班“博学鸿儒”、“大法师”、“大真人”们不了解这些情形，原无足怪。独是一般美国系的“学者”和一般冒牌的辩证论者们，也同样表现无知，而认为是“无稽”和“怪诞”。当然也不算是奇闻。难道他们身沐美国老板的“春风化雨”，连那位有名的美人莫尔根先生都不曾认识吗？难道既在七折八扣的玩弄历史唯物论，连那和历史唯物论有密切关系，马克思和恩格斯曾加以赞许和肯定的莫尔根的《古代社会》，都不曾见过吗？尤其是，连恩格斯的《家庭、私有制和国家的起源》那样一部划时代的经典著作，都不曾过目吗？还是故弄玄虚呢？

我们现在再回到《穆天子传》来。“穆天子”的本身，我在前面说过，是一个神化了的人物。而在本书的叙述里，除去“穆天子”那种凛凛的威风以

---

① 这和小人国的意义有同样的内容，而且又是同样重要的。

②“女祭司”在此地似乎就是一个兼司祭祀的女酋长。

③ 这在新石器时代到来以后，特别在东半球，是能同时存在的事情。

④ 这或许能给予我们以由母系转入父系的一点形迹。

及和其一同夹入之阶级社会的恶习之类，在对手方的民族中，我们却找不出阶级社会的形迹来。

本书最主要的叙述，便是对手方各氏族集团对“穆天子”的“赠”“献”，和“穆天子”对他们的“赏”“赐”；并且是有“赠”必有“赐”，“赐”的数量，还和“赠”的数量有相当比例，不难明白，这不只反映了商人到少数民族地方活动的一些情况，重要的，还反映了中央朝廷和属领间的“赏”“赐”和“进贡”关系的一些情况。

“穆天子”每每以铜器、贝带、珠、银器、桂姜或丝物等等生产资料和生活资料去换取对方的羊、牛、马、犬，以及贵重的兽皮和羽毛等。这不但反映了我国历代中央朝廷和属领间的“赐”“赠”关系，也有点适合于古代希腊、罗马、腓尼基商人，十六七世纪以及现代资本主义的商人，去到落后民族中进行交易的情况。自然，以赢利为目的的商人是比较残酷的，他们每每拿一把小刀、一包盐、一个洋钉或其他些许物件，便要换取大量的有价值的东西。而在中央朝廷和属领的“贡”“赐”之间，却不是那样斤斤计较，但实质上是一种交易行为，不过是以互相赠与的形式而行使。因为在原始共产社会的人们，在交换开始出现以后，也没有什么牟利的思想，什么“你的”“我的”观念，在他们里面也是很薄弱，或者是不存在的。

不过在这里该提起注意的，中国及东亚其他各民族，是否在游牧时代——开化中期以前的时代，就知道谷物或其他植物的栽培，在这里我们不能正确知道；但照中国早期新石器时代的出土物看，又说明了它是可能和存在的。

我们现在把他们间的“赠”“赐”和交换的情形，可以列出如次的一个表[①]来：

䣙□氏献酒百□于天子。

河宗氏：豹皮十、良马二六＝“穆天子”：束帛加璧。

雚苇诸氏：食马三百、牛羊三千＝“穆天子”：黄金[②]之环三五、朱

① 编者注：表中资料出自《穆天子传》（四部丛刊天一阁版）。著者为了说明问题，摘引了一些事例，采取“××氏＝穆天子”格式，也是为了对赐赠之间列出对应比例，让人看得更清楚。编辑时核对了所摘引赐赠物品的名称及数量，将著者指明古书所称黄金即是铜的原注（即本页注②）移前至黄金首先出现之处，将著者摘引时改为铜的黄金，恢复原书的指称黄金。另外，表中朱、珠系该传所载。

② 中国古书记载中，到处都可证明，原来的所谓“黄金”或“美金”就是我们现在所谓的铜。

带贝饰三十、工布之四□。

萑苇诸氏：对饮食不取值外，另赠“穆天子”白玉□只，□角之一□三、□酒十□、姑㓷九□。

赤乌氏：食马九百、羊牛三千、穄麦百载、酒千斛＝“穆天子”：墨乘四、黄金四十镒、贝带五十、珠三百裹。

曹奴氏：食马九百、牛羊七千、穄米百车（饮食不取值）＝“穆天子”黄金之鹿银□、贝带四十、珠四百裹。

□氏：玉万只＝“穆天子”黄金之罂三六、朱三百裹。

鹎韩氏：良马百匹、用牛三百、良犬七千、牥牛二百、野马三百、牛羊二千、穄麦三百车（饮食不取值）＝“穆天子”：黄金银罂四七、贝带五十、珠三百裹。

西王母：羽百车＝“穆天子”：锦组百纯、䊨组三百纯。

智氏：白骖二匹、野马野牛四十、守犬七十、食马四百、牛羊三千＝“穆天子”：狗琨采[①]黄金之罂二九、贝带四十、珠丹三百裹、桂姜百□。

重䍃氏：瑕瑶、琅玕、玲琨等＝“穆天子”：黄金之罂二九、银乌一只、贝带五十、珠七百裹、筒箭、桂姜百崮、丝缌雕官。

西膜氏：食马三百、牛羊二千、穄米千车＝“穆天子”（?）。

文山氏：良马十驷、用牛三百、守狗九十、牥牛二百＝“穆天子”：黄金之罂二九、贝带三十、朱三百裹、桂姜百崮。

巨蒐氏：马三百、牛羊五千、秋麦千车、膜稷三十车、石四十、僸鰫胄䍦珌佩百只、琅玕四十、䵗𪑄十篋＝“穆天子”：银木䃾采黄金之罂二九、贝带四十、朱三百裹、桂姜百崮。

在上列这个表中，最令我们注意的有三点事情，第一，“西王母”之“国”，在这里还是不曾见到畜牧时代，只有羽毛作交换品，她们还不知道需要金属器具，只需要遮身的布类。第二，其他各氏族作为交换的物品，大抵还只是畜群和石器——即使他们已知道种植，也还在表示以畜牧为主要生产方式。他们所需要交换的东西，不外是金属器具的铜罂、银罂和陶制的罂、弓矢

① 我认为琨采便是上色的意义；琨罂、采罂、䃾罂，或者就是上色的陶制罂或金属罂。

和作为调制食物的桂姜、遮身的丝帛、涂身和涂物的朱丹、纪念及仪典上所用的贝带——或者也有作为装饰的，等等。第三，在“穆天子”方面作为“赏”“赐”的东西，则为铜、银等金属品及贝带、璧、筒箭、朱丹、桂姜、丝帛之类，等等。其次，在“赐”和“赠”的数量上，仿佛还有一个粗略的比例。

因而，除所谓“西王母之国”还在野蛮状态外，其他河宗氏等各氏族，大抵都已有了畜牧业，并且知道需用铜器，因而和他们结合的，似是经过开化初期而到了中期甚而晚期时代的传说。在“穆天子”方面作为“赏”“赐”的那些东西，我们在殷墟中以至其以前的时代已都有发现，并且似乎还没有殷墟时代的进步。

关于本节的研究，在我，还是一种尝试，错误时再改正。不过《山海经》和《穆天子传》这两部书，我确认其对中国原始社会的情况有所说明。多少年以来，它们都是被忽视，应算是古代中国研究范畴里的一点不幸。假使时间和事实许可的话，我打算对这两部书另作一详细的考订和编注，使古代人从神秘的外衣中解放出来。

C. 图腾制度存在的形迹

原始时代的人类，在中期野蛮时代的群团或部落组织中，每个部落都有一个动物或无生物作为其部落的名称，这在还停留在这一时代的澳洲土人中，能找出它的标本来；而在世界其他进步或落后各民族中，也是或多或少地还保留其形迹。在初期野蛮时代的原始群团，是否业已发生这种图腾标志的习惯，这到现在是很难正确知道的。

这种图腾的名称，在最初大概是因为某一群团或部落以某种动物为其食物的主要来源，而被其他群团或部落给它加上的一种标志，如食蛇部落便被呼为蛇图腾，食“三青鸟”的部落，便被呼为“三青鸟”图腾，食龟的部落，便被呼为龟图腾，等等。后来部落的本身，正式以外人替它加上的名称为其部落的名称的时候，他们便渐渐禁止吃食作为本图腾名称的动物，但对其他部落的吃食，是不加干涉的。从而他们是这样在意识着，认为他们的祖先就是由作为他们图腾名称的那种动物转变过来的。这样，图腾便成了一种不可侵犯的具有维系部落成员的魔力了。因而原始人对于其图腾标志的重视，或者比今日资本主义国家的资产阶级对其国旗的重视，还要实际。

依两性而“分级”的古代社会，还是图腾制的标本时代。在中国古代，这种依两性而“分级”的社会的存在，我们在上节已明白地叙述过。

有几种动物在中国民族的意识中，直到现在还寄与不少的神秘性。第一是龟、第二是犬、第三是鸽、第四便是蛙。譬如在湖南武冈、邵阳一带（我特别指出这些地方来，因为这些地方的习惯，在我的生活上有更丰富的经验。实际据我的调查，在长江、黄河流域的许多地区也都差不多一样）。至今对这几种动物，在习惯上还是反对吃食的。照他们习惯的解释，认为“龟”是一种具有绝对灵异的东西，人们若是触犯它，它便会转告天帝给人类降灾；“犬”是一种地的“守护神”，人们若是杀戮它，从狗的身内流出血来，便要触犯“地狱”；“鸽”是天的“使者”，人们不能杀戮它的，若是鸽的身上流出血来，那便要触犯“天狱”。自然，这种习惯在他们现在的意识中，已渐趋淡漠了。恰好这几种动物，在原始人工具缺乏的时代，都是容易捕获的。因而我认为这几种动物，必是作过我们祖先在原始时代的图腾标志。并且这几个图腾，在原先必系较大和较有能力的部落，所以在人们意识中所受的影响，才如此深刻普遍。

对中国历史上的“龟”的问题，在这里略为提述一下，也不是无意义的。“龟”对于商族，是具有一种神化的权威的东西。他们不仅把它看成“神龟”、“圣龟”，并从而以之来“龟卜”一切吉凶、休咎、家国大事，都一一听它取决，一若“龟”是具有察往知来，明悉巨细，有左右一切自然界、社会界的权威的东西。到周初，像在《洪范》中所说明的情形，合国王、臣僚、民众的力量，都不能超过它——还不能不为它所左右（自然，这其中又包含着统治阶级借神道设教的隐秘）。试看如次的一段记录：

汝则有大疑，谋及乃心，谋及卿士，谋及庶人，谋及卜筮；

汝则从，龟从，筮从，卿士从，庶民从，——是之谓大同；

汝则从，龟从，筮从，卿士逆，庶民逆，——吉；

卿士从，龟从，筮从，汝则逆，庶民逆，——吉；

庶民从，龟从，筮从，汝则逆，卿士逆，——吉；

汝则从，龟从，筮逆，卿士逆，庶民逆，——作内吉，作外凶；

龟筮共违于人——用静吉，用作凶。[①]

“龟筮”对人们的精神支配力，这一段记载能予以说明。在当时人们意识中的龟的神秘性，恐怕全不是我们今日所能想象的。因而，我以为“龟”或者就是商族在太古时代所采用的图腾标志。由于这个图腾部落后来发展成为中国一个强大的商族，所以从原始时代遗留给他们的龟的神秘性，也就随着而成了他们政治上的工具，并传播到了其他的民族中去——特别影响到其继起者的周族统治者——便构成了后代中国人对于龟的普遍的迷信观念。

在中国的太古时代，氏族的名称，亦几于全部采取动物或无生物的名称，这是一种带有普遍性的历史材料。先从传说中的几个最主要的人物说，据传说的记载：

黄帝之族有蟜氏,[②] 神农氏即神龙氏,[③] 黄帝少典之族有熊氏,[④] 和有熊氏敌对的为蚩尤氏，舜之先族穷蝉氏、桥牛氏,[⑤] 尧之族有骀氏,[⑥] 后稷之族有骀氏,[⑦] 契之族有蛾氏。[⑧]

又《国语·郑语》称：楚之先族与其近亲各族为伯霜氏、仲雪氏、叔熊氏、季纠氏、豕韦氏、豢龙氏。他如：

《庄子·胠箧篇》所记有：骊畜氏、祝融氏、伏羲氏；《左传》昭公二十年所记有：爽鸠氏、蒲姑氏。

又，属于黄帝部落的各族有：罴氏、熊氏、虎氏、豹氏；[⑨]

随着武王去伐纣的有：虎贲氏、蜀氏、羌氏、髳氏；[⑩]

属于庖牺氏的有：飞龙氏、潜龙氏、居龙氏、降龙氏、土龙氏、水龙氏、

---

① 《尚书·洪范》。

② 《国语》。

③ 《帝王世纪》：“神农母有神龙首感而生神农。”

④ 谯周：《古史考》。

⑤ 《史记·五帝本纪》。

⑥ 《帝王纪》。《左传》，邰作骀。此说是也。

⑦ 《诗经·大雅》。

⑧ 《帝王纪》。

⑨ 《五帝本纪》：黄帝“教熊、罴、貔、貅、貙、虎，以与炎帝战”。

⑩ 《尚书·周书》。

青龙氏、赤龙氏、白龙氏、黑龙氏、黄龙氏;①

属于轩辕氏的各族有:青云氏、缙云氏、白云氏、黑云氏;属于金天氏(《五帝外纪》:少昊金天氏)的各族,有:元鸟氏、青鸟氏、丹鸟氏、祝鸠氏、鴡鸠氏、鸣鸠氏、鶆鸠氏、鹘鸠氏;②

属于有熊氏的各族,有:雕氏、鶡氏、鹰氏、鸢氏。③

《周礼·秋官》记有:蜡氏、雍氏、萍氏、司寤氏、司烜氏、条狼氏、修闾氏、冥氏、穴氏、翨氏、柞氏、薙氏、硩蔟氏、翦氏、赤发氏、蝈氏、壶涿氏、庭氏、衔枚氏、伊耆氏。

这些传说的记述是比较混乱的,如关于黄帝、轩辕氏、有熊氏等等的记述,都是颇有抵触和出入的。因此,究竟传说所暗示的某几个图腾共属于某一个大图腾氏族内,有没有错误,我们现在已无法去考证。但是作为证明图腾制的存在,则是无可置疑的。

《史记·五帝本纪》说:黄帝“淳化鸟、兽、虫、蛾”。我认为这是一种最重要的历史传说。一方面,可能是其时关于发明牧畜和育蚕的传说;另方面,也可能是关于图腾的传说。所说的“鸟”、“兽”、“虫”、“蛾”乃是代表氏族的名称。据司马迁的意见,黄帝“淳化鸟兽虫蛾”,还是由于他的威德呢!因而所谓“鸟”、“兽”、“虫”、“蛾”,便可能是图腾的标志,它们各自的内容都包含着有一个“人”的集团,而不是属于野兽的驯养和育蚕——在我国史上的开化时代,发明牧畜和养蚕,都是和传说时代的黄帝及其爱人嫘祖相结合的。

其次,传说中所谓庖羲氏以龙纪,神龙氏以火纪,轩辕氏以云纪,少昊氏以鸟纪,共工氏以水纪。④ 这相当说明了原始图腾之存在。

人类对于原始图腾的意识,一直残留到最远的后代,还可以反映出来。如前所述,关于“龟”、“鸽”、“犬”、“蛙”在人们意识中的神秘性,便是一个例子。一九二六年我在江西前线,国民党某委员先生有次对我谈的一段无稽神

---

①《竹书纪年》。

②《左传》昭公十七年。

③《列子》:“黄帝与炎帝战于阪泉之野,帅熊、罴、狼、豹、貙、虎为前驱,雕、鶡、鹰、鸢为旂帜。”

④《左传》昭公十七年郯子说。

话，对此也是有所说明的。

> 你信吧，人都是由生物或星宿转变来的。这从每个人的特性中都可以看出来。你看某先生，凶猛多智，因为他就是虎狼转变的；某先生就是狐狸转变的，所以你才摸他不清呀！……像同志这样格局的人，就是猿猴转变的，说到兄弟我自己，就应该归到星宿一类，好些人都说我是寿星脱身的。再说由星宿脱身的人，总得要特别一点，像马克思、列宁和本党的总理，定然都是巨星脱身的；要不，就万不能有那样特别。无论何人，他的前身都不能不是一个什么东西；要不，就定然没有他的特性。你看，像共产党的同志，依我看，大概都是一班天上的吵闹星，共产党的普通党员同志，那更无疑是多少年代积下来的无数冤鬼游魂了。至于本党同志就大抵都是五行定位的星宿凑成的。

这样原始时代残留下来的意识，在中国的一部分人中还相当普遍。不过“人”本来都是精虫和胚卵的结合物，这并且上自皇帝、大总统、委员长、总司令，下至农民、工人，等等，甚而一切生物，都没有例外，这是应该声明的。

在中国今日的姓氏中，也保留着不少的原始图腾名称的遗迹，如马、牛、羊、猪、邬、鸟、凤、梅、李、桃、花、叶、林、河、山、水、云、沙、石、毛、皮、龙、冯、蛇、风……等等。

在女子还没有把她自己的姓氏作为其子女的姓氏以前，图腾标志便是图腾中成员共同的名称，又是其成员各个人的名称——实际在这时候，与其说作名称，不如说作标志妥当些。在传说中的中国古代人物，如太昊伏羲氏、少昊金天氏、炎帝神龙氏、黄帝有熊氏……等，所谓“太昊”、“少昊”、“炎帝”、“黄帝”，和所谓“天皇”，“地皇”，“人皇”，可能都是后人附会或创造的。由“太”而“少”，由“炎”而“黄”，和由“天”而“地”而“人”是如出一辙的。所谓“皇”，所谓“昊”，所谓“帝”，犹如今人所谓“崇高伟大”、“至尊无上”的抽象意义的名词；“皇”和“帝”，就不过是人间社会中立于一尊的至尊无上的抽象名词，“昊”则更是统立宇宙、立于一尊的至尊无上的抽象名词。这都不是原始人所能意识得到的。他们创造出一个“天皇”来了，便不难连带就创造出“地皇”和“人皇”来，因为这还是他们常识中常意识到的所谓“三才”；从而便不难联想到“太”以至于“少”。从他们时代的所谓“白帝”、“黑帝”、“赤帝”、“火德”、“水德”等等的臆说，便不难联想到“炎”和“黄”，“帝”和“皇”（王）尤其是商、周、秦和商、周、秦以后的现成品，有人间社会的“帝”和“皇”作底本，便不难推论出“神”间社会的“昊”。……因而所谓伏羲氏、金天氏、神龙氏、有熊氏，等等，在最初不仅是其氏族的名称，而且是其每个成员的名称。但是后人关于古代部落、氏族的一些传说或关于某一氏族某个成员的一些传说，反映到他们的阶级社会的意识中，不制造出一个特定的人出来作代表，在他们是难于说明和传述的，甚而在他们为阶级社会的一定阶级的代言人的立场上说来，也不能不需要去创造出那些异于常人的“帝”“皇”和“昊”出来。但是，那些和某一氏族或部落结合的传说，也未必就是属于某一氏族或部落自己的古代遗传，不过这种传说的来源，总有其如此一个或一群相当的主人，便是可能的。

氏族的原始图腾的名称，到后来便渐次为个人的名称或地名所代替了。如传说中“有骀氏”转换为“陶唐氏”，“牛蛴氏”转换为“夏氏”，便都以地名而代替了原来的图腾名称。所以莫尔根说：

> 自世系转变为男系以后，氏族的古代名称——或许是动物或无生物之名称而得名——便为个人名称所代替。①

在中国传说式的记载中也曾说过：太古至德之世以物纪，至尧舜以德纪，降及后世，以人或地纪。这对于古代氏族名称的变革，还不曾颠倒历史的次序。

我对于野蛮时代中国社会的探究，暂此停止。由于受着历史材料的限制，使我无法去避免粗略。但是我的目的只在把不同时代的、结合在一起的、又穿上了一件神秘外衣的神话传说，各还原主，并以之来究明中国社会的历史也同样经过这么一个时代；但绝不能说，我这样就能把野蛮时代的中国社会解剖了。谁也不是疯子，便不会认为仅凭神话传说能究明一个历史的时代。自然，在我的研究中，是以旧石器和新石器时代的遗物为基础的。这到后面还要专篇论述。

---

① 莫尔根：《古代社会》，三联书店一九五七年版，第三三〇页。

五

传说中的“尧舜禹”时代
——母系氏族社会

《尚书》中的《虞书》、《夏书》以及《商书》和《周书》的一部分，都系后人伪造，这是无问题的。从其所包含的大一统思想和伦理思想去考察，又似乎是出于孔子或子夏之徒的“手笔”，这虽然还不能判定，但系出自儒家的伪造，是能判定的。不过伪造虽属出自伪造，又断不是无中生有的伪造，必然有神话传说或其他资料作张本。从他们的伪造文书中，把原来神话传说或其他可靠的部分抽出来，再加以整理，这是我们对中国原始社会研究的一个必要而严肃的工作。因而在这里，对于《尚书》伪造部分究系何人伪造以及伪造于何时的考辨，便无十分必要。“尧、舜、禹”这三位“圣人”之为神化的人物，我在第二篇已论述过。要证明他们的非神化，除非地下有所发现。

A. 母系制度存在的依据

母系制度的主要特征，子女属于母的氏族，以母的氏姓为氏姓；是男子出嫁，女子娶夫。

在中国传说式的记载中，关于母系制度的史料，虽然不算充分，但是还足以说明其基本特征。

许慎《五经异义》引《春秋公羊传》说："圣人皆无父，感天而生。"《尚书大传》郑注云："王者之先祖，皆感太微五帝之精以生。"这类传说，大概因为后代的帝王追溯他们的男系世系，一溯到母系时代，便无法去追叙，因而辗转反映出这类传说来。所以感天而生之类的神话，无疑是关于母系制的传说。在中国的典籍中，这类神话传说很多很普遍，举例来说：

太昊庖牺之母，居华胥之渚，履巨人迹，意有所动而生太昊；①

少昊字青阳，母曰女节，有大星下流华渚，女节梦接意感而生少昊；②

少典妃安登游于华阳，有神龙首感之于常羊，生神农；③

黄帝母附宝，见大雷绕北斗，枢星光照郊野，感而孕；④

帝颛顼高阳母见摇光之星，贯月如虹，感已于幽房之宫，生颛顼于若水；⑤

帝喾姬姓也，其母不觉，生而神异；⑥

尧母庆都与赤龙合昏，生伊耆，尧也；⑦

帝舜母纵华，感枢星而生舜；⑧

女嬉得意苡而吞，因而孕妊，产高密；⑨

禹母见流星贯昴，梦接意感，既而吞神珠而生禹；⑩

简狄吞玄鸟之卵而生契；⑪

弃母履巨人迹，感而生弃。⑫

---

①《宋书·符瑞志》、《孝经钩命决》、《诗含神雾》、《太平御览》等书。

②《帝王世纪》。《宋书·符瑞志》、《文选》所引《春秋元命苞》等书有类此记载。

③《春秋元命苞》。

④《初学记》引《诗含神雾》。《太平御览》引《孝经钩命决》有近似记载。

⑤《山海经》、《竹书纪年》及《初学记》引《诗含神雾》。

⑥《帝王世纪》。

⑦《初学记》引《诗含神雾》、《太平御览》引《春秋合诚图》。

⑧《初学记》引《尚书帝命验》。

⑨《吴越春秋·越王无余外传》。

⑩《太平御览》引《孝经钩命决》。《论衡》、《吴越春秋》、《尚书帝命验》(《太平御览》引)均有类此记载。

⑪《竹书纪年》、《诗经》《玄鸟》、《长发》、《尚书中候》(《太平御览》引)等书有相同内容的记载。

⑫《竹书纪年》、《诗经》《閟宫》、《生民》、《尚书中候》(《诗经正义》引)等有相同内容的记载。

上述这些传说人物，都是在古籍中多见的，他们都只有确定的有名有姓的母，说都是由其母和某种自然现象或生物交感而生。这正是关于母系制的传说反应。这种传说，如果加到父系氏族社会成立后的人们身上，便属完全附会。因而所谓“扶都感白帝而生汤”,[①]“苍耀稷生感迹昌”,[②]“含始吞赤珠而生刘邦”,[③]“孔子母和黑帝交而生孔子”,[④] 等等，无疑都是汉代阴阳五行、谶纬家们有意的附会和作伪。因为就是在汤的时代，不仅父系制度已完全确立，而且一夫一妻制也已完全确立了。这到专论殷代社会时，还要说明的。

子女之属于母的氏族，我们在如次的一些传说式记载中可以推究出来。

> 尧初生时，其母在三阿之南，……从母所居为姓。[⑤]
>
> 舜母生舜于姚墟，因姓姚氏。[⑥]
>
> 后稷母有骀氏女，稷亦封于骀。[⑦]
>
> 厥初生民，时维姜嫄。[⑧]

这是说，“尧”以他母的氏姓为氏姓，“舜”以他母的氏姓姚氏为氏姓，“稷”也以他母的氏姓骀氏为氏姓。在传说式的记载中，关于所谓“禹”、“益”、“契”等，也都有和这类同性质的传说。

男子出嫁的习惯的传说，也很普遍。《周礼》有“凡娶，判妻，入子”，“凡嫁子、入妻者”的传说。前者说由娶而“入子”，如果这“入子”的事情不同“娶”联系在一块，我们还可解释为“收养子”的说明；但是“入子”而以“娶”的手续去行使，似娶婿。后者更是无疑义地在说“嫁子”。这是说，自己的女儿要从其他族氏中去娶进夫来。自己的男儿，便要嫁出到其他族氏中去作婿。我想，像这一类传说，断不是儒家和所谓其他诸子百家，能凭空制造得出来的。我以为这种解释，恐怕谁也没有驳辩的余地吧？儒家式的牵强附会，在两千年前的屈原就已经对这个问题提出抗议了。他说：

---

①《礼记正义》引《春秋元命苞》。

②《诗经正义》引《尚书中候》。

③《艺文类聚》引《诗含神雾》。

④《艺文类聚》引《春秋演孔图》；《礼记正义》引《论语撰考》。

⑤《史记索隐》皇甫谧语。

⑥《史记索隐》皇甫谧语。

⑦《吴越春秋·太伯》。

⑧《诗经·大雅》。

简狄在台，喾何宜？

闵妃匹合，厥身是继，胡惟嗜不同味而快鼌饱？

尧不姚告，二女何亲？

（禹）焉得彼嵞山女而通之于台桑？①

他的第一问是说：简狄始终都住在她母方的台氏族中，喾何能得而娶她呢？第二问：闵妃求配偶，明明在为她自身的血统承继，何解后人不顾事实，都只按已见去任意曲解呢？第三问：尧如不告于姚氏，怎能就把舜请到他自己这方面来和他的二女结婚呢？第四问：嵞山氏女明明始终都住在其本氏族所在的台桑，为治水而经过其地的禹，怎能去同她讲恋爱而至发生肉体关系呢？两千年以前的人，因为不知道有男子出嫁和子女以母方的氏姓为氏姓的习惯，所以他看见当时儒家和其他人所说的，只知和事实不符，但是他自己也不能去找出一个正确的解释来，于是便只好把问题根本推翻。这在屈原的当时是不足怪的。好在儒家也若隐若显的留露下一只马脚。他们说舜宾赘于二女，禹娶于嵞山氏，禹的发迹也从嵞山氏，禹常会诸侯于嵞山，嵞山不啻成了禹的根据地。照他们的意思，前者说舜也是入赘于二女，后者也无意中就在说明禹始终住在他妻的氏族中，并且还享有他妻的氏族的权利。这样问题便十分明白了。若是在父系的氏族中，男子要充任他父方氏族的基本成员，也只能享受他父方氏族的氏族权，在他妻的氏族中是被排斥的。在母系的氏族社会中便恰恰和此相反，男子不能享有其本氏族的氏族权，反之，在他妻的氏族中倒有可能；女子才能算作其本氏族的基本成员，能充分享有其本氏族的氏族权。所以崔述《考信录》说“上古无传子之事”，这便是母系社会的一种传说。

男子出嫁的形迹，在如次一类的传说记载中，也可以看出其形迹来：

黄帝之子二十五人，其同姓者二人而已……四母之子别为十二姓。凡黄帝之子二十五宗，其得姓者十四人为十二姓：姬、酉、祁、已、滕、箴、任、荀、僖、姞、儇、依是也。②

高阳十世分为：已、董、彭、秃、妘、曹、斟、芈八姓。

舜之子孙分为：胡、公良、陈、袁、原、鍼、仲、庆、夏、宗、孔、

①《楚辞·天问》。

②《国语·晋语》。

仪、司徒、司城等姓。①

太史公：《三代世表》谓“尧、舜、禹、稷皆出黄帝，稷、契、尧同父，但各异姓。”②

《晋语》，所记内容很矛盾。而此，正是神话传说的本色。

兄弟不同姓，这正是因为他们要出嫁，只看他们嫁到哪一氏族去，他所生的子女，便是以他所嫁的那一氏族的氏姓为氏姓。因而兄弟倒未必不同姓，只是如果兄弟各嫁给一个相异的氏族，则兄弟的子女辈就各为一个氏姓了。“同姓者二人”，就是因为兄弟中有两人同嫁给一个氏族。“舜”“象”各属于一个氏族，就是兄弟各出嫁给一个氏族的说明。附带说一句，兄弟不必集团出嫁，而可以各自出嫁给一个氏族，这正所以别于彭那鲁亚（族外群婚）的对偶婚的特点。

其次，《史记·五帝本纪》称“尧乃以二女妻舜以观其内，使九男与处以观其外。”除非是舜出嫁到他妻的氏族中去，要想和他的小舅子常常相处在一起，是没有可能的。

因而传说中所谓“尧”子“丹朱”、“舜”子“商均”、“鲧”子“禹”等等神话，在母系社会时代，“丹朱”不仅不能算“尧”的本氏姓的儿子，而且他在“尧”的妻的氏族中，也还要嫁出去的；“禹”之于“鲧”，“商均”之于“舜”，也都是同样的。所以“鲧为崇氏”，“禹”为“翕山氏”；“尧”为“陶唐氏”，“丹朱”为“有扈氏”；“舜”为“虞氏”，“均”为“商”氏的传说，就能够得到说明了。同时“丹朱”之不能继“尧”，“商均”之不能继“舜”，也便能够得到说明了。

只要这些根本问题得到说明，因而顾颉刚先生根据《帝系姓》等书推论出来的“舜娶曾祖姑”那一问题，去反证《帝系姓》等书之为无根据的穿凿附会，便根本不能成立。自然《帝系姓》等书之由于穿凿附会而成，那是无问题的，不过他们又包含有古代的传说，也恐怕不能否认。“舜”和其曾祖姑结婚，在母系制氏族社会时代，是完全可能的。因为他的曾祖或其曾祖父以前的“男系”祖先，如所谓“昌意”出嫁以后，他的原来的本氏族对他出嫁后

① 《世本》。

② 钱大昕：《潜研堂文集·答问》。

的世系辈次是不去加以注意和叙次的。从而“舜”和他的曾祖姑，根本也便各属于相异的姓氏。如在我们现在的男系社会中，嫁出的高祖姑的六代后的孙男，又回头来和高祖父三代后的孙女结婚，这完全是可能的。这两种情形的内容，都是完全可以理解的。

从而顾先生说：

因为姜嫄与太妊两个女性，如都认为帝喾的后嗣，则弃与文王两个男性，便不能承认其为直系的子孙。娀简与扶都两个女性，如都认为是颛顼的后嗣，则契与汤两个男性，也便不能承认其为直系的子孙。

这倒没有问题，而且是合乎客观情况的。自进到氏族社会以后，直至“文明时代”的现在，兄弟和姐妹的子孙便必须属于各异的氏系。不过在母系时代，以女子为本族的直系承袭，父系时代，则以男子为本族的直系承袭，这是其基本的区别。

B. 对偶婚存在的形迹

传说中关于舜、象和娥皇、女英的神话，有不少记载，例如：

眩弟并淫，危害厥兄。①

象往入舜宫，舜在床琴。象曰：……干弋朕，琴朕，弤朕，二嫂使治朕栖。②

娥皇为后，女英为妃。③

象乃止舜宫居，鼓其琴，舜往见之，象愕不怿。④

娥皇无子，女英生商均。⑤

①《楚辞·天问》。

②《孟子·万章》。

③ 刘向：《列女传·有虞二妃》。又《大戴礼记》，娥皇、女英作倪皇、女匽；《史记·五帝本纪》索隐，女英作女莹。

④《史记·五帝本纪》。

⑤《帝王世纪》。

帝俊生季厘。①

舜有子九人。②

娥皇为舜正妃。③

帝俊妻娥皇。有女子名曰羲和……羲和者帝俊之妻。帝俊妻常羲。④

帝喾有四妃：元妃姜嫄生后稷，次妃简狄生卨，次妃庆都生放勋，次妃常仪生帝挚。⑤

厘降二女于妫汭，嫔于虞。⑥

从这些传说中，我们可以抽出三点真相来。

第一，从“眩弟并淫”，“二嫂使治朕栖”，“象乃止舜宫居”……来看，似系“娥皇、女英”姐妹和“舜、象”兄弟间，实行共夫和共妻的两性关系。

第二，从“舜宫”，“娥皇为舜正妃”，“娥皇为后”，“羲和者帝俊之妻”等传说来看，一方面舜似是娥皇（或女英）的主要之夫，娥皇（或女英）是舜的主要之妻。

第三，舜本来是“有子九人”的，但是大家只承认商均（或季厘）是他的儿子；和他有性交关系的妻，不只是“娥皇、女英”俩，而是有“四妃”。

郭沫若先生根据上述第一类传说记载，认为是属于彭那鲁亚婚姻制度性质的一种传述，是颇有见地的。但以之与第二第三两类的传说统合起来看，便只有对偶婚才能予以说明。

古人因为不懂得“对偶婚”，所以同是一种传说，便作出互相矛盾的说明来。他们不解“对偶婚”的主要内容，正是每个妇人都有她的一个主要丈夫，同样每个男人也都有他的一个主要妻子；男人并不能禁止他的主要的妻和其他男人去发生性爱关系，因而“象乃止舜宫居”，毋宁是被许可的；同样，每个妇人，也并不能禁止她的主要之夫去和其他的妇人发生性爱关系，因而舜还有“女英”甚而还有“四妃”作他的妻，也毋宁是适合于当时的婚姻制度的。其

①《山海经·大荒南经》。

②《吕氏春秋·孟春纪》。

③《楚辞·湘君》注。

④《山海经》《大荒南经》、《大荒西经》。又不少学者从甲骨文字等资料的考证，认为舜、喾、夋、俊为一人——并实有其人。

⑤《帝王纪》。

⑥《尚书·虞书》。

次，只有他的主要之妻生的儿子，才认他作父亲，这无论是否真是他自己和他的主要之妻的性交生出来的，都可以不问而能得到社会承认的；反之，不是他的主要之妻所生的儿子，哪怕就真系他自己和其他女人（我们可以叫作他的次要之妻）的性交生出来的，他也不能把他们认作自己的直系孩子，他们也不肯认他为他们的直系父亲，因为他们各有其母的主要之夫去作他们的父亲。因而“舜”或实有九个孩子，而只有“商均”是他的主要之妻生的，在当时一般的习惯上，当然便只认“商均”为他的儿子，这反而是当然的。这样，关于“舜、象”和“娥皇、女英”的传说的问题，便不难得到合乎历史实际的说明了。

因而这段传说的本来面目大概是这样的：“舜”在他的许多的妻中有其一个“元妃”，连他的“元妃”也能同他的兄弟“象”去发生性爱关系而不受到排斥；同时他的“元妃”所生的直系的儿子，或者就只有“商均”一人，若论起他的旁系儿子来，就甚而有“九人”之多。这样，问题的本身，就能把没有社会史知识或又戴上地主阶级的有色眼镜的古人弄糊涂的，何况地主阶级的学者又常是有意借神话传说以作伪呢！

从而“尧娶散宜氏之女曰女皇，生丹朱，又有庶子九人”；[①]“尧乃以二女妻舜以观其内；使九男与处，以观其外”[②]的传说，也便是说“尧”有一个主要的妻，生出一个直系的儿子叫作“丹朱”；此外他还有九个旁系的儿子。这“九人”是“尧”的庶子，“尧”当然也是这“九人”的“庶父”了。在适应于“对偶婚”的氏族社会里，儿子对母亲的主要之夫称为父，称母之同辈妇人的主要之夫皆为庶父或诸父，这种庶父则称他们为庶子或旁系子；自己的直系儿子是没有什么庶不庶之分的。照儒家先生们的说法，“尧”因为他的儿子“丹朱”不肖，所以才把他的“帝位”禅给“舜”。但是他那九个“庶子”呢？难道都是傻瓜不成？先生们不惜以自己的手去打自己的嘴巴。因为他们根本不懂得、也不可能懂得母系制社会时代，孩子（男）不曾取得承继父亲的习惯的许可。

总之在这时候，每人都有一个“元妃”，譬如：

---

① 《史记·五帝本纪》索隐，皇甫谧语。

② 《史记·五帝本纪》。

姞，后稷之元妃也。①

禹之元妃，涂山氏女。启母，涂山氏之女。②

（禹）娶于涂山。③

此外兄弟可以各自出嫁给不同的氏族，也正是对偶婚的一点特色。这，我们在上节已约略叙述过了。

C. 部落联合的民主制度

中国氏族制社会组织的具体情况，我们是无法知道的。那个部落（或部族），包含哪些胞族？那个胞族包含哪些氏族？那个部落组成那个部落联合？我们也无法知道。

在传说式的《尚书·尧典》中，虽然有这样的一段话：

以亲九族，九族既睦，平章百姓；百姓昭明，协和万邦；黎民于变时雍。

我们在《尚书》各篇以及其他许多古籍中，也能看到有所谓“九族”、“百姓”、“万邦”、“黎民”，等等。我们是可以把它解释为：一个部落联合共包含着九个部落（九族），九个部落共包含着一百个胞族（百姓），百个胞族共包含着万个氏族（万邦），每个氏族中各包含着若干成员（“黎民”、万民或兆民），但是，恐怕不会有如此具体的数字遗留。至于所谓“九族”的“族”，“百姓”的“姓”，“万邦”的“邦”的本来意义，就是意味着“部落”、“胞族”和“氏族”，那似乎不算是牵强。数目字和“黎民”那一类字的粉饰形迹，却甚是显明。莫尔根对古代希腊、罗马的研究中，曾发现有每个部落都包含一百个氏族，每个胞族所包含的氏族，也都是相等的，那一类很整列的记载。莫氏认为那不过是立法上的说法。我以为在上述我所举出的一段传说中，也就不过是文字上的排列或立法上的说法。

---

①《左传》宣公三年。

②《史记·夏本纪》。

③《尚书·益稷》。

不过在当时，氏族的单位，甚而部落的单位，可能是很多的。《礼记》所谓“五方之民，言语不通，嗜好不同”的传说，应是实情。大概人类自达到部落形成开始，愈演化到后来，各自独立的社会组织的单位便愈要减少。这从过去人类历史的全部事实上去追究，是能够得出这种结论的；至于将来，全人类都将融合为一个没有什么民族和种族区别的整体，那也是必然的无可避免的事实问题。

我们现在进而考察一下这一传说时代的政治制度。

郭沫若先生在他所著《中国古代社会研究》中，有这样的一段话：

> 尧舜禹的传说，都是二头政长。在尧未退位以前，是舜尧二头，在尧退位以后，是舜禹二头。尧时又有帝挚为对。均与西印度人之二头盟主相合。

这可说是郭先生的科学创见。虽然在大家还不曾见着他这部大著前，也不是没有人这样推想过；但正式见于科学论著首先是郭先生。自然，在说明上，也不能说就是很完满的。

在这里，他不说“二头军务总司令官”，而说“二头政长”，是值得斟酌的。在部落和部落联合里面，政务权是属于酋长会议。照莫尔根的研究，军务总司令官，除他的本职以外，有兼充僧侣，甚而兼充裁判官之职的。在易洛魁联合中，设有二名完全平权的军务总司令官。郭先生对这段传说，没有作必要的说明，无怪引起了人们的误会。

我现在进而来研究这一问题，若能得出相当的结论，就算我在承袭郭先生的意见；若果错误了，应由我负责，将来再改正。

传说中的“帝喾”是否就是“帝舜”？或者还是两人？这问题在我们这里的研究上，是不十分重要的，因为我们在这里只在借神话传说的记载，来说明太古时代中国，曾有过这样一种部落联合的氏族制度存在过。而且只有证明“帝舜”不是一位虚构的神化人物，但对于“尧”、“挚”、“禹”、“益”的神化色彩，我们还没法把它洗去，所以能证明“帝舜”是一位“人格”的人，在这里，于问题的补益也自然有，但还不大。

在氏族社会时代，若是有一位世袭酋长，部落的领袖酋长，或联合的军事领袖的死亡或出缺，便马上重要选举继任者——只有其他普通酋长不须选举继任。但是选举权是属于全员的，从而他们对各种酋长，还有罢免权，这由于氏族的本身就是这样一种民主的组织。他们的会议议决案，在易洛魁联合中，是这样的一个原则：

世袭酋长的“全场一致”（unanimity），在一切公共问题上都是必须的，及在每一公共法令的效力上也是必要的。全场一致是易洛魁联盟的根本法则。他们采取了一种方法可以免除投票的必要，而能够确定会议全体成员的意见。再者，他们对于会议的行动，全然不知道多数与少数的原则。他们在会议中采用部落投票的方法，各部落的世袭酋长一定要意见一致才能构成一个决议。①

因而“帝挚”死亡之后，补充继任人的问题，当然只有取决于全体酋长或氏族全员；二头中现任的一头“帝尧”，他当然没有解决这一重大问题的权力，充其量也只能向酋长会议提出补选的请求，他自己或者可以列席会议。后来“舜”与“禹”，“禹”与“益”；其经过的情形，当然也是同样的。只有到“益”、“启”的时候，母系制度的连续发展的体制遇着中断，构成历史发展的飞跃形势的，即社会大变革的时期已经到来，情况才有了变更。大概因为到这时，由于社会生产，尤其是牧畜业的发展，母系社会的基础已完全摇动，男系社会的历史因素已十分成熟，因而就爆发出一场大变革的斗争来。两种势力斗争的结果，代表守旧势力的“益”，为代表革新势力的“启”，把他推下台，即《楚辞·天问》所谓启代益作后，《竹书纪年》所述益为启所杀，我们还不能得出肯定的结论。

舜被选出来的情形，有如次的一些传说式的记载：

帝曰：“咨四岳……汝能庸命巽朕位。”岳曰：“否德忝帝位。”曰：“明明扬侧陋，师锡帝。”曰：“有鳏在下曰虞舜。”帝曰：“俞予闻如何？”岳曰：“……克谐以孝，蒸蒸乂，不格奸。”帝曰：“我其试哉！”②

把这段传说的本来面目揭开，可译成如次的一段现代语：

帝挚死后，尧立即通告四岳③各氏族酋长及其全员，请求补选继任

① 莫尔根：《古代社会》，三联书店一九五七年版，第一五五页。

②《尚书·虞书》。

③《竹书纪年》称“尧初巡狩四岳”，《虞书》称“舜觐四岳群牧”。依此，四岳明明是这个部落联盟所管辖的地域。据各种传说所载，传说中的“尧舜禹”以及“夏代”散布的区域，大概就不外是今日的山西南部、陕西东南部、河南西北部及甘肃境内的一部，在这块地域内实际包括有不少的崇山名岳。这到第八篇再说明。

人。四岳各酋长接到尧的报告后，便立即召集了一个会议，还请尧列席。在会议开幕后，他们全想不出一个相当的继任人来。后来其中有一位酋长提议说："从普通成员中去选择一个人来补充军务总司令官的职位。"最后他们一致同意举出舜来。尧看见举出来的继任人他并不认识，因而便向酋长会议询问："已由诸位全场一致举出一位舜来继任，我个人当然不能有异议。只是他和我的职务关系太密切，诸位可否让我知道他的一些情况呢?"酋长会议答复他说："可以。他的品德很好，并且很有才能，一定能同你合作。"

因此，问题不是很明白了吗？这在儒家的大头孟轲，也不敢把传说的本意改变得太过火，还不能不说尧并没有荐举舜出来的权力，充其量他也只能向"民"和"天"去推荐。(但是，天！你晓得吗?)看他是怎样在说的吧！

万章曰："尧以天下与舜，有诸?"孟子曰："否。天子不能以天下与人。"昔者，尧荐舜于天，而天受之；暴之于民，而民受之。①

《史记·五帝本纪》亦称"尧"请"四岳"推荐他的继任者，不分贵戚亲疏。而众皆举"虞舜"。又称"舜"之所以能登帝位，由于"诸侯远方宾客"对他"皆敬"和"诸侯……狱讼者……之舜"。儒家说由于"天下之民""朝觐"、"讴歌"、"讼狱"皆之"舜"。实际上，"舜"倒并不是继的"尧"的任。而是继的"挚"的任；据传说所载，"尧"举出"舜"来之后，他自己还"坐"了二三十年的"帝位"。如果"舜"是继的"尧"，那么，"舜"明明是被举出来作"帝"的；"尧"把人家举出来，自己又不肯兑现，他不是自己在发疯吧？因而《尚书·虞书》的伪造者便只好说"试哉"！孟子也只好说："舜相尧二十八载。"好！这一"试"或"相"，就"试"或"相"了二十八年。关于"尧""舜"的这种种记载，是多么自相矛盾啊！

从而"尧"死了以后，便又去举"禹"出来补充；"舜"死了以后，便又去举"益"出来补充。选举的手续，完全是一个方式。

传说式的记载说：

舜曰："咨，四岳。有能奋庸熙帝之载……亮采惠畴。"佥曰："伯禹。"……帝曰："俞。"

---

①《孟子·万章》。

帝曰：“畴若予上下草木鸟兽？”佥曰：“益哉。”帝曰：“俞！咨益。”①

舜崩……禹于是遂即天子位……而后举益任之政。②

从“禹”、“益”的当选经过中，传说中所说他们辞谢当选的情形，也可以看出一点选举的形迹来。

帝曰：“咨益。”……益让于朱、虎、熊、罴。帝曰：“俞！往哉。”

禹曰：“朕德罔克，民不依。皋陶迈种德……黎民怀之。”帝曰：“禹。……朕志先定，询谋佥同，鬼神其依，龟筮协从，卜不，习吉。”禹……固辞。帝曰：“毋惟汝谐。”③

自然，这些神话传说，内容已有很大的修改，已经着上了一层阶级社会的色彩。我们必须剔去其伪装，挑出传说本来的真实成分，才不致受儒家的骗弄；同时也必须要这样作，才能去揭发原始社会的面目。在上面“舜”、“禹”对话的一段传说中，“禹”所以要辞却作当选人的本意，只是怕“民不依”；即恐怕选不上，对大家的事业没有好处；他所以又推出“皋陶”来候选，因为“皋陶”有“民怀之”的好条件。“舜”所以劝他当候选人，是因为“询谋佥同”，“龟筮协从”和“毋惟汝谐”，易言之，就不仅能得到“人”的大家的同意去推选，而且能得到卜筮所表达的“鬼神”的同意，尤其是因为“禹”是很能和他合作的一个。

军务总司令官当选以后，就职的手续，在下述的传说记载中，也还有一点遗迹的残留。

月正元日，舜格于文祖。询于四岳，辟四门。明四目，达四聪。咨十有二牧。曰，食哉！惟时。④

这是说：“舜的就职，在一个吉日良辰，在全体酋长的隆重集会下举行（咨十有二牧）。同时并通知了全部落联合各氏族（询于四门，辟四岳），前来参加重典（明四目，达四聪）。在就职大典中，还举行了宗教式的仪式（格于文祖），礼成，然后举行宴会（食哉）。”宴会之后，少不了还要来一场“击石

---

①《尚书·虞书》。
②《史记·夏本纪》。
③《尚书·虞书》。
④《尚书·虞书》。

拊石，百兽率舞”的歌舞庆祝大会。这和易洛魁联合酋长就职的仪式、手续，基本上是相似的。

像那样“击石拊石，百兽率舞”，“下管鼗鼓，合止柷敔，笙镛以间，鸟兽跄跄”① 的木石相击，人兽合舞的太古时代人的歌舞会，莫尔根曾亲自在印第安人中看见过，那却是我们那一班儒家的“至圣”、“亚圣”、“博学鸿儒”们不可能意识得到的。这总不能说是我的“牵强”“附会”吧？

他们对于普通酋长的选举，在传说的记载中，也暗示出一点民主的遗迹。《尚书·虞书》说：

> 帝曰：“畴咨若时登庸？”放齐曰：“……朱……”帝曰：“畴咨若予采？”驩兜曰：“都共工。方鸠僝功。”帝曰：“吁！静言……”帝曰：“咨，四岳。汤汤洪水方割，荡荡怀山襄陵，浩浩滔天，下民其咨。有能俾乂？”佥曰：“于！鲧哉。”帝曰：“吁！咈哉！方命圮族。”岳曰：“异哉？试可乃已。”帝曰：“往！钦哉！”

我们也可仿照前面的办法，把这段传说从神秘的外衣中解放出来，它本来的面目便该是如次的：

> 尧首先报告，略称：“现在水灾很严重，把我们四岳各氏族的地区都给淹了。而水势还愈来愈厉害，行看连山岭高地也快要给淹了。各氏族也都给我们来了报告。我们似乎应该举出一位专负治水责任的人出来。各位觉得谁能胜任？就选举谁吧。”放齐：“我举朱。”
>
> 尧：“各位再举谁？”（畴咨若予采？）
>
> 驩兜：“共工于我们氏族很有劳绩，我举他。”
>
> 尧：“不行！我以个人的资格反对。望你最好不提他。”
>
> 佥（大家）：“我们举鲧！喂！我们都赞成举鲧。”
>
> 尧：“不行！他，我也不同意，一则他于我们氏族并无什么劳绩，再则他又常常违犯共同规约。”
>
> 岳（全体酋长会议宣布）：“大家一致同意，暂时举鲧去试办一下再说。”
>
> 尧：“最后已全场一致决定鲧，现在情势很紧急，请鲧马上负责

① 《尚书·虞书》。

前去。”

我对上面这段话的原文，并没有半点增加，只是去掉一些掺杂在里面的阶级社会的成分。如果说我是附会，那么，这种传说为什么能如此符合于印第安人的酋长会议（其他的议事集会也是一样的）的内容与形式呢？这又是我们那班“鸿儒”们能意识得到的吗？

对于其他普通酋长的选举，也是同样的方式。例如《尚书·虞书》又说：

帝曰：“畴若予工？”佥曰：“垂哉。”帝曰：“俞！咨垂。”

帝曰：“咨，四岳。有能典……三礼。”佥曰：“伯夷。”帝曰：“俞！咨伯！”……伯……让于夔龙。帝曰：“俞！往！钦哉！”

凡此，均不过是仗神话传说所保留下来的中国氏族社会民主制度的一个影子。实际上，部落联合在人类历史上曾支配了一个很长时期，这是恩格斯从人类历史实际中已揭发出来的科学结论；莫尔根的研究结果，也能予以充分的说明。

我们在这种民主制度里面，看见他们无论对军务总司令官的选举，普通酋长的选举——世袭酋长当然也是如此，都是如何在运用氏族制度的民主呵！最后的决议，总是要全场一致才能成立。军务总司令官个人的意见——如果违反公众的意见，是要在公众一致的同意下被否决的。

因而孟子说：“尧荐舜，舜荐禹，禹荐益”的传说，倒颇有可能。[①]“益辟启”便是牵强的附会。《韩非子·说疑》所谓“舜逼尧”，“禹逼舜”，《史通·疑古篇》所谓“舜放尧”，“禹放舜”，“舜为禹放逐而死”，等等，便都是在当时的社会制度下，不易出现的事情。这或者都是从“益干启位，启杀益”一类传说附会而来。

在这里，我们再进而考察一下传说中的“尧、舜、禹、益”的主要职务。传说中的“禹”就职以后，“舜”对“禹”的交代，是如次的一点重要事情：

朕……耄期倦于勤，汝惟不怠，总朕师。[②]

他职务中惟一的一件大事，就是“总朕师”。当他在职期间，他所最关心的是“蛮夷滑夏，寇贼奸宄”。他最得大家的同情为儒家所歌颂不已而借以发

---

① 在美洲萧尼部落中，有世袭酋长推荐继任者的事实。（莫尔根：《古代社会》，三联书店一九五七年版，第一八八页。）

②《尚书·虞书》。

挥其大一统思想的，是他能使“蛮夷宾服”。这都在说明他的职务范围和劳绩。

“禹”的上马工作，据《尚书·虞书》的传说式记载：

乃会群后，誓于师，曰：“济济有众，咸听朕命。蠢兹有苗，昏迷不恭……予以尔众士，奉辞伐罪。”

这段传说，虽然被后人粉饰得很厉害，但是“禹”的主要贡献，就在他能够打仗，并曾把顽强的敌对集团打败。

在传说中，还有一次是“禹”和“益”两位军务总司令官的同时出马：

三旬，苗民逆命。益赞于禹……七旬，有苗格。

很显然，这是说：“战事继续了一个月之久，还不曾战败‘有苗’集团。后来由于‘益’军务总司令官和‘禹’军务总司令官的合同作战，因而战事继续到七十日的时候‘有苗’集团便终于屈服或和解了。”我以为大概在这一传说的时代中，曾有一次或数次较大的部落集团间的战斗，所以关于战事的神话，才能被传留下来。《五经正义》有“虞有三苗”，《国策》也有“舜舞有苗”的传说。“有苗”屈服的传说，各书中也散见很多。这种军事职务，也是与印第安人的军事领袖职务相似的。

在氏族社会时代，若是在部落联盟的邻近或杂处在联盟区域内的其他氏族集团，不接受他们的要求来加入联盟，或离开当地他去，便往往能成为部落集团间战斗的原因之一。① 战斗只要一开始，便必须在如次的两种情形下才能结局：其一，是达到交战氏族集团的一方完全屈服，或组成共同的部落联盟；其一，是相持下去，或至于交战的一方甚而双方，因不断的战斗与仇杀而同归于消灭。这在莫尔根的《古代社会》中，不只是提过一次。

在这里，还该附带提到的：

其一，这一传说时代的人物，大抵都是传说中的各氏族的酋长。他们都是被称为“后”，在《国语》、《左传》以及其他许多古书中，也都于他们的名字之上附一个“后”字，如“后稷”、“后夔”、“后羿”、“伯夷、伯益二后”，其例甚多。又称“共工、烈山、均有天下”；“后羿、有穷国君也”。其例也

① 在某种情势下，历史上曾有过这种事实。但是部落联合的本身，与其说是基于一种理想的政治的企图，不如说是由于社会生产力发展到一定阶段，由于氏族组织的自然的发展而达到完成的——但联盟是可以包括不同血统的氏族集团。

甚多。

其二，传说中的主要人物，如“尧”、如“禹”等，在地下没有更多的发现以前，我们还只能把他们当作神化的传说人物看。但是和他们结合着的神话传说，并不能因这些人物的神化而丧失其真实的历史性；相反的，这些人物，如果都是被臆造的乌有先生，也正是因为先有神话传说的张本而后才被创造出来的。如果他们都是神化的乌有先生，传说中所载和他们有关系的氏族集团，却未必是虚构的。如陶唐氏，《左传》哀公六年引《夏书》说：“惟被陶唐，帅彼天常，有此冀方，今失其行，乱其纪纲，乃灭而亡。”又荀匄说：匄之祖在“尧”时为“陶唐氏”，在“夏”为“豢龙氏”，在商为韦顾氏。所以在古代，有“陶唐氏”这个氏族存在，便该是确实的。这一传说时代的氏系，到第九篇还要论究。

其三，《尚书大传定本》传一，《释尧象刑》说，古人不用体罚，惟于犯罪者之衣服上，加以识辨标志，以示某种惩罚。这似乎是事实。因为在莫尔根的美洲印第安人研究中，就见过和此类似的处置犯人的办法。《尚书·虞书》、《史记》等书都说：“流共工于幽州，放驩兜于崇山……殛鲧于羽山。”后一点或者就是把犯人逐出于氏族集团外的一种传说。在美洲印第安人中曾有这样的一种习惯：氏族成员犯罪过重者，就共同议决把他逐出于氏族集团之外，但绝不施用笞打和杀戮的刑罚；被驱逐者便陷于漂流无归的苦境中，有因漂流而致死的。在这里，还可能包含有处罚某些违犯公约的氏族集团的内容。

D．这一传说时代的社会下层基础

在这里，先论述一下这一传说时代的世纪。

现在先把古今中外的学者，对中国社会历史经过年数的推测，略举数说：

（1）天开地辟，至春秋获麟之岁，凡二百七十六万岁。①

①《春秋元命苞》。

(2) 伏羲以来，三十余万岁。①

(3) 周口店发现的人类牙骨，为五十万年前的中国人的牙骨。

(4) 内蒙鄂尔多斯黄土层下沙砾层中发现的旧石器时代实物——皆石英质，与法国所发现的旧石器类似。为五万年前的遗物。②

(5) 仰韶各期所发现的新石器时代遗物（沙井、寺洼、辛店有铜器连同出土——吕）为五千年以上的遗物。③

(6) 太昊在位一百一十五年——神农在位一百四十年——轩辕在位一百年——颛顼在位七十八年——帝喾在位六十三年——帝尧在位一百年——帝舜在位五十年——夏自禹至桀，共十七世，合四百七十一年——商自汤灭夏至纣，共二十九王，合四百九十六年——周自武王伐殷至隐王十六年，共三十六王，合九百六十三年。自太昊至周隐王十六年，共约二千五百六十五年，自尧至周隐王十六年共约二千零六十九年。④

(7) 德人福基（A. Forke）在其所著《中国人之世界观》（World-conception of the Chinese），根据《尧典》中的“鸟”、“火”、“虚”、“昂”四星的研究，判定这四星曾出现于纪元前二千二百五十四年，并判定在中国河南地方能很清晰地看见。

上录1、2两说，都没有说出任何根据，只是一种臆说，不过是中国历史年代久远的传说的反应。第6说关于夏、殷以前的部分，亦系臆说，殷以后的部分与他书出入颇大。3、4、5、7各说，皆各有其一定的或多或少的科学根据，应皆存为中国历史断年多少可靠的材料；至于各说不同的正确程度，则属另一问题。内蒙所发现的旧石器，为中国民族在太古时代的遗物可以确定的；安迪生对仰韶各期出土物年代的判定，我认为还有问题，留在后面再说。周口店人类牙骨的年代判定，是特别值得重视的。福基的研究，能分外引起我们的注意。《尚书·尧典》中所见的“鸟”、“火”、“虚”、“昂”四星，在中国古

---

①《列子·杨朱》。

② 民国《北京历史博物馆丛刊》第一年第三期。

③ 安迪生：《中华远古之文化》、《甘肃考古记》。

④《竹书纪年》。〔按金履祥：《通鉴纲目前编举要》卷一，谓成汤代桀即位之年为乙未（前一七六六年），帝辛三十三年即商亡之年为己卯（前一一二二年），商朝纪年应为六百四十五年。又《史记·殷本纪》正义引《竹书纪年》，谓“自盘庚迁殷至纣之灭，七百七十三年更不迁都。”这均与今本《竹书》异——一九六〇年补注。〕

代出现，应该是可靠的。福基判定此四星的出现，为纪元前二千二百五十四年。传说中的尧的时代，据《竹书纪年》及其他各书的纪年推算，亦恰在纪元前二十二三世纪之间；照现在较正确的推算，周代自武王伐殷至秦代纪元始约共八百年（前一〇五〇～前二五〇），若以此与《竹书纪年》所纪之周代年岁对正，则传说中的尧的时代，亦恰在纪元前二十二三世纪间。我们虽然还不能据此去作出任何科学的判断，但问题也是值得特别注意的。

现在进而考究这一传说时代的社会经济基础。散见于各种古籍中的传说，不少关于氏族制社会的生产力状况和生产关系，关于其时的自然环境，人们如何与自然斗争及其生活状况，等等方面的记载。下面先例举一些概括性的传说，以见其时社会情况的一斑。

> 古者，大川名谷，冲绝道路，不通往来也，乃为窬木方版，以为舟航，故地势有无得相委输。乃为靻蹻而超千里。肩荷负担之勤也，而作为之揉轮、建舆驾马服牛，民以致远而不劳。为鸷禽猛兽之害伤人……，而作为之铸金锻铁以为兵刃。①
>
> 后圣有作，然后修火之利；范金、合土，以为台榭、宫室、牖户；以炮以燔，以亨以炙，以为醴酪；治其麻丝以为布帛；以养生送死，以事鬼神上帝。②
>
> 古之民，未知为宫室时，就陵阜而居，穴而处下，润湿伤民。故圣王作为宫室，为宫室之法，室高足以辟润湿，边足以围风寒，上足以待雪霜雨露。③
>
> 古者，禽兽多而人少，于是民皆巢居以避之。昼拾橡栗，暮栖土木。……民不知衣服，夏多积薪，冬则炀之……。神农之世，……民知其母，不知其父，与麋鹿共处，耕而食，织而衣，无有相害之心。……④
>
> 昔者，昊英之世，以伐木杀兽。人民少而木兽多。黄帝之世，不麛不卵。官无供备之民，死不得用椁。……神农之世，男耕而食，妇织而衣，

---

①《淮南子·氾论训》。
②《礼记·礼运》。
③《墨子·辞过》。
④《庄子·盗跖》。

刑政不用而治，甲兵不起而王。①

古者，土无肥硗，人无勤惰……。夫谓治者，使民无私也，民无私，则天下为一家，而无私耕私织，共寒其寒，共饥其饥。②

人不独亲其亲，不独子其子，使老有所终，壮有所用，幼有所长，矜寡孤独废疾者皆有所养……货恶其弃于地也，不必藏于己，力恶其不出于身也，不必为己。是故谋闭而不兴，盗窃乱贼而不作，故外户而不闭，是谓大同。③

古者，丈夫不耕，草木之实足食也；妇人不织，禽兽之皮足衣也。不事力而养足，人民少而财有余，故民不争。是以厚赏不行，重罚不用，而民自治。④

黄帝之治天下，使民心一，民有其亲死不哭。

古之让天下而去者，监门之养，而不离臣虏之劳也。⑤

古之所谓士仕者，……合群者也，……乐分施者也，……羞独富者也。⑥

剔去上列传说中的阶级社会的夹杂，便可以从中窥见原始共产社会若干方面的情况，那都不是后来的诸子百家能够伪造得出来的。原始共产社会的人们的生活境况，不是他们能臆想得到的。因此，这类传说，是有一定史料价值的。

单就关于劳动工具的发明和演进，以及人们如何借以获得生活资料来说，有如次一系列的传说：

伯余之初作衣也，緂麻索缕，手经指挂，其成犹网罗。后世为之机杼胜复，以便其用，而民得以掩形御寒。古者剡耜而耕，摩蜃而耨，木钩而樵，抱甀而汲，民劳而利薄。后世为之耒耜耰钼，斧柯而樵，桔皋而汲。⑦

①《商君书·画策》。
②《尉缭子·治本》。
③《礼记·礼运》。
④《韩非子·五蠹》。
⑤《庄子·天运》。
⑥《荀子·非十二子》。
⑦《淮南子·氾论训》。

庖牺氏作结绳而为罔罟，以佃以渔。神农氏作斲木为耜，揉木为耒；日中为市，交易而退。黄帝尧舜垂衣裳，刳木为舟，剡木为楫，服牛乘马，断木为杵，掘地为臼，弦木为弧，剡木为矢。上古穴居，后世圣人易之以宫室。上古结绳而治，后世圣人易之以书契。①

神农赫胥之时，以石为兵。②

古之民未知为衣服时，圣王……故作，诲妇人治丝麻捆布绢，以为民衣。……当是之时，坚车良马不知贵也，刻镂文采不知喜也。未知为饮食时，……故圣人作诲男耕稼树艺，……。未故为舟车时，故圣人作为舟车。③

奚仲作车，仓颉作书，后稷作稼，皋陶作刑，昆吾作陶，夏弦作城，高元作室，虞姁作舟，乘雅作驾，王冰作服牛。④

造历者羲和，造冶者蚩尤，造车者奚仲。昆吾作陶，皋陶择羝裘以御。⑤

神农作陶冶斧斤，破木为耜耰，以垦草莽，然后五谷兴，以助果蓏之实。⑥

神农尝百草水木甘苦，黄帝造衣裳，后稷产穑制器械。⑦

古者羿作弓，伃（传说为少康子）作甲，奚仲作车，巧垂作舟。⑧

稷之孙曰叔均，是始作牛耕。⑨

禹之王天下也，身持耒臿，以为民先。⑩

这些传说式的记载，虽较零乱，但它反映太古时代的我们祖先，在劳动的过程中，与自然斗争的过程中，如何逐步发明工具、获得生活资料和征服自然

---

①《易·系辞传》。

②《越绝书》、《太白阴经》。

③《墨子·辞过》。

④《吕氏春秋·审分览》。又《世本》谓：无勾无磬，夷作鼓，垂作钟，雍父作杵臼，牟夷作矢，挥作弓，胡曹作冕，于则作冠，胲作服牛，相土作乘马，腢作驾。又《荀子·解蔽》谓：仓颉作书，后稷教稼穑，夔作乐，倕作弓，浮游作矢，奚仲作车，乘杜作乘马。

⑤《尸子》。

⑥《汲冢周书·考德》。又《白虎通·号》说：“至于神农……制耒耜教民农作。”

⑦《越绝书·外传记地传》。又《世本》谓：胡曹作衣。

⑧《墨子·非儒》。

⑨《山海经·海内经》。

⑩《韩非子·五蠹》。

的。它说明了，中国民族工具的发明和进化，生产的演进和发展，都也是由祖先多少万年的劳动经验的积累、和自然斗争经验的积累而来的，并不是一开始就是文明大备，也不是天才的“圣人”们凭空创造。传说的记载者把每种工具和生产上的发明、创造，等等，都归功于某一特定的个人，这正是神话传说的本色——它每每被附丽于一个特定的人。实际上，工具的发明和演进，等等，乃是社会自身演进的必然产物。传说的记载者，既是把每种工具的发明，等等，都归功于某一特定的个人，因而便又替他们作出一种解释来。又因为每种工具及生产上每项伟大创造的发明、创造者，究竟都不是“神化”的“神”，而是有“人格”的具体的“人”。所以他们说：

观鱼翼而创橹。①

师蜘蛛而作网。②

见窾木浮而知为舟，见飞蓬转而知为车。③

我们虽不能否认自然间的特种现象，能与人类的发明创造以相当之启发作用；但是社会自身、尤其是生产不发展或演进到某种程度，不具备一定的条件，这种自然间的现象，对于人类发明创造的影响，可说仍是无用的。在中期野蛮时期的人类，固朝夕和鱼类相接，但是他们并不能“见鱼翼”就知道去“制橹”，而必须到开化时代才能实现；人类在原始群团的时候，固亦习见蜘蛛网，但他们并不能因而就发明网罟，而必须到多少万年以后才实现；同样，过去的人类亦习见飞鸟，但是飞机的发明，却必须到资本主义时代才有可能。人类社会的进步，起主要的、决定作用的，在一般情况下，是生产力，正确地说：生产力自身的不断发展，从而推起生产关系和生产方式不断向前改变。（只有在一定的条件下，生产关系和上层建筑又反过来起主要的决定的作用。——一九六〇年补）这正是由于其自身的不断地向前发展，又不断地否定其自身的辩证过程，是这样继续不断的在辩证法的进程中，展开社会的发展的过程的长流——自然，自然界也都是在这个法则变化过程中，所以马克思说，他把人类社会的历史，看作自然历史的过程。

现在进而考察这一传说时代的生产发展的过程。

---

①《名物考》。

②《抱朴子》。又《古史考》谓“观象而作网”。

③《淮南子·说山训》。又《世本》谓“观落叶以为舟”。

《尚书·舜典》说：“击石拊石，百兽率舞。”《益稷》说：“虞宾在位，群居九让。下管鼗鼓，合止柷敔，笙镛以间，鸟兽跄跄。”《列子》及《竹书纪年》说：“击石拊石，以歌九韶，百兽率舞。”《礼记·明堂位》说：“土鼓蒉桴苇籥，伊耆氏之乐也。”这几段传说，大体上均有相当的真实性。因为这种原始乐器和人兽合舞的情况绝不是在没有马克思主义以前的后代人所能臆想得到的。因而石器已应用到乐器方面，新石器在此时当已普遍地被使用；从另一方面说，在盛大仪节的跳舞会中所使用的乐器都还是石头制的，则似乎还没有铜器，即使有，则在生产的领域里，也一定还没有它的地位。“笙镛以间”的“镛”是从“金”的，第一，“镛”究是指的什么？我们不知道。第二，“镛”究竟是后人的附会，抑有其历史的真实性？我们也不敢判定。

《越绝书·外传记宝剑》有“禹穴之时，以铜为兵”的传说，但我们尚不能判定其是否真实可靠。明薛尚功《钟鼎彝器款识》所收有铜器的“夏琱戈”“夏带钩”，那究竟是否“夏”物，也尚有问题；即系“夏”物，为“夏”何时物，是否与“禹”有关？（禹在历史科学的领域中，都还不曾取得“人化”的资格）更有问题。虞荔《鼎序》云：“昔虞夏之盛，远方皆至使，九牧贡九金，铸九鼎于荆山之下。”《史记·封禅书》亦称“禹以九牧之金铸九鼎”。《汉书·郊祀志》称：“（禹）铸九鼎，象九州。”《左传》宣公三年称：“桀有昏德，鼎迁于商；……商纣暴虐，鼎迁于周。”所谓“九鼎”在中国的历史传说中，具有普遍性；而且《左传》、《国语》等书，都还有楚王问鼎、齐侯窥鼎的记载。因而在原先曾有这种鼎的存在，似乎是事实；不过即有这种鼎其物，而铸于何时，却又是问题了。陶弘景：《古今刀剑录》说：“夏禹子帝启，在位十年，以庚戌八年，铸一铜剑。”《盐铁论·本议》说：“舜藏黄金。”《墨子·耕柱》说：“昔者夏后开使飞廉折金于山川，而陶铸之于昆吾。”《竹书纪年》亦有与此相同的记载。传说中的“尧、舜、禹”，据传说所载均居于今日之山西南部，但直到现在止，我们在山西南部发现的铜器，还不能最后判定其时代①——自然还未曾有计划的开挖。因而在这一传说时代，从何时起才知道制铜，还是一个疑案。（《古史考》谓铜的发明为在“燧人”时，《文献通考》谓为在“太昊”时，《史记》及《洞冥记》均谓为在“黄帝”时，《世本》、

① 现大致可以肯定为“夏”人遗物——一九六〇年补注。

《管子》、《吕氏春秋》均谓为在“蚩尤”时，这也都是难以凭信的。）

其次关于这一传说时代的陶器制造的传说，在各种古籍中都很普遍。如：

舜耕历山，渔雷泽，陶河滨，作什器于寿丘。①

禹……自耕稼陶渔以至为帝，无非取于人者。②

（尧）饭于土簋，饮于土铏。禹作祭器，墨漆其外，而朱画其内。③

有虞氏尚陶，有虞氏瓦棺，夏后氏尚匠，殷人尚梓，周人周舆。④

有虞氏瓦棺，夏后氏堲周，殷人棺椁，周人墙置翣。⑤

在这一传说时代，制陶术已经发明，似乎是确实的。一方面，照恩格斯及莫尔根对工具进化的划期，是以制陶术之发明充当了开化和野蛮时代的一个主要标志；同时部落联合也是至早在开化初期才能出现的；再则新石器的使用，也是随着晚期野蛮时代的结局而出现的。我们在前面已经叙述了这一传说时代的部落联合的种种遗迹，又已叙述了这一时代的新石器工具业已普遍被使用。同时为开化初期的终局时的东半球知道畜牧的特征，我们紧接着在下面就要说明的。而且“墨漆其外，而朱画其内”的陶器，我们在“仰韶”文化出土物中已有大量实物的发现，加之仰韶又恰在传说中的夏族当时散布的区域内。这是半点也不容我们忽视的。

关于畜牧如何发生的情形，《商君书》所谓“黄帝之世，不麛不卵”，是还没有发明饲养的传说反应。《淮南子》所说“拘兽以为畜”，正是才开始发明饲养的始初情况。关于这一传说时代的畜牧业是否已出现的问题，在《虞书》的传说式记载中，有三句值得我们注意的话：

厥民析鸟兽孳尾。

厥民因鸟兽希草。

厥民隩鸟兽氄毛。

这三句话，不仅我们儒家的先生们意想不到，而且是他们不会了解的。可是，如果我们的美国系的学者也不能和不肯了解，我们就试图来解释一下。

---

①《史记·五帝本纪》。

②《孟子·公孙丑》。

③《韩非子·十过》。

④《周礼·考工记》。

⑤《礼记·檀弓》。

其一，畜牧还没达到繁盛的时代，易言之，刚发明以畜牧为获得生活资料的主要生产的时代，对于畜群的繁殖，是常寄予极大的关心的。他们不仅替家禽和家畜的雌雄两性，一对一对地去配合，便于他们的交尾、受胎，使能多生产小生物，或者还有用人工去帮助它们交尾的事情，也未可知。已经怀孕的牝兽，在将临生产之前，就把它从兽群中分出来，免致牡兽对此种牝兽和小生物有所伤害，对于孵卵的牝禽，也予以同样的关心。

其二，在他们，不仅食物的主要来源依靠兽肉和兽乳，而且御寒的衣服，也依靠鸟兽的皮革和羽毛。所以对于家禽和家兽的皮革、羽毛的加工、修理、制造、保藏，是全氏族成员所十分关心和慎重从事的。

这正是恩格斯及莫尔根所指出的，东半球在初期开化时代终局时的情形。

《吴越春秋》所说的关于禹的传说：“禹居靡山，伐木为邑。凤凰栖于树，鸾鸟巢于侧，麒麟游于庭，百鸟佃于泽。”这似乎就是关于太古时代的畜牧生活的传说和描绘。

我们在前曾提到过，在中国，似乎在开化时代初期，和发明饲养相先后的同时，似又发明了种植。在这一传说时代，也有关于种植的不少传说，例如：

> 稷勤百谷而山死。
>
> 昔烈山氏之有天下也，其子曰柱，能植百谷百蔬；夏之兴也，周弃继之，故祀以为稷。①
>
> 舜自耕稼陶渔以至为帝，无非取于人者。②
>
> 古之平治水土及播殖百谷者众矣；惟勾龙氏兼食于社，而弃为稷神，易代奉之。③
>
> 尧聘弃，使教民山居，随地造区，妍营种之术……乃拜弃为农师，封之台……，姓姬氏。④

关于这一传说时代已有种植的传说，记载多得很，随便一抄就有这么一大

① 均见《国语·鲁语》。

②《孟子·公孙丑》。又《史记·五帝本纪》谓“舜耕于历山”。《国策·赵策》说：“尧见舜于草茅之中，席陇亩而荫庇桑阴。”又《尚书·虞书》谓：“帝（舜）初于历山往于田。”

③《孔子家语·五帝》。又《论语》称“禹稷躬耕”。

④《吴越春秋·吴太伯传》。又《虞书·舜典》说：“帝曰：弃，黎民阻饥，汝后稷，播时百谷。”《诗经·生民》对于后稷从事种植的情形，说得更多。《生民》是周初的作品，可信的成分当更多——自然，也仍是一种传说。

篇；但是究竟是否在开化时代初期，真已知道种植，而成为对东半球其他区域的一点例外或特殊？这是我们不敢凭这些传说来判断的。但是仰韶出土物去研究，有印有布纹的陶器，有用作种植的石锄和石钁，又发现有谷粒，仰韶又正是新石器时代初期，因而无论仰韶和传说中的“尧、舜、禹”的时代有无关系，而中国在新石器时代初期，已知道种植，便是确实的。同时我们在山西又发现用人工割裂过的半个茧子，并与其同时出土物去判断，是与仰韶同系统的。发现的地方，又恰在这些传说人物所居住的、即他们的部落所散布的区域内。因而，中国在开化时代初期，确实已知道种植。

但是在这一传说时代的初期，虽已知道种植，却还是发明种植的最原始的时期。从下面几段传说看，他们在当时还是一种游牧民族，才开始营定居。这同时也是符合历史自身逻辑的。

> 舜……三徙成都，至邓之虚，而十有万家。①
>
> 五服之就，五流有宅，五宅三居。②

因而知道种植的事情虽是确实，也还是才开始“山居，随地造区”；才第一次去“妍营种之术”。从这一传说时代的各种特征统合起来观察，我以为这个判断，似乎是不会错误。

适应于这种生产方式的社会，是氏族共产制的；无论是酋长，以及担任一切公务的人，都须自己从事劳动，不劳而食的事情，是不容许存在的；而且大家的生活享受，在物质上——从而精神上，也是原则上平等的。所以传说的记载又说：

> 尧于是乎股无胈，胫无毛。③
>
> （禹）腓无胈，胫无毛，沐甚雨，栉疾风。④
>
> 当尧、舜而天下无穷人。⑤

---

①《庄子·徐无鬼》。

②《虞书·舜典》。

③《庄子·胠箧》。

④《庄子·天下》。又《韩非子·五蠹》谓：“禹之王天下也，身执耒臿以为民先，股无胈，胫不生毛。虽臣虏之劳，不苦于此矣。”《论语·泰伯》：“禹……菲饮食，……恶衣服，……卑宫室，而尽力乎沟洫。”“禹稷躬耕。”《吴越春秋·越王无余外传》：“禹苇椁桐棺。”

⑤《庄子·秋水》。

闻尧无三夫之分，舜无咫尺之地。①

黄帝能成命百物，以明民共财；颛顼能修之。②

古之让天子者，是去监门之养而离臣虏之劳也。③

舜勤民事而野死。④

稷勤百谷而山死。冥勤其官而水死。⑤

古者，土无肥硗，人无勤惰……天下为一家，而无私耕私织；共寒其寒，共饥其饥。⑥

老有所终，壮有所用，幼有所长，矜寡孤独废疾者皆有所养。……货恶其弃于地也，不必藏于己；力恶其不出于身也，不必为己。是故谋闭而不兴，盗窃乱贼而不作，故外户而不闭，是谓大同。⑦

儒家口袋中的这些圣人，原来都是和当时一般人共同劳动，而且是“从民所居”的耕夫、牧人和工匠。他们和他们的一切氏族成员，在参加劳动和消费品的享有等方面，都是完全平等的；以“天下为一家”，不是我为支配者你为被支配者，而是“无私织私耕，共饥其饥，共寒其寒”，以“与民共财”。因而在这样的社会里，儒家所谓“圣人”，而且所有的社会成员，都同是耕夫、牧人和工匠，同时也可以说他们又都是“圣人”。后来的阶级社会中的剥夺人的不平等现象，自始就非他们所曾梦想到的——自然，由原始共产社会演进到阶级社会，原是一种进化。儒家从太古时代的遗留下来的或来自近邻的传说中所描绘的那个“大同社会”的影子，就是这样。实际上，倒真是“大同”的，只是一到了儒家的口里，便成了阶级社会中为统治阶级说教的麻剂品。儒家把原始社会的内容修改，而作为其阶级的御用品；然而今日之冒牌唯物论者，又何尝不是如此呢？所以凡是统治阶级代言人的口中，是绝对不会、也是不许说真理的，这犹之乎狗嘴里不容易有象牙一样。

①《国策·赵策》。
②《国语·鲁语》。
③《韩非子·五蠹》。
④《国语·鲁语》。
⑤《国语·鲁语》。
⑥《尉缭子·治本》。
⑦《礼记·礼运》。

六

传说中的“夏代”——父系本位的氏族社会

A. 社会一大变革期的到来——由母系氏族社会到父系氏族社会的转变

“尧、舜传贤，禹独传子。”“尧、舜皆传贤，及禹而德衰，不传贤而传子。”“丹朱之不肖，舜之子亦不肖；禹传之启，而启独贤。”这一类传说，在中国的古书中，不惟普遍的记载着，而且在知识分子中最普遍的流传着。像这类流行甚广而入人甚深的传说，应有其相当之根据。

不过传说中“禹”传子的事实，照我看来，倒不是“禹”的“德衰”，也不是“启”的“贤”，而是社会自身的一大变革。“尧、舜传贤”，也并不是“丹朱”和“商均”的“不肖”，而是在当时的社会，传子的习惯还不曾存在，正确的说，在当时还不曾获得实现这一习惯的物质条件存在——即使作为这种变革的物质的因素的东西已开始发生，但若那些物质条件还没有在旧社会胞胎里成熟以前，新的秩序是仍然不可能实现的。马克思说：

> ……我们评判这样一个变革时代时也不能以它的意识为根据。恰巧相反，这个意识正须从物质生活的矛盾中，从社会生产力和生产关系间现存的冲突中求得解释。无论哪一个社会形态，当它所给以充分发展余地的那一切生产力还没有展开以前，是决不会灭亡的；而新的更高的生产关系，

当它所借以存在的那些物质条件还没有在旧社会胞胎里成熟以前，是决不会出现的。[①]

不过在还没有阶级关系存在的原始社会中，基于社会物质条件的发展所引起的变革的结果，不是阶级的剥削关系的转变或消亡，而常常归结为血统的家系关系的转变。恩格斯在《家庭、私有制和国家的起源》的一八八四年第一版序言中[②]，曾说过这样的一段话：

> 依据唯物主义的理解，历史上的决定要素，归根结蒂，乃是直接生活底生产与再生产。不过，生产本身又是两重性的：一方面是生活资料食、衣、住及为此所必需的工具底生产；另一方面是人类自身的生产，即种的蕃衍。一定历史时代及一定地区内的人们生活于其下的社会制度，是由两种生产所制约的：即一方面是劳动底发展阶段，另一方面是家庭底发展阶段。劳动愈不发展，其生产品底数量、从而社会底财富愈有限制，则血统纽带对于社会制度底支配影响便显得愈强烈。[③]

这里说的很明白，社会的发展，是以劳动力的发展为动力；但在劳动尚不曾呈现为剥削对象时，“血统纽带对于社会制度底支配影响便显得愈强烈”。

在这里，也不能例外，由于形成这一变革时代——传说中的“禹独传子”的时代的物质基础业已经存在，因而即使“禹”“及老，而以启为不足任天下，传之益也”，也不能不发生“启与支党攻益而夺之天下”[④] 的斗争。不过他们的斗争，并不是因为“益”要“禹”“传贤”，“启”要“禹”“传子”，“益”本来和“禹”同为两头军务总司令官的同等地位。《楚辞·天问》说：“启代益作后，卒然离蠥。”可见在他和“启”的斗争失败前，他曾是居于“后”的地位的。所以并不须“禹”再对他作什么“传贤”；根本上而是旧秩序和新秩序的斗争，而是“益”的同僚者“禹”死了，他根本就不赞成由“禹”的儿子“启”来当选为军务总司令官，他还是主张保持从来的母系制的传统习惯，极力排斥父系的承继。古本《竹书纪年》：“益干启位，启杀益。”

---

① 《政治经济学批判·序言》，人民出版社一九五五年版，第三页。

② “一八四八年”，据《马恩选集》第四卷第三页改为“一八八四年”。

③ 人民出版社一九五七年版，第五～六页。

④ 《国策·燕策》。

今本《竹书纪年》也说“益为启所杀”。《天问》亦云：“启代益作后。”这不是明明在说“益”干涉“启”来补充他父亲的位置，他们间才发生纠纷，并且曾确切发生纠纷的吗！因而儒家之所谓“禹属益，益避启”，便是不足信的。“天下之民，朝觐、讴歌、讼狱者不之益而之启”的内容，就是因为新社会的因素，已经把旧社会的藩篱冲破，人们不仅已一致的把“启”选举出来，而且还一致的起来拥护“启”作他们革新的领袖，并坚决一致的反对“益”的守旧。这才是它的真实内容。

在社会的每一次变革中，一方面有革命的群众，他方面便有维护旧秩序的守旧分子和其娄罗们。在这一传说的变革时代中，由母系而转到父系，“禹”、“启”的父子承袭，在当时的革命群众以及今日的我们看来，无疑是由于社会形势发展到了当时条件下的必然结果。可是因为母系继承的传统习惯由来已久，这种新习惯的突然出现，必然会引起旧秩序之拥护者“益”军务总司令官及其同一立场的人们起来干涉。不过开历史倒车的“益”军务总司令官，究竟敌不过历史前进的动力，结果便作了旧时代的殉葬品。

不过一个新社会的产生，究竟不是容易的。“启”他们把“益”所领导的守旧保守势力粉碎了，似乎并没有根除，以致其后不久，又有另一股保守势力死灰复燃。《竹书纪年》说：

> “王帅师伐有扈，大战于甘。”洪兴祖注云：“有扈以尧与贤，启独与子，故伐启，启伐灭之。”

据传说，这一次反对“启”的为首的领袖，还是他的旁系兄弟呢。① 但在原始共产社会条件下，集团内的流血斗争，似乎还不大可能出现。当时反对他的，在当时，应是共属于一个联盟之内的人们。

> （恩格斯曾说由母系到父系氏族制转变的那一次社会大变革，可不经过流血的斗争。那无疑是正确的。一九四〇年补订。）

从而传说中的那些天帝、流星、长虹，等等，下凡来和女人性交而产生“圣人”的“奇迹”，到传说中的“启”的时代止，便都已“高飞远扬”，在人间的社会中，再也见不着那些神异的奇迹了——有的，只有后代谶纬家们根据传说的附会。自然，这不是在“启”以后，就没有母系制的孑遗；只是说，

---

①《淮南子》云：“有扈为启庶兄。”

从这时起，父系已获得支配的地位。

甲骨文的发现，对于我们的问题，便更有所证明。殷代的父系先世，在甲骨文中也能叙至夋，较《史记》所载，仅缺“昭明”、“昌若”、“曹圉”，还不曾发现。现在把这两说所叙出的殷代世系，对比的录示如次（括弧内为甲骨文所叙出者）：

《史记》：帝喾（甲骨文：夋）——契（卨、兕）——昭明——相土（土）——昌若——曹圉——冥（季）——振即核（王亥）——恒（王恒）——微①（上甲）——报乙（𠤏乙）——报丙（𠤏丙）——报丁（𠤏丁）——主壬（示壬）——主癸（示癸）——天乙即汤，唐（大乙）。②

《竹书纪年》载殷的先世，自契至汤共十四世，与《史记·殷本纪》相若。据《史记·夏本纪》和《竹书纪年》所载“夏代”世系，自“禹”迄“桀”共十七世；上列表，殷之先世自“契”至汤凡十五世。周之先世，《史记·刘敬传》说：“自后稷尧封之邰，积德累善，十有余世，公刘避桀居豳。”周人自己叙述自“弃”至其建国前的先世亦为十余世。传说中又均称“契”、“弃”、“禹”同时。因而在同一传说时期中，彼此男系世系竟如此相当，这不能说是偶然的巧合，应有其相互的联系。虽然，我们还只能正确地知道，在殷代建国以后，由甲骨文中的“命周侯”三字，得以证明殷、周两族的关系；但是“夏”、殷在这一传说时期中的关系如何，我们还不能正确地判断。可是传说式的记载和甲骨文对他们世系的叙述，能如彼相当，而且自“契”、“弃”、“禹”以上便不能再叙述，这似乎也能暗示出，相当于传说中的“启”的时代，是中国社会由母系叙姓到父系叙姓的转变时期。

父系氏族社会与母系氏族社会的主要区别，在于父系为男系承袭，母系为女系承袭；从而父系氏族社会产生后的惟一的标志，便是母系承袭遭遇排斥，男系的父子兄弟的世相承袭，得到确立。从而男系的世系，始得叙述出来了。从而传说中的“夏代”，据传说性的记载，便得以叙述出如次的男系世系来：

后启——太康——仲康——帝相——帝少康——帝抒——帝芬——帝

---

①《史记·殷本纪》未列入。

② 上表据《史记·殷本纪》；王国维：《卜词中所见先公先王考》；董作宾：《甲骨文断代研究例》（载《庆祝蔡元培先生六十五岁论文集》）。

芒——帝泄——帝不降——帝扃——帝廑——帝孔甲——帝昊——帝发——帝癸。①

帝启——太康（子）——中康（弟）——帝相（子）——少康（子）——帝予（子）——帝槐（子）——帝芒（子）——帝泄（子）——帝不降（子）——帝扃（弟）——帝廑（子）——帝孔甲（帝不降子）——帝皋（子）——帝发（子）——帝履癸（子）。②

司马迁的《史记》，由于甲骨文的发现和研究的结果，证明他在史料的取材上是慎重的，所述殷以后的史实，一般是可靠的。但是，我们在这里，根据《竹书纪年》和《史记》所叙的“夏代”世系，以之作为信史，还不能不待于地下的发现，但以之作为父系氏族社会的男系世次的传说反应，应是可信的。

B. 完成这一社会变革的物质基础

每个时代的社会变革，都有其一定的物质条件作为基础，这是问题的中心。

可是，关于这一传说时代的社会生产力发展的状况，生产力和生产关系统一的生产方式的诸特征，我们只能找出一点影子来。因为所谓《夏书》，大体上全是后人仿照《商书》和《周书》各篇的公式伪造出来的，从其文字的体裁，从其所说明的时代性等，都可以看得出来。其他各古书所载关于“夏代”的传说，照我所阅览过的，可资引证的材料，也不多。

我们在前面所列举的关于工具发明的传说，有许多重要东西，都说是属于“夏代”的，如“服牛”，“乘马”，“造车”之类。如《左传》定公元年所记：“薛宰曰：薛之皇祖奚仲居薛，以为夏车正。”《竹书纪年》：“相”十五年“商侯相土作乘马。”便是一二例子。但关于这些传说，我们实无由判断其真伪或可靠程度。

---

①《竹书纪年》。

②《史记·夏本纪》。

“夏代”已知道制铜，似乎是确实的。我们在上篇就说过，传说中的“夏鼎”似乎是真有其物，可惜我们现在还无法见着。在齐楚的当时，如果周室不是确切保存有所谓“夏鼎”，则他们都不是疯子，为什么都那样去重视呢？此其一。渑池正在传说中“夏代”散布的主要区域内，我们在辛店、沙井、寺洼的出土物中，已发现铜器——而且有青铜器；而辛店、沙井、寺洼则与仰韶为同一系统的文化，已得到多数人共同的论证。此其二。《左传》宣公三年说：

昔夏之方有德也，远方图物，贡金、九牧，铸鼎象物。

我们在上篇也举了几条类似的传说记载，但同样都不能据以为证。所传为“夏代”古物，如被称为字甚奇古的“夏琱戈”、“夏带钩”,[①] 及所谓宋人所见古鼎二枚，高二尺许，有石文三百余字，纪“夏禹”功绩，字皆紫金钿,[②] 等等。我们也不能凭以为证。只是《墨子》说：“夏后开铸鼎于昆吾，鼎成三足而方。”[③] 又宋代考古家称“夏代”文字“鸟篆”、“虫篆”。而近年来在河南和山、陕、甘各处出土的铜三足鼎甚多，而且出土物上有镌有鸟形等造象的。这是不容我们忽视的。此其三。

因而传说中的“夏代”，系金石并用时代，似乎是可以肯定的。

畜牧在这一传说时代，似乎已相当繁盛。照《左传》哀公元年“少康”“为仍牧正”的传说，如果可靠，则是每一氏族都有管理畜牧事务的普通酋长的设置，畜牧事业当然已到了相当繁盛的时期，比之“厥民析鸟兽孳尾”的情形，已截然不同。同书又载“少康”为“虞”“庖正”，这“庖正”应该是管理宰杀充作食品的畜类的事情。原始共产社会时代，宰杀牲畜，或者也是一种专门技术，所以特设专人负责。因而我们可以说这时候，似乎已经以兽肉为人类的主要食物。不是我过分去信任《左传》的传说记载，而是关于“夏少康”的各类传说，在中国的历史上流传很普遍，因而我认为它应当有所根据。而且照这一时代其他许多重要传说所暗示的诸特征去作综合的观察，这种生产方式也恰能与之相适应。再则在仰韶各期的遗物中，发现有甚多的家畜骨骼。如果仰韶文化和这一传说时代有关，那更是一个铁的事实。而此，实际是可以

① 薛尚功：《钟鼎彝器款识》卷一。
② 张怀珑：《书录》。
③ 参阅《墨子·耕柱》。

肯定的。(这问题，我们在后面还要特别提出讨论的。)《楚辞·天问》也有一段极为重要的传说：

该秉季德，厥父是臧。胡终弊于有扈，牧夫牛羊。

有扈牧竖，云何而逢！

何后益作革，而禹播降。

洪兴祖亦曾这样说过：“(有扈氏)伐启，启用兵以灭有扈，有扈遂为牧竖。”像这样的传说，还可以找出许多条来。这似乎也能给予我们当时牧畜业已相当繁盛的一点影子。

而且，如果没有这些传说来反映出其时畜牧繁盛的一个影子来，则这一传说时代的本身，也便根本不能想象了。因为男子在生产上能进于当时那样重要地位，是以牧畜的存在为前提的，父系社会的出现，在东半球，一般都是以牧畜的相当繁盛为前提的。

农业种植之业已存在，我们根据上篇的研究以及在仰韶所发现的种植形迹看，似乎是可能的，甚至可说是无可置疑的。因而如次的一些传说，便不是全无根据的。传说述称：

(夏少康)有田一成，有众一旅。①

夏人之王，外凿二十宝，楪十七湛……道四泾之水……民乃知城郭门闾室屋之筑。②

这种情形，似乎有一点历史事实作背景。不过确切的情形，究竟还是我们不曾知道的。

《周礼》、《论语》、《孟子》等儒家的作品中，所说关于“夏代”的“井田制度”，除非他们所说的就是氏族社会末期的农村公社作底本，又夹入庄园制的一些内容便不能不是虚构。儒家所描绘的“井田制度”的历史的来源，我认为不是根源于原始社会时代的农村公社的残留的反映，便必然是根源于封建初期的庄园和其时的灌溉制度，二者必居其一。不过究竟根源于前者抑是后者，还是二者的夹杂，我们到研究西周社会时再作论述。他们所宣扬的这种所谓“井田制度”，必有其历史的一点根源，断不是他们所能凭空捏造，这似乎

①《左传》哀公元年。

②《管子·轻重戊》。

是可以肯定的。

父系氏族社会代替母系制的前提，是生产力发展到了有剩余生产物的存在，即每个人的劳动成果足以养活自己而有余。这具体表现为牧畜业的发展。因此，随着父系氏族社会的成立，氏族内使用奴隶以及家长制的奴隶经济，就都有出现和存在的可能了。据传说：

胡终弊于有扈，牧夫牛羊。

有扈牧竖，云何而逢！①

启用兵以灭有扈，有扈遂为牧竖。②

田于东阳萯山……孔甲迷惑，入于民室……乃取其子。

桀伐岷山，岷山庄王进女于桀。二女曰琬曰琰。③

汤娶于有侁氏，伊尹为媵送女。④

以被打败的其他氏族成员，或由战斗得来的俘虏作为奴隶使用的事情，在这一传说时代，是有其存在的可能的。传说的记载中，又给我们暗示出一个影子来。因而我认为这些传说，似乎都有其一点历史的事实作根据。不过传说中所暗示的问题很是模糊，这种奴隶，究竟是用作氏族奴隶，还是已成了家长式的奴隶？我们还没有足够的材料来论定。

随着奴隶被使用的现象的发生，妇女被买卖及买卖婚与掠夺婚的现象，便都有跟着氏族奴隶或家内奴隶同时发生的可能。这也有如次一类的传说：

凡嫁子娶妻，入币纯帛，无过五两。⑤

制嫁娶以俪皮为礼。⑥

这似乎是关于妇女被买卖或买卖婚的一种传说。而所谓“嫁子”则是“赘婿”或母系制时代男子出嫁的残留。

莫尔根说：

关于处理俘虏的三个连续的习惯，出现于开化时代的三个时期（低

①《楚辞·天问》。

②《楚辞·天问》洪兴祖补注。

③《竹书纪年》。

④《吕氏春秋·孝行览》。又《博古图》载《齐侯钟镈铭》、《楚辞·天问》、《墨子·尚贤》、《吕氏春秋》等，皆称伊尹为“小人”。

⑤《周礼·媒氏》。

⑥《竹书纪年》。

级、中级、高级）中。在第一时期，俘虏则处以火刑，第二时期，则供作神灵的牺牲，到了第三期，俘虏便成为奴隶了。①

随着出现了使用奴隶的事情相应而来的，渐渐又出现了约束奴隶的办法和措施。下面的传说，似乎正暗示了这种情况的存在。

“（帝芬）三十六年作圜土。”② 郑注：“圜土者，狱城也；聚罢民其中，困苦以教之为善也。”

夏曰夏台，殷曰羑里，周曰囹圄。③

在氏族社会中，只有对待奴隶和俘虏才需用这种“圜土”、“狱城”和“台”，对于氏族内的成员，是不容有这种事情存在的。“罢民”当然就是终日被驱使，而不得片刻休止的奴隶。关于这种“圜土”我们可以这样去构想，它是一种用土墙围绕着的、上下周围不通光线的土围子，里面禁闭着一些“手胝足胼”“面目黧黑”戴上枷锁的人们；或者是一个土洞，洞门装着粗笨坚牢的寨栏，禁闭一些同家畜一样被使用的可怜虫。这正是家长式和后来希腊、罗马式的奴主们，以之禁闭奴隶的土牢。

至于族内奴隶在这一传说时代已否发生，我们找不着可靠的材料，不敢随意判断。但照这一传说时代的一般特征看，也不是没有发生的可能。莫尔根说：

在这一开化时代的晚期中，一种新要素，即贵族主义的要素，有着一显著的发展。个人个性的发展以及当时为个人大量所拥有的财富的增加，正在奠定个人势力的基础。同时，奴隶制度，它永久地使一部分人民的地位降低，倾向于造成在以前的文化上的各时期中所找不到的情况的悬殊对比。④

在这一传说时代末期的一般情况，很接近于晚期开化时代的情形，只是不曾发现有“制铁术”的发明的遗迹——虽然已有了紧接着、或仅次于制铁术发明的青铜器制造术的发明。

随着生产的进步和剩余劳动的可能，人们知道剥夺他人劳动为有利的事实

① 莫尔根：《古代社会》，三联书店一九五七年版，第二一六页。

②《竹书纪年》。

③《太平御览》卷六四三引《风俗通》。

④ 莫尔根：《古代社会》，三联书店一九五七年版，第六四六页。

的发觉，人类对于财产的观念，便和从来两样而渐趋强化了。《尉缭子·治本》说：

> 民相轻佻，则欲心兴，争夺之患起矣。横生于一夫，则民私饭有储食，私用有储财……往世不可及，来世不可待。

这显明是对私有财产发生之初的一种意识形态的反映的传留。而在著者所处的阶级社会中，发出“往世不可及，来世不可待”的呼声来。这类传说是后代人追怀往古的意识的反映。它和这一传说时代有无关联，是不能正确判定的，也不容许这样去推测；只能说，在我国历史上曾有这样一种遗留。

C. 转变后的酋长选举制

我们现在该提出另一个重要问题——上层建筑的政治形态方面的问题。“启”承袭“禹”位，是依照从来的习惯而经过选举？抑由他自动承袭？如果“启”的袭位不曾经过选举的手续，那就无异给我们提出了一个新问题。就当时已知的情况所作的论证，及依据恩格斯、莫尔根就美洲印第安人的研究结果，在氏族社会，酋长的任免，必须要经过民主制的选举和决议。在军事的民主政治形态中，很类似于国王的酋长——这并且为许多资产阶级学者称作国王的——也都是经过选举的手续而来的。这在历史上曾给予我们不少的例子。因而恩格斯说：

> ……要是在希腊人中间在父权制统治之下，军事首长职位通常是传于儿子或儿子中的一人，那末这仅仅证明，儿子们因人民选举的缘故才能有继任的希望，决不能作为不经这种选举而合法承继底证明。①

莫尔根在论述墨西哥“阿兹特克”族的“慕提组马”的男系承继时，也达到了同样的结论。

传说中的“启”继承“禹”，据儒家说是天下之民，朝觐、讴歌、狱讼者之启；司马迁《史记·夏本纪》则谓：“天下属意焉。”这似乎也在说：“启”

① 恩格斯：《家庭、私有制和国家的起源》，人民出版社一九五五年版，第一〇二页。

还是经过人民的民主的共同选举才得到合法的继承。因为一方面在儒家思想所支配的封建制社会里面，是无缘表现民意，一方面在统治者的字典中，从来就没有真正“民意”这个字——虽然到资本主义时代，也有拿“民意”这个字来玩弄的，然而也仅仅是表面的装饰。大概到了传说中的“启”的时代，中国氏族社会，父系代替母系的社会因素已经成熟，社会的飞跃发展的时代已经到来，因而在他的父亲死去以后部落联盟的成员就把他选举出来继承。由于从来已久的母系制的继承的习惯突然被打破，便引起一部分人像“益”和“有扈氏”他们出来反对。

这种民主的形迹，在关于“太康”的传说中，更表现得明白。传说式的记载说，“太康”被拒绝回任的前后经过是这样的：

> 太康尸位以逸豫，灭厥德，黎民咸贰。乃盘游无度……有穷后羿因民弗忍，距于河。①

他书的记载，亦均和此大同小异。

照这段传说去解释，是有两个层次的。“太康尸位以逸豫，灭厥德，黎民咸贰”，是一个层次。“乃盘游无度，有穷后羿因民弗忍，距于河”，是一个层次。前者恍似在说“太康”的行动，已引起部落联盟成员间的不满，他们并曾“咸贰”，即表示异议去警告他。后者恍似在说，“太康”不惟不接受大家的警告，而且愈来愈不像样，“乃盘游无度”。于是他们乃作最后的处置，共同议决罢免他的军务总司令官的职位，并交给另一位军务总司令官“羿”去执行（“羿因民弗忍距于河”）。因而，这段传说不啻明白的暗示我们：这一场大纠葛的内幕，完全是一出罢免酋长的悲喜剧。

传说所述，在“太康”的五位兄弟的口中，关于“太康”被罢免的原因和其被罢免后的境况，说：“内作色荒，外作禽荒；甘酒嗜音，峻宇雕墙。……万姓仇予，予将畴依？”②

这是说，“距”太康“于河”的，是联盟各氏族全体的公意（万姓仇予），且从而使他们去非难其兄过去的一切过失，致酿成这种悲剧；一面又不禁生起“予将畴依”的感慨！

---

①《尚书·夏书·五子之歌》。
②《尚书·夏书·五子之歌》。

莫尔根根据其对美洲印第安人的研究的结果，说道：

罢免世袭酋长的权利和选举他的权利是同样重要的，这一权利是每一个氏族成员所享有的。虽然酋长的职位在名义上是终身职，但是，因为有罢免权的存在，所以只有在其行动善良的时期以内才能实际继续其职务。……与酋长不相称的行为，继之以信仰的丧失，就构成了罢免的充分理由，若是一个世袭酋长或普通酋长经过氏族会议正当手续罢免以后，则不复被认为具有以前的资格而成为一个平常的私人了。①

其次“太康”被罢免后“夏氏”的男系酋长世袭权，是否连同被推翻？这是值得考究的。传说记载说：

羿废太康。而立其弟仲康为天子。②

太康崩，弟仲康立。③

惟仲康肇位四海。④

不少古籍都与此有同样的传说性记载。因而“太康”被罢免后，大众仍选举其弟“仲康”出来合法继承，易言之，已成立的“夏氏”男系酋长世袭权，并不因罢免“太康”而连同被推翻。

再次，氏族转入父系后，原来的二名军务总司令官制度，是否也随着有所变革？这对于氏族社会本身，本不是什么特殊重要的问题。在历史上，两头军务总司令官的制度，曾存在于美洲印第安人的易洛魁联盟中；而一头军务领袖的制度，曾见于古代欧洲及“阿兹特克”的“慕提组马”。可见关于上层建筑的政治形态的东西，根本特征，乃在于氏族民主制度是否存在，军事领袖之为“一头”或“两头”，是无关重要的。

但在这一传说中的另一个主角“羿”，似乎和“太康”的地位一样，他和“太康”同为军务总司令官。《左传》襄公四年说：“后羿自鉏迁于穷石，因夏民以代夏政。”孔颖达疏云：“则（后）羿必自立为天子也。当是逐出（后）相，（后）羿乃自立。”《史记正义》引《帝王纪》云：“帝羿有穷氏，未闻其姓。”这两段传说，都说羿曾“为天子”、“代夏政”，或说是“帝羿”。《夏

① 莫尔根：《古代社会》，三联书店一九五七年版，第七七页。

②《尚书·夏书·胤征》孔安国传。

③《史记·夏本纪》。

④《尚书·夏书·胤征》。

书·五子之歌》所说的“羿”在“距太康于河”的时候，他已经就是“后”了。(“有穷‘后’‘羿’，因为弗忍，距于河。”）抑且不惟是“后”“羿”，而且是“帝”“羿”。他在废“相”的时候，也是和“相”同是称“后”的，而且他们原就住在一个地方。(《史记正义》引《汲冢古文》云：“太康居斟寻，羿亦居之。”）因而，在未“距太康于河”以前，似乎是“太康”和“羿”的“两头”，在“太康”被罢免以后，大众又举出“仲康”来和“羿”配成“两头”，“仲康”死后，大众又举出“相”来，仍和“羿”配成“两头”。儒家不懂得这种传说的真实内容，而且要粉饰为“立于一尊”的“大一统”的“夏家天下”，所以他们一面说，“羿因夏人以代夏政”，羿“自立为天子”。同时又说，“羿废太康而立其弟仲康”；“太康崩，弟仲康立”。这样，如果知道去解释为平权的两名军务总司令官的同时存在，问题不是就完全明白了吗？把氏族社会的“两头”军事领袖存在的事实，解释为“大一统”的君主制度，才构成儒家立论的矛盾。还是孔颖达聪明些，真算是孔夫子一位“克绍箕裘”的贤子孙，看见其前人和其门徒们的立论，露出一个大岔子，同时他知道“羿立为天子”的历史传说又不能抹杀，因而便只得说：“则羿必自立为天子也，当是逐出相，羿乃自立。”这样问题不是很圆满了吗？在“羿”和“自立为天子”的中间，又参入一个疑问进去，简直连“鬼神”也可以骗过来。司马迁在这里，也不免受了儒家传说的欺骗来叙述“夏代”的世系，说：“帝启崩，子帝太康立，……太康崩，弟中康立，……中康崩，子帝相立，帝相崩，子帝少康立。”中间又露出一个“帝太康失国”的空子。一面在说“帝太康失国”了，接着的那一句“太康崩弟中康立”的事实又是怎样出现的呢？

传说中的“羿”，原来还是一位饶（骁）勇善战的太古式的英雄人物。贾逵云：“羿之先祖，世为……射官。”《说文》云：“羿，帝喾射官。”《楚辞·天问》云：“羿焉弹日，乌焉解羽。”《淮南子》云：“尧时十日并出，尧使羿射九日而落之。”儒家云：“羿善射。”“逢蒙学射于羿。”[①]“帝喾以上，世掌射正……历虞、夏，羿学射于吉甫，其臂长，故以善射闻。”[②] 像这样一个能战善射的英雄，正合于原始社会末期军事领袖的身份。不过这“羿”究竟是

① 《论语·宪问》;《孟子·离娄》。
② 《史记正义》引《帝王纪》。

一个“人格化”的“人”名，还是一个氏族名，抑或是“神化”的“人”呢？若是一位人格化的人，则这位“羿”究竟曾活过多少万年呢？照《正义》引《帝王纪》的话去看，“羿”的氏族似乎在过去的时代，就是一个射击术最先进的氏族，迄至羿本人，便更是一个精于射击技术的能手。可能由于这个氏族的弓矢较先进，从而又善射，到“羿”而更以射驰闻于当时各氏族各成员间，而转辗流传至于后代。

D. 转变后的家系制度和传说中的“夏少康”问题

依据传说所暗示的这一时代的一般特征去考究，一夫多妻制的家长制的家系，似乎有发生的可能。但在传说的记载中，我们却仍然只能找出一点对偶婚的形迹来。只有到“桀”的时候，才有点家长制家系的形迹。① 不过父系本位的家系的出现，照莫尔根所说，在混成家族中，开始带有一夫一妻制色彩的婚姻的基础上，就有实现的可能——一般都出现于晚期开化时代，但是也有在中期开化时代就已出现的。我国古籍有如次类的传说式记载：

浞因羿室，生浇及豷。②

初浞娶雄狐氏，有子早死，其妇曰女岐，寡居。浇强圉往至其户，阳有所求，女岐为之缝裳，共舍而宿。

桀命扁伐山民，山民女于桀二人，曰琬曰琰。……后爱二人，……而弃其元妃于洛。曰妹喜。③

浞娶雄狐，眩妻爰谋。④

这几段传说，包含着如次的三点内容：(1)“浇”可以公开去同有夫之妇的“女岐”发生两性生活，似乎还视为当然；(2)“浞”可以因“羿”妻以

①《史记·匈奴传》索隐引《括地谱》云：“夏桀无道，汤放之鸣条，三年而死，其子獯鬻妻桀之众妾。”父亲死后，继承他的那个儿子，不仅承继他的财产，而且承继他的众妾。这正是家长制家系的特色。因为这种众妾，也是被当作财产、即奴隶看待的。

②《左传》哀公四年。《正义》引《帝王纪》则云：“浞因羿之室生奡及豷。”

③《竹书纪年》。

④《楚辞·天问》。

为己妻，并且还同她生出儿子来算作他自己的儿子；（3）桀可以随自己的意愿，就把他的“元妃”抛弃，另以他所爱上的其他女人来作他的元妃。

这些现象，在原始社会中，其中有的情况，只有在对偶婚制度下，才有存在的可能。因为必须在对偶婚制度之下，每个男人除去他的主要之妃以外，才有权利去同其他主要之夫的她们性交（未婚的女人当然也在内）；同样的，女人对于男人也是如此。在这种婚姻制度下，曾为一个男人的主要之妻的她，也可以随自己的意愿，有对于其主要之夫宣布她不愿意再继续去作他的主要之妻的自由，并从而她得以另找一个男人来作她的主要之夫的自由；同样的，男人也可以随他自己的意愿，得有和其主要之妻解除关系的自由，并从而他得以另一女人来作他主要之妻的自由。

而在彭那鲁亚、即集团群婚的婚姻制度中，还不曾有这样的历史情况，在家长式的一夫多妻的婚姻制度中，像第一点那样的情况，是已严格的遭受排斥了的；像第二点那样的情况，在家长制制度下和对偶婚制度下，都是有更可能；第三点那样的情况，便能更多地表现为家长制婚姻制度的特色。总之，在对偶婚制度下的女子和男子在婚姻上所有的平等自由的权利，到家长式的一夫多妻的婚姻制度下，女子在婚姻上的权利，便全被剥夺了，只有男子还享有那种完全的自由；他们要女人单方的遵守贞节的义务，男人是没有这种必要的，而且事实上，除他的妻以外，还有许多女奴隶去充作他的泄欲器。

但在和对偶婚姻相适应的父系氏族社会的基础上，传说中的“夏少康”的世系，就值得考究。《左传》哀公元年说：“（相）后缗方娠，逃出自窦，归于有仍，生少康焉，为仍牧正……逃奔有虞，为之庖正，……虞思于是妻之以二姚，而邑诸纶，有田一成，有众一旅。”《史记正义》引《帝王纪》云：“初羿之杀帝相也，妃仍氏女曰后缗，归有仍，生少康。”

关于“夏少康”的这种传说，尤其是儒家对于“夏少康”以“一成一旅”而致所谓“中兴”的传说，真是铺张得有万点缤纷的景象。但是事实呢？搬来搬去也还是这一些。

在对偶婚的父系氏族中，所谓父子的直系血统，实际还不过是一种名义上，从而在法律上，即习惯上得到公认，至于是否真正出自其男系的血统，那是可以不过问的——因为根本上他并不能禁止他的主要之妻和另外男人性交，而且那也是得到公众的许可的。

因而那位“后缗”，若是“后相”的主要之妻，她所生的儿子在名义上当为“后相”的儿子——无论是否真是她和“后相”的性爱的结晶品，在她和他关系存在的期间内，是可以不问的。不过在当时，一个妇人当她的主要之夫死了以后，她在这个期间内生的儿子，在男系氏族社会中，究竟应属于谁的氏系？这是我们所不能正确知道的。

问题的矛盾在这里。在父系确立后的氏族社会中，男子只能在他父的氏族里获得氏族员的所有权利，在他母或妻的父方的氏族中是被否认的。因而如果“少康”是“后相”的儿子，他便只能在“后相”的氏族中取得氏族成员的一切权利，并不能在他母或妻的父方的氏族中取得这种权利。如果他是“后相”的儿子，他在他母和妻的父方的氏族中充任普通酋长（牧正、庖正），倒还说得过去（普通酋长的被任，是以勋劳为标准的），因而“有众一旅”也不是没有可能。只是他在他岳父的氏族中获得“有田一成”的财产，这不啻使问题的本身构成一个难以解说的矛盾。氏族社会时财产承袭的一个根本原则，是保留在氏族内的承袭，族外的承袭权是被排斥的。恩格斯及莫尔根所指出的财产承袭的三个相续的方式，也并没有这种承袭的方式在内。

因而要想使问题的本身说得通，除非“少康”不是“后相”的儿子，或者他原来确是“后相”的儿子，但当他在“虞氏”族中能获得“有田一成”的时候，他业已作了“虞氏”族的养子，已经不能算是后相的儿子。或者就是当时已实行了家长式婚姻制才能说他自己是“后相”的儿子，并得以承继已被推翻的“夏氏”的父系酋长世袭权。

传说的记载，说“后相”是给“寒浞”的儿子杀死的，“羿”也是给寒浞杀死的。这种传说是很少有真实性的，因为在氏族社会时代，除非到了其临于瓦解的家长制时期，对于本氏族团体以至联盟内的一切成员，无论怎样触犯公约或为大众所不满，是不曾有杀戮的刑罚存在的。对于不满众意的酋长只有被警告和罢免，违犯共同约束的普通成员，也只有被警告和驱出团体之外等处分办法；团体内的一氏族压迫其他氏族的事实，也是不许存在的，团体内的一氏族用强力去消灭其他氏族的事情，更没有其发现的可能。

因而如果这种传说有其独自的历史根源，则它的本来面目许是这样的。大概在“夏氏”的一位世袭酋长“后相”的时候，又为大众所罢免，而且这次的罢免比前次对“太康”的罢免更来得彻底，他们把“夏氏”的“兄终弟及”“父子相承”的男系世袭权也根本推翻，而另举出一位“寒氏”的“浞”来补充，即所谓：“浞遂代夏立为帝。”[①] 后来“后相”的一位已经出养给了他族、或逃掉的儿子“少康”，他又“以其夏众”，把“寒氏”已获得的军事领袖的男系世袭权推翻，把他自己护拥出来，谓为“复禹之迹”，重新树立“夏氏”的世袭权。所以传说中作为障碍所谓“少康中兴”的对相（象），只是“寒氏”“浞”的父子和“寒”系的氏族“过”、“戈”，而不曾提及“后羿”及“有穷”系氏族，是值得注意的。这是一种可能的解释。其次或系大众把“后相”罢免以后，就已由“夏”、“穷”两系世袭的二头军事领袖的制度而变化成了“穷”系的一头，“寒浞”也不过是继“羿”而为军务总司令官的“羿”系的一个子孙，所以《史记正义》引《帝王纪》又说：“其（羿）子……死于穷门，浞遂代夏立为帝。寒浞袭有穷之号。”后来“后相”的已出养给了他族的儿子“少康”，又“以其夏众”把“穷”系的一头军事领袖世袭权推翻，重新确立“夏”系的一头世袭权。这又是一种可能的解释。如果这种解释是可能的话，那么，中国的氏族社会，到此时已临到像远古欧洲的荷马时代或其前夜的情形。“夏少康”的前后，已进入一夫多妻的父家长的婚姻制，对偶婚已成了残余。

① 《史记正义》引《帝王纪》。

七

神话传说所暗示由血缘氏族组织到地域组织的转变形迹

在氏族社会中，父系代母系而得到确立时，氏族社会的有机组织，已大为薄弱，而将临于颠覆。但在历史上，由一旧社会向一新社会的转化，必要经过一段交替的过程，尤其是愈在古代，发展愈迟缓。

据传说式的记载，中国社会自“启”至“桀”时期之一个阶段，约为四百年至五百年之间，① 如果这种时间的估计有相当可靠的话，则中国由男系氏族社会的成立后至“政治社会”的出现这一过渡期，还不算过长。

照古代希腊、罗马的例子来说，由血缘氏族组织发展到地域组织或由氏族社会发展到古代市区，是为由氏族社会到“政治社会”的过渡形式。随着地域组织以至古代市区的出现，氏族社会的有机组织，就渐次变成了一种形式或废物。

地域组织以至古代市区的出现，并不是偶然的，而是原始社会自身的发展结果——表现为历史一般的发展法则的一个过渡形式。

氏族社会发展到晚期开化时代，工具上更有效用的金属品的发明，因而开始发现田园农业，使各别家族单独进行耕作成为可能和现实，从而产生了对土地占有的倾向，畜牧业更臻于繁盛等等。因生产力的进步，财产的积累较前更大。这样，第一使男子的权力更超于从来各时代之上；第二使氏族内部的成员

---

① 裴骃：《史记集解》引《汲冢古文》，《太平御览》，《通鉴外纪》，贾谊：《治安策》，《汉书·律历志》等。

间，渐显出贫富的破绽来；第三，商业也因而较原始的交换，有更进一步的发展；第四，俘虏作为奴隶而被使用，在家长制的经济中，更能表示其意义和作用出来。

家长式的奴隶经济和其后来的希腊、罗马式的奴隶制经济的区别，照我看来：则在前者为集团、家庭公社和各别家族的生产资料所有制的并存，即公有制和私有制的并存，公有并逐步向着私有推移，后者则完全存在于私有制度之下；前者还不曾以奴隶为生产的主要担当者——奴隶只尽着辅助劳动的作用，后者的奴隶主，则完全靠剥夺奴隶的劳动而生活。

家长式奴隶经济领域中的财产由儿子承继的排他性，更得到确立，这和原来的氏族的承袭习惯，是矛盾的，在它的体系内，集体承袭和家族承袭的并存，正表现了这种矛盾斗争的开展过程。因而原来的氏族制度，到家长制度时，便不能不一步步地松弛，从而使其自身趋于崩灭。

原来的以血统关系而共同赋居的村落，现在则与那些前来投靠和因商业等关系而迁来的外来人，在前此已出现的地域组织的公社的基础上，又开始出现了筑有堡垒和堤防的都市而合同居住。这又使原来的氏族的有机组织更难于维持。在历史上，村落或都市内的外来人愈多，后来便发生为外来人与原来的氏族员间的权利冲突。这种情形，在当时的希腊，莫尔根在他的《古代社会》中，有这样的一段话：

> 氏族制度到了此时，已不能满足社会的复杂要求，于是便产生了一种运动，从氏族、胞族及部落收回其民政上的一切权力，而把它们重付予新的选民团体。这种运动的进行是极其缓慢的，经过了长久的岁月，体现于用以补救现存弊害的一系列的连续实验之中。
>
> 试将人类进步的途径回顾一下，我们便可以看出在开化低级状态中部落的常住地，是以木栅围绕的村落。到了开化中级状态中，带着堡垒性质的、以土砖及石料建筑的共同住宅便相继出现。但是，到开化高级状态中时，环状堤防围绕的、最后用整列石头造成围墙的都市，在人类的经验中第一次出现了。……属于此种等级的都市，实暗示有固定的而且发达的农业的存在，有牛、羊等家畜的存在，大量的商品以及不动产的存在。都市为社会创造了一新的环境，对政治的技术上带来了新的要求。因之，对于行政长官与裁判官、以及属于各种等级的军务和市政上的公吏、征集与供

养军队所必需的公共税收方式、等等需要产生出来了。①

这种过渡的情形，在罗马也同样存在过。日本的古代地方团体“町”，②也差不多和此有同样的情形。中国的远古，如若没有这一阶段的经过，我们便不会进到现在。不过关于这一过渡期的诸特征，我们在传说中所找着的证据，便比较的更薄弱，这是应该声明的。

A. 地域的村社组织和原始都市的传说

《竹书纪年》帝发元年条说：“诸侯宾于王门，再堡墉……诸夷入舞。”像这种“再堡墉……诸夷入舞”，这种传说式的记载，如果有其一点历史依据的话，则所谓“再堡墉”，应是意义着以石头砌成围墙作为堤防而围绕着的原始都市；“诸夷入舞”，就是外来人和“夏”人同居住于一个都市中的一些传说反映。此外关于原始都市存在的传说，《墨子》所谓“古之民……修其城郭，则民劳而不伤，以其常止”的一类传说，也可以作为一个旁证。《竹书纪年》所谓“亥宾于有易”，“歧踵戎来宾”和“王好事鬼，诸侯化之”等类传说，也可作为氏族与外来人杂居，即地域性的村社的一点形迹看。可惜我们在传说中的“夏”代散布的区域内，还未曾作过大规模的系统开挖；照我的推断，将来或者能有这种原始村社以至都市的遗址的发现，也未可知。

关于所谓“夏邑”，及所谓伊尹口中对夏的指述，有如次各种传说：

> 鲧筑城以卫君，造郭以守民，此城郭之始也。③
>
> 鲧作城郭。④
>
> 于其（有夏先后——吕）子孙弗率，皇天降灾，假手于我有命，造攻自鸣条，朕哉自亳。惟我商王……伐虐以宽，兆民允怀。⑤

① 莫尔根：《古代社会》，三联书店一九五七年版，第二八七～二八八页。

② 参看福田德山：《日本经济史》，第四章第三节。不过福田是带着一付布尔乔亚的眼镜在写的，我们只利用他所提供的史料或事实，不要信任他那种伪善的理论。

③《世本》，张澍补注，转引《吴越春秋》。

④《世本》。又《淮南子·原道训》亦说：“昔者，夏鲧作三仞之城，诸侯背之，海外有狡心。”

⑤《尚书·商书·伊训》。

惟尹躬先见于西邑夏。①

封唐叔于夏墟。②

咸有九州，处禹之堵。③

这似乎也均能暗示着由城墙围绕着的原始村社和都市存在的形迹来。

随着原始村社和都市的出现，原来的居住关系，便重新改造和确定了。普列布拉司基在所著《社会发展史》中说：

重新确定的邻居关系，从来的氏族联系渐被排斥。从而氏族公社，便为邻居的市区、公社所代替。

居住于这种“市区公社”中的原来氏族员，则是以农业为其主要的生产方法，而构成氏族社会的最后形态的存留。

波特卡诺夫在《唯物史观世界史教程》第一分册说：“古代共产制度最后的发展阶段，是村落共产体。”是合乎实际的。他所谓“村落共产体”，即通常所说的村落公社或农村公社。

商业则多半是属于外来人的经营。如果《古本竹书》还有点可靠的成分的话，则其所称“桀”之过恶在于“筑倾宫、饰瑶台”④ 的情形，似乎可以暗示出当时商业和工艺的一点影子来。

但在“市区、公社”内，氏族员和外来人的权利，是极不平等的，因而常发展为这两者间的对立。照古代希腊和罗马的经过情形说，在“市区、公社”中，外来人和原来的氏族成员邻比的居住着，但权利上是不平等的，如外来人不能参加政治上的公职等；因为那非经过氏族的组织不可，外来人既不是氏族成员，所以他们的这个权利，是完全被剥夺了的。同时，在氏族内的贫富阶级的出现，权利在事实上是为那些具有后来的贵族雏形的历史的新因素的贵族所享有，贫穷的氏族员，反而要负担参加械斗和军事集团去作战的义务。这样，在“市区、公社”内部，便已孕育着一种对立的矛盾。

据传说的记载，在“夏代”临没的时期，曾发生一次空前的大旱灾。但是“夏代”灭亡的真因，还是由于其内部的瓦解——内在矛盾的爆发。《逸周

---

①《商书·太甲》。又《礼记·缁衣》引《古本尚书·尹告》亦有“西邑夏”之说。

②《左传》定公四年。

③《叔夷钟》。

④《文选·吴都赋》注引《古本竹书纪年》。

书·殷祝解》云：

> 汤将放桀于中野，士民闻汤在野，皆委货扶老携幼奔，国中虚；……桀与其属五百人南徙千里，……止于不齐，民往奔汤于中野；……桀与其属五百人徙于鲁，鲁士民复奔汤；……桀与其属五百人去居。

在这传说中的所谓“其属五百人”，大概就是平日环绕于“桀”的周围的军事团体的成员——原始社会末期形成的军事团体；所谓“士民”，大概可能就是杂居在“夏”人“市区、公社”内的外来人，而且他们又是有“货”可“委”的，则似乎还是些商人。在原始共产社会氏族意识较强烈存在的时候，本氏族内是不容易出现这种情况的。“桀与其属五百人去居”，大概就是放弃其居住的原始都市的一种传说。

这种反映在“市区、公社”内的政治上的矛盾，在《汤诰》中也有点说明。《尚书·商书·汤诰》虽系后人伪作，不当把它作为其时革命领袖成汤口中的文章；但他又确能对当时的情况有所说明，所以又不应把它看作凭空的伪造。《汤诰》说：

> 夏王灭德作威，以敷虐于尔万方、百姓，尔万方、百姓罹其凶害，弗忍荼毒。……肆台小子将天命明威，……以与尔有众请命。上天孚佑下民，罪人黜伏，……兆民允殖，……各守尔典，以承天休。

这便是说：“桀对待我们由各地前去的外来人、即‘万方’及各氏族，即‘百姓’，都很虐待，我们同是受着他的压迫。我现在特地给大家来出这口气，幸而天帝老爷保佑我们，一举事就把那班压迫我们的人驱除了。现在我们已走上光明的道路，从而以后，你们都可以好好地过活，作农的就作农，作商的就作商……大家都要遵守天帝老爷给你规定的本分过活。”

据《商书》他又慎重地宣布，他没有什么民族员与外来人即非氏族员的分别，只要有功德的，无论是谁都有参加政治的机会（“德懋懋官，功懋懋赏，用人惟己，改过不吝”）。不信，你们看，和他一同去伐“桀”的，就有很多人都不限于氏族成分，大家一同参加了政权（“简贤附势，实繁有徒”）。但是他对于其他各氏族、部落集团呢？那却要“兼弱攻昧，取乱侮亡”。最后他又宣称，以前的乱子，都是由于没有一个元首出来行使统治的原故；人类的本性，就是有私有欲的（“天生民有欲，无主乃乱”）。所以天帝天爷特地降下他这样一个勇敢聪明的人来管理大家（“天乃锡王智勇，表正万邦”）。然后好让大家各按着奴主、牧夫、农民、奴隶、妾、奴等等天帝老爷所赐予你的那一分（“各守尔典，以承天休”）。可是虽然由他开天辟地来作中国的第一任皇帝，但他对于从来的长老们和一般民众的意见，仍当尊重（“从谏弗咈”）。同时，说他还有一个美德，他不与商人们争夺商业营利，也不为个人的声色去掠取妾奴（“王不殖货利，不迩声色”）。

因而他又和大众约法三章，革除“巫风”“淫风”和“乱风”等“三风十愆”。三风是：

（一）敢有恒舞于宫，酣歌于室，时谓巫风。

（二）敢有殉于货色，恒于游畋，时谓淫风。

（三）敢有侮圣言，逆忠直，远耆德，比顽童，时谓乱风。

若是作官的人不以身作则，有触犯其中一风的，就要败家丧财（“卿士有一于身，家必丧”）；若是各方的侯伯们不以身作则，有触犯其中一风的，便要撤销他们的职位和辖区（“邦君有一于身，国必亡”）；若是一般自由民和奴隶们也不守法章，有触犯其中一风的，便要加等的处罚直到死罪（“臣下不匡，其刑墨”）。这而且是言出法循，决不宽贷的（“圣谟洋洋，嘉言孔彰”）。

应该肯定，由原始共产社会到奴隶制社会，是一个革命的飞跃，因而又应当肯定，成汤是领导完成奴隶制革命的一个革命领袖并非什么平凡的“圣君”。可怜儒家那班大傻瓜，却只知口念“三圣”“四圣”，摇头摆尾地叫喊：“此皆汤所制治官之刑，以儆戒百官之祂！”① “呜呼！此汤之所以为大圣也耶?”呜呼！我们应该给补上这一个“呜呼”。虽然，革命的领袖，是应该称作“圣人”的；“成汤革命”担当了由原始共产制到奴隶制这一伟大转变的革命任务，成汤便是中国史上的第一位革命“圣人”。

B. 扩大土地占领的原始战争

自田园农业的出现开始，农业上的生产更能显出它较之牧业生产的比较稳

---

①《尚书·伊训》正义。

定和较高效率。到“夏朝”末期田园农业的发展，这又刺激起当时人对于土地原始占有的要求。这种土地占有要求的发展，一方面倾向于氏族内部原有土地的个人占有或使用，一方面倾向于对其他氏族或部落集团的土地之侵夺。后者的倾向，常引发为原始战争，且常以原始战争为实现这种企图的手段。

在中国传说中的这一过渡时代，对于氏族内土地的个人占领的情形怎样？我此刻不曾找着相当的材料来说明。夺取其他氏族或部落集团的土地的现象，下面的几段记载，大概是可信的。

> 葛伯放而不祀……汤使亳众往为之耕。……有童子以黍肉饷，〔葛伯〕杀而夺之……汤始征。①
>
> 葛伯仇饷，初征自葛。②
>
> 王亥托于有易河伯仆牛，有易杀王亥，取仆牛。③
>
> 殷侯子亥宾于有易，有易杀而放之。殷侯微以河伯之师伐有易，杀其君绵臣。④

这都是说得很明白的，前者是商人侵夺“葛”人的耕地，而引起两者间的战斗；后者是商人侵占“有易”的耕地仆牛，而引起两者间的战斗。前者的战争，商人的企图完全实现，后者的结果《山海经》和《竹书纪年》的记载有出入。

从这种记载中，我们可以想见商族在“夏代”的末期，大约田园农业已有相当的发展，所以急急在向四邻去扩充其耕地。我们在甲骨文的研究中，发现了殷代的农业，已经成为当时占支配地位的生产部门；可惜殷墟以前的殷代遗物，以及盘庚以上的殷代遗址，还不曾大规模的去开挖出来，⑤ 使我们对问题还不敢作出一个较全面、具体的结论来，或者说：这使我们还不能了解其全面的具体情况。

从而传说所记载的各氏族、部落集团间频繁的战斗，虽还不足以说明是发动于夺取耕地的企图所驱使，但其时商人向四邻进行的战争却是很频繁的，这

---

①《孟子·滕文公》。

②《尚书·商书·仲虺之诰》。

③《山海经·大荒东经》。

④《竹书纪年》。

⑤ 按近年在伟大的社会主义建设进程中，殷墟以前的殷代文物，在郑州等地已有了不少的发现，“成汤革命”以前的龙山文化的遗物也有了不少发现——一九六〇年补注。

又正是进向奴隶制转化前夜的一般情况。例如：

《竹书纪年》：“（帝不降）三十五年，殷灭皮氏。”（《统笺》引《周左史戎夫记》曰：“政而生乱，皮氏以亡。”）

《楚辞·天问》：“桀代蒙山，何所得焉。”

《竹书纪年》：“（帝癸）二十一年，商师征有洛，克之。”（《统笺》引《周左史戎夫记》曰：“昔有洛氏宫室无常，池囿广大。工巧日进……成汤伐之，有洛以亡。”）

同上：“（帝发）二十六年，商灭温。”

《郑语》：“已姓昆吾，……则商灭之。”《竹书纪年》：“（帝发）二十八年，昆吾氏伐商。”

《竹书纪年》：“（帝发二十八年），（商）征韦，商师取韦，遂征顾。”“二十九年，商师取顾。”“三十年，征昆吾。”“三十一年，克昆吾。”

《诗经·商颂》：“韦顾既伐，昆吾、夏桀。”

同上：“相土烈烈，海外有截。”

大概到这一时代，由于青铜器的发明，商族的生产力获得巨大的进步，所以急急扩大土地的占领，以至人口的俘掠，而引起向四邻的频繁的争战。从而存在于旧社会胎内的历史的新因素的成长，旧的生产关系，已成了社会生产力发展的桎梏，使其发展不能不由连续而趋于中断，因而构成这一历史的大飞跃的时代，引起中国社会由原始共产制到奴隶制的质的突变。从而商族奴主集团之所以崛起，倒不是由于“汤之所以圣”，而是在构成社会变革的客观形势的基础上，他为首领导人民发挥了革命创造的重大作用。

从而儒家所艳称的“顺乎天而应乎人”的“汤武革命”，确是中国历史上两大革命的时代。前者完成了奴隶制度的社会革命，后者则完成封建制度的社会革命。不过这却不是由于汤和武之“所以圣”，他们各为其时代的革命领袖，发挥了伟大的领导作用，促进了中国社会的飞跃前进，却是事实。革命之所以爆发的必然性，是由于社会自身的内在矛盾的发展的必然；革命之所以必然得到胜利，是历史的飞跃发展的客观形势和人类伟大的创造作用的统一的必然的巨大成果。因而，这种革命，都是不可避免的。

八

仰韶系各期的出土物与传说时代

在太古人住的洞穴中，我们发现了石制的工具和武器。在人类历史开端的时期，除了已经加工的石块、木片、骨头和贝壳之外，还有驯养了并曾由劳动变化了饲养了的动物，当作劳动手段来发生主要的作用。劳动手段的使用与创造，虽在其他某一些动物间已见萌芽，但特别成了人类的劳动过程的特征。所以，弗兰克林把人当作“制造工具的动物”来定义。要认识已经灭亡的动物的身体组织，必须研究遗骨的构造；要判别已经灭亡的社会经济形态，研究劳动手段的遗物，有相同的重要性。划分经济时期的事情，不是作了什么，而是怎样作，用什么劳动手段去作。劳动手段不仅是人类劳动力发展程度的测量器，而且是劳动所在的社会关系的指示物。①

达耳文使我们注意自然的工艺史，那就是，注意动植物的器官，当作动植物为自身生活而用的生产工具，是怎样形成的。社会人的生产器官（每一种特殊的社会组织的物质基础）的形成史，不是同样值得注意么？这样一部历史，不是更容易写出来么，因为如韦柯（Vico）所说，人类史与自然史的区别，正好在这一点：前者是我们自己造成的，后者非我们自己造成的。工艺发达的研究（Technologie），会把人类对于自然的能动关

① 马克思：《资本论》，第一卷，人民出版社一九五三年版，第一九四～一九五页。

系，把人类生活的直接生产过程，由此也把人类社会生活关系及从此流出的精神观念的直接生产过程揭露出来。①

在我国埋藏在地下的古代及其以前时代的遗物，在过去的时代，不断有零碎发现。《国语》所述，早在春秋时，就有古陶等古物的发现。② 他如梁时发现铜剑，③ 唐、宋时均发现石斧，④ 等等。《左传》、《墨子》所说之夏鼎，薛尚功、赵岐所说之禹钟，⑤ 等等，今皆有传而无物。《东观余论》谓宋时发现铜戈。又有谓三代鼎彝均为铜铸者。传说的记载则说禹“功绩铭于金石”。⑥ “汤武之贤，……功名铸乎槃盂，铭篆著乎壶鉴，其势不厌尊，其实不厌多”，⑦ “汤之盘铭曰：苟日新，日日新，又日新”。《康诰》曰：“作新民。”⑧ 其中除《吕氏春秋》所说，现存殷周遗物已能予以证实外，其他大都不能充作我们历史研究的正确材料，因为我们无法去考定其在中国历史上的时代。能考定的，只是石斧等，我们知道是新石器时期的遗物。

到仰韶各期实物的发现，才能给予我们研究上以相当系统的材料——虽然还很不充分。

在这里，我只在探究仰韶各期出土遗物，和我们在上面各篇所指出的传说时代有无关联？能否结合？但这是一个极困难的工作。

这个工作的进行，只能在如次的几个方面有可能。一、仰韶各期遗物所指出的时代性，是否和传说时代所包含的时代性一致？二、传说时代各氏族、部落集团当时散布的区域，是否和仰韶各期遗物的出土区域有关？三、仰韶各期遗物的本身，是否属于一系？其各系的相互间，在历史的发展过程上是否连续？其间有无空白？四、仰韶各期出土遗物和殷墟出土遗物在文化上是否为一个系统？有无关联？其间有无空白？但是材料的限制，使我们对这些问题，都还不能完满的进行；而且三、四两问题的详细研讨，应属于考古学的范围。

---

① 马克思：《资本论》，第一卷，人民出版社一九五三年版，第四四八页，注⑧⑨。
②《国语·鲁语》：“季桓子穿井，获如土缶，其中有羊焉。”
③ 江淹：《铜剑赞序》。
④ 李石：《续博物志》；周密：《齐东野语》。
⑤ 薛尚功：《钟鼎彝器款识》卷第一；《孟子·尽心》赵岐注。
⑥《吕氏春秋·求人》。
⑦《吕氏春秋·慎势》。
⑧《大学·新民》。

A. 传说的“尧舜禹”时代和“夏代”散布的区域

在我们考究传说时代各氏族、部落集团的散布区域这一问题前，首先应该注意的：照语言的音变考究，“尧”、姚、“虞”、“夏”四字，似系“夏”字一字的讹变。可惜我对古代语言的知识太缺乏，对此不能下肯定的判断。此其一。在《尚书》及其他儒家著作中，“尧、舜、禹、契、弃”是结合在一起的，因而“陶唐氏”、“有虞氏”以及“夏”、商、周各族也便被结合在一起，而被视作一个系统的氏系，“有苗”则被视为和他们是各异的族系。但其他许多记载中，却不尽如此：如《左传》所载晋荀匄追述他的先世氏系，则谓在“尧”时为“陶唐氏”，在“夏”为豢龙氏，在商为昆吾、韦、顾氏。而周代之“齐、吕、申、许”四国，又同被称为姜姓，为“四岳”之后。[①]楚王又说“许”是楚的近亲族。[②]《秦公毁铭》又说“鼏宅禹迹……虩事䜌夏。”周人也再三的说“我有夏”，“复禹之续”。如果这些传说有几分可靠的话，则齐、许、申、吕同是“四岳”之族，而楚和许之昆吾为近亲，也当属于“四岳”之族，“陶唐”、韦、顾亦皆“四岳”之族，而周秦的祖先也都是“夏”族。那么，所谓“夏”、周、“有苗”或“三苗”便应该是同系的——自然，这还不能作为最后的判断。甲骨文及其他有关记载所述，“夏”、周、“有苗”在商时似乎还都是和商族为不同的部落集团或联盟——虽然有其一定的隶属关系。从而儒家给我们留下的记载，便完全是一笔糊涂账。“疑古”派的考证，也把问题搞得很糊涂。这问题，我们留到下篇再考究。此其二。

现在进而考究古代各族散布的区域。但这里也仅能凭传说的记载。

《帝王世纪》：“伏羲”生于成纪。（按即今日甘肃天水县）

《左传》昭公十七年：陈，“太昊”之墟。（按即今河南陈县）

《史记·鲁世家》：封周公旦于少昊之墟。（按即今山东曲阜）

---

① 《国语·周语》。

② 《左传》昭公十二年：“昔我皇祖伯父昆吾，旧许是宅。”又隐公十一年杜预注云：“许，神农之后。”

《竹书纪年》：“昌意”降居若水。（《水经注》：若水出蜀郡旄牛徼外，东南至故关为若水。）

《竹书纪年》：“太昊”母居华胥之渚。（笺：即陕西蓝田县，小渊曰渚。）

同上：“太昊”都宛丘。（《诗·陈风》：宛丘之上。）

同上：“神农”育于姜水，其起本于烈山氏。（《一统志》云：烈山今德安府随州。）即位居陈，迁曲阜。（《春秋命历序》云：炎帝号大庭氏。）

《史记·五帝本纪》：“黄帝”邑涿鹿。（按即今河北涿县）

《皇览》：“黄帝”墓在上郡桥山。（按即今陕西中部县）

《竹书纪年》：“黄帝”生于寿丘。（皇甫谧：寿丘在今兖州曲阜县东北六里。）

《水经注》渭水条：“黄帝”都陈，在陈仓。（陈仓在今陕西宝鸡东，陈为今河南淮阳）

《竹书纪年》：“黄帝”居有熊。（皇甫谧：有熊即今河南新郑。）

《舆地志》：涿鹿本名彭城，“黄帝”初都，后迁有熊。

《括地志》：涿鹿城在妫州东南五十里，本“黄帝”所都。

《竹书纪年》：“黄帝”祭于洛水。

同上：“颛顼”居濮。（《汉志》：东郡濮阳，故帝丘。）

《礼记·乐记》：武王封“黄帝”之后于蓟，封“帝尧”之后于祝，封“帝舜”之后于陈，封“夏后氏”之后于杞，投殷之后于宋。

《史记正义》引《帝王纪》：“帝喾”都亳。（按南亳在今河南商丘县东南，西亳在河南偃师县西）

《皇览》：“帝喾”冢在东郡濮阳顿丘城南台阴野中。

《竹书纪年》：“帝喾”居亳。（笺引阚骃曰：亳本帝喾之墟，在禹贡豫州河洛之间。《括地志》：亳邑故城，在洛州西十四里。）

所谓“三皇五帝”的“太昊”、“少昊”、“伏羲”、“黄帝”、“颛顼”、“帝喾”，他们当时的居处，古人也全无定见，同是一个人时而说在此处，时而又说在彼处。总之在黄河流域的甘肃、陕西、山西、河南、河北、山东等省的范围内，东猜西猜。像这一类的记载，并不能使我们得出任何肯定的正确结论，只有一点旁证的价值。难怪杨朱说：“太古之事灭矣，孰志之哉？”但它却给了我们这样一点暗示，即于“太昊”、“少昊”、“帝喾”的居处，多说在豫东的“陈”和山东的曲阜等中原和山东一带，关于“伏羲”、“黄帝”等则多说在晋陕一带西北地区。

关于传说中的“尧、舜、禹”当时散居的区域：

《汉书·地理志》注：应劭语：“尧”都平阳。（按即今山西临汾）

《帝王世纪》：“舜”都蒲坂，“禹”都安邑。（按均在今晋南境内）

《地记》及宋《永初山川记》：河东县二里故蒲版城，舜所都也，城中有舜庙，城外有“舜”宅及二妃台。河东郡青山东山中有二泉下流，南流者妫水，北流者汭水。

《括地志》：“尧”陵在濮州雷泽县西三里。

《郭缘生述征记》：城阳县东有“尧”冢，亦曰“尧”陵，有碑。

《尚书·夏书·五子之歌》孔安国传：陶唐，“帝尧氏”都。（许慎《说文解字》：陶丘在济阴。颜师古云：陶丘有“尧城”，“尧”尝居之，后居于唐，故号“陶唐氏”。）

《诗·唐风》谱：唐，“帝尧”旧都之地，今曰太原晋阳，“尧”始居此，后迁河东平阳。

《一统志》：“保定府定县西三十里有伊祁山，本“尧”母所居。

《四书考》及《竹书纪年》：“尧”生于丹陵。

《左传》哀公六年引《夏书》佚文：惟彼陶唐，率彼天常，有此冀方。（《竹书纪年》：“尧”居冀。《周礼·夏官》：河内曰冀州。）

《竹书纪年》：“尧”游于首山。（杜预注：首山在河东蒲坂县东南，即“尧”山。《地理志》：蒲坂有“尧”山。）

同上：“尧”祭于洛。（《通鉴注》：洛水源出西安府洛南县冢岭山，东流经庐氏、永宁、宜阳、洛阳、偃师、巩县等入河。）

《帝王世纪》：“尧”葬于咸阳西北四十里，是为谷林。（《吕氏春秋·安死》：尧葬谷林。）

《竹书纪年》：“丹朱”避“舜”于房陵。（《地理志》：房陵县属汉中郡。《一统志》：房县在郧阳府城西南三百一十里，“舜”封“丹朱”于此。）

《左传》襄公二十九年：吴季扎至鲁，闻歌唐，曰：思深哉！其有“陶唐氏”之遗民乎？（按山西太原县北有古唐城。）

《墨子·节葬》：“尧”葬蛩山之阴，“舜”葬南已之市，“禹”葬会稽之山。

《史记索隐》：虞国名，在河东太阳县，“舜”谥也。

《史记正义》：蒲州河东县本属冀州。

《史记·五帝本纪》：“舜”冀州之人也。

《孟子》：“大舜”东夷之人也。

《耆旧传》：“舜”厘降二女于妫汭之所，外城中有“舜”井，城北有历山，山上有“舜”庙。

《史记·五帝本纪》：“舜”耕历山，渔雷泽，陶河滨，作什器于寿丘。（郑玄：雷夏，兖州泽，今属济阴。《括地志》：雷夏泽在濮州雷泽县，陶城在蒲州河东县北三十里，即“舜”所都也，南去历山不远。《索隐》：寿丘地名，“黄帝”生处。）

谯周：《古史考》：“虞”封“舜”子，今宋州虞城县。

《汉书·律历志》：“尧”子“朱”封于丹渊，“舜”子“均”封于商。（《括地志》：定州唐县，“尧”后所封，宋州虞城县，“舜”后所封。）

《史记·五帝本纪》皇甫谧云：“舜”嫔于“虞”，今河东太阳西山上虞城是也。

《尚书·尧典》孔颖达注疏：妫水在河东虞乡县历山西，西流至蒲坂南入河，“舜”居其旁。周武王赐陈胡公之姓为妫，为“舜”居妫水故也。

《郡国志》：河东蒲坂有雷首山，亦名历山，“舜”所耕处。

《竹书纪年》：“舜”居冀。（笺注：“舜”都蒲坂，亦《禹贡》冀州地。）

《竹书纪年》：“舜”后“育”葬于渭。（《地理志》：扶风陈仓县有“黄帝”孙“舜”妻“育”冢祠。）

同上：“舜”居于鸣条。（《郡国志》：鸣条即河东安邑。王应麟《困学纪闻》：“舜”卒鸣条，即今陈留之平丘。）

同上：“义均”封于商，是谓“商均”。（《正义》：虞城在宋州北五十里，古虞国。《一统志》：虞城县在归德府城东北六十里，当时并商丘皆在国内，故曰商。）

《管子·小匡》：齐桓西征，逾太行与卑尔之溪，拘秦“夏”，西服流沙西虞。

《吕氏春秋·安死》：“舜”葬于纪市。（《竹书纪年》：鸣条有苍梧之山，

“帝舜”崩遂葬焉。今海州。）

《地理志》：虞芮，虞在河东太阳县，芮在冯邑临晋县。

《帝王纪》：封“象”于有鼻（庳）。《括地志》：鼻亭神在道县北六十里。（《舆地志》：零陵郡应物县东有山，山有“象”庙。）

《礼记·檀弓》：“舜”葬于苍梧之野。

《史记·夏本纪》：“禹”巡狩至会稽。（《帝王世纪》：会稽山阴县之南，上有“禹”冢井祠。）

《外纪》：“禹”都安邑，或云平阳，亦云晋阳。

《汉书·地理志》注引应劭语：“禹”都阳翟。《汉书·地理志》引《竹书纪年》则称为阳城。（赵岐注：阳城在嵩山下。）《左传》定公四年：则称为晋阳。《通志》则称“禹”都安邑。

《史记·夏本纪》正义引《帝王纪》：“禹”为夏伯。

《六国表序》：“禹”兴于西羌。

《秦公𣪘铭》：不显朕皇祖，受天命鼏宅“禹”迹……保𤔲氒秦，虩事（使）蛮、夏。

《叔夷钟》：虩虩成唐（汤），……伊小臣惟辅，咸有九州，处“禹”之堵（土）。

《世纪》：“鲧”封崇伯，国在秦晋之间。（《秦地志》：垞城古崇国。《寰宇记》：垞城临泗水。）

《汉志》及《世纪》：颍川阳翟“夏禹”国。

《郡县志》：安邑故城在陕夏县东北十五里，“禹”所都也。

《竹书纪年》：“禹”居冀。（笺引《世纪》云：“尧”都平阳，“舜”都蒲坂，“禹”都安邑，相去不盈二百里，皆在冀州。）

《地理志通释》：“涂山”在寿春东北濠州钟（鍾）离县西九十五里，山前有“禹会村”。（按钟（鍾）离故城在今安徽凤阳境）

《吴越春秋》：“禹”巡天下，登茅山以会群臣，更名茅山曰会稽。

《越绝书》：“禹”葬会稽。

《墨子·节葬》：“禹”葬会稽之山。

《括地志》：汴州雍丘县，古杞国。《地理志》：武王封“禹”后于杞，号东楼公也。

《史记·周本纪》“崇侯虎”句下注云：皇甫谧曰，“夏鲧”封，“虞”、“夏”、商、周皆有“崇国”，盖在丰镐之间。《诗》云：既伐于“崇”，作邑于丰，是国之地也。《左传》：秦灭崇，晋侵崇。《国语·周语》：昔“有夏”之兴也，“融”降于崇山。韦注：崇山即崇高山。山当由“崇国”得名。（按崇国故地在今陕西鄠县东）

《荀子·大略》：“禹”学于西王国。（注：禹生于西羌。）

湖南岳麓山巅石壁，相传为“禹王碑”；衡山岣嵝碑，亦相传为“禹”碑。湘人多建“禹王庙”。

关于与“尧、舜、禹”有关的“伯益”、“共工”、“皋陶”或“三苗”散布的地方，有如次类的传说记载。

《左传》庄公十六年杜预注：滑国都费，河南缑氏县。“伯益”封费，宜即此也。

《史记》：流“共工”于幽陵。（《括地志》：幽陵故龚城，在檀州燕乐县界。）

《竹书纪年》统笺：今顺天府密云县东北五十里有共城，盖“舜”流“共工”处也。

《山海经·海内经》：“祝融”降处江水，生共工。（《地理志》：安阳古江国。《括地志》：安阳故城在豫州新恩县西南八十里。）

《史记》：封“皋陶”之后于英六。（《史记正义》引《地理志》：六，安国六县，“咎繇”后偃姓所封国。）

《帝王纪》：“皋陶”生于曲阜偃地。（《括地志》：“咎繇”墓在寿州安丰阳县南一百三十里，故六城东东都坡内大冢也。）

《战国策·魏策》：吴起云：三苗之国，左洞庭而右彭蠡，汶山在其南，衡山在其北。

《史记》及《虞书》：窜三苗于三危。（《唐志》：三危山在今沙州燉煌县东南二十里。）

《左传》昭公九年杜预注：三苗放于三危瓜州，今墩煌也。

《皇览》：“蚩尤”冢在东平郡寿张阚乡城中。肩髀冢在山阳郡钜野县。

《史记·太史公自序》：余常西至崆峒，北过涿鹿，东渐于海，南浮江淮矣。至长老皆各往称“黄帝、尧、舜”之处，风教固殊焉。

上述各书的传说记载，关于“尧、舜、禹”等传说人物所属氏族部落集团或联盟散布的地区，大多为在今山西、陕西、甘肃及豫北一带，正是仰韶系文化遗物的主要埋藏地区。不少记载称“舜”所属地区为山东、冀南、豫东以至苏北，由于实即喾或夋之“舜”，乃是商族的先世，在商人进入奴隶制国家以前时代的龙山系文化遗物，主要也正散布在这个区域。前者属其时的“夏”部落联盟，后者属其时的商部落联盟。在今湖南、浙江等地有关于“舜”、“禹”的遗迹的传说，可能是早期南去的“夏”人或商人，带去的传说遗留；在今山东、河北、中原一带地方关于“尧”和“禹”等的传说，可能是早期到达当地的“夏”人，如所谓“四岳”之裔的“齐、吕、申、许”等带去的传说的遗留。

当时“夏”部落联盟散布的中心地区，可能即今晋、陕、豫跨河邻接的山区，包括华山、霍山等山区在内。在这里，传说中的所谓“四岳、九州”是值得研究的。

《尚书》中所述“尧、舜、禹”时代的“四岳、九州”，人们多把“四岳”解释为人名，“九州”解释为《禹贡》的“九州”。但照司马贞所说，“四岳”即当于今之太行山。《国语》云：“岳滨诸侯，莫敢不来服。”《括地志》云：“晋州霍山，亦名大岳。”《左传》昭公四年云：“四岳、三涂、阳城、太室、荆山、中南、九州之险也，是不一姓。”似此，“四岳”非人名，而为这一传说时代各氏族散居的地域总称。司马贞说是也。按“九州”，《逸周书》作“仇州”，《国策》作“厹由”，《吕氏春秋》作“夙繇”，《淮南子》作“仇由”，《国语·鲁语》等作“九有”（“共工氏”之伯“九有”也。《礼记·祭法》也说：“共工”之霸“九州”也）。《左传》昭公二十二年晋籍谭：荀跞帅“九州”之戎以纳王于王城。杜注：“九州”戎，陆浑戎。《国语》：谢西之“九州”。则“九州”又似系一地方的名称，而非区域的概括名称。据《说文》所说：“水中可居曰州，尧遭洪水，民居水中高土，故曰九州。”《孔传序》说“九州之志，谓之九丘”，又有所谓“三坟”。“丘”、“坟”字义亦积土之意，与水中高土意甚类，儒家为何称“九州”为九丘，三书为三坟？此亦值得注意。似此则所谓“九州”，又不过为当时露出水面的几个山头，如今日所见海洋中互相连间之小岛然。如对“九州”与“四岳”的这种解释有其一点正确性的话，则《诗·小雅》所谓“信彼南山，维禹甸之”，《大雅》

所谓“奕奕梁山，维禹甸之”，便不啻是一种最重要的历史传说。

传说中的“尧、舜、禹”所属是否就是“夏”部落联盟，仰韶系文化是否为“夏”部落联盟的遗物，是需要加以考究的。

在这里，首先再考究一下传说中“夏代”散布的区域。

《汉书·武帝本纪》：朕至中岳，见“夏”后“启”母石。

《尚书·商书·仲虺之诰》：成汤放“桀”于南巢。（《淮南子》：汤败“桀”于历山，“桀”与妹喜同舟浮江，奔南巢之山而死。）（南巢故地在今安徽巢县东北。）

《史记·殷本纪》：“桀”败有娀之虚，犇于鸣条。（《括地志》：高涯原在蒲州安邑县北三十里南坡口，即古鸣条陌也。鸣条在安邑西。）

《逸周书·殷祝解》：“桀”徙鲁。《鲁语》：“桀”奔南巢。

《括地志》：“有莘氏”所居，古莘（葽）国城，在同州河西县南二十里。（《正义》引《世本》：“莘”国姒姓，“夏禹”之后，即散宜生等求“有莘”美女献纣者。）

《国语·周语》：“有夏”虽衰，杞鄫犹在。（汴州雍丘县古杞国，见前。）

《国语·晋语》：申人鄫人召西戎以伐周。（《括地志》：缯县在沂州承县，古侯国。）

《史记·周本纪》：申侯怒，与缯、西夷、犬戎攻幽王。

《左传》定公四年：分唐叔……命以唐诰，而封于“夏”虚，启以“夏”政，疆以戎索。

《古本尚书·尹告》：尹躬先见于西邑“夏”。

《竹书纪年》：大战于甘。（马融：甘，有扈南部地。《汉书·地理志》：“鄠，古国，有扈谷亭。”）

《汉书·地理志》臣瓒注：斟鄩在河南。（《左传》昭公二十三年杜预注：河南巩县有地名鄩中。《括地志》：鄩城在洛州巩县西南五十八里。）

《尚书·夏书》：“太康”畋于有洛之表。

《一统志》：太康县在开封府城东南二百一十里。

晋《地道记》：河南有穷谷，“羿”国于“有穷”，即此。（《汉志》：穷谷即北海平寿县。《淮南子·地形训》高注：穷石为甘肃张掖。）

《括地志》：昆吾故城在濮阳县西三十里。

刘道原：《通鉴外纪》："相"为"羿"所逐，失国，居商丘。（《括地志》：古商丘又"羿"所封地。杜预：宋、商、商丘，三名一地。《汉志》：东郡濮阳故帝丘。）

《左传》定公元年：薛宰曰：薛之皇祖"奚仲"居薛，以为"夏"车正。

《左传》襄公四年：处"浇"于过，处"豷"于戈。（晋《地道记》：东莱掖县有过乡，北有过亭，是古之过国。杜预：戈在宋郑之间。）

《竹书纪年》："浇"伐斟鄩，大战于潍。

《括地志》："斟灌"故城在青州寿光县东五十四里。

《竹书纪年》："斟灌"之虚，是为帝丘。

同上："少康"自纶归于夏邑。（《郡国志》：梁国虞县有纶城。《通典》：宋州虞城县有纶城，即"少康"邑。）

《方舆纪胜》："少康"中兴，复于安邑。今平阳府解州安邑县。

《竹书纪年》："帝杼"自原迁于老丘。（《一统志》：老丘在开封府陈留县西北四十里。）

《新唐书·宰相世系表》：昆吾之子封于苏。其地邺西苏城是。

《左传》昭公十二年：楚灵王曰：昔我皇祖伯父昆吾，旧许是宅。

《史记·吴起列传》："夏桀"之居，左河济，右太华，伊阙在其南，羊肠在其北。（《竹书纪年》："桀"居斟鄩。《括地志》：斟鄩在洛州巩县西南五十八里。）

《国语·周语》：伯阳甫曰，昔伊洛竭而"夏"亡（韦昭曰："禹"都阳城，伊洛所近。《竹书纪年》笺："桀"居斟鄩在巩洛，则伊洛最近。）

《竹书纪年》："帝桀"迁于大河之南。

《左传》僖公三十二年：殽有二陵焉：其南陵"夏后皋"之墓也，其北陵文王之所避风雨也。（杜预注：殽在弘农渑池县西。《郡国志》：渑池有二殽山。《一统志》：渑池故城在今县城西。）

《国策·魏策》："夏桀"之国，左天门之阴，右天溪之阳，庐睾在其北，伊洛出其南。

《逸周书·度邑解》及《史记·周本纪》：自洛汭延于伊汭，居易毋固，其"有夏"之居。我南望过于三涂，北望过于有岳丕，顾瞻过于河，宛瞻于伊洛，无远天室。

《一统志》：夏台，在河南巩县。

《诗经·商颂·长发》：洪水芒芒，“禹”敷下土方，外大国是疆。

《尚书·商书·伊训》：造攻自鸣条，朕哉自亳。

《竹书纪年》：“桀”出奔三朡。(《郡国志》：济阴定陶县有三朡亭。)

《吕氏春秋·简选》：汤以戊子战于郕，登自鸣条，乃入巢门，遂有夏，“桀”奔走。(《竹书纪年》：汤放“桀”战于郕。《郡国志》：即济阴成县。)

《竹书纪年》：汤获“桀”于焦门。（《一统志》：巢湖在巢县西十五里，一名焦湖。《逸周书·殷祝解》：徙“桀”于鲁。）

如果上面所摘录的传说记载有几分可靠的话，则我们就可以作一如次的大胆推断，传说中的“夏代”散布的主要区域，主要为今山西中南部，河南西北部，陕西全境及甘肃；并且其发展的方向还似乎是从山西南部向河南和陕西移动；在传说中的“夏”“亡国”的当时，其政治重心似已由山西南部而移到伊洛之间。而此也正是仰韶系文化遗物散布的重要区域。此其一。在山东西部即今曹州各属，亦传说为“桀”与汤作战之区，“桀”为汤所流放之区。可是同时又有徙“桀”于鲁的传说。山东是商人散布的基本地区，“成汤革命”后，把战败的“桀”流放于山东，以便监视，这是完全可能的。此其二。

自殷墟发现以后，不惟商族的散居地，已有一部分得到证实；即其同时代的鬼方、土方、人方、邶国、芋国等，也同时得到证实。传说记载中的商族，及其同时代各族的散居地，大概不外如次所记的范围。

《左传》定公四年：因商奄之民，以命伯禽。（《郡国志》：鲁国即奄国。又史称南庚迁于奄。）

《地理通释》：河亶甲居相，在河北相州，安阳本盘庚所都。

《括地志》：殷墟南去朝歌百四十六里。

《一统志》：空桑城在陈留县南十五里。传说多记载伊尹生于空桑。

《商书》：仲丁迁于嚣，河亶甲居相，祖乙圯于耿。

《世本》：契居番，昭明居砥石，相土居商丘。

《左传》僖公三十一年：卫迁于帝丘，卫成公梦康叔曰，相夺予享。公令祀相。宁武子不可曰，鬼神非其族类，不歆其祀，杞鄫何事？（杜预：宋、商、商丘，三名一地。《一统志》：商丘在归德府城西南三里。）

《荀子·成相》：昭明居于砥石，迁于商丘。

《史记·殷本纪》正义引《括地志》：相州洛阳城西南五十里，有九侯城，亦名鬼侯城，盖殷时九侯城也。

《括地志》：牧野今卫州城，武王伐纣所筑。

《史记·周本纪》：西伯献纣洛西之地。（《正义》：在同州洛西之地。）

《地理志》：河内汤阴有羑里城，西伯所拘处。

《括地志》：九侯城亦名鬼侯城，在相州谷阳县西南五十里。

《诗·商颂·长发》：相土烈烈，海外有截。

《史记·殷本纪》集解引臣瓒云：纣鹿台在今朝歌城。（《括地志》云：在卫县西南二十二里。）

《地理志》：纣沙丘台，在巨鹿东北七十里。

同上：傅险即傅说版筑处，今陕州河北县北七里，即虞国虢国之界。

《括地志》：伯夷叔齐所住之孤竹故城，在平州卢龙县南十二里，殷时竹国所居。

《孟子·滕文公》：汤居亳，与葛为邻。

《史记·殷本纪》正义：汤自南亳，迁西亳，仲丁迁敖，河亶甲居相，祖乙居耿，盘庚渡河南居西亳。（皇甫谧云：亳即今偃师。）

这些记载，基本上都是和龙山系文化，殷代遗物出土地方相应的。

明义士在济南龙山城子崖所发现的陶器与甲骨片，因其陶片素质均与殷墟所发现者同，骨甲灼制亦与殷墟出土者无殊，只是没有文字，我因之判定其与殷墟为同系统的文化遗物，且其时期早于殷墟。又董作宾在鲁南安上村所发掘的古物，据传亦为殷代遗物。

从而我们也可作如次的一个大胆推断。商人在进入奴隶所有者国家后的主要根据地，即所谓“邦畿千里”之地，在今日的山东、河南大部、河北南部、山西东南部及皖北苏北各一部。其政治疆域已西到黄河上游的丰镐至甘肃凉州，北到冀东，南到浙江、湖北，西南到四川。商族的发展方向，似乎系由东向西移动的。

周人自“武王革命”开始建立起封建领主的政权后，其散布地区均有正确记载，这里没有提出考究的必要。惟就其与这一传说时代有关者摘录一二，来考察周与“夏”的关系，却不是无意义的。

《诗经·大雅·文王有声》：丰水东注，维“禹”之绩。

《诗经·大雅·韩奕》：奕奕梁山，维“禹”甸之。

《诗经·小雅·信南山》：信彼南山，维“禹”甸之。

《诗·鲁颂·閟宫》：奄有下土，缵“禹”之绪。

《诗·商颂·殷武》：天命多辟，设都于“禹”之绩。

《国语·周语》：齐、许、申、吕，由大姜。韦昭曰：四国，皆姜姓也，“四岳”之后。

《史记·吴太伯世家》正义：太伯奔吴，所居城在常州无锡交界之梅里，其城及冢现在。

《山海经·海内经》：西南黑水之间，有广都之野，“后稷”葬焉。其城方三百里，盖天下之中，素女所出也。（《广弘明集》卷七：贤豆天竺……人传天语，字出天文，终古至今，无相篡夺，斯是地心，号中国也。）

《山海经·海内西经》：“后稷”之葬，山水环之，在氐国西。（郝懿行疏云：其地在今甘肃界。）

依此周人散布的地区基本上就是传说中“夏”族原来散布的区域，他们并自称在继承“禹”的业绩，而“尧、舜、禹”传说时代的“四岳”“苗裔”的齐、吕、申、许，亦说是周之近亲。这都是值得注意的。关于这个问题我们在后面还要细说。

我们在上面所论究的原始社会时代中国各族散布的区域，当然还只能作为一种假设的推论看，因为除殷周两代都有其可靠文献和文物外，仰韶和龙山①文化遗物的发现，尚有不少空白。因此，可说都还没有充分的什物和其他可靠材料来证明。不过在我们对中国上古史的研究上，这种推论不仅是必要，抑或也是可能的。我的这个推论是否正确？是要看将来地下的发现如何以为断。

在这里对于地下的发掘，我以为在开挖的进行上，似应设定几个中心，如已有相当端绪的仰韶、龙山和殷虚，然后根据现已研究出的远古各族移动的方向和演进的过程去试探，我们才可以从地下去找出其各自的活动的区域和方向——例如由东向西，抑由西向东……以及其演进的过程。若果长此如现在一样，今日开发殷代遗址，明日又跃到春秋战国，今日开发甘肃，明日便移到山

① 按近来不少专家谓仰韶文化、龙山文化不是两个不同系统，只有时间先后。这是值得引起注意的。为保存本书的本来面目，我这里暂仍旧说。——一九六〇年补注。

东，像这样去进行，却是一个既不科学也不具体的地下考古计划。我甚望努力于地下考古的学者们，对此能稍加注意。①

B. 仰韶系各期古物的出土地域及其主要出土物

我们如果只根据神话传说来研究历史，自不免有一点近于猜谜。只有用作发掘的锄头所提供的资料是最可靠的。

在我国现已有新石器及金石器时期遗物的出土地点，有河南之渑池（仰韶村）及河阴；甘肃之洮河及宁定（齐家、辛店、寺洼、沙井）；山西之夏县西阴村；山东之龙山镇；辽宁貔子窝、沙锅屯以及陕西等省的若干地方，均有发现。

最重要的出土物，石器有石刀、石斧、石镞、石凿、石戈、石杵、石耨、石锄、石锤等；骨器有骨针、骨刀、骨镞等；陶器有瓦罐、瓦缶、瓦垒、瓦鬲、瓦尊、瓦鼎等；铜器有铜镞、铜三足鼎等；其他有贝货、玉器、绿松石、豕骨及其他家畜骨骼与人骨等等。

安迪生并依此判定中国新石器时期为在距今五千年以上，② 即仰韶期为在纪元前三千年。③ 按博笛慈谓欧洲旧石器时期为在距今十五万年至九千年前，新石器时期为在九千年至六千年前，铜器时期为在五千年至三千年前。④ 安迪生把著名的文化古国的中国新石器的时代，反认为晚于欧洲几千年，这是违反常识的。

安迪生并就已有的发现，把中国新石器时期分为六期，一、齐家期，二、仰韶期，三、马厂期，四、辛店期，五、寺洼期，六、沙井期。又以在辽宁貔

① 按解放以来，在全国范围展开宏伟的社会主义建设的进程中，由于党和政府对文化科学工作的无比关怀，田野考古发掘已获得了极巨大的成绩，在全国很多地方都在建设过程中有了新石器以及旧石器文物的发现，而且已经可借以考察出新石器时代各个文化系统的轮廓等等。——一九六〇年补注。

② 安迪生：《中华远古之文化》，原文第二三六页。

③ 安迪生：《甘肃考古记》，原文第二五页。

④ C. Blotez：*Mannal of Univerisal History*.

子窝、沙锅屯、山西全境、河南西部，西迄甘新一带所发现者均谓属于仰韶期。他又根据出土的一些实物作标准，以齐家、仰韶、马厂各期划为“新石末期——新石器及铜器之过渡期”。以辛店、寺洼、沙井各期划为“紫铜器时期及青铜器初期”。但我们若把辽宁的出土物也加入进来就可以这样说：河南仰韶，山西西阴，甘肃马厂，甘肃仰韶期，辽宁沙锅屯，可谓为新石器时期。甘肃辛店、寺洼、沙井，辽宁貔子窝等遗址遗物，均可称为属于金石器时期。因为前者的范围内均没有铜器的出土，而后者不惟有铜器出土，照安迪生说：在沙井期之“葬地遗址及村落遗址中，我们掘得小件铜器甚多，其中并有带翼的铜镞，制造亦甚精巧”。

奥司本谓石器时期能并用铜器，① 巴开谓铜器时期能兼用铁器。②

恩格斯在论到熔炼与金属的加工时说道：“铜、锡及两者的合金——青铜，都是最重要的金属；青铜可造有用的工具及武器，但是还不能完全代替石器；这只有铁才可以做到，而当时还不知道采铁。”恩格斯在这里，并紧接着指出，由于牧畜、农业、家庭手工业生产的增加，人的劳动力可以生产超过维持劳动力所必需的生产品，就出现了把俘虏作为奴隶，从而“在特定的历史条件底总和之下，必然地引起了奴隶制”。③ 莫尔根也说：

> 当人类开始使用铁工具及青铜工具时，并未完全弃置石器而不用。……因为石器时代重叠着青铜时代和铁器时代，而青铜时代又重叠着铁器时代，所以它们不能截然地区划出各时代的独立的清晰的分界线。④

从而我们对工具演进的时代的划分，并不能机械的，我们只要看当时人们所拥有的生产工具，是哪一种东西占优势。如果以石器为主要，那便是石器时期，同样，如果以铜器为主要，那便是铜器时期。但在铜器才开始发明的情况下，那便仍是石器时期，在铜器和石器并存的情况下，便可以叫作金石器时期——由石器到金属器的过渡时期。

就安迪生对仰韶系文化出土遗物时期的划分，略为叙述如次：

第一，齐家期：发现有石刀、石斧、尖骨及单色纹形陶器等。

---

① H. F. Osborn：*Men of the Old Stone Age*，p. 461.

② E. A. Parkyn：*Introduction to Pre－Historic Art*，p. 163.

③《家庭、私有制和国家的起源》，人民出版社一九五四年版，第一五四～一五五页。

④ 莫尔根：《古代社会》，三联书店一九五七年版，第八页。

第二，仰韶期：发现有磨光的石刀、石戈、粟凿、石斧、石杵、石镯、石镞、带彩陶器、陶轮、陶鬲、陶鼎，雕刻骨板等骨器，最特别者，有缝纫用的骨针，食物上的谷粒，耕种用的石耨、石锄，以及纺织用的石纺轮等。

〔按仰韶出土人骨，据协和医学院解剖部主任布拉克（Black）考验的结果，认为与现在的华北人骨完全相合。兽骨以家豕为多。陶器分素花、著色二种，素花有绳纹布素花之分，著色有红白黑两彩三彩之分。所发现的器物如陶鬲、石戈等，在奉、甘所发现者，均与仰韶为同一时代性。（Cave－Deposit at Shakuo Tun in Fengtien；Archacological Research in Kansu.）一九四〇年补订。〕

第三，马厂期：发现有更复杂的着色陶器，但其与仰韶有许多类似处。

第四，辛店期：发现有牛马骨锄、纺轮、着彩陶器等。着彩陶器有兀纹、连续回纹及人马犬羊等形的象形画及花纹。并有铜器出土。

第五，寺洼期：发现三足鬲并铜器等。

第六，沙井期：发现有贝、玉、葬物、铜器——其中有带翼铜镞，并鸟形横带纹的着彩陶器等。

年前明义士在济南龙山镇城子崖发现新石器时代的石器，同时并有其他重要文物出土。据王献唐先生对我说，此次出土物除石器外，并有陶器，与殷虚出土陶器，从色素上可判定为同一文化系统的遗物；同时出土者还有甲片，其灼制情形与殷虚出土者亦无别，只是殷虚出土者为字片，此处则不曾发现字片。因此明义士判定为和殷虚文化同一系统。（这段话的记录如有错误，由我负责。）

安迪生所定的仰韶系六期文化，是否果属一个系统，还有待于进一步的地下发掘和研究；据我所知，至今还没有人对之提出异议。我在这里只在以他所提述的地下出土遗物来表述中国原始社会的骨骼。

〔按近年在甘肃等地的大量发掘，从文物堆积的地质层次和出土物的内容，表明齐家期已知道铸造和使用红铜器，为较高于仰韶期的发展时期，而且有数处遗址中明白的显现：下一层为仰韶期遗物上一层为齐家期遗物。这表明齐家期的上限是仰韶期。因此，安迪生以齐家期早于仰韶期的说法是错误的。同时，有数处遗址：在齐家期文化遗物堆积层的上一地质便是周代文化遗物，这似乎表明齐家期的下限便是周，但其间空白了青铜

器，这是一个还有待于进一步发掘和研究来解决的问题。——一九六〇年增补。〕

安迪生对其年代的判断，李济在他的《小村与仰韶》一文中，曾提出异议。至于仰韶与小村是否为同一文化系统？近年颇引起许多不同的议论。

安迪生以苏萨一二及安诺一二作比较来判定仰韶的时代，我也觉得他有意在故弄玄虚，有提出一点意见的必要。

要是仰韶与安诺及苏萨真有关系，我们还可以相当同意安迪生的意见。不过要确定这种关系，必须要对安诺和苏萨及仰韶文化当时所散布之区域内的地下想办法，看是否各在其以前时期就有一脉相承的系统。如果各有其一脉相承的系统，则人类发明工具的演进程序，原是一元的；陶器的演变，也都有其同一的必然的程序。关于这点，莫尔根在美洲印第安人的研究中，已给了我们若干的例子。所以仅仅从两者间的陶器或其色彩偶然的类似——而且由粗制到精制……的演进，也有必然的程序——而作为判定这二者间的关系的根据，无疑是薄弱的、主观的。因而，李济的异议是有道理的。自然我们并不因一般就忽略特殊，但也不应从某些特殊现象的类似点去加以夸大。

仰韶与小村是否是同一系统的文化，这确是一个亟待解决的问题。不过要想对这一问题得出一个正确的结论来，在目前，似乎还不够条件。

〔按考古工作发展到今日，已能明确地判定仰韶系是“夏”族文化遗物，殷虚文化是商代国家的文化遗物。在原始公社制时代，商族由东向西移动，“夏”族从西向东南移动，表现为仰韶、龙山两个文化系统。但作为一个历史的考察，却是有其继起性的。（虽然还有空白）——一九四〇年补订。〕因为在时代的相续性上——暂时不说空间的地域——这两种文化，其间显然还有一个很大的空白。（一）仰韶系还不曾发现可作为记录用的文字——自然，陶器上的那种人物等等的象形图画也可说是一种最原始的文字——从殷虚甲骨文的时代性看，从原始文字演变到和殷虚一样声音文字的阶段，已经过了一个相当长的发展过程。（二）辛店、寺洼和沙井，虽亦有青铜器的发现，但殷虚的青铜器已发展到最高期，获得了支配的地位，因而这两者间的时代的距离，也断不是短时的。（三）照社会演进的程序说，仰韶系出土物，是属于开化初期和中期的遗物，殷虚则已到有史的、即国家的时代。因而，我们若仅从其出土陶器和石器等的构造形式的相异，就从而判断其系统各异，这种逻辑是形式的。因为实物构造的式样，在一个长的空白期间的演进上，当然会引起若干的改变，这是无疑的。但若以其样式的偶然的类似，就从而判断其为同一系统的文化，这也未免犯了拿部分去概括全部，拿现象去隐蔽本质的逻辑上的错误。〔所以我们虽然从商族和“夏”族在进到国家以前时代的历史、地理等方面，认为仰韶系文化与龙山系文化为不同系统，殷虚文化是以龙山系为主流发展而来的。而安迪生的理论也完全是错误的，而况他把仰韶系文化判定为所谓外来文化。但若说这两者间没有关系也是错误的，实际仰韶系文化遗物中，夹入了龙山系的文化色彩或强烈因素；龙山系也夹入了仰韶系的文化色彩或强烈因素，而况到殷代奴隶所有者国家时代，西北各族并都是它的属领。——一九四〇年补订。〕

若是能让我们根据传说记载的研究来下一个暂时的判断的话，那么，我一面颇同情徐中舒先生的意见。[①] 仰韶系文化出土地点，正在传说中的“夏”族散布的区域内，所以仰韶系遗物所代表的文化，应属于“夏”族在野蛮时代的文化。关于远古中国各族散布的区域及其移动的方向，我在上节，也有所论述；传说中“夏”族散布的主要地区，和仰韶系古物出土区域，竟能大致相合，这不能不提起我们注意。王国维先生说大夏在周初稍西徙。[②] 高本汉说：“甘肃长方式石镰之存在，家畜之畜养，及埋葬习惯等事，此种文化之迁移，实由河南而至甘肃。”这两说均有相当的论证。不过大夏和“夏”族有无关系，我不敢判定，如系“夏”族却是难以想像，同时，“夏”族是向几个方向移动的，高本汉也不曾指出来。如果允许我来作个暂时的推断，他们在殷朝，似乎一方面是回向西北，一方面是进入中原，一方面则于河南西部沿汉江趋入长江流域。所以传说中说中原的齐、吕、申、许是“四岳”之后，他们和长江方面的楚又是近亲，在中原的杞、鄫也是“夏”族苗裔，而西北的诸戎也说是“四岳”之裔。[③] 这我们到下篇再说。

不过我又认为“夏”族的文物——如果我们的推断有几分可靠的话——在其已发现的各期遗物间，时间上恐怕是有空白的。

---

① 见徐著：《再论小屯与仰韶》，载《安阳考古报告》第三期。

② 见王著：《观堂集林·西胡考》。

③《左传》襄公十四年：“惠公蠲其大德，谓我诸戎，是四岳之裔胄也。”

我们根据上节的推论，商族在进到国家以前的时代，是由东向西移动的。在当时，它和“夏”族大概在河南和山西的区域内碰的头。自然，像这种判断，也还是只能算作暂时的。〔这种判断，到今日已为一般新史家所承认。——一九四〇年补订。〕

如果这种判断有几分可靠的话，则商族和“夏”族这两联盟，在碰了头以后，它们的文化，就必然会引起相互的影响、交流和承袭，这是历史的一般规律。

关于徐中舒、安迪生两位如次的一些意见，也有加以辨明的必要。

一、徐中舒先生认为在仰韶，“如束发的笄，跪起的习惯，以及商周以来沿用的器物花纹，一点也寻不出”。颇有因此来判定仰韶遗物所代表的文化，而非所谓“东方式”的。于此，第一，我认为在新石器时期，人类各人的劳动生产量，只够维持其各自的生活，恐怕还没有那许多余暇去发明关于个人修饰的东西。因而所谓“东方式”的“束发的笄”，恐怕还是较后来的事情。第二，在金石器和其以前的时期，“政治社会”还不曾出现，人类社会还是过着原始共产制的生活，一切成员都是平等的，阶级制度的形迹也还寻不出来。其世袭酋长和普通酋长，只是为着公共事务的执行而被选出来的，他们的本身也不过是氏族的成员之一，和其他成员完全一样参加劳动和享有分配，而不是居于其他成员之上和享有特权。因而所谓跪拜式的习惯，当然不会发生。至于个人伸屈的跪起式的习惯，那在人类一般在其作为“湖上居民”的时候，都有这种习惯发生的可能，嗣后他们移入大陆者，这种习惯便渐渐减少，继续居住水上或岛居者，则完全保存下去。如日本人之起居习惯，及其行动的姿式和足趾足掌的形状，我们可以看出他们曾经过长期的船上居住的习惯的孑遗来；广东人因居住于港汊相错的海滨，其有些生活习惯同于日本人，反而与内地人民不同，是很显然的。这完全是由于后来居住的自然条件的影响而来的，并不是有所谓“东方式”和“西方式”的本质的区别。据日本学者自己的研究，日本民族的主要来源，一部分是由西伯利亚大陆移去的通古斯族，一部分是由中国移去的汉族，以及由朝鲜移去的韩族，一部分则系由南方移去的马来族等；这些来源不同的民族，移到三岛以后，受同样地理等自然条件的影响，而形成其生活习惯上的某些共同特点；更重要的，由于共同的经济生活、共同住区和文化生活等等，在历史过程中又形成为共同的民族。这便是一例。商族由海滨沿黄河西上，必然经过一时期的海滨生活，有着跪起的习惯，在这一点上也不是偶然的。第三，由仰韶到殷虚，其间时代的距离上，我们还没法确定，只知道其间还有一个很长的距离似的，在一个长距离时间的演进中，人类应用的器物的本质以及器物的式样纹饰等，会引起“大异旧观”的改变，反而是必然的；不宁惟是，而且能由无而有，也是必然的。所以我虽然暂时同意徐先生以仰韶系为“夏”族的文化的见解，但绝不能同意他的仰韶系是和“汉化”无关的所谓“胡化”的意见。（而他的这种见解，正是受了安迪生的侵略主义的观点的欺骗。）事实上，在黄河流域活动的上古各族的文化，到后来，除个别外，是完全融化成一个华族（即汉族）的文化了的。今日中国人的所谓汉族，其内包的意义也和原来迥然两样了的。经过长期历史过程中，汉族与国内其他各族人民的共同斗争和其血肉相连的关系，而形成彼此间共同性的不断增多，以至部分的融化。这不惟不止某几次，而且也不止某几个民族相互间。在今日汉人血液中的主要因素，不惟包括有现在的汉、满、蒙、回、藏、苗等等各族及其他各色人种的血液因素在内，而且包含有历史上已绝迹的许多部落和民族的血液因素在内；反之在满、蒙、回、藏、苗等等各族的血液中，也都在不同程度上，包含有汉族的血液因素在内，这而且是历史的一般现象。所以在今日，中国境内的汉、满、蒙、回、藏、苗等等各族，不只长期同居住在一个国家之内，在语言上、经济生活上、文化上形成彼此间的不少共同性，而在血统上是很难寻出其绝对分别的。因而在今日的中国国内各民族间，谁若企图从血统上去画出一条界线来，这显然是不科学的、违反历史实际的，甚至是帝国主义者或支配阶级的一种欺骗勾当。但我们也不能忽略那作为民族的相互歧异的特征，说中国境内各族已是成为一个民族了，这也是不合事实和违反真理的；同时，谁若想从强制同化的观点去鼓吹各民族同化，正是剥削阶级的大汉族主义的思想表现。

二、安迪生真是好弄玄虚，把我们中国的一些“学者”，时而指向“东方”，时而又指向“西方”。李济在其《小村与仰韶》一文的最后，有如次一个附注：

> 这文付印后得到瑞典《远东古物馆杂志》第一期，中载安迪生一文，题名为 Der Weg Uber die Steppen（Bulletin No. 1 Ostasiatiska Samlingama）. 文中认内蒙一带西至甘新之铜器遗物颇有自别之处，可以自成一系，与西伯利亚出现之斯西安（Scythian）遗物相像处甚多，又因沙井之带彩陶器，

曾与此类铜器同时出现，照此类铜器在斯西安出现之年代计算，安氏在甘肃沙井推晚一千余年，重订为公元前六百至一百年。

我很抱歉，我不曾得着安迪生的原文，读过之后再发表意见。

“内蒙一带西至甘新铜器遗物与斯西安遗物”，幸而安迪生还只说“相像处甚多”，而不曾说“全像”；幸而还只能以“沙井期之带彩陶器与此类铜器同时出现”为根据，而不曾有其陶器的“全似”物作根据。马上就可以由安迪生的脑子里又来一个玄虚，沙井期跟着和我们近了一千余年，沙井期的文化，便跟着由“东方”而飞向了“西方”。我们知道小村出土物如刀、斧、鬲、矛之类，样式上很类似于仰韶系的同种石器和陶器，对其不同的地方，再说一句“因时间的演变”的话，也是可以的；而且近年在小村又发现一块与仰韶“全像”的陶片，这不是也可以证明仰韶与小村同系，甚而同时吗？美洲印第安人的石器和陶器，也和东半球的石器和陶器很有类似之点；在中国所发现的新石器时期的石器，和在法国所发现的新石器时期的石器，也甚相类似，这不是安迪生自己说过的吗？我们能凭此去判定其同源甚而同时吗？恐怕我们这一星球上，还不曾发明有这样的考古学。而且据穆尔研究的结果，他认为全世界所发现之新石器时期的遗物，还大抵都是类似的呢？① 同时，安迪生又何以知道斯西安遗物的某些特点，不是由于中国大陆文化所给予西伯利亚的影响的残留呢？所以安迪生在中国进行的考古工作我丝毫也不想忽视它；但对他这种故弄玄虚的勾当，也不能不提出抗议。易言之，安迪生是从帝国主义的侵略立场上来研究中国文化的；在他看来，只有成了帝国主义的白种各民族，才有着创造文化的能力，在他看来，中国是半殖民地，中国民族是劣种民族，自己并没有创造文化的能力。这就是安迪生的“西来”说的隐衷。

C. 仰韶系各期遗物所指明的时代

我们现在根据上节所叙述的新石器及金石器时期的各期遗物，并暂依安迪

① Mells：*Outline of History*，ch. XI.

生的分类，来考察其所指明的时代情况。

安迪生所称的“齐家”的出土实物，单凭石刀、石斧、尖骨等物，并不能依此去判定其所指明的时代，因为新石器的使用，早在初期开化时代，而且，一般都是在野蛮晚期就已出现。幸而这一时期同时有陶器的出土。制陶术的发明恰好是开化时代和野蛮时代的分界线，而且它又是开化初期的一个标志。莫尔根说：“制陶术的发明或其使用，从各方面讲，或可选用为区划野蛮时代与开化时代之间的境界线的最有效和最确实的标准。”① 因而遗物的时代性，应属于开化初期。

以陶器之使用为表示初期开化时代的标准，莫尔根并曾确切指出其理由——自然，我们知道，这不单是理论的，而是他的实地研究所得的结果。他在《古代社会》中说：

> 陶器的制造假定着村落生活的存在，以及单纯技术的相当的进步。燧石及其他石料的工具，较陶器为早，并且没有陶器伴出的石器曾在许多古遗址中发现。②

从而我们又可以推定，照人类历史发展的一般的法则，这类遗物所指明的时代，应为母系本位的氏族社会，婚姻制度应为对偶婚制度，从而家庭也便是对偶婚家庭。氏族社会的部落联合，到这一时代也便有发现的可能了。

仰韶出土遗物，从石耨、石锄及谷粒的发现，可断定当时已知道种植；从大量家豕等家畜骨骼的发现，可断定当时并已知道畜牧；从石纺车和骨针以及陶器上的布纹的发现（在山西西阴村的史前遗址中，并曾发现半个人工割裂过的茧壳③），可断定当时已知道纺织和缝纫；从石凿、石锤及板筑遗迹的发现，可断定当时已知道利用石块和木板建筑家屋。……却不曾有铜器的发现。因而这应属于初期开化时代的结局时期——用石砖建筑家屋，是这一时期结局的一个特征——或中期开化时代开幕时的情形。

从这里，我们又发现中国在初期或中期开化时代就已知道种植，并同时知道畜牧，这和西半球在同时代仅知道种植，东半球其他区域在同时代仅知道畜牧的情形，是有着这点特殊的。不过这并不能引起社会的经济构造的本质的歧

① 莫尔根：《古代社会》，三联书店一九五七年版，第一〇页。

② 莫尔根：同前书，第一三页。

③ 见李济：《山西西阴村史前的遗存》。

异。这是应该声明的。

因而仰韶遗物所指明的时代，依照太古社会的一般情况推论，仍应属于母系本位的氏族社会，婚姻制度也应该还是对偶婚姻制。不过部落联合的组织，到此时，应该已经过氏族、胞族、部落的发展而达到完成。

马厂的出土遗物，对时代的性质上，并不能单独给我们说明一个时代，它所能说明的，只是仰韶遗物的时代的延长——如果他们是属于同一系统的话。

辛店的出土遗物所能说明的时代性，更属不难确定。从其制陶术的技巧以及其种类繁多的情形考究，肯定是属于中期开化时代的一些特征。拿美洲印第安人的情况作比较来说：

> 在开化中级状态中的村落印第安人如纽泥人（Zunians）、阿兹忒克人（Aztecs）、绰卢拉人（Cholulans）等，都制造大量的陶器，并且品类繁多而相当精巧，在开化低级状态中的美国境内的半村落印第安人中，如易洛魁人（Iroquois）、卓克托人（Choctas）、拆洛歧人（Cherokees）等，则仅制造少量的陶器，并且品类亦有限。①

这是一个明白而可能具有一般性的例子。在辛店遗物中，同时还包含有铜器的发现，这使我们对于其时代性的论断，有了更加无可置疑的论证。

在寺洼出土的古物中，也同时有铜器的发现，这也能判断为属于中期或晚期开化时代的遗物。

在沙井的出土物中，更包含着一些具有重要的特征的东西。从其中的带翼铜镞的发现，和铜器较多量的存在，可以肯定铜器的制造和使用，已曾经过一个相当时期的发展，而不是短时间所能演进得到的，从其中的贝货和玉的发现，我们可以推知，当时在交易上，已经由以物易物的状态，而产生了一种原始货币形态的媒介物的萌芽。从其制陶术的精巧和其花纹的细致等方面去考究，可以推出当时技术发展的程度和其分业的情况。

这不惟暗示当时的氏族社会已发展到了高度的阶段——似乎已临到开化中期的终局、开化晚期开始的情形。

仰韶系遗物所反映的时代的家系，是父系还是母系，我们不敢确定。一般由母系转入父系，都是晚期开化时代的现象，不过在历史上也有例外，如在中

---

① 莫尔根：《古代社会》，三联书店一九五七年版，第一三页。

期开化时代的印第安各部落中，有已经由母系而转入父系的例子，我在前面已经提过。

D. 传说和仰韶系遗物两者间能否结合?

仰韶各期遗物所能指明的时代，恰能和传说的时代相当——虽然其间还有空白。遗物出土的主要区域，亦恰在传说时代的区域内，因而这些出土的古物，我认为它是属于这一传说时代的遗物，是完全有可能的。

如果在这样的情况下面，还不能以之作为论证这一传说时代的基本材料，而必像殷墟一样，期待文字记载的发现才能作算，那恐怕是没有可能的！在这一传说时代的末期，原始的象形文字是有更多发现的可能；但在用文字作为记事和作文，一般都是在临到文明入口和文明时代开始时的情形。在辛店所发现的陶器上的人物象形画，也就可称作最原始的象形文字。所以对于在能以文字作为记事以前的远古时代能遗给我们的历史材料，除去地下的遗物以外，就只能有一些神话和传说。我们对这种远古年代的历史的研究，也只能仗地下发现的古物来作主人，仗着丰富的传说来作说明。不过在不解历史唯物论的人们对这种古代遗留下来的传说，是难于正确地应用和分析，或者说无法去进行科学的分析罢了。

仰韶虽系在传说时代“夏代”的散布区域内，是否为其中心地——部落联盟机关所在地，我们无法判断。在氏族社会时代，部落联盟机关的所在地，常常为战事和天灾等关系，而不免是频繁移动着的。据古籍所述：

关中自汧雍以东至于河华，膏壤沃野千里，至虞夏之贡以为上田。而公刘适邠，太王王季在岐，文王作丰，武王治镐。故其民有先王之遗风。①

姜，嬴，荆芈，实与诸姬代相干也。姜，伯夷之后也；嬴，伯益之

① 《史记·货殖列传》。

后也。[1]

如果我们认为这两段记载还有几分可靠程度，则今日之陕西亦为这一传说时代“夏”族所散布的主要区域。高本汉认为仰韶的文化是由河南而至甘肃，但是我们在山西南部河南西北部甚而沿豫西达湖北襄樊一带，还不曾作过大规模的发掘，在这些地带的地藏下，或者还埋藏着寺洼与沙井期的遗物。我认为这是有可能的。

古代氏族部落集团或联盟的移动是逐渐的，非若今日一样能借进步的交通工具，短时内就可以移到几百、几千、万里以外。从而不仅在河南渑池与甘肃寺洼、沙井之间及其周围的地域内应埋有其同一系统的遗物，在仰韶和“夏”族后代或分支所散处在中原等处的齐、吕、申、许、杞、鄫等及南楚之间等等，若能寻出其当时移动的路线来——如果是由于自然的移往的话，也应该有其同系统的遗物的埋藏。反之，在由陕甘东向的地域内，也可能继续有其同系统的遗物的发现。

总之，我们希望对地下能作有计划的发掘。那必能得出远古各文化系统的时间上的演变的脉络和形迹，空间上的移动的线索，以及其相互间的关系来。从而对历史上所记载着的传说，也可以得到进一步正确的处理。

〔仰韶系的出土物，正是“唐”“虞”“夏”等传说时代的遗物，我们依据这些遗物作骨干去认识这等传说时代的社会和其发展过程，从而便确证了对我国氏族制社会的研究，丝毫也不是虚构的。同样，周口店等处的旧石器时代遗物，也是能和传说中的“有巢氏”“燧人氏”的时代相结合，而为其时社会的残骸。——一九四〇年补订。〕

---

① 《国语·郑语》。

九

远古中国各族系别的探讨

A. 中国人种的来源

要对中国人种的起源问题作一正确答案，这和世界人类的发源地问题，不惟是关联的，抑且是同样困难。

关于世界人类的起源，有单元论、多元论、一元论等各种不同立场和见解。单元论者认为世界人类同出一源，但不必有共同的历史发展过程；多元论者认为世界人类出于多源，其历史的发展过程，也是完全不同的；一元论者认为世界人类不是发生于一地，而是在具备一定条件的多处地方发生，只是由猿到人的转化过程，它们历史的发展过程，虽存在着各自的特殊，在一般规律上完全是同一的。

单元论者的意见：一、阿德留（R. C. Andrews）根据生物系统的研究，他推定蒙古利亚为世界人类的发祥地。① 美国奥司本（H. F. Osborn）亦同此主张。二、莫开布（J. Mocabe）则谓世界人类同发源于中亚细亚，他认为在古代中亚细亚的自然环境，最适宜于原始人从兽类演化过来，且最适于他们的原始生存。② 华力士（Wallis）、亨丁顿（Huntington）等亦同此见解。三、查

① R. C. Andrews：*On the Trails of Ancient Man*，Ch. I.

② J. Mocabe：*Evolution of Civilization*，p. 7.

瓦德（Charward）则谓世界人类发源于尼罗河流域，他说从人体生理的研究上，是能正确的得出这一结论的。[①] 因之，从单元论的见解出发，中国人种的起源地，便有蒙古利亚、中亚细亚、埃及等臆说。

多元论者对中国人种起源的意见：一、桂尼（Joseph de Guignes）从所谓宗教、伦理、文学的观点上，说中国人种发源于埃及；二、拉·库伯里（Terrien de La Couperie）说源于巴比仑，由“黄帝”率领迁入中国；三、波尔（C. T. Ball）则从语言文字的类似上，说中国人种为与巴比仑同源的苏美尔人（Sumer），原居中亚高原地带；四、魏建尔则谓中国人来自缅甸。

此外希尔太（F. Hirth）则持中国人种起源的“不可知论”的见解等等。

但世界各地猿人遗迹的发现，如爪哇人、皮尔当人（Piltdown man）、北京人、海得尔堡人（Heidelberg man）、内安得塔人（Neanderthal man）、克洛玛郎人（Cro-magnon man）等等，便粉碎了单元论者的谬见。同时在世界各地发现的旧石器、新石器等遗物，证实了人类在原始社会时代的历史发展，完全沿着一般规律所支配的共同的过程前进的，而已经进到阶级社会或已经过阶级社会而达到了共产主义社会低级阶段的各民族的发展过程，也都是沿着一般的共同规律前进的，而由爪哇人到克洛玛郎人，是一个顺次变化的过程，是由猿到人的社会的过程，既不是同源，也不是先天的质的差异。[②] 这不仅彻底粉碎了多元论者的谬见，并彻底推翻了全元论。

从而又证实了人类起源的一元论的正确。因此问题便在于中国人究自外来，抑发生于本土?

蒙古旧石器的发现，据法国神父的推定，蒙古人种在五万年前已处在人类史上的旧石器时期，即野蛮时代。可是欧洲在一万五千年前才入于旧石器时期。不过，仅此还不能证明“蒙古人种”历史的特别久远，因为这种年代的推断，尚不能说是严谨的科学结论。

自“北京人”的发现（周口店人类牙骨化石的研究），已能盖然地肯定

---

① Charward：*Origin and Evolution of the Human Race*，p. 14.

② 在苏联、我国和其他多民族的社会主义国家，由于在社会主义国家所具有的一定条件下，国内落后或较落后的民族，都已过渡到了社会主义，其中那些原来还处在原始公社制时期的各民族，则是由直接过渡的形式而完成了这个伟大转变的。——一九六〇年补注。

它是现在的中国人的祖先——据裴文中先生他们的意见，这是能够确定的。①

从蒙古人民共和国和我国的内蒙及河北等地地下发现的古代热带大象牙骨，与山西地下发现的鸵鸟卵等等来看（北平地质调查所保藏），则蒙古人民共和国及现在中国北部，在古代必有一个时期曾为热带。从蒙古人民共和国和我国华北的一些地方所发现的“新生代”的鱼类化石（近日本考古团在热河亦有此种发现）去考究，则蒙古人民共和国和我国华北的一些地方在太古的某一时期曾为内海，是可以肯定的。因而蒙古人民共和国和我国华北的一些地方在太古时代，不啻是一处最适宜于原始人生活的区域。从而蒙古人民共和国及我国华北是人类发源地之一的推断，是无可怀疑的。

但构成古代中国民族的两大主干：夏族和商族，虽都是蒙古人种的后裔，但似乎都曾转移到他处，后来又回到华北平原的；商族似从山东半岛向西，也可能系经由内蒙和河北地区南下；夏族似由西北向东南，究由今蒙古南下进入华北地区，抑又由其他地区转来，今尚无充分材料来说明。据地质学的研究，蒙古人民共和国和华北地区在太古时，至少有一次最剧烈的地层与气候的变化。因此发源于蒙古和华北地区的人类，便离开当地而向四方逃散，是完全可能的。从而其中的一支向东北进发，为后来通古斯族等的祖先，商族便是它的一个支系；其中一支则向西北进发到中亚，“夏”族便是其中的一支；……也都是可能的。

从而说中国人的一部分来自巴比仑②或直接由蒙古南下，便都有可能。也就是说，他们后来又回到今华北地方。③ 他们是一次回来的，抑还是多次相继回来的？这同样是难以正确判断的问题。另一部分的商族，或由亚洲东北部沿海南下，到黄河下游，转而西进，是更易追溯的。

但此，我们还要在下面分别叙述。

---

① 按由于近年来的发现和研究，已达到专家们一致的确认。——一九六〇年补注。

② Terrien de La Couperie：*Western Origin of Early Chinese Civilization*.

③ 案法人 Oppert 谓汉族来自迦勒底（即巴比仑），Wieger 谓来自印度支那半岛，Pumpelly 谓来自中亚细亚，赫胥黎谓来自美洲，德人 Richthofen 谓来自于阗，又有谓来自埃及或印度者，但皆无充分证据，且只是一种假科学的臆断。

B. 关于传说中的夏族

首先我们提述一下传说中的“禹”的问题。在周代的较可靠的史料中，都曾提及“禹”的问题。

信彼南山，维禹甸之。①

奕奕梁山，维禹甸之。②

丰水东注，维禹之绩。③

奄有下土，缵禹之绪。④

洪水芒芒，禹敷下土方，外大国是疆。⑤

天命多辟，设都于禹之绩。⑥

咸有九州，处禹之堵（土）。⑦

禹之力献功，降省下土四方。焉得彼嵞山氏女而通之于台桑？何后益作革，而禹播降？鲧何所营？禹何所成？伯禹愎鲧，夫何以变化。⑧

启之五子忘伯禹之命，假国无正，用胥兴作乱。⑨

依此，关于“禹”的传说，在周初便已普遍流行，而且，在周人及商的后代宋人的口中“禹”不只是一个普通人，还是一个开天辟地的人物；不过宋人说，“禹”治水开出的地区，是与“大国”商为邻的。同时我们可以看出，“禹”和治水是有其连带关系而出现的。据我的推测，“禹”或者是原始的一个氏族名称，由于这一氏族对治水颇有贡献，而被神化和传留下来的；或者系原始人在治水、避水的经过中，所经验着的某种自然间的现象，曾被目为

---

①《诗经·小雅·信南山》。

②《诗经·大雅·韩奕》。

③《诗经·大雅·文王有声》。

④《诗经·鲁颂·闷宫》。

⑤《诗经·商颂·长发》。

⑥《诗经·商颂·殷武》。

⑦《叔夷钟铭》。

⑧《楚辞·天问》。

⑨《逸周书·尝麦解》。

神异的奇绩而传留下来的。这都有可能。因为在太古时代，断不容许产生这样一个开天辟地的治水人物，在当时治水也决不是个人的能力所能办的——他即是一个领导治水的人，也只能是一个从事治水的普通酋长。

其次，关于“禹”的传说，不仅大多和夏族相关联，而且和西北的周，南方的楚，似乎也都有其历史的渊源。但和商族的关系就比较疏远。在周人的口中，直言不讳的说他们自己还是食的“禹”的余泽，是继承“禹”的业绩；在楚人口中的“禹”，也是很甜蜜的；但在商人的口中就完全两样了，他们一方面虽也摭拾着一点“禹”治水的传说，但同时却声明“禹”当时曾和他们商的联盟是邻居。这都极值得重视的。

入周以后，关于夏的事情，在一些较可靠的书籍中，也都有所记述。鲁国的《左传》和楚国的《楚辞》，对于“启”、“羿”，“浇”、“少康”、“桀”等……的有关事情，均曾叙及；在周代，北方的鲁国对历史材料保存得最多，而北方各国关于太古时代的历史传说的记载，不少都可能是受着发源于鲁国的儒家的影响；只有南方的楚国所受影响较微；此外就只有和儒家作对的。那些与儒家作对的诸子百家的作品，能不受儒家的支配，是自成一说的。因而拿这三者来作对比的考究，是必要的。（关于诸子的阶级性或身分，留到他书去研究。〔按关于这方面的问题，我已有本专书，即《中国政治思想史》，请参考。——一九四〇年补〕）。

现再论述一下，夏是不是实际存在过的，如果是实际存在过的，它究竟是不是一个部落集团或联盟？古代各家自儒家以下，大都说它是一个朝代，这问题，在这里暂不论及。下面提述一些关于夏的传说，并借以考察周与夏的关系。古籍称：

文王尚克修和我有夏。①

我不可不鉴于有夏，亦不可不鉴于有殷。②

殷鉴不远，在夏后之世。③

夏礼吾能言之，杞不足徵也；殷礼吾能言之，宋不足徵也，文献不足

---

①《尚书·周书·君奭》。

②《尚书·周书·召诰》。

③《诗经·大雅·荡》。

故也。①

行夏之时……服周之冕。②

夷狄之有君，不如诸夏之亡也。③

任、宿、须句、颛臾……实司太皞与有济之祀，以服事诸夏。④

夏有扈观。封唐叔于夏墟。⑤

成汤革夏。⑥

启九辩与九歌兮，夏康娱以自纵。⑦

妹嬉何肆，汤何殛焉。⑧

尹躬先见于西邑夏。⑨

桀奔南巢。⑩

桀徙鲁。⑪

启之五子忘伯禹之命。⑫

启有五观，汤有太甲，文王有管、蔡。⑬

蛮夷猾夏。⑭

启代益作后，卒然离蠥。何启惟忧而能拘是达？⑮

向于时夏，弗克庸。⑯

乃伻我有夏，式商受命，奄甸万姓。⑰

---

①《论语·八佾》。
②《论语·卫灵公》。
③《论语·八佾》。
④《左传》僖二一年。
⑤《左传》昭元年，定四年。
⑥《尚书·周书·多士》。
⑦《楚辞·离骚》。
⑧《楚辞·离骚》。
⑨《尚书·商书·太甲》。《尹告》有此同文。
⑩《国语·鲁语》。
⑪《逸周书·殷祝解》。
⑫《逸周书·尝麦解》。
⑬《国语·楚语》。
⑭《尚书·虞书·舜典》。
⑮《楚辞·天问》。
⑯《尚书·周书·多士》。
⑰《尚书·周书·立政》。

于先王之书，大夏之道之然。[①]

依此，夏不惟是商以前散布在黄河中上游地区的一个真实存在的大的人们集团，而且在周人的口中还是“我有夏”“时夏”；他们的“践商”，也说是天使“我有夏，式商受命”的；他们的封建主国家的建立，也说是在“缵禹之绪”。似此，周人明明说自己是夏的后身，实即其一个支派。关于这点，下面的材料也是有力的论证。

姜族的齐、吕、申、许是“四岳”的苗裔，我们在前面已提述过。而形成伐殷以前的周族的两大氏姓，就是“姬”、“姜”两族；而“姬姓”的周公，“姜姓”的太公，并是武王死后领导着革命的两大领袖。伐殷以后，周所建功臣为诸侯者，除“姬姓”外，亦惟“姜姓”独多。周建国以后，“姜姓”的仲山甫、申甫等人，又都是周代掌握统治权的中心人物。这是一。

姬氏和姜氏的通婚，曾有很长的历史。周族的始祖后稷就是一个姜姓（姜嫄）的女子（有邰氏）所生的儿子。文王的祖父古公又是娶的一个姜姓的女子太姜，[②]文王的母亲，则是一个商族的女子太任，[③]而他自己的老婆，却有一个是姜姓名周姜的，另一个却也是一个姒姓名太姒的。

《史记·管蔡世家》：“母曰太姒，文王正妃也。”《诗经·大雅·大明》郑玄笺：“莘国之长女太姒则配文王。”

《诗·大雅·思齐》：“思媚周姜，京室之妇，太姒嗣徽音，则百斯男。”

《周公年表》：“文王元妃曰周姜，无子，太姒继之。”

太姒也是夏族的一个女子。《列女传》云：“太姒者武王之母，禹后有莘姒氏之女。”《诗》云：“缵女惟莘”、“天作之合，在洽之阳。”《方舆纪要》：陕西同州郃阳县，洽水名也……莘城在县南二十里，古莘国，武王母太姒为莘国女。据此，姒氏和姜氏，还同是居住在一个地方的氏族。这是二。

因而有人认为《诗》《大雅》、《小雅》的“雅”就是“夏”本字的音变。更证之《荀子》《荣辱》、《儒效》等篇关于“夏”、“雅”的同称，此说大致是可靠的。

---

① 《墨子·天志》。

② 《列女传》：太姜有邰氏女。

③ 《诗经·大雅·大明》：“挚仲氏任，自彼殷商，来嫁于周，曰嫔于京，乃及王季，维德之行；太任有身，生此文王。”

其次，我们再略为考察一下苗族和夏族的关系。

左洞庭右彭蠡的楚国，是春秋时北方各国所目为三苗之居的。但楚国却和昆吾在中原所建立的许国，楚灵王自己就说是同姓。而齐、吕、申、许原来是同属“四岳”之后的姜姓。晋国的荀匄却说他的荀氏是由“陶唐氏”、“御龙氏”，或昆吾氏、豕、彭、韦、顾氏、唐杜氏，一脉相承下来的。是则“陶唐氏”亦当为楚之先行氏族。又《史记·楚世家》：“昆吾氏，夏之时常为侯伯，桀之时，汤灭之；彭祖氏常为侯伯，殷之末世灭彭祖氏。”又云：“陆终生子六人：……其长一曰昆吾、二曰参胡、三曰彭祖、四曰会人、五曰曹姓、六曰季连芈姓，楚其后也。”《国语·郑语》云：“姜、嬴、荆芈，实与诸姬代相干也。姜，伯夷之后也；嬴，伯益之后也。”甲骨文中近亦发现“戊午卜，又伐芈”，[①] 是在商时，芈氏还有留在黄河流域的。在“商”人的口中也是以韦、顾、昆吾与桀并称的。[②]

又《楚辞》有云“帝高阳之苗裔兮”，《郑语》谓楚之先“重黎”为“高辛氏”火正，命之曰“祝融”，“祝融”之后八姓：已姓：昆吾、苏、顾、温、董；董姓：鬷夷、豢龙；彭姓：豕韦、诸稽；秃姓：舟人；妘姓：邬、郐、路、偪、阳；曹姓：邹、莒；皆其苗裔，“莫之数也。而又无令闻，必不兴矣”。“斟姓无后。融之兴者，其在芈乎？芈姓夔越，不足命也，蛮芈蛮矣，惟荆实有昭德”。在这里有几点很重要。杞、郐同是“夏”的苗裔，我们在前面已指出过，这里却说郐是“祝融”的苗裔。[③] 斟姓的“斟灌”氏、“斟鄩”氏，照《左传》和其他各书的记载，却是“夏”的近亲氏族，而且在传说中的“后相”到“少康”时代，更是夏族的基本族氏；此处却也说“斟”是“祝融”的苗裔。“汤伐三鬷”和“桀奔三鬷”的三鬷氏，《竹书纪年》等书亦皆称为“夏”的“属国”，此处也说是“祝融”的苗裔。《左传》昭公二十九年说：“豢龙封诸鬷。”传曰：“刘累学扰龙于豢龙氏，以事孔甲。”

《史记·楚世家》又称“楚之先世出自颛顼高阳”。《国语·郑语》则称

① 《安阳考古报告》第一期。

② 《诗经·商颂·长发》：“韦顾既伐，昆吾夏桀。”

③ 《国语·郑语》韦注云：陆终第四子曰求言，为妘姓，封于郐，今新郑也。又《周语》：“有夏”虽衰，杞、郐犹在。

“有虞氏禘黄帝而祖颛顼，夏后氏禘黄帝而祖颛顼”。

依此，楚亦应为夏族的一个支派。从而后来之所谓“黎民”，我以为或者就是商代建国以后才成立的名词。因为商是一个奴隶制度的国家，他把重黎的后裔如三鬷，已姓昆吾，彭姓彭祖、豕、韦，等等，伐的伐，灭的灭，把被征服的氏族或被掳的俘虏来作为剥削的奴隶使用，而给他们特称之为“黎民”，这是有可能的。自然，确当不移的结论，还有待于进一步的发掘和研究。

关于吴越的传说，据《史记》等书所载，越也是“夏”的一个支系，吴则为周的一个支系。

越王勾践，其先禹之苗裔，而夏后帝少康之庶子也。封于会稽，以奉守禹之祀。文身断发，披草莱而邑焉。①

太伯、仲雍二人乃奔荆蛮，文身断发，示不可用。②

吴之前君太伯，“后稷”之苗裔。古公子，长曰太伯，次曰仲雍。……古公病，……二人遂之荆蛮。……古公卒，太伯、仲雍赴丧毕，复归荆蛮，国民君而事之，自号为勾吴，……从归之者千有余家。③

吴之先君太伯，周之世，武王封太伯于吴。到夫差计二十六世，且千岁。④

昔者，越之先君无余，乃禹之世，别封于越，以守禹冢。⑤

越之前君无余者，“夏禹”之末封也。……“帝颛顼”之后。“禹”以下六世而得帝“少康”，“少康”恐“禹”祭之绝祀，乃封其庶子于越，号曰无余。⑥

依此，南方的越也说为“夏”的支派，且和楚一样，自谓和“虞”“夏”一样同属“颛顼”之后。吴则为周的支派，并谓古公死时，太伯和

① 《史记·越王勾践世家》。

② 《史记·吴太伯世家》。〔按近年在烟墩山发现之周初吴国的青铜器等遗物，其中包括《宜侯夨毁》及铭文等极重要的文物，可证《史记》所述大致不误；同时也可以初步证实，吴人是南去“夏”人与原住民的融合。——一九六〇年补注。〕

③ 《吴越春秋·吴太伯传》。

④ 《越绝书·吴地传》。

⑤ 《越绝书·记地传》。

⑥ 《吴越春秋·无余外传》。

仲雍俩还亲自奔过丧；显然夹有神话的成分，不过这种神话，应该有其历史的背景。

《荀子》说："越人安越，楚人安楚，君子安雅。"又说："居楚而楚，居越而越，居夏而夏。"①

徐中舒君据此判定"大夏"即"大雅"，此说甚似。在这里，似乎就是说，同一族系的人，居于越者为越人，居于楚者为楚人，居于夏者为夏人。周家所艳称的"大雅"，原来就是"大夏"。正确地说，在楚人和越人中都有夏人的成分，而且后者是起主导作用的，所以在语言文字等方面能融化为周代的华夏语文，等等。

西北"诸戎"的族系，在前面曾略为提述过。为想把问题弄明白，在这里再重复几句。

> 惠公蠲其大德，谓我诸戎，是四岳之裔胄也。②
>
> 匈奴，其先祖夏后氏之苗裔也，曰淳维。
>
> 夏桀无道，汤放之鸣条，三年而死，其子獯鬻妻桀之众妾，避居北野，随畜移徙，中国谓之匈奴。③

依此，匈奴和"诸戎"也都说是夏族的苗裔。这种传说的发生有两种可能，即一、由于所谓"诸戎"和匈奴的祖先在古代与夏族地域相接，交涉频繁；二、他们真是夏的支系或近亲。……但都不是凭空产生的。因此，他们在太古时代与夏族曾有血统或近邻的关系，似乎是可能的。

根据上面的叙述，我们可以作如次的一个暂时的推断。大概夏和商两大联盟，从当时在山西、河南的境内碰上头的时候起，两者间便引起不断的原始战争。夏人被商人拦住东向发展的去路，因而他们第一个移动方向便只好回向西北，第二个移动方向便只有沿河南西部南下。最后夏人完全被商族奴主集团战败后，他们这一系的人，一部分就沿豫西而入了今日的湖北荆襄一带（楚初居湖北秭归荆门一带）渐次又扩至湖南。这一部分人，在一个长时的过程中，又有一支沿长江东下而直抵今日的江浙。在殷朝国家的长期年月中，又不断有南去的，如太伯、仲雍一样。他们到达今长江流域以后，又与原住民逐渐融

---

①《荀子》《荣辱》、《儒效》。

②《左传》襄公一四年。

③《史记·匈奴传》并《索隐》引《括地谱》。

合，而成为春秋时的楚人、吴人、越人等。到了两湖及江浙的，后来与原住民融合后，便根据其原来带去的神话传说，加以修改，因而一说他们是“禹”的后裔，又说他们是“后稷”的后裔，吴人又从太伯、仲雍而追认古公亶父为祖宗。从而同时，不断由山东、皖北、苏北、豫南南下的商人，构成又一个重要的成分，从而又产生了以“舜”为祖先的传说。所以在江浙和两湖关于“夏”、“禹”和“舜”的传说的来源，大概就是这样来的。在长江流域的安徽和江西，自周初至战国，从不曾作过政治的中心地，所以对原先祖宗遗留下来的神话传说，便有随着年代的久远而趋于消灭的可能，同时他们也不能制造寄托远古神话的历史奇迹。一部分继续折回西北，又和其原来留在西北陕甘蒙古等地的夏人或其近亲属会合，仍在今日的陕西和甘肃、蒙古等地方游徙，他们后来，大概又因为人口的繁殖，部落的分化或龃龉又分为留在原地或更向西北和向东南发展的诸部落，向东南者，一部分便发展成为后来的周、姜等等，一部分又形成后来的秦的先世。一部分或因在夏商两大联盟长期争战的过程中，被驱散而流散中原或南去，留散中原的，成为后来的杞、鄫，等等；或因被商朝奴主集团俘虏为奴隶，整批的被商族送往其后方的山东境内（特别是鲁西一带），而成为后来之曹、莒、邹等。因而《逸周书》有所谓“桀徙鲁”的传说。鲁西曾为汤和“桀”作战的区域的传说，大概就是这样发生的。

我这种推论，似乎近于猜谜。但对于史料甚缺乏的远古历史的研究，这种办法，我却认为有必要，而且还相信我的推断，是有着一定程度的真实性的，易言之，是以地下出土物为骨骼而进行推断，并非仅凭神话传说的臆想。至我的推论是否正确，也还有待于地下的发掘。

C. 关于商族

根据明义士在龙山城子崖发现之商族或商人，即殷人（亦作衣人）的遗物及其他山东境内发现的商族遗物与殷墟遗物比较研究，我们便能确定商人是由东向西发展的。这，我们在前面已提及过。

在商人口中的夏是“西邑夏”，是“罪人”。反之，在周人口中的商，是“商夷”，是“东夷”，是“戎殷”，是“夷人”，是“纣夷”。例如：

戎殷：

《逸周书·商誓》：“命予小子，肆伐殷戎。”

《周书·康诰》：“殪戎殷。”

《逸周书·世俘解》：“谒戎殷于牧野。”

《周语》：单襄公曰：“吾闻泰誓之故曰……戎商必克。”

夷：

《逸周书·祭公解》：“用夷居之，大商之众。”

《左传》昭公二十四年引《太誓》：“纣有亿兆夷人。”

《逸周书·明堂解》：“周公相武王以伐纣夷。”

《墨子·非命》引佚书《太誓》：“纣夷处不肯事上帝鬼神。”

是商、周显然为不同族系的集团。从“西邑”和“外大国是疆”两词来看，商人散布地区明明是在夏人的联盟之东，夏在商之西，同时他们到商初夏末之际，地域已相邻接。

《商颂》说：“相土烈烈，海外有截。”是商人在“相土”时代的区域，是以山东半岛濒海洋为邻的。鲁国的文献记载：伯禽封于鲁，是因商民奄氏诸族，而且鲁国的占领区域就是从前的奄国。《诗经》、《周书》等的叙述，三叔联合在东土进行反革命活动，是“因殷民”或“以商奄之民”为基础的，也就是说，他们是和残留在山东境内奴隶主集团的反革命残余合伙进行的。这还得太公主持后方，周公亲自出马“东征”，继续了“三年”，都还没有把殷的奴隶主集团的反革命残余势力根本铲除，“殷民”在“东土”势力之大，“东土”曾是殷人的“邦畿”之区，可想而知。《吕氏春秋》称商人“为虐于东夷”。《逸周书·作雒解》称三叔及殷东徐奄等以叛。儒家的大头们也称管、蔡以武庚叛。“东土”为殷奴主集团残余势力所盘踞，依此也是无问题的。

殷虚的出土物中，发见生产于海中的遗物不少，这也可以作出商人曾从黄河下游的滨海地方向西发展的一个旁证。

近人董作宾在鲁南安上村的商代遗物的发现，又是商人曾散布山东境内的一个铁证。可惜我此刻还不曾知道，安上村的遗物与殷墟遗物，在时代上孰为先后。如若是先于殷墟，那就于问题更有意义了。[1]

因而我们似乎可以暂时这样推定：远古中国的部落集团或联盟，主要是一个从西来的夏和一个从东来的商，它们是后来形成汉族的主干。

根据前面的考证，大概在太古时，在今日蒙古地方的地层和气候发生巨大变化的当中，一部分我们的原始祖先离开当地，便游徙到亚洲东北部，形成为后来的通古斯族各部。所以，说通古斯族系从西来是不对的。通古斯族一部分到达滨海地区后便沿海南下，达到今山东半岛后乃转而西上，便是商族的部落联盟和其后商朝国家的主体。其他各部分，便演为后来的满族、朝鲜族及我国东北境内的鄂温克、鄂伦春、锡伯、赫哲等兄弟民族；蒙古民族和大和民族的主要构成成分，我认为也是通古斯人。

① 按近年来，在山东及苏北、皖北的北部地区，多处都发现有龙山文化的遗址。又据本年八月三日《光明日报》第四版载："山东潍坊市区发现古代遗址……已发掘出各类完整遗物一千四百多件；其他各式陶片很多。……遗物中石器有：斧、铲、锛、锉、镞、镰、刀等；骨器有：锥、针、刀、镞、鹿角铲、装饰品等；陶器有：鬶、鼎、盘、碗、盆、杯、壶、尊、豆、鬲等。其中烧水用的鬶有十七种，还发现有十九个墓葬有殉葬物件，在墓内有完整的蛋壳陶器，上有雕孔。此外，还发现了泥塑人像等。""据初步鉴定，这次的出土遗物，应属龙山文化时期。陶器中黑陶为最多，大多轮制，并且形式上精美多样，表皮光滑。"但未闻有铜器出土。——一九六〇年补注

十

洪水的传说和其时代

地球的冰河时代及其次数，欧洲学者依欧洲地层的研究，已能考证的，分为四期。第一次为距今约五十万年前，照他们的推断，认为在这次的冰河时代，地球上还没有人类；第二次，距今约四十万年前；第三次，距今约十七万年前；第四次距今约五万年前。关于在各次冰河时代的动物及人类生活状况，以及其年代的经过，魏尔德（H. W. Wilder）等照欧洲地层的研究，曾给了我们一个表解。

北平地质陈列所推断的中国地质年表，判断新生代第四纪现代人类发现，即约在前三万年左右，与上表之二万五千年无甚差异。确否，尚有待于进一步的科学研究。

照魏尔德的推断，在第四冰河时代以前，人类使用旧石器；新石器的发明和使用，是冰河时代以后的事情。第四冰河时代过去以后，因气候的变化——温暖，动植物因而繁殖，人类才有较前加速进步的可能。技术进步的动力，当由于工具——新石器的发明和使用。新石器出现的时代，据博笛慈的意见，在欧洲，为距今九千年至六千年前；波特卡诺夫从世界史说，推定为“纪元前一万二千年”，这两种推断的年数，相差甚巨。波特卡诺夫并指出“铜器之出现，在纪元前八千年；青铜器之出现，在纪元前五千年”。博笛慈则谓欧洲铜器时期为距今五千至三千年前。这两说谁能比较正确，或者都较正确（即后者适应于欧洲的局部历史情况，前者是从世界全部情况说的）。我此时还没有能力判断。不过波特卡诺夫不是单指欧洲说的。

代	纪	时 代	动物界	人类种属	技 术	重要现象	年 代
新生代	第四纪	第一冰河时代	北极湿原的动物。	类人猿	曙石		500000
		第一间冰河时代	温暖时代的动物（非洲—亚洲模型）的南地象，马犀，河马，剑齿虎。				475000
		第二冰河时代	北极湿原的动物群。				400000
		第二间冰河时代	温暖动物群（非洲—亚洲模型）的古代象，马犀，河马，原始象。	海得堡人	剥削技术（Chellean and Acheulean期）	手槌	375000
新生代	第四纪	第三冰河时代	严寒时代的湿原动物群，象，长毛犀，灰色熊，驯鹿之出现。	内安得塔尔人	投＝割技术（Mousterian期）	火埋葬	175000
		第三间冰河时代	温暖时代的动物群（非洲—亚洲模型）古代象，马犀，原始象，马及其他。	发掘的智人，克罗麦囊·格里马第，布柳尼人类。	压＝剥技术（Aurignacian，soeutrian and Magdalenian期）	洞窟的艺术	150000
		第四冰河时代	严寒时代的动物群，象，长毛犀，驯鹿，熊。				50000
	现代	冰河时代以后	混合的动物群，象，驯鹿，野牛，鹿，猛熊，原始牛。	现代人	研磨技术（Azilian期）	最初的斧	25000

（上表据 H. W. Wilder: *Man's Prehistoric Past*, 138～139 页附表，及波特卡诺夫《唯物史观世界史教程》日译本第一分册，第六〇页附表）

而中国的新石器时期，照仰韶出土物说，安迪生虽曾判断为纪元前三千年，不过他同时又判断仰韶遗物为中国新石器时期末期的遗物。安迪生对仰韶年代的判断，我也认为还有问题，在前面已说过了。因而中国新石器的年代问题的决定，似乎还不能不待于地下的发现。

人类在最末一次的冰河期以后，到新石器的发明和使用，才知道而且才可能在河畔或湖上建筑其所谓湖上住室。这在中国适相当于《山海经》中之所谓“女子国”的情形，以及如次的一些传说情形。

黄帝以姬水成，炎帝以姜水成。①

黄帝居若水。②

太昊母居华胥之渚。③

关于传说中的“尧、舜、禹”时代的社会状况，照我在前面的研究，正是使用新石器的时代，应该在“冰河时代以后”。欧洲最初的石斧的发现，距最后一次冰河期的年代为二万五千年（参看前表），中国或者也不能紧接在第一次冰河的融解期就已入于新石器时期，从而最后一次冰河解结而成的洪水，似乎不致延到传说中的“黄帝”——“尧、舜、禹”的时代。传说是说最后一次漫天的洪水时期早在血缘群婚以前。

从而关于这一时代的洪水的传说来源，可以作如次的两种推断：一、传说中的洪水时代，比传说中的“黄帝”——“尧、舜、禹”的时代更古远，更古的当时的传说遗传到后代，人们就拿它和“尧、舜、禹”结合起来，反正“尧、舜、禹”这三位“圣人”，也是以神话传说为基础而创造的；二、传说中的“尧、舜、禹”时代的洪水，或因冰河融解以后的长时间，大量的水还汇积在大陆内未曾流出，又因大量雨水或上游高地水源的增加，致成为古代的一次最大的水灾，而被传为洪水。这两种推断，我不敢说完全正确，只敢说有可能。但是照如次的关于“尧、舜、禹”时代洪水的传说，似乎不像原始洪水的情形，反而能接近于我的第二个推断。

五帝德厚，无穷厄之恨，然尚有泛滥之忧。④

---

①《国语·晋语》。

②《帝王世纪》。

③《竹书纪年》。

④《吴越春秋·勾践入臣外传》。

尧遭洪水，人民泛滥，逐高而居，尧聘弃，使教民山居，随地造区。①

遭洪水滔滔，天下沉渍，九州阏塞，四渎壅闭。②

禹之时，天下大雨，禹令民聚土积薪，择丘陵而处之。③

当尧之时，天下犹未平，洪水横流，泛滥于天下，草木畅茂，禽兽繁殖，五谷不登，禽兽逼人，兽蹄鸟迹之道，交于中国。……举舜而敷治焉，舜使益掌火，益烈山泽，……禹疏九河。④

来！禹，降水儆予，成允成功。⑤

昔者，禹之湮洪水，决江河，而通四夷九州也。名山三百，支川三千，小者无数。⑥

〔按《淮南子》及《吴越春秋》所载，在原始公社制时代，甚至在国家出现后的一个时期，像西南亚细亚，尤其在底格里斯河和幼发拉底河流域，也正是这种情况。——一九四〇年补订。〕

这在《吴越春秋》和《淮南子》说来，不过是水“泛滥之忧”，是“天下沉渍”、“四渎壅塞”、“天下大雨”，显然不是原来的洪水时代的洪水横流的情形。在《孟子》所说的“草木畅茂，禽兽繁殖”的情况，也必须到冰河已经过去，陆地从水面现出以后，才有可能。其次，当时人类对冰河解结后的洪水，只有逃避的可能，而没有克服（疏治）的可能，而这也正是历史所给予人类的局限性。人类能用他们发明的工具去治水，必须要在历史的一定条件下，才能实现。儒家一面把“洪水”描写得滔天盖地，一面又抬出一个治水的“禹”来，自己把问题陷于矛盾之中。这在当时的屈原就提出了非议：

洪泉极深，何以寘之？

地方九则，何以坟之？

应龙何画，何海何历？

鲧何所营？禹何所成？

---

①《吴越春秋·吴太伯传》。

②《吴越春秋·越王无余外传》。

③《淮南子·齐俗训》。

④《孟子·滕文公》。

⑤《尚书·虞书·大禹谟》。《孟子·滕文公》作“洚水警予”。

⑥《庄子·天下》。

九州安错？川谷何洿？

很明白，这是在说，像儒家所说的那样“浩浩”“荡荡”的洪水，在当时的条件下，是无法去进行疏治的。从而儒家所说“汤汤洪水方割，荡荡怀山襄陵，浩浩滔天”，①“当帝尧之时，鸿水滔天，浩浩怀山襄陵”② 的情形，显然是一种过分的夸大的描写。像这种滔天弥空的洪水，在中国的历史上也当然有过，可不能在儒家理想中的“尧、舜、禹”这一时代。

儒家对这一所谓洪水时代的描写和论述，所构成的矛盾还不止此。只就孟轲所说的话来看，他一面极力宣扬所谓疏通全国河川的“禹”个人，并把他神化；同时又把当时的历史时代，写成为一个野蛮初期的巢居穴处的状况，例如他说：

当尧之时，水逆行，泛滥于中国。蛇龙居之，民无所定，下者为巢，上者为营窟。③

像这样巢居穴处的类人猿的原始人，能和“厥民析鸟兽孳尾”，“舜耕于历山，渔于雷泽，陶于河滨，作什器于寿丘”，“尧饮于土簋”、“茅茨不翦”、“卑宫室”和“击石拊石”的时代结合起来，显然是矛盾的。但在人类还没有历史唯物论以前的孟轲时代，就孟轲说来是无足多怪的；而醉心实用主义的先生们，一面脑筋一晃，就是“上下五千年”，另一面又从另一个角度，把中国由初期野蛮时代到初期开化时代的历史，一笔抹煞。

其他各家所记对于洪水的传说，比儒家还较为近理一点。如《尸子》说：“燧人氏时，天下多水。”④ 照我们前面的研究，传说中的“燧人氏”时代，正当于人类在野蛮初期结局时的情况。《淮南子·览冥训》说：“往古之时，四极废，九州裂，天不兼覆，地不固载。火爁炎而不灭，水浩洋而不息。”这也能反映出因气候转为炎烈，致冰河融解、火山爆发的一些往古情形来。《神异传》所谓“北方层冰万丈，厚百尺”，也大概是人类对于最后一次冰河的印象所遗留下来的传说。

---

①《尚书·虞书·尧典》。又《虞书·益稷》：“禹曰：‘洪水滔天，浩浩怀山襄陵，下民昏垫；予乘四载，随山刊木，暨益奏庶鲜食；予决九川，距四海，浚畎浍距川，暨稷播奏庶艰食鲜食；懋迁有无化居。烝民乃粒，万邦作乂’。”

②《史记·夏本纪》。

③《孟子·滕文公》。

④《北堂书钞》引《尸子》。

但传说中所谓“尧、舜、禹”时代，中国曾经过一次很大的水患，这许是可能的。儒家对水的传说，虽属近于夸张，总应有一点神话传说作影子。而且关于“禹”，无论他是“神”或是“人”，曾经和“水”发生过关系，也许是实事。《左传》昭公元年说：“微禹，吾其鱼乎?”《楚辞·天问》说：“禹之力献功，降省下土方。”在周代，儒家以外，也都有关于“禹”的传说。

在这一传说时代，如若真有这样一次水灾，并且曾行过疏治的工作，那就决不是一个神化的“禹”所能单独奏功的。依照我们在最前面所研究出的当时社会组织，或者因为“水”的问题于当时人群的生存太密切，而曾经特设了一个治水的普通酋长主其事，倒还有可能。从而我认为像如此一类的传说记载，倒还能暗示出一点真象。“十二牧行而九州莫敢辟违，唯禹之功为大：披九山，通九泽，决九河……”，还只说“唯禹之功为大”。司马迁并说：“禹乃遂与益、后稷，奉帝命，命诸侯百姓，兴人徒，以傅土行山表木。”①《国语》也说：“伯禹念前之非度……共工之从孙四岳佐之。高高下下，疏川导滞。”②依此，实际在做治水工作的，还是“诸侯百姓”、“四岳”，易言之，就是散居在“岳滨”的各氏族（百姓）全体氏族员及各氏族的世袭酋长、普通酋长（诸侯）们。当时即使有一个专主其事去治水的“禹”其人，也不过是一个治水的普通酋长，为首和他们共同参加治水的工作。

所谓“九州”，所谓“四岳”，我们在前面已说得很明白，“四岳”大概是华山、霍山等等山区一带的当时地域名称；“九州”也不过是当时“四岳”地域之内的一个地方，或系当时露出水面的一些高地。从而当时治水的标准，不过在尽其可能的程度之下，把环绕他们居处地以内的“淤塞”的“渍沉”的水量导入低地，所谓“疏川导滞”，以保证他们的正常生活，并以连络其“联合”各氏族、部落间的交通往来；并不是如儒家所谓疏导“三江九河”、“奠定九州”的那种伟大的工程，因为那样大的工程，在新石器时期或金石器时期的古人，不单没有实现的可能，而且不是当时的他们所能梦想得到的。

把多少年代以来，人类全体努力所得出的结果，而归功于他们脑筋中所制造出的个别人物——“圣人”，这正是剥削者一贯的把戏。封建统治阶级从而

① 《史记》《五帝本纪》、《夏本纪》。
② 《国语·周语》。

又是这一阶级的代言人的中国儒家，更算是这一行的专家。

最末，在东半球的希腊、犹太、伊朗、印度、叙利亚、巴比仑，等等，各民族，以及西半球的印第安人中，也均有关于洪水的传说。这大概都是地球最后一次冰河解结所留下来的传留和印象。在末一次洪水的时候，发生在世界各地的当时人类，必皆由其发祥地而散布到了各处，——适于其原始生存的地带这问题，虽然已有种种假定，但是真确的情形，还是我们现在所不曾确切知道的。其次，人类既非出于单元，蒙古和华北又是人类最初的摇篮或所谓“圣地”之一，这对于中国人种的起源问题，夏族和商族的来源问题的解决，是有着积极意义的。

〔我们对中国原始社会的研究，由于材料的不足，不只还不能复现其具体面貌，且有许多问题或无法解决，或还不能获得充分的科学根据。这都还有待于今后人类对远古时代知识的增多和不断的努力。——一九四〇年补订。〕①

一九三三年十一月七日北平脱稿

一九四〇年十二月二日修订毕

一九六〇年八月七日修订毕

① 近年来，苏联、我国和其他社会主义国家的历史科学、考古学和关于民族问题的科学的巨大发展和成就，使人类对于远古时代的历史，在马克思主义的指导下，有了更深入、更全面、更具体的认识。在这方面，我国在中国共产党直接领导下，对全国五十几个少数民族所进行的大规模的、深入的社会历史调查工作及其收获，是作出了重大贡献的。——一九六〇年补注

十一

我国若干少数民族的原始公社制或其残余

统一的多民族的我国，在过去长期的历史过程中，各民族间以至同一民族的各部分间，经济、政治、文化的发展，存在着极大的差异和不平衡。这完全符合毛泽东同志所揭发的关于社会历史发展不平衡的规律。

我国全部历史表明，在进入国家以前的时代，当时生活在我国大地上的各种族和部落，虽同处于原始公社制的社会状态下，但又处在不同的发展时期。在古代，散布在殷商奴隶所有者国家内的古代各民族（或者说部族和部落），居住在所谓“邦畿千里”地区的商族最先发展起奴隶制度——它是决定国家性质和居于支配地位的社会制度。散布在其他地区的各民族，则处在原始公社制的不同发展时期——但都是处在从属的地位。在中世纪的长期过程中，散布在我国境内的古代各民族，则处在封建制、奴隶制、原始公社制的不同社会状态下；在同一社会状态下的各民族，也常处在不同的发展时期，而以对全国起主体和主导作用的汉族社会的封建制占支配的决定的地位。在从鸦片战争到伟大的人民大革命胜利以前，在殖民地、半殖民地、半封建的过渡时期的中国，少数民族中如满族、回族等，已接近于汉族的发展水平；如藏族、傣族等，则还处于农奴制的状态；如彝族，还存在着奴隶制；如赫哲族、鄂温克族、鄂伦春族、黎族、傈僳族、怒族、景颇族等，还存在着原始公社制或其残余，这种种状态，都是直到少数民族地方社会改革完成以后，才有了根本改变。

还存在着原始公社制或其残余的各兄弟民族，在长期的历史过程中，和汉族及其他兄弟民族共同生活在祖国的土地上，不断接受汉族等先进民族的经济、文化的影响和推动，尤其在和汉族及其他各族人民共同进行的生产斗争和阶级斗争及其他社会斗争中，不断受到的影响、推动和彼此间的互助合作，等等，不只影响了各兄弟民族历史的发展进程，且促起他们民族内部各部分间发展的参差和不平衡。其中与汉族及其他较先进民族杂居的部分，已脱离原始公社制的状态，或已接近于先进民族的水平；邻近汉族及其他比较先进民族住区的部分，便有着较多的先进因素，也有着较多的阶级社会的东西；与汉族及其他先进民族人民接触较少的中心山区，就还保存着原始公社制或其残余。同时，由于他们长期间不断受到阶级社会的经济、政治、文化的影响，尤其是国家权力的支配，其原始公社制又敷有阶级社会的若干色彩，表现着某些特殊。但汉族及其他民族的统治阶级的反动统治，尤其是外国侵略者的剥削和压迫，又都是对他们的历史发展起了阻碍和反动的作用。

本文只就鄂伦春族、黎族、景颇族的原始公社制或其到阶级社会的过渡形态，进行初步的简要的分析。

A. 鄂伦春族的“乌力楞”制

鄂伦春族是我国民族大家庭的成员之一，最迟在元朝（公元一二七九——一三六七年），已住在大小兴安岭一带绵亘数千里的原始森林中，“鄂伦春”的意义即“山岭中的人”；在语言、风习等方面都与鄂温克族有不少共同的地方，他们可能是近亲。鄂伦春族现共有人口二千余，主要散布在内蒙古自治区的鄂伦春自治旗、布特哈旗、莫力达瓦达斡尔族自治旗和黑龙江省的呼玛县、逊克县、爱辉县、嘉荫县等县、旗，约二十多万平方公里的广大地区。或聚居，或与汉、满、达斡尔、鄂温克、朝鲜各族人民交错杂居。在解放前，除个别地区有了定居点外，他们大都还没完全脱离游猎状态。

聚居的鄂伦春族，在解放以前和猎农业合作化以前，一般都存在着原始公社制的家庭公社的形式和其主要内容。但由于在长期的历史过程中，与汉、蒙、满、鄂温克、达斡尔等兄弟民族同处在一个国家内，和先进或较先进的经济、文化构成不可分割的密切联系，所以他们的家庭公社——“乌力楞”比起同类型的家庭公社，具有若干先进因素，表现着很大的特殊性；同时，由于其各部分间发展的不平衡性，加之先进或较先进的经济、文化所给予的不同程度的影响和作用，又扩大其发展进程的参差。如鄂伦春自治旗的托扎明努图克（区）就保有较多的原始公社制的东西，而小二沟、南屯便有着较大的变化，黑龙江省黑河专区鄂伦春人散布的地方也有这种情况。另方面，清朝政府和辛亥革命以后的军阀统治时期的东北地方政府的某些反动措施，都在不同程度上，阻碍了鄂伦春民族历史的发展；尤其伪满时期，日寇特务机关的残酷压迫、剥削和其所实施的极端反动的种族灭绝政策，更大大阻碍了鄂伦春民族历史的发展，并使他们陷于步步衰退的惨状。

现根据“内蒙东北少数民族社会历史调查组”的实地调查及其他有关资料和我自己向鄂伦春族同志的调查记录，就鄂伦春族所保存的原始公社制作初步的简略论述。

（一）“乌力楞”的经济结构

“乌力楞”是鄂伦春人的社会基层组织和生产组织，具有原始的家庭公社的基本内容。据说这在很早以前就有了，但确切的时间已难于考知。住在大兴安岭西麓和额尔古纳河以东的原始森林中的鄂温克族的游猎部落，也存留着相同的“乌力楞”。

“乌力楞”一般包括三四个以至上十个家庭（户），狩猎是他们获取生活资料的主要生产，捕鱼和采集野菜、野果等都是辅助的；总的说，他们的主食和副食品都是天然产物。他们对猎取野兽、野禽、捕鱼和采集野菜、野果、球根等的森林、河流、草野等，都完全没有发生所有权观念，所以在“乌力楞”间以至“木昆”（氏族）间都没有活动地界的约束。如果两个行猎的集体在一个猎场相遇，不是后来者退往他处，便是两者组合为一个更大的集体，共同进行狩猎和平均分配猎物。他们一般都是在氏族经常游动的地区内打猎，而这种地区都是很大的。

在解放前，他们主要的狩猎工具，是枪支、马匹和猎犬等。

据说枪支和使用枪支的技术，是在清初经汉人、满人和达斡尔人传入的，直到人民公社化以前，他们还不知道冶金和制枪的技术，只有少数人能以从汉区买入的铅和铁制造铅弹、猎刀、斧子及鱼叉等。在传入枪支以前，据传他们主要的狩猎工具是弓箭，箭头也不是金属制作的；在使用弓箭以前，是使用加工过的石头。这是合乎历史发展的一般规律的。清初传入的枪支，是北京、汉阳等处制造的火枪，他们以之与铁制箭头的弓箭并用；大约在五十年前又传入了使用铅子的单响枪，三十年前又传入“七九”式等连珠快枪，这都有国内制造的，也有国外制造的。枪支的传入，对他们的狩猎引起了很大的变化。

马匹是他们出猎时用作乘骑和驮物的劳动家畜。据传在使用马以前，他们也和原始森林中的鄂温克人的游猎部落一样，使用驯鹿。何时开始及怎样知道饲马和使马，已难于确切考知；但最初系源于满族或蒙族，大致是可信的。他们饲马也是只放不牧或者粗放，仅仅在季节游动选择部落的居住点时，考虑到水草等条件，同时，每日给马盐吃，有虾蠓扎马的季节，则夜晚圈到住所附近为马熏蚊烟。只有常用的马经常圈于住所旁，其他的马都是到用的时候才临时到山野去把它套回。他们所有马匹的数量，据说在辛亥革命以后的军阀统治时期远比在伪满时为多，但也不是为着吃马肉、挤马奶和做马奶酒——这在他们的生活中也不占什么重要地位。

猎犬是猎人打猎中的助手，也是从外面传进去的。他们从什么时候开始养猎犬，现在已难于确切考知。

枪支都是“乌力楞”内的各户所购置，马匹和猎犬也都是各户所购买，都是属于他们私有的。在使用火枪和单响枪的时期差不多每户都至少有一支。到使用快枪的时期，就只有那些景况较好的家庭才能购置一支或几支。在辛亥革命以后的军阀统治时期，如在托扎明的讷门高鲁（相当于村或部落）十九户中，有二户完全无枪，一户没有单响和快枪，八户没有快枪，一户则有快枪三支。伪满时，由于日寇想利用他们对付抗日联军和进扰苏联边境，同时想驱使他们多为其猎获皮毛，又为着便于控制，便将他们原有的枪支没收，易以“九九”式快枪，并定期和限制数量发给子弹；各户所有的马匹数量大为减少，并表现有起落的情况：如讷门高鲁，有一户在“九一八”前无马匹，至此突增至七匹；另一户“九一八”前有十三匹，至此成为无马户，其他大都所有不等，但最多的一户也只有二十四匹（“九一八”前三十至五十匹以上的却有三户）。其他地方的情况基本上也差不多。大抵用一两匹马就能买进一支快枪，所以马多的人家，就能有又好又多的枪。猎犬需用兽肉饲养，好的猎犬，如狼狗，价格也很高，所以除好的猎手大都养有两头外，一般猎人，每户有一头或一头也没有。这些情况表明，枪支和马匹传入以后，在生产资料方面，已有了私有和贫富的萌芽。据说，在传入枪支以前，每人随身携带的弓箭，是生产工具也是武器；每人都能制造弓箭，不用时都也把它放在一处，使用时就到那里去取，都没有把它当做私有的想法。

他们的狩猎，主要是按季节进行的，季节性的狩猎一般都采取集体的形式，每个狩猎集体大都是四至七个人，还常有随同前去担任做饭、喂马、晒兽肉的女人或男人。每一“乌力楞”的成员可以组成一至几个集体。每次集体出猎常远至几十里以至几百里以外的地方，为时自十几日以至几个月；在组成集体和出猎前，由全体成员选举一个年长而富有经验的猎人为“塔坦达”（即狩猎长）。他负责选择目的地和打野盘的地点（宿营地），按照分工合作的传统经验，安排每个人的岗位和任务，掌握和鼓舞每个人的情绪，保持团结和斗志；还要负责分配或指定适当的人负责分配猎物，在行猎中遇到什么问题，就随时和大家商量处决；要既能多获野兽，又能防止野兽突袭和保护大家安全，等等。这在单独个人，在使用快枪以后也是不能完满做到、不能发挥集体所具有的作用的。正因为是这样，才规定了他们狩猎的集体形式和它的主导地位。集体出猎时，每人都骑上一匹马，配上一支枪和够用的子弹，有猎犬的还带上猎犬；用作为预备和驮物的马匹，谁家有就带谁家的；作饭的用具也只看谁家的合用就带谁家的。出猎时，携带大致够吃的粮食等食物，但不规定各人携带的数量和种类，合到一块大家共同吃；两人共带一床卧具，等等。这在他们，大都从来没有表现过你的我的等计较——那些斤斤计较的人是从不为大家所赞许的。

兴安岭是野兽、野禽资源极丰富的山区。他们猎取的对象，主要是鹿、犴、狍子、野猪、熊、灰鼠、貂、猞猁、水獭、狐狸、狼、山狗、獾子、雉、飞龙，等等；他们依据长期以来的经验，适应野兽生长和活动的规律，分别安排每个季节不同的狩猎活动和场所，如二月三月为“鹿胎期”、五月至七月为“鹿茸期”、九月到落雪为“鹿围期”、落雪以后为“打皮子期”，等等。同时为着在不同季节选择适合饲马的地方，“乌力楞”也按季节的变动，转移居住地点。

使用枪支以前，集体猎获的东西，除在猎场共同消费的外，肉和兽皮都在

"乌力楞"内按每户平均分配——不论是否参加集体出猎，各得一"奥布"(一份)。但在使用枪支以后，情况有了改变。由于猎获物一般都有大量的增加，剩余品的出现成了可能；同时还由于从清朝开始有了"安达"和商人相继前去，贵重的皮毛和鹿茸等都成了他们控制的贡品，一般皮毛也都成了他们猎取的商品，因而便逐渐引起了"乌力楞"的分配形式的改变。皮张只在参加集体狩猎的人中平均分配（分皮或卖了皮以后分钱），有时还在出猎前说定，猎获的人多分一些，在"安达"控制最强的个别地方，甚至成为谁打的就归谁。肉的分配：（1）一般仍按户平均分配；或只按参加集体狩猎的人平均分配，分得者再分送给"乌力楞"内的其他各户；（2）随同前去做饭、晒肉的妇女分予半份，如系寡妇则分予全份；（3）对缺乏劳动力的困难户，不参加打猎，也分给一"奥布"；（4）好吃的如头肉、内脏等，煮熟后由全"乌力楞"的人一同吃；（5）原来由"乌力楞"供养的老人和寡妇，参加集体狩猎的人都送给一些肉，他们得到的有时比出猎的还多；对老、弱、伤、残的供养，他们认为是共同的义务或责任；（6）如果有其他氏族的人住在部落里，也送给一些肉。皮和肉经"塔坦达"或他指定的人平分后，指定谁先拿哪一份就拿那一份，从没有争先恐后和自行挑选的。"塔坦达"除履行传统职责外，不只和大家平等参加打猎，而又和大家一样只分得一份猎物，并且是到最后才拿和拿最次的一份，旁人过意不去让他拿好点的，他也不会同意。分了以后，如有多余，便由猎人一致同意以之给予"乌力楞"内人口多的、困难的家庭。在集体狩猎中使用的各户的枪支、马匹、猎犬等，不论多少，概不给酬。这是"乌力楞"所保存的家庭公社的基本内容，也是对"乌力楞"生活起支配作用的方面。

除这种季节性的集体狩猎以外，平日在部落附近的打猎，都是单独进行的，猎得的野兽，除皮毛全归自己外，兽肉也分送其他各户。

在"乌力楞"里面也出现了个别单干户——除个别由于体力弱和缺乏马匹而不能参加集体者外，他们大都是认为自己的狩猎工具较好较多，打猎技术较高，或者还由于家庭劳动力较多，而进行单干的。单干户猎获的兽皮全归自己，兽肉也分送一些给其他各户。"乌力楞"的成员对这种单干户是没有好评的，认为他自私自利。在"乌力楞"内的成员间借用马匹原先不只不要任何报酬，出借者有时甚至无代价地以之赠送给无马户。随同狩猎生产的发展和猎获量的增多，在个别地方，如逊河，便由用兽肉酬谢借马的情事转化为实质上带有剥削内容的租马，甚至实行出租者和租用者对猎获的兽肉实行三七分，四六分，或对半分。租马给其他民族人民则收一定比例的钱或粮做租金。但这种情况也只是极个别的，也不是已有人靠租马过活，但这和单干户一类的东西，都是和“乌力楞”相对立的。

捕鱼有多种形式。“叉鱼”和“挡亮子”① 是集体进行和按照参加者的人数平均分配的。但都是作为家庭副业而临时集合进行，规模也较小。钓鱼和网鱼等等，都是由各户的男子单独进行，谁捕得归谁。兴安岭东麓各河流，鱼源是极丰富的，不只种类多而且质量好。野菜、野果、球根等的采集，据说在使用弓箭以前的时代，曾是获得生活资料的重要来源；在使用弓箭进行狩猎的时代，也还有其一定的重要性；在使用枪支进行狩猎以后，由于肉食大量增加，这类采集便退到辅助的副食品的地位，仅由各户的妇女和小孩作为家庭副业去进行，谁家采得的归谁家。由于天惠的富厚，野菜、野果、药材都是又多又好，如春末夏初采集的野菜，除当时吃了的以外，晒干的和腌的大都能吃到第二年的采集季节。

手工业方面，除桦皮船等类东西系由“乌力楞”集体制造外，制革、皮制、桦皮制、编织、木制、骨制等，都是由各户男女作为家庭副业分工进行；其中兽皮和桦皮的制品占有很重要的地位，大都是由妇女担任制造。他们过去给官府的贡品，与外来商人交换的商品，主要都是制熟的皮毛。他们的穿的、戴的、卧具及某些用具：袍、裤、袜、靴、手套、褥、被盖、口袋、马褡子、盖包，以至盖“仙人柱”的“阿伦”和冬季“仙人柱”室内铺地的皮张等，都是兽皮制作的；生活用具：盆、碗、桶、篓、盒、罐、箱等都是用桦皮制造的，盖“仙人柱”的“铁克沙”② 和夏季室内铺地的也都是桦皮。手工业的工具很简单，主要是猎刀、剪子和斧子等，都是由外面传入或用废铁加工的。

---

① “挡亮子”就是秋季在小河里放一有倒卡的柳条筐，两边垒上坝，鱼顺水流下，进到筐中就出不来。因为鱼在秋季顺水下行到大河水深处过冬，所以秋季使用“挡亮子”捕鱼。这非集体不能进行。“叉鱼”也至少须三人，即一人撑船、一人把火、一人撑叉才能进行。

② “仙人柱”是用树杈的树杆架起，用柳条捆绑起来的帐篷式住室，冬天用狍皮和芦苇帘覆盖，夏天用桦皮覆盖（用狍皮每二十多块作成一块“阿伦”，四角钉上带，苇覆其上），顶端留一烟突。夏天用桦皮十二块制成扇形的“铁克沙”覆盖。门用树头串成。室内周围用木头作成围子，铺上草，冬天上面再铺狍皮，夏天铺桦皮，火灶设于正中。父、子、孙三代夫妇的坐卧都有一定位置。全部构制为圆锥形窝棚。

在“乌力楞”内部及各“乌力楞”相互间，在解放前，一般还没有发生交换的现象；交换主要是和外地的“安达”及商人进行。清朝政府为着征收貂皮等贵重皮毛和鹿茸等作为贡品，便委派一些达斡尔人、满人等为“安达”，每年分期前去征收，并由他们经常“赏”给一些粮食等东西作为代价。这些“安达”后来又兼营商业，或者其本身原来就是中世纪性的商人，所以他们又或先或后同时和鄂伦春人进行不等价的商品交换和高利贷剥削。纯粹的商人是稍后才去的。鄂伦春人所有的东西，只要他们认为是有利可图，就作为商品去猎取。这种交换最初是在叫做“楚勒罕”的互市中进行，后来又由商人不定期地进到鄂伦春人的住区中去。他们将枪支、弹药、斧、剪、锅、白面、小米、火柴、盐、豆、油、棉布、棉花等生产资料和生活资料输给鄂伦春人，客观上是起了进步作用的；而他们的中世纪性的商业诈骗和剥削，则是落后的、残酷的。

在以“乌力楞”为基础的鄂伦春人中，由于缺乏一定的社会物质基础和条件，所以虽然使用了像枪支那样的近代工具，又和外地商人有着那样长期的商品交换关系，但仍没能在其内部发生和发展起商品交换。因此，枪支的使用以及和外地商人的商品交换，促起了生产资料私有制的萌芽；但由于其内部缺乏一定的社会的物质基础和条件，他们的生产始终局限在狩猎的范围内，而狩猎又不能不受到野兽、野禽等的自然繁殖情况的影响，而没有发生和发展商品交换，这又限制了它的私有制因素只能在原始公社制的家庭公社内，作为其相互对立的东西而存在。易言之，由于他们还没达到以牧畜或种植为获得生活资料的主要来源的时代，全靠极不稳定的野兽等天然物过活，吃的、穿的、住的以至作为和外地商人交换的东西，主要都靠狩猎，在狩猎上占支配地位的，乃是集体狩猎和平均分配。

（二）“乌力楞”和“木昆”制的社会组织

“乌力楞”所包括的各个家庭（户），原来都是血缘亲属，后来在父系血缘亲属以外还包括属于不同氏族的亲戚（实即母系血缘亲属）。每个家庭一般都包括祖、父、孙三代的男女老小，依据人口多少而住于一个或大或小的“仙人柱”即“撮罗子”内。每个家庭大都随同“乌力楞”全体一起，按春、夏、秋、冬四季的季节，沿河流移住到不同地方，——选择打猎、吃水、烧柴等方面都比较方便的靠山、近水的地方居住；移动时，“仙人柱”的架子都留在原处，只带走覆盖的兽皮、桦皮、苇帘等。叫做“奥伦”的仓库及其中所储蓄的东西也留在原处不动，需用时再去取，他们都知道那个“奥伦”是谁家的，谁也不会动它，更没有发生偷窃的现象。

由于狩猎主要由男子担任，由于狩猎在全部生活中所占的支配地位和猎获物的大量增长，规定了男子在家庭内的主要地位和父系的财产承继；同时也规定了女子出嫁、男子娶妻和一夫一妻制。但也还保留着不少母系制的遗迹：如家庭内关于妇女的问题由母亲作主处理；寡妇出嫁必须由娘家主持；舅父对于外甥比伯叔对于侄子的问题的处理有更大的决定作用等等。同时，在婚姻制度上，也还保存有显著的对偶婚遗迹，如夫或妻与他人发生性交关系，谁也不责问谁；丈夫碰着妻和他人性交，奸夫走开就完事；妻和他人生的儿子，并不追究谁是父亲，而当亲生子看待等等。

氏族内的通婚是绝对禁止的。血缘近亲的兄弟氏族间也禁止通婚；但由于人口较少，散布的地区又很宽（“乌力楞”间也每每相距几十以至几百里），为解决青年男女的结婚问题，个别兄弟氏族间也有彼此商定和祭告鬼神，同意相互通婚的。由于不同氏族的各亲戚家庭同在一个“乌力楞”内，对青年男女的结婚提供了一个便利条件，但仍有不少人找不到对象，甚至有上八十岁的女子还未结婚等现象。

财产以保存在父系的氏族内为原则，女子一般没有财产承继权。财产都由儿子承继；如没有儿子，有养子或“养老婿”（即类于招赘）的，则由养子或“养老婿”承继；如果也没有养子或养老婿，则由伯叔兄弟继承，未出嫁的姑娘也可分得一些；如果又没有伯叔兄弟，才可由出嫁了的姑娘继承；如果也没有出嫁了的姑娘，就归氏族所有。

在“乌力楞”还是血缘亲属各家庭的组织的时候，据说有一个辈分和年龄最高的人为首领，其产生的形式现已没有材料来说明；到解放前，已没有这种首领存在，“乌力楞”内部的事务和纠纷由老年人来处理。

原先由血缘亲属各家庭组成的“乌力楞”，即家庭公社，是鄂伦春的氏族制度发展过程中的产物，也是它的基层组织；在“乌力楞”演变为不同氏族的亲戚家庭的组织以后，便逐渐丧失了作为氏族构成的性质。这种不同氏族构成的“乌力楞”的出现，最初大概是由于相互通婚的各亲戚氏族的一同移动，而形成为共同的“高鲁”，渐次又出现了由彼此一些家庭交叉而构成的“乌力楞”。这种“乌力楞”的成员并不十分固定，有随时迁出和迁入的。

鄂伦春族共包括十几个氏族。据调查组的调查，散布在呼玛尔河流域（原库玛尔路）的有：孟（玛拉依尔）、吴（吴卡尔夷）、魏（魏拉依尔）、葛（葛瓦依尔）、关（古拉依尔）五个氏族，其中孟与吴，魏与关、葛，原来都是一个氏族，彼此不能通婚。散布在逊克一带（原毕拉尔路）的有：猛（玛哈依尔）、莫（莫拉呼）、韩（卡那格依尔）、杜（杜宁肯）、陈（卡格吉尔）、关（古拉依尔）、李（尼力吉尔）等八个彼此可以通婚的氏族。散布在诺敏河流域（原托河路、现托扎明努图克）的有：何（柯尔特依尔）、白（白依尔）两个彼此可以通婚的氏族。散布在多布库尔河、甘河流域（原阿力、多布库尔路）的有：何（柯尔特依尔）、阿（阿其格查依尔）两个彼此可以通婚的氏族。这些氏族，有的原系一个氏族，因散处在不同地区而各自成为一部的；有的是原由一个氏族演化出来彼此仍不能通婚的大、小氏族。如吴、孟及魏、葛、关都是大氏族；阿氏族内部也包括有阿其格查依尔、依格吉依尔、戛格达依尔等三个都姓阿的大氏族；何氏族里面又有那旦浅、车依尔浅、红改达浅；白氏族里面有布勒吉依尔浅、昭伦浅、敖伦浅、查拉帮克浅、乌永那浅等小氏族。这都是由于原来各个母氏族繁衍不平衡而产生的结果。

解放前不久，鄂伦春族还存在有叫做“木昆”或“穆昆”（亦作谋昆）的氏族组织。这究系鄂伦春人固有的，还是受自满族“明安穆昆”的影响所产生，在这里没有重要意义。

每个“木昆”原来都有一个“木昆达”（即氏族长），除在个别地方，后来由佐领去加以任免外，都是由一至三年一届的“木昆大会”选举的终身职（但得由大会罢免）。选举前，由全氏族的长老们协商候选人。当选人的条件是：有威信、能代表氏族成员的利益和要求、年过四十六岁。“木昆达”的职责是：处理氏族内的纠纷，与其他氏族的“木昆达”协同解决彼此间的纠纷和问题，召集氏族大会，遵守和执行氏族传统的约束等等。他没有任何特权，处理氏族内及氏族间的纠纷问题，必须取得族内长老们的协助；同时，他和氏族内其他成员一样参加劳动，在集体狩猎中分得一个“奥布”。清朝地方政府有时补助些办公费是他惟一的额外收入。

一至三年一届的氏族大会，男女老幼全体参加，道途远的可派年长辈高的人为代表。开会前，由族内马多和劳动力多的家庭去各地普遍通知。大会期间如度盛大节日一样，举行聚餐，男女老幼常聚在一起跳舞、唱歌和赛跑、赛马、摔跤，等等，尽情狂欢。大会由年长辈高的人主持。大会内容：一般为叙辈分，看祖先“族谱”（杀野兽为牲，大家一同跪祭），讨论族内婚丧嫁娶及打人、杀人、男女关系的纠纷等问题和遵守传统约束，传达官府命令和通知等等。重大问题均先由长老协商和大会通过。他们对违反传统约束的氏族成员的惩罚止于训斥和用柳条打几下。这都是他们氏族民主制的重要内容。

鄂伦春族的氏族制，长期来都是在国家政权的支配下，从清初经民国到伪满，都设立了一套行使统治的行政机构，去代替以至逐步排除其固有的社会机构，并把它分裂为各个不相关属的部分。这样，鄂伦春族的氏族制度的演变，便表现着不少的歪曲和变异。如在清朝，一方面“木昆达”的选举必须呈报官府批准；另一方面又设立佐领制度的行政机构：佐领（一员，官阶为章京）→骁骑校（一员，委官）→领催（三员）→披甲（兵，二十名），构成一个佐的行政单位，人员均由鄂伦春人指派，但须严格服从地方官府管辖，又没有固定的办公地方，大都有职无权。到辛亥革命后的军阀统治时，有些地方，“木昆达”便根本被排除了。到伪满时，由日寇派在当地的特务机关直接控制和统辖。这样就使他们原有的氏族组织一步步受到歪曲和排除，主要只留下“乌力楞”的若干形式和内容。原来在“木昆”之上和佐之下，还有“戛辛”，它是相当于包括几个河流的人们集团的组织，并存在过这样一个人们集团的首领“戛辛达”。“戛辛达”没有薪金（兼任披甲的才有年薪银十二两），与其他成员一样参加劳动，当选的条件也同于“木昆达”，但清廷规定，它必须要当过披甲，选出后必须经过佐领批准。因此，“戛辛”很可能原是包括几个氏族的胞族或部落组织。这虽然已难于确切考知，但在鄂伦春族历史的过程中，是存在这种可能的。

（三）定居、农业和阶级剥削的出现

在鄂伦春族的民俗遗存中，不只表现着万物有灵的多神崇拜，并对某几种野兽存在着类于图腾崇拜的迷信，如称虎为“傅如坎”（神）、熊为“阿哈玛”（老大爷或舅舅）；打到熊时，大家哭着抬回来，吃完肉后再哭一场，并将熊骨和内脏像对死者一样用“天葬”，等等。这表明他们也是从图腾制走过

来的。同时鄂伦春人祖传，他们的祖先曾有过“穴居”、“没有衣服”、“不知用火”而“用石头”即旧石器打猎的时期，并说上几辈的人还在打猎中见到过“穴居遗迹”；以后才进到弓箭的使用。这种传说内容是合乎历史发展的客观进程的。如果这种传说是反映了他们住到兴安岭后的历史情况，地下便将可能发现旧石器，他们也可能在太古时代就住在当地。自然，正确的结论，不能不待于地下的发现。

在鄂伦春人进到以使用弓箭为主要标志的时期，在还没有进到发明制陶①和饲养、种植的时期，就由于和汉族等先进民族同住在一个国家之内，长期接触和共同斗争，而传入了枪支和使用枪支的技术，代替弓箭的使用，引起了他们原始公社制生产的迅速发展和若干变异，不断扩大了他们的原始公社制内部的矛盾。他们所散布的边沿地区，与汉人、达斡尔人等形成了交错和杂居的情况，特别是汉族和达斡尔族的劳动人民来到鄂伦春人的住区，不断地直接给予他们以先进的生产经验、技术和文化的影响。在一批一批受到官府委任享有薪俸的鄂伦春族上层人物中，有一些人就渐渐由狩猎中脱离了出来，靠薪俸等过活和开始定居，他们不只渐次脱离群众，作事独断独行，而又有凭借职位去进行剥削或“贪财图利”而发了财的。因此，在清末和辛亥革命以后的军阀统治时期，在鄂伦春人中就先后出现了个别定居点和从事农业生产的。如在杂居地方，出现了由马架子、土窑子之类的住所所形成的定居点，也出现了农产，或在住宅旁种植蔬菜、土豆子等。到“九一八”前，在好几个地方都出现了这种情况。据调查组揭出的库玛尔一九三〇年档案记载鄂伦春人在哈尔通已设屯居住了八十多年，并谓早在一九一一年就已经“结有庐舍，耕有地亩”；与此同时，逊克县浦拉口子，也有盖了房子居住和务农的。这表明，清末所一度推行的“弃猎归农”的政策，不是毫无条件也不是全无成效。清廷的这个政策，是想把鄂伦春人编成村落，定居业农，以适应其国防的要求。民国初年黑龙江地方政府也推行了这个政策，在逊河、奇克设立集垦局，制订《生计放垦地章程》，发给土地、贷给耕牛和种子等。这在客观上虽然有进步作用，但由于当时的政府全凭行政命令办事，又不适合于其时绝大多数鄂伦春人的条件

① 据鄂伦春人传述：在从汉族地区输入陶锡和铁锅以前，他们煮肉的方法是：（1）在桦皮桶内放进肉和水，把小石块用火烧热扔进桶里，反复多次将水烧开，肉就熟了；（2）用兽肚装水和肉放到火上烤，烤到沸点。这和古籍对他们的记载是符合的。

及其传统习惯和经验，所以基本上还是失败了，曾经一度“弃猎业农”的一部分人，也大都又回到森林中去恢复其狩猎生活。但在另方面，除了原来杂居地区的鄂伦春人外，也有一部分从山上迁到山下的人继续定居业农。这是反映了一种前进作用的倾向的。

“弃猎归农”政策的推行，也促起了阶级关系的萌芽和剥削分子的出现。上层人物在这个政策下，不少人自己大量开垦，在那些下了山的猎人回去山上以后，又将那些人所开垦的土地和政府贷予的耕牛、农具、种子等收为己有，这大大促进了他们农业的发展而成为经营地主，如爱辉宏户图屯佐领吴音吉善家，雇长工八九人和很多短工，有马六十——七十匹、牛四十——五十头，收割机一台，还有许多犁和其他农具，种地多达二百垧（大垧，每垧十五亩），年收粮四十万斤；哈尔通关占海雇长短工十余人，有地百多垧，收粮百余石，还开有大车店；吴永福家，雇请很多长工，种地一百三十垧；双会镇领催丁星格家雇长工六七人，还有很多马和收割机等大农具，种地百余垧；其他佐领、领催一类的上层人物，雇用长工和短工种地几十以至百来垧的，还有不少人。在他们雇用的长工和短工中，不只有鄂伦春人，而且有汉人、满人和达斡尔人等。他们还在其他方面对鄂伦春人进行剥削，如库玛尔路正蓝旗头佐佐领伦吉善，规定猎人叉获一百条鱼要给他五条；为他当差人，过年过节都要给送礼、磕头。

这表明在清末和辛亥革命以后的军阀统治时期，农业生产和阶级剥削关系已在个别地点出现的情况。

“九一八”后，日寇害怕鄂伦春族的地区成为抗日联军的后方，便对这个倔强优秀的民族采取了极端野蛮、残暴的民族灭绝政策，实施了如下的所谓“指导方针”，即：（1）不开展其文化，要持续其原始生活；（2）不使其归农；（3）当做特殊民族实行隔离；（4）构成其独立生活的道路，排除其在生活上的依存习惯。这就是把他们与汉族等其他兄弟民族完全隔离与截断联系，强制他们回复和束缚在原始的狩猎状态下，以达到消灭鄂伦春族的恶毒目的。因此，除允许个别上层人物或为其效忠的分子仍得从事农业外，其他已经从事农业生产的鄂伦春人，被全部驱回到森林中去从事其原始性的狩猎生活，他们所有定居点的房屋也全部被烧毁。这样，清末以来已经发生和开始成长的进步因素，便被日寇所绞杀。不只如此，日寇的特务机关，还把他们编为所谓“山林队”，每队都由日本特务充任的指挥官；同时又操纵他们的生产和生计，规定他们的全部猎品必须无条件交给所谓“满洲畜产株式会社”，通过所谓“配给制”每人每月配给二十多斤、最后减至五六斤质量最坏的粮食或橡子面。更恶毒的是：日寇又配给他们鸦片和提倡吸食，散布伤寒菌等流行病菌，等等，作为实施其民族灭绝政策的一个组成部分。由于日寇的这些残酷措施，优秀、强悍的鄂伦春人，体质便逐渐衰退，人口急剧减少，如在“九一八”前一九一七年不全面的人口调查统计，为四千一百十一人；到日寇统治八年后的一九三八年，便剧减至二千八百七十六人；到解放初时，实际已只有二千二百五十一人。

但是日寇并没能够完全消灭已在个别地点出现的农业生产，杂居区的鄂伦春人仍有个别家庭留住下来，种植蔬菜和土豆子等。某些成了剥削分子和为日寇服务的人，自然也没有改变农业的经营和剥削。如吴音吉善，“九一八”后继续充当佐领，并任伪爱辉保卫团长、宏图警察所巡官等职，他的弟弟吴昔合也充当伪巡官，不只仍是拥有大量耕地的大地主，而且又雇用不少鄂伦春人和汉人当雇农，变本加厉地进行剥削，并每每拖欠或不给工资，对专雇为他们打猎的一个鄂伦春人，只给予一些口粮，等等。这说明在鄂伦春民族濒于灭绝的日寇统治时期，已出现的剥削关系并没有消灭，反而更加凶残，使贫困的鄂伦春人的生活更加陷于绝境。

但日寇的残暴统治并没能削弱富有斗争传统的鄂伦春人的斗志，反而更加激起了他们对抗日联军的支持和参加抗日斗争。以盖山为代表的猎人和王明贵等抗联游击队的亲密友谊与共同进行的英勇斗争，如捣毁吸人鲜血的“义合公司”和全歼驻在的日军，不过是许多这类事迹中的一个例子。日寇妄图对鄂伦春人也实行“集家并屯”政策，想把他们诱下山来，以便于摆布和削弱他们。但他们并没有受骗，直到日寇投降，没有停止过斗争。

从解放到现在，鄂伦春民族的面貌已完全改变了。由于党和人民政府的关怀和革命政策的实施，他们不只已从濒于民族灭绝的边沿上被拯救出来，人口已转趋上升（据黑龙江统计几年中已增加三百余人），而且已经过了猎农业的组织化、合作化，直接走上了社会主义的康庄大道，原始性的集体狩猎和平均分配，已为社会主义的各尽所能、按劳分配的原则所代替。

B. 黎族的“合亩”[①] 制

黎族是我国历史较悠久的少数民族之一，现有人口三十六万余。据《汉书》卷九十五《西南夷两粤朝鲜传》、《后汉书》卷八《南蛮列传》等记载，黎族在秦、汉时已住在今海南岛；汉武帝元鼎五年（前112年），划海南岛为儋耳、珠崖两郡，便正式成为祖国的组成部分，并开始了黎汉人民间日益密切的经济、文化联系。现在黎族主要聚居在以五指山为中心的保亭、白沙、乐东、东方、琼中五县，并散居在海南其他各县；根据海南新石器分布和黎族居住的现状及历史，那些新石器等文物大致可以肯定为以往黎人的遗存，他们可能是最先住到海南的一个民族。近年在海南岛发现的新石器等遗物中，其中有段石碎、印纹陶等，那正是百越系新石器文化的主要特征。因此，黎族可能属于百越系统。黎族对于猫、狗、蛇、猴、熊、狼等的迷信和传说，其中有些是南方和西南某些兄弟民族共同有过的图腾崇拜。

保亭、白沙、乐东三县毗连地带，是交通闭塞与外界接触较少的山区。解放以前和农业合作化以前，当地在不同程度上都存在着原始公社制的“合亩”制。据这三个县人民委员会一九五四年的调查统计，保亭县通什区十四个乡二千零五十六户、四千七百七十八人，分别组成四百九十五个“合亩”；脚下河区的毛感、毛岱两乡八十九户、三百一十九人，分别组成四十个“合亩”；白沙县什运区十一个乡中的什运、南解、毛扬、毛栈、毛贵、毛路、番菜七乡也保存“合亩”制，有一千一百十九户、四千一百九十一人，分别组成三百五十四个“合亩”；乐东县三平区的毛农全乡，番阳乡九个村中有五个村，加艾乡八个村中有四个村保存“合亩”制，共四百户分别组成五十六个“合亩”（加艾四个村不在内）。除个别外，这些“合亩”基本上都保存着原始公社制的内容，只是它们的进程并非一样，离汉族地区越近的，越趋入了瓦解的过程。除这些地区以外，其他地区的原始公社制，已早在过去长远的岁月中相继

① “合亩”有的音译为“稳茂”。“稳”是集体的意思，“茂”是族的意思。

瓦解。地下的发掘和发现表明："岛的周围沿海地带的遗址常常发现汉代文物与石器共同散布在地面上。在离开海岸远一些的地带，如屯昌的遗址，地面上很少见到汉朝遗物，而常见六朝遗物。在琼中县斩对山遗址，很明显地在零点八米下的地区里发现了双肩石斧两件和铁片（似属刀类）及两片宋代瓷器共存。以上沿海至中部以至五指山区域，新石器时代遗址的年代显然是愈深入内地愈晚——由汉以至宋代。"① 这说明，与汉族先进经济、文化联系越密切、离汉人住区越近的黎族地方，社会发展的速度越快，越较早地脱离了原始公社制状态，这是完全符合黎族的历史情况，也是符合历史唯物主义所阐发的客观规律的。

保亭县通什区毛道乡（即过去的毛道峒），解放前，只有一条步行便道通乐东，雅袁乡（即过去的雅袁峒），四周都是崇山峻岭又都是山区的中心，也是黎族聚居的中心区，都保存有更多更原始的原始公社制的内容。解放后，毛道、雅袁、毛枝曾合并为毛道乡，海南岛黎族社会历史调查组以这个地区作为调查研究的中心，我主要也依据调查组所提供的：毛道七个自然村十三个"合亩"、雅袁六个自然村六个"合亩"、毛枝乡毛枝大村九个"合亩"的情况，进行初步研究。

（一）"合亩"的经济结构

"合亩"基本上都是男系的血缘亲属的组织（除已丧失了原始公社制内容的个别"合亩"外），所包含的外来户、即所谓"龙子"，只是个别的。在解放前，每个"合亩"所包含的户（家庭户数）多少不等，毛道和雅袁大多为五户到十户左右，个别也有多到三十一户的。

"合亩"的生产主要是农业，农作物主要为稻谷及高粱、玉蜀黍、番薯、木薯、鸭足粟、九尾粟等。农业生产主要是"合亩"集体进行的。生产资料的土地，解放前存在着"合亩"公有、"合亩"内几户伙有或一户私有三种形态；毛道十二个"合亩"（变了质的王老本"合亩"除外），雅袁六个"合亩"，共有水田一百七十四点五亩，其中公有的八十七点五亩，伙有的六十五亩，私有的二十二亩；旱田五百三十八点九亩，其中公有的二百八十

① 梁钊韬：《我国东南沿海新石器时代文化的分布和年代探讨》，载《考古》一九五九年第九期。

六点六亩，伙有二百零五点三亩，私有的四十七亩。但公有、伙有、私有的情况在各地和各“合亩”并不一样的。如毛道王老翁“合亩”（十四户），王老满叔父“合亩”（六户）和雅袁王老岑“合亩”（三户），土地全属公有，没有伙有和私有；毛枝大村九个“合亩”中，在一九五六年，除王老对“合亩”（三户）水田四亩、旱田二十亩全属私有外，其他八个“合亩”土地也全属公有，没有伙有和私有。毛道王老鞋“合亩”（八户）的六点五亩水田中有五亩属私有，四十一点三亩旱田中有二十九点八亩属伙有，九点五亩属私有；王老爷“合亩”（九户）的十七亩水田中有十五亩属八户伙有，二亩属私有，四十四亩旱田中全属八户伙有；雅袁王老陆“合亩”（八户）的八亩水田和九亩旱田，全属伙有；王老加“合亩”（八户）的五亩水田全属私有，二十点五亩旱田中私有的占十五点五亩，二户伙有的三亩，三户伙有的二亩。……这种私有和伙有土地的来源，水田主要是由一户单独或几户伙同用牛、猪及货币（光洋）买进的，旱田主要是一户单独或几户伙同开荒而来。雅袁王老加“合亩”内并出现了王老刘一户用牛、猪、稻谷、光洋雇请王老佷为他开垦旱田的现象。

耕牛的所有制，也和耕地一样存在着三种形态。解放前毛道十二个“合亩”和雅袁六个“合亩”，共有耕牛一百八十三头，其中公有的二十三头，私有的八十二头，伙有的七十八头。但各地各“合亩”的情况也不一样；毛道王老翁“合亩”耕牛七头，王老满叔父“合亩”耕牛六头，全系公有；王国才父亲“合亩”（三十一户）耕牛四十一头，公有的十头，私有的九头，伙有的二十二头；王礼文父亲“合亩”（六户）耕牛八头，其中私有的二头，伙有的六头；毛道、雅袁各有四个“合亩”，耕牛全属私有；他如王老黄“合亩”，王老锐“合亩”，雅袁王老凹“合亩”都全无耕牛。耕牛外的水牛和黄牛的所有制情况，大致也是这样。到解放后的一九五六年，毛道十二个“合亩”一百一十六头耕牛中，属私有的八十二头，伙有的三十四头，雅袁六个“合亩”，毛枝大村九个“合亩”的所有耕牛，除雅袁王老任“合亩”的三头全是公有外，均属私有。属于私有或伙有的耕牛和菜牛的来源，大都来自一户单独或几户伙同用家庭副业产品购买或是姑娘的财礼、媳妇的嫁妆、牛自身的繁殖等。

主要农具有铁犁、铁锄、铁铲、铁钩刀、铁手捻小刀和木耙、木锄等；此外还有铁斧、铁手耙、铁尖刀和木犁、竹犁等，但不很普遍。解放前，毛道十二个“合亩”和雅袁六个“合亩”的情况，农具全系各户私有；但除个别户拥有犁、耙等各项主要农具各一件以至数件外，一般户平均每项不到一件。铁制农具都是汉区输入和由汉人教导使用的，直到解放前，黎人还只能把用坏了的铁钩刀加工制成手捻小刀或箭镞，从汉区输入铅锭加工制成网锤，但掌握这类技术的人也很少；他们主要只能制造木质、竹质农具，其他工具和为铁制工具配架配柄。铁制农具何时开始从汉区输入，因无文字记载，黎族老人已只能回溯到两百年左右的历史。从地下出土物考察，大概不晚于两宋时期。在铁器输入以前，他们是使用新石器工具利用它去制造的木器、竹器工具为主。据黎族老人传述：“最初黎族人民没有铁的工具，汉人来海南岛以后才教会了黎族人民使用铁器。钻木取火在很古的时候本地就有了，从前没有铁刀的时候，削木刻穴是用石器工具。”① 这是符合历史发展的一般情况的。铁器的输入和使用，促使了他们以农业为获得生活资料的主要生产部门，畜牧和渔、猎在还没有发展起来的时候，就退处到了从属的不重要的地位。

上述生产资料的所有制情况表明，在“合亩”内部，一般都出现了和公有制矛盾的耕地、耕牛的私有和伙有，个别“合亩”甚至完全排除耕地公有，不少“合亩”完全排除耕牛公有，农具及其他生产工具已完全私有；只有个别“合亩”还没有出现耕地和耕牛的私有或伙有现象。这种私有或伙有的生产资料，所有者可以把它出卖，并作为遗产传给男系子孙、兄弟等人。同时，还出现了雇人开垦的剥削的萌芽。

但是，不论私有或伙有的耕地、耕牛和农具，都是无报酬的为“合亩”共同耕种和使用。“合亩”的全体成员（包括亩头和龙子）都平等地参加集体的农业劳动。劳动采取男女分工和简单协作的形式：即男子担负犁田、耙田、砍山栏、挑稻子，女子担负插秧、割稻、锄草等主要劳动；劳动时，有劳动力的男子或女子，大家集合在一块地里犁田、耙田……或插秧、割稻、锄草。“合亩”内一户单独或几户伙同使用自有耕牛和农具，去耕种其私有或伙有的耕地的，也只能在集体劳动以外的时间进行。但这种现象只是极个别的。② 当

① 《文物》，一九六〇年第六期，第七二页。

② 除给“稻公稻母”外，便由一户私有或几户伙同分配其生产成果。

地黎人一般都参加在“合亩”组织之内，由“合亩”分化出去的单干户，更只是极个别的；单干户也常因单干感到困难，又重新回到“合亩”组织内来。在毛枝大村出现的那种在“合亩”统一领导下，分组生产和分配的形式，基本上并没有改变“合亩”的性质。

“合亩”集体生产的粮食，归“合亩”全体所有，由全体成员进行分配。分配的原则和传统办法是在收获物中先扣去以下的部分，即“留谷种”，“留公家粮”（作为补助亩众结婚、盖房子、救济缺粮户……之用），“留公家聚餐的谷子”（作为节日或插秧完毕后……的全体聚餐之用），“留新禾”（每年稻谷初熟时，亩头到田中割回十二把①稻子，用六把酿酒，六把煮饭，给亩头吃一天，作到尝新，余下的由其妻子和亩众第二日一同吃）和“稻公稻母”，（即将每块水田、旱田或山栏地收获的稻子，送给亩头一二把，个别山栏地多至六把）；余下的全部收获按户②平均分配，连同亩头和龙子在内，谁也没有特殊或例外。老、幼、残、疾之人，夫死回到娘家的寡妇，随母出嫁而来的少年、幼童等，均受到扶养而不受歧视。生活困难的家庭，都能得到“合亩”及其他成员的帮助；成员对治病“做鬼”③ 等有严重困难而自己和近亲都无力解决时，也常由全体议决出卖公有耕地或用公有牛只去帮助。合亩公有财产的处理，必须通过“合亩”成员全体一致的决议。

农业生产以外的狩猎，一般都是全“合亩”或包括几个“合亩”的全村，在农闲或农事告一段落时集体进行，并由参加狩猎的全体成员推举一个叫作“俄巴”的领袖来率领。狩猎的工具，主要有土枪、镖枪、弓箭、尖刀等。猎获的山猪、黄猄等野兽，把头分给“俄巴”、腿分给打获的人，其余全部兽肉多则按人、少则按户平均分配。如猎获野鹿或把鹿茸煮了大家吃，或卖钱大家分（俄巴和猎获的人各多得一份），鹿肉也按人或户平均分配，如果打中的野兽逃走被其他狩猎单位捕获，除头和腿归打中的单位外，其余兽肉归两单位按户平均分配。除集体狩猎外，也出现了以户为单位行猎的现象，这种单独行猎

---

① 黎族计算稻谷单位：一把为净谷二斤八两；六把等于一攒；六攒等于一对；二十四攒等于一拇或一个；二对等于一律。

② 青年成婚后，夫妻二人必须有一人能在亩内参加主要劳动，并盖有房子，才能算作一户享有分配权，如妻住在娘家，丈夫年幼不能参加主要劳动就随同父母生活，不算作一户，如妻偶尔来夫家参加劳动，便由“合亩”公议分给一些谷子。

③ 玩弄祖先崇拜巫术的“鬼公”的跳神，玩弄多神崇拜的巫术的“娘母”的跳神，都叫作“做鬼”。

常常是在每年四月至六月的夜间进行的。

饲养和捕鱼都是各户的家庭副业，产品全归各户自有。除前面已说过的私有或伙有的耕牛和菜牛外，各户所饲养的有猪、狗、猫、鸡、鸭、鹅、鸽及羊等。他们的牛和公有的牛一样，都是放到山野里，不牧不收。捕鱼的工具有矛、弓箭、鱼钩、鱼网、鱼栅、鱼罩、筐篮等，都是各户自制或用家庭副业产品购置。此外，各户大都还有一块菜园种植菜蔬。菜蔬的种类有南瓜、冬瓜、葫芦瓜、红豆、长豆、茄、水瓜、芋头、姜等，称谓都近于汉族海南岛方言，可能都是由汉人传入的。狩猎、饲养、捕鱼和园艺都不是生产主食品而只是副食品。手工业还没从农业独立出来，也是各户的家庭副业，由家庭内的男女分工进行；男子担负各种自制生产工具及藤箩、棹子、凳子、箕子、米篓、米筛、簸箕等用具的生产；女子担负纺织，生产男子穿戴的吊襜、头巾、上衣等，女子穿戴的上衣、桶裙、胸挂以及麻被盖和绣花等。制陶也是女子的事，但不是每个家庭都能进行，如毛道七个村只有十五个女子能制造简单的陶器：碗、菜盘、碟、缸、锅盖、酒瓶、盆等。这种手工业生产，主要都是为了满足自己家庭的需要，以之作为商品去进行交换只是极个别的现象。用于手工业生产方面的工具，有钩刀、凿、小尖铁棒、竹橇。编鱼网工具、纺织工具等，也都是各户自制和购置的。

交换方面，在“合亩”内各成员间以及各“合亩”间，如前所述，已出现了土地买卖的现象（主要是以牛为媒介）。在最近四代人中毛道七个村就出现二十六次，雅袁较多，又王老加“合亩”在解放前就有九次，王老排“合亩”有五次。买和卖都有一户单独、几户伙同和“合亩”公共的三种情况。出卖土地的原因，一般都由于被处罚牛只无力交付，或须用土地换牛来“做鬼”治病，因而也出现了牛的买卖。生活资料品和工具品的交换，在“合亩”内成员间“合亩”相互间，还只是极个别的现象，主要是与汉族商人进行。汉族商人从崖县、乐东县、通什、藤桥等地运入各种铁质生产工具和铁锅、大陶缸、盐、有色棉纱、布、银手环等来出卖，同时收买猪、狗、鸡、烟草、藤箩、红白藤等土产。这种交换一般都用光洋计算。有的还通过光洋、铜元、铜钱、镍币的媒介，实质上都是不等价的物物交换，但它在客观上又是对黎族历史的发展起了促进作用。

借贷关系虽然不多，但在“合亩”内部和不同“合亩”的成员间也已经出现。除嫡亲间的借贷属于帮助性质外，一般是借粮年息一倍，借光洋不要利息。但在雅袁王老陆“合亩”也出现过一次将借出光洋折作粮食行息的现象。

在“合亩”之间，也出现了租种田地和租用耕牛的现象。一般是租种旱田三至五亩出租谷一拇，但也有个别不出租谷的；租用耕牛，一般是一头耕牛三年付租金光洋一元或年付谷子一拇，个别有年付一元的，也有不要租金的。这种现象大都发生在靠近乐东的雅袁，而毛道和毛枝大村都极少出现。

上述情况表明，在这种“合亩”内，都在不同程度上出现了和原始公社制相矛盾的一系列私有制的东西或因素，在冲击原始公社制的藩篱。但主要生产资料的占有和使用，主要生活资料的生产和分配等等，都还是为“合亩”集体掌握和进行，并保持了成员间的平等和集体劳动的传统。同时还由于生产水准的低下，一般家庭还不能离开“合亩”去单独生活。这表明这种“合亩”虽在不同进程上走到了原始公社制的末期，但还保存着原始公社制的家庭公社的基本内容，原始公社制的基本因素仍然居于支配地位。

在由汉区输入铁器前，他们只拥有新石器工具，直到解放前没有进到掌握冶金术和制造金属工具的技术；在食器等用具上，已知道制陶，但较低级，种类也少，仍大量使用竹器和木器，铁锅和大陶缸等也是由汉族地区输入的，但我们不能因此就说他们还没越过野蛮期的中级阶段；必须把他们作为全国的一个组成部分进行统一的考察和分析。同时在这个基础上着重分析其生产关系，这正是历史唯物主义所要求的。只有这样，才能理解他们到社会主义的直接过渡。

解放前，他们的生产水平都是较低下的。农业方面，水田和旱田的耕种，一般都只是一犁一耙，二犁二耙是个别的，也不知道选种和积肥等，产量都很低。以毛枝大村为例，上、中、下等田丰年为亩产二百斤、一百斤、五十斤。大家同时集中在一块地里劳动，用手捻小刀一根一根的割稻，劳动效率很低。种山栏是“刀耕火种”，即每年一月至二月选地；三月初砍山，三月底烧山、整地、除草；四月播种：男子在前面用木棒挖洞，女子跟在后面下种，每洞放五六粒谷种；二十天后除第二次草，再过一月除第三次草；九月收获。手工业方面，生产率也很低，如男子编织一个藤箩需四天，女子织一条无花的筒裙需一个月……。由于生产水准十分低下，加上长期遭受国内剥削阶级，尤其是外国侵略者的剥削和摧残，所以在解放前，他们的生活是极端贫困的。

（二）"合亩"和"峒"的社会组织

"合亩"和"峒"是一种父系本位的氏族制的社会组织。

组成"合亩"的单位是家庭（户）。每个家庭一般包括夫妇和未成年未结婚和已结婚而未另立户的子女，人数不等，大多为三四口人；有些家庭还包括死了丈夫回到娘家的寡妇、没有劳动力和家庭依靠的其他老幼亲属等；娶的妻如果原是生有子女的寡妇，子女不愿随同其父的亲属生活而随母前来，在其长大回到其父的"合亩"以前，也作为家庭的成员而不受歧视。构成家庭的主要成员是一对夫妇；一夫数妻是极个别的现象，一般都是一夫一妻制。但也还存在一些对偶婚的遗迹，这种遗迹的主要表现为所谓"放寮"①，即每个青年男子或女子都可以有几个以至几十个"放寮"对象。其中都有一个是情人，与一般对象的"放寮"时间大都为几日，少数为一月至几月，情人则每每往来一年以至几年。在夫妇结婚、同居以至生有子女以后，大多数男女青年仍和他人"放寮"，有的还生了小孩。"放寮"是黎人的传统，并不受到干涉或非议，而是得到保护和"合亩"的物质资助的。但已结婚的男或女和他人"睡田"如被人发现，即要受罚。如果经过"放寮"彼此双方愿意，又经男女所属"合亩"的双方同意，就可以结婚。结婚除双方都派人欢送和举行聚餐外，男方须以牛及他物作为财礼送给女方父母或兄弟，女方也有以牛及他物作为嫁妆的。这又表现了买卖婚姻的一些因素。由于氏族内的血缘通婚早已被排除②。所以在同一血缘氏族内，男女青年的"放寮"是被禁止的。据传，黎族在很早以前，也存在过原始的血缘群婚，如关于人类的来源，他们有这样的传说：以前在洪水过去以后，只留下了兄妹两人，因为到处又没有别的人，就结了婚，生下四男四女，第一对是汉族和苗族的祖先，第二对是杞黎的祖先，第三对是倖黎的祖先，第四对是白沙本地黎的祖先。这表明黎人也是从血缘群婚和对偶婚走过来的。

---

① 男女青年在未结婚前，都离开父母另住到一个房子，叫作姊妹寮房或兄弟寮房，不同血缘的男子青年可以自由到姊妹寮房去玩和求爱，叫作"放寮"，如发生性交要到野地，叫作"睡田"。

② 例如毛道七个村的各"合亩"成员，除外来户外，据传都是远祖朴基或朴冲的子孙，分别形成两个集团，这两个集团彼此可以通婚，也可以与那些没有认朴基或朴冲作祖先的外来户通婚；但集团内不许通婚，只能和雅袁（据传为远祖王老没的子孙）、毛枝及乐东白沙各峒的人通婚。

结婚是女子出嫁、男子娶妻。家庭内的财产由男系子孙承袭；没有儿子或作为养子的龙子时便由嫡亲兄弟承袭，妻只能分得耕地耕牛以外的一点财物；如同时也没有嫡亲兄弟，便归“合亩”。女子没有财产承继权，也不能参加决定“合亩”事务的集会等社会活动。随母到继父家生活的子女，长大后也仍须回到父的“合亩”。这表明“合亩”制氏族社会是父系本位制。但也还可以看出母系制的一些遗迹，如男女订婚都由双方“合亩”的妇女主持；峒与峒间对械斗进行和解的仪式，双方都由一年老寡妇主持。此外，女子出嫁后仍回娘家“合亩”生活相当时期，有的甚至到生育后才去夫家居住；女子患病必须由娘家“做鬼”，重病需送回娘家，死后必埋于娘家“合亩”的坟场；丈夫死后即回娘家的“合亩”生活；“娘母”“做鬼”时的服饰，必须服饰女上衣、花裲、头巾、项圈和大耳环，而“娘母”一般都是由男子充当。这也都可说是母系制遗迹的一点残留。这又表明黎族的氏族制度是从母系本位走过来的。

家庭是构成“合亩”的细胞，家庭不只是消费的单位，而且是饲养、捕鱼、园艺、手工业等家庭副业的生产单位。有些小的或临于瓦解的“合亩”，仅仅包括父子等两三户，实际已和大的家庭很相似。“合亩”所包括的各家庭，基本上都是血缘亲属，只在个别“合亩”有个别的外来户即“龙子”，在早些时候是完全没有这种外来户的，所以有无“龙子”并不影响“合亩”的存在。“合亩”是原始公社制的家庭公社的一种类型。

“合亩”都有一个叫作亩头的首领，亩头以外的成员都叫作亩众。亩头黎语叫作“畏雅”（白沙叫作“禾打”或“头耕”），意即“犁第一路地的人”。他是集体生产的领导者和组织者，并和他的妻子对犁田、插秧、收割等都要带头。黎人对播种、插秧、放牛上山、田间管理、收获、吃新谷，等等，都有一定的仪式和禁忌。亩头又是这些传统的宗教性仪式的执行者。亩头夫妻不只和亩众一同参加劳动，而且要亲自带头和以身作则，并妥善安排亩众的劳动。所以“亩头”是有较丰富的劳动经验、传统知识的人，亩众对他都是很尊敬和信服的。他在“奥雅”的协助下，处理亩众间的纠纷，但不具有任何强制权力。“奥雅”意即老人，是经验的传授者，同样是受到亩众的信任和尊敬的；“奥雅”们和亩头都是全峒会议（类于氏族会议）的成员。“合亩”内较重大的事情，如处理和保管公有财产、处理和本“合亩”以外的纠纷、接收“龙子”，等等，都必须经过“合亩”会议的民主讨论和全体一致的同意，才能处决。如接收“龙子”时，在亩众同意后，亩头然后向“龙子”宣称：“你来我们这里，不要偷别人的东西；假如你偷别人的东西，我们就不认你做兄弟，就不对你负责了。”龙子回答：“我不偷东西，不连累你们。”这样才算完结。亩头原先都由“合亩”成员选举产生，是族内最高一辈中年事最长的人，而且必须已婚和夫妻同住，如果妻子死了而又没有续娶，就不能继续做亩头，另由亩众选举其他辈分高年事长的人来充当。如果亩众认为他不称职，还可以罢免他。但后来，亩头的产生便不再经过选举，而由家系世袭，这种情况从何时开始，现已无法考知了。

亩众包括血缘亲属各家庭，个别“合亩”还有外来户。血缘亲属各家庭的户主，大都是亩头的子、侄、兄、弟、堂兄弟、堂侄等，个别“合亩”还包含有母系的亲属。这种属于血缘亲属的亩众，在各方面都是平等的：平等参加集体劳动、担负共同费用、防卫外来袭击和平等享有权利，等等。外来户经过“合亩”全体同意，认“合亩”的祖先为祖先，并通过杀牛“做鬼”的仪式，便被认为和血缘亲属各家庭一样。

外来户大都由于无法生活或被罚牛只无力偿付，而前来要求参加“合亩”。有的在提出请求时还向亩头送礼。亩头接受他的请求，提经亩众同意，他便成为“龙子”、认亩头为“龙公”；亩头并杀猪集亩众、“龙子”聚餐祝贺；“龙子”负有罚项的，还要用牛去给他偿付。也有亩众因无子用牛买进“龙子”（实即养子），自为“龙公”的。但这只是极个别的现象。“龙子”加入“合亩”后，对“合亩”原来的公共财产不能享有权利，他们的子孙也都是“龙子”，解放前也没有“龙子”充当亩头的事实。但在其他方面，“龙子”都和属于血缘亲属的亩众一样，不只可以有私有或伙有的耕地、耕牛和农具，而且还可以另组“合亩”。如解放前，王老锐等“龙子”从王老翁“合亩”分出，另组王老锐“合亩”，只是他们对王老翁仍是“龙子”、“龙公”的关系。“龙子”经过与“龙公”商量，可以携带自己的动产离开“合亩”；“龙公”不只一般都没有留拦，并每每杀猪聚众送行。

解放前，个别“合亩”虽没有改变其基本内容，但“龙子”已占较大比例，如毛道王礼文父亲“合亩”（六户），除王礼文和他的父亲两户外，其他四户都是“龙子”，王老范“合亩”十户中也有四户是“龙子”。这也表明了以血缘亲属为基础的家庭公社的解体趋势。

在“合亩”和“峒”之间还有村，每村包括一至几个“合亩”。村有“头家”。清朝并就黎人中指派统辖几个村峒的哨官一人。“头家”和哨官都是世袭的。因此，村是否为黎族固有的一层社会机构，还没有足够的材料来论证。

“峒”是由近亲的若干“合亩”组成的，黎语叫做“贡”。据说“贡”就是“许多人住在一起的那些山头”或“许多人都去那里种山栏地的那个地方”的意思，更确切地说，即“一定的人群集团”。“峒”所包含的各个“合亩”，大都是由很早以前的一个血缘亲属的“合亩”演化而来，都是它的子孙“合亩”：如雅袁峒的各“合亩”都是由远祖王老没为首的“合亩”派演出来的；毛道峒七个村从久远年代以来，就存在朴基、朴冲兄弟为首的朴基“合亩”和朴冲“合亩”各自派演的各“合亩”，并形成为彼此可以通婚而看作不同的血缘关系的两个集团。峒与峒间有一定的界线和界标（柱石碑、木板、埋牛角或种植物和杀牛洒血为誓）。每个峒的山栏、森林、河流属全峒所有，峒内各“合亩”和“合亩”内各家庭，都可以自由去种植、开垦、砍伐、捕鱼、狩猎或从事采集，但都不得越过峒界（只有放牧可以越过峒界）。如越过峒界去从事种植山栏，必须事先得到对方峒长和全体亩头的同意，一般并只许一年为限。峒内各“合亩”间，在生产和生活上彼此都相互支援和帮助，婚丧上互相关怀和庆吊。（如在生产上，只要得到要求援助的“合亩”亩头夫妇的通知，其他“合亩”便相率去支援，为表示酬谢，大都招待前来支援的人每日吃一顿饭，事毕杀猪杀牛共吃一顿酒，等等。）“合亩”内部或“合亩”间发生纠纷和争执而自己不能解决时，常邀请峒内其他“合亩”的亩头和“奥雅”来帮助解决。每峒有峒长一人，也叫做头家，黎语叫做“毕寡”，意即“母亲一样照管大家的人”，是全峒的亩头和“奥雅”的首脑，为群众所尊敬和信服。在毛道，群众说，只有成了剥削分子的“奥也”（意即“有权势的人”）不听从他。峒长在亩头和“奥雅”的协助下，解决各个“合亩”及其相互间的纠纷和争执。峒内有较重大的问题或与他峒发生纠纷和争执等等，则召集全峒会议或全峒的亩头和“奥雅”会议商决，会议的决定通常以全体一致同意为原则。峒长原来是由全峒会议民主选举的，何时开始成为家系世袭，已难于确切考知。毛道峒王老魏家系世袭的峒长，只能追溯到五代，即：王老魏曾祖——王老魏祖父——王老魏伯父——王老魏堂兄——王老魏。峒在实质上是血缘氏族的社会组织。早先可能存在较多的峒，如毛枝峒，在过去，曾分毛枝峒、红运峒、牙冲峒三个峒，后来可能由于地方官府为统治的方便而被合并。因此，毛道峒的所谓朴基子孙各“合亩”和朴冲子孙的各“合亩”，也可能原是两个峒，后来被并为一峒的。早先在黎族地区是一峒连接一峒的。

在清朝，曾设有管辖数峒的总管（黎语叫做“们”），大都由黎人担任。黎族是否原来就有一种包括数峒的自然形成的社会组织，已难于正确考知。不过在黎族，一方面，像保亭县的毛道、雅袁、毛枝诸峒各“合亩”的血缘系统都是王氏（其中并包括着彼此可以通婚的各氏族）；白沙黄老任等诸“合亩”则是黄氏；乐东则有徐氏；另方面又有所谓杞黎、侾黎、本地黎，或东黎、西黎等的区分。这似乎可以看成是自然形成的各个胞族或部落。黎族原先是否有着联系各部的联合组织，更是难于正确考知了。

在过去的封建王朝、北洋政府、国民党政府统治的年月，总管、峒长、哨官以至乡长、保长、甲长等，都是地方政府就黎族头人中委派或加委的，所以像峒长和亩头，都明显地有着两重身份，即一面是家庭公社和氏族组织的首脑；一面又是地方政府的代理人和征税吏，如保亭营。据说，以前分为十三弓（即“贡”），“弓设总管，下设哨官、头家、粮长”。在这里，总管和头家就是黎人自己的峒长和亩头。现存的道光十四年八月《奉宪永禁扰索示碑》①，也说明了这种情况。

黎族人民为反对反动政府和外国侵略者的压迫、剥削，曾举行了多次的起义和斗争，著名的如清光绪二十三年（公元一八九七年）为反对美国教会和基督教商人压迫、剥削的多港峒（今乐东抱油）黎人起义，一九四三年为反对国民党陈汉光匪军烧杀抢掠的白沙黎人起义。历代反动政府为着对黎族行使“分而治之”的政策，不只任令峒与峒间进行械斗，而且每每去加以挑拨、煽动。这种械斗曾给黎人带来了不少灾难，并阻碍了黎族社会的发展和各部落间的团结。直到一九四七年海南岛解放和社会改革完成，才根本解决了这个灾难性的问题。

① 各峒峒长（总管）符安祥等六人、头家吉石布等五人联名申请崖州知州，永禁官吏和驻军对黎人的额外勒榨扰索，这一面代表黎人利益，一面也表现了他们的代理人身份。

（三）个别“合亩”间的阶级剥削关系

除了上述毛道、雅袁、毛枝大乡的“合亩”以外，保亭畅好乡、保国乡和白沙、乐东在解放前还保存的“合亩”，除个别外，也大都在不同程度上保留着家庭公社的基本内容，但其中有不少“合亩”已表现了临于瓦解的趋势。如畅好乡和保国乡的“合亩”，一般都只有二三户，大都为父子、兄弟或叔侄组成，实际已近于较大的家庭，不少“合亩”公有的耕地比私有的为少或者相等；白沙的“合亩”大多也只有三四户，也近于较大的家庭；有些“合亩”的成员则多系外来户，如乐东番阳乡徐亚此兄弟等的“合亩”，九户中，有七户外来户。此外，有些地方的“合亩”已经瓦解或早已瓦解，如白沙县南解乡抗哮村的“合亩”，在陈汉光匪军统治下已经解体；乐东番阳乡侾黎的二百八十七户，一千一百四十六人中，“合亩”早已消亡，所以说他们没有“合亩”。

在解放前，个别还保留“合亩”的躯壳，但已变成了剥削与被剥削关系的内容，这在毛道王老本“合亩”和雅袁王老轮“合亩”是比较典型的。从它们那里，我们可以看到那种长期在阶级社会包围中，从原始公社制到阶级制度转化的若干情况。

解放前，王老本“合亩”由十九户组成，其中血缘亲属五户，“龙子”十三户及未婚“龙子”十一人。“龙子”的数量是逐步增多的，王老本祖父（老等）“合亩”十三户中有五户“龙子”，王老本父亲（奶抛）“合亩”十五户中增到七户“龙子”，王老本兄（兵牙）“合亩”十二户中增到十户“龙子”。“合亩”内和王老本的血缘亲属关系的五户，他们对于“龙子”，也都是“龙公”对“龙子”的关系。

王老本“合亩”的耕地、耕牛和工具远比家庭公社性的“合亩”为多，有耕牛四十四头、铁犁十七座、铁锄二十八把、铁铲十四把、钩刀三十一把、手捻小刀三十把、土枪十八支、标枪八支、纺织工具十九套、鱼网二十四副，等等。“合亩”内的全部耕地和较多农具，几乎都成了王老本剥削“龙子”的手段。他在毛道以外，还占有耕地一百零四亩吃地租（东四佃六）。王老本手中的耕地和耕牛，大多是他父子两代用高利贷和其他方式强力抢夺来的，如他的父亲为亩头时，抢夺了王老袁父亲的全部耕地，王老本自己作亩头时，也抢夺了他人的土地，并迫使被抢夺者为他做“龙子”；又如王老东借了王老本一头牛被人偷去，便罚他赔二十头，结果赔了十头还迫使为他当“龙子”；他又抢夺了“龙子”王老袁的四头牛……。“龙子”都没有土地，只有少数农具和其中三户共有三头耕牛。

王老本血缘亲属的各“亩众”，形式上，也和“龙子”在简单协作的形式下一同参加农业生产，但每每迟到早退，不受到任何约束和监督。王老本父子则完全不参加生产，只监督“龙子”劳动。“龙子”以自己的耕牛和〈牛〉[农]具在王老本父子的监督下进行生产。收获时，却是：1. 王老本先拣出好谷装满两谷仓；2. “稻公稻母”每块水、旱田收七把、山栏地十二把，共收一百四十四把谷子；3. 留下给国民党政府纳田赋的谷子；4. 留下公家聚餐的谷子和“留新禾”；5. 留谷种。其中1项全归王老本私有，2项和4项，是归王老本和他的血缘亲属各户分点的，只有第5项和“龙子”有关。这五项已占去了全部收获的绝大部分，余下分给各户的就为数很少了。如王老袁每年只能分得三十六攒谷子，仅够全家半个多月吃。解放前在水、旱田共约二千三百七十六攒的总产量中，十三户“龙子”共只得四百六十八攒。另外，“龙子”还要无偿地为王老本家担负烧饭、烧水、舂米、酿酒等家内杂役，以及从他乡挑回租谷、给商人挑运物品（工钱全部或一半归王老本），等等。王老本又向“龙子”放高利贷，粮食借一还二，息上加息，借钱也是一样；王老该和王老开都由于还不起息上加息的借款，王老本就把他们的儿子卖了。“龙子”由于无法活命，只得男女老少一齐去种山栏。

“龙子”不只不得离开“合亩”或逃走，王老本还可以打骂他们。

王老本与乐东县番阳乡任国民党匪军中队长的王明则、伪正副乡长王老带、王老光结为兄弟，其子王老向兄弟也相继充任国民党匪军中队长，他的兄弟王老南也勾结国民党匪徒，抢夺他人土地，甚至杀人。因此，群众把王老本、王老南和曾任国民党伪团董的抱曼村王老达（王老翁之弟），一同称作“奥也门”，意即“权力最大的人”。

因此，在王老本“合亩”中，剥削关系基本上已代替了原来的家庭公社的内容，后者便只留下了一些残余。这表现在：1. 在水、旱田的农作上，还保留简单的协作的集体劳动的形式；2. 集体生产出来的粮食的一小部分，仍按户平均分配；3. 在血缘亲属各家庭间仍按传统的习惯去处分“公家聚餐的谷子”和“稻公稻母”等；4. 血缘亲属各家庭的相互间、“龙子”相互间，在借贷和互助方面，仍存在着传统的关系；5. 还没有完全冲破氏族的藩篱而把山栏变成私有，“龙子”仍得以一户单独或几户伙同去种山栏。

雅袁王老轮“合亩”的情况，基本上与王老本“合亩”一样，只是在沿着剥削关系的道路上比较走在后面一点。王老轮在未做“亩头”前，就和当地伪甲长、王老本及乐东一些恶霸勾结。依仗这种恶势力，他从不参加“合亩”的生产劳动，而在分配时，又强给自己双份粮食和独占全部糯米百分之六十（其他“亩众”只共分百分之四十），破坏按户平均分配的原则。在迫使其父让自己继承“亩头”后，就更加为非作恶，如借口亩众的祖先都借过自己祖先的牛“做鬼”，独自将“合亩”公有耕地十三亩全部卖给外村；用低价强买亩众耕地转以高价出卖；强迫被他诬罚而不能付出罚款的人为自己当“龙子”，并强迫“龙子”为自己家服杂役，不给“龙子”以传统的人身自由；凭借伪甲长的地位，不按传统的民主办事，独自处理“合亩”内的一切重大问题；任意打、骂以至处罚亩众；仗势雇人打死和自己“放寮”的妇女的丈夫，并把她抢来做妾，等等。

王老本“合亩”和王老轮“合亩”的情况，表明它们基本上已丧失了原始公社制的家庭公社的内容，成为一种具有阶级构成的农村公社的形式，并表现为一种到完成阶级制度的发展的过渡形式，像侾黎和其他已完全不存在“合亩”形式的黎族社会一样。但是，由于长期在一个统一的国家内，和先进的汉族以及苗族在经济、文化上的紧密的联系和深远影响，这种农村公社所包含的阶级剥削关系，便表现为具有一些封建性的特点。由于全国范围的人民大革命的胜利，社会主义革命和社会主义建设，黎族人民在党的领导和政府的帮助下，便截断了这种农村公社向阶级制度发展的道路，和那些基本上是原始公社制的“合亩”一起，随着社会改革的完成而直接过渡到了社会主义道路。这就是人类历史的活的辩证法。

C. 景颇族从原始公社制到阶级制过渡的诸形态

景颇族是我国历史较长的少数民族之一，有自己民族的语言——汉藏语系藏彝语族的景颇语，原无文字，刻木记事，间用汉文或傣文。景颇人自称为景颇、载瓦、浪速、茶山（亦称小山或阿系），主要散布在云南西部德宏傣族景颇族自治州的瑞丽、陇川、莲山、盈江、梁河、潞西及腾冲各县，人口约有十余万，[①] 与汉族、傣族、傈僳族等兄弟民族住区接连、交叉，并在长期的历史过程中形成了杂居的情况。

景颇人传称，他们的祖先是从终年积雪的高山地方，叫作“木砱省腊崩”的地方向南迁徙，移住到今云南地方和缅甸国境，他们保留着人死后要送鬼回北方老家的遗习，并世代传述着南来北归所经历的山川和路程，等等。据云南少数民族社会历史调查组的同志们考证，景颇族可能是从康藏高原逐步南迁而来。景颇人叙述南来后的祖先有达四十代至五十代的，可见他们至迟在一千二百到一千五百年前已住在当地。据《南诏德化碑》及有关文献记载，在南诏初的阁罗凤时期，他们已住到江心坡一带。自后，国境内的景颇族，历朝都是祖国的一个组成部分。

解放前，景颇族聚居区的各部分，在历史的进程上，表现着不小的参差和不平衡状况。在交通很闭塞的中心山区，如瑞丽县雷弄寨、莲山县乌帕寨等一类村寨，生产比较落后，汉族等各族人民的杂居成分较少，傣族土司的统治也较薄弱，表现着由原始公社制到阶级制过渡的一种农村公社的形态。这在一方面保持有较多的原始公社制的残余，一方面已存在着阶级制度的诸关系，主要是由家长制到奴隶制的过渡形态的东西，同时又出现了农奴制以至后期封建制的一些因素。在与汉族、傣族等兄弟民族住区邻近和有较多的杂居成分的地区，如潞西县弄坵寨一类的村寨，生产比较进步，一方面在不同程度上存留着原始公社制的一些残余，另方面曾经出现过的奴隶制度的一些东西已经萎缩，农奴制已开始取得优势，并出现了后期封建制的佃耕制。在与汉族人民长期杂居和住区交错、彼此关系非常密切的地区，如盈江县邦瓦寨、梁河县景颇族聚居区一类的村寨，生产水平已接近于汉族地区，后期封建制的佃耕制已取得支配形态，原始公社制的残余已不显著。

现就云南少数民族社会历史调查组所提供的资料及有关材料，进行初步研究。

---

① 散布于原中缅未定界地区者不在内。散布在缅甸共和国境内的称克钦族。

（一）由原始公社制到奴隶制过渡的一些情况

在解放前和社会改革以前，景颇族聚居的中心山区，即其聚居区中最落后的地区，也进到了以农业为主要生产和开始有了阶级分化的农村公社的社会组织；在那里，父系本位的家庭是生产和消费的单位。据景颇人的传说，在历史上，他们曾有过穴居野处和不知用火的时代，也有过使用弓箭从事渔猎的时代；在婚姻制度上，曾有过同辈间结婚不受限制的群婚时代和男子出嫁的时代。在景颇族中，至今也还保留有伯叔父与父、伯叔母与母、堂兄弟与同胞兄弟、侄与子、侄与女均同样称呼的群婚遗迹，女子在出嫁前可以有几个情人，并同时发生性的关系而不受非议的对偶婚遗迹，等等。这表明景颇族和世界其他民族一样，经历过原始公社制的以往各时期。

这种农村公社，即村寨，一般都包括一个至几个寨子，每个寨子一般都包括三五个家庭至一二十个家庭，并大都在水泉附近结寨。

作为他们获得生活资料的主要来源的农业作物，有水稻、旱稻、包谷、苦荞、高粱、小米、红薯、芋豆、瓜果、蔬菜以至鸦片烟，等等；包谷是他们最主要的作物。

土地的所有制情况，是在农村公社的公有制基础上出现了私有的萌芽的一种过渡性形态。公社范围内的土地河山，即相当于“山官”① 辖区内的山林、河流、平坝地等等，原则上都属于公社公有。公社内各个家庭，包括“山官”和“寨头”② 在内，都可以自行“号地”，即把自己圈用地的四周立上标志。开荒耕种的旱地，在持续使用的时期内有占用权，但一般只能利用一二年或二三年即需抛荒轮歇，抛荒轮歇以后即丧失占用权。他们的耕地主要就是这种抛荒轮歇的旱地。旱地以外的水田在耕地面积中只占很小的比例，各户的耕地，不论来自自己开垦，或来自公社的分配，只要长期持续利用，便能长期持续占有，并得以用作典、押、出租和作为遗产传给子孙，但是不得买卖；如果这个

① 管辖一个至几个寨的头人或寨长，景颇语叫作“杜瓦”，“山官”是汉人的称谓；他是由旧中国地方的县、厅长或傣族土司委任的。他原本是公众的领袖，传统约束的体现者、生产和公共事业的组织者和领导者，并率领公众抵御外来的侵袭等等。

② “寨头”，景颇语叫作“苏温”、“司郎”、“思音”或“阿得”，每寨有四五人，由“山官”委派，协助“山官”处理寨内事务，成为寨内有特权的人。原来是由最早开山立寨的带头人充当，具有氏族制首长的性质。

家庭迁走，便由公社收回以之另行分配。“山官”代表公社分配土地，接收迁走户或绝嗣户的水田和还能持续利用的已垦旱地及附属财产，“寨头”则协助“山官”执行这种权力，这样便出现了“山官”和“寨头”占有较多水田的现象。从瑞丽县雷弄寨的山官、寨头和寨众各所占全寨户数的比例和水田面积比例（不包括全部户数和水田面积）来看，占全寨户数百分之十五的“山官”、“寨头”，共占有全寨百分之四十的水田，属于寨众的“百姓”占户数百分之七十五以上，但一共只占有百分之五十二的水田面积。不过“山官”给新来户分配水田还是无代价的。旱地和水田以外，各个家庭大都在住宅附近，用竹篱围用一块园地，种植蔬菜瓜果等（日寇和国民党政府曾迫令他们种鸦片烟）。由于他们对园地的耕种较细，逐年施肥，能长期持续利用，因此，除非占用者迁离这个公社，这种园地就还能由其子孙继承。各个家庭都可在公社地界内圈占一块竹林，经圈占后，他人便不得去那里砍伐和采集。但在各户占地以外，公社地界内的所有树林、山野、河流，各个家庭都可以自由砍伐和采集。上述情况表明了这种农村公社的土地占有和使用形态，是从家庭公社的土地公有制发展和转化而来，又具有了不同的内容，即在土地公有制的内部出现了私有制的萌芽，具体表现为个别家庭成了占有和使用的单位。

耕地以外的所有生产工具和耕牛等等，都是个别家庭所有。农具主要有铁制的犁、耙、锄、镰、斧、长刀和木耙、骨铲、竹刀等；铁制农具和耕牛，都是从汉族地区输入的，使用技术和经验主要也是汉人直接或间接传授的。铁制工具的输入，大约开始于三百年前，但最初只是小件工具，景颇人以之与木制、竹制的刀、棒等并用；源源输给各种铁制大农具，大约是在六七十年以前。由于各类铁制农具和耕牛的相继使用，便不断提高了生产率，产生和扩大了剩余生产量，使对剩余生产物的剥削和阶级分化成为可能和现实，并从而使各别家庭所有的铁制农具和耕牛，数量日益悬殊，而产生贫富分化的现象。以瑞丽县雷弄寨为例，解放前，这里的生产资料占有情况，大致可分为三类。一类是有较多的水田和农具、耕牛，通过使用奴隶从事生产和家内劳动等方式进行剥削，属于这一类的有：一户“山官”，他占有十九箩谷种的水田，[1] 耕牛

① 一箩相当于三十市斤，水田一箩谷种面积约相当于四点五至五点五市亩，产量最多达一百箩，最少仅二十箩，一般为四十至五十箩左右；旱地一箩谷种面积约相当于二点五至三点五市亩。产量，好地最多达三十至四十箩，瘦地不到十箩，一般为十五箩左右。

七头、犁七件、耙二件、锄四把、镰三把；一户寨头，他有十点五箩谷种的水田，耕牛十头、犁四具、耙一件、锄四把、镰二把。第二类情况是生产资料够自己使用。属于这一类的有：三户寨头，他们共有十点五箩谷种的水田，耕牛十二头、犁六件、耙三件、锄六把、镰十三把；三户魔头，他们共有六箩谷种的水田，耕牛六头、犁四件、耙二件、锄五把、镰六把；十一户寨众的百姓，他们共有三十三点五箩谷种的水田，耕牛三十六头、犁十七件、耙十一件、锄二十一把、镰二十四把。第三类情况是生产资料较少，不够自己耕种使用。属于这一类的有：一户寨头，只有一箩谷种的水田，耕牛一头、犁耙各一件、锄一把、镰二把；十四户寨众的百姓共只有十二点五箩谷种的水田，耕牛二十六头、犁七件、耙五件、锄十一把、镰十七把；其中并有一些家庭没有水田和大农具。随着铁制农具和耕牛的使用而出现的生产资料占有情况的这类差异，便逐渐改变了原来的简单协作的集体劳动方式，使各别家庭不只是消费而又成了生产的单位，从而冲破了以血缘亲属为纽带的家庭公社的藩篱，转化为农村公社——其中包括有奴隶主、平民和奴隶各种因素。在这种农村公社内，占有较多水田的“山官”、“寨头”和个别富有的寨众（百姓），一方面，他们自己和家庭其他成员虽然也参加劳动，另一方面，又使用奴隶从事生产和家务劳动。每个这样的家庭都有或曾经有奴隶数人，个别的多至数十或上百人。奴隶的来源，大都来自买卖和向外劫来的童男幼女。个别因负债而沦为奴隶，械斗中的俘虏被卖为奴隶的，均可以赎身。奴隶所生子女，不论系主人为其婚配所生或未婚女奴所生，仍为奴隶。主人对奴隶可以任意打骂、杀死、作为私产出卖和给姑娘陪嫁。这一切，都具有奴隶制的特点。但是，主人他还没有完全从生产劳动中脱离出来，与奴隶一同参加劳动；奴隶称主人夫妻作父母，称主人的子女为兄弟姊妹，所吃的饭食也与主人差不多。因使用奴隶而出现了富有者的娶妾，父死后，除生母外，父的妻妾均由子继承，如子先死，其妻妾也要转嫁于父。这一切，又表现了家长奴隶制的一些特点，以至原始公社制时代的养子的遗迹。

只能自给和贫穷的家庭，占公社内户口的绝大多数。他们都以自己家庭的成员使用自有的农具和耕牛去进行生产，主要是耕种山栏旱地，个别的还租种他人的水田——须缴付百分之三十以至百分之五十的地租。农忙时，常实行一种传统的“吾戈龙”，亦称“吾戈戛缩”，即换工（一天等一天）。每个人都自带饭食，主人则备些肉和酒。这本来是传统的集体劳动和互助的遗留，但后来，则每每成为富有户剥削他人劳动的一种形式。

农村公社内的所有家庭，每年都要在“山官”所掌管的水田，即“拾瓦田”上劳动一至三天，景颇语叫作“拾瓦龙”，意即“公共工”。“拾瓦田”的收获全由“山官”支配，便产生了中饱的现象。但“山官”对要求帮助的困难家庭，也常常要给一二箩谷子，农忙季节要给贫穷户送饭，对前来要求解决纠纷的寨众要供给饭食，等等，都是用这种收获开支，这都是原始公社制的遗留。由于这种农村公社是在地方县、厅衙门和傣族土司的统治下，所以还要向傣族土司缴纳“拾瓦谷”，即“官谷”等贡纳。“拾瓦谷”，景颇语的本意是“公共谷”，后来变成了傣族土司对他们的残酷剥削。

由于铁制农具主要靠汉族地区供给，景颇族地区便与汉族地区在经济上建立起日益紧密的不可分割的联系。在景颇族地区内，直到解放前还没有一个市集。在农村公社的内部，相互间关于生产资料和生活资料的交换也是极少的，但他们主要生产工具和若干重要生活资料，几乎完全依靠汉族地区供给。汉商经常运入各种铁器工具和用具、耕牛、羊、陶器、枪支、盐、粮食、油类、糖、布、棉纱、石灰以至烟、酒，等等，交换他们的土特产，如党参、肉桂、茯苓、鹿茸、虎骨、蟒胆、象牙、琥珀、木耳、蘑菇、竹笋、杉板等等。但汉商每每采取中古式商人的手段，进行不等价的交换，还常常通过赊货等方式施放高利贷，并逐渐通过对抵押品的支配进行剥削。因此，景颇族地区和汉族地区间经济上不可分割的紧密联系，大大地推动和促进了他们生产的发展和历史前进，这是主要的一面；但汉商对他们所进行的中间剥削，却加重了他们生活的贫穷化，虽然这只是比较次要的一面。

景颇人在解放前，生产水平是比较低的，除极个别地点外，都不知道冶金和制造铁器、陶器，食器和用具多是竹器，竹制、木制、编织、纺织等手工业，都是家庭副业，没有从农业分离出来。农业方面的旱地耕种，基本上还没有脱离“刀耕火种”的状态，一般是砍倒森林或山坡的草木，晒干烧光后，略加整理，即撒种覆土，或用锄挖穴点种，或于冬春分别犁两遍、碎土下种后，再薅草一次。当地自然条件良好，土地肥沃，但因耕种粗放，产量仍很低，一箩谷种面积一般只能收获十五箩左右，耕种一二年或二三年后，即需抛荒轮歇。因此他们的生活大多都比较穷苦，一般类于自耕农民或平民的“百姓”，每年都要缺三几个月粮食，靠采集野菜、野果、球根、菌类、竹笋等过活（有些地方又以柴、菌、笋等东西到傣区市集换粮）；“山官”及其他富有的家庭，一般在生活上的衣、食、住等方面，都较农民富裕。

适应于景颇族的这种农村公社的生产和尚在萌芽中的阶级构成的过渡状态，他们对汉族地区和傣族地区在经济上的依存状态，便形成其社会组织、制度的过渡性，对汉族地区和傣族地区社会政治的依附性。首先，农村公社的内部出现了等级制的萌芽，即“山官”和“寨头”等富有者家庭构成了一个有着特权的萌芽的等级。这具体表现为“山官”具有一定的特权，并为了旧中国地方县、厅政府或傣族土司制下的一级行政官吏和征收、送缴“官谷”等贡纳的代理人，只能由出身于“官种”或“官家”氏族的人来充当，并且是家系世袭的。在景颇族中具有这种贵族氏族雏形的，有拉派家、拉陶家、马里家、思昆家、马兰家五支或五个氏族；他们的取名也有他人不得使用的特定的冠词，如“杜”“早”等。“寨头”原来是由氏族公社内有传统经验的公正长老充当，现在却一般都是出身于“百姓”中的富有者家庭或至少是能够自给的家庭，产生的方式，也已由选举而变成了由“山官”委派。由寨头构成的长老会，是氏族制度的遗留，实质上是“山官”的助手。“百姓”或寨众是具有萌芽状态的下层自由民等级的性质，亦即类似于古代的自耕农民或平民等级的性质；他们只能充当由“山官”派遣的职事人员。奴隶是完全无权的等级，具有奴隶制初期奴隶的若干特点，个别熟悉传统历史故事和宗教魔术而被“山官”指派为“魔头”（亦称“董萨”），或由于得到“山官”信任而被指派执行一些行政职务的人，也不能改变奴隶的地位。

但这种农村公社的组织机构，长期以来，就是旧中国地方县、厅官府或傣族土司直接统治下的基层行政单位，又处在先进的汉族地区、农奴制的傣族地区及比较先进的景颇族自己的聚居区的包围、影响、推动下，既没有适当的奴隶来源，又无法防止奴隶的逃亡。这种情况，就限制了他们无法获得和保持必要数量的奴隶，从而就限制了奴隶制度的发展，如在有些地区，在这种过渡形态中，奴隶制的因素就已经萎缩或灭绝，并同时出现了封建制的东西。这就是历史自身的辩证法。

（二）邻近傣族和汉族地区的农奴制

这一类村寨或“山官”辖区，如陇川县的峨穷寨、潞西县青龙乡的弄坵寨等地方，大都是邻近傣人住区和汉人住区，并有较多的杂居成分。在弄坵寨，各族都分寨而居，共包括有景颇人、汉人、傈僳人、崩龙人各自组成的几个寨子。在这里，像上述那类地区的过渡形态的奴隶制的东西，已完全萎缩，生产水平有了较大的提高，封建性的、尤其是农奴制性质的剥削和阶级构成，已占有支配地位。

这类地区，大约在十五六年前，水田已开始在耕地中占主要地位，但“山官”、“寨头”，尤其是“山官”集中了较多的水田。弄坵寨九十六点九箩谷种的水田中，一户“山官”占有百分之三十三点四三；一户“寨头”占有百分之六点一九；另两户“山官”共占有百分之十一点四，二户魔头共占百分之四点五四，三十三户寨众（百姓）一共只占百分之四十四点一，其中有十七户只有很少的水田，十四户没有水田。这表明水田有了进一步的集中，与此相适应，在“山官”或寨众里面都有了一定程度的阶级分化。“山官”还可借故抽回寨众的水田，新来户要想得到一份水田，必须给他送礼（一头牛或其他厚礼），虽然水田还保有不得买卖和把使用权保留在村寨内的传统约束，但“山官”对水田的支配权是提高和扩大了，并从而在改变着水田的所有制性质。旱地和山林，原则上虽然还是公有的，但由于没有脱离“刀耕火种”的状态，土地肥沃度不断减退，集中有较多的水田的“山官”和“寨头”都不重视旱地；但“山官”对迁走户和绝嗣户所圈占的竹林，则常利用特权占为己有，辖区外的人来砍伐树木所付的山价，“山官”也全部收归己有。全寨三十二点七箩谷种的旱地，三十三户寨众共占有二十九点七箩谷种的面积，各户最多的不过二箩，一般只有几斛到一箩谷种的面积。如果没有水田，这点旱地的产量是不能维持他们家庭的物质最低限度的生活的。

“山官”和其家属已完全脱离了生产劳动。他们所占有的大量的水田，大部分靠寨众的“拾瓦龙”耕作。所谓“拾瓦龙”，即辖区内的每户每年要出工四天到“山官”的田里给栽种、薅秧、割谷、堆谷子，崩龙人还要额外负担打谷，汉人有牲口的要额外负担搬运，收获全归山官。过去对困难户的帮助和农忙时给困难户送饭的传统，全都取消了，供给前来要求解决纠纷的寨众无代价吃饭的传统，也改成要收伙食费了。因之“拾瓦龙”已变成了提供劳役的地租的封建劳役。“山官”们占有水田的一部分，也像汉族地主、富农一样，佃租给寨众或其他人收取实物地租，一般分为定租和分租两种：定租是一箩谷种的水田收六至二十箩谷子；分租是地主出种子、耕牛者平分，也有用佃户自己的种子、耕牛，仍是平分的。除出租外，他们也雇用长工和短工进行耕种。寨头本人也是脱离生产劳动的。他们占有的水田，大都是雇用长工、短工和由家庭成员担任耕作，也有以一部分佃给他人收取地租的；同时，他们还享有“苏温田”，即免除负担的水田。

“官谷”，景颇语叫作“砍色”，也成了封建性的一种剥削。其内容是：寨众每种一箩谷种的水田须缴“官谷”[①] 十箩，无水田的每户每年出“门户钱”二块，或钱一块、米二升、鸦片烟四到五钱至一到二两。同时还有所谓“恩道田”，即由寨众共同耕作，收获全归“山官”和傣族土司的一种劳役负担。辖区内的汉人住户，每年都须缴纳颇大数量的“官烟”（鸦片烟）。其中小部分送傣族土司，大部分归“山官”。另外，“山官”家的婚丧和“总戈”[②] 时，百姓每户都要出牛、谷、酒及其他礼物。寨众打获野兽，要给“山官”送一条腿叫作“宁贡”，或祭鬼杀牛，也要给“山官”送一条腿。傈僳人杀一口猪要送二三斤肉。汉人、崩龙人和傣人等还另有所谓“保头税”[③] 的负担；傣人寨子，每寨每年纳“保头税”谷三十箩，别加相当数量的盐巴和酸酒等；对汉人特别苛重，每户每年除年节送礼、请吃饭外，“保头税”每寨每年为鸦片烟三砣（相当于一百二十两）。寨众百姓前来要求解决纠纷，除收伙食钱外，还要缴纳所谓“开口钱”、“烟钱”、“压吉钱”、“打扫衙门钱”，等等。

“山官”、“寨头”等上层富户，又和汉族的商人、地主一道，对穷苦寨众进行高利贷剥削：借债，钱、谷一般为借一还二，牛、猪为借一还一，但也有借三还十或借四还十的。尤其是鸦片烟，利率有的高至百分之六百。

基上所述，这类村寨基本上已丧失了农村公社的内容，而成为具有封建庄

① 在雷弄一类地区，景颇人“百姓”每年每户纳“官谷”二或三箩，崩龙人一点五箩，汉人鸦片烟六两；景颇人“百姓”每年每户出“官工”一到三个工，汉人六到八个工，崩龙人三个工。

② 祭所谓“木代鬼”，是一种最隆重的祭鬼仪式和规模最大的祭鬼场面。

③ “保头税”，在名义上，说成为保护辖区内汉、傣、崩龙等族住户生命财产的安全，免遭所谓“拉事”一类的攻击，走失了牛马也得以上山寻找。而所谓“拉事”，实际就是向他族村寨或住户借端制造纠纷和进行勒索。“保头税”实质上乃是人头税。

园或领地的若干根本特点的社会构成；土地的公有的性质已在改变。寨众占用的旱地、园地和分得的水田，也已开始具有农奴制下的份地的一些性质；“山官”和其属下的“寨头”等人员，实质上，已具有农奴主和其左右或地主和其管事人员的若干基本特点，只是他们没有直接掌握监狱和警察，须依靠上级的地方县、厅官府或傣族土司，才能实现强制权力；一般寨众不只开始被赋予农奴的若干基本特点，有的还具有佃农或雇农的一些性质。但这类村寨也还没有完全排除原始公社制的残余，尤其是在土地所有属性上。

上述（一）、（二）两类村寨的社会形态，由于在阶级关系等方面，都具有身份等级的构成等特点，所以景颇人统称之为“贡萨”制，实际两者是有着本质的区别的。

（三）杂居区的封建佃耕制

在和汉人交叉杂居，甚至共村连舍的地方，如盈江县邦瓦寨、梁河县若干村寨，经济上和汉族地区已紧密地连成一体，景颇族人民与汉族人民，长期以来就共同进行了生产斗争、阶级斗争和反对帝国主义侵略的民族斗争。因此，这类地方的生产已接近于邻近汉族地区的水平，农业生产的支配形态，主要是封建佃耕制，并有了资本主义性质的富农经济的存在，原始公社制残余的存在已不甚显著，那种过渡形态的奴隶制度的东西也已经死灭。把它区别于上述两种社会形态，景颇人称之为“贡龙”制。

在盈江县邦瓦寨，据说由“贡萨”制到“贡龙”制的转变，还经历了“百姓”和奴隶共同对特权等级进行过相当长期的斗争；在这类地区的其他地方，也有类此情况。

在邦瓦寨，水田、旱地、园地以至山林，大都成了个别家庭私有，可以任意出租、典押、买卖、陪嫁和赠送，不受到任何限制或干涉；迁走户、绝嗣户都可以将土地出卖、抵债、赠给亲戚。但出息不多的山林、地力枯竭或贫瘠的旱地，大都没有主，仍属公有。砍伐树木、竹子，开垦荒地和山林，都必须取得所有者的同意，约好条件。外来户要得到耕地，不是通过向“山官”送礼，而是必须通过买卖取得所有权，通过典、押或租佃取得一定时期的使用权。土地买卖相当普遍和经常，买卖的手续都书立汉文或傣文的文契。这表现了它的土地占有形态基本上和汉区一样。

土地和耕牛、农具的占有和生产，已变成下述这样的情况。邦瓦寨七十八户中，成为地主的二户“山官”占有水田二十二箩谷种、旱田三箩谷种，耕牛（水牛）五头、黄牛八头、犁三件、耙一件、锄二把、镰六把；成为地主的一户寨众占有水田八箩谷种、旱田六箩谷种，耕牛、黄牛各七头，犁三件，耙二件，锄镰各五把；成为富农的二户寨头、一户魔头、二户寨众共占有水田三十七箩谷种、旱地二箩谷种，耕牛十四头、黄牛二头（全属寨头）、犁九件、耙五件、锄十三把、镰十七把。成为中农的二户寨头、三户魔头、二十八户寨众，共占有耕地面积水田一一八点一箩谷种、旱地二八点九箩谷种，耕牛七十三头、黄牛一头，犁四十一件、耙三十三件、锄五十五把、镰八十一把。下降为贫雇农的三户魔头、三十四户寨众，一共只占有耕地面积水田三一点一五箩谷种、旱田二八点六箩谷种，耕牛二十七头、黄牛五头（其中三头属魔头），犁二十四件、耙十三件、锄五十九把、镰四十三把；其中有些人耕地、农具或耕牛不够使用，有些人没有耕地、农具或耕牛，甚至三者都没有。原来的“拾瓦龙”和“恩道田”等劳役都已根本取消，地主和富农的土地主要靠出佃收租和雇人耕种。地主、尤其是其中的“山官”占有多的耕地，农具和耕牛反而不多，由于大部分土地都是出佃收租，佃户用自己的农具和耕牛耕作的（有些人由于没有耕牛，以此又有向他人租牛的）。那种自有的耕地、农具或耕牛不够使用的寨众，就租种地主、富农的土地和出卖月工及短工，形成为贫农；那种没有耕地、农具和耕牛，或不能以之进行家庭生产的人，或给富农和地主当雇工，或充当使用田东的农具和耕牛、支付高额地租作代价的佃户，他们就构成贫雇农。那种占有足够或勉强够自己耕作的耕地、耕牛和农具的寨众，就形成中农阶层。

那种种所谓“拾瓦龙”、“拾瓦谷”、“恩道田”、“苏温田”、“保头税”，等等农奴制性质的赋税、徭役、贡纳之类，基本上都完全取消了，“山官”及其左右的这类特权基本上也都完全取消了。因此，原来的“山官”制度已不存在，“官种”和“百姓”的等级差别已经消失，原来的“山官”辖区也已经完全打破，而成为类似汉区的乡村。“山官”和其左右富有户，以及由寨众中上升的富有户，都变成了封建性的地主和半封建性的富农。与此相适应的，商品交换和借贷关系，等等，不只在景颇人与汉人间，而且在景颇人的相互间，都比较发达了。

上述在解放前存在于景颇族社会的三种社会形态，表明了它的过渡性和不平衡性。解放以后，由于党的民族政策的光辉胜利，经过景颇族地区的社会改革运动、互助合作化运动的胜利，人民公社化运动的胜利，这三种不同类型的景颇族地区，都已过渡到了光明幸福的社会主义的道路，永远结束了它的黑暗、落后和贫困的状态。

一九六〇年七月十三日

十二

地下出土的远古遗存和我国原始公社制时代的历史过程

我国原始公社制时代的地下文物遗存，是极其丰富的，表明我们伟大祖国从很早以前的远古时代起，就具备了最适宜于人类生存和社会发展的优越条件。以往朝代的文献就有关于远古文物出土的零星记载；在解放前的几十年中，便已开始有了对于旧石器时代、新石器时代和殷、周等朝代的地下文化遗存的发掘和研究，其中最著名的有“中国猿人”、“河套人”、“山顶洞人”的化石与其文化遗存、渑池的仰韶文化、城子崖的龙山文化、小屯的“殷墟”等的调查发掘和研究，等等。但这都是无计划的、不系统的，虽曾对我国原始公社制时代历史的研究，提供了一些宝贵资料和提出了若干问题，但仍不足以系统地全面地解决问题。

解放以来，在全国范围展开的经济恢复、规模宏伟的社会主义建设的进程中，尤其在大跃进的进程中，由于党和政府的全面安排与极大关怀，对远古和古代文化的地下遗存的发现、发掘和研究，都获得了很大的成果，对原始公社制社会的科学研究，提供了比较系统的大量的珍贵资料，不只确证了马克思主义者过去对原始社会研究的若干科学结论，且得以进一步解决多年来若干悬而未决的问题；对于我国原始公社制发展的过程及其诸阶段、对于我国各民族祖先在远古时代的关系、各氏族集团的族别，等等，都得以作出进一步的论断，还能更加确定地把以汉族为主体的中国各民族共同的历史，追溯到五十万年以前。但也不容否认，仅凭已出土的远古文物，来说明我国原始公社制社会的基本问题，不论关于国境内的远古各文化系统的发展过程、族系的派衍和各系相互间的关系、各别集团的分布及其移动方向等方面，还存在着空白。对此，我们有充分信心，在不断提高马克思列宁主义、毛泽东思想的理论水平的基础上，不断提高科学研究水平和地下的继续发现，将填补这些空白和获得日益扩大的成就，更好地发挥为社会主义服务的作用。

A. 旧石器文化的遗存，基本上表述了我国原始公社制社会的野蛮时代的历史过程

解放前，在华北及国内其他一些地方，曾有关于旧石器（包括所谓中石器）的遗址、遗物或遗迹的发现，其中并有一些重要的发现。解放以来，在华北、西北、华中、华南和东北等地区，都有不少旧石器文化的遗址、遗物和遗迹的发现。其中尤其是山西，北起大同、左云，南至三门峡水库区及晋豫间的黄河两岸，西由黄河边缘东达寿阳，以垣曲、襄汾为中心的十几个县，共已发现旧石器文化遗址、遗迹近二百处，其中，汾河上游与黄河沿岸、漳河上游、桑干河上游一带，都是遗址较密的地区，连同著名的北京周口店“中国猿人”和“山顶洞人”的化石及其遗址遗物，都有了比较系统的发现，并在山西襄汾丁村、广东韶关马坝、广西来宾麒麟山、柳江新兴农场、湖北长阳下钟家湾、四川资阳黄鳝溪等处，发现了属于古人和新人的“丁村人”、“马坝人”、“麒麟山人”、“柳江人”、“长阳人”、“资阳人”等人类化石及其遗址遗物。这样，在我国境内就有了猿人、古人和新人及其文化遗存的系统发现。据专家研究，使用旧石器工具的“中国猿人”、“丁村人”、“山顶洞人”、“河套人”都是蒙古人种在野蛮时代①的遗骸。使用新石器工具的开化时代的“仰韶人”、“龙山人”等人们集团，都是从它派衍出来的。“仰韶人”和“龙山人”的体质特征则和现代华北人相像，也就是说，他们正是汉族的祖先——即形成汉族的主流。因此以汉族为主体的我国历史，可以从五十万年前的

① 本文所述“野蛮时代”、“开化时代”，即张仲实译恩格斯：《家庭、私有制和国家的起源》（人民出版社一九五四年版）的《有史以前的诸文化阶段》的“蒙昧时代”、“野蛮时代”；本文系沿用拙著《史前期中国社会研究》所引旧译及杨译莫尔根：《古代社会》旧译和近译。

“中国猿人”时代开始；从“中国猿人”到“丁村人”到“山顶洞人”到“仰韶人”、“龙山人”，表述了从原始公社制的野蛮时代和开化时代的发展过程。①

华北（河北、山西、河南、内蒙古自治区）及陕西发现的旧石器文化遗存，比较系统，包括有初期、中期、晚期各阶段的遗址遗物——自然，从全部发展过程看来，还有未发现的空白——而且是属于同一系统的。

（一）属于这个系统的旧石器时代初期的遗址，主要有（1）北京周口店“中国猿人”（即所谓“北京人”）化石产地（洞穴），相当于“中国猿人”化石产物的底部堆积的周口店第十三地点（洞穴），河南陕县侯家坡，陕西潼关张家湾、卧龙铺，山西垣曲官沟、东岭、柴火圪塔、坪道、八角凹、小赵村、申家庄、河西坡、许家庙；（2）周口店第十五地点（洞穴），山西襄汾丁村（砂砾层），离太原五十五公里的古交离古交五公里的古交钢厂附近，静乐凤程山（红色土上部），侯马市南梁（砂砾层），交城范家庄后岩岭、卢子峁（红色土上部）、垣曲南海峪（洞穴），永济匼河（砂砾层）、曲沃里村西沟（泥炭岩），等处。专家认为（1）（2）两类遗址又可分为旧石器文化初期的前后两个阶段，前一阶段在地质年代上属于更新世初期和中期，后一阶段则属于更新世晚期；同一阶段的各遗址遗物所表现的发展程度也不都是一样的。②

“中国猿人”化石产地，从一九二九年发现第一个“中国猿人”头盖骨起，已发现了不少旧石器、灰烬层、动物化石等，解放后又发现了“中国猿人”牙齿、下颌骨，前后共计已发现四十个左右个体的化石、上十万件石器材料以及三门马、肿骨鹿、中国鬣狗、剑齿虎等一百一十五种动物化石及其他等等，可考知他们已知道用“直接打击法”、“碰砧法”、“垂直砸击法”等初步加工的方法制造石器、石片及较少的石核，制成“有敲砍痕迹的砾石”、“砍砸器”、尖状器、刮削器、两极石片五大类型，并使用砍砸器等石器工具

① 中国猿人、山顶洞人、丁村人、河套人盖为蒙古人种的祖先；以蒙古人种为主流的当代各民族，除汉、蒙、满、朝鲜等族外，尚有待于体质人类学的进一步研究；同时，汉族在历史过程中吸收了不少其他种族的成分，这里是仅就其主流而说的。

② 不少专家认为第（1）类属于中更新世前期，第（2）类为中更新世晚期，三门期及泥河湾期属于更新世前期，故周口店应为中更新世，并志此，以待专家的进一步研究和发掘。

去制造木棒等木器工具等。他们使用这种工具去集体进行生产——猎获野兽、挖掘球根、采集草木果实等——和保卫自己，又把它充作生活用具。同时，由于有很厚的灰烬层的堆积，可知他们已知道管理和使用火来为自己服务。这种工具的制造、发展和使用工具去进行劳动，把他们自己和古猿分离出来，并不断改造和发展自身、创造和发展人类社会。对中国猿人化石的科学分析，正表明他们不只和存在于更新世初期的巨猿，而又和其前身的古猿分离的过程，并首先是从制造工具和使用工具去进行劳动的双手完成其转变过程的。① 这一系列的情况，以及共生的动物化石群，指明了这个遗址的地质年代属于更新世中期；一九六〇年夏发掘的芮城匼河遗址，有下更新世的轴鹿化石与石器共存，它的年代可能与中国猿人同期，也可能较早。中国猿人和其遗存，已不是属于旧石器时代开始时的情形，正确地说，不是才开始进入人类社会的野蛮时代的低级阶段的情形。但由于生产力依然很低下，他们对生产、对自然的其他斗争都是很困难的，生活是极其艰苦的，因而社会的进程和改造人类自身的进程都是极其缓慢的，但由于在生产和生活等方面都依靠和发挥了“群”的集体力量，便逐渐改进了情况，提高了对自然的占有程度。

上述同类的其他遗址的遗物，在石器类型虽有所区别，但作法一样，表现和中国猿人的遗存为同一人种系统的遗存，其基本内容和性质也大都是差不多的，而其发展程度则并非完全一样。

关于第（2）类遗址的“丁村人”② 的遗存，与人类化石一同出土，有石器两千多件和梅氏双角犀、披毛犀、原始牛、河套大角鹿、纳玛象、最近鬣狗等动物化石，……。其中有些动物是前一阶段所没有的，这证明它在地质年代上晚于“中国猿人”的遗址。用角页岩等石料制造的石器、石片和石核，虽然还是用前一阶段的那三种方法打制，但已知道用双手举起大石块由巨型石核

① “中国猿人的上肢骨，除它的内部结构外，完全具有现代人的形式；下肢骨虽已具有现代人的形式，但还有若干原始性质，如股骨盖上半的内侧缘显著隆起，股骨上端没有转子间线和耻骨肌线，胫骨前线和横断面的较为圆钝等；而中国猿人的牙齿和头骨则远较现代人为原始，中国猿人的脑量也远在现代人之下。”（科学出版社：《中国人类化石的发现与研究》，吴汝康、贾兰坡：《中国发现的各种人类化石及其在人类进化上的意义》。）并参看《古脊椎动物与古人类》一九六〇年三月第二卷第一期，吴汝康：《中国猿人体质发展的不平衡性及其对劳动创造人类理论的意义》。

② “丁村人”，即在山西襄汾丁村（砂砾层）的旧石器文化遗址中，发现三枚儿童的牙齿化石，专家认为属于距今十几万年前的古人阶段的人类化石，上距“中国猿人”约四十万年左右，下距“山顶洞人”约五六万年左右，属于蒙古人种的类型。

的平面边缘上砸击出巨大而厚的石片，制造出多边形砍砸器、手斧、大三棱尖状器、小型尖状器、球形器、平圆状器、刮削器等，其中球形器是初出现的器形，尖状器也可作为代表；制作比较好、种类比较多，提高了劳动效率和扩大了生产领域。这不只表现了制造工具的方法和技术等水平，比前一阶段有了显著的进步和发展，而又正表现了生产水平的显著提高，例如使用这种工具，能从较远的距离猎获较大较多的野兽和飞禽，从较硬较深的土中挖掘球根，并增强了对猛兽进袭的防卫能力，等等。

上述同类的其他遗址的遗物，基本上也都表现和“丁村人”的遗存为同一文化系统，其基本内容和性质也大都是差不多的，但其发展程度却并不完全一样。

专家论断，“丁村人”的时代，今华北地区发生极巨大的气候变化，天气变得寒冷、酷燥，天上连续降落黄尘，并引起某些种类的动植物的死亡、减少或他去；这给人类生活带来了更大的困难，并逼使人们迁移。这个论断自还有待于进一步的发掘和研究。

中国猿人和丁村人时代的人类社会，是处在最初年期的原始群团的状态。大约已走过了传说中的“有巢氏”时期而过渡到了“燧人氏”的时代。“丁村人”的石器制造，已开始出现了旧石器时代中期的一些因素。

（二）属于旧石器时代中期的诸遗址，主要有宁夏回族自治区银川市水洞沟（黄土层），内蒙古自治区南部萨拉乌苏河（细砂层），山西宁武杨庄（砂砾层），朔县后圪塔峰（黄土底部砾石层），寿阳翚山、尹家庄、高堖，平定枣烟、大梁丁（黄土与红色土交接处），保德火山和离山的黄河岸边，中阳的许家坪，河南灵宝孟村（黄土底部砾石层）等外，并都属同一系统。

河套文化遗址。由于一九二二至一九二三年，在萨拉乌苏河岸的细砂层中发现一枚人类的左上外侧门齿化石，考古家命之为“河套人”，随后又在水洞沟发现同类型的旧石器遗址。解放后，又在内蒙古自治区伊克昭盟乌审旗滴哨沟湾发现“河套人”顶骨和股骨化石。专家鉴定，“河套人”为间于中国猿人与现代人之间的古人类型较晚阶段的化石。

河套文化主要是指萨拉乌苏和水洞沟两地的遗存而说的，即在阴山山脉南麓的河套地区的远古文化，它是旧石器时代中期较典型的遗存，所发现的石器和动物化石有共同的特点。萨拉乌苏发现的动物群化石，有纳玛象、披毛犀、河套大角鹿、转角羚羊、原始牛、水牛、骆驼等四十八种。因而其地质年代应属于更新世晚期。石器的制造方法、技术和类型，表现着它对“中国猿人”→“丁村人”文化的继承性和共同性。更重要的，就较多的水洞沟石器——主要为石片，石核较少——来说，又具有一个较高发展阶段的基本情况，如工具显著地表现着第二步的加工和掌握了修整台面的技术，由石核的多方面打击使之构成多边形，制造出长而薄的较规则的石片等；类型上，制成了较细致的砍伐器、手斧、尖状器、刮削器、雕刻器，等等，并表现了形式的多样化，如刮削器有船形、圆形的形式……。这正是旧石器时代中期的石器工具的基本特点，而雕刻器又表现了晚期的因素的出现。

上述这一时期的其他遗址的遗存，在基本的内容和性质上也大都差不多，但其发展程度也不是完全一样的。

由于知道制造和拥有这类旧石器工具，更加扩大了生产领域，提高了劳动效率和防卫能力，并提高和改进了对木器的制造。进行第二步加工的薄而长的石片，可以制成石刀、石剑和绑到木柄上的石枪及较锋利的投掷器，等等，前此没有的生产工具、生活用具，亦即防卫武器，大大提高了集体的力量和狩猎、采集等生产成果。拥有和使用这类工具，便得以产生男女老少的级别分工——依这种级别分工进行集体生产和群团的集体消费。与这种生产相适应，便产生了年龄相若的同辈兄弟姊妹互为婚配的血缘群婚，后来又发展为非血缘的群婚，由这种老年、中年、成年的夫妇群构成群团的社会组织。因此，“河套人”的时代，大致正相当于传说中的“燧人氏”的时代和其到“伏羲氏”的时代的过渡。

（三）属于旧石器时代晚期的同系统的诸遗址，主要有：周口店山顶洞（上洞），即一九三〇年第一次在中国猿人化石产地的龙骨山山顶上发现的山顶洞人遗址。它在地质年代上属于更新世晚期。[①] 山西大同马坡山后二圪塔峰

① 在“中国猿人”约四十万年左右以后，蒙古人种的“山顶洞人”又住到了周口店山顶洞一带。从一九三〇年发现这个遗址起，先后在山顶洞上室的第一文化层发现有人类牙骨、一枚穿孔的牙齿、两件火石石器，第二层发现人类牙齿和残骨数件、穿孔的狐或獾的犬齿二十八枚，第四层发现被人类居住和被烧炙过的痕迹；下室第四、五层发现数个单个人牙和几枚穿孔狐牙、骨坠及一件燧石石片、三具完整的人类头骨及一部分躯干骨（一男性老人和两个女性的头骨），其旁散布有赤铁矿粉粒，第五层的下窨发现很多脊椎动物化石的完整骨架，其中以食肉动物为多，等等。与“山顶洞人”共生的有鸵鸟、斑鹿、赤鹿、野猪、野马、羚羊、鬣狗、野兔、狼、狢、洞熊、虎、豹、香苗及青鱼等鱼类。其中脊椎动物化石五十四种内有哺乳动物四十八种。除鬣狗、洞熊、鸵鸟外，现均生存于华北、东北和内蒙。鹿、野猪、獾、狐、狸等也常为“山顶洞人”所猎获。专家确认“山顶洞人”为属于新人类型的蒙古人种的人类，他们体质的基本特征与现代人差不多。

（砂砾层）、朔县梵王寺（灰黄土层）、平陆七里坡、河曲巡检司南黄河岸（黄土层），内蒙古自治区中南部两岸地区的清水河县、准格尔旗等地所发现的近百处旧石器地点，专家也认为有可能均属于旧石器时代晚期的遗存。

山顶洞人的遗存。石器方面，出土有二十五件石器及一些石英碎片和没有加工痕迹的砾石，材料主要为石英及绿色砂岩的砾石及燧石等。在石器制作方法和技术上，“山顶洞人”不只继承了“河套人”的经验，并已知道使用间接打击法、压削法、把材料放到火中去烧等技术，打击出长而薄的石片及石核，修制成规则、对称、均匀、锋利适用的各种类型的精致工具，各种尖状器、刮削器（半月形和圆形等）、两端刃器、砍伐器、钻孔的砾石、雕刻器及穿孔的石珠，尤其是很多斧状器等等。（一九五八——一九五九年在内蒙古中南部的清水河、准格尔旗等处和山西西北部，也发现有规则、均匀、对称和底部成圆弧形的细长的尖状器，周围经过修理、石片疤痕平浅、两侧边缘锋利平正的刮削器，有锯齿和比较整齐的弧形刃，便于手握的石球，等等）。还发现了在中期所没有的骨器：骨锥，针身圆滑、针尖长而锐利、又挖有小针眼的骨针，一些有过加工痕迹的碎骨片，刻有沟纹的骨管，钻孔的青鱼上眼骨，磨光的鹿角，穿孔的介壳，等等。这都显明地看出，他们已开始掌握刮挖、磨光、钻孔、磨擦、染色等骨制技术。钻孔的砾石和石珠等的发现，可知当时的石器制造也已经有了磨制技术和钻孔技术的萌芽。他们还使用石器和骨器工具去制作较多较精致的木器，等等。间接打击法、压削法，石器类型规则化和多样化，骨制品和各种装饰品的出现，以及知道使用磨光和钻孔法等等，正都是旧石器时代晚期的特征。山顶洞人拥有这类生产工具以及吃过的各种动物残骨化石等的存在，标志了他们渔、猎发展的生产水平，猎获野兽成了他们生活资料的主要来源：以兽肉为主要食料、以兽皮缝制衣服、以兽骨作工具和装饰品的原料……；也表述了他们已能够和实现了男女间的集体分工，男子从事渔、猎和主要生产工具的制造，女子掌管和处理渔、猎品、烹饪和分配食物、修整兽皮和制作衣服、并与孩童从事采集，等等。

与这种生产相适应，便是由非血缘群婚到对偶婚的转化，由群团组织到母系本位的氏族的出现，并有了以对偶婚夫妇为基础的家庭的胚卵（为远在其后氏族公社内构成家庭公社的家庭的形成的胚卵）。因此，“山顶洞人”的时代，大致相当于传说中的“伏羲氏”、“女娲氏”的时代。

在这样的社会生产、社会形态的情况下，便有了以石珠，钻孔砾石，穿孔的獾、狐、鹿、野狸、黄鼬、虎等牙齿和骨管，穿孔海蚶，钻孔青鱼眼骨等串在一起的美丽多彩的项饰。埋葬的人骨旁布有赤铁矿粉，则可能是原始宗教萌芽的迹象。

从山顶洞人到仰韶人和龙山人，地下的发现，在华北和西北地区，还空白着以发明和使用弓箭为主要标志的所谓中石器时期，即由旧石器到新石器的过渡期——为时约有四万年左右。这究因自然界的气候等重大变化，原来散布在今华北、西北一带的“山顶洞人”，曾一度分别转移到他处，其中某些部分到开始使用新石器的开化时代又回到当地？抑只是由于蕴藏在华北和西北地下的所谓“中石器”文化遗存还没有发现？这均有待于地质学家、古生物学家、考古学家在群众路线方针下的集体努力来作出科学的结论。①

（四）其他旧石器文化遗址和人类化石。解放后在我国境内的华中、华南、西南和东北等处，均有重要的旧石器文化遗址和人类化石的发现：

（1）马坝人及动物化石。一九五八年六月，农民在大跃进的积肥运动中，在广东省曲江县韶关马坝乡狮子山石炭岩洞穴第二层溶洞堆积中，发现人类化石：部分头顶盖骨、已破的部分额骨及枕骨、部分右眼眶和鼻骨等，即马坝人，专家鉴定为属于中年男性的头骨。一同发现的有很多动物化石，表明与它共生的动物群有：鬣狗、熊、虎、獾、貘、野猪、鹿、羊、牛、豪猪、免、鼠、剑齿象、大熊猫、纳玛象、龟、蜗牛等十九种。专家鉴定为距今约二三十万年的古人化石，可能属于猿人阶段的晚期与古人阶段之间，即属于早期的古人类型；在地质年代上属于更新世中期之末或晚期之初。② 也就是说，在人类进化和历史发展的进程上，马坝人晚于中国猿人。

此外，一九五九年六——八月间，在广东东兴石角村的亚婆山、马兰基村的马兰咀山也发现旧石器遗址两处。遗址的第二层为新石器文化层；第三层似为旧石器文化层，两处共发现以石核为主的旧石器八十件，内有石斧、砍砸

① 以上参考郭沫若等：《中国人类化石的发现与研究》（科学出版社版）；科学出版社：《古脊椎动物与古人类》杂志，一九五九年一至四期、一九六〇年一、二期有关诸文；裴文中：《周口店山顶洞之文化》；贾兰坡：《山顶洞人》（龙门书店版）。

② 广东省博物馆：《广东马坝人类及其他动物化石地点调查简报》（载《古脊椎动物和古人类》第一卷第二期）；吴汝康等：《广东韶关马坝发现的早期古人类型人类化石》（载同刊同卷第四期）；《光明日报》一九六〇年三月十一日：《广东发现远古人类化石——马坝人化石》。

器、敲砸器等，以手斧为最多。广东省博物馆的同志们认为："这种文化不同于华北地区以石片石器为主的旧石器各期文化，而与印度支那一带以石核石器为主的旧石器文化似乎保持着一定的关系，……。它的时代属于旧石器时代晚期的可能性较大。"① 这提供了它与广东南海西樵山石器文化遗存（可能是属于由旧石器时代到新石器时代的过渡期的文化遗存）、广东其他地方的新石器文化遗存，有无交替继承的关系，提供了一个重要线索。但这都还有待于进一步的发现和论究。

（2）"柳江人"和"麒麟山人"及其遗存。一九五五——一九五八年，在广西各岩洞中发现了不少旧石器文化的遗址、遗迹，主要有柳州水岩山的白莲洞、穿岩山的陈家岩，崇左濑湍区绿轻山的矮洞，来宾麒麟山的盖头洞，柳江通天岩旁的小岩洞等处；并在大新县榄墟区正隆乡那隆村的牛睡山黑洞、柳城区的猿洞等处，发现巨猿及其共生的大熊猫、剑齿象、鹿、牛、猪、犀牛等动物化石。

一九五六年一月十四日，中国科学院工作队，在来宾桥巩圩麒麟山头盖洞上层的红色角砾岩层中，发现了一具人类头骨化石："仅有颅底部分，包括大部分上颌骨和颚骨，右侧的颧骨和大部分枕骨"，即麒麟山人；一同发现的有一件打制的石器——砾石和两件经过人工打制过的石片，同时还有一些属于现代种的哺乳动物和软体动物化石。据专家鉴定，麒麟山人为属于新人类型的人类，其时代为旧石器时代晚期，并可能属于这个时期的后段。

一九五八年九月，柳江新兴农场工人在大跃进的积肥运动中，挖掘通天岩旁的一个小岩洞时，发现一具人类化石头骨（除缺下颌骨外，全部完整，仅两侧颧骨部分断裂），体骨（有完整的下四个胸椎并粘连有长短不一的肋骨五段，完整的五个腰椎和骶骨），肢骨（有右侧髋骨，耻骨有部分缺损）及左右股骨各一段，系同属于一个年龄四十左右的男性的人体化石，即"柳江人"；一同发现的有中国犀、剑齿象、巨貘、大熊猫、牛类、鹿类等化石，但没有石器及其他工具发现。专家认为"柳江人"属于新人类型，较"山顶洞人"原始，"是至今东亚发现的最早的新人化石"，在地质年代上属更新世晚期。由于"柳江人"头骨化石的复原系属中头型，因而有些专家认为它属于南支蒙

① 广东省博物馆：《广东东兴的旧石器》（载《古脊椎动物和古人类》第二卷第一期）。

古人种。①

(3)资阳人及其遗存。一九五一年，修筑成渝铁路的工人在资阳黄鳝溪，发现人类"头骨，脑颅部分，除右侧颅底外，大部完整"。面骨仅保存不完整的上颚骨（除上左第一前臼齿的一个齿根外，牙齿全部脱落）等；但头骨骨缝都很明显。专家以之称作"资阳人"，认为系属于一个中年以上的女性遗骸，较"山顶洞人"为原始，也是我国至今发现较早的新人类型的化石。其头骨构造与中国猿人、山顶洞人都具有一些相似的性质。在黄鳝溪桥基附近西部，发现一件用三棱状骨片制成的骨锥；共生的动物化石有：猪獾、鬣狗、虎、箭猪、竹鼠、马、犀牛、猪、鹿、水鹿、犏牛、剑齿象、猛犸象等。专家认为"资阳人"的地质年代属于更新世晚期。②

(4)"榆树人"及其遗存。解放后，东北工学院和吉林博物馆，"先后在榆树周家油坊附近发现时代与山顶洞相近的化石地点，发现有人类的肢骨、头骨碎片、石器和大批哺乳动物的化石"。这种人类化石，就是我们叫作"榆树人"的遗骸。那些动物化石"包括鬣狗、狼、披毛犀、蒙古野马、野猪、麝鹿、麅、野牛、原始牛、猛犸象等"。专家认为这个动物群的时代，"应比萨拉乌苏晚而和山顶洞相近，而且其中还发现有相当清楚的旧石器，所以应当还是属于更新世的范围以内……。"并称，"另外在哈尔滨附近顾乡屯也曾有被认为属于旧石器时代而与萨拉乌苏相近的地点，动物群的组成大体和榆树相同。""与榆树产化石相当和与顾乡屯情形相近的堆积，在松花江流域及东北各地的分布很广。……"③ 因此，"榆树人"是属于新人类型，在地质年代上属于更新世晚期。

(5)一九五七年在湖北省长阳县下钟家湾发现的人类遗骸上颌骨化石，即"长阳人"；又在同一地层中发现有鬣狗、熊猫等动物化石。专家认为"长

---

① 贾兰坡等：《广西洞穴中打击石器的时代》，《广西来宾麒麟山人类头骨化石》；吴汝康：《广西柳江发现的人类化石》（分别载《古脊椎动物与古人类》杂志第二卷第一期，第一卷第一期、第三期）。

② 裴文中等：《资阳人》（科学出版社版）。按又有谓"资阳人"为属于一个十四五岁的男孩的遗骸；其头骨构造为长头型，与中头型的山顶洞人有别。并志以待进一步研究。

③ 周明镇：《从脊椎动物化石上可能看到的中国化石人类生活的自然环境》，科学出版社：《中国人类化石的发现与研究》第三五—三六页。

阳人”系晚于马坝人的古人类型，在地质年代上不能早于更新世晚期。① 他如在安徽省泗沂县的下草湾河岸山发现的一段人类股骨化石，叫做“下草湾人”，专家认为属于新人类型。② 此外在祖国其他一些地方，至今也有旧石器文化遗址或遗迹以至人类化石的发现；出现于更新世的哺乳动物化石，则在全国许多地方都有了发现。

马坝人、长阳人、柳江人、资阳人、麒麟山人、榆树人、下草湾人及其遗存，虽然还不能确切地肯定其派演的族系和其后新石器文化的系统，但都是属于中国民族在原始公社制时的野蛮时代的祖先和其遗存，似是可以肯定的。

（五）可能系由旧石器文化到新石器文化过渡的广东南海西樵山的石器遗址和遗存。从一九五五年起，中山大学、暨南大学和广东省博物馆都到当地进行调查、采集和发掘。据报，遗址大致可分为三个部分：第一部分“是第二地点所出土的，似乎打制技术较为原始”，打制的为石片和石核等，其中石片石器四十六件，包含斧形器、各式尖状器、各式刮削器、各式石镞及穿孔石饰，石核石器五件，包含有肩器、尖状器、敲砸器、石球等，但“不见磨光石器和陶片”。弓箭的出现，正是野蛮时代后期，即所谓中石器时代的基本特点；是否知道制陶则是这个时期和开化时代初期分界的主要标志之一。而第二部分的“第一、四、五、六、七、十、十一、十四地点出土的，打制技术比较进步，并有磨制石器与陶器共存”。第三部分“是第三、八、九、十二、十三地点出土的，为磨光石器与几何印纹陶共存的文化遗存”。第二部分的遗址中在打制技术较进步的基础上，有了磨制石器和陶器的共存，显然是进入了开化时代初期，亦即进入新石器文化初期的遗存。第三部分遗址的出土物，不只表现了初期的新石器文化有了进一步发展，而且似乎又表现了它和以几何印纹陶与有段石碲为主要特征的广东新石器文化的关系。一九五九年六月中山大学、暨南大学的历史系又到当地采集了石器七百余件，据报：“其中大部分为具有旧石器时代晚期特征的打制石器，小部分为属于新石器初期的打制石器及极小量的磨制石器。”这可能是混杂了不同时期的遗物。因此，广东的同志们说：西樵出土的石器，“初步认为很有可能属于中石器时代。”这对

① 按又有说“长阳人”为新人阶段的化石，属于地质年代的更新世晚期。并志以待进一步研究。
② 吴汝康、贾兰坡：《下草湾人类股骨化石》（载《古生物学报》第三卷第一期）。

于第二地点的遗址遗物说，我认为是合适的。①

而东兴石角村亚婆山、马兰基村马兰咀山两处遗址第三文化层，从遗物中手斧较多及其上层为新石器文化时代的遗存看来，似是也具有由旧石器晚期到新石器时代初期的一种过渡形态。

在北方，据裴文中先生说，在哈尔滨附近的顾乡屯、满洲里附近的札赉诺尔，都有中石器时代——按即由旧石器到新石器过渡的时代，亦即野蛮时代后期的文化遗物的发现。这可说是对考古学和历史学提供了一个重要的线索。在北方，除这两处遗址外，还没有关于中石器时代的其他遗址的发现。

B. 仰韶文化、齐家文化和龙山文化的遗存，基本上表述了我国原始公社制社会的开化时代的历史过程

解放以来，全国发现的新石器地点已达数千处之多，分布在每个省（区），其中尤其是仰韶文化、龙山文化、“吴越文化”三大系统的遗址最多、遗存最丰富，这三大系统以外，在沙漠草原地区，还有分布很广的细石器文化，在西南、西北和东北等处，还有独具特征的新石器文化的若干系统的遗存。在各个系统的各遗址的遗存，不只表现了它们各自的共同性和继承性，也表现了由于时间、地点等条件，在同系统间也形成了一些各自的特殊性或相互间的差异性，在各个系统的相互间，尤其在邻近、交叉以至插花地区，又表现了不同程度的相互影响和联系，这常常具体表现为石器、陶器等器形和作风气派上的接近，并常常表现为彼此文物的交流以至遗址的交错和相互迭压。

已发现的新石器文化遗存，大致可以表述出我国原始公社制社会的开化时代的历史过程——虽然还有空白，尚有待于继续发现。

仰韶文化系统和龙山文化系统的遗址遗物，都是汉族祖先在原始公社制社

---

① 广东省博物馆：《广东南海西樵山出土的石器》（载《考古学报》一九五九年第四期）。梁钊韬：《广东南海县西樵山石器时代遗址的发现和对遗址性质的一些看法》（《古脊椎动物和古人类》第二卷第一期摘要）。

会的开化时代的遗存，又都是从山顶洞人和其文化派衍、发展而来的。在进入到国家时代——商朝——以前，在黄河流域所分布的属于蒙古人种的人们集团中，有夏、商两个先进和强大的部落联盟。夏部落联盟主要分布在黄河中上游，商部落联盟则分布在黄河中下游及渤海湾一带，豫西以及冀南和晋东南则是两者的接合、交叉以至插花的地区。从“成汤革命”起进入国家时代以后，便以这两大人们集团为主干构成华夏族——汉族。传说和商、周的文献记载，关于进入国家以前的夏、商两大部落联盟的地理分布情况和发展过程，大致是与仰韶文化、龙山文化遗址的分布地区和发展线索基本上相近。

（一）所谓仰韶文化，即最初在河南省渑池县仰韶村所发现的新石器文化的遗存，按考古学的惯例命名；其后在他处的同类型的发现，都称作仰韶文化的遗存。

就已有的发现说，仰韶文化分布的地区很广，西起甘肃东部（如包括“甘肃仰韶文化”或“马家窑文化”，又是西起青海民和），东至河北正定（如南阳庄）、平山（水库）、曲阳（钓鱼台）、邯郸（龟台寺）、张家口，南至湖北（郧县等处），北至晋北及内蒙古南部等处，都有它的遗址和遗物的发现——只有山东境内至今还没有仰韶遗址的发现。其主要分布区域则为陕西、晋南、豫西、甘肃等处，尤以晋、陕、豫毗连地带和陕甘毗连的渭河流域一带，遗址分布稠密、灰层很厚、遗物堆积很丰富，遗址面积每自几万至几十万、近百万平方米。这正是仰韶文化的人们散布的中心和居住较久的地区。晋南的夏县、万荣、洪赵、临汾、襄汾、曲沃、翼城、平陆、芮城、永济、解县、新绛、稷山、河津、陵川、长治、平顺等县市至今发现的新石器文化遗址，大都是属于仰韶文化的系统，就已发现的说，龙山文化的遗址只是个别的。包括著名的长安半坡村在内的陕西长安、华县、华阴、大荔、朝邑、宝鸡、岐山、郃县、扶风等县市至今发现的新石器文化遗址，像长安开端庄那样迭压在仰韶文化遗址之上的龙山文化遗址或它的其他遗址，也只是零散的、个别的而且面积不大、文化层较薄，遗物较少，也缺乏山东龙山文化那样典型的黑陶。在仰韶文化遗址密布的甘肃东部，即渭河上游（包括其支流泾河、汧河、雍河……）和西汉水流域地带，至今还没有龙山文化遗址的发现，在甘肃西部，至今也还没发现龙山文化的遗址。在河南西北部至今所发现的新石器文化遗址中，大多属于仰韶文化系统，迭压于仰韶文化遗址上层或交错存在的龙山文化遗址则比较稀疏；反之，愈往东南，仰韶文化的遗址便愈稀疏。

仰韶文化遗址中的遗存，大都或多或少地具有以下的共同特点。石器有刀、铲（豫西发现有肩石铲）、斧、磷、凿、矛、镞、弹丸、纺轮、网坠以及石环等，除石刀亦多打制外，大都是磨口或磨光的，其他盘状器、敲砸器等都是打制的。其中以用作农耕工具的石刀、石铲（或锄）、石斧等较多；石刀大都作成缺口或单孔的长方形，石斧大都作成扁圆刃和横剖成椭圆形、平面成长条梯形。在有的遗址中还发现有骨铲和双齿木耒的痕迹。出土颇多的这类石刀、石斧的形制，是和东方龙山文化的同类工具有显著不同的、富有特征的东西。陶器主要为细泥红陶、夹砂红陶、泥质灰陶、夹砂灰陶四类，此外也有少量的泥质黑陶，在河南的有些遗址中还发现白陶，最为流行和具有特征性的是红陶；都是手制，有些遗址（如陕西华县泉护村）出土有口底经过漫轮修正的陶器和全部轮制的小陶碟。形器上，有小口尖底瓶、大口深腹平底罐、折缘或卷唇盆、深腹碗、圜底钵，还有仿照石刀样式制作的大量陶刀，等等，都是比较普遍和具有特征的东西。又有瓮、釜、陶弹、纺轮、网坠、陶环等。在河南的各遗址中又常有陶鼎等。纹饰以绳纹为主，彩绘主要为几何形图案，部分遗址（如陕西长安、宝鸡、华县）出土有人面纹、鸟鱼纹、鱼纹、蛙纹等绘形的陶器——这又可说是文字的萌芽的前驱。彩陶虽然不是占有绝对的数量，但它在仰韶文化中是有其一定的代表性的、具有特征的东西。半坡村遗址并发现个别有内彩的陶器。骨器较普遍，数量很多，各遗址大都有制作精美的骨镞、骨锥、骨凿等，半坡村遗址还发现有制作精巧的倒刺鱼钩。各遗址大都有面积颇大的氏族公社的遗迹，就至今已发现而保存比较完整的陕西长安半坡村、宝鸡第四中学球场附近、河南陕县庙底沟村、成皋青台等遗址来看，房屋、陶窑、墓葬等方面，分布大都有一定布局、房屋结构、样式、风格和葬俗……。房屋排列整齐，除去都有一栋公共活动的大型房子外，大小样式（一般为三〇至四〇平方米，庙底沟一带的面积较大）、构造都差不多，一为圆角方形半地坑式或椭圆形半地坑式。一为方形平地式。室内地面，如宝鸡遗址，先铺一层料姜石，然后和四围墙一同涂抹一层草泥土，再涂一层料姜石粉末成灰白的硬面（或用火烤烧），室内都有一个火塘（灶）。前一形式的房屋，门道有台阶，正中偏前首的两侧有支柱的圆洞；后一形式的房屋，室内中间有十二根木柱，周围墙上排有木柱，并有砾石柱础。陶窑都成排列在村落的东北部。如半坡遗址，村落周围有较深较宽的壕沟环绕。成片的墓地都在村落北边的台地下。就已发现的情况说，葬式一般为单人仰身伸肢葬，也有个别俯身葬和屈肢葬，少数为夫妇二人合葬，个别有多至二十余人的合葬，小孩则用瓮棺葬，坟墓排列整齐。除一部分无随葬品外，一部分有随葬品：一般为陶器一件至四五件，多的达十余件，能成套成组，个别还有石斧、石研盘、骨笄、骨珠、半月形兽牙、松绿石等，随葬品的器物和数量，似因男女而有所不同。

由于较大量的用作农耕工具的石刀、石铲（或锄）、石斧、陶刀及粟谷或粟壳等的发现和长期定居的情况，仰韶人的农业生产已占有相当重要的地位，而主要的粮食作物是粟谷；由于石镞、骨镞、网坠及猪、狗以及可能属于家畜的牛、羊、马、鸡等骨骼的发现，可知畜牧及渔、猎等，在仰韶人的生产中各还占有一定的比重。遗址、遗物、墓葬及其随葬品情况，表述了他们是实行男女分工的集体生产，又似乎把生产品平等分配于各个家庭分别消费。纺轮、骨针等工具和陶器上的布纹等遗物和遗迹的普遍存在，表明他们已有了织机的发明，开始用纺织布匹与兽皮并用来制作服装。墓葬和随葬品的情况，又表明了女子在生产中和其对生产品的掌管与分配中的地位。制陶术的发展和房屋建筑技术的水平，表明他们已经历了原始公社制社会开化时代的初期，但也还没有冶金术的发明，因此最高程度也还没有越过开化时代的中期。与这种生产相适应的是母系本位的氏族制度；村落遗址表明，氏族公社有了相当的发展，大都包含有几十个家庭；构成家庭的主要成员的夫妇，大概还是以发展起来了的对偶婚为基础的——我以为还不能设想为一夫一妻制。这种包含几十个家庭的村落，似属一个氏族公社，在这种氏族公社内可能还没有演化出家庭公社来，各别家庭都直接是氏族公社的构成成员或细胞。因此，仰韶人的时代，大致相当于传说中的“黄帝”到“尧”、“舜”的时代。

仰韶系各遗址遗物所表现的发展水平，并不是完全一样的，同时还存在着地区间的差异。安志敏先生把它分为如次的三种地区：（1）汾渭区，包括陕县以西的豫西地区、晋南汾河流域、陕甘渭河流域的广大地区，基本上属于庙底沟和半坡村两种类型，渭河流域则多属于半坡村类型，汾河流域与豫西则有较多的差别；（2）洛伊区，包括豫西地区的陕县以东至郑州一带，其中有一种类型白陶增多，另一种类型与汾渭区有较大差别；（3）漳卫区，包括豫北和冀南一带，陶器类型、彩绘、形制等与前两区有不少差异。我认为这是接近实际情况的。其中提出的半坡村型与庙底沟型，可说是问题的关键。半坡型各遗址主要分布在渭河流域的陕甘地区，晋南和豫西北都只有其个别的遗址；庙底沟型主要分布在豫西北和晋南，陕西至今仅在东南部的邠县下孟村、西安马王村、华县泉护村等数处发现这一类型的遗址。从发现的遗址遗物作比较研究，庙底沟型在许多方面都比半坡村型有较高程度的发展水平。如生产工具上农具占有更大的比重，庙底沟出土的有石铲一百三十件、石刀一百件、陶刀一百件、石斧二十七件，其他手工工具的石锛、石凿、骨凿、角凿各仅一件至数件，捕鱼工具的网仅五件，只有狩猎工具有骨镞七十一件、石球四十五件；石铲和石刀等的制作技术也有显著的进步，甚至愈到东面的愈进步，如郑州林山砦出土的通体磨光的扁长带肩石铲，洛阳中州路出土的铲身加长的有肩石铲等，又都比庙底沟的心形式舌状石铲进步。这标志了农业有了进一步的发展。陶器方面的比较繁彩绮丽的施彩，尤其是全部轮制的小陶碟的出现，标志着制陶技术也有了进一步的发展。尤其是住室的建筑，不只面积较半坡型宽广，并使用较多木柱构成的较规则的屋架支撑四壁，并使用砾石作柱础。这显然比半坡型大大提高了。至于半坡村与庙底沟型遗址中发现有白陶或施白色陶衣的彩陶，庙底沟型（如泉护村）遗址出现了半坡型遗址中所没有过的器形，如高圈足镂孔豆之类，成皋青台的住室遗址发现有白灰面的遗迹，等等，可能都来自龙山文化的影响以及集团间的交换，也可能是发展过程中出现的新事物。上述情况，似乎可以设想（如果不发现有相反情况的话），仰韶是由渭河流域一带逐步向东南方向的晋南和豫西北移动的。

（二）关于仰韶文化和“甘肃仰韶文化”（或“马家窑文化”）。近年来，考古学部门的同志们，严正地批判了安迪生的唯心史观的六期说和殖民主义的西来说等谬论，是正确的，必要的。而关于“甘肃仰韶文化”、齐家文化、辛店文化、寺洼文化与仰韶文化及其相互间的关系，我认为还值得进一步去钻研。

“甘肃仰韶文化”或“马家窑文化”，主要分布在甘肃西部的洮河流域、黄河附近的临夏、东乡、兰州和河西走廊，并南至青海的湟水流域；其分布所及的地方：南至青海海南藏族自治州东南和西汉水流域，北至宁夏回族自治区，东至渭河上游，西至酒泉。已发现的遗址，仅甘肃境内就将近一百六十处，其中发掘过的重要遗址，有著名的甘肃省临洮（今岷县）马家窑寺洼山、瓦家坪、雁儿湾、广通县半山、兰州市白道沟坪、皋兰县糜地岘、青海省民和县马厂塬、西宁朱家寨、贵德罗汉堂……。“甘肃仰韶文化”和仰韶文化遗址在甘肃境内的主要散布地区是紧相连接的、交错的、甚至还有迭压。

“甘肃仰韶文化”已发现的遗址遗物中，首先有农耕工具，主要也是石刀、陶刀、石铲和石斧等。石刀和陶刀也大都作成两侧缺口或单孔长方形，是与仰韶型相同的；扁长形的石铲和长方形的石斧，在仰韶系遗址中也有相似的形制，但石铲的数量较少。农业的耕作方法和主要作物、家畜种类和手工工具的类型等，基本上也都和仰韶相同。陶器在“甘肃仰韶文化”各遗址间——如马家窑、半山、马厂——也都有着多多少少的差异；但红色磨光的彩陶也是较普遍和具有共同的特征的东西，只有大口器常有内外施彩的作风，在仰韶文化遗址中至今还只在半坡村发现一件有内彩的陶器；器形上，马家窑出土的小平底钵和折缘盆，是和仰韶完全一样的，各类陶缸和陶罐的形制，则与仰韶有所异也有所同。一九五七年甘肃博物馆在渭河支流的南河、榜沙河、漳河流域的仰韶文化诸遗址中，发现着如次一些同于典型的“甘肃仰韶文化”的成分：如彩陶器中有口沿繁彩而内施彩的钵、口沿繁彩的高肩深腹罐、施横行平行条纹的长颈壶，等等。因此，甘肃博物馆的同志们说：“仰韶文化与甘肃仰韶文化马家窑期和马厂期，有许多极其近似与互相演变的迹象，揭示了它们之间的密切关系。”并说：临洮马家窑——瓦家坪遗址与雁儿湾遗址一样，下部的内涵与甘肃东部仰韶文化遗址常见的遗物是一致的；“从上部和下部的关系看，上部为甘肃仰韶文化马家窑期，下部为仰韶文化的遗存。”这似乎还反映了一个相续的发展过程。因此，我以为，“甘肃仰韶文化”与仰韶文化的内涵，是存在着不少差异的，但主要应在于其共同性，即所谓“极其近似与相互的迹象”或“密切关系”。[①] 它们可能是属于一个文化系统，因处在发展进程中的不同时间、不同地区，以及与其他文化系统相互间的不同影响，而形成了彼此间的差异性或特殊性；或者是一个文化系统内涵中的两个支系，即属于一个部落联盟的不同部落的文化遗存，否则，有许多情况是难于解释的。自然，最后的结论，还有待于进一步发掘和研究。

---

① 甘肃博物馆：《甘肃渭河支流南河、榜沙河、漳河考古调查》（载《考古》一九五九年第七期），并《甘肃古文化遗存》（《考古学报》第二八册）。

（三）关于齐家文化。一九二四年第一次在甘肃省宁定县齐家坪所发现的文化遗存，及其后在他处发现的同类型的文化，统称做齐家文化。从其遗物的内容（最重要的，有红铜器等一同出土）和埋藏的地层关系，表明它在历史时代上后于仰韶文化和“甘肃仰韶文化”或“马家窑文化”，和有铜器一同出土的龙山文化为同时。帝国主义的宣传员安迪生过去把它安在仰韶文化的时代之前，完全是武断的、违反事实的。

齐家文化主要分布在甘肃至青海东北部的渭河上游及其支流泾河等流域，黄河、洮河、西汉水、大夏河、大通河、庄浪河、湟水等河流域及河西走廊，共已发现遗址数百处；其中甘肃省的天水、武山、陇西、渭源、秦安、静安、临夏、临洮、和政、东乡、兰州、平凉、泾川、庆阳、镇东、宁县、西礼、武威等县市，即已发现遗址三百数十处，青海省的湟中一县已发现遗址七处。在陕西，齐家文化遗址与龙山文化遗址在不同地区内同时并存。这在它以前，都是“甘肃仰韶文化”或“马家窑文化”仰韶文化遗址分布的区域。其中重要的遗址，除齐家坪外，有甘肃省天水西山坪、临洮马家窑——瓦家坪、武威皇娘娘台、临夏大河庄和秦魏家、宁定杨家洼、临夏（即原永靖）张家嘴，青海贵德罗汉堂等处。

首先，关于齐家文化的主要遗存。至今在皇娘娘台、大河庄、秦魏家三处遗址中，均有纯铜器与石、骨、陶器等一同出土。皇娘娘台发现有铜刀、铜锥等二十件及铜渣和残器破片，铜刀有锤打磨制和单范模制两种，大河庄发现有铜匕，秦魏家在一个齐家文化墓葬中人骨手指旁发现一个铜指环。这种铜器的发现，正是和其一同出土的石、骨、陶器的发展水平相适应。作为主要生产工具的石器，在大多数遗址中，虽然磨制仍少于打制，但磨制技术水平提高了。在石斧、石刀、石铲、石磅、石凿、石镞、石纺轮等类型外，并新出现了石镰、石臼等，敲砸器制成了便于手握的器形，等等。石刀完全同仰韶文化及甘肃仰韶一样，主要为穿孔长方形与两侧带缺口的两类形制，还有一些三角形石镞和石叶等细石器，则可能是由于细石器文化的影响或来自不同人们集团间的交换。骨制品有刀、磅、锥、针、匕、笄等，似是比仰韶文化或“甘肃仰韶文化”有了进一步发展。陶器也是手制。一般遗址的出土物，都主要为夹砂粗红陶，灰陶次之；饰纹也多系绳纹，但篮纹也不少，素面和光面也占有相当分量，各遗址中的彩陶多少不一。出土的罐（其中双耳、单耳罐等是有其特殊风格的）、钵、盆、碗、豆、斝、甑、鬲等形器，大多为平底器，三足器和圜底器只是少数或个别，有些形器是仰韶文化遗存或“甘肃仰韶文化”遗存中所没有的，形制上与仰韶有所异也有所似。据甘肃博物馆在《甘肃古文化遗存》中报道说：武威、兰州各遗址中的陶器遗存，从双耳小罐器形和纹饰看，接近“甘肃仰韶文化”马厂期的一些遗物的特征，似由它演变而来。这是就甘肃西部齐家文化的一些遗址的遗存而说的。在房屋建筑方面，皇娘娘台和临洮瓦家坪、秦安寺咀坪都发现有氏族公社的残破的村落遗址，至今还没有发现像仰韶文化那样较完整的村落遗址。寺咀坪遗址所留下的六个住室遗迹，基本上与仰韶文化的住室结构相同，为方形圆角半坑穴式，室内全用火烧干，四围墙壁先涂一层草泥，再加一层红胶泥土抹平，四壁并有圆柱屋架的遗迹；只是屋底系用白灰面涂成坚硬的又光又平的底面，墙壁底部也有白灰面的痕迹，这是与仰韶文化的住室构制不同的，可能是受了龙山文化的影响。每个住室内的火塘，明显地存在着做饭的遗迹，表明家庭已成了集体生产和平等分配下的消费单位。

从农耕情况和定居形式等方面看，齐家人是和仰韶人或“甘肃仰韶”人用相同的耕作方法经营农业，主要粮食作物也是粟谷，但有了一大步的发展；遗址出土和随葬的大量家畜骨骼的存在，表明畜牧也比后者发展，确切地可以看出，鸡、狗、猪、马、牛、羊都成了家畜；石制陶纺轮、骨针、陶器上也可能是麻布的布纹痕迹，等等，似是表明在纺织和缝纫方面与后者有着一定的共同性和继承性。

在葬俗方面，显然有承袭仰韶文化和“甘肃仰韶文化”的脉络。如大河庄的八十多座、秦魏家的百多座墓葬，大多为仰卧直肢单人葬，只有少数屈肢葬、侧身葬，也有少数合葬，墓葬也都排成整列；皇娘娘台有八座墓葬都为侧卧屈肢葬，这在“甘肃仰韶文化”中较普遍，而在仰韶文化遗存中只是个别的。在墓坑的构筑和随葬品方面，大河庄葬区有四座砾石构成的圆圈，周围有牛、羊骨架和卜骨，这是考古学上的新资料；皇娘娘台遗址也发现有十四块卜骨；皇娘娘台发现一座一男仰卧直肢、二女侧身直肢面皆向男的合葬，墓形较大，随葬品有陶器十六件。前者可能是表现宗教仪式的酋长的墓区，或者是巫师的墓区，卜骨的出现表明它可能是来自龙山文化的影响；后者也可能是氏族酋长的墓葬。它不只与秦魏家那些男子仰卧直肢、女子侧卧屈肢面向男子的夫妇合葬，表明了父系本位的氏族制已代替了母系本位的氏族制，而且似是家长制的一夫多妻因素的出现。随葬品的种类有陶器、石刀、纺轮、骨针、骨锥、骨匕、骨饰、牙饰、松石珠、铜指环、牛下颌骨以至牛、羊等；从数量上，大多只有一两件或没有随葬品，只有少数人随葬品较多，个别的多至六十四件。这种墓葬、随葬品的种类和数量的差别等等，不只表现了男女间分工的发展和扩大，也表现了生产有了很大的发展；并表现了在氏族集体所有制的母胎内孳孕着私有制的萌芽。与这种情况相适应，皇娘娘台部分窖穴中那些“无随葬品”、“凌乱聚集”或“侧卧屈肢”的人骨骨架，① 也可能是氏族奴隶的萌芽的一点痕迹。

其次，在齐家文化的若干遗址中——如天水柴家坪、西礼西峪坪等处，——都含有仰韶文化（包括“甘肃仰韶文化”）遗物。

更重要的，在很多遗址中，都发现了如次的几种文化层的迭压关系。天水西山坪、陇西寺坪、临洮马家窑西汉水流域的西礼西和镇李家山、西峪坪、渭源及青海民和等遗址，都发现齐家文化层迭压在仰韶文化、“甘肃仰韶文化”层之上的地层关系（如马家窑——瓦家坪，即系齐家文化层迭压在马家窑文化层之上）；西礼长道乡赵家坪、西和镇崆峒山、城关镇阳坪里和马家崖等遗址，都为仰韶→齐家→“周代”（?）相次迭压的地层关系；西礼城关镇雷神店、石碑下、田家坪、寨子里、张家坪、石沟坪等遗址，则为仰韶→“周代”（?）迭压的地层关系。青海省湟中县已发现的十三处新石器文化遗址，有六处为“甘肃仰韶文化”，七处为齐家文化。② 在这里，所谓“周代”文化，似是“武王革命”前的周人遗存——究极上自还有待于专家的进一步发掘和研究。据甘肃博物馆的报道说：“西汉水流域的周代遗存，普遍有类似齐家文化高领折肩罐。这……说明周代遗存继承了齐家文化的一些特征。”这类所谓“周代”文化的遗存，不只“与齐家文化有很多相近的地方”和表现“齐家文化的普遍特征”、两者间“具有相当密切的关系”。③ 这是合乎田野发掘的实际情况，也是从文献记载上可以得到论证的。而这种文化层次的迭压情况，又根本驳斥了安迪生的“六期”说在故意颠倒、

① 《甘肃古文化遗存》。

② 《文物》一九六〇年第六期，第三五页。

③ 甘肃博物馆：《甘肃西汉水流域考古调查简报》（载《考古》，一九五九年第三期）。

混淆历史的时代性和毫无根据，揭穿了帝国主义宣传员何等武断地在伪造历史！

又次，甘肃省宁定县杨洼湾等处发掘的齐家文化墓葬中的头骨，专家认为："……在形态方面，基本上是属于蒙古型（Mongoloid）。与近代材料相比较，杨洼湾头骨与现代华北组较为相似。"只是在鼻形方面有些差异，① 这可说是由于在漫长历史过程中因人体自身的变化所产生的差异。因此说，齐家人是仰韶人的后裔和现代汉人的祖先。我们就目前已有的资料是可以得出这样的结论的。

这说明齐家文化是由仰韶文化、"甘肃仰韶文化"或"马家窑文化"发展而来，不是属于两个不同的文化系统，而是前者是后者的更高阶段。全部文化遗存的内容表明，大致属于原始公社制社会开化时代的中期的后段和其到晚期的过渡，约当于传说记载中的"夏朝"，并可能是属其时夏部落联盟的周、姜等部落的遗存——相当于传说的夏"启"到"履癸"或周人的"弃"到"公刘"的时代②的遗存——自然，最后的结论还有待于进一步的地下发现和研究。

（四）关于辛店文化和寺洼文化。据实地从事田野考古的同志们报告说："齐家文化在时间上大致与陕西龙山文化相等。在西汉水流域为周代遗址所代替，在洮河流域和大夏河流域则为寺洼文化和辛店文化所代替。"并说："……在渭河上游、西汉水流域以及泾水流域，代替了齐家文化的是周代遗存。同时，在部分地区内，代替了齐家文化的还有寺洼文化。"③ 由此似乎可以说，在"武王革命"前，周人分布的主要地区不只是陕西，而是陕、甘。辛店文化的遗址，至今在甘肃省的临洮、临夏、政和、东乡、兰州等县市及青海东北部，已发现遗址近百处。寺洼文化的遗址，主要分布在洮河流域的临洮（即岷县）及邻近的漳河一带以至渭河上游。这三者的遗址分布的地区毗连、交叉，而且大致是同时并存的。就甘、青地区的辛店文化和寺洼文化的地理分

---

① 颜訚：《甘肃齐家文化墓葬中头骨的初步研究》（载《考古学报》第九册）。

② 周人记载自弃（即后稷）到公刘的传世和自公刘到"武王革命"前的传世，都是由于传说的错落失误而大大缩小了的。

③《甘肃西汉水流域考古调查简报》、《甘肃渭河支流南河、榜沙河、漳河考古调查》。

不少专家认为辛店文化和寺洼文化不一定是"武王革命"以前时代的遗存，并志以待进一步发掘和研究。

布说，有辛店的地方则无寺洼，有寺洼的地方则无辛店。这三者遗址分布的地方都是原来齐家文化遗址分布的地方。那么，是否由于这三者排除了齐家文化而各自兴起的呢？下面略为考察一下这三者与齐家文化的关系及其相互间的关系。

在这三者的遗址中的遗存，首先都有与石、骨、陶器等共存的刀具等青铜器工具及炼铜矿渣等遗物的发现，比齐家文化处在一个较高发展阶段。石器方面，辛店文化的临夏张家咀等遗址出土的石刀、斧、碌、臼、杵、纺轮、盘状器等，也分打制和磨制，磨制的仍有半磨光和通体磨光之分，其中大量而普遍存在的两侧制成缺口的石刀，是经仰韶文化（包括“甘肃仰韶文化”）、齐家文化两个继起阶段发展而来的具有共同的特征的东西。陶器仍属手制，主要为夹砂粗红陶，次为泥质红陶和泥质灰陶；“彩陶大部分磨得光滑”，与齐家相似；“陶质多作黄褐色或红褐色，一部分陶表面涂有红色陶衣”；纹饰“素面居多，绳纹次之，其他纹饰较少，彩绘占有相当比例”。[①] 所谓其他纹饰，有附加堆纹和殷、周铜器式的云雷纹等，并有表现为象形文字的萌芽的鹿、狗等动物形。器形有罐、杯、钵、盆、鬲、鼎等。骨器有针、锥、铲、梳及装饰品等。这都在若干方面，具有由仰韶文化（包括“甘肃仰韶文化”）→齐家文化而来的共同特点，又在若干方面有所不同和存在着仰韶→齐家所没有的新东西。而寺洼文化遗址中出土的两侧作成缺口的石刀和陶器的形制、风格等方面，也都与辛店相似。或者说，辛店、寺洼各遗址分布的地区毗连，石器器形近似，陶器有共同的特点。因此说，寺洼文化，也具有从仰韶文化→齐家文化两阶段发展而来的上述共同特征或若干特点。而在“武王革命”以前的所谓“周代遗存”，“在西汉水流域却是很丰富的，在时间上大致与寺洼文化相等，都是替代了齐家文化而后在同地区存在”。“在甘肃境内，寺洼文化与周代遗存，在形制上也具有一定的共同性”。而“周代遗存与齐家文化有一定程度的相近之处，这在西汉水流域更为明显。……周代陶器中的高领折肩罐以及道显的竖绳纹等性质，都是周代遗存继承了齐家文化的特征。”[②]

---

① 黄河水库考古队甘肃分队：《甘肃永靖县张家咀遗址发掘简报》（载《考古》一九五九年第四期）。

②《甘肃西汉水流域考古调查简报》、《甘肃渭河支流南河、榜沙河、漳河考古调查》。

其次，在张家咀和吴家等遗址，都发现辛店文化迭压在齐家文化之上的地层关系。张家咀第二层为辛店文化层的窖穴，第三层窖穴的灰土内全为齐家文化遗存。仰韶或“甘肃仰韶”→齐家→“周代遗存”相迭压的地层关系，已如前述。在寺洼文化的寺洼山、靳家坪、格致坪等遗址的遗物中，都包含有仰韶文化（包括甘肃仰韶文化）和齐家文化的遗物，等等；有的同志认为这是早期遗物混入晚期的结果，是有一定道理的。自然，这也有来自不同系统的文化遗物的可能，而把全部情况联系起来进行分析，就只能是同系统文化的以往时代的遗物的继承或其器形、风格的承袭。

基上所述，如果将来没有相反的情况或其他情况的发现，目前似乎可以说，辛店文化、寺洼文化以至“武王革命”前的所谓“周代遗存”，都是由齐家文化发展而来的，即它们都是后者的较高发展阶段。考古部门的有些同志认为：仰韶文化（包括“甘肃仰韶文化”或“马家窑文化”）→齐家文化→辛店文化，是同一文化系统的一个发展过程，我认为是正确的。而辛店文化、寺洼文化和“武王革命”以前的“周代遗存”，乃是夏部落联盟的后身周人的姬、姜等不同部落的遗存，或者说是带有不同地方特点的遗存；它们在性质上相当于龙山文化后期，即原始公社制社会末期的父家长奴隶制和其到阶级社会过渡的时期，在时间上相当于殷商时代，由于处在殷商国家之内而为其一个组成部分，并受到先进的商人经济、文化的直接推动和影响。

散布在甘肃省永昌、天祝、民勤一带的沙井文化，性质上也似是由金石并用时代到青铜器时代的过渡时代的文化，时间上也大致与辛店、寺洼相当，遗物也有彩陶并存，其分布区域和邻近地区又都有“甘肃仰韶文化”和齐家文化遗址；这似乎也可能与其时姬、姜等部落有着一定的关系，但还缺乏必要的资料作出肯定的论证。①

① 以上参考尹达：《论中国新石器时代的分期问题》（《考古学报》第九册）；安志敏：《我国新石器时代的仰韶文化和龙山文化》（载《历史教学》，一九六〇年第八期）；佟柱臣：《中国原始社会晚期历史的几个特征》；考古研究所渭河调查发掘队：《陕西渭水流域调查简报》，《宝鸡新石器时代遗址第二、三次发掘的主要收获》，宝鸡发掘队：《陕西宝鸡新石器时代遗址发掘纪要》（分别载《考古》一九六〇年第五期、第十一期、一九五九年第十一期、第五期）；许顺湛：《关于中原新石器时代文化几个问题》（《文物》一九六〇年第五期）；佟柱臣：《黄河长江中下游新石器文化的分布与分期》；甘肃博物馆：《甘肃古文化遗存》（分别载《考古学报》第十六册、第二八册）。

（五）龙山文化，即从首次在山东章历龙山镇城子崖发现的新石器文化遗存命名的，以后在他处发现的同类遗址，都称作龙山文化。

龙山文化，是在我国境内发展最早，对其他系统的新石器文化起过先进和主流作用的。它的分布地区很广，主要为山东、河南、冀南、辽东半岛南部，西及晋东南，南及苏北、皖北；晋南、陕西、河北的唐山和张家口，也已有个别龙山文化遗址的发现。其中以山东，尤其是沿海一带的遗存，为所谓典型的龙山文化，遗址灰层很厚、埋藏的遗物很丰富。[①] 已发现的龙山文化重要遗址，在山东、辽东半岛和苏北的渤海湾及黄海沿海地区，除城子崖外，主要有：乐陵五里冢、禹城周尹庄、济南大辛庄、邹县滕城、滕县宫家庄、济宁文家庄、宁阳大汶口、安丘景芝镇、五莲丹土村、临淄北门外、文登石羊村、黄县龙口、即墨姜家泊、青岛市李家宅头、日照两城镇、苏北徐州高皇庙、新海连市二涧水库、辽东半岛大长山列岛上马石、貔子窝、旅大市大台山和王官庄等处。渤海湾沿岸的贝冢遗址，范围特大，堆积特厚，有不少典型遗存。[②] 在河南、冀南及皖北，包括冀东唐山市大城山遗址在内，主要遗址有安阳后岗龙山文化层、郑州牛砦二里岗、旭畚王、林山砦、浚县辛村、大赉店、永城造津台、洛阳东干沟、南王湾、涧滨、渑池仰韶村、不召寨、陕县庙底沟、三里桥、信阳三里店、商城汪桥、冀南邯郸龟台、涧沟、皖北寿县等处。在晋南和陕西，龙山文化遗存已发现的还较稀少，遗址面积小，灰积薄，堆积少，其中主要有山西平陆盘南村、万荣荆村、陕西长安客省庄、华阴横阵村、华县柳子镇等处。但是在甘肃，除一二处疑似龙山文化的遗迹外，至今尚无龙山文化遗址的发现。

各地区各遗址的相互间，堆积的地层层次和灰层厚薄，遗物的器形、风格和内涵，等等，都有不少差异：如在龙山文化和仰韶文化接合部或交叉地区的河南，尤其是豫西、晋南和陕西，龙山文化遗址出土的陶器、石器等，都在不同程度上敷有仰韶文化遗物的一些器形、风格或杂有其遗物，而且愈往西，龙山文化的遗址、遗迹和特征，愈少愈淡；苏北、皖北以至豫南的龙山文化遗存，又都在不同程度上敷有“吴越文化”的青莲岗文化的特点和杂有其遗物。

---

① 例如两城镇遗址，范围达三十六万平方米，遗物堆积很厚，出土的陶窯等都较典型。

② 除渤海湾沿岸的贝冢遗址外，在第三次国内革命战争时期，我所见辽宁省安东、盖平两县沿鸭绿江和沿海一带，农民在耕作中挖掘出不少贝冢，惜当时未及从考古上着眼去进行发掘和研究。志此以待同道。

张家口、大城山以至邯郸的龙山文化遗存中，又都多多少少地夹有细石器文化的一些器形、风格或其遗物，等等。同时，各地区各遗址的龙山文化遗存，所表现的历史时代也不是完全一样的。这便包含着一个颇复杂的问题，必须对个别地区个别遗址遗物的内涵，认真地进行历史唯物主义的科学分析。与此相关的，又包含着龙山文化分布地区的伸展方向问题。对此，我将在后面提出一点个人的不成熟意见供商讨。

龙山文化各遗址，一般都具有半月形偏刃石刀、长方形和横剖面呈长方形的偏刃石磷、矩形石斧、黑陶或轮制黑陶（其中有薄到零点二至零点一厘米的蛋壳黑陶）、一般房屋遗址的圆底白灰面，等等特征，都是与仰韶文化遗存根本不同的。此外，陶器的质料，总起来说，主要有细泥质黑陶、泥质灰陶、泥质红陶、夹沙粗灰陶、夹砂红陶、夹砂粗白陶六类。但因地区而有所不同，如山东黑陶较多，河南灰陶较多，黑陶较少（愈往西典型的黑陶愈少，甚至见不到黑陶和素面磨光陶），红、黄、白陶甚少见，一般则灰陶较多。陶器器形有罐、豆、杯、盘、盆、碗及鬶、鬲、鼎、甗、甑、斝，等等；但山东多鬶、鼎，并有小巧精美的高足或带把的小陶壶和陶杯之类，少斝、鬲，无甑，河南则斝、鬲、甑都很多，只鬶较少；大部为平底器，并大量使用把手、三足和圈足底。器面主要为素面和磨光；但也有纹饰及镂孔，其中山东多划纹，河南以西以北多绳纹、篮纹、方格纹，等等。早期的陶器较原始，以后才逐渐采用和发展起轮制，特别应该指出的，到晚期，不只有了釉陶，并有了用高岭土原料制成和经高热烧制的制瓷术的因素。石器是磨制为主和打制并存，磨制是逐步增多和提高的，不少石器都全部磨光，很精美，愈到后来磨制愈发达；一般为薄而长的穿孔石斧、各式石刀、石磷、石凿、石镞以及盘形器、刮削器，还有装柄的石镰，等等。骨角器有凿、锥、针、笄、卜骨等，还有仰韶文化遗址中所没有的骨铲、骨梭和卜骨、卜龟甲，庙底沟等遗址中并有骨梳。较普遍地使用淡水厚壳蚌等制作镰、刀、镞及装饰品等，并逐步地在增多，个别遗址还发现有蚌锯。有些遗址出现有玉璧、玉镯、玉坠饰及很薄的玉刀、玉斧等，其中有些刀斧的刃部还较锋利；这大概都是较晚期的东西。在庙底沟、三里桥等遗址，都发现木耒、或类于木耒的木插的痕迹。特别重要的是，距城子崖约三十公里的大辛庄、唐山市大城山、洛阳东干沟等遗址，都发现了铜器，其中有铜刀、铜锯、铜针、铜镞、铜块及铜矿石等；这标志着龙山文化进到了晚期，或已过渡到了殷代的早期。① 滕县宫家庄、邹县七女庙、宁阳大汶口、禹城周尹庄的上层文化层等遗址的埋藏，似是也都属于其晚期遗存的性质。

从个别地区说：

在沿海地区，一九五八年在旅大市的大台山和王庄寨发现的遗址遗物，是与山东半岛沿海龙山文化的遗存相似；但陶器全系手制，石器打制多于磨制，磨制也不全磨光。辽东半岛另一龙山文化遗址，貔子窝的贝冢遗址及其红褐色与青灰色陶器，等等，和隔海遥对的山东黄县龙口贝冢遗址遗物，很相类似。② 黄县邻近的即墨姜家泊遗址出土的陶器，为夹砂红陶、夹有蛤蜊壳或云母片的粗灰陶和较少量质粗而匀的黑陶。鲁中的城子崖遗址，出土的生产工具和用具，有石制的斧、碎、凿、铲、镰、刀、砺石、磨盘……，骨制的锥、凿、梭、针……，蚌制的刀、铲、锯……等。陶器约有百分之五十系轮制，表现了轮制技术的发生、发展的过程和程度；以灰、黑、粉黄陶为主，多系光面，间有方格纹等花纹。卜龟甲及其中若干东西，似是均属上层的遗存。在时代上可能晚于城子崖龙山文化的大辛庄出土有：斧、碎、刀、镰、砺石、装饰品等大量石器，盆、罐、缸、瓮、尊、簋、大口器等灰陶、红陶、硬陶等陶器和釉陶残片，锥、针、镞、匕、笄等骨器，不少蚌器，还有铜锯、铜针等铜器及铜矿石、无字卜骨、卜龟甲，等等。鲁东南沿海的两城镇遗址，灰层和遗物堆积都很厚。其中陶器轮制的约达百分之五十以上，并有较进步的云雷纹纹饰，但也有较原始的东西；大都为灰色或灰暗色陶，并有不少薄如蛋壳的黑陶；大量存在用作炊具的鬶和鼎，但无甗、甑、斝、鬲——这在河南都是大量存在的。也发现有玉斧、玉刀等，但未发现铜器。遗物埋藏的情况，下层全为黑陶，灰陶是逐渐出现和增多的。因此，两城镇遗址似是包含了颇长时期的文化遗存，龙山人在这里连续居住得很久。苏北二涧水库的龙山文化层，出土的陶器，基本上与两城镇、城子崖出土的相似。有的同志认为山东境内的龙山文化遗存，由东向西颇有变化，如“典型的黑陶”及鬶愈东愈多，绳纹、篮纹、方格纹及鬲则愈西愈多。从鲁东南到鲁西北的情况，确是如此。这似是也反映

① 不少专家均认为大辛庄、东干沟等处遗物，均系早殷的遗存。

② 按辽东半岛龙山文化的下限，只有周代遗存，没有殷商国家时代的遗存，这是与山东龙山文化的内涵不同的；因此，在殷商国家时代，龙山人似已不住在当地，确否，尚有待于进一步发掘、研究。

了由东到西的演变过程。

山东龙山文化有不少遗址，范围大都比较大，除两城镇的范围前已述及外，丹土、景芝等遗址的氏族墓地和墓葬，也能反映出这种情况。如景芝的五十多座墓，排列很整齐，主要为仰卧直肢；大都无随葬品，只个别墓有小形陶器、松绿石头饰、玉斧三类，这不只表现生产水平还较低，私有制尚无显著的萌芽迹象；又似是反映着村落规模较大，包含家庭较多，还没有从氏族公社中分化出家庭公社来。宁阳大汶口保头的墓葬情况，似是反映了当地曾经为龙山人较长期地居住过，并反映了龙山文化晚期的情况。①

在河南、河北及皖北的龙山文化遗存与沿海地区的遗存有着显著的差别。首先，在生产工具方面，石、骨角、蚌制的刀、斧、铲、镰、磅、凿，以及包括极纤细的骨针在内的大小骨针，等等，制作技术都有了显著的改进和发展，样式也较多，并开始出现了木耒。已发现的陶窑窑址，不是正列形成陶窑群，而是单个地分别存在（如涧沟等遗址）；这似是表现着制陶技术有了很大的发展，制陶成了公社内个别家庭的专门技能，也正反映了生产的发展水平。卜骨以至卜龟甲几乎到处都有发现，表明了占卜术比较流行，原始公社制末期的巫术师的地位及作用已开始突出。其中又以邯郸、安阳、郑州、洛阳一带的龙山文化遗存，表现了较高的发展水平。首先，制陶术普遍使用了轮制和模制。其次，村落遗址范围都较小，包括家庭较少，但村落分布较密，如安阳洹水岸七点五公里左右的地区内，已发现十九处范围不大、住室不多的村落遗址。室内大都有火灶和储物的窖穴。这似是表明家庭公社已从氏族公社分化了出来，而成了生产和社会的基层组织，个别家庭成了集体生产和平等分配下的消费单位，在氏族和家庭的集体所有制的母胎内已孕育着私有制的萌芽。又次，在涧沟龙山文化遗址的一座房子和四号灰坑中，发现了四个被砍头的人头盖骨；这究系来自械斗中的斩杀、战俘或被处死的氏族奴隶，是值得进一步考究的，根据当地龙山文化遗存作综合考察，是可能存在有氏族奴隶的。又次，而又是极

① 保头发现的一百二十多座墓葬，排列疏密不同，并有大、中、小型之分，不悉包括几辈人的墓葬；其中有八座可能为夫妻合葬。一百二十多座墓葬中，多数没有或只有一二件随葬品，也无墓具，墓型较小或很小；个别大型墓，随葬品最多的达到一百六十件，其中有玉器、石器、陶器、刻工精致的骨器、牙器等。陶器中有大量灰陶及红、黑、白陶并有彩陶；灰陶、彩陶都有朱绘的。同时有木棺椁的痕迹。这显然表明已有了私有制的萌芽。

重要的一点，殷商遗存迭压在龙山文化层之上的地层情况，在这一带地方也是较普遍存在——表明了两者间的相互交替和衔接。但此，仅是几个主要的方面。

作为龙山文化与仰韶文化→齐家文化接合部的河南，在陶器的器形、风格、制作方法等方面，一面保持了和其他地区的龙山文化的共同特征，也表现了在共同性的基础上因时因地而形成的特殊性、即其不同于山东，也不同于晋南、陕西龙山文化的一些特点；一面又表现了它与仰韶文化→齐家文化相互间的深刻影响和色彩，如它吸收了仰韶文化→齐家文化的若干特点以至器形，等等，而且愈往西这种色彩愈浓厚。在房屋构造方面，一面也保持与其他各地龙山文化遗址的共同特点，如圆形竖穴、白灰面屋底、周围有柱洞可复原成圆锥形屋顶，这都是与仰韶文化遗址根本不同的；一面也吸收了仰韶文化的一些特点，如方形竖穴、白灰面屋底的房屋，在竖穴和白灰面方面虽仍保持其不同于仰韶文化遗址的基本特点，而方形却是近于方形圆角的形式的。

在陕西和晋南，以著名的长安客省庄龙山文化遗址为例，较之豫西的龙山文化遗存，便具有更多更浓厚的仰韶文化、齐家文化的特点、风格或色彩，如小口尖底瓶、菱形带纹的彩陶盆、涂红衣的陶杯、有耳（单耳、双耳、三耳）罐，等等，都不是龙山系所固有，而是源于仰韶系；其他器形也与山东以至河南的龙山系陶器诸多不同，同时，黑陶很少，甚至由于仰韶系的影响或其他原因，制陶大多使用手制和泥条盘筑、模制、轮制四种方法。所以有的同志认为客省庄类型既接近后岗龙山文化，又接近于齐家文化。这是合乎实际的。但其全部情况，又表明它在历史的发展水平上并不低于河南的龙山文化。首先，在房屋建筑方面，客省庄遗址出现了两个方形竖穴，或两个长方形竖穴，或前方后圆竖穴两室相连的双室构造，并出现了脊梁形屋顶。这在建筑术上是一个不小的进步和发展。其次，客省庄只发现有房屋遗址十座、陶窑二座，同时，发现有三件陶祖（华县泉护村也发现一件），用人股骨雕成的人面型雕，等等。这表明男性崇拜的父系本位已经确立，并表明家庭公社也成了氏族制社会的组织单位和生产单位，而又似是表明有了氏族奴隶的存在。

在河南、陕西和晋南，龙山文化与仰韶文化、齐家文化的关系，尤其是仰韶文化、龙山文化与殷商的地层堆积或参差存在的关系，是极其复杂的。在河南，包括信阳三里店等遗址在内，每见仰韶文化与龙山文化遗物混杂、遗址参差、或后者迭压在前者的文化层之上的地层关系，如黑陶与彩陶共存，或下层有彩陶上层有黑陶，等等情况。其中像豫西的庙底沟、三里桥、仰韶村、陕西的客省庄、柳子镇、横阵村以及晋南的盘南村、荆村等龙山文化遗址，每每是参在仰韶文化遗址之间，前者并每每打破后者的灰层而迭压在后者之上，还杂有后者的文物和特点。所以有的同志说，豫西是仰韶系和龙山系的混合文化。在陕西，迭压在龙山文化层之上的，却是周人的遗存。而在邯郸、安阳、郑州至洛阳一带的广大地区中，也有不少仰韶系和龙山系的遗址交错、遗物混杂等情况；如广武青台山、郑州旭奋王等处，并构成为仰韶→龙山→殷商文化层相迭压的地层关系；后岗、高井台子、大赉店、刘庄、同乐寨等处，则为龙山→殷商文化层相迭压的地层关系；像偃师二里头一样的情况，就更加普遍，例如："一九五九年在河南发掘了二十六个县发现了三十八处与二里头下层文化（按即龙山晚期——吕）相类似的文化遗址；特别重要的是在登封告城……附近的八方村、垌上村……在巩县罗庄附近……，偃师孙家湾附近……，济源县的原村……，发现了类似遗址，……遗址中的出土遗物类同二里头下层遗物。"① 这反映了殷商是继承龙山晚期经过革命的变革和发展而来的。在河北磁县，岳城水库上潘汪村二号遗址，则"包含着西周、殷代、龙山、仰韶四个时期的堆积。"② 这同样说明了殷商和龙山的关系。

山东龙山文化遗存的内涵和地层等关系，确实比较单纯。在文化层的关系上，主要为龙山→殷商的地层关系，或为龙山文化发展到后来便转变为殷商的国家时代；至迭压在有些遗址之上的并非殷遗存而是周遗存，那是由于在进到殷商国家前，龙山人曾从那些村落迁移，直到周朝，人们又重新住到那些遗址之上。但也同样存在下述一些复杂情况。一方面，如苏北二涧水库、徐州高皇庙、邳县黄楼村以及皖北寿县等处龙山文化遗址，也都是与"吴越文化"的青莲岗文化遗址交错，遗物混杂，甚或前者打破后者灰层和迭压在后者之上，相互吸收和敷有彼此的影响与特点，等等。一方面，像滕县岗上村、栖霞、平阴于家林、宁阳保头及梁山县等处龙山文化遗存中，都包含有彩陶之类仰韶系的东西，那或系来自人们集团间的交换等关系、或由于长期间相互影响、融合

① 许顺湛：《关于中原新石器文化时代几个问题》（《文物》，一九六〇年第五期）。
② 《文物》，一九六〇年第一期，第七四页。

而产生的结果。与花厅村一类遗址的青莲岗文化遗存很接近龙山系的岗上村遗存，更可能源于后一种情况。另一方面，龙山文化的各遗址遗物，是包含着颇长时期或不同时代的遗存的，尤其在山东半岛东北部和辽东半岛南部，它不只包含有早期的遗存（如旅大、黄县等地的贝冢遗址和遗物），也包含有晚期的遗存（如大辛庄、大汶口等遗址和遗物）；像城子崖一类遗址，又显然包含由较早时期到晚期或较晚的长期历史遗存，其中或者还有层次可分，或者还是层次不分的、相连续的深灰层的情况，等等。

因此，龙山文化遗存所包括的时代和其发展情况，是一个较复杂的问题。过去有所谓三期论，有的同志批评说：那种“分成‘两城’、‘龙山’和‘辛村’三期，认为‘两城’最早，‘龙山’次之，‘辛村’较晚，它的发展也是由东向西”① ——三期论的说法是片面的、缺乏实际根据的。这是有一定道理的。首先，由于三期论仅从几个遗址的空间地位出发，而不是从遗址遗物所表述的历史时代的发展的观点作立体的考察。其次，像龙山镇的上层遗物的内涵，与其邻近的大辛庄遗存相若，高于两城的发展水平，也高于辛村，而其下层的埋存，不只很难区别与两城的时代先后，又都是包含了一个较长时期的积累——似是具有原始公社制开化时代初期后段到中期前段以至后段的若干特征。而龙山镇上层和大辛庄的遗存，几与大汶口、后岗龙山层、洛阳东干沟等处的遗存相若，属于开化时代晚期或其前段的遗存。同时，三期论又错误地把原始公社制开化时代处在黄河下游一带的龙山人的“由东向西”，理解为旅行队式的移动；不知商人（龙山人）的部落或部落联盟始终没有离开山东地区，只是一步步向其他方面，主要向黄河中游一带延展，像仰韶人始终没有离开陕甘，而只一步步向河南、山西等处延展一样，所以直到商朝国家时代，山东仍是其“邦畿千里”的主要地区，商朝东面的国境是“海外有截”。有的同志从田野考古的实际工作，又可贵地指述了这种立体发展的情况，如一九五七年邯郸泌河西岸龙山文化各遗址的发掘和报道，就提供了可贵的资料；② 可惜报道未介绍全面情况，也没有完全打破三期论的框框。

至今已发现的龙山文化诸遗址，山东半岛和辽东半岛隔海相对地方的遗

---

① 安志敏：《我国新石器时代的仰韶文化和龙山文化》。

② 参阅唐云明：《龙山文化与殷周文化陶器间的关系》（《文物参考资料》，一九五八年第六期）。

存，似是较原始或较早期的，可能是龙山人在原始公社制开化时代初期的遗存。城子崖下层、两城等处遗物的内涵，还没有铜器或冶金术的发明，而只有较发展的陶器制造、石器等工具制造，农业生产和有了一定程度的发展的牧畜业，并包涵有较原始的东西，等等，因此其上限不至晚于开化时代初期之末，下限也不至越过开化时代中期。城子崖上层、大汶口、后岗龙山层、大城山、客省庄等一类龙山系遗址的遗存内涵，都表明是开化时代中期到晚期的过渡或晚期前段的遗存。像郑州洛达庙、（荣）〔荥〕阳上街、洛阳东干沟、渑池鹿寺那一类遗址遗物，究属于龙山文化晚期之末，即父家长奴隶制的过渡时期的遗存，还是属于殷商国家时代的初期或“早殷”的遗存，我以为还须进一步研究。安志敏在前揭的文章中说：“洛阳等地发现的所谓‘洛达庙’层，表现了由龙山向殷代过渡的迹象……。”这是值得重视的意见。像这一类遗址或稍晚于它的遗址，估计还将有不少发现。

因此，我以为龙山文化内涵，基本上包含了龙山人在原始公社制开化时代的全部历史过程的遗存，是进到国家以前的时代，即“成汤革命”以前时代商部落联盟的遗存；不应把山东龙山文化认作所谓“东夷”族的遗存，同样不应把齐家文化认作“西戎”的遗存。当时山东境内，除商人以外，并不存在另一个达到那种发展水平而又强大的人们集团。像《孟子》的“大舜东夷之人也”一类的记载，也是不能无视的。同样，在陕甘，当时与龙山文化并存而创造齐家文化的，除夏人→周人以外，也并不存在另一个发展到了那种水平而又强大的人们集团。拘泥于“禹都阳城”之类的传说记载，把中原龙山文化和“夏朝”挂钩，给山东等地的沿海龙山文化、陕甘一带的仰韶文化、齐家文化、辛店文化以至寺洼文化等等，均从华夏族系统以外去另找主人，是与殷、周文献及较一般的传说性记载，与古物埋藏的山东的龙山→殷商、陕甘的仰韶→齐家→周的等等情况，不相适合的。假设把所有齐家、龙山文化所分布的广大区域内的遗存，都说成为在“成汤革命”以前的夏部落联盟的一个人们集团的遗存；这在进到国家以前的时代，是难于设想的。这只有把“夏朝”看作我国历史上的第一个朝代，才能说得通。但此也还存在些较重大的困难问题。因此，我的初步意见，认为城子崖上层、大辛庄、大汶口、大成山、后岗龙山层、东干沟、客省庄以至洛达庙一类遗址遗物，似是为由“契”（即夋、亦即舜）到“主癸”（即示癸），也就是“成汤革命”以前商人的父系氏族制时代的遗存，大台山、龙口一类遗址遗物或遗存，则属“契”以前商人的母系氏族制时代的晚期遗存，而不是属于夏人。

（六）龙山文化、仰韶→齐家→辛店文化，是原始公社制的开化时代，在黄河流域并行发展起来的姊妹文化，对我国社会历史的发展，对影响和促进我国境内其他种族和部落的进步，都是起了一定历史时代的重大作用的。

前面简略地论证了：龙山文化是商部落联盟在原始公社制开化时代的遗存，仰韶→齐家→辛店文化是夏及其后身的周部落联盟在原始公社制开化时代的遗存。

夏人和商人都是起源于华北的蒙古人种的后裔，可能由于气候的巨大变化，或由于远古人们的自然移徙，等等原因，而衍化为不同的氏族集团。夏人在开化时代初期就散布在今陕、甘一带，创造和发展起新石器文化。商人沿渤海湾一面达到山东半岛东北，一面转到辽东半岛南部、或者是进到今长城以北或今东北地区后的人们中的一支，又南到辽东半岛和越过渤海湾进到山东半岛，或一面进到辽东半岛，一面沿渤海湾向东南移动至山东半岛；并步沿海南下和沿今黄河一带西上延展，创造和发展起新石器文化。这两大姊妹部落联盟，在今黄河中游的河南、河北、山西的接合地区会合，发生了相互间的影响和促进，并引入了平等的相互融合的过程。这个地区的仰韶文化、龙山文化的遗存、参差存在、遗物混杂、及各自的基本特征和相互给予的特点，等等，正是这种历史情况的表现；而且愈到西部和参差存在的地方，这种交互的现象越多、色彩越浓。这两者的遗存又表明，当它们在这个地区会合时，龙山文化的历史发展水平高于仰韶文化，即龙山人的石、骨、蚌、陶等生产工具和用具的制造，农业与马、牛、羊、鸡、猪、狗都有的牧畜业等生产，都有了较高度的发展。像下面这样的例子也都是有力的说明：如庙底沟二十六个龙山文化灰坑中的家畜骨，远多于当地一百六十八个仰韶文化灰坑的家畜骨的总和。因此，仰韶文化是更多地受到龙山文化的影响和促进作用，但也使前者不可能再向东延展，把中心又转移到陕、甘一带，它原先散布的有些地方便为龙山文化所代替，分散到龙山人村落间的仰韶人部落，便都平等地加入商部落联盟，如齐、吕、申、许等——他们便最先走完了与商人相互融合的过程。这就是龙山文化层每迭压在仰韶文化层之上以至形成为两者的混合文化的历史实际。

在江汉流域一带，有的同志认为分布在豫西南的汉水流域及南阳等地的仰韶文化遗存，是属于黄河流域仰韶文化的晚期。更正确地说，所谓屈家岭文化，[①] 实质上，乃是“还保存仰韶文化晚期或龙山文化的一些特征，但是在很大程度上表现了与皖北、苏北的关系；尤其商城、潢川与苏北的关系似乎显得更密切些。”[②] 这似是说明了屈家岭文化，乃是以仰韶文化为主流的仰韶、龙山、青莲岗的混合文化。它主要分布在汉水下游，包括桐柏山脉、伏牛山脉，西越武当山迄荆山、大巴山至湖北四川邻界的巫山地区，东越南阳、唐县至信阳、商城、潢川一带的大别山地区，南至江汉三角地带的湖北郧县、均县、京山、天门、江陵、黄岗及武昌、宜昌等处；其中重要遗址，除屈家岭、石家河外，有均县观音坪、郧县青龙泉、江陵阴湘城、武昌洪山放鹰山、黄岗堵城、宜昌李家河、南阳黄山、四川巫山大溪等处；但各处的遗存，也都因时因地而存在着多多少少的、不同程度的差异或特殊。这似是又反映着这样一些历史情况：当仰韶人与龙山人在黄河中部会合后，仰韶人的一部分，相续由豫西沿汉水流域南达江汉地区，并沿江东下及西上；他们又与南去的龙山人、原住的青莲岗人合流，而汇成为华夏族前身之一的屈家岭人。

在江苏、安徽、浙江的称作“吴越文化”的新石器文化遗存中，包含有龙山文化的色彩、特点以至各别文物，同时也有仰韶文化的一些色彩和特点，如彩陶等等。这表明龙山文化及仰韶文化对这一带地区内的新石器文化的影响和作用，尤其是一部分龙山人的不断南下到江淮地区及太湖三角洲一带，与原住种族和部落交错、混合居住，以至引起相互的融合；这样又经历了殷商国家时代及其经济、文化上的作用，所以楚人、吴人及徐、淮人等，在商朝，尤其在周初，已与华夏人同语同文，而只有地方方言的区别——虽然在方言以外的其他方面也还存在不少的特殊性。这样就可以具体地理解：殷末徐、淮、荆楚人等与商朝奴隶所有者集团的关系，周初汉东诸姬与楚、吴、徐等邦之所以建立，也才可以具体地理解某些地下遗存（如丹徒烟墩山、仪征破山口之类的周初文物遗存）之所以存在的社会基础，等等。这都是由于不断南去的仰韶人、龙山人与原住民在没有阶级压迫的原始公社制的社会基础上，长期间的比

---

① 首次在湖北京山屈家岭发现有轮制彩陶的新石器文化遗存，便称作屈家岭文化。嗣在湖北天门石家河又发现有彩陶纺轮等为特征的同类型遗存。在信阳、商城、潢川及汉水下游等处也均陆续有同类型的遗址或遗迹的发现。

② 佟柱臣：《黄河长江中下游新石器文化的分布与分期》（《考古学报》第十六册）。

邻、交错、混合居住，共同进行生产斗争的结果。我以为这是符合历史的实际情况的。①

C. “吴越文化”是“百越”各族在原始公社制社会的开化时代的遗存

具有有段石锛和几何印纹陶为共同特征的新石器文化，专家称之为“吴越文化”或“百越文化”。它主要分布在我国东南沿海的江苏、浙江、福建、台湾、广东各省和安徽省的长江两岸、江西省的赣江两岸各县；在两湖等处，也都有这类遗址和遗物的发现；广西僮族自治区也很可能有“吴越文化”的丰富埋藏。在其主要分布的地方，至今已发现的遗址都较多、遗物较丰富；但各地区的遗存的内涵，又有着不少的差异性或特殊性，各自所包含的历史时代的长短，年代上的上限和下限，也颇不一样。这表明它们并非属于远古的某一个部落联盟或人们集团的遗存，而是属于近亲、或彼此有着长期而深厚的相互影响的不同部落或人们集团的遗存。从它们与龙山文化、仰韶文化、殷、周以至其后一些朝代的关系，结合我国历史记载关于其时散布在那些地方的古代民族或人们集团，大致可以考知它们是属于“百越”各族：东越、揚越、闽越、南越及骆越等族的遗存；在江苏、安徽境内者，则系后来称作徐、淮人或吴人的遗存，他们在当时，已开始成为青莲岗人（即创造青莲岗文化的人们）与龙山人及仰韶人的混合部落。所以青莲岗文化又有“江苏龙山文化”之称。

关于“吴越文化”的第一个主要特征的几何印纹陶、即印有几何形纹饰

① 参考梁思永遗著：《龙山文化——中国文明的史前期之一》（《考古学报》第七册）、佟柱臣：《黄河长江中下游新石器文化的分布与分期》、《中国原始社会晚期历史的几个特征》（均见前揭）、安志敏：《我国新石器时代的仰韶文化和龙山文化》（前揭）、刘敦愿：《日照两城镇龙山文化遗址调查》（《考古学报》，第一九册）、山东省文物管理处：《济南大辛庄商代遗址勘查纪要》（《文物》，一九五九年，第一一期）、许顺湛前揭文、黄河水利考古队华县队：《陕西华县柳子镇第二次发掘的主要收获》、考古研究所渭水发掘队：《陕西渭水流域调查简报》（均载《考古》，一九五九年第一一期）、南京博物馆：《一九五九年冬徐州地区考古调查》（《考古》一九六〇年第三期）、山东省文管处：《山东平阴县于家林新石器时代遗址调查》（《考古》一九五九年第六期），及《考古学报》、《考古》、《文物参考资料》等杂志的有关文章和报道。

的泥质或夹砂质陶器，它是在泥质陶、砂质陶（包括红、灰、黑陶）的基础上发生和发展起来的，因此，就一般遗址说，都是泥质陶、砂质陶早于几何印纹陶，几何印纹软陶又早于几何印纹硬陶。一九一四——一九一五年，从广东省南海县南越文王墓中首次发现几何印纹陶起的几十年来，尤其是解放以来，在所谓“吴越文化”的新石器文化分布到的地方，都不断有发现，尤其在广东省和福建省的许多遗址中有更大量的发现。在广东中部，在广州市、番禺、南海、新会、宝安等市县发现的密集的新石器文化遗址中，大多有较丰富的几何印纹陶出土，其中尤以几何印纹软陶为多；在北江的英德、翁源、清源、佛岗等地，也有发现；在沿海各县和香港等岛屿、东江的海丰等县，海南岛的文昌西边坡、临高昌栱村、崖县旧塘园村、琼中荒塘陂、白沙合水村等处的新石器文化遗址中也有所发现。在全省各县几乎都有新石器遗址的福建，包括著名的昙石山遗址在内，闽南的华安大地乡、武平天马山及厦门、南安、惠安、龙岩、连江等市县的新石器文化遗址，闽江流域从下游直到上游的光泽诸遗址以至闽西等处，不只有几何印纹陶的发现，而且不少遗址发现的数量都相当多。在浙江，包括著名的杭州老和山、吴兴钱山漾、绍兴漓渚等遗址在内，在太湖沿岸和钱塘江流域的嘉兴双桥、萧山临浦、余姚茅湖、余杭北子里、武康的红家岭、瑞安的罗浮山，以及其他各地，如宁波、上虞、杭县、临海、崇德、吴兴、东阳、汤溪、衢县、永嘉、三门等县市所发现的新石器遗址中，都多多少少有几何印纹陶（并有段石锛）的发现。在江苏、太湖沿岸的上海淀山湖、上海县马桥俞塘、昆山陈墓镇、吴县越城、宜兴高塍、吴江同里、无锡仙蠡墩，包括著名的湖熟在内的秦淮河沿岸的四十多处遗址，包括著名的南京北阴阳营在内的长江沿岸的南京锁金村、安怀村、江北岸团山、丹徒大港、扬州凤凰山等处近六十处遗址，以至邻接皖南广德的溧阳社渚等遗址，北自淮河以南的诸遗址，都有几何印纹陶的发现。在安徽，自淮河以南至长江两岸的肥东龙城大城头、当涂天子坟、马鞍山市的慈湖、绩溪的胡家村等遗址，在江西，包括著名的清江樟树镇遗址在内，赣江平原和沉香谷地的丘陵边缘的三十多处遗址，也都是有几何印纹陶和其他新石器文化的遗物共存。在两湖，如湖北蕲春易家山、湖南安仁南坪何古山等处，也都有几何印纹陶的发现。

关于“吴越文化”另一个主要特征的有段石锛。在发现有几何印纹陶的“吴越文化”分布的地方，都有有段石锛的发现。有段石锛即在形式上为所谓

“背面有棱”或“隆脊”，在过去林惠祥同志追溯说：在杭州良渚发现的称“石凿”、“石钺”或“石戈”，古荡发现的仅称做石锛，福建武平发现的称作“有沟纹的石锛”或“隆脊石锛”，广东海丰发现的称作“爪形石锛”，在台湾龙山圆山贝冢内发现的称作“圆山式片刃石器”；在我国境以外，菲律宾发现的称作“吕宋石锛”，南太平洋波利尼西亚诸岛发现的，称作“有柄石锛”和译称“有段石斧”或“有肩石锛”，也有称作“有段石锛”的，由林惠祥同志始确定地称作“有段石锛”。

从开始发现有段石锛起的几十年来，尤其是解放以来，在我国“吴越文化”分布的地方，都不断有所发现，其中也以广东、福建、台湾等省发现和埋藏较多。在广东，在东江韩江流域的潮阳、海丰等地，中部的广州市、新会、宝安等市县、以迄北江、西江、海南岛、香港及其东南方的南丫岛等处新石器文化遗址中，大都有有段石锛的发现，不少遗址（如中部地区）的埋藏都很丰富，其中并以有段石锛和有肩有段石锛为最多。在福建，包括著名的闽侯昙石山在内，福州、莆田、仙游、光泽、武平、南安、惠安、永春、漳浦以至闽西汀江流域的长汀等处遗址中，都有有段石锛的发现，在不少遗址中还发现很多，如长汀河田区遗址就发现八十三件，等等。在浙江，包括著名的古荡和良渚、钱山漾各遗址在内，在钱塘江流域各县、市，北至太湖沿岸，东至沿海，南及温州、衢州等处的新石器遗址中，大都有有段石锛的发现，并与福建武平、广东香港等地所发现的极其相似。在江苏，从苏北的花厅村遗址，经沿江至太湖沿岸的诸遗址，以至太湖底，大都有有段石锛的发现。在安徽，从淮南以南的寿县到长江沿岸的芜湖、马鞍山等新石器遗址中，都发现有段石锛。江西赣江流域等处的新石器遗址中，大都发现有为数不少的有段石锛。在两湖（如湖南安仁南坪、湖北红安新寨乡等处）和广西僮族自治区，近年也都有有段石锛的陆续发现。台湾省也是发现有段石锛较早的地区之一，在其新石器文化遗址内，尤其在北部，有段石锛大都不少；但由于台湾至今还为美国帝国主义所侵占而没有解放，因此，十几年来，考古工作也依旧停滞不前。至于山东、河南境内偶有发现的有段石锛，最大可能是由江苏或安徽、湖北传入的。

除我国以外，有段石锛还散见于南太平洋其他群岛，如菲律宾共和国、波利尼西亚诸岛的夏威夷岛、马奎萨斯岛、社会岛、库克群岛、奥斯突拉尔岛、塔希地岛、查森姆岛、复活节岛，东至新西兰以迄南美洲的厄瓜多尔，南至南洋东部的北婆罗洲等处；只是愈到太平洋东部愈少见。这可能是在长期历史过程中，由我国大陆经香港、海南、台湾等岛屿而逐步传去的。这自然还有待于有关地区的全面规划和大规模的发掘、系统的研究，才能作出最后的科学结论。

上述情况表明，在我国，“吴越文化”分布的地区，在其发展的过程中，有段石锛和几何印纹陶是一同存在的。

在广东、福建、浙江、江苏以及安徽和江西各省的新石器文化，虽然在几何印纹陶和有段石锛等共同特征的基础上，又都有其各自的多多少少的不同程度的差异或特殊。如福建闽江下游的遗址中出土的轮制彩陶、粗大的绳纹陶柱，长江沿岸北阴阳营等遗址的钻孔双肩石斧、广东兴宁的有孔石戈，浙江的三角形石刀（石犁），福建、浙江的一足形陶簋和穿孔石铲，福建、台湾的红衣陶片，江苏、浙江的陶印模以及苏、皖、浙的台形遗址，闽、粤的贝冢遗址和沙丘遗址，等等，都是为他处所没有的独特的东西。其所表现的历史时代的起讫也不是一样；但从陶器来说，一般又都是从没有几何印纹纹饰的泥质陶和砂质陶的时代，到有几何印纹软陶的发生和发展的时代，最后到有几何印纹硬陶的发生和发展的时代，等等。（我认为广西和台湾的地下都将陆续有几何印纹陶和有段石锛的大量发现的可能。）

“吴越文化”分布地区的南限的广东省，如前所述，在它以前，已有着马坝人和其旧石器文化遗址遗物的发现，还有着可能是由旧石器时代到新石器时代过渡的西樵山遗址的中石器遗存的发现，在“吴越文化”、即新石器文化时代，就中部低地区各县较密集的新石器遗址中，根据广东省博物馆的报道，有如次的三类：只有砂质粗陶和较少新石器的遗址，出几何印纹软陶和丰富多样的新石器的遗址，出几何印纹硬陶并有釉陶共处的遗址；有些遗址，则“地表多散布几何印纹硬陶，下层为几何印纹软陶，再下层为夹砂粗陶；或者地表为几何印纹软陶，以下为夹砂粗陶；或者只有单纯的一种陶系。”“出土以印纹软陶为主的遗址，其年代约相当于中原的殷商时期。至于以砂陶为主的遗址，其年代则会更早一些。”① 而有几何印纹硬陶的遗址的遗存，从其所具有的北方文化的色彩、特点、埋藏情况和文献记载，其下限约相当于秦、汉。海

① 广东省博物馆：《广东中部低地区新石器时代的遗存》（载《考古学报》，第二八册）。

南岛新石器文化的下限更晚：发现有汉代文物与新石器文化遗物共存的沿海地区，其下限不会早于前汉；发现有六朝遗物的离海稍远的地区，其下限不会早于六朝；有宋瓷、铁片和新石器共存的五指山为中心的地区，其下限不会早于宋代；直至当地解放和社会改革以前，还保存有原始公社制临末的形态。因此，广东新石器文化，似是包含原始公社制社会开化时代全过程的遗存。而其时散布在广东内陆的，是南越、骆越等人们集团，散布在海南岛的是黎人等人们集团，等等。

“吴越文化”分布的北限的江苏省及安徽省，是它和龙山文化接合的地方，具有龙山文化及其后殷、周文化的影响、色彩和特点，也有仰韶文化的影响；它大致包含着青莲岗文化与湖熟文化相续发展的两个阶段。以首次在淮安青莲岗的发现而命名的青莲岗文化，重要遗址有青莲岗和其邻近的茭陵集、新沂花厅村、新海连市二涧水库下层文化层、涟水笪港、宿迁木鱼墩、扬州凤凰河、南京江北岸庙山、城内北阴阳营下层文化层、无锡仙蠡墩下层文化层、吴县唯亭夷陵山以及分布在太湖北东西岸各县的不少遗址，等等。以首次在秦淮河沿岸的湖熟的发现而命名的湖熟文化，重要遗址分布在江苏、安徽境内的长江两岸、秦淮河流域及宁镇山脉一带的广大地区。在江苏，还没有比青莲岗文化为早的新石器文化、中石器文化遗存的发现。在青莲岗文化遗存中，常见的是磨制颇精的石器：扁平带孔石斧、长方形带孔石刀、有肩石磅等各式刀、斧、磅、凿等；骨器：锥、针、镞等；陶器：纺轮、陶拍、网坠、陶杵、陶印模及各种用具等，其中有几何印纹软陶；石制、陶制、玉制的装饰品：珠、环、玦、璜、坠、圈、管，等等。在无锡仙蠡墩和锡山公园等遗址，都发现稻谷。这表明了其时生产的发展水平和以稻谷为主要作物的农业的重要地位。在氏族公共墓地，从几十、几百个死者埋葬在一地以及随葬品的种类和多少，不只表明实行着男女的分工，而又表明在氏族集体所有制的母胎内已有私有制的萌芽。广东新石器文化的早期却还没发现这类情况。而从二涧水库的龙山文化遗址迭压在青莲岗文化遗址之上以及两者并存的种种情况看，它所表现的仰韶文化的色彩看，青莲岗文化曾是和龙山文化以及仰韶文化同时，但低于龙山文化的发展水平。

从青莲岗文化到湖熟文化，北阴阳营的下层和上层两个文化层的遗存，表现了它们的继起发展过程和内涵。湖熟文化虽然还是以新石器为主要生产工具，几何印纹硬陶也只是由下而上地逐步增多，但已较普遍地存在，也有了从前没有的，如龙山陶器以至殷商铜器的器形和云雷纹等纹饰及釉陶，石器制作更精、种类更多，还出现有卜骨和卜龟甲等，尤其是有了铜器的斧、镞、鱼钩、刀（削）及铜炼渣等的出现。这类遗址，还每每与埋藏西周初的青铜器遗址邻近，如出西周铜器群的丹徒烟墩山宜侯矢墓、仪征破山口墓葬等，都位于湖熟文化遗址之间。这说明湖熟文化，是原始公社制末期的遗存，不只是从青莲岗文化发展而来，而且是受到殷、周经济、文化的强烈影响与推动，到周初便开始走上了向阶级社会过渡的进程。而其时分布在江苏安徽境内的，主要是吴人以及所谓徐、淮等人们集团。

浙江新石器文化，一面与江苏新石器文化较相近，并具有龙山文化、商朝青铜器等文物的浓厚色彩，也敷有仰韶文化的一些成分（如彩陶等），一面又与福建新石器文化较相近；但其年代的下限似晚于江苏而早于福建。福建新石器文化，一面与浙江新石器文化较相近，一面又与广东新石器文化较相近，同时也敷有龙山文化及仰韶文化的一些成分；但其年代的下限似晚于浙江而近于广东内陆。其时散布在今浙江或福建境内的，乃是东越或闽越等人们集团。以赣江流域为中心的江西新石器文化，与闽、浙、苏的新石器文化都比较相近，也敷有龙山文化和仰韶文化的一些成分，似系属于揚越等人们集团在原始公社制社会开化时代的遗存。因此，“吴越文化”确是由南向北延展的。①

基上所述，“吴越文化”在各地区间、或其所属的各个人们集团间的发展

① 以上参考：林惠祥遗著：《中国东南区新石器文化特征之一：有段石锛》、尹焕章：《关于东南地区几何印纹陶时代的初步探测》（分别载《考古学报》，第二一册、第一九册）、夏鼐：《长江流域考古问题》（《考古》，一九六〇年第二期）、梁钊韬：《我国东南沿海新石器时代文化的分布和年代探讨》（《考古》，一九五八年第九期）、广东省博物馆：《广东中部低地新石器时代的遗存》、《广东海南岛原始文化遗存》（《考古学报》，第二八册），莫稚：《一九五七年广东省文物古迹调查简记》（《文物参考资料》一九五八年第九期）、林惠祥：《福建闽侯县甘蔗恒心联乡新石器时代遗址考察报告》、《台湾石器时代遗物的研究》（厦门大学博物馆专刊）、《福建南部的新石器时代遗址》（《考古学报》第四册），福建省文物管理委员会：《福建考古工作概况》（《考古》，一九五九年第一一期）、蒋瓒初：《关于江苏的原始文化》（《考古学报》，第二六册）、前揭佟柱臣：《黄河长江中下游新石器文化的分布与分期》、尹焕章：《南京博物馆十年来的考古工作》（《文物》，一九五九年第四期）、华东文物工作队：《淮安县青莲岗新石器时代遗址调查报告》、饶惠元：《江西清江的新石器时代遗址》（《考古学报》，第一〇册，第一二册），湖南省博物馆：《湖南安仁新石器时代遗址试掘报告》（《考古》，一九六〇年第六期），并《考古学报》、《考古》、《文物参考资料》的有关文章和报道。

是极不平衡的，存在着相互间的差异性或特殊性；由于其分布的各地区、所属的各个人们集团，受到中原先进的经济、文化影响，推动的深度和时间先后不同，与南去的龙山人、仰韶人以至其后的汉族劳动人民间的杂居以至混合居住和共同斗争关系的程度和时间不同，又扩大了这种不平衡性和差异性。那些接受先进的影响越早越深、杂居以至混合居住和共同进行斗争的关系越密、程度越深的地方，社会历史的发展进程便较快。

D. 关于我国境内的细石器文化和其他新石器文化遗存

细石器，即用间接打片法，以燧石、石髓、蛋白石、玛瑙、碧玉等作原料，打制而成三角形、石叶形等形式的石镞、石钻、尖状器、刮削器、石片和石核，等等；石片嵌装在木柄和骨柄上成为刀子，石核也用作刮削器。所谓细石器文化，即以这类石器为主要标志的新石器文化。它分布的地区是极其广延的。在我国境内，从东北的黑龙江省西部，吉林省西部，内蒙古自治区东部，自哈尔滨、昂昂溪、海拉尔、长春等处，越内蒙古自治区西部、宁夏回族自治区、新疆维吾尔族自治区、青海柴达木盆地以迄西藏的黑河一带，即所谓草原、沙漠及其边缘的森林地带，都有细石器文化遗址遗物的分布。在甘肃、陕西、山西、河北等省的北部及冀南邯郸的仰韶文化（包括甘肃仰韶文化）、齐家文化、龙山文化的遗址中，也每每夹有细石器文化的东西。在我国国境以外，自苏联的西伯利亚越中亚细亚和欧洲以迄非洲北部的草原、沙漠及其边缘的森林地带，也都有细石器文化遗址遗物的分布。分布在如此广大的地域中的细石器文化，在各个地区间，遗物本身都因时因地而有着极大的差异或特殊，且表现为不同的生产构成及其发展水平（如农业或牧畜在生产中的地位和发展水平的不同，渔猎在生产中所占的比重的不同，等等）；结合具体的历史记载和实际情况，表明它们似非属于某一古代民族或人们集团的遗存，也非属于同一系统的近亲各族或人们集团的遗存，而是分属于不同种族和部落在原始公社制社会的开化时代的遗存。至它们缘何而产生同属于细石器文化的共同特征，还有待于世界范围的全面发掘和系统研究，才能得出正确的解答。

分布在我国境内各地区间的细石器文化，不只与仰韶文化（包括甘肃仰韶文化）、齐家文化、龙山文化及其他新石器文化有着相互影响，而且其遗址遗物表明，它们更多地接受了较先进的仰韶文化、齐家文化、龙山文化及其后国家时代的经济、文化的影响和推动。从其所包含着不同时代的中原文物的特点、色彩以至遗物，便可以大致考知它们的时代，如甘、陕、晋、冀等省北部的仰韶文化、齐家文化、龙山文化和细石文化遗存相互间的具体关系，就可以考知各该省以北的邻近地方，当时都有了细石器文化的存在，但其发展水平低于前者。因此，我国境内各地区的细石器文化，便是当时散布在各该地区的古代各族、以至现在还散布在各该地区的各兄弟民族的祖先，在原始公社制社会的开化时代的遗存。

关于细石器文化，由于我手中掌握的材料有限，拟俟他日再予详细论述。

此外，在我国若干省区，如东北的黑龙江和吉林、西北的甘肃、青海和新疆、西南的四川和云南等省（区），都先后发现有不同或似属不同系统的较复杂的新石器文化，如甘肃和青海的“四坝式”文化、“骟马式”文化、“安国式”文化、“唐汪式”文化、“卡窑”（湟中）文化、“诺木洪”（柴达木）文化，云南以“螺蛳山”或“螺蛳堆”等为特征的滇池东岸一带的新石器文化、大理地区的新石器文化、以及边缘各兄弟民族地方的各种新石器文化，四川的船棺葬文化或所谓蜀人文化、戈人文化，等等，新疆的新石器文化，除细石器文化、东自哈密、吐鲁番、焉耆西迄库车、拜城、伊犁一线包含有彩陶的文化、及他处已发现的各种类型外，我认为将可能有更多的发现。这都是和各该地区从古代以至现在有多民族散布的情况相适应的，都是属于曾经散居于各该地方的古代各族、和至今还散布在各该地方的各兄弟民族的祖先，在原始公社制社会的开化时代的遗存。它们又都不只给了中原文化以影响作用和产生相互间的影响作用；更重要的，它们又都在不同时间和不同程度上，受到仰韶文化、齐家文化、龙山文化或其后国家时代的经济、文化较大较多的影响和推动作用，而且接触愈早、地区愈邻近以至其后与汉族劳动人民交错杂居、共同斗争愈早愈广泛的地方，所受的影响和推动作用愈大，社会发展的速度愈快、发展水平也较高；同样，它们也给了汉族以更多更长远的影响和作用。地下出土的各系新石器文化遗存和相互间的关系，无可辩驳地表明了这种情况。

E. 结 语

上述情况表明，我国的自然条件，从远古以来就是最适宜于人类发展的；以汉族为主体的我国各兄弟民族的祖先，从原始公社制时代起，大都就劳动、生息在我国广大、壮丽、富饶的土地上；作为主体民族的汉族，在进入到国家时代以前的仰韶文化、齐家文化、龙山文化，就在各系新石器文化中起着先进的主导的作用，它不只吸收了其他各系文化的积极因素，而又更多地给了其他各系文化以影响和推进作用；从新石器时代，即开化时代起，各民族的祖先就开始建立起相互影响、相互渗透和日益紧密的不可分割的联系。遗址遗物还表明，在原始公社制社会的开化时代，不同血统的各部落就在平等的基础上结成联盟，不同系统的氏族就相互交叉和比邻而居，不同血统的各氏族集团的人们就在没有阶级压迫的平等的基础上混合居住和有了彼此间的融合；这表明各民族、尤其是汉族，是由许多不同种族、不同系统的人们和人们集团构成的。由此可知，我国坚如磐石的社会主义民族大家庭、亲如手足的民族关系，是由各兄弟民族的祖先在几百、千、万年，几十万年的悠久过程中奠下的基础和给予我们的无比珍贵的遗留，在马克思列宁主义、毛泽东思想和社会主义、共产主义社会的基础上，已经和将要结出日益光辉灿烂的花朵。

由于地下的发现还有不少空白，特别由于我所掌握的材料可能很不够，意见还极不成熟，论证也可能有不少错误，恳切地期待同志们的批评和指教。

一九六〇年八月二十日，北京

殷周时代的中国社会

编印说明

《殷周时代的中国社会》，撰于1933年，1934年定稿，1936年由上海不二书店出版。1940年进行过修改，惜文稿焚于日寇战火。1946年第二次修订，由上海耕耘出版社出版。1962年、1979年、1983年，北京三联书店重印再版。

本书根据中国古代历史文献、甲骨金文和地下发掘文物，以马克思主义社会形态学说理论为指导，从经济的诸构造、政治诸形态和意识诸形态等方面，系统论述殷代为奴隶社会、西周为初期封建社会，具有首创意义，是研究殷周历史的代表名著之一。

全集编辑，以三联书店1979年版为底本，整理排校，只更正出版时个别错字，内容和观点均保持原貌。

桂遵义

目　录

两周——初期封建制社会

（公元前一一二二——二四五年）

一九四六年修订版序

这次的增订版可算是我对这本拙著的第二次修订。我从一九二九年开始研究中国史以后，不断有一些史学论文在国内报章杂志发表（其中如关于中国社会发展阶段、殷商社会性质的研究，西周庄园制度研究，墨子哲学、杨朱哲学研究等方面的论文，并一再发表过），这些论文，有些在其后都作了这本拙著的组成部分（中国社会发展阶段问题则收集在《中国原始社会史》即《史前期中国社会研究》内），但这在一九三四年本书定稿时却有着不少修改，并有些基本论点的改变。一九四〇年，曾在重庆对一九三六年本书初版修订过一次，但仅作了一些文字上的润色；第一分册由生活书店以《中国原始社会史》的书名印行；本书即《殷周时代的中国社会》及《中国政治思想史》修订稿，均不幸在日寇攻陷香港时被焚。现又承胡绳、沈志远两先生盛意，嘱我重行修订付梓。

中国史上的许多重要问题，在马克思主义的史家间，看法也很不一致。年来不少新进史家，又不断发表许多值得尊重的见解，而且有许多新的中国史著作出版；我自己对全部中国史的认识，基本上却还停留在十多年前的见解上面（并且还谬蒙不少同道的赞同，使我愈感觉自己负担的沉重）。因此，我曾经有一个打算，想把自己过去对中国史的系统见解，重新检讨一遍。特别在郭沫若先生的大著《古代研究的自我批判》出版后，其中并有不少牵涉到拙著《中国原始社会史》和本书即《殷周时代的中国社会》及《中国政治思想史》的许多主要论点。我一面衷心钦佩郭先生的自我批判精神，一面感谢他给了我不少启发。我把郭先生这部大著细读了三遍，细心考虑了郭先生的高见后，便更决心要把自己过去的全部见解，深入的去检讨一遍。但由于日常工作和事务的繁忙，没有时间和条件去收集更多材料，特别是对自己见解相反的材料。因此，这次本书的增订，仍没能照这个意愿去进行，仅能在日常事务之暇，抽出一点空隙，略作文字方面的润色，改变内容的地方很少（仅对一些自己已觉出的错误之点，如对厥允族与周族关系一类的错误看法，加以改正）。但我并没有而且不会放弃这个自我检讨的意愿，仍将尽量争取时间和条件去进行。同时，我恳切的要求我亲爱的青年朋友，以及我的史学同道，希望帮助我对我的中国史见解进行系统检讨。不过我又应声明，在我还没有得出自我检讨的结论以前，对自己原来的见解，没有在文字上提出过改正的见解，现在还是坚持的。

本书在定稿、初版印行以及修订再版、刊行上受到不少的波折，然像现在这样印刷和发行的困难条件下，承胡、沈两先生毅然力为刊行，我只有衷心感激。

一九四六年六月二日

著者于北平

初 版 序

拙著中国社会史的问世，本是一种大胆的尝试，这是我累次声明过的；而且，我认为一部较完满的中国社会史的产生，实有期待于集体工作的必要——至少我个人至今还是这样相信。不过在进行集体工作前，这种各别的开荒工作，亦殊有其必要；且若从时代的实践的要求上说，这又是我们不可逃避的责任啊！

拙著《中国社会史纲》第一分册（即《史前期中国社会研究》）出版后，谬承国内外学术界的注视与热烈批判，这是值得我私衷感谢又不免感觉惭愧的。虽然有不少批评者的意见，使我无法赞同，但大抵说来，大多数批评者的意见，却都是十分可贵而值得尊重的，尤其是许多师友在文字上、口头上对我的善意的批评。但也有一部分专从考据的立场上来下批评的朋友们，大抵都指摘我对古籍的真伪不分为拙著的一大缺陷。自然，这种意见不是恶意的，而且也是值得重视的。不过我认为关于中国史前史的研究，从后代文字上的取材，无论出自真书或伪书，都只有神话传说的价值；既一律当作神话传说看，当然便未有真伪之别了。这是我的本意，于此应该声明的。

其次如陈伯达君在《太白》第二卷第四期发表论文，指摘我是“历史原理论者”，且因而连带的指摘到苏联的历史家波特卡诺夫等人。实则我并受不了陈君这样的抬举①。更次，有人“不谋而同”的说：吕振羽认为历史上的封建制存在于奴隶制的阶段之前。其用意如何，殊不敢“深加追究”；不过我在文字上或口头上从不曾发表过这样无知的“谰言”，是大家所知道的，但却不

① 编者注：三联书店1962年出版该书时，曾将1935年初版序中涉及“陈伯达指摘”等文句删去，今恢复初版全文。

能不使我怀疑到这种批评者的根本态度和用意。他如有戴某者在南开大学出版的《政治经济学报》上发表一篇专门谩骂我的文字，他说中国的社会就从殷代开始的，吕某人还要添出一些所谓“史前期”和什么“新石器时代”，完全是“胡说”。大概在戴君看来，认为人类社会一出现就有国家有阶级……并且就已有像戴某这样的史学教师（闻戴君为天津某大学史学教师）的存在。同时因为我对古籍的文字有重新断句处，以及排印上有句点错误处，他便不惮麻烦的来指摘我对古书没有断句的能力（我实在没有戴君那样的断句能力）。像这样的“史学教师”洵令人“叹观止矣”！我不敢拿史学和世界史的常识来与他作为问题进行讨论。

然而我对于一切善意的批评者的意见，将于拙著《史前期中国社会研究》（即原计划中之《中国社会史纲》第一分册）重订时尽量吸取进去，并仍希学术界前辈和读者不断给予指正。

我自己对拙著《史前期中国社会研究》，在这里要特别声明的：一，对“亚细亚的生产方法”问题，我前此的见解是错误的；二，在我写本书第一分册时，主要是根据摩尔根的《古代社会》立论，这亦拟于重订时略作组织上的变更；三，我自认为一些较次要的缺陷的地方，亦一一将于重订时改正。

关于现在出版的这一部分，原初因为读者和同学们的催促，乃于授课编讲义之暇，仓卒定稿，自觉未免过于粗略。这是要请读者原谅的。其次，在这一部分中我原定想对陶希圣、李季诸人的中国社会史的意见附带作一较详细的批判，对郭沫若先生的著作也提出一些较系统的意见。旋以郭先生意见似已有所改变（从他的《卜辞通纂》等书来看），陶希圣的中国社会史讲义却是声称未定稿，而且他总是在谜样的不断的改变说法，李季则没有发表新的意见，或者由于我不曾见到，所以把原来的附带批评的计划改变了。

其次，为使一般读者便利，原初计划把引用的史料尽量移作注解；在叙述方面，尽量应用现代的语句进行较系统、较全面的叙述。结果亦未能完全如愿，这一半是由于时间仓卒的关系，现拟于重订时补救。不过对这一本拙著，一，我自认有不少较新的意见，如关于井田问题等；二，我曾力避从来的只从一二特征去论证的历史研究法，而是从历史的内部的联系和具体的全面的分析着手，去理解和揭发其发展的全过程，作为自然历史发展的过程。

本书的出版因和原出版的人文书局解约，旋承中山文化教育馆接受出版，经过一年之久的审查，终将原稿退还，致出版时间迟延至今。这是应该向企望本书出版的许多朋友道歉的。

著者自识

一九三五年八月七日

就前年旧稿修改

殷代的奴隶制社会

（公元前一七六六——一一二二年）

一

史料的选择

关于殷代的历史材料问题，我们在这里要提出的：一是史料的缺乏，一是史料的选择。

史料的缺乏，常足以限制我们对一个时代的历史难于达到正确的理解。关于殷，既有史料自是尚不足以充分说明其全部社会面貌。然而这极有限的部分，仍不能尽量为我们所利用，例如就殷虚出土物说，仅言字片甲骨，据闻出土者已达十万片左右，而今日已拓印者尚不到十分之一；其他出土物，亦是同样情形。此等出土实物，已流散国外者，我们只好付之一叹；而国内公私保存的部分，我们亦无缘与实物接触。因而这问题对于我们，更是加倍的困难。在这里，我们一方面只好祷祝国内考古机关（尤其是从事于田野考古者）“努力作计划的发掘”；一方面只好祷祝那保存古物的公私团体或个人，幸将所保存之古物，或全部拓印，或全部公开陈列，供全国学人共同探究。

关于史料的选择问题，亦至属重要。若是我们不注意历史材料的真伪，无条件的去应用，则依此所作出的结论，仍不过是观念的结论，不可能依以认识历史自身的规律和复现其本来面貌。

关于殷，既有史料的可靠部分，不外：

1. 殷虚遗物。这为殷代铁一般的史料，是无用申述的。问题只在于甲骨文字方面，各家释文不一，其是否完全正确，抑何者比较正确，均属问题。这，我在本书第一册（即《史前期中国社会研究》）开始时就提述过。其次可靠的殷代彝器及铭文，也均与殷虚遗物有同等价值。

2. 易卦爻辞。这在揭起“五四”以后的“疑古”之波的顾颉刚先生也是这样说的：

> 《易经》（即卦爻辞）的著作时代在西周，那时没有儒家，没有他们的道统的故事，所以它的作者只把商代和商周之际的故事叙述在各卦爻辞中。易传（这不是一种书名，是彖传、象传、系辞传、文言传、说卦传、序卦传、杂卦传的总名）的著作时代，至早不得过战国，迟则在西汉中叶。①

关于易传的时代问题，这里暂且不说。关于卦爻辞，顾先生在他的《古史辨》第三册中作了较详细的论述考究。他认卦爻辞为“商代和商周之际的故事”，这是比较正确的。至于他从文字组织的一些形式上去判定卦爻辞和甲骨文字的系统各异，我以为这种形式的论究却未免武断。卦爻辞和甲骨文字，在性质上，同是一种占卜和记事②，此其一；甲骨文字为今日根据实物的释文，卦爻辞为古代人的释文，其文字之梗塞难解，加之流传的时代过长，其释文有无错误与组织上的篡改和改变，我们殊不敢必，此其二；“王用享于西山”等“故事”，从今日甲骨文中的“命周侯”以及“王田于倞”等记事来看，殷王之享于西山或岐山，也不是没有可能，甲文中也有“贞賁于西邑”③的记载，此其三。然而易卦和卦爻辞系出于革命的周人之手，而非出于殷人，那从其所反映的意识形态系代表变革时代的革命思想，是完全确切的，难于否认的。在殷代，周人是属于殷国家内的一个组成部分，而在“成汤革命”和进到国家时代以前，周人和殷人却属于两个部落联盟。因此，文字组织形式上的一些差异是不足为怪的。

在这里，我不必再作详细的考证，请读者参考顾颉刚先生的《古史辨》第三册和郭沫若先生的《中国古代社会研究·从易经中所见到的古代社会》。

3.《商书》各篇。按今本《尚书》注云：《商书》有隶书写古文二十五篇；现存今本《尚书》中则共有《商书》十七篇；《史记》称《尚书》有《商书》二十余篇，存者共五篇——《汤誓》、《盘庚》、《高宗肜日》、《西伯戡黎》、《微子》。按《史记》所指篇名以复按今本《尚书》，五篇中之《汤誓》一篇，其构意与所谓《夏书》之《甘誓》似为同一公式；其文辞不但不

---

①《古史辨》，第三册，顾颉刚：《周易卦爻辞中的故事》。

② 据董作宾论证，甲骨文字中分卜辞和记事两种。

③《卜辞通纂》，第一〇七页，引山内氏拓片。

似其他各篇之佶聱难解，且甚似于战国以后的文字体裁，疑系后人伪造，难作殷代信史。其余四篇，据顾颉刚先生的意见，只认《盘庚》篇可靠，谓《高宗彤日》和《西伯戡黎》两篇亦为后人伪作；王静安先生则确认此两篇亦为殷代信史。余意此两篇文字如系殷代文献，则亦不免经过后人的篡改或润色；但其中的一部分，从其所说明的时代性考察，又殊能和殷代其他信史所指证者相适合。因之，在没曾详细考证前（这是有待于地下的继续发现才能证明的），我们还不能无条件地把它当作殷代信史看。其余对《微子》一篇，顾颉刚先生的判断颇露犹疑，王静安先生则亦确认为殷代信史。余按其所说明之时代性以及其文词构造，亦殊能与《盘庚》篇相衔接，且其所说明的时代性或时代特征，亦能和其他殷代信史所说明者相适应。国学家吴承仕先生对《微子》篇的意见，则全与余意暗合。因之，余认王说甚确。

4. 周初文献（如成书于西周初期的《周书》各篇，《诗经》中出现于西周初期的部分，西周初期的彝器铭文等）中有关殷代的史料，亦可无犹疑的充任殷代信史，即可靠史料。

另一方面，在其他出世较晚的各种文献中有关殷代的史料，只能借作旁证；但在其经过新史学的考证过滤后，亦自能获得信史的价值。例如《史记·殷本纪》，其中一部分已由甲骨文字中得到确证者，我们便无法抹煞其真际性。问题在于我们须努力树立新史学的考据学，对已有史料去进行系统的考证。

二

关于历史方法论上的一些问题和研究的提纲

A. 关于历史方法论上的一些问题

在史料缺乏的前提下，欲求能正确的把殷代社会的经济诸构成理解出来，无疑是一个巨大的困难。我这里仅就既有的可靠史料来作说明；至我所得出的结论是否正确，那只有付之于将来的地下发现和社会自身的实践动向去裁决。

在这材料缺乏的前提下，它们所能说明的各种物证，一若其不相适应似的。例如在殷虚遗物中，一方面发现有大宗石器的存在，一方面却有繁盛的农业和畜牧；一方面却呈现着阶级剥削的诸现象，一方面却又呈现着非石器或金石器所能创造的上层建筑的诸形态……。在这一点上，面对这一系列似彼此不相适应的情况，便要求我们必须十分正确地、严谨地、生动地去应用科学的历史方法论，才能达到正确的理解。

殷虚的文化遗物，从一九三一年（民国二十年）南京中央研究院在后冈的发掘，发现地质层式的相次堆积着仰韶、龙山、小屯各期遗物①。这确证了殷虚所储藏的文化遗存，实包含了人类历史的一个很长时期。其次，所谓小屯期自己的文化遗物，据担任安阳发掘工作的先生们说："无论研究殷虚出土的

①《庆祝蔡元培先生六十五岁论文集》，下册，梁思永：《小屯龙山与仰韶》。

那种物品，它的形制总是在一个变化的状态中，很少保守着一个固定的样式。”① 在这里，不能不要求我们从其运动的发展变化的过程上去进行分析和认识，从质量变化的关系上去进行分析和认识；否则，材料的堆积，反足以混淆历史的事实而隐蔽其真相。

从其遗物中所呈现的各种现象之不相适应似的情形下，更要求我们从其相互的联系上去把握，从历史自身的内在联系的规律上去论究其是否能互为印证、互为说明、互相适应。这在材料不充分的条件下，尤其是必要的。

因之，我们要想正确的认识一个时代的社会的本质，阐明其发展规律，必须从其运动的发展变化的全过程、各种现象的相互联系、适应和制约的总和等方面，作历史唯物论和唯物辩证法的考察。易言之，只有从现象的全体的内在联结上、从其发展变化的运动的根基上等等方面，去阐明其独特的形态和规律。

反之，若是把各种现象从其当时社会存在的一联的现象和特征中孤立起来去考察，甚而把各种运动的变化的因素均一一作为静止的僵化的东西去排列，或则故意把某一方面特别加以夸张，那便无可避免的要陷入实验主义的泥沼中去；或者为形式逻辑所拘限，并以之来拒绝辩证逻辑，而拘泥于：

是＝是，

非＝非，

甲即是甲（同一律）；

甲不是非甲（矛盾律）；

甲不是乙，

或甲是非乙（排中律）。

实验主义者之无法接近问题的本质，便在这里，形式逻辑不能成为科学的历史方法论，也是完全明白的。然而在中国的有些自号“辩证唯物论”的中国史研究者又是怎样呢？不幸，却十九在履行着十足的布尔乔亚的历史方法论的老路，借一些科学的文句乔装为科学而出现。〔经过八年抗战的严重试炼，如陶希圣、叶青之流的假科学面具，也完全卸下了。——一九四六年补。〕

因而在氏族制时代的农业和畜牧同其后来时代的农业和畜牧比较，唯心论

①《安阳发掘报告》，第四期，《安阳最近发掘报告及六次工作之总估计》。

者、机械论者、实验主义者流看来，农业就是农业，畜牧就是畜牧，认为其本质上是没有何种差异的——这缘从他们的方法论出发，是无法认识其质的差异的。可是像这样的历史研究，能给予历史的真相以何种说明么？那不过形成各派江湖俗调，集体的在危害真理，戕贼青年，破坏革命。

因而那些乔装的所谓“历史家”更从而可以作出以残余作为主要，以局部概括全部的结论来。反正他们不在对科学对群众负何种责任，而只须对其主子负担反对科学欺骗群众的责任。所以他们便只须在御制的结论下面，用一些零片的、断章取义的材料去粉饰，便算完成了任务。

另一方面，我们著名的史家郭沫若先生，对殷代以至中国古代社会的看法，有些意见也是值得商讨的。例如：他看见殷代王位有“兄终弟及”的事实，有类乎常常专为“先妣特祭”的现象，尤其是看见有类似于所谓“多父多母”的形迹的存在，便毫无犹疑的去确定：“商代不明明还是母系中心的社会”，“那时候的家庭不明明还是一种‘彭那鲁亚家庭’吗？”“那以前的社会就不言可知了。”① 〔按郭先生在《古代研究的自我批判》一文中，不只对其自己过去的研究作了一次总结，而且提出不少可贵的意见，特别是他的那种自我批判的精神，值得大家学习。——一九四六年补。〕

至于那些乔装为“历史家”面目出现的殷代社会研究者，无论在材料上，在结论上，大都不过从郭著作片段的抄袭，而又把它加以歪曲，以粉饰其可鄙的固有的成见，且从而又去反诘郭氏。幸而他们的面貌，已为我们的青年所认识——至少已开始在认识。

另外还有一些自号“辩证唯物论”的“历史家”，他们或者是好心肠，甚至连我们的一些进步的历史家在内。其错误的根本所在，便是他们不了解，或不十分了解因历史的连续发展的中断而引起向前飞跃的形势，以及突变和历史的质的变化的内在联系——旧质的死灭和新质的代起的辩证法，特别是阶级斗争的实践的历史作用；反之，他们却认为在渐变的连续过程中能完成历史的质

① 见郭著《中国古代社会研究》。近读郭著《卜辞通纂》，郭先生对殷代社会的意见已有不少改变。这证明无成见的人们是不会和真理执拗的。〔按郭先生在《古代研究的自我批判》一文中，已确认殷代是奴隶制社会。他这种见解的改变，正表现郭先生对学术的忠实。——一九四六年补注。〕〔郭沫若同志的《中国古代社会研究》的一九五四年人民出版社版，对此作了很好的修订。本书为适合原来论点，未照新版改订。——一九六一年补注。〕

的变革作用。另一方面，他们也不了解在历史的渐变过程中，亦曾不断的在引起部分的质变；同时，在新质的代起之后，依旧有部分的旧质保持其连续的发展。因而在殷周之际那一次历史的变革，却认为不是一次社会革命，未曾引起质的变化；反之，对西周和东周之际，甚至对战国和秦朝之际，那种历史的部分的质变形势，却作突变的形势去把握。这也是由于无视那由量到质和由质到量的辩证法，社会过渡的辩证法。同时，他们把殷代社会的发展和其没落，不是作为殷代社会自身之内在矛盾的发展去把握，不是把周人看作殷朝国家的一个组成部分，乃是作为敌对民族与民族间的矛盾的对立去理解，看作周族对商族的征服。这在历史方法论上杂有机械论的偏向的表现。

B. 研究的提纲

氏族社会的诸特征和“政治社会”① 的诸特征，无论从社会下层基础诸结构上，从而其上层建筑的诸形态上，在两者间均有其本质的差异而不容混淆。

殷代社会从可靠材料中所能说明的特征，概括的说：（一）业已使用着足以产生相当剩余劳动量的劳动工具，生产的直接担当者，主要则系作为奴隶而被役使的战败的俘虏，战胜者和其集团则已经从生产领域中脱离了出来。（二）农业和畜牧均已达到很繁盛的程度，而且后者已退处于前者的从属地位；手工业有相当高的发展和部门间的分工。（三）在社会生产的组织上，则具备一种还带有父家长制支配形态的农村公社的组织形式，土地在原则上为国家所有，分配于各村社各族长家长。（四）在财产的形态上，主要以奴隶和家畜的数量去表现，除不动产的土地外，其他便都已存在于私有制度之下，掌握于父家长的手中；农村公社内各个自由民家庭所分占的土地，实质上也带有永远占有的性质，因而也存在有多占或丧失耕地的情况。（五）在农村公社之上，则已经有具有强制的政治权力的国家，政权掌握在僧侣贵族和世俗贵族的

① 这系沿用莫尔根《古代社会》中的术语。

手中，借世袭国王的名义去行使。（六）自由民阶级中包括有贵族、一般中小奴主和下层自由民诸阶层或等级，下层自由民基本上是靠自己劳动过活的，所以他们又是处在奴主和奴隶之间的中间层的地位。（七）已应用着作为纪录的形声、会意、假借的文字①，能书写有韵诗歌，发明着有闰年和常年、大月和小月之分的天文历数，并有精巧的艺术作品……。这，我们在以下各章将一一予以论证。

存在于殷代社会的这种种特征，一方面指明着阶级社会的国家的组织和职能的存在，同时在这种国家内，主要由同一部族内的一个集团形成其社会的支配阶级；作为奴隶而被役使的被支配阶级，主要系由于战争的俘虏而来的“异族”人。一方面社会的基层组织形态，却是由氏族社会末期的氏族公社及其家庭公社演化而来的农村公社的形态；作为其统属下的各个“异族”则大都保存氏族公社的组织形态，在其内部都保有原来的机能，只是有一个国家的权力凌驾其上。

具备这种形态的社会，便表现为一种初期国家的奴隶制度。这种类似的制度，在全人类史上的许多国家都曾存在过。例如在古代巴比伦，据波特卡诺夫的叙述：“国土由国王（巴琪西·鲁加鲁）统治，这种王国以封建的官僚层（?）作基础，在这些一切村落公社中，有其代理人和收税吏。认土地为属于巴琪西所有。农民使用土地，须向巴琪西及其代理人以酒、谷物、牛酪和绒毛的形态支付一定年贡”，“土地则由农民（?），一部分则由奴隶去耕种。”② 又如在印度，在所谓“村落公社”的基础上，“……把人民结合在一定的职业下面。……设定为四个加斯特制度，即婆罗门（僧侣）、刹帝利（王族和武士）、吠陀（农业者、手工业者、商人）及首陀罗（奴隶）。”③ 在古代俄国，据波格罗夫斯基的叙述：“……据传说，在俄罗斯平原，最初的大的国家的建设者，不是斯拉夫民族，而是从其他民族，即从南部——从亚洲大陆移来的倭扎尔族，在北部——从斯干底拉维亚半岛，即今之斯奥特而来的瓦利雅格族。其后瓦利雅格族〔的统治集团〕把倭扎尔人征服，而成了欧俄全域的主人。”“这些斯奥

① 这种形声文字的发明，在历史发展过程的社会性质上，与拼音文字的发明相当。

②《唯物史观世界史教程》，日译本第一分册，第一九五、一九六、一六一页。按波特卡诺夫在这里所说的“村落公社”是混同农村公社和各“异族”的氏族公社两种形态说的。

③ 同上书，第一六八页。

特人〔的统治集团〕成为奴隶所有者和奴隶买卖者，捕获奴隶而把他出卖这类事情，为俄罗斯地方最初的主权者们的职业。从这等处所和那些库雅基（公）们〔按即氏族首长。——吕〕间有过不断的战争，战争的目的为掠取奴隶。”“俄国最初的君主，便是奴隶买卖者团体的首领。”① 斯拉夫民族当时还在氏族社会末期，斯奥特人的统治阶级并向作为其从属的斯拉夫人征取租税。在古代日本，随着“大化革新”，“土地的所有权从族长而移转于国家”。又依着颁田收授法而分颁土地。把氏族的贵族变化为宫廷贵族，他们受有职田和功田，仍沿袭着前此氏族制时代的“田庄”的组织，使用奴隶劳动去耕种。奴隶的来源，主要为由战争得来的俘虏②。更正确地说，在古代日本，曾经过了公元五、六世纪前后零落的氏族成员反氏族贵族奴役的暴力斗争，新兴的奴隶主阶级与人民的斗争相结合，便在六世纪末，实行了以圣德太子为首揭出十七条要求的革新及七世纪的“大化革新”，出现和发展了具有上述特点的日本奴隶制。波特卡诺夫在同书中又说：自由农民维持公社生活，各家族所得的不是一定的土地，而是对一切田地、牧场及菜园之一定分配的权利，公社共同耕种土地（耕地），或将土地划作小区分配于各家族。山林与牧场则仍旧共同使用。这是所谓古代亚细亚的特征之一。

这些国家，虽由于其各自的历史的地理的条件不同，而有其各自不同的色彩；然而都具有一种初期国家的奴隶制度的形态，则是同一的。具备着这种形态的奴隶制度，相对于希腊、罗马的奴隶制度的共同性而说，则可说是较前期的，没有发展到那样高度就归于衰亡了。在罗马国家的前期，波特卡诺夫同书又说，在纪元前六至四世纪时，罗马和其周围诸种族和部落斗争而次第把他们降服。罗马人将被征服地的氏族公社的人民，作为奴隶出卖，宣布其土地归国家所有，以之分配于财产少的自由民，因之这些氏族公社便往往成为同盟共同体，这种同盟共同体虽被准许内部自治，但对罗马则须用货币等东西去支付租税。

在古代日本、古代印度和古代巴比伦，都明显的表现为一种初期的奴隶制国家的形态。其所具备的诸特征，都表现出马克思所指明的“亚细亚的”诸

① 《俄国社会史》，日译本第一分册，第四〇、四一、四二页。方括号内的字是我加的。〔又按现在苏联学者对此有不同结论。——一九六一年补注。〕

② 伊豆公夫：《日本社会史讲话》，第三章。

特征①。恩格斯在《家庭、私有制和国家的起源》一书中虽曾以“东方的家内奴隶”和“古代的劳役奴隶”相对称，但这是指的生产奴隶以外的另一种范畴的奴隶而说的情形。殷代的社会形态也是属于这种所谓“亚细亚的”类型的奴隶制度。这，高端逸夫在其所著《古代东洋社会》一书中，也有过相当论述。

① 我在本书第一分册中，在抨击马扎亚尔的“亚细亚的”论点时，却又误从普列汉诺夫的意见，致误解马克思所说的“亚细亚的”论旨。现在读到古代印度史和古代中亚细亚各国史，始恍然于马克思所说的“亚细亚的”，不外是一种初期国家的奴隶制度。这从人类历史的发展过程说，与所谓“古代的”希腊、罗马式的奴隶制度相比，在历史的阶段上虽属是相当的，本质上同为奴隶制，然就希腊、罗马史说，在时间上却只是相当于罗马或希腊奴隶制的前期，并有其一些独特的特征。易言之，所谓“亚细亚的”社会，即希腊、罗马而外的世界其他国家的奴隶制度阶段的社会，他们都没有发展到奴隶制后期，就开始向封建制度转化、归于衰亡了。关于这一问题，我将于修改本书第一分册的错误论点时再予以较详的论述，并特别把日译柯瓦列夫的《古代社会论》中《关于奴隶所有者构成的诸问题》一文介绍于读者。〔按这个问题所引起的错误了解，又由于教条主义的作祟，拿马克思列宁主义的文句和外国学者对于马克思列宁主义的著作，来代替对具体问题的具体分析，对具体的中国社会的马克思列宁主义的研究、分析和认识。不知运用马克思列宁主义的方法，掌握马克思列宁主义的精神实质，具体地应用于对中国历史、中国社会、中国革命斗争的认识和行动上。因而在中国历史的研究方面，便也不免是“言必称希腊”，而此文也不免为那些别有心肠的人所利用。我自己在中国史研究的“亚细亚生产方法”问题上，最初曾误从过波特卡诺夫，后又误从过渡格罗夫斯基，这也就是教条主义的偏向。虽然我也曾经一再严厉的批评过公式主义，主张用马克思列宁主义的方法和中国史的具体材料来解决问题，但一进入到实际研究上，就不自觉地杂入教条主义的偏向。——一九四六年补注。〕

三

经济的诸构造

A. 劳动工具——新石器，金石器，铁器，还是青铜器？

在世界史的可靠文献上，人类知道用铁最早的为古代巴比伦的嘉陀人。有人认为埃及在公元前三千二百年已发明用铁，为最早。这种说法是错误的，埃及在当时还没有发明用铁①。中国在殷商时代是否和中亚或埃及有过交通关系，这一问题的解决，虽能作为论证殷代已否知道用铁的一个旁证，而此也只能待之于将来地下的发现。

在中国史的记载上，早在夏代便已知道铁的使用了。第一在《禹贡》中有铁字的出现；其次则陶弘景《刀剑录》说："（夏）孔甲在位三十一年，以九年岁次甲辰，采牛首山铁铸一剑，名曰夹，古文篆书，长四尺一寸。"然《禹贡》显系战国以后的伪作；陶弘景的时代更为晚出，其所云种种，及今亦并无实物遗存，这是绝难凭信的。

在可靠文献中，铁字出现最早者为《诗经·驷驖》中"驷驖孔阜"之"驖"，但系从戴从马，和"鐵"字有无关系，尚难确定。其次便是《左》昭二十九年，晋赵鞅"鼓铁以铸刑鼎，著范宣子所为刑书焉"。又次便是《孟

① 巴尔金（B. A. Parking）：《史前的艺术》，第十章，第一页。（巴尔金认埃及为用铁最早的谬误，我也曾引用过，今应更正。——羽补注。）

子·滕文公》“以铁耕乎”之“铁”。其次则《山海经·中山经》说“出铁之山三千六百九十”①。《墨子》别墨中有铁鍱、铁矢、铁鐟、铁纂、铁鈇、铁钜、铁校、铁锁、铁鏁、铁錍等记载②。《管子》有铁鍼、铁刀、铁耜、铁铫，铁锥、铁凿等记载③。《荀子》有铁𫓧，《韩非子》有铁室，《战国策》有铁幕，《吕氏春秋》有铁甲、铁杖，《越绝书》有铁钖、铁剑等记载。大抵冶铁事业到战国时代，不但已十分兴盛，而且已成为商人们的一种企业，所以《史记》说，邯郸郭纵、蜀卓氏、宛孔氏、鲁曹邴等，均以冶铁聚财而富埒王侯，致通都大邑，铁器千石比千乘之家者，所在皆是。因是各封建侯国才专设“铁官”以征“铁税”。不过，（一）冶铁事业发达到这种程度，决已有其很长的历史，断非短时间所能达到；（二）铁器之作为兵器，据目前能有之可靠材料记载，当至战国时才见使用或始盛行，至农器及其他生产工具，当不在此限，故江淹《铜剑赞》序云：

> 古者以铜为兵，春秋迄于战国，战国迄于秦时，攻争纷乱，兵革互兴，铜既不克给，故以铁足之。铸铜既难，求铁甚易，故铜兵转少，铁兵转多。二汉之世，既见其微。

这虽不可完全征信，亦可为一有力之旁证。

然而中国用铁的时代，究始于何时？此在目前，仍为一个不能肯定的问题。但欲按“铁”字的出现时代去断定用铁的时代，则殊危险。余按铁之称“铁”，大抵始于战国；在春秋时犹以“恶金”名之。《国语·齐语》说：

> 美金以铸剑戟，试诸狗马；恶金以铸鉏、夷、斤、斸，试诸壤土。（《管子》中亦有此同一之记载。）

美金即铜，恶金即铁，自来已有定论，依此推溯至殷代，假设已知道用铁，则铁之称谓惟何，更不易推知矣。且从而，即使殷代已知道用铁，然若欲从甲骨文字中求发现一“铁”字，亦属不可能之事。

其次，欲从地下求发现以决定中国开始用铁时代，此亦难于完全保证。铁

---

① 据国内多数学者意见，《山海经》系出自邹衍或邹衍之徒的手。按其时代事实对证，这种说法虽有可能，但还不能论定。

② 墨子的时代先于孟子，而出生于春秋、战国之际，据多数学者意见，认别墨非出自墨翟本人。

③《管子》一书的时代至今尚难确定。但成书于战国时人之手则无可置疑。在此处言“铁”，在他处又言“恶金”，此恰能见出《管子》一书非成自一人，亦非成自一时。

在战国以前既不用作兵器、祭器（或称礼器）、食器等，则王室遗物中，自难发现有铁的夹入，此其一。从铁容易氧化的物理属性说，即使遗留地下，若在稍带潮湿之地，短时内即能全被氧化，此其二。在生产者手中使用的金属生产用具，比较的不易弃入地下，因其制造形式虽有变化，原来之旧式金属工具固仍有其原料上之价值，此其三。在战国以前，至今在地下亦仍无铁的发现，此其四。

然而殷代究否知道用铁呢？我在本书第一册中说到殷代铜器中之含铁成分，那时认为有由铜矿之自然含量或有意的合金配合两种可能。今读《安阳发掘报告》第四期刘屿霞《殷代冶铜术之研究》一文说："殷虚文化层内，常有未曾冶炼过的铜矿石发现。十八年（一九二九年）秋季发掘殷墟，又得着一块较大的孔雀石（Malachite，$CuCO_3 \cdot CuO \cdot H_2O$）铜矿重一八点八公斤，并且混杂着许多赤铁矿（Hematite，Fe_2O_3）。"因而我前此的推测，似以第一个推测的可能性为大。

据郭沫若先生的意见，《诗·公刘》的"取厉取段"便是"采取铁矿来锻炼"。《周礼·考工记》上的所谓"段工"，恰亦不曾说明为何种金属工；同时据《考工记》的说明，当时所存在的各种金属的制炼工，除铁而外，又都已有其说明。《淮南子》说："铸金锻铁"，因而郭先生"取厉取段"的解释，我认为是相当正确的。然自"命周侯"三字的发现，周在武王克殷以前曾为殷之属领，已能确证；而且据甲骨文字的记载，殷在其亡国前，王的足迹且常及于"羌"、"㣼"等地。似此为殷之属领的周的文化，当然不能在殷代文化之上（按《商书·说命篇》亦有"若金，用女作砺"语。只是《说命篇》尚未能确定为殷人所作）。如果周人在灭殷前早就知道用铁，而殷人反在应用石器或木器去耕作，这却是一个绝大的矛盾。在这一点上，郭先生的见解又似是值得重新考虑的。然而《诗·公刘》系西周人追述其先世的作品。我们慎重点说，如果"取厉取段"是"锻炼""铁矿"的话，也只能作为西周已知道用铁的证明①。以之作为公刘时知道用铁的证明，可信的成分自然有，但还没有更

① 按《史记·周本纪》，武王"以黄钺斩纣头"，对"纣之嬖妾二女""斩以玄钺"。《司马法》曰："夏执玄钺"，宋均曰："玄钺，用铁不磨砺。"为美国帝国主义盗窃现陈列美国弗立尔美术馆的西周初的十三件青铜兵器（汲县出土）中，二件有铁刃。又一应为西周器的芮公纽钟，上部环纽下脚顶面接合部分有铁锈涌出，纽下脚部分内部有两个铁制角形管。这也是西周知道用铁的一点痕迹。——一九六一年补注。

可靠的论证。而李季竟凭此去肯定公刘时已知道用铁的结论，却完全是观念论的，是对郭说的歪曲。

但从殷代文化创造的成果上说，似是有知道用铁的可能（注意呀！我只在说“可能”）①。但实际上如何，我们还没有强有力的证物去作出肯定的结论。

从殷虚的出土物以及其遗迹的发现考察，殷代便应该是青铜器时代。这，我们从以下的几个方面来略加论证。

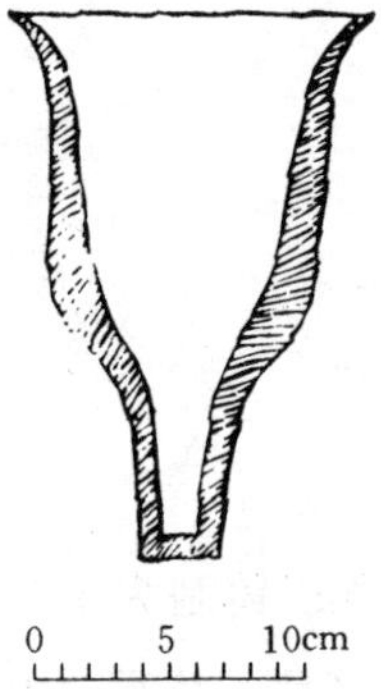

将军盔（炼锅）的竖剖面

1. 从其冶炼术和冶炼场遗址的普遍存在上说。在殷虚的发掘区域内，到处〔有〕“红烧土碎块，木炭，‘将军盔’，炼熣，铜范，和未冶炼过的铜矿砂。”“密布着炼铜遗痕。”又据郭宝钧先生的报告，在一坑内，“铜范出土逾百，铜锅出土数十”。关于这种情形的记载，并请参阅《安阳发掘报告》各期②。这证明殷代冶炼事业已普遍发展到相当高的程度，易言之，已十分盛行。

炼铜的技术，据刘屿霞先生的研究，已发现有每次能炼出十二点七公斤纯铜的炼锅——“将军盔”。

刘先生并推定有更大的炼炉被使用，因为在安阳又发现有一块重二一点八公斤的炼熣——这种大块炼熣的发现，自非有更大的炼炉存在便不能予以说明。至这种炼炉为何种原素所制造，以及其构造形式如何，在目前尚不能予以说明。其用作冶铜的矿砂，就已发现实物说，为氧化铜孔雀石，这是非有相当高的冶金术便不可能冶炼的。至已否使用硫化铜矿，则尚难论定。其冶炼的方法，据刘先生的研究，有选砂、配合、熔剂、掺锡、铸范、修饰等程次；刘先生并提出为如次的一个构想图式：

刘先生根据铜范发现的“数量之多，分布之广”这类现象，判定“殷人制造铜器，是不施用锤击法”，这却未免有点武断。因为发现的铜范，主要都

---

① 本书第一册出版后，据友人张西堂先生对我说，所谓金石学家的刘某逢人便说：“吕振羽认为殷代知道用铁，胡适认为殷代有儒家，这真是无独有偶的怪闻。”实际这完全是某君的误解，我在本书的第一册中，自始便不曾说过“殷代知道用铁”那样肯定的话。

② 以上见《安阳发掘报告》，第四期，刘屿霞：《殷代冶铜术之研究》；同期，郭宝钧：《B区发掘记之一》。

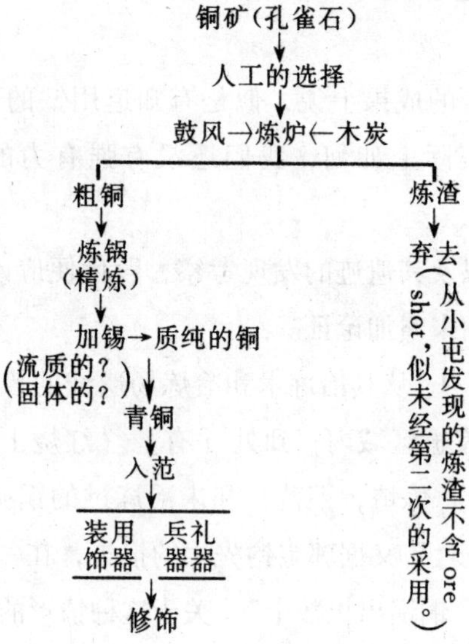

是祭器（礼器）、食器、装饰品等制造模型；此等铜器固至今犹以铸制为主要制造法。此其一。甲骨文字的刻画之精，与其他精巧的艺术雕刻品，其所应用之刻画与雕刻之工具，除铁制工具而外，似非铸铜所制的工具所能胜任，易言之，至少非有锤击熟炼之青铜器不可。此其二。自然，这也还有待于全面的发掘和论证。

2. 从其出土物数量的比例上说。在一九二九年以前的发现，兵器和各种器具，均是铜器占最多数。郭沫若先生就罗振玉《殷文存》所收集中七百种铜器铭文分类为爵、卣、尊、艺、觯、鼎、敦、觚、盉、角、斝、甗、匜、壶、鬲、罍、畣、盘、觵、豆二十种。郭氏并云："足征当时的青铜器已很发达。"一九二九年以后，南京中央研究院继续发掘，出土的石器数量亦殊不少，反较铜器为多。发掘者根据其亲历的情况说：

> （殷代）铸铜的艺术虽说是到了很高的境界，生铜的供给不多，好些日用的器具尚是用石作的。最普遍的日用石器是一种石刀，这类石刀出了过千，它的用处一定很广；像是一种刮刀，与制骨业有密切的关系。此外有石斧很多。偶见的石器有三棱石簇与双眼月牙刀。石簇见过两次，石粟鉴只见过一次……但大多数的石器都非平常用的东西：有的是一种艺术的创造，有的是一种宗教的寄托。这类的东西，到周朝的时候，好些是用玉

作……在这些石器中最新颖的，是一个半截抱脚而坐的人像，膀腿均刻有花纹。

小屯所出的簇，多是骨制或铜制的，并有贝制的，只有两个石制的。

殷虚出土的铜器，仅仅是很少的几件，铜范的数量倒是不少。①

照这几段话所揭的青铜和石器的数量看，殷代似是金石器时代，而不能称作青铜器时代。然而有那样普遍的而又是青铜器冶炼场遗址，易言之，大规模的冶铜遗迹的存在，各种各样的铜范的存在，而铜器的出土物反见很少，这还不是一个矛盾吗？其次，出土石器中属于“艺术的创造”或“宗教的寄托”等一类“非平常用的东西”，那却在很远的后代还可以存在，可不成为问题。用器如石粟鉴与石杵臼之类的东西，也是可以在很远的后代，甚至现在还可以存在，而不成为问题。石簇既系偶见，那也可以视作残余，只是石刀与石斧，如果数量较小，就谁也可以把它看作残余，因为不只铜器时代，而且在铁器时代，还可以有石器和木器生产工具被使用的历史事实存在。而在人类历史上，除希腊、罗马而外的亚洲和非洲许多国家和民族的奴隶制度的劳动工具，不论是以铁器或青铜器为主要标志或代表（如古代巴比伦、亚述、埃及和在我国国土内某些民族中出现过的南诏的奴隶制度，大小凉山彝族的奴隶制度，西藏的奴隶制度以至农奴制度的生产），都是大量使用石器以至木器。但石器和木器都不能是劳动工具的主要标志或代表。另一方面，已发现的铜制兵器和用具的种类，则有戈、矛、镞、针、锥、锛、瞿、斧、刀、小刀等等；以之与石刀、石斧、石簇较，不但是种类的繁多不同，而且形制的繁简亦异。在这一点上，也显见是一个矛盾。凡此矛盾问题的解决，只有通过世界历史的具体进行比较的研究，只有生动的辩证的考察，才有可能。

第一，根据后冈的发掘，证明殷虚的地下实堆积着人类史一个悠久时期，自新石器初期以来的文化遗物的叠积。在这一点上，其遗物有混同堆积的可能。

第二，殷虚地下堆积的所谓小屯期文化遗物的本身，据近年的发掘报告，亦可分作前后两期。所以郭宝钧先生的发掘报告说：

穴居与堂基之关系有时代先后之分，居穴居先，堂基居后，于 B_{37}、

① 《安阳发掘报告》，第二期，《民国十八年秋季发掘殷虚之经过及其重要发现》；《小屯与仰韶》；第四期，刘屿霞文。

> B_{43}所见，土墙跨圆穴而筑，可为铁证。大抵距现地面2.5m处，系殷代地面（指B区言）。由此而上为版筑分布层，由此而下为穴居分布层。居穴之中均灰土，无穴之处皆黄土。此历验各坑，无一或爽者也。
>
> 居穴筑自何时？换言之，即此项居穴为殷人遗留？抑系前乎殷代遗留？亦一应研究之问题。关于后者，尚难为明确之答复。盖殷人居此甚久，前代即有遗存，已为殷人所搅乱，故纯粹之前期居穴，颇难保存。……关于前者，即现存居穴，皆经殷人居住，已为明确之事实。以穴内包含遗物，皆系殷代作风故。盖殷之初迁，或利用前人旧穴，或重新自筑新穴，要必有穴居之一时期，可无疑问。殆后版筑发明，土木大兴，坛堂渐多，居穴渐废，遂有跨填平之居穴从事建筑，如B_{37}之现象者矣。①

此种穴坑，有认系居穴，有认系窖穴，有认系“坎窗”；实则这并不能以一说律之，从事实的暗示而系同时均存在者也。据右（上）述郭先生所记录，值得我们特别指出者：（1）在殷代，已废穴居，而为版筑之宫室居住——至少在其首都殷虚如此；至郭先生说，“殷之末世，已由穴居进而为宫室居住之过渡时代”，从全部情况论，似还有待于进一步发掘和论证。（2）版筑居室筑于“跨填平之居穴”之上，且有版筑墙基横跨穴坑者，是此等穴坑似归于废弃，于此而得一证。

在殷虚，凡整批的发现的石器工具等，适均系堆积在此等废穴内；而堆积情形亦不见扰乱②。其余铜器及完整的陶器等，则均系零散发现者。有人判定此种藏物之穴为窦窖；但穴中所藏，为什么除石器、骨器外，率多残败之物呢？例如一九三一年的发掘，石璋如先生经手所发掘的一“窖”，其中藏物种类及数量，据其报告如次：

> 这窖的遗物大概可分为陶、骨、蚌、石、龟、贝、金、铜、玉、土等十余种。其中陶片一千八百八十八块，白陶三十五，残“将军盔”二，红色绳纹陶罐一个，字陶一片；骨类：有兽骨七百六十，大兽骨二，人骨一，兽头四，兽牙八，残骨器四十四，骨筒三，骨版十八，骨锥十六，骨笄三，骨矢十八，卜骨一，字骨三，花骨七，骨柶八，骨梳八，牙饰八

① 《安阳发掘报告》，第四期，郭宝钧：《B区发掘记之一》

② 参看前引郭宝钧文，及《安阳发掘报告》，第四期，石璋如：《第七次殷虚发掘：E区工作报告》。

等；蚌类：有蚌二百五十四，条纹蚌三十五，残蚌器七十八，蚌珠二十一，长螺蛳二百四十六；石类：有石八十九，石刀四百四十四，石斧一，石器十六，残石器三十，石磬一，石鬲脚一，雕石四，绿石屑二百零九，残雕石皿一，绿石珠十，残细石刀四节；龟类：有龟版一千一百七十九，字甲一；贝类：有贝一百六十三，大贝二；金类：有金叶二，金花二；铜类：有铜八十五，残铜器三十，铜镞十四，铜扣十，铜铃一，铜锤一；玉类：有残玉十一节；角类：有鹿角四；土类：有木纹土二，丝纹土九，花纹土二，镶松绿石带花砞土一等。

所可异者，在这一纸账单中，用器和兵器中除大量的石刀和骨器外，铜器却甚少；其他除蚌珠二十一、贝一百六十三（石先生没有说明这种贝是用作货币、装饰，抑其他）、金叶二、金花二等外，却都是一些残废物的拉杂般堆积着。因而这“窖”，很可能是残废物的垃圾堆，其中少数的贝、铜、蚌珠等，未始不是随同残废物夹入者。

另一方面，石斧和石刀如系充任当时主要的劳动工具，为什么那样大批的闲置于“窖”中储藏呢？如系兵器，则在冶铜术那样发展而又普遍存在的情形下，铜兵的大量制造的情形下①，为何没有大量铜兵的储藏呢？因而这倒说明了那些石斧和石刀已不是主要工具，或已被废弃，所以才大量的堆在废穴中；铜制的劳动工具和兵器已普遍的被使用着，所以才不曾那样大批的堆积着。有一位先生引用马叙尔爵士的话说：“证明这个遗址是渐渐废弃的，那时的居民，都可以从容的把那好一点的东西迁到别处去。”② 这是有其一定道理的。

殷虚出土铜器制作均至为精巧，而石刀、石斧等制作则并未脱离新石器初期的粗劣状态。

到现在已能从发现的材料证明，殷虚不是被水淹而变成的荒丘，殷代自盘庚至受亦不曾迁都。据传“武王伐纣”，纣曾“空举国之师以迎武王”③，那末，他们当时使用的兵器，当然再不能放在储藏库不动，那些兵士们，除前线

① 参看《安阳发掘报告》，第四期，董作宾：《帚矛说》。

② 《安阳发掘报告》，第四期，《安阳最近发掘报告及六次工作之总估计》。

③ “昔者纣为天子，帅天下将甲百万；左饮于淇谷，右饮于洹水，淇水竭而洹水不流。”（《国策·秦策》）此虽言之过夸，但武王亦说：“受有臣亿万，惟亿万心。予有臣三千，惟一心。”（《周书·泰誓》）“甲子昧爽，受率其旅若林，会于牧野。”（《周书·武成》）纣用以拒周人之人数至为巨大，盖可想见。

倒戈起义者外，在打败之后，或被周人俘虏，或逃散，当然也再不能把兵器送回到储藏库里去。此亦能反证石刀、石斧、骨簇等已不是主要工具或已废弃使用。其次，周族把殷族克服后，当然也不肯给他们留下如许兵器，此事理之必然者。据《逸周书·世俘解》说："凡武王俘商旧玉亿有百万。"事实上，周族攻入殷都后，凡殷都所有之祭器、兵器、食器等有价值之物品，必尽数囊括以西，则属当然之事。

因此，殷虚出土铜器数量较少，而石器和骨器反而较多这一问题，便不难得到接近于事实的说明了。

3. 从工艺的程度上说。沙井期出土的铜器已颇精巧，安迪生也不得不承认，以之与罗振玉所得的殷虚铜器较，则不逮远甚①。马衡说：

吾所见商末之器，其制作之艺术极精，如《考古图》所采亶甲墓旁所出之足迹罍，虽周代重器亦无以过之。此种工艺，岂一朝一夕之功所克臻此。况古代文明之进步，其速率盖远不如今日，以吾人之推测，至少亦当经四五百年之演进，始能有此惊人之艺术。然则始入铜器时代之时，至迟亦当在商初②。

马氏此说，除所谓"至少亦当经四五百年之演进"一语，仍不免以现代文化演进之速度去推究古代这一错误见解外，殊不失为一相当正确的论断。

其次，如甲骨文字的刻画，均甚工整而遒劲，其笔致有小似发纹者；即吾人应用今日进步的钢制工具以从事，非有相当时间之熟练，亦不能臻此程度。所以罗振玉说：

抑三代之时，尚为铜器时代？甲骨至坚，作书之契，非极锋利不可。知古人炼金之法实已极精也③。

甲片之错洗，亦甚为光洁晶滑，"甲骨至坚"，盖亦非有"极锋利"之工具不可也。

其他如所见遗物中雕镂之骨器，雕刻之石器和铜刻等，艺术之精④，非有

① 参看安迪生：《甘肃考古记》。

②《古史辨》，第二册，马衡：《中国之铜器时代》。

③ 罗振玉：《殷商贞卜文字考》。

④ 欧洲在氏族社会时代，用骨器在石上所刻的动物象形画，有十分逼真者，但其刻画笔法仍甚粗糙。在殷虚出土的各种艺术作品，不但刻画笔法甚为细致、工整、圆滑，而且其构意多已脱离象形的直接描写，而为表现一种较复杂的意识形态的抽象构意——宗教寄托等——的象征性的东西。

锐利之金属工具，亦属无从进行。

只是在殷虚的出土物中，大部均系祭器、食器、装饰品和兵器；手工劳动用具方面，亦仅有针、锥、锛、小刀等的出土；农耕工具则迄无发现。因而有人认为殷代在这些方面则应用铜器，而在农业和其他手工业方面的劳动工具，则仍系使用石器；易言之，殷代仅在祭器、兵器、食器、艺术用具、文化用品等方面用合金青铜制造。这完全是一种倒果为因的诡辩。石器所代表的生产力，能产生高于其自身的艺术文化，这却不是在我们这个人类的历史中所能发现的。因为那些从事艺术的文化的人们，其创造和其在殷代所表现的事实及扮演的任务等方面看，他们非离开农、牧业等生产劳动而作为一种专业化不可。那末，如果他们不能纯依赖空气维持生命，就非有另一部分人，除生产能维持自己的生活必需的生产物外，还须多支出一部分劳动去生产那维持他们——离开生产劳动而从事宗教等文化活动的僧侣或被迫为他们从事这种活动的人们——生活必需的生产物不可；易言之，非能有大量的剩余劳动的产生不可。这却不是单靠石器或金石器工具为代表的生产力所能实现的。

殷虚为殷代首都所在，从其遗物及其遗迹的发现情形考察，殆为当时手工业者所麕集。故址地域宽广，居屋密比。在此种城市中，当无农耕工具的遗留可能。因为在殷虚即有农耕工具制造工场存在，其所生产的生产物，自必陆续分配出去，而不至有剩余堆积；在首都被周人为首的革命军攻入之顷，此等工场中所有留之生产物与各种设备，必或为群众所携取，或为周人等革命军携之以西。其他手工业方面之生产工具，亦殆同此情形而遭星散。

依照现在的发掘情形而能得出的结论，在殷代亡国的当时，其地面所存在的东西，稍有价值者，殆无遗留堆积之可能；而今日所发现者，可能为当时已沉入地下的东西，或则系当时已被视为价值不大和已不是主要工具而被遗留者。此为吾人凭古物以说明殷代社会所不可不审慎明辨的一点。

4. 从铜器的生产量上说。据董作宾的考究，从骨臼刻辞，证明在武丁时代，仅在一个短时期内颁发之铜矛，“有数可计者，共有四百零五支”。而且“这仅仅是武丁时代所铸造的兵器之一小部分中而又矛数有记载可稽者，当时武功之盛，便可以想见一般了”①。无数可稽者尚不在此数。而颁矛之数，就

① 《安阳发掘报告》，第四期，董作宾：《帚矛说》。

发现的骨臼刻辞说，如“晏”、“㽙”、“小臣中”等各有一次多至颁矛二十支者。

矛在当时殆为最有威力的军器；其制造技术在当时必系比较复杂，工作比较烦难，因而才特别慎重其事的记载于骨刻，并设专人司其事。然此已足概见其生产量的相当庞大。依此推测，其他铜制兵器的生产，便可能产量更大；其他铜制的生产量，殆亦可想而知。因而当时铜的总生产量之大，盖可想见。这样才与殷虚遗址中冶炼场之普遍存在与其冶炼术发展到高度的情况相适应。

因此，即或那种堆积在窖穴中的石器不是已被废弃的东西，也不可能是主要的劳动工具；在殷代占支配地位的，是人们所拥有的青铜器。而当时还大量使用石器等劳动工具，是不足为怪的。马克思说：“……在这种生产方式内，有这样一个经济原则：只使用最粗糙最笨重的，并且就因为太笨重所以不易损坏的工具。”①

因而就现有实物考究，殷代之为青铜器时代便能得到确认。从而一般误认殷代为新石器或金石器时代的历史家，便属绝大的错误，且从而概见其对唯物辩证法、对辩证唯物主义和历史唯物主义的无理解或理解不够。

〔我以殷朝为青铜器时代的这个结论，过去曾引起资产阶级历史家和伪马克思主义等流派的反对，也没有为自己的朋友所赞同。到现在，许多马克思主义历史家，由于他们辛勤研究的结果，也达到与我同样的结论了。——一九四六年补。〕

B. 殷代青铜器所表现的劳动生产率

以铁的发明为国家出现的前提之一这个问题，首先是莫尔根在其《古代社会》中所提出。恩格斯根据古代中亚细亚及地中海沿岸一些国家成立的事实而加以叙述。至于除铁以外的金属工具，如青铜器的普遍被使用，是否能产生出足令社会内一部分人脱离劳动的剩余劳动量这一问题，恩格斯虽不曾给予

① 马克思：《资本论》，第一卷，人民出版社一九五三年版，第二一六页。

我们以具体的说明，但却给了我们一个暗示，他在《家庭、私有制和国家的起源》中说，最初的铁，其硬度还不及铜的硬度高。这是一个极重要的暗示，而且在这里，是恩格斯仅就某些古代国家在其当时已知的历史事实的一种叙述。然而发明用铁最早的古代巴比伦的嘉陀人是处在那样容易获得铁矿的有利的地理条件下，所以他们从金石器的使用便一直转入使用铁器的时代。这构成它的一个特点，但不能说那是古代国家和民族所共同存在的特点。所以在其后继起的古代中亚细亚各国，对于铁的发明和使用，却无不以它作为前驱而受其影响。但在它以前的中亚及北非古代国家，却都是使用青铜器（按在公元前四千年出现的古代巴比伦国家，三千年出现的古代埃及国家，都是使用青铜器）。所以又不容过分重视自然条件。重要的，必须在这些古代诸国自身的生产力发展到一定程度，才有接受这样影响的可能。在更后起的古代希腊和罗马，却更在直接间接的承受着那作为其前驱的古代诸国的遗产。它曾创造出世界史上其他部分所不曾到达的奴隶所有者社会的繁荣程度。这也是有着一定限度内的作用的。从十世纪起才开始成立的古代俄罗斯倭扎尔人和斯奥特的国家，那却更在其前驱的欧洲和亚洲许多国家的直接影响之下。在日本最初的国家古代奈良朝代，更完全受着中国南北朝尤其是隋唐时代文化的影响①，铁最初从中国输入，冶铁术也是从中国输入的。

然而在那些不具备上述那种可以促速自身发展条件的古代民族，像中国古代的殷族，在青铜器所代表的生产力的基础上是否能创造出国家呢？这问题的最辩证的解释，只在青铜器所代表的劳动生产率，是否能使社会内一部分人从生产领域中脱离出来而成为统治者？易言之，即其是否能创造出阶级来？因为阶级的存在是国家存在的前提和主要内容；而人类历史上的最初的国家——奴隶所有者国家的产生，是适应于“社会的阶级的最初的大分裂”的时代。没有这种阶级存在，是无由产生国家的。按照恩格斯和列宁的科学论断，最初分裂人类为阶级的这种工具，在当时还是极幼稚、极原始的。这，我在《史前

① 在中国南北朝和隋朝，有一部分知识分子，因逃避国内战争而去到日本，直到唐朝仍不断有继续渡海前去落居的。这种前去落居的中国人，成为中国文化流入日本的媒介者，且作为促成大化革新的重要因素之一。在另一方面，随着南北朝和隋朝中国人之渡海前去落居日本，促起当时日本社会内部的变化和其对中国文化的联系，不少的日本人相续西渡中国留学。这种留学回国的日本人，都成为圣德太子为首的革新和大化革新的中坚分子。据传说，中国人的渡居日本却还远在秦始皇时代，日本人中今亦有秦姓，并此附志。请参看伊豆公夫的《日本社会史讲话》。

期中国社会研究》一书中引证过。

现在来解说这一问题，便只有从殷商社会所存在的具体的历史事实来说明。在殷商，初期国家的诸阶级业已明显的存在，后面再说。现在便先看看是否在其社会内，已经有完全从生产劳动中脱离了出来的一群人的存在。

如前所述，从事占卜书契等文化工作、具有较高而复杂的思维力与构想力和从事宗教活动的僧侣们，其知识，其作品，已表现为一种专业。这证明他们已完全从生产资料或消费资料的生产的生产领域中脱离了出来，成为不能不凭依他人劳动以为生的坐食者。他们便成为存在于当时社会内的僧侣贵族，这种僧侣贵族（即巫、卜史等史官、卜官或贞人之类）已大群的存在。就出土的一部分甲骨文字可稽查者：在武丁时有㱿、亘、永、宾、𢦏、务、𠂤、韦、甘、𠮛、箙、史十二人；祖庚、祖甲时有大、旅、即、行、□、兄、出七人；廪辛、康丁时有逆、宁、狄、彭、㝁、亐、卯、□、旅九人①。然出土甲骨字片，仅不过其文献的一小部分，所叙及的也仅是其上层极出名的代表人物，故当时坐食的僧侣贵族之群，曾存在着一个庞大的集团，是可断言的。所以甲骨文字中又常有所谓“乎（呼）多尹”的记载，例如：“乎（呼）多尹往𡆥。”②“尹”即“史官”或“贞人”，亦即僧侣贵族，所谓“乎多尹”者，即“号召僧侣贵族们”的意义。

其次，《周书·酒诰》说：“殷之迪诸臣惟工，乃湎于酒。”《商书·微子》亦说：“我用沉酗于酒。”所谓“诸臣惟工”是概括僧侣贵族和世俗贵族而说的。因为自箕子、微子以次均“沉酗于酒”，而箕子和微子却都是属于“子族”或“多子族”的“王族”。其“沉酗”的情形，则是“靡明靡晦，式号式呼，俾昼作夜”③。这种颠倒昼夜的“酗酒”流连的生活，不是完全离开生产劳动、有他人劳动以供剥削的人们是梦想不到的，尤其在古代。这种情形，从殷虚遗物中的酒器之多，以及甲骨文字中关于酒的事情的频繁记载，是更能得到确证的。这从贵族之贪于游田一点上考察也能说明的。郭沫若先生从甲骨文字的考究而得一个结论说：

① 董作宾：《甲骨文断代研究例》。

② 罗振玉：《殷虚书契后编》，卷下，第二二叶，第五片。

③《诗·大雅·荡》。

> 殷王好田猎，屡有连日从游田之事……然足见殷时之田猎已失去其生产价值，而纯为享乐之事矣。《周书·无逸》言祖甲以后，“立王生则逸，生则逸，不知稼穑之艰难，惟耽乐之从。”又云：“文王不敢盘于游田。”又云：“继自今嗣王则其无淫于观，于逸，于游，于田。”均针对殷王而言也[①]。

即此，只能证明当时有完全从生产劳动领域中脱离了出来的大群世俗贵族的存在。

《酒诰》又说：“诞惟民怨，庶群自酒，腥闻在上”，“诸臣惟工，乃湎于酒。”“庶群”当然不是奴隶，因为在历史上没有这种“自酒”的奴隶存在的可能。“庶群”而有这种腥气弥漫的“自酒”现象的发现，一面反映着他们已懒于从事劳动，一面正反映着社会生产力的程度，从而剩余劳动之生产的重要性。这种“庶群”，便是存在于当时社会的包括中小奴主的中间层的自由民，甚至还可能包括一个部分所谓“小人”的下层自由民在内，他们是商族内较贫穷的本族成员构成的，居住于农村公社内，能分得一些土地自耕而食，或散处于城市从事其他职业和活动。“诸臣百工”乃是脱离生产劳动的公职人员等。

另一方面，关于殷代所创造的各种文化成果，如前面曾提述过的，精巧而表现为抽象构意的艺术作品，占卜和记事的文字记录，宗教式的祭祀彝器，天文历数的发明……这在古代，都是要建基于较高的劳动生产率之上的剩余劳动的生产上才能结出的果实。关于这些文化上的精神创造品，我们到后面再说。

因此，殷代的青铜器所代表的生产力，曾创造出存在于社会内部的不劳而食的阶级，易言之，它曾完成了使社会内部的阶级的最初的大分裂的历史任务，而充任了国家出现的主要因素，把中国社会推进到文明的时代。

---

① 郭沫若：《卜辞通纂》，畋游，第一六二页。

C. 农业及其生产组织

从仰韶文化的遗物证明，中国在新石器初期已发明畜牧，同时并已发明农业。我已在《史前期中国社会研究》中论述过。然前此犹有人跟随安迪生说仰韶文化非中国民族的遗存，因之不免有非难余说者。去夏南京中央研究院在《安阳发掘报告》第四期中，公布其一九三一年在小屯近郊后冈的发掘结果，即前述仰韶、龙山、小屯各期文化遗物在一处为地质层式的相次的埋藏的发现结果，余说乃又得一不可动摇之铁证。这关于殷代农业和畜牧的说明上，乃构成一有力之史实根据。

《国语·鲁语》说："昔烈山氏之有天下也。其子曰柱，能殖百谷百蔬。夏之兴也，周弃继之，故祀之以为稷。共工氏之伯九有也，其子曰后土，能平九土，故祀以为社。"据现代多数学者考究，"后土"即系关于殷族先祖"相土"的传说；"社"亦从"土"，即殷族所奉祀的农神。据《史记》（甲骨文字中亦已得到证明），相土为汤前十二世之先祖，为契之四世孙。殷族是否到相土时才发明农业，虽尚无强有力的证明，然证之甲文中祀土的记载和土又转化为后代之社的情况，土在殷族的农业史上有其特殊关系，则应属无疑之事。

关于殷代的农业，在甲骨文中关于象征农业的文字，有农、田、畴、井、疆、甽、圃、囿、畯、峀、峀、艺、禾、黍、麦、粟、米、稻、啬、来、鬻、季、穌、耤、刍、果、乐、桑、麻、丝、帛、琇[1]等字。这一联的字义中，证明了主要的谷物在当时都已知道种植；耕地的区划在当时已经存在；年、季等字的从"禾"，确证了殷代天文历数的发明完全是和农业的发展相关联的；耤字的象形和ʒ[2]字象征着当时农业生产的技术程度（我将在下面说明）。但是我们的历史家，却只肯认作畜牧刍料之栽培的象征。

然而在另一方面，如前述殷人嗜酒的情形，在这里再重述一下。

---

① 见林泰辅：《龟甲兽骨文字》，卷二，第一九叶之一。以后简称《林》。从郭沫若释。

② 徐中舒释目，即耜，见《历史语言研究所集刊》，第二本，第一分，《耒耜考》。

我用沈酗于酒。方兴沈酗于酒。[1]

咨汝殷商……天不湎尔以酒，不义从式！……靡明靡晦，式号式呼，俾昼作夜。[2]

辜在商邑越殷……庶群自酒，腥闻在上。

殷之迪诸臣惟工，乃湎于酒。[3]

殷王受之迷乱，酗于酒德。[4]

甲文中关于酒的记载频繁，酒器的发现至夥；祭祀用酒的分量，据王国维考察说："殷虚卜辞纪祭祀所用之鬯，自六卣以至于百。"[5] 这反映着当时酿酒事业的盛行。从卜辞中鬯字和酒字的象形看，当时酿酒所用，似为谷类而非果实。因之，酿酒事业的盛行，是以农业之繁盛为其前提的。

次从甲骨文卜占记事的种类看，除王的游畋和卜战争的吉凶外，殆以"卜雨"、"卜年"、"卜禾"或"求禾"等为最多。雨年和雨禾并卜者，例如：

贞于兑桒年，帝令雨足年。贞桒年于[illegible]。贞帝令雨弗其足年。[6]

己酉，卜黍年，㞢（有）足雨。[7]

贞今其雨，不隹𤲸上吉。[8]

庚午卜，贞禾㞢（有）雨。[9]

卜雨者，例如：

贞……㞢从雨，戊戌雨。[10]

癸卯卜，今日雨。其自西来雨？其自东来雨？其自北来雨？其自南来雨？[11]

今二月，帝不令雨。[12]

---

①《商书·微子》。
②《诗·大雅·荡》。
③《周书·酒诰》。
④《周书·无逸》。
⑤《观堂集林》，卷一，《与林浩卿博士论洛诰书》。
⑥《殷虚书契前编》，卷一，第五十叶，第一片。以后简称《前》，一，五〇，一。
⑦《前》，四，四〇，一。
⑧《殷虚书契后编》，卷下，第七叶，第二片。以后简称《后》。
⑨《前》，三，二九，三。
⑩《前》，四，五三，四。从郭沫若释。
⑪《卜辞通纂》，天象，第七八页。以后简称《通》。
⑫《铁云藏龟》，第一二三叶，第一片。以后简称《铁》。

……黇，贞，今日雨，贞不其雨。在五月。①

庚午卜，壬申雨，允雨亦。②

卜求禾、求年、受年者，例如：

南方受禾，西方受禾，北方受禾；癸卯贞，东受禾，□受禾。③

癸卯卜，亘，贞我受黍年。二月。④

甲辰贞，其异黍。⑤

己亥卜，穷，翌，庚子，虫告麦，允虫告麦。庚子卜，穷，翌，辛丑，虫告麦。⑥

乙未卜，贞黍在龙囿（或释秋，郭释啬）受虫年。⑦

庚申卜，贞我受黍年。三月。⑧

贞弗其受（郭释酋，熟也）年。二月。弗其受黍年。二月。⑨

癸巳卜，㱿，贞我受酋年。三月。⑩

丙子卜，乎稷（耤）受年。⑪

戊午卜，穷，贞酒，求年于。⑫

己卯贞，桒禾于示壬，三牢，丝用。⑬

至后祖丁桒年。⑭

壬申贞，求禾于夋。⑮

甲辰卜，商受年。⑯

---

①《前》，三，一六，二。
②《通》，别一，引何一三片。
③《戬寿堂所藏殷虚文存》，二六，四。以后简称《戬》。
④《通》，别二，七页，引田中藏甲一四片。
⑤《新获卜辞》，第一四二片。以后简称《新》。
⑥《前》，四，四〇，七。
⑦《前》，四，五三，四。
⑧《前》，三，三〇，三。
⑨《后》，上，三一，一一。
⑩《通》，食货，九四页。
⑪《前》，七，一五，三。从郭沫若释。
⑫《前》，七，五，二。
⑬《新》，二一〇。
⑭《通》，别二，七页，引田中藏甲一一片。
⑮《后》，上，二二，四。
⑯《前》，三，三〇，六。

上引诸例能给我们说明什么呢？所称“求禾”、“求黍”、“受酉年”、“受黍年”、“异黍”、“告麦”等记载，所反映的农业生产，自再不能说殷代农业是刍料的种植，而是一种盛大的农业经营。在农业受自然力那样无情地支配的时代，水旱或雨量调和是直接关系农业收获的丰歉，所以殷人对卜雨的事看得非常重大。而且，因为农业已成为其重要的生产业，才付予那样绝大的关心；在与自然力那样无情地支配相呼应的神权迷信支配着人类意识的时代，统治阶级尽量假借神权的时代，凡关系重大的事情，都用祈祷的方式去告问，这几乎是古代政府的共同的措施和把戏。殷代奴隶所有者政府关于农业上的祈祷告问，不但看得十分重大，而且已定为一定的仪制。郭沫若先生于详究甲骨文字之余，乃亦作一结语说：

> 祈年多于二三月，亦于十月、十一月以卜来年。足见周人三社之礼，实有所本。①
>
> 周人祈求岁有三社……今征之卜辞，则三社之礼，盖自殷代以来矣。②

就上述“告麦”的意义言，郭沫若先生说，此即《月令》“孟夏之月，农乃登麦，天子乃以彘尝麦，先荐寝庙”之意③。

而且在卜辞中尚有如次样的一条记事：“庚子卜，贞，王其观耤（耤）甶往。十二月。”④ 是周代“藉田”之礼，在殷代亦已存在。而周之“藉田”礼，“盖”亦“自殷代以来矣”。

因而《诗·商颂》所谓：“自天降康，丰年穰穰”、“稼穑匪懈”的记事，却属一种无何夸张的实情。而《周书·武成》所谓“散鹿台之财，发钜桥之粟”，一方面虽同时在说明剩余劳动的堆积，一方面却又正在反映着农业的繁盛。

在另一方面，殷人对牧畜，却并不如此的重视与关心。这恰在反映畜牧事业已退处于农业的从属地位⑤。所以原先认为殷代是渔猎时代的郭沫若先生，

---

①《通》，序，五页。

②《通》，食货，九四页。

③《通》，食货，九八页。

④《后》，下，二八，一六。从罗振玉释。

⑤ 在人类历史上，有许多古代国家的生产业，系农业和畜牧并重，且有畜牧较“纯农业”优势者。

在他精勤地考释甲骨文字后说：

> 大抵殷人产业以农艺畜牧为主，且已驱使奴隶以从事于此等生产事项，已远远超越于所谓渔猎时代矣。于礼有告刍、告麦、祈年、观耤之事，多与周人同。孔子所谓“周因于殷礼”者也。①

自然，郭先生原来也是在所谓“渔猎时代”之上，曾冠以“远远超越”的形容词的。这，我应该附带地声明。

产生这种繁盛的农业，自应有其较进步的农耕的劳动工具、经验、技术等等。只是殷代的农耕工具，至今并没有青铜器遗物发现，我们无从作直接的叙述。郭沫若先生曾以农字之从辰的构意上判定殷代的农耕工具主要为石刀，王礼锡、胡秋原等多袭取其说。今按殷虚出土之石刀与石斧，其构制均系非能用于农业上者，而此种石刀与石斧在当时不是主要的或已废弃使用，余前已论之矣。按郭先生在《卜辞通纂》中所发表之意见看，或已放弃这个主张②。然现在欲究明殷代所使用之农耕工具，惟有从文字上找说明。按甲骨文，耤字作：

董作宾云：“甲骨文耤字从一人双手持耒，一足立地面，一足踏耒端之小木板，使增加深入土中之力。”③

其耤字偏旁之耒字作：

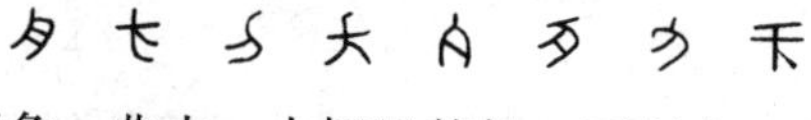

其形象一曲木，木柄且甚长，下似夹一犁器，犁器之上如二、四、八形，上横一小木板。是其构造已有相当之复杂。其所夹之犁器，有判定为木器者。但木器不能产生如彼繁盛的农业。以此种构制之耒，夹木头以翻土，除非在沙土地区，如冀豫交界地内黄、濮阳之沙区外，稍具农业生产常识者，即知为不可想

---

①《通》，食货，一〇三页。

② 按殷虚出土的青铜器劳动工具，除近年郑州等地出土的新器形犁、铲等外，斧、刀、斤也是农耕工具，戈、矛、钺也可能用作农耕工具。因此，我过去所谓“没有青铜器遗物发现”的说法，是不合事实的。而且浙江博物馆陈列之青铜器镰，上海博物馆陈列之青铜器犁，亦均早已发现，并称均系殷物；只是我当时不曾见到。其次，近年地下出土物证明，殷代虽以青铜器为劳动工具的主要标志，但还是大量使用石器、蚌器等。因此，我过去瓦、石、刀、石斧已被废弃的看法是片面的。——一九六一年补注。

③《安阳发掘报告》，第四期，董作宾：《释驭嫠》。

像。从其农业的繁盛和其时代其他特征联系起来说，此种犁器当然不能属之石器，而非金属品不可。以如此形制、如此使用方式之耒，其所夹之犁土器，如为石瓦器，则从石器之性能上说，不但难于深入土中，而以之入土翻土，亦属不可想像之困难。其次西周自周初，农具已普遍使用金属[①]，此非有其长期的演进是不能实现的；而西周文化，又系殷代文化之直接承继者。此亦可证殷代农器主要已使用金属器无疑。又按甲骨文“物”字作：、、、、[②]。《周礼·载师》：“以物地事”，《丱人》：“则物其地”，《草人》：“以物地”；《仪礼·既夕》：“冢人物土”；《左传》成公二年：“物土之宜”，昭公三十二年：“仞沟洫，物土方”。前人皆训物为耜，徐中舒先生说：“象耒的形制。”[③] 余按甲文“物”字甚像一种农用耕具，则殊不爽；今南方仍沿用之铁制物被呼为“刀耙”者，其形制作，与甲文“物”字形甚相似。此在殷代，或为耒以外之另一种农具，而脱化自耒者。此种“刀耙”式之农具，固非石料所能作成者也[④]。又按甲文“方”字作、[⑤]，徐中舒先生说：“象耒的形制，尤为完备。故方当训为‘一番土谓之坺’之坺……象柄首横木，下长横即足所蹈履处。……古者秉来而耕，刺土曰推，起土曰方。”《诗·大田》：“既方既皁”；《生民》：“实方实苞。”徐中舒先生同文说：“此两方次叙均在莳艺之先，亦当为坺土之事。……《庄子·山木》篇：‘方舟而济于河’，《释文》司马注：‘方，并也。古者耦耕，故方有并意’。”我认为这种意见是正确的。余按甲文“方”字与“耒”形制相似而又更较复杂，或亦由“耒”而脱化之又一种农具。又甲文[⑥]，徐中舒先生释为㠯，即耜。据徐氏举例，金文有作[⑦]，视其形象，盖用作碎土钼草之具也；后世之“锄”，或即由其脱化。〔今冀、鲁、豫交界地区所用之锄草用具，形制正与甲文此字同，在沙区并有

① 《诗·周颂·臣工》：“庤乃钱镈，奄观铚艾。”《诗·公刘》：“取厉取段。”在殷代，《易》大过初六有“藉用白茅”句，古“矛”、“茅”通用，是白茅即白矛。这种藉耕所用之白矛，当系一种农器，前人之解释均误矣。

② 《前》，六，四；《前》，六，二二；《前》，五，三九；《后》，上，三；《后》，上，一九。

③ 前引徐中舒：《耒耜考》。

④ 一九四二年，余从中共中央华中局苏北地区经山东、河南、山西各抗日民主根据地回延安，途中所见沙土地区（如冀、豫、鲁交界之沙区），亦有形似南方刀耙之木器。

⑤ 《前》，五，一一；《前》，五，一三。

⑥ 《前》，六，六一。

⑦ 《姑□句镭》。

木制者，询之故老，皆云流传已久；又云沙区而外，木制者不能使。他处也有此种形制之锄的存在，如冀东等处，而陕北之镢，则柄部已略有不同，原系另一工具，亦系由锄演化，今尚不能确论。——一九四六年补。〕

《易》睽六三有“其牛掣”句，“掣”字有认系“犂”字之误者。按甲文“耒”字形制似犂，从形制以究其用途性质，亦合于犂之实义。“犂”字从牛从刃禾；甲文“物”字亦多有从牛从勿者，勿字之释已如上述，而牛勿相并，殊为值得注意。此又牵涉殷代已否知道牛耕之一问题。据传说：

胲作服牛①。

王仌作服牛②。

王国维谓胲及王仌即殷之先王王亥③。

甲文“牛”字作。角旁著一或二短画，象角著横木之形。《易·大畜》：“童牛之牿”，“牿”《说文》作“告”，云：“牛触人，角著横木所以告人也。”字又作楅，《说文》云：“楅，角械也。”《周书·费誓》云：“今惟淫舍牿牛马。”《周易集解》引虞翻注云：“牿，谓以木楅其角，绳缚小木横著牛角。”盖即穿牛鼻以前的系牛方法④。《易》有“见舆曳，其牛掣”；《酒诰》有“肇牵车牛，远服贾”；甲文有“牛五十”，“亩牛三百”⑤，因而殷之先祖王亥发明“服牛”，于此便能得到确证。

但在殷代，是否用牛参加农业劳动，又系另一问题。据《山海经·海内经》说：“稷之孙曰叔均，是始作牛耕。”这种传说如系确实，则殷代当已知道牛耕。但传说是不能作为可靠凭证的。后魏贾思勰《齐民要术》则谓汉赵过为牛耕。《汉书·食货志》则谓“民或苦少牛……光教过以人挽犁”。是与其信魏代文献，不如信《汉书》。证之孔子“犁牛之子骍且角”，与其弟子冉耕字伯牛、司马耕字牛云云，春秋时固已知道牛耕；然而所谓耦耕者，当如宋叶梦得所说：“耦用人，犁用牛。”⑥ 但因《论语》中同时又有“长沮、桀溺耦而耕”之说，是《诗经》所谓“千耦其耘”之耦耕，并不能作为西周时代

①《世本》。

②《吕氏春秋·任数》。

③ 参阅《观堂集林》卷九，《殷卜辞中所见先公先王考》。

④ 参阅前引徐中舒：《耒耜考》。

⑤《前》，一，二九，一；《前》，四，八，四。

⑥ 据齐召南《汉书考证》转引。

不知牛耕之说明。因而殷代是否知道牛耕，在目前尚为一难于解决之问题。从物字的从牛从勿，以及牛马在当时之广泛参加交通劳动去推究，殷代是十分有知道牛耕之可能的（注意！我仍是只在说有可能）。究竟事实如何，只有待于地下的继续发现。同时，在奴隶来源甚广的殷代，这可能作为他们之难于发明牛耕的一点限制。

说到殷代农业的生产组织的这个问题，不能不先提述一下土地所有诸关系。殷代的私有财产制度已明显存在，其形态正如恩格斯所说的“财产的第二种形态”。这留待下面再说。但土地私有制的形迹，我们却找不出来；反之，却有许多可靠材料在说明土地是属于国家所有的一种所有形态。

明薛尚功《历代钟鼎彝器款识》所释殷彝《父乙鼎铭》云：“庚午，王命寝庙。辰见北田四品，十二月，作册友史易（锡）赖贝，用作父乙尊彝（册）。”卜辞亦有“帚妝受黍年”，“贞乎，帚妝田于宂”，“帚井黍萑”（罗振玉读为“观黍归井”）；“帚”郭沫若释“妇”，罗振玉释“归”。郭沫若云：“盖妇井亦特有食邑也。”① 董作宾据郭说释云：“帚有颁赐之意”②，近似，是土地须经过王的名义去行分赐，系土地所有权属于国家之一种形态。

卜辞中又有如次之一条：

乙酉卜，丙贞子䕺𢦏卤方。丙戌卜，丙我乍（作）卤方[illegible]。四月。③

郭沫若云：“卤字罗释为粪，案当是基之异，从土其声，𡊄方疑即箕子所封邑之箕”，“[illegible]字，余疑封之异，言乙日破之，丙日封之也。封之者谓缮完成郭。”④ 是亦即殷人把所征服之地宣布为国家所有之意。破之而重封之，即宣布土地国有之后，仍依其原有之社会的生产的组织，而遣派其代理人与征税吏。易言之，即把那些还保持在氏族社会形态下的村落公社——在其被征服之后——以之转化为国家支配下的村落公社。这在古代中亚与埃及各国，都有

① 《通》，食货，九五页。
② 前引董作宾：《帚矛说》。
③ 《前》，五，一三。
④ 《通》，征伐，一一六页。

与此相同的情形存在。因而卜辞中的所谓“贞作邑”①，“王封邑。帝若”②，“……□月豈、壬寅、王亦冬（终）夕𩰫，东啚（鄙）𢦏（战）二邑。王步自𨟻，于𨟻司……”③，也是这同一内容。

国家对这种公社内所派的代理人，大抵为公社原有的首长；这种首长因此便转化为具有阶级社会性质的贵族，而具有两重身份，即公社内的首长和国家的官吏。卜辞中尚有如次的一些记载：

牢逐犀兄侯蓁麑豕。④

郭云：“牢与犀兄人名，侯蓁地名，言牢于犀兄所领之侯蓁退逐麑豕也。侯蓁当即郲地。”⑤

丁酉卜，㱿贞，沓侯㐱弗其田凡（游盘）㞢㼌。⑥

侯虎允来，册㞢（有）事，壴（鼓）。五月。⑦

戊子卜，𠬝，贞王曰：余其曰多尹，其列列侯上𢆶罘𠃊侯其㣇□□□周。⑧

命周侯，今日亡囚。⑨

此等“侯”和一定地区的土地的“邑”的联系，历史家们多不了解其性质，而误解为封建性之“侯”及其领邑。波特卡诺夫在叙述世界史上古之部时也同样犯了这一错误。不知此等殷人自己聚居的所谓“邑”，其内容乃系农村公社的一种组织和性质，它同时还带着氏族公社组织的一些性质和色彩，只是已失去了氏族公社的政治的机能。作为其属领的“异族”聚居的“邑”则系氏族公社的内容。

殷代农村组织之为农村公社的组织形式，从甲文的田字和𤰝字来看，就能

① 《通》，别二，一五页，引内滕湖南藏骨四。按这种“邑”不但有其一定的地区，而且有其一定的人民的。例如《易》讼卦九二说：“不克讼，归而逋其邑人三百户。无眚。”这条记事，有两个可能解释：“讼事失败了，回去还逃走了三百户‘邑人’”；“讼事失败了，回去领其‘邑人’三百户一同逃徙”。照前一解释，“邑人”便意指奴隶；照后一解释，则系记载一个异族的公社。

② 《后》，下，一六，一七；《铁》，二二〇，三。

③ 《殷虚书契菁华》，六。以后简称《菁》。

④ 《前》，二，三二，一。

⑤ 《通》，畋游，一三七页。

⑥ 《后》，下，三七，五。

⑦ 《前》，四，四五，一。

⑧ 《通》，别二，六页，引桃山兽骨。

⑨ 《新》，二七七。

找出一点形迹来。《易》之“改邑不改井，无丧无得”，正确证这种农村公社的存在。《孟子》所谓“殷人七十而助”，从上述诸特征联系起来说，亦能作为旁证。周初的周人追述其先人公刘说：

迺慰迺止，迺左迺右，迺疆迺理，迺宣迺亩。自西徂东，周爰执事。①

度其隰原，彻田为粮；度其夕阳，豳居允荒。②

这一面说明是一种同于农村公社的组织形式的氏族公社，已有着“彻田为粮”的萌芽；一面又说明了它的土地的区划和分配形式。周在其建国前曾为殷的属领，这当然能作为殷氏国家的事迹看，可以作为由氏族公社到农村公社的一种过渡形态。但是在殷人自己，“侯”所领的一定地区的土地的“邑”又是经过王去赐分的。因之，在殷代大概系由“侯”从王那里分领土地，侯再以之分与公社内的自由民的各个家庭——无论是其本族原有的各公社或是由被征服的氏族公社改组而成的农村公社，这种手续是必须经过的，在古代埃及与中亚各国家也都有这种特征存在过。

这种公社的氏族联系的性质，在如次的记载中表现得很明白。卜辞：

贞令多子族罤犬侯寇周，古王事。③

癸未□，令旃族寇周，古王事。④

《左传》定公四年：

昔武王克商，成王定之，选建明德，以藩屏周。……分鲁公以大路大旂，夏后氏之璜，封父之繁弱；殷民六族：条氏、徐氏、萧氏、索氏、长勺氏、尾勺氏……。因商奄之民，命以伯禽而封于少皞之虚。分康叔以大路少帛綪茷旃旌大吕；殷民七族：陶氏、施氏、繁氏、錡氏、樊氏、饥氏、终葵氏……命以康诰，而封于殷虚。

公社内的氏族联系的性质是无可否认的。这种氏族性质的联系的残余，并不能妨碍其国家机能的存在和作用；统治阶级大抵都出身于一个部族的初期国家的奴隶主国家，在其下面有氏族联系残余的农村公社的组织，反而是一种普

① 《诗·大雅·大明》。

② 《诗·大雅·公刘》。

③ 《前》，五，七，七。

④ 《前》，四，三二，一。

遍存在的形态而为其特征之一。在殷代，无论其本族（子族）或被征服各族（多生），都带着公社组织的特色。《新获卜辞》一九七片有：

叀多子卿。叀多生卿。

郭云："多生与多子对文，盖犹言百生也。"① 把其统治下的本族与"异族"同称并列，并各保存其氏族的联系，正是这种初期国家的特色，亦即马克思所谓"亚细亚的"主要特征。两个"卿"字，前者是殷族同族的各"侯"，后者是指被征服诸族的各"侯"，在各公社内而为王之代理人的贵族。同时，这两者的分别，多子族的各子族，应是相当于罗马国家的"贵族氏族"。和居于统治地位各氏族，百生的各侯，则为被征服"异族"的首长或头人；同时在前者的农村公社内包含阶级的构成，在后者的氏族公社的内部还保存原始公社制。另一方面，卜辞中所反映的这种阶级构成和国家权力的现象，在前此的氏族社会内是不能存在的。

这种有氏族联系的残余的组织形态，在国家存在一个很长时间后还是存在的。恩格斯在《家庭、私有制和国家的起源》中说：

自实施这个新制度并允许大量的被保护民（Schutzverwandter）——一部分是定居下来的异族人，一部分是被释放的奴隶——以后，氏族制度底各机关，便从社会事务的领导上被排挤出去：它们蜕变为私人性质底团体及宗教会社。不过，旧氏族时代底道德的影响，因袭的观点及思想方法，还长久地存在传统中，只是逐渐才消灭的。这从后头的那个国家机关中便可以看出来。②

在罗马建国后差不多三百年间，氏族的纽带还是这样的坚固，以致一个贵族氏族，即费边（Fabians）氏族，得元老院底许可，可以用自己的力量讨伐邻近的维爱（Veii）城。据说有三百零六个费边人出征，为伏兵所杀；只剩下一个男孩，延续了这个氏族③

在殷代，国家对土地所有权的表现形态，除土地由国家分赐外，则为国家向各"邑"（公社）征取赋税，这在《商书·微子》："用乂雠敛"，《诗·荡》："敛怨以为德"，《史记·殷本纪》："厚赋敛以实鹿台之财，而盈钜桥之

① 《通》，别一，一〇页。

② 恩格斯：《家庭、私有制和国家的起源》，人民出版社一九五四年版，第一一三页。

③ 同上书，第一二二页。

粟"，均说有这种赋税的存在。殷末作为殷属领的周人的情况，也可作为旁证，《周书·无逸》说：

厥亦惟我周太王、王季，克自抑畏。文王卑服即康功田功……自朝至于日中昃，不遑暇食……不敢盘于游田，以庶邦惟正之供。

所谓"以庶邦惟正之供"，即是说向其属领各族征收一定税纳。周族在文王时有"伐崇"、"伐密"……等事实，是这时已有在其统治下的被征服的"异族"或属领。这时，他们对被征服者或属领也仿照当时殷人的办法去处置。同时，《诗·公刘》所谓"度其隰原，彻田为粮"。公刘同时便是"王"的代理人，在其公社内确定税纳而执行征税之事。

贵族对王的贡物和纳税，在卜辞中也有不少记载：

𠂤宾入赤玛；

□子入马；

□𡧊入马[1]。

己卯□子賓入圂芀十[2]。

其次应说到谁是殷代的农业生产上的直接的主要的担当者呢？在甲骨文中所发现的关于参加农业耕作的事，除奴隶外，自由民是否也直接参加农业生产劳动，甲骨文字中却不曾发现此项记载。奴隶之担任农业生产，甲骨文中有如次一类的记载：

丙午卜，𠱼，贞□众黍于□[3]。

己亥卜，□，令𢀛耤（耤）臣。己亥卜，贞令𢀛小耤（耤）臣[4]。

丙子卜，乎（呼）耤（耤）受年[5]。

贞叀小臣，令众黍[6]。

戊寅卜，穷，贞王往𢦏（挈）众黍于二囧[7]。

① 均见《通》，畋游，一五七页。

②《菁》，一。

③《通》，别二，九，引中岛藏甲一。

④《前》，六，一七，五及六。

⑤《前》，七，一五，三。

⑥《前》，四，三〇，二。

⑦《前》，五，二〇，二。

于此，在殷代，奴隶参加农业生产之盛，可以概见；故奴隶在农业生产上，已不是作为一种补助劳动的形式在参加，而是农业生产劳动之主要的直接担当者。所以《周书·无逸》说："立王生则逸……不闻小人之劳，惟耽乐之从。"确证奴隶所有者已完全从劳动领域中脱离了出来。

另一方面，甲骨文字虽无关于自由农民的记载；但在《商书·盘庚》篇上却有"惰农自安，不昏作劳，不服田亩，越其罔有黍稷"的记载。这在一方面虽属反映自由民之怠于参加农业劳动；一方面却又正在说明农业生产劳动的领域中，有自由农民的存在与参加。

大抵在殷人自己聚居的农村公社的内部，原来的氏族成员，一部分已转变成为贵族，一般奴隶主的富有家族，他们的领有地已完全使用奴隶在耕种〔他们并占有较多的土地。——一九六一年补。〕①；其余的一些领有份地的家族，则转化而成为公社内的自由农民，他们之中，或者也单独或共同使用一二个奴隶，但其自身并没有从生产领域中完全脱离出来。从来公社内的财产渐次向贵族及其他富有的奴隶主手中集中。贫穷的自由民由于向富有者借贷等关系而丧失土地，趋于贫穷化，致渐次离开生产领域而成为寄食的流浪之群。这种情形到殷代灭亡的前夜，并分外表现得严重。由于这种贫富和阶级的分化，原来带有氏族联系性质的公社，便引起一种本质的变化，而转化为具有阶级构成内容的农村公社。

殷代农业经营的形态，依据《易》无妄六二说："不耕获，不菑畬，则利有攸往"，则系行使着"三圃制"的经营。这种经营方法，在农业史上，不但和这种公社内的经营方法适应着，且和其后来的庄园制内的农业经营方法适应着。

① 卜辞有"帚姘弅奴"（《前》，四，三二，二），"丙午卜，宜，贞帚婐弅奴。四月"（《前》，四，四一，五）。按姘人名，为贵族，已如前述；而婐、弅系氏族名，婐奴、弅奴则系出身于婐族和弅族的奴隶人口。〔又按地下发掘情况，墓葬占地面积，大中小墓相差很大，大者有至三四〇平方公尺，中等者有一一点五平方公尺，浅墓小坑有仅五点一平方公尺者；由此可见占地面积不等。——一九六一年补注。〕

D. 畜牧在生产业中的地位及家畜参加劳动的范围

现代所有家畜的种类，从甲骨文字的记载看，在殷代便都已存在了①。

把家畜作为牺牲的数目，据郭沫若先生就卜辞的举例，每次有多至“三百”、“四百”者。这种大数量的牺牲，且有纯属重要家畜者。例如：

贞虫于王亥丗牛，辛亥用。②

百牛祭用。③

贞虫于王亥亩三白牛。④

这在一方面诚如郭沫若先生所说：“不是畜牧最繁盛的时代是决难办到的。”另一方面，以这样大群的家畜去做牺牲，且常以其中一部分付“燎”烧或埋没，这正在反映畜牧的繁盛已经过渡，牧畜业已走向下坡，家畜的肉类和乳类已不是当时人类所依赖的主要的生活资料，已经转移到以农业的生产为其生活资料的主要来源。又一方面，却又在反映着社会内有大量的剩余劳动的存在，奴隶所有者得以集中大量家畜；这种大量家畜之集中于奴隶所有者，是以他们之集中有大群的奴隶为前提的。

惟其因为畜牧的繁盛已经过渡，业已让渡其地位于农业，所以关于农业的记载如彼频繁，关于畜牧的记载则甚稀少。这只有能认识其畜牧已由繁盛而走入没落的过程之辩证的了解，才能探悉其内容。把畜牧的繁盛这一现象固定化，自不能不陷于这样不能解决的矛盾中：

“农业很繁盛，畜牧也很繁盛”，但是为什么重视农业而忽视畜牧呢？

这在郭沫若先生也同样陷在这一不能予以明确解说的矛盾中，所以他在同

---

① 例如：“辛巳卜，丰，贞埋三犬，燎五犬五彘，卯四牛。一月。”（《前》，六，三，三）“叀马孚取王弗每。”（《新》，一五七）“庚子卜，贞牧□羊，征于丁□用雨。”（《后》，下，一二，一三）“鸡”。例见《殷虚文字类编》卷四收集最夥。

②《前》，四，八，三。

③《前》，七，三二，四。

④《后》，上，二八，一。

一书中一方面说："大抵殷人产业以农艺牧畜为主"①；一面又说："言刍牧之事，以上举六片②较为明晰，而为数实甚罕。然此不能为殷代牧畜未盛之证。观其牲牢品类，牛羊犬豕无所不备；而用牲之数，有多至三百、四百者，实为后世所罕见。余意殷代牧畜必为主要产业。"③ 郭先生的意见，给予青年的影响最大。所以我在这里，不能不附带提及。

然"卜牧"、"告刍"之事，"为数"虽"甚罕"，这反映着畜牧虽已让渡其优势于农业，足见殷人对畜牧仍付以相当的关心，可证畜牧在殷代并不曾完全过去。在畜牧业已全归没落的某些农业民，如此"三百"至"四百"的大量用牲之数，便当然不能经见了。

在殷代，参加畜牧业的生产劳动者，就甲骨文字的考究，亦只有关于奴隶参加劳动的记载。例如：

戊戌卜，大占奴。癸巳卜，令牧觃。④

觃字，罗振玉释"飨"、释"乡"，郭沫若释"既"，谓即饩。其他又有"雀人刍于牧"、"土方牧"、"人方牧"等记载。郭沫若《卜辞通纂》天象九〇至九一页又揭释有如次之两条：

王固曰：㞢𠧟，其㞢来㛸，三至，九日辛卯，允㞢来鼓自北，臤、敏、笶告曰：土方牧我田，十人。

癸丑卜，𠂤，贞旬亡囚，王固曰：㞢𠧟（祟），㞢𦡱，甲宊，允㞢（有）来鼓，左告曰：㞢往刍自益、十人㞢（又）二。⑤

依据前一条的记事，似是土方也使用奴隶担任畜牧劳动，是奴隶在当时殷代国家的属领⑥的"异族"中，亦已存在，并已被驱使而参加生产劳动。后一

---

①《通》，食货，一〇三页。

② 例如："甲戌卜，穷，贞在易牧。蒦亏。"（《通》，食货，九八页，四六二片）"贞往于牧。"（同上，四六三片）"告刍，圂刍。十一月。"（《戬》，三六，一四）"贞于章大刍。"（《前》，四，三五，一）……。

③《通》，食货，一〇〇页。

④《戬》，三三，一四。

⑤《菁》，六；《菁》，三。

⑥ 在初期国家时代，被征服之异族对征服者之政治关系，是时断时续的；在时而臣服、时而反叛的情形下，两者间反常不断的有战争存在。这种情形，殆无例外的普遍存在于古代各国家。所以这里所谓"属领"的意义是相当广义的。在古罗马时代的日尔曼各族，恩格斯也称他们"曾为罗马属领"。

条记事的“往刍自益”的“十人又二”，却不曾指明是奴隶还是其他自由民……；但证之“雀人刍于牧”，和上记其他记载，以及这一条记事的全文意义，当属奴隶无疑。然依此，参加畜牧的奴隶的数量，一次往一地“刍”“牧”者多至十人至十二人，可证当时奴隶有相当大量的存在。

在其他殷代可靠文献中，亦没有关于自由民参加畜牧劳动的记事。然此只能确证奴隶劳动为畜牧业的主要担当者，却并不能作为自由民不参加畜牧劳动的证明。论理，自由民在当时还应该参加畜牧劳动。

其次，我们说到关于殷代家畜参加劳动这个问题。关于牛在殷代已参加交通或运输劳动，我在前面已论证过，现在再补充一二，据卜辞：

贞牛五十。①

贞，御亩牛三百。②

见舆曳，其牛掣。其人天且劓。③

曳甚轮，濡其尾。④

足征牛之参加交通或运输劳动，已十分发展。

马也和牛同样的被使用在交通或运输劳动中。卜辞有“系马”及“癸未，王曰贞，有马在行；其左射获”⑤ 等记载。《易》有“贲如，皤如，白马翰如，匪寇婚媾”；“屯如邅如，乘马班如……”；“良马逐，利艰贞，曰闲舆卫，利有攸往”⑥。

此外，从甲骨文字形考察，还有犬参加劳动的形迹。

家畜参加交通或运输劳动，或充作贵族的代步，这从甲骨文字中“车”字的形制考究，也能得着有力的说明。按甲骨文字“车”字作：

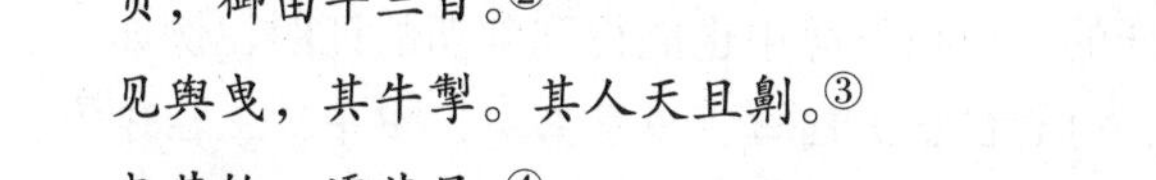

金文作：

①《前》，一，二九，一。

②《前》，四，八，四。

③《易》，睽，六三。

④《易》，既济，初九。

⑤ 见《殷商贞卜文字考》。

⑥《易》，贲，六四；屯，六二；大畜，九三。

（即上面所建之戈）

足见用两牛或两马挽车①。这就是古代仪制中所谓二马竝之“骈”；据郭沫若先生的考究，认为周代骖驷之制即由此演化而来，盖谓殷代王者车二马。他依据其《卜辞通纂》所揭第七三〇片的考释而得一结论曰：“殷王之车，仅驾二马。”②又根据《前》四，四七，五；《前》二，五，七考证的结果云：“殷末王者之车，所驾者仅二马，即所谓骈。骖驷之制，盖后起者矣。”③卜辞中亦有“王车”④字，又有“庚戌卜，王曰贞其刹右马”⑤。因之自更有左马。郭说盖不可动摇矣。

现在再从上述以及和“见舆曳，其牛掣”相联系的“其人天且劓”一语的内容看，驱使家畜参加交通劳动的人伕，也是由奴隶在充任；从而在殷代的交通劳动也是由奴隶担任的。这在卜辞中也能得到确切的证明，例如：

癸巳卜，㱿贞，旬亡𡆥，王固曰：㞢求若𢦔，甲午，王往逐[illegible]，臣[illegible]车马[illegible]驭，王车子[illegible]亦[illegible]。⑥

足证王的游田车驾，也是由奴隶在驾驶的。

E. 手工工艺及其分工

殷代手工业存在的种类，从甲骨文字和《易》卦爻辞所有的关于工艺的各种文字来考究，我们可以发现有如次诸种工艺的存在；从其遗物的发现上，更可以探知其工艺和分工的程度。

---

① 郭沫若云：“前者象双轮一辕，辕端有衡，亦作（第一字形）者，于衡之两端，更有二轭，所以叉马颈者也。观此可知殷人一车只驾二马。后者（末一字）象两轮之间有箱。”（《通》，畋游，一五八页）。

②《通》，序，五页。

③《通》，畋游，一五五页。

④《菁》，二。

⑤《后》，下，五，一五。

⑥《菁》，一。从董作宾释。

从邑、塞①、宫、室、宅、家、牢、圂、𣍘②、亯、饔、庙……（甲骨文）；庐、隍、城、栋、穴、坎窞、牖、门庭、王庭、墉、屋、户、宗……（《易》卦爻）等字考究，因悉当时已有知道版筑建筑的土木工的存在；悉其已具备城郭宫阙之规模，从而能考知当时的土木工事手工建筑业，已有高度的发达而成了专门化的工艺。这在一九三一年殷虚遗址中的宗庙宫阙和其他居室的版筑遗迹的发现，宗庙堂基甚为宽大，基础坚固整齐，并具有规则的排列之“石卵”与础石③。更堪惊异者，则为一作为础石之抱腿而坐，膀腿皆刻有花纹的半截人身石像；其他版筑遗迹，密栉连比，从后冈之版筑及“白圈”基址④遗迹的发现，想见其故城所包地域范围之广大⑤。因而殷代土木建筑工事手工业的发展程度与其分工的专业化程度，得到了确切有力的论证和说明。

从丝、帛、衣、裘、巾幕、旒……（甲骨文）裳、衣、袽……（《易》卦爻）等字考究，因悉当时已有专门化的缝纫工的存在。其制作的工艺技术程度，因为有机物质料的东西在一般的情况下都是不易保存下来的，因而我们无从获得实物来说明，但从其他手工工艺程度来作联系的考究，是能类推的。

从革、鞏、鞶带（《易》卦爻）等字考究，因悉当时已有皮革工匠的存在。

从舟⑥、车、大车、金车、舆、轮、辐（《易》卦爻）等字考究，因悉当时已有专门化的制车工匠的存在。从甲骨文车字的字形和金车的含义，得考知其车制构成的复杂，从而便可以悬想其工艺发展的程度。

从床、柅（《易》卦爻）等字考究，因悉当时有普通木工的存在。

从冶炼遗迹的发现和所可考知的冶炼技术程度，因悉当时手工冶炼工事的发展，和其冶金术之臻于较高度，表现着相当高度的专门化的手工分工——反映其业已有过长时期的分工专业化。

---

① “其㞢堡于[illegible]呇。”（《新》，二六〇）“堡”字，郭沫若释作城塞之塞。

②《说文解字》；𣍘，狱两𣍘。从棘：在廷东也；从日，治事者也。

③ 参看《安阳发掘报告》第四期，郭宝钧、梁思永、吴金鼎、石璋如等人的报告。

④《安阳发掘报告》，第四期，《后冈发掘小记》。

⑤ 按小屯距后冈为三里半左右，是殷虚故都房舍所占地址起码在十平方里以上。〔按近年发现的郑州商都遗址，即仲丁时的嚣，比现在的郑州城约大三分之一。它和安阳一样，包括有宫庙、公所、住宅、各种手工作坊等遗址。——一九六一年补注。〕

⑥ 甲文作[illegible]（洀）。“其[illegible][illegible]”（《前》，六，二，四），郭沫若云：第二字为动词，即操驾舟之意。

从金矢、黄矢、金弦、匕、鬯、斧、机（《易》卦爻）、刀、斤、钺、戈、矛（甲骨文）等字的考究，因悉专门化的兵器制造匠的存在。考之殷虚出土的铜制兵器等遗物，其制作至为精巧锐利，形制且甚美观。工艺程度之高，反映着曾有一个长时期的专业化的分工存在过。

出土的铜制祭器、农耕工具和手工业工具的刀、斧、斤、铲、犁、针、锯、凿、钻……及食器、装饰品和其他各种用具，种类形制繁多，制作精巧美丽，技术之高已如前述。铜贝的制造，则是一种特殊制币工艺。因知此项手工业，非经过一个长时期的专门化的分工，及其内部存在着分工，是不能臻此程度的。

出土陶器，种类形制至为繁夥，从实物考究，因悉其主要系用鏇削轮转所制成，并已规则化；刻纹与敷釉之技艺，亦甚发展。于此，发掘者从其实地考究所得，曾有如次之叙述：

> 仰韶时期的陶器，好多是手制的，但已经有好些是用鏇削的，并且有完全用轮转的。细考这组陶器（按即一那分安阳出土陶器。——吕）……譬如第一图的斝，只有颈口鏇削过。第六图的罍，就是一半手制，一半轮转。到了十二图的弦纹尊，就是完全轮转的。弦纹尊的形式，深而且圆；没有很巧的手法，决不能作成这样。仰韶期中虽也有完全轮转的陶器，但都是宽口大腹的钵，没有这种高而且深的细致的物件。
>
> 殷商时期的艺术，取象动物形的地方很多。并且这种经验，已经经过相当的时间……已经半规则化了。
>
> 在这时期的陶器，绳印式的仍旧有，手作的尚多；然而轮转的手艺，的确已经到了很高的地位。①

其中敷有一层釉的釉陶和用高岭土经高热烧制的白陶，已表现出了制瓷术的萌芽。

制陶术达到这样的程度，由新石器初期以来，已经过悠久岁月的历史，自不待言；然而其高度的技艺水平和规则化的程度，却是经过一个相当长期的专门的分工过程，才能产生的成果。

出土的骨制用器和骨制装饰品，制作甚为细致，尤其是装饰品制作的精

① 《安阳发掘报告》，第一期，《殷商陶器初论》。

美，这反映着骨制工艺的发展和其演化，已有着奢侈品制造和艺术创作等专业化工艺的存在。如雕刻骨器的艺术作品，其所表现的艺术程度，有足使现代人惊倒者。同时，可见其从事雕刻骨器的艺术制作者，为一种有着长期传统的专门化的雕刻工匠。其美术的成果，盖非一朝一夕所能结成者。

石工作坊遗址的发现，因悉当时已有专门化的手工石匠的存在；从半截人身石像去考究，因察知其石工工艺的精巧程度。

单就手工雕琢艺术说，从出土的刻花骨、石刻器、象牙刻器、铜刻器等等考察，其技术之精细程度盖至堪惊服。此等细工手工业者，殆皆被迫为宫廷贵族等大奴主贵族服务，专为供贵族们的消闲享乐而从事制造和创作。在这一点上，展开了东方宫廷文化的特色。从而后人所谓纣为象箸、牙床、琼楼、玉柱、酒池、肉林……虽不免带着多少夸张的意味，然因证其并不是无所依据而云然的。而那种创作和制品，却不只表现了工艺的发展水平，且表现了殷代劳动人民的创作才能。

上述仅就目前所有的可靠材料而能考证者来说。论理，从其技艺发展的程度上说，手工分业的范围应不止此。

当时手工业者所使用的劳动工具，除我在前面的论述外，再略举数事，可以推知其一般工具之进步程度。

一、从雕琢艺术品的刻花骨、石刻器、象牙刻器、铜刻器等的细致，刻画工整圆滑的程度等方面考察，可概见其曾使用着很锐利的进步的工具，那起码要金属合金的青铜器才能具有如彼性能。

二、甲骨文字之书写，董作宾也有如次的几句话："书契之法，有细小如发之字，则似是所谓'笔锋'以刀尖刻画而成者……又有大字，而字画之底甚平，似凿成者。"① 我认为这是适合情况的。

三、从甲骨片的锯痕与错治之痕考究，董氏在上揭同文中说：

> 此次所得无字之甲……皆显然有锯痕。至于骨料，则经锯截尤多也。然于锯痕之有层层之横纹，甚似其上有齿，锯时又往来为之。且锯之迹宽一点五公厘乃至二公厘，则其刃之厚当在一公厘左右。②

---

①《安阳发掘报告》，第一期，董作宾：《商代龟卜之推测》。

② 董氏就遗物之锯痕去判断锯的宽度和锯刀厚薄，基本上是恰切的，但甲片经数千年的埋藏腐蚀，其所遗之锯痕必有变化，余因疑其所估计数字过度。

如无字骨之二五〇号，错治之痕最显著。

今所出之太龟甲，其版面甚薄，知由两面错治之故。故全体平正，甚美观也。

甲骨甚坚，锯、错自是非金属起码合金青铜不可。因可推知甲骨字片之作成的工作过程，由获取龟以至刻字这一过程中，其所使用之工具种类形制盖已类别至繁，“不一而足矣”。

从而其他手工业所使用的劳动工具的进步程度，盖可类推。

从殷虚故址中兵器工作坊、其他铜器工作坊、骨制工作坊、石工作坊、冶炼工场、制陶场等等遗址的发现，因征当时各种手工业大抵均各有其一定之作坊，从而因知有各种性质的许多手工工人聚集在性质各异的手工作坊中工作。另一方面，因考知当时的手工业者大抵都麕集在都市，都市成了手工制造业的中心，殷都便成为当时一个最大的都市。

F. 商业和交通

商业对于奴隶所有者的社会，在古代希腊和罗马，确是一个重要特征；在奴隶劳动的基础上，曾创造出希腊、罗马都市的繁荣，但由罗马的灭亡而转入到日尔曼各族的封建主的封建主义时代，因庄园经济的内在的闭锁性，原来的商业反而相对地衰落了下去。于此，历史家们有认为由古代希腊、罗马奴隶所有者的社会转入日尔曼各族的封建主的封建主义社会，便是历史自身的一段回转或“倒退”，且从而更有否认奴隶制度时代的历史的独特性和其必然性。这种偏重商业的作用而忽略了最基础的生产力和生产关系的对立统一的生产自身的运动之环的联系，从而其发展，这都是波格达诺夫主义种下的遗毒。生产自身的发展和运动，由奴隶的生产到农奴的生产，是生产力发展的必然结果；从而奴隶所有者时代的商业，到封建主义初期的庄园制时代而归于消灭，这是其自身之辩证的过程，是封建初期经济的自给自足性的特性所规定的，因而也是具有其必然性的。

在世界史上有些部分，在它走入封建主义的时代，典型的庄园制度不像那样普遍而优势的存在着，其附隶于各种不同的生产方式上的商业，在适合于封建主义的性质上，也便能跟着前进。例如日本史，由奴隶所有者的时代转变到封建主义的时代，商业也有了一些发展。

在封建主义初期的庄园制时代，但也并不是没有商业的存在，在封建领主间，一般上都不曾停止过交换。封建主义时代的“自给自足”，在一般的意义上，主要系指农奴们的小农业和家庭副业相结合的“自给自足”；在庄园制的生产组织上，虽然连领主也包含在“自给自足”的领域内，领主及其家属和左右的种种生活资料，都是直接取自其庄园内的农奴和工奴们的剩余劳动的生产——商业便是在这种生产组织下面而相对的衰落——但一到对领主们及其家属和左右的“肠胃的消化力”不能满足的时候，他们便开始把“自给自足”的藩篱冲破了。至于邻近领邑间的交换，自始就存在着。

在奴隶所有者社会的时代，奴隶是被畜养于奴主而过活，所以奴主们的商品交易，便能把全社会卷入交换经济的领域；在封建主义时代，农奴在名义上已离开领主而营独立的经济，所以农奴们经济的自给自足，便能把社会交换的范围为部分的缩小。

另一方面，奴隶所有者时代的商业发展的基本动力，在作为补充劳动力之奴隶买卖，所以一般性质的商业，在历史上同时代的各个国家，并不须具有同样的情形，这是和其相适应的地理的经济的条件如何为转移的。因而我们殊没有把这一方面的现象作过分夸之必要。更正确的说，只有从那作为是基础的生产方法，即生产力和生产关系之对立的统一上去把握。

构成生产力的要素为人类的劳动力和其所使用的劳动工具和劳动对象。因而一般的说来，奴隶制和封建制时代的劳动工具，虽然到现在已不能具体的指出其若何显明的区别来；但前者，列宁说，乃是比较原始的幼稚的。从而和前者比较，这其中自有其量从而质的差别。前者的劳动力系属被看成为工具一般的全无人格的奴隶所提供，后者则系已具有一半人格的农奴所提供。同时，作为劳动对象的东西，在奴隶制时代，奴隶对之完全没有权利；在封建主义时代，属于农奴自己支配的部分是为他所有的。在两者间的劳动生产率，是有显明的差别的。从而这种根本要素的各异，你能够把它混淆么？再重复的说，前者的阶级关系主要是奴主和奴隶的对立，后者的阶级关系主要是地主和农奴的对立。这种主要阶级构成的根本差异，你能够把它混淆么？其次，前者的主要生产业，在许多地方，都是农业和畜牧并重，甚而在有些国家和民族，还有畜牧较纯农业占优势的；后者则以农业为支配的产业。

在这里，我还该附带申述一句：在人类历史上，希腊、罗马的奴隶制度能独特的发展到那样的高度和繁荣，不但因为它们具有那样特别适合于奴隶制发展的优异的地理条件，而且由于它们对古代埃及和中亚细亚各国家的文化成果有所承袭。所以，如不曾具有这种优异条件的人类历史其他部分，在其过程上的奴隶制度这一阶段，便大抵在初期国家的带有部族国家色彩，即统治阶级的奴主集团及一般自由民大抵都出身于同一部族，其下层自由民也都享有特权，亦即在所谓“亚细亚的”形态下面渡过的。

※　　　　※　　　　※

狭义的古代商业的存在与其发展程度，是以都市的存在与发展程度为标志的。

殷代都市的存在，《易》孚上有“城”字，甲骨文有“✥”字①。这从甲骨文之如次诸字中，亦能反映出城字的规模来：有“京”字（商承祚《殷虚文字类编》举例凡五），“邑”字（同上书举例凡五），“鄉”字（同上书举例凡十六，字形似两邑夹一㔾），“鄙”字（同上书举例凡五），“邦”字（同上书举例凡二），“國”字（同上书举例凡三）。國、京、邦、邑②、鄉、鄙的分

---

① 卜辞有“丁丑，子卜，贞子𪓬乎去✥”（《前》，八，一〇，一）。郭沫若云：末一字“亦章字，从四亭于城垣之上，两两相对”，“子卜与王卜同例，盖天子之省称也。”

② 殷代之所谓“邑”，是从氏族末期之“市区”的意义发展而来的。所以，那具有市区形态的公社，他们都称作“邑”；那已经发展为都市的城郭也还称作“邑”，只是借形容词去分别。例如“首都”称“天邑”：“天邑商”（《菁》，九，一；《林》，一，二〇，八；《前》，二，三，八；《前》，四，一五，二。《周书》亦有同称。亦称“商邑”或“大商邑”者，今人考证“大”系“天”之误）。“天”字甲骨文字作⿱口大、⿱一大、⿱二大，和甲骨文字及金石文字中的“帝”字，在字形上只有繁简的分别，意义上有其直接之关联与同一性，表现一种较高的抽象构意的意识形态，具备有一种惟一至上的尊崇的观念，而且具有元首之“元”的意义。“元”在字形上直接由“天”字转出，在古代文字的书写上简直无何区别。“天邑商”，不但殷人自己如此称呼，其属领的异族也如此称呼，足见是具有“首都”的意义的；照今人的话来说，便是“天或帝的邑，王者之所在”。从而作为其陪都的次要城邑便都以方位去形容，例如西邑；“贞㚔于西邑”（《通》，征伐，一〇七页，引山内氏拓片）。照记事内容看，在西邑必有其行宫。其次，贵族氏族“王族”和特权的“子族”或“多子族”所组成之各市区公社，则直接以邑名之；异族所组成之市区公社，经过其“作邑”和“封邑”等措施者，亦直接称作“邑”。此外，不论与之是否有政治关系者，则均以“方”呼之。余按其意，“方”系含有“部位”、“部落”或“邦”的意义；反之，“邑”却表示为殷人自己的聚居的城市或公社或其在政治上直接统属的地方。其以“大邑”“商”称之者，殆以初建国时之首邑地名而作为其国号名称，如罗马之称“罗马”然。至殷之族名，在

别，虽然我们不能拿后代行政区划的严格意义去理解，然却能反映出当时的政治地理已有这种分别的存在。然而如前所述，在殷虚遗址的发现中，我们已能确证殷虚是一处起码包含有十平方里以上的地区的都市，同时并能确证其市区内版筑房屋之连比和宫庙、房屋、手工作坊等并存。

在奴隶劳动的基础上创造出这种古代都市，据《史记·殷本纪》的《正义》引《竹书纪年》云："自盘庚徙殷至纣之灭，七百七十三年，更不徙都。纣时稍大其邑，南距朝歌，北据邯郸及沙丘，皆为离宫别馆"云云，和遗址的发现相对证，便有其相当之真实性，亦能反映着当时都市的规模。前于殷虚的嚣都的规模已如前述。

从殷虚等处遗址发现中版筑房屋遗迹的连比这等等方面考究，可以推知这一古代都市的人口集中的情形。

这种古代都市，不但是手工制造业的中心，同时又是商业城市，其中包容着各样的市肆。这种市肆的存在，是能得到确切证明的。《盘庚》下篇说："以迁肆"，"用永地于兹新邑肆"；《说命》下篇说："若挞于市"。"市"字并见于薛尚功《钟鼎彝器款识》所载殷彝《乙酉父丁彝》。

这种城市，具有古代国际商业都市的性质，为各地的商人所奔赴。《楚辞·离骚》说："吕望之鼓刀兮，遭周文而得举。"《天问》说："师望在肆昌何识？鼓刀扬声后何喜？"足证在屈原时候的南方的楚也已流行着吕望曾为屠宰小商人的传说。这传说之在战国时代的北方亦有同样记载，例如《战国策·秦策》姚贾说："太公望，齐之逐夫，朝歌之废屠，子良之逐臣，棘津之雠不庸……。"在谯周的《古史考》中亦是这样的记载着："吕望常屠牛于朝歌，卖饮于孟津。"吕望系出自与周族为近亲的西北的姜族，而经商到了朝歌，朝歌便是古代的一个国际都市。

当时商业交通的地域范围，包围至广。这，从现有的材料来论证，东向至

甲骨文中，其自称盖为"衣"。希腊、罗马国家之政治区域，并不止"希腊"或"罗马"一市，然却均以其一市代其国名。抑以"邑"而概括其政治区域者，到春秋时犹盛行，如"不腆敝邑"之类。另一方面，在殷代灭亡前，周人又有称作"大商"(《诗·大明》："燮伐大商")、"有殷"(《周书·君奭》："保乂有殷")者。其自称又有称"大国"者，例如："贞吉，悔亡，震用伐鬼方，三年有赏于大国"(《易》，未济，九四)，"高宗伐鬼方，三年克之"(既济，九三)。

少已抵海滨①，东南达到今日之浙江②，西南达到今日之四川③，南到今日之安徽、湖北一带④，西北达到今日之陕西、甘肃⑤，东北达到古营州，还似乎伸张到今日之朝鲜⑥，北方似到河套⑦。

此犹系仅据出土甲骨文字考证，率皆为殷人军事政治势力所达到之区域。关于这点，我们到论述政治疆域时再说。

殷代商业上所使用的交通工具，从甲骨文字中所得而考出者，殆不外舟、

---

①“大抵贝朋用为通行货币之事，即起源于殷人。其贝形由图录及我所见之实物（日本东京博物馆有真贝、石贝、铜贝诸事陈列）观察，实为海贝，原学名所称为 Cypraea moneta（货贝）者，此决非黄河流域中部所能产……然其来源，则必出于海滨民族之交易或抢劫。”（郭沫若：《中国古代社会研究·卜辞中的古代社会》）“殷虚遗物中有极多之咸水贝及绿松石；这两种物件的产地均离小屯甚远。此种物品既可以由远地运到殷虚，当然可以代表那时有繁盛的贸易。”（《安阳发掘报告》，第二期，《小屯与仰韶》）“在殷虚曾发现过鲸骨、朱砂、咸水贝和绿松石，它们都是离小屯很远的地方的产物。”（《安阳发掘报告》，第四期，刘屿霞：《殷代冶铜术之研究》）

② 郭沫若根据甲骨文字殷王“征上𩦞”一片（见《通》，一三〇页）考证云：“由五月癸巳至七月癸巳整六旬……至七月癸巳则在上𩦞……然自殷京至上𩦞之路途要在四十日以上矣。师行平均以日七十里计，约在三千里内外也。”郭氏又根据《前》，二，一四，二，及《前》四，二八，一各片考证云：帝乙“在上𩦞则亘半年以上矣，可知此‘征上虞’实为殷代之一大事，而旧史阙佚。”又根据此征行军所经过地点考证谓“上𩦞”即今浙江上虞。

③“丁卯卜𣪊贞王𦎫缶于㔾二月。”（《后》，上，九，七）郭沫若云“㔾”即蜀。“……受湔方又。二月……。”（《前》，七，四二，一）郭释云：《续汉书·郡国志》蜀郡有湔氐道，故城在今四川松潘县西北，或即古湔国之旧地。”（《通》，征伐，一一四页）

④“丙戌……淮……于。”“庚寅卜在灊𩜍，贞王𠭰林方亡巛。”“壬辰卜，在灊。贞王其至于潢霍，亡巛。”（《前》，二，一六，四；《前》，二，一六，三）郭云：“霍地近淮，当即安徽之霍山，灊亦为灊邑无疑。”（《通》征伐，一二八页）“灊即春秋时楚之潜邑。”（《通》，征伐，一二四页）

⑤ 前引卜辞中有“王田于羌”、“王田于㝉”之考释，董作宾云：“《括地志》云：洮洮等州以西为古羌国。蒋廷锡《尚书地理志今释》：正义云，蜀都分为三，羌在其西，故曰西蜀；苏氏云：先零、枹罕之属在今甘肃、陕西以西。南接蜀汉塞外也。《汉书·地理志》：陇西地下有羌道……《水经》：羌水出羌中参谷，注云：羌水在陇北。是以羌水证之，羌地当在陕西、甘肃之间。”（《安阳发掘报告》，第二期，《获白麟解》）又卜辞：“癸卯卜，穷，贞井方于唐宗彘。（《后》，上，一八）郭沫若云：“此井方乃殷之诸侯，言来宗祀成汤用彘也。……井方当在散关之东，岐山之南，渭水南岸地矣。”（《通》，征伐，一一七页）

⑥ 关于箕子封朝鲜之传说，王国维云：“嘉兴沈乙庵先生语余，箕子之封朝鲜事，非绝无渊源。颇疑商人于古营州之域夙有根据，故周人因而封之。及示以此器（三勾兵）拓本，先生又谓：《北史》及《隋书·高丽传》之‘大兄’或犹殷之遗语乎？”（《观堂集林》，卷一八，《商三勾兵跋》）余之朝鲜友人高丽李、金钟善语余，朝鲜至今犹有关于箕子之传说。因疑商族自东来，在古代或与朝鲜为同一系统之近亲民族，而传说中箕子与朝鲜之关系，或即发源于殷代与朝鲜之商业关系乎？

⑦ 郭沫若根据《菁》五考证：“土方地望盖在今山西北部，而𢀛方或更在河套附近也。”（《通》，征伐，一一三页）

车、牛、马和"服象"。车上之箱殆为用作远途行商上之装载或坐乘；关于这一事情的卜辞和甲骨文字及周初文献中都有记载：

大车以载，有攸往，无咎。①

肇牵车牛，远服贾。②

贞□牛五十。③

贞御亩牛三百。④

照卜辞所记载，使用大群的交通劳动家畜，可证其时较远地方的贸易（远征贾），是用一种商队的组织形式在进行的。

单说这种长途的商业往来，文献中亦有下述一类记载。例如：

反复其道，七日来复。

夫征不复，妇孕不育。⑤

其次，我们再略举其他一二有关商业上的记事，《易》云：

无妄之灾，或系之牛，行人之得，邑人之灾。

三人行，则损一人；一人行，则得其友。

弗损益之……利有攸往，得臣无家。

其行次且（地名），车羊悔亡，闻言不信。

亿丧贝，跻于九陵，勿逐，七日得。

贞吉，悔亡，憧憧往来，朋从尔思。

震，往来，厉亿无丧，有事。

旅于处，得其资斧，我心不快。

巽在床下，丧其资斧。

商兑未宁，介疾有喜。

不耕获，不菑畬，则利有攸往。⑥

《□□母辛卣》云：

---

①《易》，大有，九二。

②《周书·酒诰》。

③《前》，一，二九。

④《前》，四，八，四。

⑤《易》，复；渐，九三。

⑥《易》无妄，六三；损，六三；损，上九；夬，九四；震，六二；咸，九四；震，六五；旅，九四；巽，上九（按巽卦书为三，有下藏之义）；兑，九四；无妄，六二。

乙巳，子令小子𡨦先𠀠人于堇。子光（贶）商𡨦贝二朋，曰：贝隹，蔑廿历。𡨦用作母辛彝在十月。月隹子曰：令垦（望）人方，网贝。

在奴隶所有者时代，商业上的主要商品是奴隶和家畜——尤其是奴隶。奴隶买卖事业的发展，是与战争俘虏来源的多少成反比例。因为奴隶买卖的根本机构，是建基于奴隶劳动力的缺乏和补充上的需要程度如何以为转移的。奴隶商品的价值，是从当时存在的社会生产力的基础上所能提供的剩余劳动量的生产以为决定的尺度——虽属不能实现——且依此而体现的；反之，社会劳动生产率不发展到一定程度，奴隶便不能表现为有商品性的价值，从而便不能表现为商品。在历史上，在以生活资料的生产为目的的父家长的奴隶制时代，奴隶很少转让，个别也只在氏族贵族间作为赠品而变易其所有权；转入以剩余价值的生产为目的的父家长的奴隶制时代，"赠予"便多是在国王对其属下贵族颁赐的形式下存在，或由战争而得来的新俘虏的分赐的形式下存在；其他奴主间的赠予只是个别的。因为在后一时代，奴隶已表现有商品性的价值，在前此的时代则否。

在殷代奴隶所有者间所行使的奴隶所有权的获得，除由战争的手段得来的俘虏，或由各属领进贡的劳动人口，由国王以其中一部分直接颁赐各别奴主贵族外①，是把奴隶作为商品在买卖的过程中去进行的。这在如次的记载中表现得很明白：

旅即次，怀其资，得童仆。贞。

旅焚其次，丧其童仆。贞厉。

弗损益之，无咎。贞吉。利有攸往，得臣无家。

利出否，得妾以其子。

见金夫，不有躬。②

奴隶作为商品买卖这一特征的存在，从而殷代的奴隶所有者，也以通过商品交换过程的形式，为获得奴隶所有权的一种手段。至于当时奴隶买卖的发展程度如何，还没有充分的材料来说明，这还不能不待于地下的继续发现和出土物的全部公布。

---

① 例如卜辞："帚（颁赐之意）姘奔奴。"（《前》，四，三二，二），"丙午卜，亘贞，帚婐，奔奴。四月。"（《前》，四，四一，五）

②《易》，旅，六二；旅，九三；损，上九；鼎，初六；蒙，六三。

不过我们还可能说明的一点，驱使劳动家畜参加交通运输劳动的，完全由奴隶劳动在担任，已如前述。因之商业上交通运输劳动之由奴隶充任，自不待言。从而，《易》损六三所谓“三人行，则损一人”，便似是关于在商途中的奴隶逃亡的记载。

商品交换的相当发展与其范围的广大，物物交换的形式，甚而以原来的使用一种家畜（如牛）或一种被选择的劳动工具（如刀、斧等）充任交换媒介物的形式，已不能适应其需要；从而便不能不有一种专门充任交换媒介物的货币的出现；易言之，这专门充任交换媒介物的货币，而且是经过长期的交换的发展，由其前此的各种形态演化出来的。

殷人在早期，曾经存在过以牛和农业劳动工具作为交换媒介物的一个时期，这从甲骨文的“物”字的组成上可以考究出来的。按甲骨文“物”字从牛从勿，“勿”为农业劳动工具，前已说过。“牛”“勿”相并为“物”，其演变转化的形迹很明显。后来随着社会交换范围的扩大，这种“牛”和“勿”在其行使携带的便利上，甚而其量的要求上，均不能满足其要求，于是仍由海贝取而代之。海贝一方面非殷虚近地所能产，一方面从海中采贝需要多量的劳动力；因而海贝对于殷人便能提供为具有更大量之劳动价值的显现物。后来又随着其随同商品交换内容的扩大相适应的货币需求量的增大，海贝在量的需给上便亦不能满足要求，于是又采取一种铸币的形式，用人造骨贝来补充，或用玉类制造①，且渐次把前者——海贝——驱逐，这种演变的形迹是十分明显的。罗振玉在其所著《古物图录》中有如次的一段叙述：

> 往岁……于磁州得骨制之贝，染以绿色或褐色，状与真贝不异；而有两穿或一穿，以备贯系。最后又得一真贝，磨平其背与骨制贝状毕肖。此所图之贝均出殷虚，一为真贝，与常贝形颇异；一为人造之贝，以珧制，状与骨贝同而穿形略殊，盖骨贝之穿在中间，此在两端也。合观先后所得，始知初盖用天生之贝，嗣以其贝难得，故以珧制之，又后则以骨……。

① 以殷代制铜业之发展程度，论理应有铜贝的制造。东京博物馆所陈列之铜贝，是否殷物，虽无从证明，然周初之已使用金属货币，从周初彝器铭文中可得而证明者（俟下文详述），论理亦自应自殷代以来矣。究竟如何，只有待之于地下发现来证明。〔按近年已发掘有殷代铜贝。——一九六一年补注。〕

这种叙述是合乎情况的。近年来殷虚的发掘，罗氏所述者，殆皆有发见。只是所发现者，海贝独多，骨贝、珧贝反较少，尤其在废弃的地穴中，常在一处有数百数量的天然贝的发现①，此殆为“真贝”在流通领域中已被人造贝代替之一证。不然，当周人攻入殷都时，其所储藏的有价值的物品，自必不予弃置，何致有具有一般交换价值的大量货币之遗弃，且以之垃圾般的抛置——如果它不是堆积在已沉入地下的废穴中的话。

此种贝之在殷代，在商品流通中，充分具有货币的机能，具备一般商品的交换价值。它可以充作买卖奴隶的支付手段（“怀其资，得童仆”。按资亦从贝）。它可以作为财产储积的形态而被储积，例如：“巽在床下，丧其资斧”。其次，甲骨文字中有“䜌”、“贮”等字，“䜌”字似积贝储木箧中，“贮”字其义自明。它可以作为财货的代表形态而充任借贷，例如甲骨文字中的“贷”字，即系表示以贝为贷付手段者。它能充任贵族酬庸其属下的贵重赏赐品，受赐者且能以之直接去转化，即能买得他种有用物品，例如彝珍和奴隶等等；这，在殷代，我们可以举出无数的例子来，可见其盛行的情况。例如：

子（天子）光（贶）商（赏）[illegible]贝一朋。②

女𡣍堇（觐）于王癸日，商（赏）𡣍贝一朋。③

𡚬商（赏）小子夫贝一朋。④

丽易（锡）贝二朋。⑤

侯易（锡）中贝三朋，用作祖癸宝鼎。⑥

季受贝三朋。⑦

尹商（赏）彦贝三朋。⑧

能匋易（锡）贝于乒咎公矢宣贝五朋。⑨

---

① 见前引石璋如报告。

②《[illegible]卣》。

③《女𡣍殷》。

④《小子夫尊》。

⑤《辛巳彝》。

⑥《中鼎》。

⑦《季受尊》。

⑧《彦鼎》。

⑨《能匋尊》。

王圂尸方，无（舞）敊咸。王商（赏）作册般贝。①

丁巳，王省夒耳，王易小臣艅夒贝。隹王来征尸方，惟王十祀又五，肜日。②

王光（贶）宰甫贝五朋。③

王各，宰梳从，易（锡）贝五朋。④

子商（赏）小子𠙵贝五朋。⑤

子商（赏）豸贝十朋。⑥

王易（锡）小臣邑贝十朋，用作母癸尊彝，隹王十祀肜日，在四月。⑦

戊辰，㣇师易（锡）𨽻𩲃廿卣𦘔贝，用作父乙宝彝。⑧

乙酉，商（赏）贝，王曰，市易（锡）工母不䢅遘旅。武乙。⑨

阳亥曰，遣叔休于小臣贝三朋，臣三家。⑩

乙亥，子易（锡）小子𦉪、王商（赏）贝才在𠀚𩛥（次）𦉪用作父己宝尊。⑪

上例率皆经郭沫若、罗振玉考证，确认为殷彝者。同时，在甲骨文字中也有与这同样的一类记载：

庚戌〔卜〕，□贞，易（锡）多女㞢贝朋。⑫

戊申卜，𣪊，□㞢（有）囚贝。⑬

照上例记载，锡贝之数少自一朋，多至十朋或“𦘔朋”。贝与奴隶同为贵族对其属下的酬庸品；受贝者可以用之去转化为他种物品——彝器、奴隶等

①《般甗》。
②《小臣艅夒尊》。
③《宰甫鼎》。
④《宰梳角》。
⑤《小子相卣》。
⑥《豸爵》。
⑦《邑斝》。
⑧《戊辰彝》。
⑨《乙丙父丁彝》。
⑩《阳亥𣪘》。
⑪《小子𦉪鼎》。
⑫《后》，下，八，五。
⑬《前》，五，一〇，四。

等。由于贝具有一般商品的交换价值，才能具备这种机能。另一方面，其他物品的价值，反而是借贝去表现的。例如《易》益六二："或益十朋之龟"，即云其价值十朋之龟也。

因为贝具有一般商品的交换价值，所以才能引起商人们去计算和社会对它崇拜。那些财迷般的商人们，看他们是怎样在对于贝的崇拜与计算吧："亿丧贝"，"亿无丧"，"朋亡"，"朋来"，"得其资斧，我心不快"，"丧其资斧，贞凶"，"西南得朋，东北丧朋"，"或益之十朋之龟"。

因而原来说"贝货于春秋初年就见使用"的郭沫若先生，现在便给了我们以进一步的正确的论证，说殷代"以海贝为货财之事，似已发见"。"贝货"在安阳殷虚故址中均有发现，已能确证其为殷代"社会经济史上"的"重要之史料"①。在这里，郭先生并论证了周初的货币已使用金属②。

殷代货币的单位，通常似不是以贝计，而是一贯若干贝之"朋"。然而贝之为辅助单位，却应该存在，犹之后代以"贯""串"记，并不妨碍"一钱"、"一铢"……之计算也。王国维根据甲骨文殷彝之考究而得一结论说：

> 殷时玉与贝皆货币也。《商书·盘庚》曰：兹予有乱政同位，具乃具玉；《说文》：宝字从玉从贝缶声；殷虚卜辞有𡧳字及𡧳字，皆从宀从玉从贝而阙其声。盖商时玉之用与贝同也。贝玉之大者车渠之大，以为宗器圭璧之属，以为瑞信，皆不以为货贝；其用为货币及服御者，皆小玉小贝，而有物焉以系之。所系之贝玉，于玉则谓之珏，于贝则谓之朋，然二者于古实为一字。珏字殷虚卜辞作丰……皆古珏字也；《说文》：玉象三画之连，"丨"其贯也，丰意正同……。古系贝之法与系玉同，故谓之朋；其字卜辞作□、作□，金文作□，作□，作□。
>
> 余目验古贝。其长不过寸许。③

是朋为当时货币之单位。从其字形考之，每朋似系贯贝八枚，然此并不足据，因殷人固无八进之习惯，大抵字形仅像其贯贝而已。余因疑每朋应含十贝。

---

①《调查记》："虡鼎在南面（依图当在东面）最先出；器之内有贝百枚。"《发现记》中亦言得"贝货三百十七"（附录第二页）。其古物名称中亦有贝货，罗振玉分为真贝与珧贝二种。据此，则贝货于春秋初年犹见使用，此为社会经济史上重要之史料（见郭著《殷周青铜器铭文研究》，附录一《关于新郑古物补记》）。

② 参看郭沫若：《金文丛考》。

③《观堂集林》，卷三，《说珏朋》。

G. 财产诸形态

如前所述，在殷代，土地在名义上属于国家所有，这种国有土地的来源，一为商族原有和开垦的土地，由氏族的所有而转化为国家所有者；一为被征服“异族”的土地而宣布为国有者。关于被征服“异族”的土地，大抵说，如果被征服的“异族”，其经济已入于定居的氏族公社时代，则在把它降服后，便只宣布其土地为国家所有，仅委派其代理人和征税吏，向殷朝政府贡纳税项、特产以至劳动人口，并不迁徙其人民，所以甲骨文字中有既破而又封之的记载。如果被征服“异族”尚在未到完全定居的畜牧时代，则在把它降服后，便大量俘虏人口作奴隶，以其土地在国有的原则下，颁赐其商族内的贵族和自由民，用奴隶劳动去从事垦殖，组织农村公社，所以甲骨文字中又有“作邑”和“封邑”一类记载。

这种土地使用权的分配在商族内和“异族”人间，实际上是不能一样的。在商族内，由国王分颁于各“侯”，“侯”以之分颁于其“邑”即公社内的自由民各家族；在“异族”间，殷朝政府只求获得税纳，所以在其公社内土地的如何分配，以及其内部的生活如何，是它所不介意的，因而在这些公社内很可能保存其原来的氏族经济的组织和内部生活。

国王对于商族的农村公社和“异族”的氏族公社等各种公社的征税上而得的税纳物，虽然都是在贵族的掌握中，而为其所占有，但必须以大部分作为维持其集团统治的财政支出。同时，在这种古代国家，对自己部族内那些贫穷化了的自由民，国家有分配食物去供养他们的义务，易言之，他们有从国家领取食物的权利，所以盘庚说：“用奉畜女众”，“女共作我畜民”①。而属领进贡的人口，则全为统治集团所占有。

因而在这种形态下面存在的国有土地，形式上便是从部族公有下面的部族财产形态沿袭而来的，实质上则为其统治集团支配的财产。所以科学的社会主

①《商书·盘庚》。

义的创始者说："正确地认定东方一切现象的基本形式是在于那里没有土地私有制的存在。这一点，甚至可以作为了解东方世界的真正的关键。"① 这并非说不存在土地的阶级占有。

另一方面，除土地而外，其他一切生产工具和消费资料等，作为财产的形态而存在的一切东西，便都在以家庭为个体的私有的形态下面而存在了。

这种私有制度的存在，我们就既有材料中能从如次四件事予以说明：

一、货币作为财产的储积形态，从贵族以之用作对他人的酬庸或赠予上看，货币已表现了在人与人间的"所有"的界限，在私有的形态下存在。盘庚说："朕不肩好货……无总于货宝，生生自庸。"这表明盘庚是以其自身作为财产即"货"、"货宝"的聚集的个体或所有者。

二、盘庚说："若农服田力穑，乃亦有秋"，"惰农自安，不昏作劳，不服田亩，越其（惰农）罔有黍稷。"这说明了自由农民在生产上也是以其自身或家庭为生产个体。生产的成果如何，也只直接关系"其"个体，这缘于"其"个体为"其"生产物的所有者。

三、奴隶的所有权，用货币作为支付手段去买卖才能获得，是奴隶已在被作为私有财产而存在了。不只如此，在奴隶制的生产下，奴隶乃是最主要的生产资料，是"当作有声的工具"②。

四、从社会内的贫富的分裂这一点上看，一方面有"总于货宝"而进行储积——"贮"——的"富家"③，一方面有贫无所有的盗贼④。在贫富之间，有着借"贷"事业的存在。

这种私有财产，是在以家庭为单位的家长的支配下发展起来的。在这种形态下，家庭的财产和公社的财产采取着对立的形态，且以"家"和公社相对立。在殷代，前者并已把后者腐蚀，只保有其残骸；前者已取得支配形态。这种以家庭为财产所有单位的特征，在《易》卦爻辞中说："纳妇吉，子克家"，"开国承家"，"王假有家"，"富家，大吉"，"闲有家"，"不富以其邻"。

---

①《马克思恩格斯论中国》，人民出版社一九五七年版，第一一页。

② 马克思：《资本论》，第一卷，人民出版社一九五三年版，第二一六页，注一七。

③《易》，家人，六四。

④"殷罔不小大，好草窃奸宄，……卿士师师非度，凡有辜罪，乃罔恒获……。今殷民乃攘窃神祇之牺牷牲，用以容将食。"（《商书·微子》）《周书·泰誓》说："牺牲粢盛，既于凶盗"，在这里却能作为一个有力的旁证。

这种以家庭为财产所有单位的农村公社内，一般自由民对于土地的领有和使用，虽有平等权，但由于土地外的其他一切财产的家庭私有，而有其家庭与家庭间的贫富分裂。从而贫穷的家庭，一失去或没有其土地外的一切其他生产要素如奴隶、家畜、劳动工具等，仍无法进行其对土地的耕种；且从而占有奴隶、家畜、劳动工具等多的富有家族，便能耕种更多的土地，且逐渐把前者的耕地占为己有。因而演为公社内的贵族和下层自由民即平民的对立。这种对立形势，在殷末曾激烈的展开。

现在再把科学的社会主义创始者的两段话，录作本节的结语：

第二种所有制形式是古代公社所有制和国家所有制。这种所有制是由于几个部落通过契约或征服联合为一个城市而产生的。在这种所有制下仍然保存着奴隶制。除公社所有制以外，动产的私有制以及后来不动产的私有制已经开始发展起来，但它们是作为一种反常的、从属于公社所有制的形式发展起来的。公民仅仅共同占有自己的那些做工的奴隶，因此就被公社所有制的形式联系在一起。这是积极公民的一种共同私有制，他们在奴隶面前不得不保存这种自发产生的联合形式。因此，建筑在这个基础上的整个社会结构，以及与之相联系的人民权力，随着不动产私有制的发展而逐渐趋向衰落。①

富者与贫者间的差别，跟自由民与奴隶底差别并列地出现了，随着劳动底新分工而出现了社会分为各阶级底新的划分。各个家庭首长之间的财产差别，在旧的共产制的家庭公社还保存着的地方都突破了它。同时，这种公社所行的共同耕作制也灭亡了。耕地分配给各个家庭使用——起初是暂时的，后来便成为永久的，终于随着对偶婚底进到一夫一妻制而逐渐地并平行地进到完全的私人所有制了。个体家庭便成为社会底经济单位了。②

① 马克思、恩格斯：《德意志意识形态》，人民出版社一九六一年版，第一五～一六页。原著者说：“第一种所有制形式是部落所有制”，“第三种形式是封建的或等级的所有制。”

② 恩格斯：《家庭、私有制和国家的起源》，人民出版社一九五四年版，第一五七页。

四

国家的出现及其政治诸形态

A. 殷代国家形成的过程

殷代的世系，自汤至受究为多少世次，迄今苦无可考。司马迁《史记》所载三十一世中，从甲骨文字的考究，已能证明其非虚构；惟甲骨文字所记殷所祀之先王中，尚有非此三十一世名谥之内者。因而自成汤至受究经过年代多少，更无从确证矣。依《通鉴纲目前编举要》卷一所述折算为六百四十五年，《竹书纪年》现行本谓为四百九十六年，《史记·殷本纪》引《竹书纪年》则说："自盘庚徙殷至纣之灭七百七十三年……。"本书所述殷朝的起讫年代，只得暂依一般的说法。

关于殷代文字记载之文献，及今遗存者，仅自盘庚时始，盘庚以前者尚无发现。因之欲确切考究殷代国家成立的过程，是一件困难而不易着手的工作。

大抵殷族至所谓相土时始发明农业，观殷人祀"土"为农神也可考而知。自知道农业后，便开始走入农业民的定居的过程。古书所记，殷人自契至成汤八迁，王国维据以考证云：

> 今考之古籍，则《世本·居篇》云：契居蕃（……疑即《汉志》鲁国之蕃县，观相土之都在东岳下可知）。契本帝喾之子，实本居亳，今居于蕃，是一迁也。《世本》又云：昭明居砥石（《书正义》引）。由蕃迁于

砥石，是二迁也。《荀子·成相篇》云：契玄王生昭明，居于砥石，迁于商。是昭明又由砥石迁商，是三迁也。《左》襄九年传云：陶唐氏之火正阏伯居商邱，祀大火而火纪时焉；相土因之，故商主大火。是以商邱为昭明子相土所迁。又定九年传：祝鮀论周封康叔曰，取于相土之东都，以会王之东蒐。则相土之时曾有二都，康叔取其东都以会王之东蒐，则当在东岳之下，盖如泰山之祊为郑有者，此为东都，则商邱乃其西都矣。疑昭明迁商后，相土又东徙泰山下，后复归商邱，是四迁、五迁也。今本《竹书纪年》云：帝芬三十三年，商侯迁于殷（《山海经》郭璞注引真本《竹书纪年》有殷王子亥、殷主甲微，称殷不称商，则今本《竹书纪年》此事或可信），是六迁也。又孔甲九年，殷侯复归于商邱，是七迁也。至汤始居亳，从先王居，则为八迁①。

诚如王氏所云："上古之事，若有若亡。"而年代纪所纪世次又至难全信。然就王氏考定者说，殷人在相土前，照《史记》所载世系，三世凡五迁，盖在动移无定之频繁移徙中，此殆为尚未定居的游猎畜牧民之特征。自相土以后至汤，照《史记》所载世系，十三世中亦才三迁，且所迁徙者，仅反复于商、殷、亳三地，此殆象征其已入于定居的畜牧农业民之阶段。《史记》所记世次虽不可全信，如前所云，其间或有遗漏，而其所经过之年代，更不知几何矣！然此所关游徙与定居之前后特征各异，又恰以农神相土作为划分时代的界标，则至足凭信。

因之，殷人大抵自相土至汤时，农业已臻繁盛，原来的氏族公社及其家庭公社的内部，已展开其内在的矛盾。这种矛盾形势的构成，殆由于农业生产力的发展，引起氏族成员间贫富的分化，从而发生原始的土地饥荒。此证之成汤为扩张耕地而伐韦、顾，伐昆吾，伐葛的事实可知②。但是存在于氏族内在的矛盾，是存在于氏族的土地等生产资料所有制的根基上，所以不是耕地的扩张所能解决，而是要求把土地等生产资料从氏族长所支配的形态下面解放出来。易言之，要求从氏族长所支配的氏族土地转化为由国家去支配的国有土地，其他生产资料完全不受公社约束，转化为各别家庭所有。在日本，在圣德太子为

① 《观堂集林》，卷一二，《说自契至于成汤八迁》。

② 《诗·商颂·长发》："韦顾既伐，昆吾夏桀。"《孟子·滕文公》："汤始征，自葛载。"

首的革新和大化革新前，发动这种改革的要求的，是氏族内的贫穷化的成员和奴隶起着主干和基本动力的作用。在中国史上的夏殷之际的变革，在这一方面，我们现在还没有足够的适当的材料来说明，但论理，却应该有这种因素的存在。

中国史上的成汤革命便是在这种社会自身的内包矛盾的根基上开展起来的，在这一根基上所表现出的原始土地饥荒的条件下，以部族的力量去进行扩充耕地的战争；在这种形式下所获得的耕地，不能不归结到部族所有的名义下面去，由部族的最高机关去支配。这表现为和原来的氏族土地所有的形态相对立。殷代的国家便在由这两种形态的对立达到对立之斗争的统一的形势下，随同阶级的分裂而出现的。

因而原来的无严格的地理疆域的氏族地域，转化而为具有一定版图的政治疆域。对此，《周书·多士》说："惟尔知，惟殷先人，有册有典，殷革夏命。"甲骨文和《商书·盘庚》篇等就是这种"典""册"，可惜不曾全部遗留下来。但可知这种典册在西周初还大都存在。因而在西周和春秋时代的殷后裔颂赞其先世的《诗·商颂》和《齐侯镈钟铭》等的记载①，是至少部分有信史价值的。《商颂·玄鸟》说："古帝命武汤，正域彼四方，方命厥后，奄有九有……邦畿千里，维民所止，肇域彼四海"；《殷武》说："昔有成汤，自彼氐羌，莫敢不来享，莫敢不来王。"《周书·多士》说："乃命尔先祖成汤，革夏俊民甸四方。"《叔夷钟铭》② 说：

> 夷典其先归及其高祖。虩虩成唐，有严在帝所，尃受天命。翦（翦）伐顕（夏）司（祀），敗乓灵师，伊小臣惟辅，咸有九州，处禹之堵（都）。

在这些记载中，实记述着"殷革夏命"而创立其国家，确定其政治疆域的过程③。

---

① 按《商颂》所记述，甲骨文字中也已有部分得到证明。

② 郭沫若谓为齐灵公时器。

③ 今人每多认殷代为氏族社会，而又确认殷已有其政治疆域。实则在氏族社会，正确地说，在原始公社制社会的全部时代，是没有政治地理疆域的。另一方面，关于这种初期国家的罗马，波特卡诺夫是这样的叙述着："在最初，罗马系和许多其他希腊、意大利的共同体相似的一个共同体，是个小都市＝国家，它和剌戳诸州的人民一样都从事农业和畜牧。这时已有了构成人民的数个集团，那便是较早的贵族——拍多里格司；对拍多里格司为人格上之从属的库里恩特司；最后为没有政治权利的勃勒卜司（许多是被征服地的住民，还有是被臣属了的土著民的子孙）。父家长的拍多里格司的家庭，保存着氏族的制度。国家的土地属于拍多里格司的全共同体。各家族长从这共同体领受必要的土地。世袭的土地，只限于小的菜园。库里恩特司从其主人——拍多里格司受取土地。"

由氏族社会到国家的历史的变革，主要为把那在氏族长支配下的土地所有转化而为由国家去支配的国家所有。在这一点上，成为土地的原来的实际支配者的氏族长们，便成为旧秩序的维护者；而要求革新的作为革命势力的基本群众和主干，则为氏族内的自由民和公有奴隶，其领袖则为成汤和伊尹等人。

在汤为首所领导的这一次革命中，关于自由民的参加，虽无明确的材料来说明，但却有氏族奴隶的参加。伊尹在成汤革命的集团中是第二位领袖。革命的成功，他与成汤起了同等作用；革命成功后，他的地位也很重要。史称其为“阿衡”，甲骨文中亦称之为“黄尹”，郭沫若先生释称“黄尹”即“阿衡伊尹”之意。我以为“阿衡”即巫教教主。然《叔夷钟铭》却称“伊小臣惟辅”，《楚辞·天问》及《墨子》亦均称伊尹为“小臣”，他书又有称其“为媵”者，是伊尹曾出身氏族奴隶。以这足证当时的革命有氏族奴隶的成分参加。不过在人类史的这一阶段中，这种参加革命的氏族奴隶，除去一些领袖转化为奴主外，大多数则只是从氏族的集体所有的形态下解放出来而转化为家族的私有，从而其地位反更得到进一步的确立和恶化。革命所提供的，主要便是把氏族的土地所有转化为国家所有的名义去进行分配，把原来的氏族公社转化为在国家统属下的农村公社，且从而把其构成的氏族性质予以变更。领导完成这个革命的成汤和伊尹等，便在中国革命史上与此后的武王、周公、太公齐名。

不过成汤革命所建立的国家，从《盘庚》篇看，似乎到盘庚时，又衰落了。由于盘庚的“中兴”，才又把殷代国家的统治权重新稳定下来。

在《盘庚》上、中、下三篇中，上篇是对殷族内的贵族而说的，中篇是对其本族内的自由民即“万民”而说的，下篇是对其被征服的属领各“异族”（百姓）的代理人即“邦伯师长”而说的，界限至为明显。前此的研究者多因不了解殷代的社会形态，所以对这三篇文字之各异的性质和针对的不同对象，便无法理解。这三篇文字，历来都解释为因殷之故都被水灾，盘庚乃举行迁都，以告其反对迁都的臣民而作。《盘庚》中篇亦有“殷降大虐”之语；史称殷自汤至盘庚凡五迁，均因水灾。就亳、商、耿（即嚣）、殷各地的古代地理，依王国维《观堂集林》卷十二所考证，水灾亦是有十分可能的。但如因水灾而迁都，其故都已不能居住，则其臣民纵不免有“定居已久，安土重迁”之感；然今非“安土”，又自有其非迁不可之严重灾情，其臣民缘何而发为剧烈之反对？今据《盘庚》各篇所说，其“在位”“共政”之人，却还在极力鼓动民众，形成大规模的反对迁都运动，例如说：

汝不和吉，言于百姓，惟汝自生毒。乃败祸奸宄，以自灾于厥身。乃既先恶于民，乃奉其恫，汝悔身何及？

而胥动以浮言，恐忱于众。

则惟汝众自作弗靖。

罔罪尔众，尔毋共怒，协比谗言予一人。

因此，反对迁都的是贵族，贵族并鼓动一般自由民及“异族”人，而形成为大规模的反对迁都运动。因而在这迁都问题的背面，应有其一定的重要的政治内容。水灾虽也是原因之一，但不是主要的，是借以发挥的题目。所以在阳甲时，就有过迁都的主张。

这首先由于盘庚时，殷朝旧都的奴主贵族生活已很腐化，政治上也很堕落，形成政治上的麻木、黑暗与社会不安。盘庚想有所振作，他们反从各方面来牵制。盘庚便想解脱他们的牵制，实行一些整顿和改良。这是其迁都的第一个原因。所以史家把“盘庚徙殷”称作“中兴”。

其次，大概殷自成汤的革命，即已把氏族的土地所有宣布为国家的土地所有。到此时，社会土地所有诸形态中，除仍有存留在贵族、表现为氏族长的身份支配着的氏族所有的形态外，许多奴主贵族特别是旧都的一部分大奴主贵族，集中大量财富和土地，许多自由民则丧失土地和其他生产资料，流于贫穷，形成政治腐败与社会不安。盘庚迁都的第二个政治内容，便在实行些改良，一面把他们迁往新都去，使之离开腐败的巢穴，以其被集中的土地收归为国家所有，分配于贫穷的丧失土地的自由民。所以说：“今予将试以汝迁，永建乃家。”“天其永我命于兹新邑，绍复先王之大业，底绥四方。”“尔谓朕曷震动万民以迁？肆上帝将复我高祖之德，乱越我家。朕及笃敬，恭承民命，用永地于新邑。”他不啻认为他把他们迁到“新邑”去，便在中兴其高祖成汤的大业。不过除把土地全部收归为国家所有的名义下去实行分配之外，不独他们仍将在新都获得其应分占的土地和保有其他财产，且对他们的一切特权仍旧予以维护。这对他们的利益是没有丝毫损失的。所以盘庚又责问他们说：“在我先王亦惟图任旧人共政。王播告之修，不匿厥指。王用丕钦，罔有逸言，民用丕变。今汝聒聒起信险肤，予弗知乃所谓。”大概自成汤革命后，到这时，旧都的大奴主贵族，不仅集中大量财富，强占大量土地，且舞弄特权，争权夺利，形成政治上的黑暗腐败，且不断引起政争。王国维说："《史记·殷本纪》所谓中丁以后九世之乱，其间当有争立之事而不可考矣。"① 据《殷本纪》所列，自中丁至盘庚九世。不过乱的根源，固不属于争立，而是原于大奴主贵族与贫穷的自由民间的利益冲突，以及保守与改良两种方针冲突。

因而盘庚的迁都，那些集中大量财富和侵占大量土地的大奴主贵族保守派，便不仅直接起来反对，并同时去鼓动自由民和"异族"人共同起来反对，而弥漫为"如火之燎于原，不可向迩"的反迁都运动，成为殷代历史上一次最重大的政治风潮。

B. 社会诸阶级的构成

奴隶所有者社会的构成为在人类史上最初的阶级的构成；易言之，"随着奴隶制……底出现，发生了社会分成剥削阶级和被剥削阶级的头一次大分裂"，亦即"……产生了社会底最初的大分裂——主人与奴隶、剥削者与被剥削者二大阶级"②。对此，列宁说道："奴隶主和奴隶——是第一次大规模的阶级区分。"③ 国家便是从这个阶级的"大分裂"的基础上出现的。因为国家是以阶级的存在为其存在之前提，"乃是这种社会已经陷于自身不可解决的矛盾中并分裂为不可调和的对立而又无力挣脱这种对立之承认"。"国家既是由于控制诸阶级底对抗之需要而产生的；同时，它既是在这些阶级冲突中发生的，所以，通例，它就是那最强大的在经济上居于统治地位的阶级底国家……。"④ 列宁总结阶级社会的历史说道："社会划分为阶级，这是奴隶社会、封建社会和资产阶级社会共同的现象，但是在前两种社会中存在的是等级的阶级，在后

① 《观堂集林》，卷一〇，《殷周制度论》。

② 恩格斯：《家庭、私有制和国家的起源》，人民出版社一九五四年版，第一六八～一六九、一五五页。

③ 《列宁全集》，第二九卷，人民出版社一九五六年版，第四三三页，《论国家》。

④ 恩格斯：《家庭、私有制和国家的起源》，人民出版社一九五四年版，第一六三、一六五页。

一种社会中则是非等级的阶级。”①“在每一个国家内，虽然有过极大的历史变化，发生过各种与人类从奴隶制到农奴制、到资本主义、到现在全世界的反资本主义斗争这一发展过程相联系的政治变迁和革命，但你们总可以看到国家出现的事实。”“我们始终都要记住历史上社会划分为阶级这一基本事实。世界各国所有一切人类社会数千年来的发展都向我们表明，这种发展的一般规律和次序是这样的：起初是无阶级的社会，即氏族社会，没有贵族的原始社会；然后是以奴隶制为基础的社会，即奴隶占有制社会。”②

柯瓦列夫论述说：在人类历史上，“和奴隶制相并的，特别在东方的灌溉耕作之下，有极强固的公社的关系存在”③。所以在东方，这种公社的存在，和社会诸阶级的存在从而国家的存在并不矛盾，而是妥适着的。

在殷代，奴隶所有者的构成和社会阶级的“大分裂”的现象，从甲骨文字、《易》卦爻辞、《盘庚》各篇中，关于记载阶级制度的单字，可以排列为如次之三个系列：

1. 天子④、帝⑤、王、公、侯、大人、君子、卿、史（“卿史”、“御史”）⑥、巫、卜、邦伯、师长、吏……等；

2. 武人、邑人、行人、旅人、商、幽人、万民、庶群、畜民、小人……等；

3. 刑人、臣、小臣、奴、奚、妾、役、牧、仆、御、童仆、侑……等。

第一列为当时的贵族，第二列为其种族内的下层自由民和市民，第三列则为被支配阶级的奴隶。

---

①《列宁全集》，第六卷，第九三页，《俄国社会民主党的土地纲领》。

②《列宁全集》，第二九卷，第四三四、四三二页。

③ 日文《历史科学》，昭和九年十二月号，柯瓦列夫：《关于奴隶所有者之构成的诸问题》（按本文系柯氏所著《古代社会论》中之一章）。

④ 甲骨文字中称“天子”亦简称“子”，即“皇天上帝”的“元子”之意；受天命而行统治者。《周书·召诰》说：“皇天上帝，改厥元子，兹大国殷之命。”

⑤“帝”字在殷代有两重意义：一是指“天帝”，如“帝史凤”（甲文例见《通》，序，五页）之类；一是指“人王”，如“帝甲”（甲文），“帝乙归妹”（《易》，归妹）之类。

⑥“其令卿史”（《前》，二，二三，一），从郭沫若释；罗振玉释作“其令卿士”。“御使”（《前》，四，二八，三），王国维谓即《书·牧誓》之“御事”。盖王、罗均谓“史”、“吏”、“事”三字在古为同一字。

在构成统治阶层的贵族中，包含着三种性质各异的因素：一为僧侣贵族，如史、御史、卿史、巫、卜之类，最初殆皆由原始公社制社会时代司符咒魔术者转化而来的。在殷代，他们已完全从生产劳动中脱离了出来，已如前述；他们在当时政治上的支配作用，留待后说。一为世俗贵族，如帝、王、王子、公、侯、父师、少师、邦伯、师长、吏等。如前所述，他们也已完全从生产劳动中脱离了出来，专门充任为各级政权以至公社的管理人①、军事的组织者、战争的指挥者②，或充任国家机关的属僚③；他们在政治上的作用，也留待后说。这种僧侣贵族和世俗贵族，构成为奴隶所有者国家的统治诸阶层。一为统治“异族”的代理人如“邦伯”之类。他们在国家的机构内，从充任国家的代理人这方面说，是以官吏甚至贵族的资格而出现的；在其氏族公社的内部，则又以氏族长的资格而存在。这三者都在名义上从属于战争集团的军事领袖即“天子”、“帝”或“王”之下，而为其属僚；在历史上，这个时代的国王，同时便是战争集团的军事领袖，所以甲骨文字中所记殷代之征伐，大都是由“王”直接统属和指挥。这在殷代国家的末期，王才离开对战争的直接指挥④，然军事固犹在其直接的统属下。

这种贵族，不是像原来氏族社会中由氏族成员选举出来的各种公职的担当者；而是由国家法律所赋予的一种社会的身分阶级，借着国家权力所表现的“王”的命令把它确立的。殷代的那些政治上的职官及其爵位，照甲骨文字所载，都是由“王”所命赐的，例如“命畺侯”，“命周侯”，“命周侯，今月亡[illegible]”⑤ ……。后者即是《史记》和《竹书纪年》所谓“命季历为周侯”、“命西伯昌为周侯”等一类的记事。上文所引《盘庚》篇载的“旧人共政”等，

---

① 如前引甲骨文字考究中的侯的食邑的记事，便是一例。

② 甲骨文字中命某从某征伐某处之记载甚多。例如：“乙丑卜，[illegible]，贞令汈罕（及）鸣[illegible]（挈）[illegible]尹从亩[illegible]古事。七月”（《前》，七，二三，一，从郭沫若释）。又如《微子》篇说：“微子若曰：父师、少师，殷其弗或乱正四方。”

③ 例如：“盘庚敩于民，由乃在位，以常旧服，正法度。……古我先王，亦惟图任旧人共政”。“自今至于后日，各恭尔事，齐乃位，度乃口……”（《盘庚》）；“咈其耇长，旧有位人”（《微子》）。

④ 例如：“王曰侯虎，𫓧女事，[illegible]受□，曰，吕方其至于象土，□□侯虎，往不[illegible]，其合[illegible]（挈）乃事归”（《前》，七，三六，一）。“贞叀多子族，令从亩[illegible]古王事”。“贞叀多尹，令从亩[illegible]古王事”（《后》，下，三八，一）；“辛丑，卜，穷贞令多𢦔从𡵂𣚘伐下[illegible]，受㞢又”（《后》，上，三一，九）。

⑤《新》，二七六。

也说明这种社会的身分的阶级即奴隶所有者的存在。

关于上述第三列所列之奴隶阶级，在殷代，主要都是战争得来的俘虏编成的。所以甲骨文字所载，其奴隶中有“弇奴”、“鄘人”、“羌人”、“人方牧”、“土方牧”、“臣吕方”、“邶奴”、“罚人”、“芍人”……等，均冠以族名；然亦有不冠以族名之普通称谓者，如“藉臣”、“小臣”、“值”、“渔有众”以及卦爻辞中的僮、仆。因为在殷代，国境内外的所谓“异族”甚多，例如甲骨文字所记，有吕方、土方、羌方、人方、井方、马方、羊方、洗方、林方、鬼方、二封方、三封方、土方、芍方、下勺、倞、芋、邶、鄘、奄、雷、蜀、上𩇯、尸（夷）……等等；由战争手段去获得奴隶的来源甚广。他们把那些由战争而来的俘虏，编制为奴隶劳动的队伍。但是战争是由贵族所领率的，所以奴隶的获得，便无异成了贵族的特权，例如前引甲骨文字中所谓“帚（颂赐）姘弇奴”，“帚媒弇奴”等类的记事，便都是这种内容。

如前所述，在殷代，农业劳动、畜牧劳动、交通及商业运输劳动以及奴主的家内劳役等等，主要都是由奴隶在担任。在殷代，据甲骨文字，捕鱼和贵族们的田猎游戏，也是使用着奴隶劳动，例如：“渔㞢众”，“渔亡其从”，“王田于□，小臣令□从”。在贵族的日常杂务上，尤其是贱下之役，也使用着奴隶，例如《后》上，二〇有“仆卜”字，郭沫若先生考释云：

> 古奴隶字多从辛，……童字从辛，此仆亦从辛者，㪿剧之象形文。古人施黥以之。童、妾、仆之从辛者，示黥其额也。此仆服贱役，头上有辛，而尻下有尾，足征古人之虐待奴隶。又金文《父辛盘》有此字，作𠈃，亦系尾负辛，特手中所奉之器稍沕耳。父辛盘乃人名，卜辞此字亦当是人名。①

足征殷人对所有奴隶，都施以“黥额”之事，意在黥额以为记号，示奴隶与自由民之区别，盖防其逃亡，或逃走时容易为他人所逮捕送还也。在古代欧洲，在瑞士所发现的罗马奴隶项圈，圈上写着：“我若逃走了，请逮捕我送还给我的主人，当予重赏。”② 殷代的奴隶黥额，殆属与此同一意义。

贵族们祭祀和娱乐时，也使用着奴隶从事歌舞等劳动。据甲骨文字，殷人

---

①《通》，杂纂，一七一页。

② 波特卡诺夫：《唯物史观世界史教程》，第三十一图。

使用奴隶歌舞取乐，例如："王其又（侑）于小乙妣羊五，王受又（佑）。"[①]"伐十人。"[②]"王出北羌伐。"[③]"又伐于上甲九羌。""又伐上甲羌五。"[④]罗振玉谓"伐"为"武舞"，郭沫若谓为"干舞"。《诗·皇矣》云："是伐是肆"，笺云："一击一刺曰伐。"《山海经·海外西经》云："夏后启于此儛九伐"，《诗·楚茨》："以妥以侑。"是释"伐"为"舞"，殆至明确。从而后世之"白粉劳动者"，殆此种古代歌舞奴隶一再演变之遗迹欤？其次又有以奴隶用作牺牲之形迹，例如：《易》萃六二："孚乃利用禴。"此殆为已丧失劳动能力之奴隶，或新获而倔强不驯者。同时，此殆为殷初之现象，在感受奴隶劳动力缺乏[⑤]的殷代末期，以奴隶充作牺牲之事，当已不多。

其次，奴隶之参加战争，甲骨文字中关于这种记载，尤不胜列举，例如：

贞甶，王往伐吕。乎多臣伐吕方，贞勿，隹王往伐吕。[⑥]

贞勿乎（呼）多臣伐吕方，弗受出又。[⑦]

贞，王勿令𠂤[illegible]（挈）众伐吕方。[⑧]

〔癸□卜，□〕，贞旬亡囚，〔□（日）□（干）□（支）〕，允有来鼓自西，㽙告曰：〔吕方征我〕[illegible]方杲四邑。十三月。[⑨]

癸亥卜，贞乎（呼）多射衔。[⑩]

戊寅，贞多射往㽙亡囚。又（有）囚。[⑪]

令𦎫[illegible]（挈）多射衔示，乎（呼）[illegible]。六月。[⑫]

郭沫若先生考证云："以多臣多射从事征伐，用知商人以奴隶服兵役矣。

---

① 《新》，一九八。从董作宾解。
② 《前》，一，一八，四。
③ 《前》，四，三七。
④ 《后》，上，二一。
⑤ 甲骨文字关于奴隶缺乏的记载，例如："壬子卜，□，贞隹我奚不[illegible]十月。"（《前》，六，一九，二）"隹我奚不[illegible]。贞妻。"（《前》，六，一九，一）
⑥ 《前》，四，三一，三。
⑦ 《林》，二，二七，七。
⑧ 《后》，上，一六，一〇。
⑨ 《通》，征伐，一〇七～一〇八页。
⑩ 《林》，二，三〇，二。
⑪ 《戬》，四三，二。
⑫ 《后》，下，二五，八。

此与古希腊罗马同。殷辛之前途倒戈，盖由于奴隶背叛。”① 在古希腊、罗马，在平时有不许奴隶携带武器之防闲；后来由于罗马种族②人口的减少，才渐次用奴隶去参加军事。在殷代，原先似亦不让奴隶参加战争，至多亦只让其参加军事上之防卫方面的事情。《易》卦爻辞中有这样的记载：“击蒙，不利为寇，利御寇。”③ 上列甲骨文字的记载中，亦以奴隶参加防御军事为主，而以之从事征伐，如上列《林》二，二七，七及《后》上，一六，一〇两条所记载，则犹有不许奴隶当兵之事。大概奴隶之广泛的参加战争，亦当属殷末事。证之《周书·武成》所云：“甲子昧爽，受率其旅若林，会于牧野，罔有敌于我师。前徒倒戈，攻于后，以北，血流漂杵”，郭说自亦信而有证。

在殷代，是否使用奴隶服公职，尚无可靠材料来说明。但在其灭亡前，在政府公务与贵族家庭事务的方面，如《易》师上六说：“大君有命，开国承家，小人勿用。”在这里，小人似不是下层自由民而是奴隶。因此，殷人在原先曾防止在这些方面使用奴隶去充当，然而却又正反映着，在其末期，这种现象已经存在或还相当普遍。

甲骨文字中还有这样的一条记载：“卜贞，臣在斗。”④ 这是否是在说用奴隶们“角斗”为戏以为娱乐。在没有其他材料来确证前，我们还不能得出确切的论断。

〔近年地下发现，殷代的奴隶主还用奴隶殉葬，少的一人至数人，多者上百。其中并有杀殉和活殉两种。——一九六一年增补。〕

贵族和奴隶，为殷代社会的主要对立的两阶级。存在于这两者之间的便是下层自由民，和来自“异族”的市民或平民。不过在这种初期国家的奴隶制度时代，下层自由民和贵族（即上层自由民）系属同一部族，他们对“异族”人，则在居于统治地位的部族而又能享有一些特权的地位上，也表现为特权者；同时土地在名义上属于国家即部族的形态下面，贫穷化的自由民有受奉养于国家的权利，所以在经济的地位上，他们同时又表现为对于奴隶劳动的间接

① 《通》，征伐，一〇四页。

② “中部意大利的住民，由许多种族（恩多鲁斯古、瓦莫普利安、沙比奴、其他）组成的。这些种族之一的那济来人，为纪元前八世纪之罗马的创设者。”（波特卡诺夫：《唯物史观世界史教程》，第二一〇页）

③ 《易》，蒙，上九。

④ 《前》，二，九，三。

榨取者（他们之中也常有直接使用奴隶的）。例如盘庚对其自由民（“万民”）说：

予岂汝威！用奉畜汝众？予念我先神后之劳尔先，予丕克羞尔，用怀尔然。

古我先后既劳乃祖乃父，汝共作我畜民。①

因而在自由民和贵族间虽有其矛盾存在，但他们却在这一点上有着一些共同利害。由氏族社会即原始公社制末期的两者的对立，即氏族贵族对于贫穷的氏族成员的榨取，转化而成为两者间的这样一种对立统一的关系，并形成他们与奴隶阶级相对立及贵族与平民相对立的关系。这直到殷代的末期，由于社会经济的衰落，国家对这种下层自由民已无力奉养，致他们穷乏无所归宿，才又扩大了他们与贵族的矛盾。这留待后面再说。

在这种阶级构成的基础上，因而形成殷代奴隶所有者国家统治奴隶的政治机器。

C. 政治的组织

殷代的国家包含着许多不同的部族和部落，一为居于统治地位的斿族（多斿族），一为被征服的“异族”或属领（多生〔姓〕、百生〔姓〕）。国家由斿族奴隶主阶级所领导的奴隶制度革命所创建。斿族的内部也包含着许多氏族②，这些氏族形成为殷代国家的贵族氏族及或多或少享有特权的氏族；在诸贵族氏族的内部，又有王族③与普通贵族氏族等分别。

在被征服者或属领的“异族”方面，所包含的单位极多，如井方、亚、邠、邶、奄、鄘、雀、周、羌、盂、岐、共④等等，不胜枚举。但此等部落和

①《商书·盘庚》。

② 例如：甲骨文字有“多斿族”（《后》，下，四二），又有“王□次，命五族伐羌”的“五族”之称。《史记·殷本纪》有殷氏、来氏、宋氏、空桐氏、稚氏、北殷氏、目夷氏，《索隐》又有萧氏、黎氏，等等。

③ 例如：《前》，五，八有“王族”字。

④《铁》，二六四，二：“子卜，□贞，岐侯。”《铁》，二五一，三：“己未卜贞，共侯……。”

种族，殷人对之只征取贡纳。作为殷代奴隶所有者国家的代理人的，亦率为其原来的氏族长；他们对殷代奴隶所有者国家，除担负贡纳而外，则视同共主的关系。例如："癸卯卜，穷，贞井方于唐宗，彘"，郭沫若先生释云："此井方乃殷之诸侯，言来宗祀成汤用彘也。"① "□□彝婀某□□武帝，乎彝婀于癸宗……。"② "女嫛堇（觐）于王。"③

因为形成其国家的部落和种族，有这种种民族成分，并大别为殷族和"异族"两种成分。所以在殷代奴隶所有者国家的政治措施上，便常以之相对称，如甲骨文字中之所谓"叀多子卿"、"叀多屮卿"④。《盘庚》三篇亦分别对象说话：上、中两篇以子族所形成的贵族（旧有位人）和一般自由民（万民）为说话的对象；下篇以所属各"异族"（百姓）的代理人（邦伯）为说话的对象，其构意和称谓乃随对象而各异。这正反映其国家的政治结构。

基于上述的情形，在这两者间的政治的联系上便比较薄弱。"异族"对殷代奴隶所有者国家，是服从与背叛无常的。例如殷人一面有"命周侯"的事实，而同时又有"寇周"的记载，这便是在其服从时命之，在其背叛时便又从而讨伐之。又如"壬□，命雀，伐𡴘侯"⑤。既称之曰"侯"，当曾为其臣属；侯而被伐，当在其背叛之时。这不过是一二例子。实际甲骨文字所记，在殷代，对其所属各"异族"，常见有册命与征伐相续而至的现象，此即与其臣服和背叛相续而至的现象相适应的。

在这种国家的尖端，有一个代表其权力的国王，国王同时便是奴隶掠夺者的军事集团的首领。这种王，和其紧承着的氏族社会末期的部族联合的酋长，是很容易混淆的。其主要的分歧点，其一便是后者必须经过氏族全员的选举，并得被罢免；前者则不必要经过选举，或视为男系的当然世袭，或选举亦只是由于一个阶级在行使。其次便是后者没有民政上的权力；前者则对于公民的生命、自由、财产，有任意的处置权。恩格斯说：

最后，与元老院及人民大会并行的，尚有一个"锐克司"，他相当于

---

①《后》，上，一八；《通》，征伐，一一七页

②《林》，二，二五。从郭沫若考释。

③《女嫛嫠》。

④《新》，一七九。

⑤《新》，二五八。

希腊的军事首长（basileus），决不是近于专制的皇帝，如蒙森所描述的那样。"锐克司"也是军事首长、最高祭司及若干审判上的审判长。他并未握有民政方面的权力，也并未握有处理公民生命、自由及财产的权力，因为这些权力都不是从军事首长底纪律权力或法庭审判长执行判决底权力中发生的。"锐克司"底职位不是世袭的；反之，他起初大概是由其前任底提议，经"库里亚"大会选出，然后在第二次大会上庄严就职的。他也是可以被罢免的……①

在殷代，一般"殷代氏族社会论"者，认为在甲骨文字、《易》卦爻辞及《盘庚》各篇中的所谓"天子"、"帝"或"王"，便都是这种"锐克司"（Rex）的性质，他们认为卦爻辞中之所谓"同人"，《盘庚》篇中之所谓"率吁众慼出矢言"、"乃话民之弗率，诞告，用亶其有众咸造，勿亵在王庭"等记载，便是古代氏族社会的"民会"等组织形式存在的证明。这种文句上的玩弄和诡辩，真有如恩格斯所说："只见树木而不见森林。"《盘庚》篇中之这些文句，显系编书者的按语，它和《盘庚》篇的本文是不一致的；在《盘庚》篇的本文中，并充分表现着国王所具有的国家的"强制权力"，或者说表现了国家机器的暴力。而且从这些文句去确证为古代氏族社会的民主主义的组织形式的存在，则"三一八"群众向执政府请愿的事件，岂不也可以解释而成为氏族社会的民主主义的组织！岂不遗笑于真理！

就《易》卦爻中的"同人于宗，吝"、"同人先号咷而后笑，大师克相遇"② 等文句来考察，却还是在说明一种关于军事的记事。而且阶级社会的王和其紧承着的"锐克司"的分别，问题也并不在这里。易言之，"民会"或"协议会"的组织及其类似形式，并不能作为两者的划界线。恰恰相反，它反而在奴隶制时代的古代希腊、罗马以及后来的资本主义时代，也统统存在着。现在拿古代雅典奴隶所有者国家来作个例子，恩格斯是这样记述着：

在这一切之上是雅典国家。它是由十个部落所选出的五百名代表组成的议事会来管理的，最后一级的管理权是属于人民大会，每个雅典公民都可出席该大会并享有投票权；此外，有执政官及其他官吏掌理各行政部门

① 恩格斯：《家庭、私有制和国家的起源》，第一二三页。

② 《易》，同人，六二、九五。

及司法事务。在雅典没有执行权力的元首。①

在另一方面，这种国家的一个“……显著的特征是公共权力的创设，这种公共权力已不跟那自行组织为武装力量的居民直接一致了”②。然在《盘庚》篇中，显然已有了掌握在“王”手中的这种与居民不一致的“公共权力”，即强制权力。《盘庚》篇说：

呜乎！今予告汝不易：永敬大恤，无胥绝远，汝分犹念以相从，各设中于乃心。乃有不吉不迪，颠越不恭，暂遇奸宄，我乃劓殄灭之，无遗育，无俾易种于兹新邑。往哉！生生！

汝不和吉言于百姓，惟汝自生毒，乃败祸奸宄，以自灾于厥身；乃既先恶于民，乃奉其恫，汝悔身何及？相时悭民，犹胥顾于箴言。其发有逸口。矧予制乃短长之命！汝曷弗告朕，而胥动以浮言，恐沈于众！若火之燎于原，不可向尔，其犹可扑灭！

予告汝于难，若射之有志：汝毋侮老成人；无弱孤有幼。各长于厥居，勉出乃力，听予一人之作猷；无有远尔，用罪伐罚厥死，用德彰厥善。邦之臧，惟汝众；邦之不臧，惟予一人有佚罚。凡尔众，其惟致告：自今至于后日，各恭尔事，齐乃位，度乃口；罚及尔身，弗可悔！

古我先王，亦惟图任旧人共政。

迟任有言曰：“人惟求旧，器非求旧，惟新。”古我先王暨乃祖乃父胥及逸勤；予敢动用非罚！世选尔劳，予不掩尔善。

这不但充分表现着国家的“强制权力”，而且表现着古代帝王的“迭克推多”，把臣民的生命自由都放在其权力的任意支配下，同时把国家的用人权也完全放在其个人的掌握中。

在殷代，国王是由男系的一个家系世袭的。不过在殷代，又频繁的存在着“兄终弟及”的事实。现就各家所考的殷代王位承袭，列为世系表如次③：

① 恩格斯：《家庭、私有制和国家的起源》，第一一三页。
② 恩格斯：《家庭、私有制和国家的起源》，第一六四页。
③ 据《观堂集林》，卷九，附《殷世数异同表》。

帝　名	《殷本纪》	《三代世表》	《古今人表》	甲骨文字
大乙（汤）	主癸子	主癸子	主癸子	一世
大丁	汤子	汤子	汤子	汤子二世
外丙	大丁弟	大丁弟	大丁弟	
中壬	外丙弟	外丙弟	外丙弟	
大甲	大丁子	大丁子	大丁子	大丁子三世
沃丁	大甲子	大甲子	大甲子	
大庚	沃丁弟	沃丁弟	沃丁弟	大甲子四世
小甲	大庚子	大庚弟	大庚子	
雍己	小甲弟	小甲弟	小甲弟	
大戊	雍己弟	雍己弟	雍己弟	大庚子五世
中丁	大戊子	大戊子	大戊弟	大戊子六世
外壬	中丁弟	中丁弟	中丁弟	
河亶甲	外壬弟	外壬弟	外壬弟	
祖乙	河亶甲子	河亶甲子	河亶甲子	中丁子七世
祖辛	祖乙子	祖乙子	祖乙子	祖乙子八世
沃甲	祖辛弟	祖辛弟	祖辛弟	
祖丁	祖辛子	祖辛子	祖辛子	祖辛子九世
南庚	沃甲子	沃甲子	沃甲子	
阳甲	祖丁子	祖丁子	祖丁子	祖丁子十世
盘庚	阳甲弟	阳甲弟	阳甲弟	阳甲弟十世
小辛	盘庚弟	盘庚弟	盘庚子	盘庚弟十世
小乙	小辛弟	小辛弟	小辛弟	小辛弟十世
武丁	小乙子	小乙子	小乙子	小乙子十一世
祖庚	武丁子	武丁子	武丁子	武丁子十二世
祖甲	祖庚弟	祖庚弟	祖庚弟	祖庚弟十三世
廪辛	祖甲子	祖甲子	祖甲子	
康丁	廪辛弟	廪辛弟	廪辛弟	祖甲子十三世
武乙	庚丁子	庚丁子	庚丁子	庚丁子十四世
大丁	武乙子	武乙子	武乙子	
帝乙	大丁子	大丁子	大丁子	
帝辛	帝乙子	帝乙子	帝乙子	

因而，我国的某些历史家，有认此为殷代男系世袭权不曾确立之证。实则，非在男系世袭权确立的原则下，“兄终弟及”的事实也是无从实现的；反之，“兄终弟及”正是男系世袭权确立后的特征，而且在殷代，“传弟”与“传子”互见。因为在这种初期国家的时代，没有奴隶，社会生产就不能进行，战争中的俘虏是奴隶的主要来源，没有战争的俘虏，买卖奴隶也便没有来源，因此，王同时又必须是军事集团的首领。在殷代也不能例外，所以甲骨文字和《易》卦爻辞所记殷人的每次征伐、战争大都由王直接率领。因而王必须要具备这种军事首领的身分，这就不但需要成人方能胜任，而且需要精武善战为条件，从而当王死亡后，其子能具备这种条件，便“传子”；反之，其子或因年岁幼小或无此种才能者，事实上便不能不“传弟”。这是殷代之所以有“兄终弟及”的事实的历史内容。在中国史上，直至后来还不断有这种事情的发现。例如在周初，武王死后，因为其以殷顽为中心的反革命势力还很嚣张，军事斗争的任务尚未终了，又因成王年幼，在需要“王”必须同时是军事领袖的前提下，于是乃不得不传之其弟周公，即所谓周公“践天子位”。宋代建国之初，统一全国的军事征战尚未完成，还需要“王”同时为军事领袖的条件之下，于是赵匡胤死后便不能不舍其子而立其弟光义。这种例子，在世界史上多着哩！尤其是在初期国家时代，例如在罗马的一个长时间，事实上，不仅有传婿的事实，甚而不曾确立一个家系的世袭权，转由其有军事权威的军事领袖在承袭。

另一方面，殷代的男系血统嫡系的观念，反甚为浓厚，继兄者并不后其兄与其旁系祖先，而乃仅后其嫡系祖先。这在殷代王家的祭典中，表现得很明白，除特祭外之一种合祭，仅祭其所自出之先王，非所自出者不与。这种例子，在甲骨文字中记载至多①。

---

① 王国维云：“《殷本纪》则商三十一帝（除大丁为三十帝），共十七世；《三代世表》……则为十六世；《古今人表》……亦为十六世。今由卜辞证之，则以《殷本纪》所记为近。案殷人祭祀中，有特祭其所自出之先王，而非所自出之先王不与者。前考所举：‘求祖乙（小乙），祖丁（武丁），祖甲、康祖丁（庚丁），武乙衣’，其一例也。今检卜辞中又有一断片，其文曰：‘……大甲，大庚……丁，祖乙，祖……一羊一南。’此片虽残缺，关于大甲、大庚之间不数沃丁、中丁（中字直笔尚存）、祖乙之间不数外壬、河亶甲，而一世之中仅举一帝，盖亦与前所举者同例。又其上下所阙，得以意补之如下：

由此观之，则此片当为盘庚、小辛、小乙三帝时之物。自大丁至祖丁皆其所自出之先王。”（《观堂集林》，卷九，《殷卜辞中所见先公先王考》）

“是大庚但后其父大甲，而不为其兄沃丁后也。中丁、祖乙之间不数外壬、河亶甲，是祖乙但是王是代表奴隶所有者即贵族从而其统治阶级的利益的首脑，所以其所表现的政治上的权力，并不是其个人的暴力，而是其阶级的统治形势的表现。所以在殷代，在僧侣贵族和世俗贵族的利益一致的原则下，政权的实际掌握者却是僧侣贵族①，王和世俗贵族反而常常受着僧侣贵族的支配②。这由于适应其幼稚的生产技术的基础上，人类对自然的占有程度较低；在一切生产斗争上，都不能不受着自然的支配。僧侣贵族在这一点上，便被视为系代表神意而出现，是握着生产丰歉和人事休咎等等方面的神意的沟通作用。从而作为社会生产、人事、战争……等等的措施上的具有决定作用的神意，是凭借那握在僧侣们手中的占卜去表现的。因而僧侣们便成为政治上惟一的实际权力者，且从而他们又成为军事上的组织者和权力者。③ 另一方面，对于奴隶的统治，在其政治形态上的这种原始的“神权”性质的表现和作用，又自具备其阶级的历史意义。

在这种政治权力的机构中，主要在行使其对奴隶的统治。殷代的奴隶所有者，在“神权”所表现的那种精神统治的武器外，从“神的慈悲的心灵中”

但后其父中丁，而不为其兄外壬、河亶甲后也。”（同上书，卷一〇，《殷周制度论》）

又“□祖乙（小乙），祖丁（武丁），祖甲，康祖丁（庚丁），武乙衣。”（《后》，上，二〇）“于祖甲前不数祖庚，康祖丁前不数廪辛，是亦祖甲本不后其兄祖庚，庚丁不后其兄廪辛。故后世之帝于合祭之一种乃废其祀（其特祭仍不废）。”（《观堂集林》，卷一〇，《殷周制度论》）

郭沫若说：“殷代祀典虽先妣特祭，然犹存母权时代之孑遗，然犹仅祭其所自出之妣，于非所自出之妣则不及，是其父权系统固确已成立矣。”（《通》，序，二页）

“在予排比其世系而为表式时……举凡有妣名者，悉以祖妣配列……即有妣名者为王统之直系，其属于旁系者则无之。”（同上）“桒雨自囗，大乙，大丁，大甲，大庚，大戊，中丁，且乙，且辛，且丁，十示，率羊。十示之意义既得明示，且均为王统之直系。后祖与且乙之间为中丁，遂使王国维中丁为大戊子、且乙为中丁子之说……成为铁案。”（《通》，

① 周公说：“我闻在昔，成汤既受命，时则有若伊尹，格于皇天；在太甲时，则有若保衡，在太戊时，则有若伊陟臣扈，格于上帝；巫咸乂王家；在祖乙时，则有若巫贤；在武丁时，则有若甘盘。率惟兹有陈，保乂有殷……故一人有事于四方，若卜筮罔不是孚。”（《周书·君奭》）伊尹、伊骘、巫贤等便都是一群掌握“卜筮”等宗教教权的僧侣头目。

② “伊尹放太甲于桐”，“伊陟赞言于巫咸。筮咸治王家有成，作咸艾，作大戊。大戊赞伊陟于庙，言弗臣；伊陟让；作原命”（《史记·殷本纪》）。伊尹能黜放国王，伊陟对国王“弗臣”，僧侣贵族能左右王室的权力，可以概见。

③ 例如：甲骨文字所记：“……𠂇尹从亩𢎘古事。……”（《前》，七，二三，一）“……贞命多𦔻从𡿧桒伐下𠃊……”（《后》，上，三一，九）

又创造出那给予奴隶们的各种各样的刑罚①，借这种严刑酷罚的政治设置，具体的表现“神”的最高的统治权力。这种刑罚的适应的特征，在名义上也不给予何种相对性的形迹，而只是片面的任意的行使，因为奴隶根本上便是被当作其主人的家畜一样看待，并不曾被认为有人格存在②。

在人类史上，奴隶是最缺少政治觉悟的阶级。殷代奴隶所有者所给予奴隶们的残酷压迫，使感受人类所不能忍受的苦痛③，引起奴隶的相继逃亡④，作为其自发的反抗的表现。奴隶们武装的叛乱，在古代欧洲，在斯巴达克斯的率领下，曾有一次较大规模的表演。殷代所发现的这种奴隶叛乱的事件⑤，文献上的记事过于简略，我们无从作详细的叙述。虽然如此，因为他们最缺少政治的觉悟，所以在人类史上，单独奴隶的叛乱，并不曾引起历史的变革——虽然，由奴隶制到封建制过渡的社会革命，是和奴隶所进行的阶级斗争与起义分不开的。

---

① 甲骨文字中有“劓”、“剕”、“刑”、“杀”、“劓”（从刀从鼻）等；陆和九先生又照原文列出如次之四字云：“言刑罚，则有[illegible]、有[illegible]、有[illegible]、有[illegible]诸名词。”（见所著《金石学》前编七页）又有“贞羊亡，其囚一月”（《新》，五一）；“其噩众。壬戌卜，不噩众”（《新》，一九六）。《易》卦爻辞有：“劓刖，困于赤绂，乃徐有说（脱），利用祭祀”（困，九五）；“其人天且劓”（见前引）；“厥孚，交如，威如”（大有，六五）；“执之用黄牛之革，莫之胜说（脱）”（遯，六二）；“咸其股，执其随”（咸，九三）；“咸其腓”（咸，六二）；“咸其拇”（咸，初六）；“系用徽纆，寘于丛棘”，（坎，上六）；“来之坎坎，险且枕，入于坎窞，勿用”（坎，六二）；“利用狱”（噬嗑）；“噬肤灭鼻，无咎”（噬嗑，六二）；“拘系之，乃从维之，王用享于西山”（见前）；“发蒙利用刑人，用说（脱）桎梏”（蒙，初六）。羽按：禁闭奴隶的地牢，殷虚遗址中已有发现；把残废或桀黠的奴隶用作牺牲，由殷废址中之人骨残片的发现，也得到了实物的证明。甲骨文中有如次之诸字：[illegible]象一人带索交胫投之火上。[illegible]象一人跪地，两手提牵其首。[illegible]象一人上击其首，反击其手，慑以斧钺。[illegible]象一人跪地而梏其两手。[illegible]执置之围，仍梏其手。

② 这是奴隶所有者时代的极一般的特征。在奴隶所有者时代的俄国，百姓的生命折合一九一四年战前金额值五百卢布，贵族的生命为其十六倍。杀害奴隶，其主人便只从杀害者方面取偿劳动价值；若奴主自己杀害奴隶，是不负何种法律责任的。我记得波克罗夫斯基的《俄国社会史》中有这样的一段记事，但一时竟没有找着原文，仅就记忆的大意录出。

③《易》卦爻辞关于这类事情的记载说：“出涕沱若。”（离，九四）“泣血涟如。”（屯，九五）“萃如嗟如。”（萃，六三）

④ 例如：“众允，悔亡”（《易》，晋，六三）；“革，己日乃孚……悔亡”（革）；“悔亡，有孚，改命，吉”（革，九四）；“闲有家，悔亡”（家人，初九）；“系遯，有疾厉”（遯，九三）。

⑤《易》萃初六说：“有孚不终，乃乱乃萃。若号，一握为笑。勿恤。往无咎。把这段话译成现代语说：“那班该死的奴隶们，现在已不同从来一样了。他们竟敢于结队成群的叛乱起来。在聚集着的一大群的叛徒中，都是如醉如狂的，在那里狂热的呐喊叫骂。现在乱子既已演成了，那只有无所用其怜惜的迅速用最大的强力去扑灭它。”甲骨文也有关于奴隶暴动的记载。

D. 政治疆域

殷代国家的政治疆域，仅就其政治军事势力所及的地方说，东南西北国境，从甲骨文字所能考出者，已至属辽阔；然边远区域与之在政治的联系上，殆皆比较薄弱。其政治力所直接支配的区域，盖不出黄河中下流南北境纵横千里之内，即所谓"邦畿千里"；在此纵横千里的区域内，主要为商族本族所散布的区域①，商族在这种区域内，国王与贵族常往来游田，到处都建有其离宫别墅②。

殷人于此"邦畿千里"以外的四周地域，其军事政治势力所及者，东南达到距殷都三千里外的区域，兹揭示一甲骨合片所载于次：

> 癸巳卜，在反，贞王旬亡畎，在五月，王越于上醬。癸卯卜，在糜，贞王旬亡畎，在六月，王越于上醬。癸丑卜，在宣，贞王旬亡畎，在六月，王越于上醬。癸亥卜，在向，贞王旬亡畎，在六月，王越于上醬。癸酉卜，在上醬，贞王旬亡畎，在七月。癸未卜，贞王旬亡畎，在七月，王

---

①《诗·商颂·玄鸟》："邦畿千里，惟民（殷人自由民）所止。"此从甲骨文字的考究，已能完全证明是确切的。王国维考究云："殷虚卜辞中所见古地名，多至二百余，其字大抵不可识。其可识者亦罕见于古籍；其见于古籍者如齐餗，如霍餗，如召，如噩，如刚，如向，如画，如灉，皆距殷颇远，未敢定为一地；其略可定者：一曰龚……二曰盂……三曰雝……此三地皆在河北；其在河南者：曰亳，曰曹，曰杞，……曰截……曰雇……此八地者皆在河南北千里之内，……殆可信为殷天子行幸之地矣。"（《观堂别集》，卷一，《殷虚卜辞中所见地名考》）在殷代奴隶所有者国家灭亡后，这一区域犹为商族所散布。安阳故地及周初的宋地为殷人所居，自不待言；周初武庚凭借以为叛乱者，皆为居于东土（今日之山东、江苏北部、安徽东北部）的商人及徐淮人等。

又"丙辰卜，行，贞其步自于良，亡巛""□□卜，行，贞王其步自良于主。"（《前》，二，二一，三）郭沫若云："《左》昭十六年：'晋侯会吴子于良'，或即此良地，汉为良成，属东海郡，在今江苏徐海道邳县北六十里。"（《通》，畋游，一五一页）此证之甲骨文字中伐濶伐霍，并互证《商颂·殷武》之所谓"奋伐荆楚，罙入其阻"云云，郭氏此说，殆至属正确。

②"辛丑卜，贞王田于斖。""戊戌卜，贞王田于斖。"（《前》，二，三八，四）此片所载，王自戊戌至辛丑凡四日流连于一地游田，其地自当有行宫；故郭沫若云："斖地在沁阳附近，殷曾在沁阳设有离宫别墅。"其余雝、盂各地，亦为王游迹常至之处，例如，"辛酉卜，贞王田雝，往来无巛"（《前》，二，三六，四），"辛未卜，在盂，贞王田衣，往来无巛"（《前》，二，三一，六）一类记载，甲骨文字中至多见。

正𢦏儿商，在爵。癸巳卜，在上䜌，贞王旬亡畎，在七月。①

郭沫若先生说："由五月癸巳至七月癸巳整六旬……至七月癸酉则在上䜌……然自殷京至䜌之路途，要在四十日以上矣。师行平均以日七十里计，约在三千里内外也。"② 依据郭先生的考证，自殷都至上䜌中间所经过的反、廉、宜、向各地，均为自殷都至今日浙江间之古代地名；而两地间之距离，亦恰为三千里内外。今浙江、福建出土之新石器文化遗物，都具有龙山文化和殷的文化的若干影响及色彩。是上䜌为上虞之说，盖至属可能。因之郭氏又说："其（帝乙）廾祀，曾远赴上䜌征讨蘆、林、𢦏、爵等国，经时半载有几。上䜌者，余疑即是上虞，其地距殷京甚远。据予由四个断片所合成之一整骨，知其路程在四旬以上，是知殷时疆域似已越长江而南。"③ 但以之确证殷人军事势力及于殷都东南三千里外的上䜌（无论其为今日之何地），则成铁案矣。同时殷人于征服此等地域之后，并不止于掠夺奴隶和财产，且以之置于其自己的政治的从属下。易言之，即以之作为其统治下的属领，规定其税纳，复封其"邦邑"，使之奉"商"为宗主国。这在甲骨文字也有较明白的记载：

庚寅，王卜，在義，贞余其𠂤𠂤在丝上䜌，今𦘔之其章（墉），其乎淵示于商正，余受又又，王𡆥曰吉。④

其东部国境，《诗·商颂·长发》说："海外有截"，是则至少已东尽海隅。证之甲骨文字，此殆属确切无疑。甲骨文字有一片记载云：

辛丑卜，行，贞王步自□于雇，亡𡿧。癸卯卜，行，贞王步自雇于𣄰，亡𡿧，在八月，在𠂤雇。己酉卜，行，贞王其步自𣄰于来，亡𡿧。⑤

□为何地，尚不可考；然辛丑自□行军至雇，癸卯已在雇，自辛丑至癸卯费时四日，行军日八十里⑥，则为三百二十里；癸卯自雇行至𣄰，己酉已在𣄰，自癸卯至己酉费时七日，行军日八十里，则为五百六十里。自𣄰至来则无从悬推，然其地距殷都盖已不下二千里内外矣。据郭沫若考证云："雇，即今山东范县东南五十里有顾城。"又云："𣄰字……余疑杋之繁文。《汉书·地理

① 《通》，征伐，一三〇页。
② 同上，一三一页。
③ 《通》，序，三～四页。
④ 《前》，二，五，三。从郭沫若释。
⑤ 《通》，畋游，一五九页。
⑥ 以下文所记自洹至杞之行程日约八十里折算。

志》平原郡有朸县，今山东商河县治也。”又云来即莱，胡渭云：“今登州、莱州二府，皆《禹贡》莱夷之地。”“案即今胶东道东部，黄县东南有莱子城。”余案商族自东向西发展，山东为其发祥的根据地，盖全系商族所散布之区域。所以此片不言“征”，而只言“步”，盖巡视之意也。

其南部国境，从甲骨文字考究，已直抵今日之安徽、湖北之潜、霍一带，已如前述。《诗·商颂·殷武》所谓“奋伐荆楚，罙入其阻”，于此而得一确证。盖在古代，今日的皖北亦系楚地。其西南部国境直抵今日四川之松潘县属，亦已如前所述矣。

其西部国境，从甲骨文字考究，一面直抵今日之陕、甘，即所谓羌、倞等处，已如前述。一面则达距殷都七八百里之[illegible]、剢[1]。北部延至今日山西北部以至河套，东北达古营州和易州，我们在前面，均已引证过。

然在其“邦畿千里”之外的这等四方或四土地区内，在军事征服后，殆亦不过——如其在上[illegible]之所为，定其税纳，“示以商正”而已。其政治上之联系，殆大抵不过为共主。与侯、甸等属领间的若断若续的关系，逐步才密切起来的。

从而《诗·商颂》所谓“宅殷土芒芒，古帝命武汤，征域彼四方。方命厥后，奄有九有”，“禹敷下土方，外大国是疆，幅陨既长，有娀方将”，“昔有成汤，自彼氐羌，莫敢不来享，莫敢不来王”，“邦畿千里……肇域彼四海”，“邦畿千里，惟民所止。肇域彼四海，四海来假，来假祁祁，景员维河”，“挞彼殷武，奋伐荆楚，罙入其阻；裒荆之旅，有截其所，汤孙之绪”[2]，《盘庚》上篇所谓“绍复我先王之大业，底绥四方”，《叔夷钟铭》所谓“奄有九有，处禹之堵”等等关于殷代政治疆域之概括记述，便皆非属虚构，而是符合历史真实的。

① 甲骨文字有：“丙戌卜，在亶（洹）贞今日王步于□（郭沫若云：“所阙一字当是敽字。”亶罗振玉释趠，盖即洹水之洹），亡巛”，“庚寅卜，在敽，贞王步于杏（杞），亡巛。”“癸巳卜，在[illegible]，贞王征𦉈，往来亡巛，于自北。”“甲午卜，在[illegible]，贞王步于剢，亡巛”（《前》，二，八，六）。郭沫若考释云，自洹至[illegible]，盖有七日之路程，自安阳至杞可四百里。羽案殷王在此一行程中，仅于𦉈言征，馀则均言步，殆亦其邦畿之地，而为巡视性也。

②《玄鸟》、《长发》、《殷武》。

E. 战争的主要目的——掠取奴隶和征服“异族”

殷代奴隶所有者国家的军事组织，在最初，形式上殆为一种原始性的军事集团。所以军事的构成上，一方面有以氏族为构成单位的事实存在①；但在另一方面，却又有其非氏族组织的国家的军队的组织②。

其军队组织和作用，除作为镇压奴隶和平民的暴力手段外，一方面为不断进行掠取奴隶的战争；一方面为行使其对“异族”的征服和对“叛乱”的讨伐。所以王同时便是这种军事集团的领袖，亦即这一奴隶掠取者团体的首领③。

殷代奴隶所有者所进行的战争中，每次参加战争的军队人数，据甲骨文字等文献所记，率多为三千至五千人④。亦有多至万几千人的。其征战所至之地常有离首都数千里外者。其每次战争延长的时期，有延至半年甚而三年之久者⑤。战争每次杀戮之人数，有多至三千人左右者⑥。这在古代，均堪称为较大规模的战争。

殷代军队所使用的兵器，无论“自”一类建制的国家的军队，或掌握在

① 例如：“王□□毋令□五族□伐𢀛方。”（《后》，下，四二，六。从郭沫若释）“贞令多子族罙犬侯寇周，古王事。”“贞令多子族从犬罙亩咢古王事。”（《通》，五三八片）在这里所谓“五族”、“多子族”，显然反映着氏族的军事组织的遗制。

② 例如：“己酉卜，㞢，贞収众人乎（呼）从受古王事。五月。（《前》，七，三，二）“□寅卜，㱿，〔贞〕王収人□正（征）㕯。”（《后》，下，二七，七）这里所谓“収众人”、“収人”、“𠂤”与“王作三𠂤左、中、右”，及前引之“多射”、“多臣”、“佳”及董作宾《帚矛说》所载之“小臣从”、“羌卫”……则确证为国家的军队组织。

③ 例如：在俄罗斯的初期国家时代，波克罗夫斯基有如次的一句话：“俄罗斯的最初的‘君主’，便是奴隶买卖者团体的首领。”（《俄国社会史》，日译本第一册，第四二页）波克罗夫斯基的史学观点是错误的，而其所述这一史实尚可靠。

④ 例如：“丁酉卜，㱿，贞令𢀛，王収人五千正（征）土方，受㞢（有）又（佑）。”（《后》，上，三一，五）“丁酉，㱿，贞勿登人四千。”（《铁》，二五八，一）“……登人三千乎戔（战）。”（《前》，七，三八，四）

⑤ 例如：前述据甲骨文字考究，王伐上𩵦，在上𩵦停留至半年以上。又《易》：“高宗伐鬼方，三年克之。”（既济，九三）“震用伐鬼方，三年有赏于大国。”（未济，九四）

⑥ 例如：“八日辛亥，允戈（伐）二千六百五十六人，才（在）𠀠。”（《后》，下，四三，九）

贵族手中以氏族遗制为建制的军事组织，殆皆由中央政府所颁发①。这也正在表现着初期国家的某种程度上的集权性。

殷代奴隶所有者国家不断进行战争的第一个主要目的，是为着用战争去俘取人口作奴隶。殷代的奴隶，大抵都冠以族名，这便是用战争手段从各处掠取来的俘虏，或由作为其属领的“异族”不断贡来的人口编制而成者。所以其每次战争，照甲骨文字所载，一方面以能否掠得俘虏视为重大事件。例如：

四月庚申，亦㞢来鼓自北，子豸告曰：昔甲辰，方䟴于蚁，俘人十㞢五人；五日戊申，方亦䟴，俘人十㞢六人；六月在□。②

今春命虎侯田从栽至于滗，获羌。③

朕获羌。④

---

① 董作宾根据甲骨文字考究云：“每次帚矛之数量，相差悬殊，由最少的一支乃至最多的二十支。同是一地一人，因分配和需要的关系，每次也各有不同。例如井有时一支，有时三、四、五支，有时七支。妟，也从二支至二十支。可见数量的无定额。兹更列为下表：

每次矛数	受　矛　者	总计
1	井，嬄，嬄，喜，卫，壶，商，邑，庞，□	10
2	豊，妌，妟，貞，邑，邑，霏，殸，㕣，汝，□	22
3	井，井，宝，宝，妌，妟，商，妟，杏，邑，邑，利，利，利，羌氏卫，雩，后，□	57
4	井，妌，妟，商，邑，邑，邑，雩，羌位	36
5	井，妟	10
6	利，子□，子□，汝	24
7	井，井，见，畢，查，邑，羌卫，羌卫，□	56
9	雩	9
10	良，良，羊，珍，珍，珍，小臣从，羌卫，><，雩，□	110
11	奠	11
12	妟，罗，小臣中	60

除了未见到的和附篇中矛数残缺的，我们不能统计之外，就这表中所列，颁发之矛有数可计者，共有四百零五支。这仅仅是武丁时代所铸造的兵器之一小部分中而又矛数有记载可稽者，当时武功之盛，便可以想见一般了。”（《安阳发掘报告》，第四期，《帚矛说》）

又据董作宾考证，受矛者之殸、小臣从、小臣中、罗、妌、子妊、子□均为人名；喜为贞人名；井、妟、嬄、楚、妹、汝、商、杞、庞为“国”（按即公社部落和部族）名；卫、羌卫、羌位、羌氏、利为供（拱）卫之军队；邑、郊、奠、雩为首都四郊及其他镇守处所之驻军。

②《菁》，五。

③《前》，七，二。

④《前》，五〇。

不其获羌。[①]

系马孚取，王弗每。[②]

𫸩挚归孚，克，卿王史，其挚。[③]

《易》卦爻辞中所载每次的战争，殆皆以“有孚”或“罔孚”[④]为占卜；掠取俘虏在战争的目的上，即此可以概见。

殷代国家的最后数百年间，在今日的山东、河北、河南境内，除为其本族所占住的区域外，其他“异族”的农业民，殆皆已作了它的属领，其剩余劳动人口主要是以税纳的形式被榨取。因而其掠取奴隶的对象不能不求之于更远地的土方、𢀛方、羌、氐……各族。所以甲骨文字关于征土方、𢀛方、丂方……等的记载最多，奴隶群中的数量，土方、𢀛方、羌人以至刞人等都为数不少。郭沫若先生考究云：“殷人之敌在西北，东南无劲敌。最常见之敌为𢀛方及土方……其地当在今山西北部，盖玁狁之部落也。”其原因厥在塞北之土方和𢀛方及羌、氐等，此时殆尚在游牧时代，为殷代奴隶所有者掠取奴隶的主要来源。

其次的一种战争性质，为对于“异族”的征服。这在一方面，他们用战争手段去把“异族”的农业民征服，应用其自己的国家原理去加以编制（示以商正等等），使之转化成为其属领，令它们提供贡物和人口等等。另一方面，在这些属领“异族”反抗或背叛时，便又用着战争的手段去讨伐和镇压，例如：

壬□命𢦏伐𡗗侯。[⑤]

甲骨文字中关于伐某“侯”的记载甚多，足见这一类的战争在殷代亦很频繁。由于属领和殷代国家政治联系较薄弱，他们感于对殷代国家贡纳的重荷[⑥]，常期求摆脱其束缚，因之便不断的发生反抗或“背叛”。殷代奴隶所有者也不断的用战争手段去讨伐和镇压。殷代的这种性质的战争，是和其属领的

---

① 《铁云藏龟之馀》，第七叶。

② 《新》，一五七。

③ 《新》，二六〇。

④ 例如：“晋如，摧如，贞吉，罔孚，裕，无咎。”（《易》，晋，初六）“有孚，挛如，无咎。”（中孚，九五）”扬于王庭，孚号有厉，告自邑，不利即戎。”（夬）“厥孚，交如威如。”（大有，六五）“随有获，贞凶，有孚在道，以明何咎。”（随，九四）“壮于趾，征凶，有孚。”（大壮，初九）“有孚惠心……有孚惠我德。”（益，九五）

⑤ 《新》，二八五。

⑥ 说见后《奴隶所有者国家的没落》节。

无常的向背相照应的。

同时他们对属领又有其军事上的保护义务，所以在北方的游牧部落侵入其属领时，他们便又不能不以战争的手段去驱除。这在甲骨文字中，有如次一类的记载：

癸巳卜，殻，贞旬亡，𡆥王固曰，㞢𠂤（崇），其㞢来𡿺，川至，五日丁酉，允㞢来𡿺自西，沚𢦔告曰：土方䍜于我东鄙，𢦏二邑，𢀛方亦牧我西鄙田。

……□月豆，壬寅，王亦冬（终）夕𡆥……东啚（鄙）𢦏二邑。王步自䣛，于𨜿司……。①

𢀛方、土方均在今山西北部及河套一带，其所侵入之“邑”，自非商族所居的河南北地，很可能为其北方的属领。

但在殷代奴隶所有者国家的末期，不但与北方的土方和𢀛方等发生不断的战争，而原来曾为殷之属领的西北各族，便以周为中心而揭起反殷的旗帜②，而形成敌对的局面。因而商族为争取其统治权的延续，便以“古王事”的口号去号召对周人的战争。甲骨文字所记载，殷末商代朝廷所发动的对周人的不断战争，殆皆与所谓“古王事”相联结。例如：

贞叀多子族令从亩𢀛古王事。贞叀多尹、令从亩𢀛古王事。③

□□卜，𠂤，贞令𣄰从𠂤侯寇周。④

癸未□，令㫃族寇周，古王事。⑤

贞令多子族罘犬侯寇周，古王事。贞令多子族从犬罘亩𢀛古王事。⑥

己酉卜，㱿，贞収人乎（呼）从𠭰古王事。五月。⑦

在殷末，许多“异族”多已围绕在周人的周围，要求从殷代奴隶所有者

---

①《菁》，二；《菁》，六。

②《论语》：“文王三分天下有其二，以服事殷。”《左传》：“文王帅殷之叛国以事纣。”《史记》：“纣赐之弓矢斧钺，使西伯得专征伐。”《周书·武成》：“庶邦冢君暨百工受命于周”，“大邦畏其力，小邦怀其德。”《牧誓》：“王曰：嗟我友邦冢君……及庸、蜀、羌、髳、微、卢、彭、濮人，称尔戈，比尔干，立尔矛，予其誓。”

③《后》，下，三八，一。

④《前》，七，三一，四。

⑤《前》，四，三二，一。

⑥《通》，五三八片。

⑦《前》，七，三，二。

国家的压迫下解放出来，构成殷代国家末期一个巨大的革命运动。周人在当时，便充任了反对殷代奴主贵族的革命斗争的中心堡垒。

F. 婚姻制度

婚姻制度在过去的人类史上，恩格斯指分为三种形式，即适应于原始公社制前期即野蛮时代的群婚——的“彭那鲁亚婚”，适应于原始公社制后期即未开化时代的对偶婚，与适应于文明时代的阶级社会由破坏夫妇贞操与卖淫为补充的一夫一妻制；在原始公社制社会和阶级社会的过渡期间，即在对偶婚与一夫一妻制之间，则插入了男子对女奴隶的支配和家长制的一夫多妻制，但这并不能成为一种独特的婚姻形式。

存在于中国殷代的婚姻制度，我们从其时社会特征，即其社会构成的性质上作联系的考察，从而从其运动的根基上，通过具体情况进行具体考察，可看出“一夫一妻制”是其主要形式。这在殷代的可靠文献中关于婚姻制度的记事，都能予以说明的。

但是我们的有些历史家，却以其“瞒天过海”的手段，窃取郭沫若先生以往的说法，把历史的记载——实际，这些记载也是很明白的——有意无意的加以颠倒、混淆①，将殷代的历史挪回到多少千万年以前去。例如他们根据卜辞中的所谓“父甲一牡，父庚一牡，父辛一牡”及三《商勾刀》的铭文，夸张为所谓“多父”制；又根据甲骨文片的如次一类记事：“祖乙之配曰妣己又曰妣庚”，“祖丁之配曰妣己又曰妣癸”，“武丁之配曰妣辛又曰妣癸又曰妣戊”，夸张为所谓“多母制”。“多父”和“多母”的同时存左，谁也不能不解释为群婚即“彭那鲁亚婚姻制”，从而商周恐亦不能不成为图腾标志罢？至少也该是相距不远的。但所谓“多父”根据的三《商勾刀》的内容又是怎样的呢？

---

① 郭沫若先生根据甲骨文字的考究，已改变了以往的看法。甲骨文字的考究，对殷代婚姻制度已给出相当明白的解答之后，犹坚持那种旧看法的人们，便不免使人怀疑他们是故意在歪曲。郭先生在新作《古代研究的自我批判》一文中，对殷代社会的性质，又给了我们一个系统的正确结论。——一九四六年补注。

一刀列铭兄名曰："大兄日乙，兄日戊，兄日壬，兄日癸，兄日癸，兄日丙。"

一刀列铭父名曰："祖日乙，大父日癸，大父日癸，仲父日癸，父日癸，父日辛，父日己。"

一刀列铭祖名曰："大祖日己，祖日丁，祖日乙，祖日庚，祖日丁，祖日己，祖日己。"

很显然，有"父"和"仲父"、"大父"之分；"祖"和"大祖"之分；这和"彭那鲁亚婚姻制"下之"父之兄弟皆为父"，"父之父皆为祖"的原理是根本背离的，因为那是根本没有什么"父"和"仲父"、"大父"，"祖"和"大祖"之分的。从另一方面说，在对偶婚的制度下，每个人却只能以其"母的主要之夫"为"父"，又并不能有一个以上的"父"——只有一个以上的"诸父"。余因而确认《商勾刀》的制作的主人，必非一人，而必为某一家系之子孙侪辈共同纪念其祖若父若兄者。例如列铭父名一刀，似系作自"日乙"之诸孙，即"日癸"、"日辛"、"日己"各自之子，馀亦类此。从而甲骨文字中之所谓"父甲……父庚……父辛"，殆亦为王族中"甲"、"庚"、"辛"各自之子辈对其父辈之共祭无疑。且子侄之分，在殷代固甚明显的存在了，甲骨文字有云："己亥卜，王，□余弗其子，帚侄子。"① 同时，殷代男系家系的嫡系已经确立的情形，在王位继承中表现得很明白。这，我们根据甲骨文字和王国维的考证，已在前面论证过。

所谓"多母"者，据王国维根据甲骨文字考证，在殷代三十一世帝王中，除祖乙、祖丁、武丁……等少数帝王各有数偶外，其余仅有一配者反占多数②。"多母"说之狂诞夸张，于此可见。而且在历史上，所谓古代帝王，其配偶之多，殆有令吾人惊异者。对此，恩格斯也曾经指出过。

再看郭沫若先生现在是怎样说的吧："殷代祀典虽先妣特祭……然仅祭其所自出之妣，于非所自出之妣则不及，是其父权系统，固确已成立矣。"又

①《前》，一，二五，三。

② 示壬之配曰妣庚，示癸之配曰妣甲，大戊之配曰妣丙，大丁之配曰妣戊，大甲之配曰妣辛，大庚之配曰妣壬，大戊之配曰妣壬，中丁之配曰妣癸，且乙之配曰妣己又曰妣庚，且辛之配曰妣庚，且丁之配曰妣己又曰妣癸，羊甲之配曰妣甲，小乙之配曰妣庚，武丁之配曰妣辛又曰妣癸又曰妣戊，且甲之配曰妣戊，庚丁之配曰妣辛，是除且乙、且丁二配，武丁三配外，馀皆一配也。

说："在余排比其世系而为表式时，举凡有妣名者悉以祖妣配列……即有妣名者为王统之直系，其属于旁系者则无之。"① 足见为真理服务而无成见的人，是不会固执己见而步步去追究真理的。

但在殷代"一夫一妻制"的原则下，却已有妻妾妃嫔的分别。《易》所谓"畜臣妾"，"妾"的地位是同于奴隶的。这种家长制的过渡时代的孑遗，还残留到后来一个很长的时期。妃嫔的存在②，却正展开了阶级社会帝王们色情狂纵的序幕。

其次和后妃的存在相并的，便是"媵嫁"制度也一同出现了。关于此，《易》、《诗》中有这样一类的记载："归妹以须，反归以娣。""帝乙归妹，其君之袂，不如其娣之袂良。""挚仲氏任，自彼殷商，来嫁于周，曰嫔于京，乃及王季，惟德之行。大任有身，生此文王。"③ 这种以"娣"随嫁的"媵嫁"制度，在中国史上，实自殷而通过两周以至其后的时期，都有这种现象存在。在世界其他国家的历史上，也是不乏这类例子的。

但这不将是"姊妹一同娶夫"的"彭那鲁亚婚姻制"的形迹么？《诗·大雅》所谓"太姒嗣徽音，则百斯男"不将是"姊妹之子皆为子"的形迹么？然而《诗·大雅》同文中又有这样的几句话：

> 文王初载，天作之合，在洽之阳，在渭之涘。文王嘉止，大邦有子。大邦有子，伣天之妹。文定厥祥，亲迎于渭，造舟为梁，不（丕）显其光。
>
> 缵女维莘，长子维行，笃生武王。

这并不是群婚即所谓"彭那鲁亚制"，而是"天之妹"与"大邦有子"——文王的"一夫一妻"为原则的配合，武王也只有一个父亲——文王。

从而所谓"妾"、"妃"，便都系附属于"一夫一妻"为原则的制度下而存在的。正如恩格斯所指出，在阶级社会的历史上的所谓"一夫一妻制"，对于男子自始便不曾具有何种严格的约束；这原则对于女子才有其严格的意义。在这一点上，《易》渐九三说："夫征不复，妇孕不育。"这对我们的问题，给了一个明白的解答。这句话的意义是：

① 《通》，序，二页。

② 例如："甲申卜，㱿，贞：乎帚妃，先登人于庞。"（《前》，五，一二，三）"甲戌卜，㱿，贞：勿♉，即帚妃止于□。"（《前》，六，五，六）"贞叀帚妃乎御伐。"（《前》，六，六，三）。

③ 《易》，归妹，六三；同上，六五；《诗·大雅·大明》。

在丈夫出征的期间内，他的留在家中的妻，若和其他的男子偷偷摸摸发生着两性生活；若因而怀孕、生子，是不能得到她的丈夫和当时社会的承认，因而她只能把腹中怀着的小生物，用人工方法给他小产出来，抛置到厕所里，或者……才算妥当。

这完全在说明阶级社会中女子的片面贞操。在群婚即所谓“彭那鲁亚制”或“对偶婚制”时代的人们，是想像不到这种事情的。所以在中国史上的妇女，她们地位的惨落，被抛置在男子的压迫下生活，早已在殷代以至以前的时代就开始了的。

G. 奴隶所有者国家的没落

在殷代奴隶所有者国家的末期，一方面由于统治阶级以至整个自由民阶级的腐败，殷人从事劳动的自由民人口的减少，兵力的衰退等等，不能胜利地对其四周的边远地方继续进行掠取奴隶的战争。微子说：

殷其弗或乱正四方，我祖底遂陈于上，我用沈酗于酒，用乱败厥德于下。①

因而形成奴隶来源的缺乏，奴隶所有者乃益加紧对奴隶的榨取，致益促速了奴隶的死亡率的增加和劳动生产率的衰退，反而形成奴隶劳动力的更加缺乏。社会的生产事业，不能不相继陷于衰退和停顿。因之，形成社会经济的急速崩溃瓦解，这又直接间接促起军事力量的衰落。

一方面由于社会经济的衰落和崩溃，奴隶所有者为满足其奢侈的消费②和国家财政开支的来源，乃又加紧对其各属领“异族”的榨取③。以纣为首的统

①《商书·微子》。

② 周公说：“诞惟厥纵，淫泆于非：彝，用，燕，丧，威，仪，民罔不尽伤心。”（《周书·酒诰》）

③《周书·泰誓》说：“罪人以族，官人以世。惟宫室，台榭，陂池，侈服，以残害于尔万姓（诸“异族”）。”《泰誓》是否武王所作，虽尚有疑问。然证之《牧誓》：“俾暴虐于百姓（各“异族”），以奸宄于商邑”，《武成》：“今商王受无道，暴殄天物，害虐蒸民”，便能证明其确切。微子说：“降监殷民，用乂雠敛，召敌雠不怠。”（《商书·微子》）传云：“下视殷民所用治者，皆重赋伤民敛聚怨雠之道，而又亟行暴虐，自召敌雠不解怠。”

治集团，更加穷奢极欲，醉生梦死，弄得朝政腐败，社会黑暗不堪。这样愈扩大了殷朝朝廷和各属领间的矛盾、社会诸阶级阶层间的矛盾，更加紧了属领诸“异族”的反抗或“背叛”。因而在西北和南方的殷朝各属领，如庸、蜀、羌、髳、微、卢、彭、濮各族[1]及所谓万邦等，便相继团集于较强大的周人的周围，发动其对殷代奴隶所有者的对立斗争，并汇成为日益高涨的革命斗争。

一方面，原来仰给国家的殷族内那些贫穷化的下层自由民，至此由于经济衰退，财政来源枯竭匮乏，国家便不能不停止对这种自由民生活资料的供给。他们便因此而陷于衣食无着的穷苦之深渊，形成为都市的流浪之群，惯于以盗窃为生，例如微子说：

> 殷罔不小大，好草窃奸宄，卿士师师非度，凡有辜罪，乃罔恒获。……今殷民乃攘窃神祇之牺牷牲用以容将食无灾。[2]

《泰誓》亦说：“牺牲粢盛，既于凶盗。”这种盗窃生活者，在当时普遍的泛滥着，所以微子才大声疾呼和指摘政治败坏及国家警察的无能。

这样便又展开了下层自由民对贵族的斗争，而形成其社会内部之空前的混乱，发展为遍地的骚扰。所以文王说：“寇攘式内，侯作侯祝，靡届靡究，……如蜩如螗，如沸如羹，小大近丧……内奰于中国，覃及鬼方。”[3] 微子说：“小民方兴，相为敌雠。今殷其沦丧，若涉大水，其无津涯。”[4] 其情势之严重可想而知。

另一方面，在殷代国家末期，由于统治被统治间、阶级间矛盾的不断扩大与尖锐，又反映为统治集团内部的冲突，并具体表现为王和僧侣、即世俗贵族和僧侣贵族间的权利斗争。《周书·牧誓》所责纣之“昏弃厥肆祀弗答”，《多士》所谓“诞淫厥泆，罔顾于天显民祇。惟时上帝不保，降若兹大丧”，《西伯戡黎》所谓“我生不有命在天”，便是王对掌握在僧侣贵族手中的神权的争夺和冲突。司马迁的《史记》，关于这件事的叙述更明白：

> 武乙无道，为偶人，谓之天神，与之博，令人为行，天神不胜，乃僇辱之；为革囊盛血，仰而射之，命曰射天。

---

①《周书·牧誓》。
②《商书·微子》。
③《诗·大雅·荡》。
④《商书·微子》。

《史记》虽系汉代著作，然以此与《牧誓》对证，是能作为有力的旁证的。且从而《微子》篇所谓“咈其耇长，旧有位人”，“吾家耄逊于荒”，《牧誓》所谓“昏弃厥遗王父母弟不迪”，《泰誓》所谓“播弃犁老，昵比罪人”，“屏弃典刑，囚奴正士，郊社不修，宗庙不享……上帝弗顺”，《召诰》所谓“厥终智藏，瘝在”，便不只是王决然在排斥僧侣贵族，易言之，僧侣贵族在遭受排斥，而且似是还表现有派别斗争，正人遭受到打击。所以甲骨文字记载，原先大都是“乂贞”，正是“神权”完全掌握在僧侣手中的表现；在其末期的甲骨文片，“王贞”者渐多，正是王已渐次把“神权”拿到自己的手中的表现，具体反映了两者间的权利争夺。

参加这种王权运动的，主要为一部分世俗贵族和背叛“异族”人民的一些异族人。这在《周书·牧誓》、《武成》等篇中，有下列一些记载：

昏弃厥遗王父母弟不迪，乃惟四方之多罪逋逃，是崇是长，是信是使，是以为大夫卿士。

今商王受无道，……为天下逋逃主萃渊薮。

类此的事例，还助纣为恶的坏人的事例，《尚书》、《史记》等文献中都有不少记述。

这样，在奴隶所有者阶级的内部，也陷于极混乱的政争状态中。其中比较进步的或异己分子，如比干、微子、箕子等或被排挤或被杀戮，如太颠、闳夭、散宜生、鬻子、辛申大夫及太自、少自等则相率投奔革命；革命领袖如文王、九侯等则被囚禁。

殷代奴隶所有者国家在这种矛盾集结的情势下，已构成其灭亡的必然前途。这在当时统治阶级内部，头脑较清楚的政治家像微子等人，是看得相当明白的，所以他说：“商今其有灾，我兴受其败；商其沦丧，我罔为臣仆。”① 这便是说：“我商已经到了十分危急存亡的时候了，我们生逢这个厄运，真是晦气；商国亡了，我们谁都不能避免去给人家作奴隶!”其情势的严重，概可想见。

而这时的周人，随着其生产力的发展，加之在各“异族”对商族抗争的矛盾斗争的进程中，又一一把他们团结到自己的周围，并获得充当自己属领的

① 《商书·微子》。

“庶邦”的不少贡纳物[1]，其社会经济，乃愈益急速的发展起来了。随着其经济的发展，乃又以“解脱殷代奴隶所有者国家支配”的口号去号召殷代国家的各属领。因而这种属领便相继围绕到周族的周围，《论语》所谓“文王三分天下有其二”，便是这一事实的说明。

在这种革命与反革命对立的局势下，这一新的革命的集团乃随着殷代社会各种矛盾，从其生产关系的根基上所发作出来的各种矛盾的发展，而排演其历史的任务。因而在两者间的最后一次的武装斗争中，兼之奴隶所有者属下“奴隶军队的倒戈”[2]，殷代奴隶所有者国家的中央政权被推翻了。历史上所艳称的“武王革命”，便基本上完成了这样一个历史任务：中国历史由奴隶制度开始过渡到封建制度的新时代。领导这次革命的武王、周公、太公三大领袖，对这次革命的成功是有着重大作用的，所以他们不愧为中国历史上的出色人物。

---

① 《周书·无逸》：“文王……以庶邦惟正之供。”

② 《周书·武成》：“既戊午，师逾孟津；癸亥，陈于商郊，俟天休令。甲子昧爽，受率其旅若林，会于牧野，罔有敌于我师；前徒倒戈，攻于后，以北，血流漂杵。一戎衣，天下大定。”

五

意识诸形态

A. 哲学思想和科学思想

人类在原始时代，还不曾意识到“死”为何事，从而人死后的“灵魂”观念还不曾发生。到氏族社会，尤其在进入原始公社制后期的时代，由于人类对自然占有程度的增高而发生的生产和生活组织的变更，便渐次意识到“死”的事情，且从而发生死后的灵魂观念，于是构成两重世界观。但由于他们所生活着的人间世界的一切社会成员，都是无等差的平等的，从而他们便认为生活在“神间世界”的一切成员也都是平等的；人死后都有灵魂，而且在各人的死后便到另一世界去过其平等生活。同时因为以血缘为纽带的氏族组织，在同氏族内的成员行着共同互助的集体生产和生活，不同血缘的氏族间每发生着原始的斗争与互相掠夺的现象。因而他们认为本氏族内成员，特别是劳动和战斗英雄，死后的灵魂，依样会来协助他们斗争和给他们降福；反之，那些曾发生过械斗的异氏族成员死后的灵魂，却依样会来扰乱他们，给他们降灾。对个人间的生时的恩怨，也以此同一的原理去解释其死后的关系。另一方面，适应于其生产技术的幼稚的情况下，对其周围所发生的一切现象，都无法去制服与解释，因而在最初，又形成了“万物有灵”的观念。但他们这种具有原始宗教性质的迷信，主观上是从对自然进行斗争的要求出发的，而不具备骗人的因素。

到人类阶级之最初大分裂的奴隶所有者时代，人类的意识形态也随着发生转变。就灵魂观念来说，在奴隶所有者看来，奴隶是没有人格的“物品”，是当作“有声的工具”或“能言语的家畜”。因而在他们看来，奴隶在死后也是没有灵魂的；奴隶们的死，不过像物品的被消灭一样。只有奴主们在死后才有灵魂。

同时由于经济上、政治上的阶级支配权的确立，他们认为人间的一切都只有由这一阶级的力量去支配的可能。然而适应于当时生产力水平的情况下，对自然的占有程度还相当低下，尤其在农业和畜牧等生产上所受自然的支配很大。因而他们不只在主观认识上，而且为着欺骗与麻痹被统治的人民群众，便认为在“神的世界”内，也依样有一个支配自然的主宰——天帝的存在。于是便从氏族社会时代的祖先崇拜及其以前的“万物有灵”的观念，转变而为确认有一个最高主宰存在的“天”、“帝”崇拜观念。他们认为生产的丰歉，人事的休咎——一切吉凶、祸福等等，都是为“上帝”所左右的。所以在殷代，农业生产方面都向“上帝”祈求、占卜（求年，求雨，求晴，求禾……），战争也向“上帝”卜求，甚而认为因人间生产的歉收而引起社会生活的饥馑，也是由“上帝”有意识的在降灾①。然而他们这种支配人类社会的阶级的势力，又以什么为依据呢？在这一点上，他们便解释其自身是“上帝”所付托来统治人类社会的代表者，他们是“受命于天”的。因而他们说：

先王有服，恪谨天命，……今不承于古，罔知天之断命。

天其永我命于兹新邑。

肆上帝将复我高祖之德。②

伐吕方，帝受我又（祐）。③

以尔多方，大淫图天之命。

天降丧于殷罔爱于殷。④

---

① 例如：“庚戌卜，贞帝其降堇（馑）。”（《前》，三，二四，四）“我其已宊，乍（则）帝降若；我勿已宊，乍（则）帝降不若。”（《前》，七，三八，一）“帝令雨足年”，“贞帝令雨弗其足年。”（《殷商贞卜文字考》）“今二月，帝不令雨。”（《铁》，一二三，一）

②《商书·盘庚》。

③《林》，一，一一，一三。

④《周书·多方》、《酒诰》。

贞帝弗其医王。①

因而把奴隶所有者集团的首领亦即战争集团的首领的王，解释而成为“上帝”的嫡子。甲骨文中之称王为“子”或“天子”，《周书》之所谓“（上帝）易厥元子”，便是这种意识形态的表现。

但是自“上帝”的“元子”以次的统治阶级的人们，既都是“上帝”的儿子，代表“上帝”来行使统治，在他们的死后便自然要回到上帝那里去，而且在那里，各人的地位依样是无何变易，王仍是王，贵族仍是贵族，一般自由民也依样去做自由民。所以盘庚对其属下贵族说：

兹予大享于先王，尔祖其从与享之。作福作灾，予亦不敢动用非德。

对其自由民说：

我先后绥乃祖乃父，乃祖乃父乃断弃汝，不救乃死。兹予有乱政同位，具乃贝玉，乃祖乃父丕乃告我高后曰：作丕刑于朕孙。迪高后，丕乃崇降弗祥。②

殷虚出土的卜辞，便是殷代统治者的这种意识形态的集中表现。

另一方面，因为他们是“上帝”的儿子，他们便有资格去改变“上帝”的意志③——要求上帝降祐去灾，降吉去凶，赐丰年不降灾害。那末，如果他们对“上帝”的要求不能实现时，便认为是缘于被统治的奴才们有所触怒于“上帝”。

其次，“这些上帝的儿子们”和“上帝”的意志的沟通，是用卜筮在作桥梁的。因而通过卜筮的政治权力的行使和其对被支配者所行的剥削勾当，便都是“上帝”意志的表现，他们不过在遵照上帝的意志行事；从而直接反对他们的，间接便是反对“上帝”。谁真敢反对上帝呢？所以盘庚说：“各非敢违卜，用宏兹贲。”周公追述殷代的政治说：“若卜筮，罔不是孚。”④ 因而这种神权的哲理，便充任了殷代奴隶所有者的思想统治武器。

但是从氏族社会时代玩符咒术的僧侣转化而来的巫教僧侣贵族，在这时，便以“神权”的实际掌握者的资格，成为这种“神权”的政治哲学即巫教神

---

①《后》，下，二四，一二。

②《商书·盘庚》。

③ 例如：“予迓续乃命于天”（《商书·盘庚》）。又如“我其已穷，乍帝降若；我勿已穷，乍帝降不若”（《前》，七，三八，一）。

④《商书·盘庚》；《周书·君奭》。

学的代表者。

这样，在巫教神学的宇宙论上，便形成其两重世界观——人的世界和“神的世界”。在这种世界观下面，他们把自然所呈现的山、川、风、云、雷、电、水、火等现象，便认为都是由上帝所创造所统制的。这样把自然界所存在的物质的东西，客观世界的存在，一一予以神秘化，曲解为被决定的第二性的东西，归结为奴隶所有者的观念的静止的神学的宇宙观。

体现这种两重世界观和天帝崇拜的观念的巫教，和古代欧洲及世界其他古代国家的一神教，具有同等意义。

与奴隶所有者的意识形态相反对的，便是在它与其属领两者间矛盾的根基上，在奴隶与奴主间，在革命与反革命敌对矛盾的基础上，产生出否定其自身的反对物——原始的辩证观的唯物论。由于在殷代末期，对奴隶的更加残暴的压迫、剥削，对其属领各“异族”的加紧榨取，形成了阶级间、部族间的矛盾因而扩大的基础上，产生了反映革命人民要求的反巫教神学的思想体系。这在古代欧洲便以这种情势而引发出犹太族之反罗马奴隶所有者统治的宗教的、政治的运动，同时形成那包含于宗教信条下的具有革命内容的政治哲学①。在殷代奴隶所有者社会的末期，履行这一任务的周人，在其为首反殷代奴隶所有者统治的运动中，反映出与巫教神学相反对的一种意识形态，这在最初便借所谓“卦”“爻”去表现，“卦”“爻”就是一种原始的辩证唯物论哲学，也叫作“八卦”哲学。

但在奴隶所有者阶级的两重世界观支配下的人类意识，新的意识形态的东西，在最初不免要遭受到压迫和排斥。因而也便不能不把它加上一些神化的色彩，所以在原始的基督教教义的历史中，便不能不造出基督出世纪的神话来；同样在具有革命意识的“卦”“爻”即“八卦”哲学的出世中，也无例外地造出“河出图，洛出书”等等的神话来。

“八卦”哲学与奴隶所有者的巫教神学，在根本出发点上，便采取着与之正相反对的唯物论。如他们之所谓“八卦”便是：乾☰、坤☷、兑☱、艮☶、离☲、坎☵、震☳、巽☴。“卦”歌的作者释：“乾为天”，“坤为地”，“兑为泽”，“艮为山”，“离为火”，“坎为水”，“震为雷”，“巽为风”。因而所谓八

① 参考波特卡诺夫：《唯物史观世界史教程》，日译本第一分册，第二五六~二六四页。

卦，便不外是天、地、山、泽、水、火、风、雷等被认识的自然界的、客观世界的八种物质现象。奴隶所有者对这种现象从神学的神秘的观点去曲解；他们则作为客观世界的存在的物质的东西去认识。同时，奴隶所有者认为一切都是静止的、不变的；他们则认为宇宙间的万物，都是由这八者之相互矛盾、相互排斥而引起的变动所产生出来的，并向前发展而演化出万事万物。所以说：由“一”的自身的内在矛盾斗争的变化而发展为“八卦”；由“八卦”中之每两卦的对立的统一而发展为“六十四卦”；又由“二变”而生“三变”，“三变”又发展为“三百八十四爻”。因而构成其一生二，二生天地，天地生阴阳，阴阳生万物的辩证的宇宙观。

因而乾卦和坤卦的对立统一是“否”卦（䷋），“否”卦的自身的否定物——其地位的倒转所构成䷊的（泰卦）的形式，才又入于“泰”。这构成从“正”到“否”，再到“否之否”的事物的发展的全过程，应用到政治上，便是说既存的“乾上”“坤下”的社会秩序，已为其自身所否定而成为不合理的秩序了；那只有把这现社会的阶级地位倒置过来，而转化为坤上乾下（䷊）的形式，社会才能重新往前发展（泰）。“易”卦的变化，都是由这个公式演化出来的：如“剥卦”（䷖）的自身的否定便转化为“夬卦”（䷪）；“师卦”（䷆）的自身的否定便转化为“同人”（䷌）；“讼卦”（䷅）的自身的否定便转化为“明夷”（䷣）；“损卦”（䷨）的自身的否定便转化为“咸卦”（䷞）；“家人”（䷤）的自身的否定便转化为“解卦”（䷧）；六十四卦和三百八十四爻，便都是由这样“矛盾的对立统一斗争”的形势中变化出来的。这表现为新兴阶级一种革命理论，远比那具有一些革命内容的原始基督教教义为彻底。

但是他们也只了解物之外的“矛盾的对立”，而不了解物事之“内在的矛盾的对立统一”的物自己的运动。那末，若是没有外的“矛盾的对立”，物自身是不会运动的，运动就会停止了。从而他们终于不曾达到彻底的辩证法的理解。他们在后来，正从这一点上由辩证的宇宙观转入到玄学的、形而上学的宇宙观，由素朴唯物论转入到唯心论。这自然都是受着其时代的历史条件的限制，不可能达到彻底的唯物论和辩证法的认识；但八卦哲学在当时却是伟大的思想，并起了对武王革命的指导作用。

在科学上，殷代奴隶所有者，从农业季节性的研究上，成就了天文历数学上的一种重要发明。他们把太阳绕地球一轮的年分划分为十二个月；为调剂年分十二月之太阴历与年分四季的太阳历之参差，又设为每年十三个月的闰年①；适应农业季节气候的变化，把每年又四分为春、夏、秋、冬四季②；又依据月球与地球相对行而反照的月球形象的变化，应用三分制把每月分为三旬③；又从其参差上，而创为大小月建④。此在客观上不啻为参合今日的阴、阳历而成者。这种伟大的发明，为殷代奴隶所有者所给予人类的一大遗产。但这并非凭于他们的天才悬想，而是建基于当时奴隶群众的生产劳动，尤其是农业劳动的经验与农业技术发达的水准上创造出来的果实。

B. 文字、文学、艺术、音乐、宗教

殷代所应用的单字，就已出土而又已有拓本的甲骨片计，有认为共一千左右单字，有认为共一千五百左右单字，实则已达五千字左右；而出土甲骨字片之有拓本者尚不到十分之一，地下埋藏与因年代久远而湮没者尚不可计。

甲骨文字实有过半数为象形字，然形声、会意字亦已甚多，例如凡从贝之字，即多系形声者，双声假借之字亦已不少。在我国文字中的形声等字的发明，殆与斯拉夫系、拉丁系声音字母的发明，具有相同的历史意义。

殷人借文字而记录的作品，除《商书·盘庚》上、中、下三篇和《微子》篇等那样长篇的记录和文告，固无论矣，甲骨文片中有一片用天干地支再配合所成之一甲子周转的殷代历书⑤，已表现其较高构意的历数记录。其余包括五六十字的记事体作品，即在卜辞中，亦所多见，例如：

---

① 甲骨文字中年分“十三月”与十二月互见，关于“十三月”（例如《前》，一，四五；他处尚多见），郭沫若考究云：“当是闰月之名。有闰月则当有四季；盖闰月之设，本在调剂年分十二月之太阴历与年分四季之太阳历之参差”（《金文丛考·金文所无考》）。是即在客观上为参合阴、阳历的一种历法。

② 叶玉森释甲骨文字“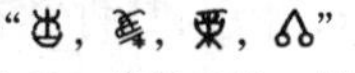”四字为“春，夏，秋，冬”四季。

③ 月分为三旬，每旬十日，其记日法，例如云：“旬之二日”（《铁》，六）等。

④ 董作宾考究云：“殷历法已有大小月建。”（《安阳发掘报告》，第三期，《卜辞中所见之殷历》）。

⑤ 参考前引董作宾文。

丁卯，王卜，贞今[illegible]田九[illegible]，余其从多田（甸）于多白（伯）正盂方，[illegible]叀衣（殷），翌日步，亡又自上下叡示，余受右，不曹戋，□（当是囚字）告于丝大邑商，亡徭在庋。王乩曰弘吉。在十月，遘大丁，翌。（共六十三字）①

癸巳卜，殻，贞旬亡囚，王固曰：㞢[illegible]，其㞢来鼓，川至。五日丁酉，允㞢来鼓自西，沚[illegible]告曰：土方皿于我东啚，戋二邑；[illegible]方亦牧我西鄙田。（共五十一字）②

甲午，王卜，贞[illegible]余酒朕禾，酉余步从侯喜正夷方、三叡示口受又又，不曹戋，囚、告于大邑商，亡壱在畎，王叺曰：吉，在九月，遘于上甲，佳王十祀。（共五十四字）③

然而殷人不仅有借文字而记录的作品，他们对于国家的文献，并曾为系统的编纂作为档案而保存。例如新近所发现的有两片甲骨字片，其中一片仅有“册六”二字，另一片则仅有“编六”二字④，各编并皆有孔以贯韦编⑤，这证明《周书》所谓商代“有典有册”为不可易之事实。

文学上，已知道书写有音韵的诗歌文学。文学的作者大抵为僧侣贵族等奴主阶级和“异族”的上层分子等人们，所以其文学的形式，则属一种祈祷式的作品。其构意，则不外在描写从事战争的武士的威仪，奴隶的掠取，武士的恋歌，奴隶所有者的生活等等。

描写掠取奴隶的诗歌：

无平不陂！

无往不复！

　　艰贞，无咎。

勿恤其孚，

　　于食有福。

——《易》，泰，九三

① 《甲骨文断代研究例》。

② 《菁》，二。

③ 《通》，征伐，一二九页。

④ 《新》，一〇〇，四五四 A；四四九。

⑤ 董作宾：《商代龟卜之推测》。

描写武士的诗歌：

一

贲如！

　皤如！

　白马翰如！

匪寇，

　婚媾。

——《易》，贲，六四

二

良马逐，

利艰贞，

　曰闲舆卫——

　利有攸往。

——《易》，大畜，九三

描写商业损失的诗歌：

无妄之灾——

　或系之牛：

　　行人之得，

　　　邑人之灾。

——《易》，无妄，六三

描写贵族恋爱的诗歌：

枯杨生稊，

　老夫得其女妻，

　　　无不利！

——《易》，大过，九二

描写夺婚的诗歌：

睽孤，

　见豕负途。

载鬼一车。

　　先张之弧，

后说（脱）之弧。

匪寇，

婚媾。

——《易》，睽，上九

描写战争的诗歌：

一

突如其来如！

焚如！

死如！

弃如！

——《易》，离，九四

二

王用出征：

有嘉，折首，

获匪其丑，

无咎。

——《易》，离，上九

三

震来虩虩。

笑言哑哑。

震惊百里。

不丧匕鬯。

——《易》，震

反映奴隶们的一些生活惨状的诗歌：

一

出涕滂若，

戚嗟若——吉。

——《易》，离，六五

二

见舆曳：

其牛掣，

其人天且劓。

无初有终。

——《易》，睽，六三

描写欺骗奴隶的诗歌：

有孚惠心，

勿问。

元吉，

有孚惠我德。

——《易》，益，九五

描写镇压奴隶叛乱的诗歌：

有孚不终。

乃乱，乃萃。

若号，

一握为笑。

勿恤，往无咎。

——《易》，萃，初六

描写妻子被人掠夺的诗歌：

困于石，

据于蒺藜，

入于其宫，

不见其妻。

——《易》，困，六三

艺术上的雕刻术，出土的石雕、铜雕、骨雕等创作，均至为绮丽精美，其构意，大抵为反映巫教神道的构意，即所谓“宗教式的寄托品”。一个石刻无首半截人身的命意，是富有宗教性的神秘色彩的，其两膀上所刻的抽象构意的花纹，其命意如何，我们现在还不能给予具体的说明；其两肩间的颈部则为一深入之圆洞，今人研究，认为是用作宗教台柱的石础，这似乎在表示着支配与被支配的抽象的命意，而具有神秘的内容。此外的一些美术作品，除“宗教式的寄托品”外，大抵均是为满足贵族们的享乐而创作的。这已经在表征着东方宫廷艺术的特色。

可是我们这里仅就殷虚所保存的出土物而说的。如前所述，在殷人亡国的当时，其时尚留存在地面上之贵重品，率已为周人携之西去，而其有价值的艺术创作，当亦不能幸免。因之其难与数千年后之我人目接者，则属无从说明矣！

殷代的那些艺术、雕刻等创作的构意，多是为巫教的神道迷信所影响和支配，而其艺术成就却表现了殷代劳动人民的创作天才。

殷人的乐器，现在没有遗留下来，但从甲骨文字所记载，虽有专为贵族们取乐而使用奴隶歌舞的事情，然大抵都系和宗教式的祭典相关联。在祭典中，盖有各种各样的特定的音乐。例如：

□□卜，贞翌日酒隻，日明岁，一月。来刍陟于西示。

甲午，王卜，贞其于西宗奏示，王𠘧曰：吉。①

郭沫若先生考证云："隻字殆假为濩，用濩乐助祭也"，"又日明乃记时刻。"② 在我国音乐史上相传的大濩乐，依后人考究，认为系五音以上之复音奏，确否则有待进一步考究，但殷代的音乐已为数音以上之复音奏，从其历史时代的特征和特性说，似属无可置疑。

最末说到宗教，在殷代没有产生像罗马那样完成的宗教。他们的宗教巫教，虽则具备了一神教的本质，但缺乏关于"彼岸"和"来生"修炼的内容。巫教的教主叫做"阿衡"，伊尹、伊鹭、巫咸、巫贤、甘盘等人都是巫教教主，同时又是政权的执掌者。

他们奉祀上帝和祖先，都有其特定的仪式和特设的教堂与宗庙③。同时，

---

①《前》，七，三二，四；四，一八，一。

②《通》，食货，九九页。

③"陟于西宗"，"贞其于西宗"（前引），"王用享于西山"，"王用享于帝"（《易》，随、益），是即在西山设有其享祀上帝的宗教坛庙或教堂。"公宫"（《菁》，九，一），"皿宫"（《前》，四，一五，二），郭沫若云："公宫、皿宫当是宗庙之名，犹周于成周有康宫、东宫。"（《通》，杂纂，一六四页）"庚辰卜，大，贞来丁亥其[illegible]丁于大室，勿丁西卿"（《前》，一，三六，三）。"癸巳卜，穷〔贞〕甶今三月□宅东寝（寝）"（《前》，四，一五，一）。"壬辰卜，贞[illegible]司室，丁亥卜，派"（《林》，二，一一）。"己巳卜，兄贞[illegible]告血室，其[illegible]"（《前》，四，三三，二）。郭沫若云："血室盖宗庙中血祭之室，希腊古代神祀有此制。"（《通》，杂纂，一六五页）

按殷虚已发现广大基址的宗庙遗址，其规模且甚类所谓太室之制。在后冈所发现的"白圈"基址，余疑即祭告上帝之坛庙也。

对上帝和先王的祭典，则并不是人人都能自由去参加，而是贵族、自由民的特权[1]——王或教主的主祭和贵族的陪祭，这正表现其宗教崇拜的阶级性——表征着宗教的阶级的实质。

在殷朝国家灭亡后，巫教便日趋式微，其宗教的许多因素，便为后来的道教所吸收。

① 甲骨文字中只有王和王室的祭告及贵族陪祭等记载。《盘庚》篇说只有自由民死后能回到天帝那里配享。

两周——初期封建制社会

（公元前一一二二——二四五年）

一

西周初期封建制度形成的过程

A. 周朝封建国家的建立

在现在还难于考定的古远时代[①]，从西北向东南发展的一个后代称作“夏族”的部落联盟和从东向西发展的商族在黄河流域的中部相遇之后，商族在其较进步的生产的基础上，阻住了“夏族”，“夏族”中的一部分便被迫回到西北地区——今日的陕甘一带，与原来留在当地的“夏族”汇合，后来又演化而成为周、秦等[②]。

周人发展的历史，据周文献的记载，均以农神后稷[③]为其男系祖先，《世本》则更追至帝喾，以自帝喾至文王凡十五世[④]。《诗经》所载，并谓其男系始祖稷居邰（今陕西武功县境），四世祖公刘迁豳（今陕西郇邑县），十三世祖古公迁岐（今陕西岐山县）。但《世本》所载是难于完全凭信的，因之公刘究为文王前几世祖，我们还没有充分可靠的材料来论定。《史记》说：“不窋

① 历史的记载既仅有传说的价值，正确的考定，此际还没有充分的地下材料。

② 见拙著《史前期中国社会研究》所考。

③ 例如《诗·生民》篇追述后稷说：“诞降嘉种，维秬维秠，维穈维芑”，《闷宫》篇说：“是生后稷，降之百福，黍稷重穋，稙稚菽麦。”是后稷即周人崇奉之发明农业的农神。

④ 帝喾、稷、不窋、鞠、公刘、庆节、皇仆、差弗、毁隃、公非、高圉、亚圉、祖类、古公亶父、季历、昌。

以失其官而犇戎狄之间……公刘虽在戎狄之间。"《国语》说："我先王不窋，用失其官，而自窜于戎翟之间。"足征传说之不一致；然周原为西北方的"夏族"的一个支系，则是信而有征的。在周人的内部，又包括有周、姜①等部，姜即羌，古姜、羌原为一字。

据《诗经》所载，周人在公刘以前虽然已发明农业，还是未完全定居的游牧民。到公刘时，由于生产力的进步，金属工具之发明②，在豳地才完全定居下来，转化为定居的农业民。所以《诗·公刘》说：

> 笃公刘，匪居匪康，迺埸迺疆，迺积迺仓，迺裹餱粮，于橐于囊，思辑用光，弓矢斯张，干戈戚扬，爰方启行。
>
> 笃公刘，于胥斯原，既庶既繁，……陟则在巘，复降在原。何以舟之？维玉及瑶，鞞琫容刀。
>
> 逝彼百泉，瞻彼溥原，迺陟南冈……于时处处，于时庐旅。

随着入到定居的农业民的状态，便出现了氏族公社的村落组织，所以，《诗·大雅》又说：

> 迺慰迺止，迺左迺右；迺疆迺理，迺宣迺亩。自西徂东，周爰执事。
>
> 相其阴阳，观其流泉，其军三单（战），度其隰原，彻田为粮；度其夕阳，豳居允荒。③

在这种氏族公社组织的内部，土地是属于氏族共有的财产，由氏族公社长行使定期的分配；分有土地的公社内各个家庭公社，依此，似是在氏族公社的内部已演化出家庭公社，则各别的去耕种经营并开始出现了家庭成为消费单位的现象。于是财产的所有形态，乃开始由氏族财产逐步向家族财产转化，因而公社的公共费用，乃开始向各家庭公社作定额的征取，所谓"彻田为粮"，便是这一说明。

从而农业便得到较快的发展，所谓：

> 周原膴膴，堇荼如饴。

---

①《诗经》及《史记》云后稷之母曰姜嫄，太王之妃曰姜女，王季之母曰周姜。殷虚出土之鹿头刻词亦有"于倞"、"于羌"之记载；其他甲骨文字中"伐羌"、"羌人"等字甚多，此羌即周族近亲之姜族无疑。

②《诗·公刘》："取厉取锻"，可能是关于周之先世发明冶金术的传说记述，证之地下遗存是可信的。

③《绵》、《公刘》。

艺之荏菽，荏菽斾斾，禾役穟穟，麻麦幪幪，瓜瓞唪唪。

诞后稷之穑，有相之道，茀厥丰草，种之黄茂。实方实苞，实种实褎，实发实秀，实坚实好。实颖实栗。①

《生民》篇虽系咏“后稷”时的农艺情形；然这种农业的情形和其“实方实苞，实种实褎”的经营方式，决非方开始经营农业时的情况，甚至非在金属工具的发明后是难于实现的。

另一方面，便发展着公社内部的分工的萌芽，而引出手工业家族的出现。这种家族手工业的存在，一般是和冶金术的发明相追随的。由于生产力的发展和手工工艺的专门化的萌芽，于是居室便也随着由穴居而开始向版筑演进②。

另一方面，在这种经济的基础上，便随着而出现了氏族公有的奴隶，《诗·绵》篇有“戎醜攸行”一语，“戎醜”及类似的东西，似是由战争得来的奴隶。

据《诗经》和《孟子》所载，周人在古公亶父时，频频受着北方游牧部落狄人的袭击。在古代游牧部落和农业部落的械斗，多是前者占着较有利的条件，一因游牧部落较农业部落，具有较熟练的骑射等战术；二因前者是无定居的，得以不时对后者进行侵袭，而后者对于前者，除能行使反攻的追击与遭遇战外，便没有其固定的居住地方去进行反击。所以在古代农业部落虽具有较游牧民高的生产力，军事上反常处于被动地位。因而周人为避免狄人的不时袭击而南迁至岐山一带。可是古代西北区域的岐山一带，是天然条件最好的沃饶之区，最适宜于农业部落的发展。周人以其较进步的农业生产技术，和这样天然的富源相结合，于是农业乃得到较快速的发展，其部落集团的势力便随着而得到较迅速的发展和增长。

由于农业为标志的生产的发展和人口的增多，便扩大了土地的要求。于是便不断的用战争手段去征服其四周各族和各部落。这到王季和文王的时代

① 《诗·绵》、《生民》。

② “其绳则直，缩版以载”。“捄之陾陾，度之薨薨。筑之登登，削屡冯冯，百堵皆兴，鼛鼓弗胜”（《诗·绵》）。是周族在公刘时已开始知道版筑。《诗经》中虽然又有“古公亶父，陶復陶穴，未有家室”的记载，然此系记载古公受着北方游牧部落“狄人”的袭击，初逃避到新地的情形；其次这种覆穴的居室，实残留到后来一个极长时期。周人的版筑居室到何时才取得主要的形态，我们还没有材料来说明。〔按半坡村等仰韶文化村落遗址的发现，夏人早已使用筑墙筑屋的房屋建筑法。——一九六一年补注。〕

(公元前一千三百年代到一千二百年代间),便更急速的进行其征服他族的战争①;最后到公元前一千一百三十年代之际,西北区域内的各种族和部落大都不是为其所征服,就在反殷的旗帜下围绕到它的周围了②。因而把部落联盟的中心组织又由岐山而迁到丰邑,即《诗》所谓"作邑于丰"。他们对于被征服者即战败者的处置,或则没收其土地而以之转化为周人的耕地;或则仅置于其从属之下,像古代印加(Inca)一样,向被征服者征取税纳③。

另一方面,在殷代奴隶所有者国家的末期,由于其生产的衰落等关系,因而便更加紧对各属领榨取;此等属领为期摆脱其严酷的压迫和榨取,于是便纷纷投到较强大的周族周围,实质上便成为其军事的从属④。周人对于他们,也渐次视为从属,而向其征取一定的税纳。

然而在这时,周人自身却还不曾建立其国家,因为专门以战争为事的酋长,如王季和文王,据《周书·无逸》说:"呜呼!厥亦惟我周太王、王季,克自抑畏。文王卑服,即康功田功,……自朝至于日中昃,不遑暇食,……不敢盘于游田。"还不曾完全从农业劳动中脱离了出来。因而所谓"文王受命,有此武功"一类的记载,不过说文王是一个专门以战争为事的军事酋长,所谓"王"也不外与罗马古代的Rex为类似的意义。

---

① 例如《尚书大传》云:文王受命三年伐于。《史记·周本纪》:明年伐犬戎。《大传》:三年伐密须(《本纪》同),四年伐畎夷(《本纪》作明年败耆国),五年伐耆(《本纪》作明年),六年伐崇(《本纪》同)。《诗经》:伐崇灭密。

②《诗·皇矣》篇云:"惟此王季……奄有四方"。又谓文王为"万邦之方,下民之王"。"惟此王季……克长克君,王此大邦。"《周书·武成》云:"惟先王建邦启土;公刘克笃前烈;至于大王肇基王迹;王季其勤王家,我文考文王,克成厥勤;……大邦畏其力,小邦怀其德。"《诗》又云:文王在伐崇灭密之后,便成功了"四方以无拂"的军事征服。

③《本纪》云,诗人述西伯盖受命之年称王而断虞芮之讼。《尚书大传》云,文王受命一年,断虞芮之质。是虞芮显系其从属下的部落。向其从属下各族税纳。《周书·无逸》篇云:"文王卑服,即康功田功……自朝至日中昃,不遑暇食……不敢盘于游田,以庶邦惟王之供。"末一语即说明其从属各族须向其缴纳一定的税贡。

④《论语》云:"文王三分天下有其二,以服事殷。"《左传》云:"文王帅殷之叛国以事纣。"《史记》云:"赐之弓矢斧钺,使西伯得专征伐。"《周书·大诰》云:"肆予告我友邦君,越尹氏、庶士、御事……惟以尔庶邦于伐殷逋播臣。"《武成》云:"庶邦冢君暨百工受命于周。"《牧誓》云:"王曰:嗟我友邦冢君、御事、司徒、司马、司空、亚旅、师氏、千夫长、百夫长,及庸、蜀、羌、髳、微、卢、彭、濮人。"《本纪》又云:"武王"……东观兵至于盟津……不期而会盟津者八百诸侯。"这里所谓殷之"叛国",所谓"友邦",便都是一些氏族集团或部落;所谓"友邦君",所谓"诸侯",便都是一些氏族集团或部落的酋长。他们在原来有些曾为殷的属领,现在则事实上转而从属于周了。

但是周人从其从属各族又获得大量的税纳物，经济的从而社会文化的力量更迅速的发展起来了。它表现为一个具有庞大的政治力和军事力的集团，因以展开其对殷代奴隶所有者斗争的局势，所以在甲骨文字的记载中，在殷代国家的末期，频烦的有着大规模的“寇周”记载。约自公元前一千二百年代以降，周人及其同盟的各族，便纷纷展开了反殷代奴隶所有者的斗争，至公元前一千一百三十年代，他们便完全把殷代奴隶所有者国家颠覆了。于是在其废墟上，开始去创设其封建主义的国家，但在自季历到文王这一长期的斗争过程中，他们对于殷的国家，是在一个战争与和平、从属与敌对的相续过程中。

他们对殷代奴隶所有者最后的一次革命战争，从信史考证，为公元前一千一百二十二年，受辛三十三祀的一次战争。殷代奴隶所有者被革命势力所战败，其国家便归于灭亡了。周人一方面把原来的奴隶解放，一方面把殷代国家的土地所有宣布为“王”的所有；“王”又以这种土地去酬庸其左右扈从和随同去伐殷的各氏族集团和部落酋长①。这种受有土地的王的扈从和酋长，又皆相次的以之去酬庸其自己的左右②。于是他们便转化而成了土地的新所有人；从而就开始把原来的农村公社和氏族公社转化为封建庄园，把原来土地上的居民重新编制而把他们转化为农奴。自然，这都不易一下子就能以完成的形态出现，也不是一下子就能把奴隶制和原始公社制排除，而是形成一种三者并存的社会过渡形势。但由于国家是在这一新的形势上出现的，并由于革命政权的巨大作用，所以它不能不表现为封建制的历史行程的发轫。

这新的国家的社会机构，一方面，从奴隶所有者社会的世界原理即国家的土地所有和国家支配下的农村公社组织的原理出发，一方面，从周人自身及其他族的氏族社会的世界原理出发，构成各种社会矛盾的交互斗争和各种社会形态的并存，展开了过渡性的斗争进程。同时从国家的土地所有的财产形态以及

① 例如：王曰“嗟我友邦冢君、御事、司徒、司马、司空、亚旅、师氏、千夫长、百夫长，及庸、蜀、羌、髳、微、卢、彭、濮人”（《牧誓》）。“惟以尔庶邦于伐殷逋播臣”（《大诰》）。“武王……东观兵至于盟津……不期而会盟津者八百诸侯……居二年；乃遵文王，遂率戎车三百乘，虎贲三千人，甲士四万五千人，以东伐纣”（《史记》本纪）。所谓“友邦冢君”或“八百诸侯”，便是随同武王伐殷的各氏族集团或部落酋长。所谓“御事、司徒、司马、司空、亚旅、师氏、千夫长、百夫长”或所谓“虎贲”“甲士”，便都是武王左右的扈从。

②“集中于王、公、侯……手中的广大土地为酬庸军事的勤务，为有条件的所有地形态分赐其君事助理者、近亲及其陪臣。”（波特卡诺夫前引书）

国家支配下之氏族公社内的家族财产形态和氏族公社的氏族财产形态，即通过这种种要素的矛盾斗争的对立统一过程，而逐步转化为庄园制的封建财产形态和农奴经济。

在这种财产形态下，土地在名义上是属于王的所有，由王去行使分赐。受分赐者，大多数，均为王的左右扈从及参加反殷革命战争的人物，所以历史记载说：

载干戈以至于封侯，而同姓之士百人。孔子曰：……犹以周公为天下赏，则以同姓为多，异姓为寡也。①

昔周公弔二叔之不咸，故封建亲戚，以蕃屏周。管、蔡、郕、霍、鲁、卫、毛、聃、郜、雍、曹、滕、毕、原、酆、郇，文之昭也；邘、晋、应、韩，武之穆也；凡、蒋、邢、茅、胙、祭，周公之胤也。②

周公……兼制天下，立七十一国，姬姓独居五十三人。③

魏子谓成鱄……武王克商，光有天下，其兄弟之国者十有五人，姬姓之国者四十人，皆举亲也。④

武王、成、康所封数百，而同姓五十五。⑤

邶以封纣子武庚；鄘，管叔尹之；卫，蔡叔尹之。⑥

其次，为各氏族长，大抵周人把参加革命斗争及其从属下各氏族的土地宣布为王的所有后，再以封赐的形式，由王的名义去封赐其原有的氏族长，或由这些氏族长对氏族公有土地的侵占，渐次转化为公社土地的占有者。所以历史记载说：

庶邦冢君暨百工，受命于周。⑦

式商受命，奄甸万姓。⑧

征东之诸侯，虞夏商周之胤。⑨

---

①《孔子集语》。
②《左传》僖公二十四年。
③《荀子·儒效》。
④《左传》昭公二十八年。
⑤《史记·汉兴以来诸侯年表》。
⑥《史记·周本纪》正义。
⑦《周书·武成》。
⑧《周书·立政》。
⑨《大传》。

> 乃褒封神农之后于焦，黄帝之后于祝，帝尧之后于蓟，帝舜之后于陈，大禹之后于杞。……封尚父于营丘，曰齐。封弟周公旦于曲阜，曰鲁。封召公奭于燕，封弟叔鲜于管，弟叔度于蔡，余各以次受封。①

焦、祝、蓟、陈、杞等等，大抵都于此时，在周人封建制的直接敷设和影响下，且经过王的名义的册封，便开始了由氏族制逐步向着封建制转化的过程，而成为周的从属。在周初还较落后的蜀、庸、微、卢、彭、濮等，最初虽由王的名义以其各自原有氏族土地封赐，其氏族长成为名义上的领主，实质上仍是氏族长，后来才渐次转化为封君。《史记》说：一以封周之亲族，一以封周初功臣，却是事实；说一以封所谓前代“帝王”子孙，一部分也是事实，但其中有不合实际的部分夸张。波特卡诺夫说：“这些土地所有者的出身是怎样的呢？他们大都为氏族长、僧侣及武士团武士的子孙；他们侵占并把公社的土地据为私有，使公社只残存为农业上的生产形态。”②

更次为殷代的贵族，他们中也有一部分转化成为新时代的领主。大抵在殷代奴隶所有者国家的末期，由于奴隶劳动力的缺乏，在国家下面的有些公社，已开始转入“原始佃户”制的经营；到周代国家建立后，便随着而转化为新时代的封建侯伯……，例如“宋”、“邶”等③，大抵便是这样转化过来的。周政府为着分化奴隶所有者残余集团，乃选录其中一些人为诸侯，他们都是殷代的旧贵族，转化而为新时代的封建贵族者。在周初，周人为实现其对所谓“殷顽”或“殷遗民”的统治，利用其原来贵族的一部分。所以《周书》说：周公对待殷代贵族，曾采取如次的一种方针：“迪简在王庭，尚尔事，有服在大僚。”“甲子，周公乃朝用书命庶殷侯，甸男邦伯；厥既命殷庶，庶殷丕作。”“今尔尚宅尔宅，畋尔田。”“尔乃自时洛邑，尚永力畋尔田。”“告尔殷多士，今予惟不尔杀，……尔乃尚宁幹止，尔克敬，天惟畀矜尔，尔不克敬，尔不啻不有尔土，予亦致天之罚于尔躬。今尔惟时宅尔邑，继尔居，尔厥有幹有年于兹洛，尔小子乃兴从尔迁。”“成王既践奄，将迁其君于蒲姑。”注云：

---

① 《史记·周本纪》。

② 波特卡诺夫：《唯物史观世界史教程》，第二分册。

③ 例如《国语·郑语》云：“当成周者，南有荆、蛮、申、吕、应、邓、陈、蔡、随、唐；北有卫、燕、翟、鲜、虞、路、洛、泉、徐、蒲；西有虞、虢、晋、隗、霍、杨、魏、芮；东有齐、鲁、曹、宋、滕、薛、邹、莒，是非王之支子母弟甥舅也，则皆蛮荆戎翟之人也，非亲则顽，不可入也。”《史记》说，武王封武庚于邶（鄁），周公封微子开于宋。

"已灭奄而徙其君及人臣之恶者于蒲姑。"① 《史记》等书亦称武王封武庚于鄁……。这表明了周初对待"殷遗"的政策。

这样，这种被封赐的土地，开始掌握在新贵族的手中。他们成为一个新的统治集团的各等级。

这种土地的新占有者又各以次将其受有地分赐其左右；所以这时的封邦究有多少，盖已没有统计的可能。有谓周初盖千八百国②，有谓"周之所封四百余，服国八百余"③，又有谓"仪刑文王，万邦作孚"④，不过极言其数目之多而已。这种最初的封邦或领邑，虽大小不一，大抵均占地不大；据《左传》所说，到春秋时仍是大都"不过百雉"之规模。《吕氏春秋·慎势》篇说："王者之封建也，弥近弥大，弥远弥小；海上有十里之诸侯，以大使小，以重使轻，以众使寡。"《论语》也说"十室之邑"。足征最初的封邦，尤其是领邑，一般原是较小的，封邦也是不大的。

王分赐土地于其左右等人，是用册令去行使的。王国维《观堂集林》卷三《明堂庙寝通考》引西周金文云：

> 惟二年五月既死霸，甲戌，王在周康邵宫，旦，王格太室即位，宰弘右颂入门立中廷，尹氏受王命书，王呼史虢生册命颂……，颂拜稽首受命册，佩以出，反入覲。
>
> 宰颓右寰入门立中廷，北乡，史𦒼受王命书，王呼史減册锡寰。⑤

王国维谓此即《周礼》春官封国令诸侯之礼。《汉书·郊祀志》云："张敞好古文字，按鼎勒而上议曰：……今鼎出于郊东，中有刻书曰：'王令尸臣官此栒邑，赐尔旂鸾黼黻琱戈，尸臣拜手稽首曰：敢对扬天子丕显休令。'……此鼎殆周之所以褒赐大臣。……"周金中关于锡邑、锡采之册令记载甚多，留后再说。

所册锡的，并不只是单纯概念下的土地，其一是连同土地上的人民，例如《盂鼎铭》云："受民受疆土。"《左传》定公四年云：

---

①《周书多方》、《召诰》、《多士》、《蔡仲之命》。

② 贾山：《至言》。

③《吕氏春秋·观世》。

④《诗·大雅·文王》。

⑤《颂鼎》、《寰盘》。

昔武王克商，成王定之，选建明德，以藩屏周……分鲁公以大路大旂……殷民六族……。使帅其宗氏，辑其分族，将其类醜，以法则周公，用即命于周。……分之土田陪敦，祝宗卜史，备物典策，官司彝器。因商奄之民，命以伯禽，而封于少皞之虚。分康叔以大路少帛、綪茷、旃旌、大吕，殷民七族……封畛土略，自武父以南及圃田之北竟，取于有阎之土，以供王职；取于相土之东都，以会王之东蒐。聃季授土，陶叔授民，命以康诰，而封于殷虚，皆启以商政，疆以周索。分唐叔以大路密须之鼓、阙巩、沽洗，怀姓九宗，职官五政，命以唐诰，封于夏虚，启以夏政，疆以戎索。

所以《诗经》有“锡之山川，土田附庸”之语；《召伯虎敦铭》亦有“仆墉土田”一语。因而这种土地的赐与，并不是单纯的“封土”；受有土地的贵族，在其所有地上面，同时并具有完全政治的军事的“半国家”的权力。所以《周书·文侯之命》说：“其归视尔师，宁尔邦”，“简恤尔都。”《康王之诰》说：“昔君文武，丕平富，不务咎……亦有熊罴之士，不二心之臣，保乂王家……乃命建侯树屏，在我后之人。”《毕命》说：“旌别淑慝，表厥宅里，彰善瘅恶，树之风声……殊厥井疆……申画郊圻，慎固封守，以康四海。”《左传》隐公八年载隐公问，“众仲对曰：天子建德，因生以赐姓，胙之土而令之氏；诸侯以字，为谥，因以为族；官有世功，则有官族，邑亦如之。”《周书·立政》云：“宅乃事，宅乃牧，宅乃准。”《国语·鲁语》乙喜语齐侯云：“昔者成王命先君周文公及齐先君太公曰：女股肱周室，以夹辅先王，赐女土地，质之以牺牲，世世子孙毋相害也。”《诗·鲁颂·閟宫》亦云：“王曰叔父，建尔元子，俾侯于鲁；大启尔宇，为周室辅；乃命鲁公，俾侯于东，锡之山川，土田附庸。”所以这种土地的分赐，便创出各级封邦及封建领邑和庄园，从而便奠下了封建的等级从属的基础。因而《荀子·王霸》篇引述云：“传曰：农分田而耕……建国诸侯之君，分土而守。”马克思说：“但在封建的土地占有制中至少主人显得像土地占有制底君主。同样在占有者和土地之间还存着一个比单单物件的财富底关系更内部的关系。地片和它的主人一起个人化着，它有着主人底阶位，和主人一起是男爵的或伯爵的，它有着他的诸特权，他的审判权、他的政治关系等等。土地显得像它的主人底非有机的身体。所以在成语所谓：‘没有土地没有领主’这句话中表明着主人权力和土地占有制底连生。”① 所以，封建时代的军事上及裁判上的最高权力，是土地所有的属性。

这种封邦或领邑和庄园的组织内容，留到下章再说。

周代的封建国家，虽属是这样开始建立起来了，前此的奴隶所有者和奴隶以及压迫氏族和被压迫氏族间的对立的矛盾，已开始在改变和归消灭；并在新制度创设的过程中，便引发了新的矛盾，即一面是原来的氏族秩序和新的封建秩序间的矛盾；一面是原来的奴隶制度和新的封建制度间的矛盾，并表现为商族奴主集团的反革命残余势力在一个相当长的期间内的不断挣扎；一面有着其革命联盟者相互间的矛盾；一面还有着新国家与外邻间的矛盾，等等。因而社会内的诸矛盾的斗争，仍保持一个相当期间的继续，新的矛盾在新的基础上形成和开展。

在周人建国的前夜，其自身还处在氏族制即原始公社制末期的状态下；为其从属的其他西北各族，以及殷属领的江淮间各族……，其社会似是都还处在氏族组织即原始公社制的不同时期的状态中。因之在周人为首的革命胜利后，他们把殷代国家的土地所有宣布为“王有”，并以之分赐其左右这一原则下，而构成一种新的社会形态。这和其原来的国有及氏族土地所有以及其社会组织，便构成两者间的相互矛盾。因而一面引发了周族内部的一些人及许多曾与他们联盟的氏族对新秩序的反对，还爆发为两者间的斗争。革命集团对于这种反抗新秩序的势力便实行用革命武力去镇压。三叔为首的叛变便是这种矛盾的反映。《诗·韩奕》篇说：“榦不庭方”，《毛公鼎铭》：“率怀不廷方”②。《左传》隐公十年：“以王命讨不庭”。所谓“不廷”或“不廷方”也可能包含有这种成份在内（按“方”即氏族，“不廷”即反对周朝新国家）。同时在西北区内，威胁周朝新国家国防的严允族，是一个庞大的军事集团，在公元前十世纪之初，侵入这个新国家的腹部，河南西北部——伊洛。

周朝新国家在这样内外夹攻的形势下，又须捍御严允的侵扰。《虢季子白盘铭》说：

---

①《经济学——哲学手稿》，人民出版社一九五六年版，第四六页。

②《毛公鼎铭》云：“率怀不廷方，亡不闬于文武耿光，惟天畠集厥令，亦惟先正襄辪（乂）厥辟，劳堇（勤）大命。肆皇天亡罢，临保我有周，不巩先王配命，敃天疾畏。司（嗣）余小子弗彶，邦畠害吉？翩翩四方，大从不静。……女辪我邦我家，内外惷于小大政……余一人在位，弘唯乃智，余非庸又昏，女毋敢妄宁，虔夙夕惠我一人，雝我邦小大猷，毋折臧。告予先王若德，用印邵皇天，□□大命，康能四国，俗我弗作先王羞。”

惟十有二年正月初吉，丁亥，虢季子白作宝盘，不显子白，壮武于戎工，经维四方，搏伐厰𤞤于洛之阳，折首五百，执讯五十，是以先行。超超子白，献聝于王，王孔嘉子白义，王格周朝宣榭爰乡。王曰伯父，孔䫧有光，王锡乘马，是用左王，锡用弓彤矢其央，锡用戉用征蛮方。

《不娸敦盖铭》云：

唯九月初吉，戊申，白氏曰不娸，駿方厰允，广伐西俞，王命我羞追于西。余来归献禽（擒），余命女御追于畧，女以我车宕伐𢦚允于高陵，女多折首执讯，戎大同永追女，女及戎大章戟，女休弗以我车函于䜌，女多禽折首执讯。

西北的西戎、严允诸族，原系周的近邻。他们在这次斗争失败后，被追逐到新国家的西北境界之外，仍较长期的保留其氏族即原始公社制社会的秩序，此后在长期间，都不断进扰周朝国家的西北边境，实行原始性的军事袭击和掠夺，在公元前九——八百年代（自公元前七三一年，即穆王十五年以后，历史上便不断的有着征犬戎与戎患的记载），通过西周的全时期以至春秋初期，他们又常大规模的侵入到黄河流域的中部地区。

北方的鬼方（可能即严允之一部或其异称），也曾是殷朝国家的北邻和属领。现在又成为周朝新国家的北邻，并常侵入周朝国境，成为巨患，周朝也常出师征伐。例如《小盂鼎铭》云：

伐𩲃方……孚万三千八十一人。

结局，他们也常被周朝的武装所驱逐。

另方面在周族内部，敌对新秩序的保守势力，如前所述，也形成以管、蔡为首的反动派。他们曾和以周公、太公为首的革命派进行着长期的抗争。后来他们又和东土的殷代反革命残余势力，在反革命的共同目的上实行联合来反对革命，演成历史上有名的“管蔡以武庚叛”的反动局面。在这种革命和反革命的斗争局势展开后，残留在“东土”（即今日的山东和徐、淮、荆楚一带）的殷代奴隶所有者及其同盟者形成反革命集团，便更加嚣张，纷纷展开敌对的反革命的顽抗①。

---

①《逸周书·作雒解》云：“周公立相天子，三叔及殷东、徐奄及熊盈以畔。……二年又作师旅，临卫政（征）殷，殷大震溃，降辟三叔，王子禄父北奔，管叔经而卒，乃囚蔡叔于郭凌，凡所征熊盈族十有七国，俘维（郭沫若云疑系“淮”）九邑，俘殷献民，迁于九毕，俾康叔宇于殷，

在“武王伐纣”后，殷代奴隶所有者国家的首脑部，虽然被打倒了；然在商族根据地的“东土”，依旧保留在奴隶所有者的反革命势力支配下。他们对于革命的新秩序始终是敌对的。因而在周朝新国家内部爆发新旧两种势力的敌对当中，他们便力图来执行死灰复燃的挣扎，扩大反革命战争，实行对革命反攻。

在周公、太公领导下的革命集团，对于这种反革命联盟，是用全副力量去予以不容情的打击的。这是对革命力量的一次严重考验，也是周朝新国家创设过程中连续斗争中的一次较严重的斗争。所以《周书·毕命》说：“王曰……邦之安危，惟兹殷士。”同时把三叔的叛乱，也看得很严重。周公、太公对付这次反革命的方针是：一面周公从东土回师采取快刀斩乱麻的手段，平定三叔为首的叛乱，巩固革命势力的内部和后方；一面对奴隶所有者的反革命残余势力，则实行分化政策，争取和中立其一部分，即是说，只要他们不反对新秩序，同情革命，便容许在新秩序下保有其土地和人民（如宋、鄁等），因而一部分殷代的残余贵族便脱离反革命转化为新秩序的拥护者，成为新时代的领主，或成为一种暂时的中间派。一面，对于顽固不化的殷代反革命势力，即实行武装顽抗和坚决反抗的，便用全力去实行讨伐和镇压，因而又展开革命和反革命两者间的战争。这次战争的经过，据《诗经》和《周书》及金文所载，曾经过相当长的时间：周公亲征“东土”，继续“三年”的长期战争，即所谓周公居东三年，罪人斯得，实际也仅使战争告了一个段落，并未完全把反动势力消灭。周公死后，成王又继续亲征，然而亦仅能把反革命的武装势力击破，并不曾就完成了“东土”即徐、淮、荆楚的社会秩序的转化。不过周代封建国家的新政权，却开始得到巩固。把荆楚、徐、淮完全引向封建秩序的转化，却曾经过一个长期的过程，直至春秋时代。在殷奄故土的齐、鲁等国，在此后的长期间，也存在封建制、奴隶制等多种制度的并存。但这次对于“东土”的长期战争，却是决定革命胜败的最后的一次战争；而其此后的战争性质却完全变化了。

俾中旄宇于东。”这证之《诗经》及金文（如《成鼎》、《疐鼎》，均见后引）的记载，均能信而有征。《周书》亦云：“武王崩，三监及淮夷畔。”（《大诰》）“成王东伐淮夷，遂践奄。”（《蔡仲之命》）“鲁侯伯禽宅曲阜，徐夷并兴，东郊不开。”（《费誓》）

关于这次战争的经过，金文中有许多记载。例如：

王伐楚侯，周公谋禽祝。

惟王于伐楚伯。

叡淮夷敢伐内国。

叡东夷大反，伯懋父㠯殷八𠂤征东夷。唯十又一月，遣自𠭯𠂤述东阩伐海眉，雩氒复归，在牧𠂤。伯懋父承王命易𠂤，達征自五齵贝。

用天降亦尭于四域，亦唯噩侯駿方率南夷东夷广伐南国东国，至于历寒，王□命迺六𠂤，殷八𠂤……扬六𠂤，殷八𠂤。

王令趞𢦏东反夷，疐肇从趞征，攻跃无敌。

王令毛公㠯邦冢君，士駿（徒御）域人（国人）伐东国、痽戎咸。王令吴伯曰，㠯乃𠂤左比毛父；王令吕伯曰，㠯乃𠂤右比毛父；趞令曰，㠯乃族从父征。朏𢦚，卫父身。三年静东国。①

在战争的过程中，他们对于反动的“殷遗”或“殷顽”，在上述的方针下，除以军事讨伐为主外，特别还采取恩威兼施、宽严并济的策略，以分化其内部，争取其人民。所以《周书·多方》说：“我惟时其教告之，我惟时其战要囚之。至于再，至于三，乃有不用我降尔命，我乃其大罚殛之。非我有周秉德不康宁，乃惟尔自速辜。”“我则致天之罚，离逖尔土。”《君陈》说：“殷民在辟，予曰辟，尔惟勿辟；予曰宥，尔惟勿宥。”在《周书·多方》和《多士》两篇中，全是周公对殷人所制定和实施的这类政策的记载。

随着各种反革命势力的消灭，周朝封建国家的政权，便取得全面胜利和初步巩固了。只是随同殷代反革命集团反对革命的东方各族，仍在江淮、荆楚间保持其原有的社会秩序，和周朝国家的新秩序并存以至互相对立。此后在周朝封建主义势力的南向发展上，仍不断引起相互的战争②。这种对立的局势，有

① 《禽毁》；《矢令毁》；《录戜卣》；《小臣謰毁》（郭沫若考证为周初器）；《成鼎》；《疐鼎》；《班毁》。

② 《曾伯霥簠铭》云：“哲圣元武，元武孔□，克狄淮夷，印爕繁汤。”《宗周钟铭》云：“王肇遹相文武，堇疆土，南国服孳敢陷虐我土，王辜伐其至戡伐氒都，服孳乃遣间来逆邵（昭）王，南夷东夷具见廿有六邦。”《师寰毁铭》云：“淮夷繇我員晦臣，今敢博氒众叚（暇）反氒工事，弗速（绩）我东域。今余肇命女率齐币㠱𠭯僰尿左右虎臣征淮夷，即賀（剸）氒邦兽（首）曰嗌曰𢍰曰铃曰达。”这均系西周不同时的彝器，《诗经》中关于这事的记载尤详。

些地方，如荆楚、徐、淮直至公元前九百年代和八百年代之际的宣王时代①，由于周代封建主义内部势力的膨胀，江淮各族自身社会内部变革因素的存在与发展，在对立斗争的形势下，已开始向封建主义转化而出现了所谓平服的局面。《诗经》关于此事的记载有“南国是式”，正说明封建主义在南方已开始产生作用，也就是说，“南国”开始出现了一些西周式的封建秩序。

所以周朝封建国家，在相继把“东土”殷人的反革命势力以及其内部的反革命保守势力消灭后，革命虽取得了完全胜利，但南方和东南之转向封建主义，却还经过相当长的时期。西周本身，也直至宣王时代，由于封建制克服了奴隶制和氏族制，才完成了封建制的过渡。至于其他地区，虽由于西周封建主义的革命政权和秩序的日益巩固与推动和影响，社会经济的发展和革命的政治力量的推动和影响的扩大深入，才解除“南国”的敌对关系。《诗·六月》、《采芑》、《江汉》、《常武》等篇歌颂仲山甫、申甫、方叔等人的记事诗，正是这个内容。从而他们对西北的国防也便获得相对的巩固。歌颂“西征严允”的武功的史诗就是这方面事实的叙述②。这就是“宣王中兴”的历史内容。至于所谓“南国”的长江中下游各地完成到封建制的过渡，却还经历了更长的时期。西周以外，黄河流域的其他封邦，也直到春秋以至战国时期，经历了封建制与其他各种制度相并和斗争的长期过程，才取得了绝对的支配地位。

---

① 史载公元前八二七年（周宣王元年）秦仲征西戎，尹吉甫伐严允；明年，方叔平荆蛮，召虎平淮夷，王亲伐徐戎；公元前八〇六年（周宣王二十二年）又大封亲故，“周道中兴”。

② 此事在前引《毛公鼎》铭文中记载至详。他如《诗·大雅·常武》篇云：“王犹允塞，徐方既来，徐方既同，天子之功。四方既平，徐方来庭。徐方不回，王曰还归。”是周代创设其封建国家的军事工作，到宣王时才达到完成（“四方既平”）。徐、楚等亦此时才开始其向封建制转化的过程。《诗·江汉》篇云：“江汉之浒，王命召虎，式辟四方，彻我疆土，匪疚匪棘，王国来极，于疆于理，至于南海。”“王命召虎……锡山土田，于周受命。自召祖命，虎拜稽首……明明天子，令闻不已。矢其文德，洽此四国。”又《崧高》篇云：“王命申伯，式是南邦……我图尔居，莫如南土。锡尔介圭，以作尔宝，往近王舅，南土是保。又《蒸民》篇云：“王命仲山甫，城彼东方。”又云“仲山甫徂齐”（按仲山甫封于樊。《括地志》云，樊城，兖州瑕丘县西南三十五里）。是荆楚和徐、淮等区域，是到宣王时才开始其向封建主义转化的过程。

B. 庄园制度的成立和其组织

周初革命集团运用其革命政权，把殷代的国有土地宣布为“王土”，这是他们第一个重大的革命措施。楚芋尹无宇曰：“诗曰，普天之下，莫非王土；率土之滨，莫非王臣。”① 正是这种事实的反映。这个重大的措施，即在于将土地经过赐予的形式而成为各级领主所有，以之摧毁奴隶主统治的社会基础，巩固了革命的基础。

他们怎样去建立这种新的土地秩序呢？殷的国有土地是存在于一种农村公社或氏族公社，即“邑”的区分形态下，在农村公社内存在着贵族、下层自由民和奴隶的阶级阶层的构成。周朝新国家，以王的名义，将这种土地分赐其左右、亲属及各氏族、部落长，也是依照着原来土地区分的形式即公社的形式去行使的，并不是把原来的公社即“邑”的土地组织分裂。所以金文记载，以锡邑和锡田②为锡予土地的基本单位，例如：

> 惟二年正月初吉，王在周邵宫，丁亥，王格于宣榭，毛伯内门立中廷佑祝郝，王呼内史册命郝。王曰：郝，昔先王既命汝作邑，继五邑，祝今惟疃京乃命。
>
> 王在宗周，旦，王各穆庙，即立醽季右善夫克入门立中廷北乡，王乎（呼）尹氏册命善夫克，王若曰：克，昔余既命汝出内朕命，今余惟醽（緟，益也）稾乃命，易（锡）女叔市参同莫（悤），锡汝田于埜，锡女

① 《左传》昭公七年。

② 王国维释《不嬰敦盖铭》“田”字云：“即经之甸字。《周礼》小司徒：四井为邑，四邑为邱，四邱为甸。……《诗·信南山》：信彼南山，维禹甸之。笺：六十四井为甸。出兵车一乘以为赋。《司马法》云：四邱为甸，甸六十四井，出长毂一乘。古甸、乘同声，故《周礼·稍人》、《礼记·郊特牲》均云邱乘，即邱甸也。然则十田之田，出车十乘，为邑四十。”（《观堂古今文考释》）王说在田、邑同性质不同面积之义，考释盖极正确，此从甲骨文及金文田字字形亦能概见者。又按此种公社性质的“田”或“邑”，金文中又有称作“里”者，例如《大餒铭》云：“隹十有二年三月既生霸丁亥，王在𩜁倀宫，王呼吴师召大锡趞睽里，王命善夫豖曰趞睽曰：余既锡大乃里。”又按，到春秋时，随着诸侯领地的扩大而有“县”的称谓，于是乃改而为锡“县”，故《叔夷钟铭》云：“女巠褮朕行师，女肇敏于戎攻，余锡女釐都𤔲衆，其县三百。”

田于淖，锡汝井家（?）劚田于㗊，吕厥臣妾；锡女田于康；锡女田于匽，锡女田于陖原；锡女田于寒出；锡女史小臣霝龠鼓钟，锡女井徣劚人𨙸。锡女井人奔（?）于量，敬夙夜用事，勿灋朕命。

白（伯）氏曰，不嬰，女小子，女肇诲于戎工，易（锡）女弓一，矢束，臣五家，田十田，用永乃事。

王在斥，锡趞采。①

受有“田”、“邑”的王的左右，又以之分赐其自己左右。在这一点上，上引《不嬰敦盖铭》便是一例。此外如：

䵼叔有成裳于齐邦，侯氏锡之邑二百又九十又九邑，与𨙸（邑）之人民都鄙。侯氏从告之曰，枼万至于辥孙子，勿或俞（渝）改。䵼子□曰：余弥心畏認，余三事是吕，余为大攻，厄（轭）大史，大徒，大宰，是辥（以）可吏（使）。

麐拜稽首休，朕宝君公伯，锡乃臣叔麐井五囷，锡衮冕干戈，麐弗敢望（忘）公伯休；对扬伯休，用作祖考宝尊彝。

乌虖，乃沇子妹（救）克蔑，见猷于公，休沇子肇田，敕（战）狃，賔𠭯。②

王的左右、或者说各级领主，受有“田”、“邑”的数目是并非等量的；但必须在一块相连结的地面上。所以《散氏盘铭》云：

用矢𧑫散邑，迺即散用田眉（竟）。自滤涉以南至于大沽，一弄（封）以陟，二弄至于边柳；复涉滤陟雩𢾊𦇧𨸏，以西弄于𣪊城楮木，封于𢔶逨（郭释刍逨，王国维云地名，又有释上一字为艾者），弄于𢔶衜，内陟刍登于厂湶，弄𠛱柝𨸏陵刚柝，弄于𡨦道，弄于原道，弄于周道。以东弄于𦀚东疆。右还弄于眉道。以南弄于𢔶徕道。以西至于𩿨（王释堆，郭释雈），莫眉井邑田，自根木道左至于井邑弄道以东一弄，还以西一弄，陟刚三弄，降以南弄于同道；陟州刚登柝，降棫二弄。……

受有“田”、“邑”者都成了新时代的封建贵族，其所受有的土地不是单

① 《𨛜敦铭》，从薛尚功释；《克鼎铭》；《不嬰敦盖铭》；《趞卣铭》。

② 《子仲姜镈铭》；《麐彝铭》，依阮元释；《沇子簋铭》，末二字郭沫若云：金文中多用为租赋义。𠭯，委积也。

纯概念下的土地，而是连同土地上的居民，以至还格外赐予臣民。但是一方面，原来在这种公社即“田”、“邑”上的居民为奴隶主、下层自由民和奴隶，奴隶是生产的主要担当者；这种担任生产的奴隶，现在却得到部分的解放，成为半人格的农奴，和其他下层自由民具有同等的半人格了。一方面，原来的公社“邑”虽系在国家的支配下，然在其内部的结构上却具有相当的独立性，尤其是作为属领的那种氏族公社。因而新的土地贵族于获得这种“邑”和包括若干“邑”的“田”的支配权后，在其原有的机构上，进行其对居民的劳动编制和支配，便很自然的把他们转化为农奴；把原来的公社给予自由民的份地，现在则由新的土地所有者作为其给予农民的份地。同时，原来公社的政权机构，现在则移入新的土地所有者手中，便转化而为领邑的政治结构，具有管理领邑的政治组织，以及其防御上的军事设置。在这一点上，金文和其他文献上，有如次类的记载：

延永余德，龢洃民人，余尃昀于国。

诗曰：曾孙侯氏，四正具举，大夫君子，凡以庶士，小大莫处，御于君所，以燕以射，则燕则誉。

诸侯春秋受职于王，以临其民；大夫士日格位著，以儆其官；庶人工商各守其业，以共其上。

宅乃事，宅乃牧，宅乃准。

（师旷说）自王以下，各有父兄子弟，以补察其政。

越献臣百宗工，矧惟尔事，服休服采，矧惟若畴圻父，薄违农父。

王叓（使）燮蔑历，令往邦，乎（呼）緣旂，用保乃邦。

王于兴师，修我戈矛，与子同仇。①

因而原来的公社“邑”，便开始转化为封建主义的庄园了。不过这种封建制的东西，还不能一下子就把原来的奴隶制或原始公社制排除，而是彼此并存，尤其在原来的氏族公社内；经历了这种种生产方式间长期的矛盾斗争的过程，前者才逐步克服后者而取得支配地位。

王、公、侯、男……们所赐予其左右的土地，如果仅系单纯概念下的土

① 《王孙遗者钟铭》；《礼记·射义》；《国语·周语》；《周书·立政》；《左传》襄公十四年；《周书·酒诰》；《燮𣪘铭》；《诗·无衣》。

地，便同时赐之以官司及劳动人口①。在革命政权的巨大作用下，他们便依照这种新的庄园的组织原理，去组织其庄园——“作邑”“作采”。所以金文中又有如次类的记载：

王曰，中……今括里汝怀土，作乃采。

今兄里（贶鳌，赐赉意）女襄土，作乃采。

昔先王既命女作邑。②

周代国家的新统治者，一方面又以这种新社会的政治的经济的组织原理，适应到其自己社会原来的组织上去，把其自身原来的氏族社会也引向封建主义的庄园制度转化。经过新旧两种组织形式的长期的斗争过程，到所谓宣王中兴时，在西周王室的封区内，便完成了这一转化的过程。一方面他们政治力量所达到的区域，或者在其推动影响下渐次成长起新的因素，而转化为庄园制度的组织。周朝国家并通过革命政权的作用去推行或建立其封建制，所以宣王时的史诗说：

王命申伯，式是南邦，因是谢人，以作尔庸。王命召伯，彻申伯土田。王命傅御，迁其私人。

天子命我，城彼朔方。③

“式是南邦”是以西周的社会制度为式样，给“南邦”典型示范，促进“南邦”的社会新因素的生长，而向封建庄园制转化。“锡申伯土田”、“以作尔庸”一类的记载，是以“南邦”“谢”的土地赠赐其申伯，去组织其封建庄园。然这不过是一些例子。因而封建庄园制的经济组织，便逐步代替原来旧的机构，而取得其支配形态。

这种封建庄园制的组织，在历史的记载上，被孟轲误称为所谓“井田”。这种所谓井田制度的内容，自战国以后，传说甚不一致。孟轲说：

方里而井，井九百亩，其中为公田。八家皆私百亩，同养公田。公事

① 例如“锡女邦司四伯，人鬲自驭至于庶人，六百又五十又九夫。锡夷嗣王臣十又三伯，人鬲千又五十夫，逐䙷自氒土”（《大盂鼎铭》）。“锡女车马戎兵厘仆二百有五十家，女以戒戎作”（《齐侯镈钟铭》）。“厘尹锡臣隹僰（雀𣑩），扬尹休高……尹其亘万年，受氒永鲁亡竞，在服㠱（綦）长”（《徙卣铭》）。在这里，有认为系锡奴隶者，我将在下节说明。

②《南宫中鼎铭》；孝感出方鼎一，见《西清古鉴》卷八，三三页；《鄃敦铭》。

③《诗·崧高》、《出车》。

毕，然后敢治私事，所以别野人也。此其大略也。①

像孟轲所设想的这样豆腐块式的土地的划分，诚然不免有多少理想化的成分。到前汉，刘歆根据西周庄园制土地的分配史实作基础，又参照孟轲的理想和其自己的时代背景，更把这一所谓井田制度演绎为如次的一副图式：

（1）凡造都鄙，制其地域而封沟之，以其室数制之。不易之地家百亩；一易之地家二百亩；再易之地家三百亩。

（2）上地夫一廛，田百亩，莱五十亩，余夫亦如之；中地夫一廛，田百亩，莱百亩，余夫亦如之；下地夫一廛，田百亩，莱二百亩，余夫亦如之。

（3）颁比法于六乡之大夫，乃均土地，以稽其人民而周知其数。上地家七人，可任也者家三人；中地家六人，可任也者二家五人；下地家五人，可任也者家二人②。

是刘歆并参以土地的肥沃度的差异为给予农民份地的面积标准。土地的划分和所谓“井田”的组织，刘歆也给了如此的一副图式：

（1）凡治野，夫间有遂，遂上有径；十夫有沟，沟上有畛；百夫有洫，洫上有涂；千夫有浍，浍上有道；万夫有川，川上有路，以达于畿。

（2）匠人为沟洫，耜广五寸；二耜为耦，一耦之伐，广尺深尺，谓之甽。田首倍之，广二尺，深二尺，谓之遂。九夫为井，井间广四尺，深四尺，谓之沟。方十里为成，成间广八尺，深八尺，谓之洫。方百里为同，同间广二寻，深二仞，谓之浍。专达于川，各载其名。凡天下之地势，两山之间，必有川焉，大川之上，必有涂焉。③

后来到马端临的《文献通考》所举关于西周土地制度，殆皆本之于孟轲和刘歆等人。

因而近十余年来，中国学者，由于胡适以其美国实验主义的方法，大倡“疑古”之风，一班所谓“疑古”派的考据，殆皆认为所谓“井田”制度完全系出自孟轲理想的虚构，并谓“井田”制之说，全创于西汉。另一方面的胡

---

①《孟子·滕文公》。

②《周礼》《大司徒》、《遂人》、《小司徒》。《周礼》为刘歆所伪托，据并世学者考证，殆皆确认不疑。

③《周礼》《遂人》、《匠人》。

汉民、廖仲凯等，则确认“井田”制度全是实际存在过的，且断言为中国古代的一种土地公有制度①。实则人类的头脑，决不会构制出这类“无中生有”的理想。人类的历史事实，经过其后来“学者”们头脑的一再复杂，常不免由夸张或删节、涤除而丧失其本来面目，对已往历史的传述都不能不有其一些若隐若显的传闻或遗迹作依据。胡、廖诸先生不从历史发展的过程上去把握，主观的给予孟轲的“井田”论以无条件的确认，也未免是独断。因而两者错误的构成，均由于那作为其认识论上的唯心史观在作怪。

近中郭沫若先生认为金文中无“井田”制度的存在，也似是无条件的赞同胡说，也是值得商酌的。〔按郭老已改变此说。——一九六一年补。〕

实则所谓“井田”，也并不是从孟轲才创造出的“术语”。“井”之在古代中国，和土地有关联的意义。《易》井卦有“改邑不改井”之语，甲骨文也有丼、囲、田等字，是“井”“邑”连称，和井划地的形式，固早已存在于殷代奴隶所有者国家的时代。在西周彝器铭文中，《康彝铭》便有“锡乃臣叔康井五囷”的记载。阮元释文云：“言以一井公田所入之五囷锡康也。”郭沫若氏在这里，曾释“丼”为“丹砂”，释囷为“颗”；但金文“井”作“丼”，丹作“⊟”，固丝毫不容混同②。对郭氏此说，未能苟同。

《鲁语》载孔子语冉有曰：“收田一井，出稯禾秉刍缶米，不是过也。”因而所谓“井田”并非出自孟轲的虚构，而是春秋以前曾有一被称为“井田”的东西存在，是能确定无疑的。但孟轲关于“井田”的传述，似不是西周“井田”的内容，而是西周庄园制的土地制度的内容。我以为他是把土地制度和技术上的灌溉制度混淆为一，才构制出“井田制度”的图式来。

我以为在原先，井田并不是一种土地制度，而是农业经营上一种灌溉制度的组织。大抵为田多少亩便备有一个供灌溉的“井”的存在，并四面开沟以利浇灌。历史上传称汤旱，伊尹教民田头凿井以溉，即此意也。按井字甲文作井、井、丼、囲等形，金文《克鼎》作井，《井觯》作井，《曶鼎》作井，《邢叔彝》作※，古刀布文作※。叶玉森云：“井象构韓，四木交加，形中一小

① 胡汉民、廖仲凯和胡适等两派关于“井田”问题之论争的通讯、论文，大抵已揭载于柯金著《中国古代社会》。

② 凡金文中田邑连称者，例如《鬲攸从鼎铭》有“我弗具付鬲从其租，射分田邑则放”语。

方，乃象井口。”① 甲文及金文田字有作正形者如田，又有作斜形者如⊠。埃及文字亦有作▦者，为田中有井之象。王国维《西域井渠考》谓“新疆南北路通凿井取水”②。《史记·河渠书》云：“岸善崩，乃凿井，深者四十余丈，往往为井，井下相通行水……井渠之生自此始。”《西域井渠考》又云：“刘郁《西使记》言穆锡地无水，土人隔岭凿井，相沿数十里，下通流以溉田。”今日黄河流域冀、鲁、豫平原地区的农业灌溉组织，还是有井的形式亦即凿井灌田。故所谓井田在殷代和西周，不过系一种“凿井溉田”的农业技术的内容，而非一种土地制度的内容。所谓井，从字形上说，系像沟洫，四水交流之一种引水灌田的技术组织。到孟轲把西周农业经营技术制度内容的“井田”拿去和庄园的土地制度混淆，而托为封建庄园的土地制度。

西周封建庄园土地的区划，不可能如孟轲所传述的“豆腐块式”的土地划法，因为这在地理形势的构成上，是难于普遍实施的，在每一领邑内的农民家数，也非能限于成“八”的数字。另一方面，“井田”也并非一种所谓土地公有制度。据孟轲所说，在以这种“井田”为基础的生产组织内，是包括有“治野人”的“君子”和“养君子”的“野人”两主要阶级存在。“君子”是“治野人”的“井田”的土地所有人，即所谓“乡以下必有圭田”；“野人”是生产的直接担当者，“野人”所提供于“君子”的贡纳物，他们所生产出来以之“养君子”的物质资料，是如次的一个标准：“请野九一而助，国中什一使自赋。”易言之，领主给予农民以分有地，“八家皆私百亩”；农民则以其一部分劳动力在领主的土地上劳动（同养公田），而且使用在领主土地上的劳动以及其他徭役，还要尽先而尽量的支出，其余的部分才能使用到其分有地上面去（公事毕，然后敢治私事，所以别野人也）。同时，领有分有地的农民，又是与土地相结合，并不能自由移徙的（死徙无出乡）。而殷代已是奴隶制度国家，殷人的土地国有亦非同于胡、廖等的所谓“公有”。另一方面，所谓“井田”，据孟轲所说，其主要意义又是所谓“正经界”，即确定领邑与领邑间土地区分的“经界”，但这也并非能照着所谓“井”字形去区分的。现在再把《孟子·滕文公》的一段文章照抄如次：

---

① 引自朱芳圃：《甲骨学文字编》，上册。

②《观堂集林》，卷一三，《西域井渠考》。

（滕文公）使毕战问井地。孟子曰……夫仁政，必自经界始；经界不正，井地不均，穀禄不平。是故暴君污吏必慢其经界。经界既正，分田制禄，可坐而定也。……无君子莫治野人，无野人莫养君子；请野九一而助，国中什一使自赋。卿以下必有圭田，圭田五十亩，余夫二十五亩。死徙无出乡，乡田同井。……方田而井，井九百亩，其中为公田。八家皆私百亩，同养公田。公事毕，然后敢治私事，所以别野人也。此其大略也。

孟子这段话，除所谓“方里而井”云云是理想化的部分外，证之上文“诗云：‘雨我公田，遂及我私。’惟助为有公田，由此观之，虽周亦助也”，不啻是“雨我公田，遂及我私”一语的社会内容的说明。因而在孟轲所解释的“井田制度”的内容，无论在土地的分配、生产的组织等方面，都完全符合于初期封建时代庄园制的内容，而表现其独特的剥削关系。因而孟轲所传述的“井田制度”，无疑是以这种庄园的组织为依据而演化出来的。所以西周的土地制度虽不是“井田制度”，而孟轲所说的“井田制度”却又正确地说明了西周庄园制度的内容。

〔按本文脱稿后，又读到《食货》第七期高耘晖君的一篇论文。高君对估定西周社会性质的某些意见，我个人认为是不无道理的。高君对我在《中山文化教育馆季刊》上所发表的一段讲稿的意见，其中有数点是曲解我的原意的，至少也是重大的误会。一、我不曾把井田解释为公社，我只在说它是中国初期封建时代的庄园，即被孟轲所解释的“井田”一样的异称。我说“周”字和“田”字的甲文和金文的象形，是包含着公社土地区划的形迹，易言之，这两个字必系象形于远古公社的土地区画。而庄园制的出现，是和古代农村公社和氏族公社有其蜕变的关系，这是世界历史的一般事实。所以我的意见是在说，在这时以前，如果有公社式农村组织的存在，则井田式的庄园便有存在的可能。二、我所说《诗》“雨我公田”的“公田”，明明白白说它是领主的土地，并没有说它是公社的“公田”。却因我所说有“领主的‘公田’”之语而促起高君的重大误会，歉甚。〕

从另一方面说，在这种庄园内的经营方式，则行着“三圃制[1]。这是和其

---

[1] 《诗》：“薄言采芑，于彼新田，于此菑亩。”按“一岁曰菑，二岁曰新田，三岁曰畬”，即《汉书·食货志》所谓一易，再易……。

还使用青铜器工具或开始使用铁制工具相适应的。易言之，在当时的生产力水平下，还不能不采取粗放经营和轮耕制。从其实行“耦耕”① 方面看，足见劳动工具和生产力水平还比较低。

在这种庄园制内部所构成的独特的剥削关系的基础，是以把农民束缚于土地上以及其对于地主的人格从属为前提的。列宁说过，对直接生产者，就一般说，必须分给生产手段，就特殊说，必须分给土地，且必须把他们束缚于土地上面不令离开，农民在人格上必须隶属于土地所有者，从而才能为经济外的强制，那而且是必要……。在西周，领主把农民随同土地一同赐予他人，这也不仅说明了农民被束缚在土地上面没有移徙的自由，且同时说明了农民对领主的人格从属。到春秋初期，所谓“民不迁，农不移”②，便是这一意义。

在这种基础上的剩余劳动的剥削，自然便是以赋役为主要的形态去表现。

在赋的方面，农民除去以一部分，并每每只能是较小一部分的劳动时间，在自己的“分有地”或“份地”，即所谓“私田”上劳动外，要以一部分劳动时间支付在领主的土地即所谓“公田”上去劳动。这在金文和《诗经》上都有明白记载。金文中如：“官嗣成周，贮廿家”，“格伯段良马乘于倗生，氒（厥）贮卅田”③。郭沫若氏云：“贮，赋也。”是所谓“贮廿家”，即系其领有廿家农奴为其提供劳动地租和徭役之谓；所谓“贮卅田”，即系赋取在其“卅田”的领地上的农民的赋役之谓。这在《诗经》上，又有如次一类记载：

有渰萋萋，兴雨祈祈，雨我公田，遂及我私。

率时农夫，播厥百穀。骏发尔私，终三十里；亦服尔耕，百千惟耦。

倬彼甫田，岁取十千；我取其陈，食我农人，自古有年。今适南亩，或耘或耔，黍稷薿薿。

王锡韩侯，其追其貊，奄受北国，因以其伯，实墉实壑，实亩实藉，献其貔皮，赤豹黄罴。④

---

①《诗》：“亦服尔耕，十千维耦。”“千耦其耘。”这到春秋时代似乎还有残存，《论语》云：“长沮桀溺耦而耕。”

②《左传》昭公二十六年，晏子语。

③《颂鼎铭》；《格伯毁铭》。

④《诗》《大田》、《噫嘻》、《甫田》、《韩奕》。按“十千”疑系“百千”之误，“百千”即“什一”倒文。按金文十作丨，千作千，五十作亖，百字金文中虽另有专字，然作丨丨亦自可通，十十即百也。

因为农民在领主土地上的一部分劳动，是农民所提供于领主的剩余劳动的主要部分；领主、领主的家族以及其左右所需要的生理的、文化的物质资料，主要也是依赖这一部分的剩余劳动去供给的。故《国语·楚语》说："天子之田九畡，以食兆民，王取经入焉，以食万官。"《郑语》说："故王者居九畡之田，收经入以食兆民。"所以领主对于农作以及农时上，便予以莫大的重视和注意，常严厉地去督促农作，以提高其劳动生产率和劳动强度。所以《国语·周语》述宣王时的事实说：

民用莫不震动，恪恭于农，修其疆畔，日服其镈，不解于时，财用不乏，民用和同。是时也，王事惟农是务，无有求利于其官，以干农功，三时务农，而一时讲武。

王耕一坺，班三之，庶人终于千亩。

《谌田鼎铭》云："王大籍农于谌田。"

因而封建时代所谓"天子亲耕"的本意是什么作用，便不难完全明白。自然，这里还可能夹有某种历史的传习在内。

一方面，领主们除特设一种监督农民劳动的使用人"田畯"外，为扩大剩余劳动量而提高劳动程度起见，领主自己和其子侄还不时亲自去监察。例如：

曾孙来止，以其妇子，……禾易长亩，终善且有。曾孙不怒，农夫克敏。

既方既皁，既坚既好，不稂不莠，去其螟螣，及其蟊贼，无害我田穉。①

领主们如此关注的农事，不是农民在其分有地上的农事，而是农民在领主土地上劳动的农事。领主们目的是为"求千斯仓"、"万斯箱"的生产物的获得。所以《诗·甫田》又说：

曾孙之稼，如茨如梁，曾孙之庾，如坻如京，乃求千斯仓，乃求万斯箱：黍、稷、稻、粱。农夫之庆，报以介福，万寿无疆。

实际，这于"农夫"有何"庆"何"福"呢？不过得以减少一些鞭打和毒骂罢了。那末，如果"曾孙"所要求的剩余劳动生产物不得到满足，那就

---

①《诗》《甫田》、《大田》。

无疑是“农夫”们的“忧”，必然要报以鞭打和辱骂，而是灾难和苦头了！

至于临到“农夫”们在其自己分有地上劳动时，那就不管你是在怎样农忙的时际，也要随时去应征徭役的。所谓“不夺民时”，在这一方面便完全是骗局。

农民们在农业上所使用的劳动用具，就特殊说，似是为领主所有的①；同时，在一般的情况下，是为农民自己所有②。在与农奴制并行的奴隶制生产的情况下，奴隶乃至农奴，如果在生产中损伤领主的劳动工具和家畜，便要受到责罚③。

其次，农民要向领主提供无定额的贡纳物。这在中世欧洲，一般为所谓牛乳、鸡子、蜜蜡、生果、肉类……之类的东西；在西周，从《诗经》上所能考出的，为兽皮、猪肉、野味、蔬菜、羊肉等类④。

关于徭役方面，最主要而为农民所最不堪忍受的，便是领主所课于农民的兵役；农民随时要应领主的征召去参加各种战争（封建领主间的战争以及和异族的战争等）；领主为要训练农民的战争技术，于每年的所谓“农隙”时“讲武”。农民所用以去从事战争的各人随身兵器，也是要由农民自备。《周书·费誓》记鲁事云：“备乃弓矢，锻乃戈矛，砺乃锋刃，无敢不善。”在西周，农民所负荷的兵役是相当频繁的，《诗经》中有不少记载。例如：

我徂东山，慆慆不归。我来自东，零雨其濛。果蠃之实，亦施于宇。伊威在室，蠨蛸在户，町畽鹿场，熠燿宵行，不可畏也，伊可怀也。

大车哼哼，毳雨如璊，岂不尔思，畏子不奔。⑤

《诗》《东山》、《大车》所叙述的战争，似是为的向东南远征。但由于战争连年不断，加之长途远征，耽误了农事。《诗·出车》云：

王命南仲，往城于方。出车彭彭，旂旐央央，天子命我，城彼朔方。

① “大田多稼，既种既戒，既备乃事；以我覃耜，俶载南亩，播厥百谷。”（《诗·大田》）在当时社会的过渡形势下，这种情况是与农奴制并行的奴隶制生产相适应而存在的。

② “命我众人，庤乃钱镈，奄观铚艾。”（《诗·臣工》）

③《周书·费誓》记鲁事云：“今惟淫舍牿牛，……牿之伤，汝则有常刑。”

④《诗·有狐》：“有狐绥绥，在彼淇梁，心之忧矣，之子无裳。”《七月》：“取彼狐狸，为公子裘。”“言私其豵，献豜于公。”《瓠叶》：“有兔斯首，炮之燔之，君子有酒，酌言献之。”《采菽》：“采菽采菽，筐之莒之，君子来朝，何锡予之？”在这里所说菽应为菜蔬之义。《七月》：“献羔祭韭。“曰杀羔羊，跻彼公堂，称彼兕觥，万寿无疆。”

⑤《诗》《东山》、《大车》。

赫赫南仲，猃狁于襄。昔我往矣，黍稷方华；今我来思，雨雪载涂，王事多难，不遑启居。岂不怀归？畏此简书。

这是和西北游牧部落严允战争的记事诗。农民应兵役而参加这次的战争，照诗义所说，曾经过自夏至冬的一个长时间。这还反映了一些自卫的思想和情绪。而对其他性质的战争，农民就更感到是苛重的负担了。例如《诗·小明》说：

明明上天，照临下土。我征徂西，至于艽野。二月初吉，载离寒暑，心之忧矣，其毒大苦，念彼共人，涕零如雨。岂不怀归？畏此罪罟。

这反映了农民被强制服兵役和应征从事长时间远征的痛苦，因而表现其阶级反感的记事诗。此外如《北山》、《崧高》等篇，均是反映农民应征兵役而参加战争的记事诗。《诗经》中这一类的记载，不胜列举。因而所谓“三时务农”、“一时讲武”不过是一种记载的具文，实际领主所课于农民的兵役并无一定时日与限度。

其次农民所应征的一种徭役，便是他们还要应征去担任领主们的土木建筑工事，如房屋、园林、城塞等建筑。例如：

经始灵台，经之营之，庶民攻之，不日成之。经始勿亟，庶民子来。①

周公初基，作新大邑于东国洛，四方民大和会。

鲁人三郊三遂，峙乃桢幹，甲戌我惟筑，无敢不供。汝则有无余刑非杀。鲁人三郊三遂，峙乃刍茭，无敢不多。汝则有大刑。

厥既命殷庶，庶殷丕作。②

其次农民又不时要应征去侍候领主们射猎、游历等差役，例如《诗·大叔于田》云：“叔在薮，火烈具举，襢裼暴虎，献于公所。将叔无狃，戒其伤汝。”又《车攻》云：“田车既好，四牡孔阜，东有甫草，驾言行狩。”《四耳盂》、《采桑钫》所图，车猎与徒搏走犬并见。徐中舒氏谓此为战国或战国以前器，然无论其时代稍后，亦能作为上述诗文的活描。再次便是领主家庭和庄

① 《诗·灵台》。

② 《周书》《康诰》、《费誓》、《召诰》。

园或领地内的其他不时的杂役①。

领主对农民另一方面的剥削，一则为某些日用生活必需品，为领主专利，如在中世欧洲，食盐之类的东西，是归领主专卖的。在中国初期封建时代的初期，我目前虽还没有找着这种食盐专卖的史料来证明，然而有属于领主专利事业的存在，却能确证。《国语·周语》说："匹夫专利，犹谓之盗，王而行之，其归鲜矣。"便是存在这种专利的一个例证。在此后，到春秋时期②的公元前七百年代开始后，在齐国，食盐归封建统治者专利的事实，历史上却记载得很明白。

其次，由于农民对领主的人格从属，又引出额外的其他各种剥削。例如在中世欧洲，领主对农民的新婚，最残酷者，有所谓"初夜权"，这种"初夜权"后来便转化为"婚姻税"。在西周，领主随意糟踏农民的妇女，却是惯见的事情。例如《诗·国风·七月》说："春日迟迟，采蘩祈祈，女心伤悲，殆及公子同归。"这便是无论农民家中的妇女正在从事春忙的劳作，遇着领主们性欲冲动时，就不管你愿意如何，便能随便携去解闷的。反之，若是农民对领主家中的妇女，即使是"男欢女悦"的双方愿意，若被领主察觉时，那便要处死的。〔按孔子家乡的鲁南地区，到民族抗日革命战争时期，还有"初夜权"的残遗。这是我自己亲自调查过的事实。——一九四六年补。〕

对于农民们的犯罪处分，领主们从扩大剩余劳动剥削的利益出发，为加紧对农民榨取，于是便采取"金作赎刑"的办法，而课以等级不一的罚款。这种残酷剥削和其隐密，西周的领主们在《周书·吕刑》上有如次一类的自供：

> 王曰："吁！来。有邦，有土，告尔祥刑。在今尔安百姓，何择非人？何敬非刑？何度非及？两造具备，师听五辞；五辞简孚，正于五刑；五刑不简，正于五罚；五罚不服，正于五过；五过之疵，惟官，惟反，惟内，惟货，惟来。其罪惟均，其审克之。五刑之疑有赦，五罚之疑有赦，其审克之。简孚有众，惟貌有稽，无简不听，具严天威。

① 例如"嗟我农夫，我稼既同，上入执宫功，昼尔于茅，宵尔索绹。""二之日凿冰冲冲，三之日纳于凌阴。……十月涤场。"（《诗·七月》）

② 按所谓春秋时期，起自公元前七二二年（鲁隐公元年），至公元前四〇三年晋大夫魏斯、赵籍、韩虔三分晋地而为诸侯止。共二百七十九年。亦有将下限断在公元前四七五年，即《春秋》绝笔之鲁哀公二十七年。

墨辟疑赦，其罚百锾①，阅实其罪；

劓辟疑赦，其罚惟倍，阅实其罪；

剕辟疑赦，其罚倍差，阅实其罪；

宫辟疑赦，其罚六百锾，阅实其罪；

大辟疑赦，其罚千锾，阅实其罪。

墨罚之属千，劓罚之属千，剕罚之属五百，宫罚之属三百，大辟之罚其属二百，五刑之属三千。

这样“疑赦”即嫌疑犯者有罚，领主便随意可加给农民以任何嫌疑犯的罪名，实行课罚。似此墨（黥）、劓、剕、宫、大辟等五刑，是极其残酷的、苛重的。这样，农民便更沦于“刀山地狱”中了。

这种情形，到春秋初期，《国语·齐语》和《晋语》有这样的记载：

制重罪，赎以犀甲一戟；轻罪，赎以鞼盾一戟；小罪，谪以金分；宥间罪；索讼者三禁，而不可上下，坐成以束矢。

梗阳人有狱将不胜，请纳贿于魏献子。

在这种庄园范围内，除农奴以外，为领主生产各种手工业必需品的，还有“工奴”。所以《令彝铭》有所谓“众百工”，《周书·酒诰》有所谓“百工”，《立政》有所谓“艺人”，《康诰》则“百工”、“播民”并称，按“播民”即农民；是则所谓“百工”、“播民”，即与《左传》桓公二年所谓士以下的“庶人、工……”同义。故“工”即“工奴”无疑。这种工奴，男女两性皆有，大抵缝纫和纺织之类的工事，是使用女“工奴”担任的。所以《诗·魏风》有所谓：

纠纠葛屦，可以履霜。掺掺女手，可以缝裳。要之襋之，好人服之。好人提提，宛然左辟，佩其象揥，维是褊心，是以为刺。

女工的缝纫，是专门为着满足领主及其家属、左右的需要而设的。这些满足领主消费的手工制品，大抵主要由专设的工奴担任生产外，农奴家中的妇女

---

① 锾，《周礼》谓锾为锊。马融云：“锊，量名。”郑玄云：“锊，称轻重之名。……太半两为钧，十钧为锾，锾重六两。”《周书·吕刑》孔传云：“六两曰锾，锾黄铁也。”他们的解释极不一致。证之西周彝器如《敝卣铭》云：“锡贝卅寽”，则“寽”显系货币单位，大抵每“寽”所含之价值当甚小；不然，农民便没有担负似此巨额罚金之能力。郭沫若先生谓此等为贵族所课于奴隶的罚款。我以为奴隶连其身体都是属诸主人的。郭说值得商酌。

也同时要兼作“工奴”的。《诗·七月》所谓：

八月载绩。载玄载黄，我朱孔阳，为公子裳。

取彼狐狸，为公子裘。

等记载，便是这一事实的说明。

同时在庄园内，除去从事生产的农奴和工奴外，还有被使用为领主代劳的各种管理执事人。这即《礼记·射义》引《诗》① 遗文中之所谓“四正”、“庶士”，《大盂鼎铭》之所谓“邦嗣四伯”，《顾命》之所谓“师氏、虎臣、百尹、御事”，《酒诰》之所谓“在内服”的“百寮、庶尹、惟亚、惟服”，《令彝铭》之所谓“众卿使寮，众者（诸）尹”，以及《诗经》中之“田畯”等，名目繁多，都是各级领主所使用管理庄园的代理执事人员。领主所使用各种管事人的职务分配和组织，由于封建庄园的独立性，在各级领邑内，大抵是差不多的。其职掌的分配，《周书·立政》篇有这样一段记载：

王左右：常伯、常任、凖人、缀衣、虎贲。……立政：任人、凖夫、牧作三事。虎贲、缀衣、趣马、小尹、左右携仆、百司庶府、大都、小伯、艺人、表臣、百司、太史、尹伯、庶常吉士、司徒、司马、司空、亚旅。

常伯、常任、凖人，或任人、凖夫、牧作，又称作“三事”。“四正”应即《周书》所谓“尹三事四方”之“四方”。

其各种职务的性质，后世学者聚讼甚不一致。在我们，暂时只在说明当时有设置有各种职务的代理人的存在。

此外，则有使用在庄园内各种杂务以及领主家务上的各种贱役的“贱奴”。这即《令毁铭》所谓“臣十家”之“臣”，《齐侯镈钟铭》所谓“锡汝……厘仆二百有五十家”之“厘仆”，《筡卣铭》所谓“锡臣隻（雀）僰”。亦即《左传》昭公七年楚芋尹无宇所说之皂、舆、隶、僚、仆、台、圉、牧等②。

此种贱奴，地位尤卑于农奴。他们和原来的奴隶不同者，根本上由于他们已不是生产者。从而在其所受待遇上的不同，便是此种贱奴也有其自己的妻子

---

①《礼记·射义》所引此诗，有谓即已亡之《貍首》篇诗者。

② 原文云：“天有十日，人有十等，下所以事上，上所以共神也。故王臣公，公臣大夫，大夫臣士，士臣皂，皂臣舆，舆臣隶，隶臣僚，僚臣仆，仆臣台，马有圉，牛有牧，以待百事。”

家屋和“家庭经济”。这在奴隶制时代的奴隶，一般是梦想不到的，因而才有所谓“臣×家”之称。有些学者常把这两者混为一谈。实际，每在同一铭文中也是“庶人”、“夫”、“臣”等分别并举，如《大盂鼎铭》即然，其义至明。

在这种封建庄园制时代的商业，较之前此的奴隶制时代，反呈现着逆转的情势；不过这种逆转也是暂时的，更重要的，是由于两种经济的不同质，正因为封建庄园的经济组织，较之各别奴隶所有者的经济组织，具有较高的独力性。在奴隶所有者经济组织的内部，在各别奴隶主间，为补充和调剂奴隶劳动力，相互间有进行奴隶买卖的必要外，奴隶所有者各家族所要的必需品，以家族为经营个体的情形下，也不能完全由其自体去生产，不少生产资料和生活资料不能不需要由交换来补足；由于奴隶买卖的进行的必要，也必然会引起交换内容的扩大与复杂化。在封建庄园的经济组织体内，每个庄园是属于一个庄园主人所有，全庄园成为一个生产组织的个体。在每个庄园内部，不但包含有农业的生产组织，而且包含有关于生产资料和生活资料的各种手工业等等的生产组织，因而构成庄园为一个经济上自给自足的相对独立体。所以说，在这种庄园体内，农民被剥削的剩余劳动量，是以领主、领主的家族及左右的肠胃消化力为度的。因而前此在奴隶所有者间所行使的商业交换，反而呈现为逆转的形势。

随着生产的发展和领主们所得的剩余劳动生产量的增多，他们的肠胃便渐渐改变了，渐渐不以其自己庄园内所生产的生产物为满足，要求去获得别处的生产品，即本处所没有的各种新奇的东西，来满足其奢侈的欲望。因而在各封建领主间所行的商品交换又随着发展了。对别处生产品的获得，同时又像古代一样，用战争的手段去进行。

然在西周，据《诗经》和《周书》所载，在最初，在各庄园间所进行的商业交换，是由封建领主去承当的。《诗经》说：“如贾三倍，君子是识。”“君子”便是领主之一异称。所以当时商也和工一样，都是“在官”的。由于封建时代各庄园相互间的闭锁性，商业的交通极其困难，且带有危险性。商人经过的封邑，不但被课征明的税纳，而且有常被武士们暗的劫夺的危险。所以对异地生产物的获得，是包含着一个较危险的历程，异地生产物的价格常高至原价数倍以上，即所谓“如贾三倍”的内容。惟其如此，商人们才肯冒险去进行。大概商品愈来自远地者，其价格愈高。

因此，由封建领主所承当的远地商品交换的事情，也跟着进行了。《周书·酒诰》说："肇牵车牛，远服贾。"《兮甲盘铭》云："其隹我者侯百生，氒贮毋不即𠴱（市），毋敢或入䜌宄贮，则亦井（刑）。

用于商品交换中的媒介物，《周书》和《诗经》等书中有贝、朋、圭、璧等字；《诗经》中又有钱、镈、铚等字，但此属农耕器具，而非货币。其次在后人的著作及《周礼》等书中，则有如次一类的记载：

周制以商通货，以贾易物。太公又立九府圜法，黄金方寸而重一斤，钱圜函方，轻重以铢。布帛广二尺二寸为幅，长四丈为匹。故货宝于金，利于刀，流于泉，布于布，束于帛。《周官》司市：国凶荒札，丧则市无征，而作布。外府掌邦布之出入，以供百物，而待邦之用。……泉府掌以市之征布，敛市之不售，货之滞于民用者，以其贾买之物，揭而书之，以待不时而买者，各从其抵。都鄙从其主，国人郊人从其有司，然后予之。凡赊者，祭礼无过旬日，丧纪无过三月。凡民之贷者，与其有司辨而授之，以国服为之息，凡国事之财用取具焉。岁终则会其出入而纳其余。……外府掌赍赐之出入，泉府掌买卖之出入。

夫玉起禺氏，金起于汝汉，珠起于赤野，东西南北去周七八千里，水绝壤断，舟车不能通，为其途之远，其至之难，故托用于其重——以珠玉为上币，以黄金为中币，以刀布为下币。

陶唐氏谓之泉，商人、周人谓之布，齐人、莒人谓之刀。

案自上古刀布之用，一变为九府圜法……三代以后，珠玉但为器饰，而不以为币。①

此殆皆难于凭信，至少亦系杂有后代的事实作背景而追叙者。《古泉汇》所载之西周钱币，亦难于尽信。惟荀悦所说："夏殷以前钱无文，周制则有文；并以宝字系外，自周景王之宝货始"，关于周景王时代铸币一事，《国语》亦有相同的记载，此似系事实。在西周，是否用布帛为交换媒介物，此为极难考证的一个问题。因为布帛在其物理性质上，不能有遗物保留下来。另一方面，据金文所载，西周又显然在使用金属货币。惟《诗经》"氓之蚩蚩，抱布

① 《文献通考·钱币考》；《通典·食货》；《通志·食货略》；《清通考·钱币考》。

贸丝”一语，却有两个解释的可能：一为以布易丝的实物交换，一为布即金属货币的名称，犹今日之所谓钱然。

西周货币之为金属，金文中也有不少记载，例如：

《窭伯鼎》：“唯十月吏（使）于曾，窭伯于成周休赐小臣金。”

《录毁》：“伯雝父来自䧅，蔑录历，锡赤金。”

《禽毁》：“王锡金百寽。”

他如《遹甗铭》、《瘐鼎铭》《競毁铭》等亦均有“锡金”或“赏金”字。西周使用金属货币，已成铁证。西周金文中又有“锡贝”的记载，如《敉卣铭》云：“锡贝卅寽（锊）。”大概所称为贝者，即所称金属铸币之谓，易言之，铸币形如也，此从早已有铜贝存在可知。从而《周书·康王之诰》所谓“宾称奉圭兼币曰，一二臣卫，敢执壤奠”之币，《冏命》“非人其吉，惟货其吉”之货，《吕刑》“狱货非宝”之货，亦殆皆指此种金属制贝而言。这种货币的单位，金文中又有如次类的记载：《牧毁》：“取□□寽”。《曶鼎》：“用償征卖丝五夫，用百寽”。《扬毁》：“取遺五寽”。《番生毁》：“取遺廿寽”。《趞鼎》：“取遺卅寽”。《截毁》：“取遺五寽”。《毛公鼎》：“取遺卅寽。”郭沫若考证上述诸器云：“恭王时确已用寽为货币单位矣。”①

随着生产力的进步，以及因应商品交换的进行，而提高了封建贵族较奢侈的欲望，因而便引出手工工艺的进步，而达到相当美化的程度。例如周初铜器的制造，常有涂金之绘饰，沈括《梦溪笔谈》器用门说：“礼书所载黄彝，乃画人目为饰，谓之黄目。予游关中得古铜黄彝，殊不然。其刻画甚繁，大体似缪篆，又如栏盾间所画回波曲水之文，中间有二目，如大弹丸突起，皇皇然，所谓黄目也。视其文仿佛有牙角口吻之象。”徐中舒氏考证云：“此黄目即《周礼·司尊彝》所谓黄彝，《礼记·明堂位》所谓黄目尊，……当即铜器中所常见之兽面图案，旧称此为‘饕餮’。铜器上之镶嵌与涂金，绚粲夺目，实具同一意义。此时铜器或即以涂金代替镶嵌。”又云：“春秋、战国时镶嵌工艺又复盛行，其（按即指狩猎图象所附之四耳猎盂、杕氏壶、采桑壶、羽人猎壶、双凤猎壶、凫鱼猎壶、小猎壶等。——羽）白色物质之镶嵌，或即《诗·小戎》之鋈，《毛传》：‘鋈，白金也。’……鋈又谓之镣，《尔雅·释

① 《金文丛考·毛公鼎之年代》。

器》云：‘白金谓之银，其美者谓之镣。’此种镶嵌涂金绘饰之周初铜器遗物，我还未得见过。然所见之周初铜器，雕刻花纹之细致，制造之精美，有令现代人惊异者。吾友王献唐先生缄余曰：‘至钟鼎文字，皆出刀刻，并非范铸；惟阳文范铸，而凡阳文皆范铸，阴文皆刀刻，范改亦然。彝器印馀刀布无不皆然。此以彝器之字口及制范之原理并范异文之事，皆可证明。此事弟之主张与昔人不同，当专文详之。昔人皆以彝器文为铸出，此大非也。’（一九三五年三月十九日致余信）因之钟鼎彝器上所刻花纹，自亦可用同一理由去判定为雕刻抑范铸。”① 据此，西周手工工艺制造技术的精巧程度，便可概见。

《周书·顾命》说：“画纯雕玉仍几”，“纷纯漆仍几”，“缀纯文贝仍几”，“黼纯华玉仍几”，不但能说明手工工艺的技术程度，同时又反映了封建贵族生活渐形豪奢化的情形。又《梓材》篇所谓：“若作室家，既勤垣墉，惟其涂塈茨；若作梓材，既勤朴斲，惟其涂丹雘”，即依此可概见手工建筑业的技术程度，以及封建贵族的住室之美术化的情形。

在封建庄园制度下的财产形态，主要表现为封建贵族阶级的土地占有。占有土地的贵族，无论其土地是由于王的赐予，抑由于其对原来的公社土地之侵占，或由其他手段而获得其对土地的支配权，本质上都是由占有而获得支配权的。这种土地所有之阶级的属性，较前此奴隶制时代的土地国有之土地所有诸关系，表现为一种更高的形态。

这种当作封建统治者所有财产看待的土地，不只是自然的土地，而是连同包括在土地上的农民。山川均说：

> 在封建时代的土地概念中，不只是自然的土地，并包含着劳动于土地上的农民。即被继承、被赠予的土地财产，不单是自然的土地，而固着于土地的农奴，也不管他自己的意志如何，反正他们非欢迎新所有者不可，为半自由民的农奴，与其说是人类，不如说是还近于家畜。②

前引周初的彝器铭文中，与“锡田”同时兼锡“夫”、“锡白丁”、锡

① 徐中舒：《狩猎图象考》。余按献唐先生这一发现，至属重要，盖依此可以从间接上去推究西周时代所使用的劳动工具，究是何种物理属性的东西。

② 熊得山译：《唯物史观经济史》，上册，第一二四页。

“庶人”的记事，正是这一历史内容的说明①。

封建统治者为维护其对社会财产的阶级占有，便以此为出发点而组织其统治权。从而政治和法律，便都在为维护这种财产制度而发挥其作用。这在如次的一些记事中，表现得很明白：

马牛其风，臣妾逋逃，勿敢越逐；祗复之，我商赉尔。乃越逐不复，汝则有常刑。无敢寇攘，逾垣墙，窃马牛，诱臣妾，汝则有常刑。

毁则者为贼，掩贼者为臧；窃宝者为宄；用宄之财者为奸。

凡民自得罪，寇攘奸宄，杀越人于货，暋不畏死，罔弗憝。

（楚芋尹无宇曰：）吾先君文王（楚文。——羽）作仆区之法（隐匿逃亡之法。——羽）曰，盗所隐器与盗同罪，所以封汝也。②

《康诰》是可靠的周初文献，从而《费誓》和《鲁语》所载，以及《左传》所载楚芋尹无宇语，能作为对前者的补充说明③。自然，由于西周社会的过渡性，这里，如《费誓》又具有保护传统的奴隶制财产的内容。

这种封建社会的承袭权，原则上为长子承继权，因为长子代理其父的领主的职业义务，较之其弟辈，在事实上、能力上都较优越。其次，由于封建领主间以及对外族的进扰，常有不断的战争，因此，封建领主同时又是其领地与其属领内的军事的组织者与指挥者。长子在其年龄上，较其弟辈也每每有其容易继承这种军事职务的条件，因而演出长子承袭的优越地位。反之，如果领主的长子在其能力上或年龄上不具有这些适当的条件，其承继权不免要被牺牲，而让渡于其父的兄弟或其自己的兄弟来承继，但在长子继承的原则下，这每每是用夺取或篡窃的手段去实现的。所以自西周初开始的封建制，财产的承袭，原则上便确立长子承袭的家系世袭，同时却又有兄弟或庶子承袭的事实④。

---

① 我们的“历史家”不愿意承认封建财产的这一特征，乃每每把农奴本质的“夫”、“白丁”、“庶人”解释为奴隶，那却是一个不能令人信服的论证。

②《周书·费誓》、《国语·鲁语》、《周书·康诰》、《左传》昭公七年。

③ 有谓西周甚而至于战国为氏族社会者。但在氏族社会内，有这样以保护私有财产为目的的社会秩序存在，宁非中国史的奇迹？

④ 这种财产承袭的原则，在我国过去学者关于宗法制度的研究，论述颇详，那虽然不能当作信史，却能作为参考。王国维先生虽然对伪书也不肯去根本否定，然而他却是一个安分的古文字学家。每参酌古代遗物与甲骨金石铭文立论，其态度自是比较慎重。兹特举王说以备考证：“左氏传之说曰：‘太子死，有母弟则立之，无则立长，年钧择贤，义钧则卜。’公羊家之说曰：‘礼，嫡夫

C. 阶级的构成和等级制度

如前所述，在封建庄园内的阶级构成，一方面为土地所有者的庄园主人，一方面为被剥削的农奴、工奴和贱奴。由这两者构成社会主要的阶级诸关系。因为封建时代的生产，是以农业为主要，所以在被剥削者的内部，农业生产担当者的农民，便成为主要的被剥削阶级。于以形成封建时代之名义上的土地所有者即土地主人和农民之阶级关系的主要内容。

在公元前一千二百年代末，以周人为中心的革命集团，在殷代奴隶所有者国家的废墟上，建立起新的社会秩序。在这新秩序的基础上，把原来奴隶所有者国家支配下农村公社内的奴隶和自由民都转化为农奴，把原来的阶级关系颠倒过来。同样，随着周族等各族自身原来氏族公社转化而成为封建庄园，其公社内贫穷的氏族成员也都渐次转化而沦为农奴。因而形成社会内这一新的被剥削阶级——农奴的等级。不过，这在相当长的时期内，还是奴隶与奴隶主、氏族成员与氏族长，和农奴与封建主间的多种成份和关系的交错并存，并形成为各种关系间的斗争。

农奴在周代，被称作所谓“民”、“庶人”、“庶民”、“众人”、“小人”，或“夫”、“农夫”、“农人”，他们便是农业生产的直接承担者，亦即徭役和赋

人无子立右媵，右媵无子立左媵，左媵无子立嫡侄娣，嫡侄娣无子立右媵侄娣，右媵侄娣无子立左媵侄娣。质家亲亲先立娣，文家尊尊先立侄。嫡子有孙而死，质家亲亲先立弟，文家尊尊先立孙；其双生也，质家据现在立先生，文家据本意立后生。’此二说中，后说尤为详密，顾皆后儒充类之说，当立法之初，未必穷其变至此。然所谓立子以贵不以长，立适以长不以贤者，乃传子法之精髓，当时虽未必有此语，固已用此意矣。”“《丧服小记》曰：别子为祖，继别为宗，继祢者为小宗。……大传曰：别子为祖，继别为宗。继祢者为小宗。有百世不迁之宗，有五世则迁之宗。百世不迁者，别子之后也。宗其继别子者，百世不迁者也；宗其继高祖者，五世则迁者也。尊祖故敬宗，敬宗，尊祖之义也。是故有继别之大宗，有继高祖之宗，有继曾祖之宗，有继祖之宗，有继祢之宗，是为五宗。其所宗者皆嫡也；宗之者皆庶也。……郑康成于《丧服小记》注曰：别子，诸侯之庶子，别为后世为始祖者也。谓之别子者，公子不得祢先君也。”（《观堂集林》，卷一〇，《殷周制度论》）

税之主要负担者①。除去与封建制并存的奴隶制关系中的自由民、氏族制关系中的氏族成员等实质上仍保有自己的土地，其中并存着个体生产者外，封建庄园的土地名义上都是属于庄园主即领主所有，所以农奴在一般上，都是没有主要生产资料的土地；在特殊上，又是缺乏甚至没有农业生产上必要的劳动工具。他们虽然营着其独立的经济，然而却是被束缚于土地之上，反而成为封建领主的土地财产构成上的一个因素。这已经在上章论证过。

另一方面，随着王分赐土地于其亲属、左右；其左右又相次以其受有土地分赐其自己的亲属、左右。这种受有土地的新贵族各以其名义上被赐予的土地，作为自己的领地和开始去组织庄园。从这种土地的赐予（锡邑……）而产生的又一人与人间的关系，受赐者对其直属的赐予者要履行着臣属于他的誓约，例如《齐侯镈钟铭》云：

> 余锡女厘都胤爵，其县二百；余命女治辞厘造，或徒四千，为女敌寮，乃敢用拜稽首；弗敢不对敭，朕辟皇君之锡休命。公曰：乃女康能乃有事，率乃敌竇，余用登屯厚乃命女及母曰：余小子女尃余于囏恤，虔恤不易，左右余一人，余命女戚差飨为大事继命于外内之事，中尃明刑，女以尃戒公家应恤余于盟，恤女以恤余朕身。余锡女车马戎兵厘仆二百又五十家，女以戒戎作及用。或敢再拜頟首，应受君公之赐光，余弗敢废乃命。……是小心龚迹，灵力若虎，堇恪其政事，有共于公所……

《国语·鲁语》载乙喜语齐侯云：“昔者，成王命我先君周文公及齐先君太公曰：女股肱周室，以夹辅先王，赐女土地，质之以牺牲，世世子孙，毋相害也。”

---

① 例如《左传》襄公九年说：“其庶民力于农穑。”又十三年说：“小人农力以事其上。”《孟子》说：“庶人食力。”《国语·周语》说：“庶人工商，各守其业，以共（供）其上。”很明白，“庶人”或“小人”是农业生产的直接承当者，同时又是赋役的担负者。这个阶级，随着周代政权的出现，便已开始存在了。西周彝器铭文中有锡“庶人”、“白丁”和“夫”等的记载，已如前引。《周书·洪范》有“凡厥庶民”，又《梓材》有“封以厥庶民，暨厥臣达大家”，《无逸》有“不知稼穑之艰难，不闻小人之劳”，又有“能保惠于庶民，不敢侮鳏寡”。《诗·灵台》篇更说明了“庶民”是徭役的负担者：“经始灵台，经之营之，庶民攻之，不日成之，经始勿亟，庶民子来。”

赋、役的负担，《周书·多方》篇还有这样的一句话：“越惟有胥伯小大多正，尔罔不克臬。”按“胥伯”，《尚书大传》作“胥赋”。《毛公鼎铭》云：“执小大楚赋”，王静安先生云：“楚胥皆以疋为声，是《大传》作胥赋为长，而‘小大多正’当亦指布、缕、粟、米、力役诸征，非孔传伯长正官之谓矣。”（《观堂集林》，卷二，《与友人论诗书中成语书二》。）

《克鼎铭》云："諫辪（勑乂）王家。""保辪周邦，畯尹四方。"

《沇儿钟铭》云："用盘饮酒，龢会百姓，淑于威仪，惠于盟誓。"

《牧敃铭》云："女毋敢弗帅先王作明井（刑）。"

《毛公鼎铭》云："女毋敢帅用先王作明井。"

《大盂鼎铭》云："若敬乃正，勿灋（废）朕命。"

是"人臣当恪遵君上之命，君上以此命臣，臣亦以此矢于其君"①。例如《史颂敃铭》："颂其万年无疆，日遅天子覭命。"《周公敃铭》："拜頟首鲁天子寴氒瀕福，克奔走上下帝无冬（终）命于有周。追孝；对不敢豙，邵朕福血，朕臣天子。"《师寰敃铭》："师寰虔不豙，夙夕恤氒牆（将）事。"《叔夷钟铭》："夷用或敢再拜頟首，雁受君公之锡光，余弗敢灋乃命。"

所以在这种土地赐予的等级属性的基础上，于以形成军事上及裁判上②之等级的属性。所以说，封建时代，军事上及裁判上之最高权力，是土地所有的属性。在最高领主的从属下，有许多大领主的领地存在，在大领主的从属下，又有小领主的领地存在。于以形成政治上之宝塔式的等级构成，所谓天子、诸侯、大夫、士。天子为最高封建领主，为封建国家内的最高权力者，所以说：

① 郭沫若：《金文丛考·周彝中之传统思想考》。

② 在西周，上级领主对下级领主间相互的争执，是保有其最高裁判权的。例如《鬲攸从鼎铭》所载鬲从、攸卫的争执，及王对其争执的裁判云："鬲从以攸卫牧告于王曰：'女觅我田牧，弗能许鬲从。'王令省史南以即虢旅，虢旅迺史（使）攸卫牧誓曰：'我弗具付鬲从其租射分田邑，则放。'"又如《曶鼎铭》所载曶与匡两者的争执云："昔馑岁，匡众氒臣廿夫寇曶禾十秭，以匡季告东宫，东宫迺曰：'求乃人，乃弗得，女匡罚大。'匡乃稽首于曶，用五田，用众一夫，曰𣏟，用臣曰疐，曰朏，曰奠；曰：'用兹四夫稽首。'……东宫迺曰：'偿曶禾十秭，遗十秭为廿秭，如来岁弗偿，则付卌秭。'迺或即曶用田二，又臣一夫，凡用即曶田七日，人五夫，曶觅匡卅秭。"又如《散氏盘铭》载夨、散的争执云："用夨𫓧散邑，迺即散用田眚（旧释竟）。自瀗涉以南至于大沽一封，以陟二封，至于边柳，复涉瀗陟雩𫻿䙵𨻰以西封于敾城楮木，封于刍徕（王国维释艾芆，郭释见前引），封于刍衜内陟刍，登于厂湶封剚柝，𨻰陵柝，封于䉶道，封于原道，封于周道。以东封于𢧀东疆。右还封至眚道。以南封于刍徕道。以西至于琟（王释淮），莫眚井邑田，自根木道左至于井邑封道以东一封，还以西一封。陟刚三封，降以南封于同道。陟州刚登柝降棫，二封。夨人有嗣眚田鲜祖，敚武父，西宫褱，豆人，虞丂，录贞，师氏右眚（王释相）小门人繇原人虞，莾，淮嗣工虎李（王释孝）龠丰父琟人有嗣荆丂，凡十有五夫，正眚夨舍散田，嗣土屰宄，嗣马䉶凰，邦人嗣工騂君，宰德父，散人小子眚田戎敚父效䙴父敖之有嗣橐（王释橐）州橐焂从嵩凡散有嗣十夫，唯王九月辰在乙卯夨俾鲜祖䙴旅誓曰：我既付散氏田器，有爽，实余有散氏心贼，则爰千罚千，传弃之。鲜祖䙴旅则誓。迺俾西宫褱武父誓曰：我既付散氏溼田牆田，余有爽䜌，爰千罚千，西宫褱武父则誓。厥受啚夨王于豆新宫东庭，厥左执要，史正仲农。"

"普天之下，莫非王土，率土之滨，莫非王臣。"诸侯以下的各级领主，都相次为其从属。《诗·小雅·雨无正》篇说："三事大夫，莫肯夙夜；邦君诸侯，莫肯朝夕。"从属于天子——最高领主——的诸侯，又有其自己从属下的大夫和士。《邾公牼钟铭》云：

邾公牼羼厥吉金，玄镠肤吕，自作龢钟曰：余翼龚威忌，铸辞龢钟二锗，以乐其身，以匽大夫，以喜诸士，至于万年，分器是寺。

又《邾公华钟铭》："铸其和钟，以恤其祭祀，盟祀，以乐大夫，以匽士庶子，慎为之铭，元器其旧，哉公眉寿，邾邦是保，其万年无疆。"大夫又有其自己的从属下的家臣——士。士亦有其从属下的农奴、工奴和贱奴，如《左传》桓公二年："士有隶子弟"；《孟子》："士食田"。这即楚芋尹无宇之所谓"天子经界，诸侯正封，古之制也……故王臣公，公臣大夫，大夫臣士"① 的等级制的从属。天子、诸侯、大夫、士，都各有其自己的领地，天子的领地称作"畿"；诸侯的领地称作"封疆"，其首邑为"都"，"都"也是由诸侯及其左右等人所居的"邑"发展而来的；大夫的领地称作"田"、"邑"；士的领地似亦称作"田"、"邑"，但最初一般似只有"邑"即庄园，但为大、中领主左右的扈从或家事管理人的"士"，似是没有独自的领地，而依随于大领主的领邑内过活者。

在这种等级制的基础上，最高领主或大领主对其从属，又分作所谓"内服"和"外服"两种，在其直属领地内的属领或其属僚，被称为所谓"内服"；在其直属领地外的属领，被称为所谓"外服"。故西周文献上记载说：

越在外服：侯、甸、男、卫、邦伯。

越在内服：百僚——庶尹、惟亚、惟服、百工、越百姓、里居（君）。②

明公朝至于成周，徃令，舍三事令：众卿旋寮，众者（诸）尹，众里君，众百工；众者（诸）侯——侯，田，男。③

王国维谓前者之"'侯、甸、男、卫、邦伯'，即后者之'诸侯：侯、田、男'。'邦伯'即'诸侯'，前者之百僚——'庶尹、惟亚、惟服、百工、越百

①《左传》昭公七年。

②《周书·酒诰》。

③《令彝铭》。

姓、里居'，即后者之卿旋寮、诸尹、里君、百工”。周初的封建领地和采邑，有侯、甸、男、卫等的分别，在周初文献中的记载甚多，例如《周书》《康诰》、《酒诰》、《召诰》、《君奭》说：

周公初基作新大邑于东国洛，四方民大和会——侯、甸、男邦；采卫；百工，播民（农民）和见士于周。

汝劼毖殷献臣，侯、甸、男、卫。

周公乃朝用书命庶殷，侯、甸、男、邦伯。

王人罔不秉德，明恤小臣，屏侯甸。

罗振玉释《令彝铭》云：“侯、田、男，即侯服、田服、男服。”《微栾鼎铭》云：“王在宗周，王命微栾继治九服。”（从薛尚功释）则有所谓“九服”，其详细内容，不悉何所指。概言之，当系兼括所谓“内服”和“外服”等而说的。在战国时代的《孟子》以及后来刘歆等人伪造的《周礼》中，便依据这些历史事实而演述为所谓“五服”制。荀子《正论》篇亦有所谓“封内甸服，封外侯服，侯卫宾服，蛮夷要服，戎狄荒服”。《国语·周语》亦云：“祭公谋父曰：夫先王之制，邦内甸服，邦外侯服，侯卫宾服，蛮夷要服，戎狄荒服。”这都是关于“五服”制的记述。实则各种封建领地或采地的发生与其区分，大概是按受封者的爵位等级而表现为领地的等级性，领地随同其主人而表现为名称的不同。所谓“要服”和“荒服”等，似是国境内的落后部落或民族集团，与周代国家的政治关系的表现。我以为决不能像那样整齐划一的理想构意的图式。所谓“甸服”，即最高领主的领地，及其领地内的属领，所以谓之“邦内”。《诗·商颂》所谓“邦畿千里，惟民所止”，周之“甸”即殷之“邦畿”之意的沿袭。《国语·周语》所载“襄王谓晋文公曰：昔我先王之有天下也，规方千里以为甸服”，即是这个意义。“侯服”即地方诸侯之领地；“宾服”与“侯服”基本上似属性相若，只有地理上以至族系上的区别；“采服”即从属于诸侯之属领。所以彝器及古文献中叙“内外服”只云“甸、采、卫”或“侯、甸、男”等等，而不及所谓“荒服”与“要服”。

适应于这种封建领主等级地位的差异，以及其服采的分别，则有所谓“侯”“伯”等等的爵位等差。在彝器铭文中，诸侯称“公”、“侯”、“伯”者至多见，称“子”者有《鄦子盟师钟》等，称“男”者如《趞小子毁》有“鬵男”，《内曳侯簠》有“寺男”等。《左传》襄公十五年云：“王及公、侯、伯、子、男、甸、采、卫、大夫，各居其列。”然而这不过系由最高领主周天子所颁赐的一种等级爵位；实则地方领主们在其自己的领邑内，多有僭越爵位者。例如“夨”，《夨伯彝》称“夨伯”，而《夨王尊铭》云：“夨王作宝尊”；《散氏盘》云：“乎受啚夨王于豆新宫东廷。”又如“录”，《录伯䧹𣪘铭》称“录伯”，《大保𣪘铭》又称作“录子”。如𠖥，《𠖥伯𣪘铭》云：“王命仲到归𠖥伯貔裘，王若曰：𠖥伯，朕不显祖玟珷，应受天命，乃祖克奉先王，异自他邦，有席于大命，我亦弗旷享邦，锡汝貔裘，𠖥伯拜手稽首天子休，弗望小裔邦，归夆敢对扬天子丕显鲁休，用作朕皇考武𠖥幾王尊𣪘。”又𠖥自称为“伯”，又称其父为“王”。因为各级封建领主，在其自己的“封邦”内有其经济的、政治的、军事的独立性，每个封邦都等于一个半独立的国家，即“半国家”，领主便等于这种半国家内的最高权力者，所以在其对内的名义上，并不那样受着严格的限制。《周书·毕命》所谓“世禄之家，鲜克由礼”，“礼”就是等级的名分。这到后来，由于地方封邦的发展和最高领主地位的衰落和权威的旁落，这种等级的爵位便更呈混乱了。

孟轲依据这种封建制度的等级构成，便演述为如次的一个系统：

> 北宫锜问曰：“周室颁爵禄也，如之何？”孟子曰：“其详不可得闻也。诸侯恶其害己也，而皆去其籍。然而轲也尝闻其略也：天子一位，公一位，侯一位，伯一位，子男同一位，凡五等也。君一位，卿一位，大夫一位，上士一位，中士一位，下士一位，凡六等。天子之制，地方千里，公侯皆方百里，伯七十里，子男五十里，凡四等；不能五十里不达于天子，附于诸侯曰附庸。……耕者之所获，一夫百亩，百亩之粪，上农夫食九人；上次食八人；中食七人；中次食六人；下食五人；庶人在官者，其禄以是为差。”

孟轲的这段话，对封建等级构成的原则上，从而在封建主对农民行使农奴制的剥削的原则上，根据我们在上面的说明，是有其相当的真实性的。然而在其齐一的机械的整齐划一的排列上，却是包含着文字上的虚构成份的。这到刘歆等人伪造的《周礼》中，便呈现为理想化了。

这种等级从属的各级领主，构成封建统治阶级内的诸等级层——天子，诸侯，大夫，士。

各级领主在其领地内，为经济上、政治上、军事上的最高权力者，已在上章论证过。西周彝器《王孙遗者钟铭》在这一点上，亦叙述得很明白："永延余德，龢沴民人，余尃旳于国。"文献中类此的例子，尚不胜枚举。然而却有效忠于其上级的誓约义务，这种誓约的遵守，在各领主间又有其相互监督其遵守的义务①。如下级领主违背其效忠于上级领主的誓约，上级领主便可以实行对他的讨伐。文献上关于这类事情的记载也是相当明白的。例如：

《禽毁铭》云："王伐婪侯。"（王国维云：疑即许侯；郭沫若释楚侯。）

《大保毁铭》云："王伐录子。"

《過伯毁铭》云："過伯从王伐反荆。"

这到最高领主周天子权威开始旁落后的两周之际，尚在挣扎其这种誓约义务的维系。《左传》僖公二十四年云："郑伯……不听王命，……王怒，将以狄伐郑"，便是一例。

下级领主对其直属上级领主所履行的义务，一方面为对其裁判的服从，已如上述；一方面为履行军事上的从属关系，服从其征集和调遣指挥，关于这一点，文献上还有如次一类的记载，例如：

《唯叔鬲鼎铭》云："唯叔从王南征。"

《噩侯鼎铭》云："王南征伐角䣙，惟还自征，在坏，噩侯驭方纳豊于王。"

《䡅毁铭》云："䡅从王伐荆。"

一方面下级领主对其直属上级领主要履行一定贡纳的义务。《周礼》所谓"方贡"，虽不完全可靠，然证之如次一类记事，却能证明下级对直属上级有贡纳的义务，这在周初便已存在着。一、《左传》僖公四年载齐桓公责楚子之言曰："尔贡包茅不入，王祭不共，无以缩酒，寡人是征。"是楚对周，在原先有贡纳"包茅"的义务。二、《陈侯午毁铭》云："惟十有四年，陈侯午以群诸侯献金，作皇妣孝大妃祭器鍨镎，以蒸以尝，保有齐邦，永枼毋忘。"到

---

① 例如《左传》襄公十六年云："晋侯与诸侯宴于温，使诸大夫舞曰：歌诗必类，齐高厚之诗不类。荀偃怒，且曰：诸侯有异志矣。使诸大夫盟高厚，高厚逃归。于是叔孙豹、晋荀偃、宋向戌、卫宁殖、卫公孙虿、小邾之大夫盟曰：同讨不庭。"是在此以前，诸侯还没"有异志"，能遵守誓约的。同时可想见其在此前，各领主有相互监督遵守誓约的义务。在春秋初期的齐桓、晋文，便根据这种原来的誓约关系和其相互监督遵守的义务这一名义，而为："挟天子以令诸侯"的。所以如《左传》僖公二十三年载赵襄子语云："君称所以佐天子命者命重耳，重耳敢不拜。"便是以维持誓约去"佐天子"作为其扩大封建并兼的名义的。这留后再说。

春秋时期，地方大领主对于属领征取贡纳，便演成一种苛刻的榨取，这留待后论。

在这种封建等级制的社会关系中，表现为各种不同的社会身分；这种社会身分，完全系从土地所有诸关系的属性上反映出来的。因而在一系列等级身分的构制中，便形成为两个阶级的截面：一是名义上的土地所有者的各级领主，虽然在相互的等级身分的从属下，却构成为一个阶级；一是构成其社会等级的最下层的农奴。只要是农奴，他们对于其所耕作的土地的所有权，是完全被剥夺的，易言之，他们没有农业生产的主要手段的土地，只是一个担当生产劳动的阶级。因而前者对于后者，是处在一种统治的剥削的地位；后者对于前者，是处在一种被剥削被统治的地位；在两者之间，划了一种阶级的鸿沟。所以在政治上、法律上，便完全以符合于前者各阶层的利益出发，而实现其阶级的统治，为束缚后者的桎梏。故《吕刑》所规定出的“五刑”，便是完全为统治农奴阶级而设，并不适用于统治各阶层。《大盂鼎铭》所谓“敏諫（敕）罚讼，夙夕釁（绍）我一人烝四方”，是以刑罚为维持其君“四方”之工具。所以后人有“刑不上大夫，礼不下庶人”的追述①。因而如上章所论证，领主对于农民具有一种超经济的政治的强制性的支配和榨取。工奴的地位基本上是同于农奴；贱奴在两周，是保有同于奴隶制时代的服贱役和杂役的家内奴隶的性质的。在两周，由于社会发展的过渡性和不平衡性，在封建主和农奴两阶级以外，领主和奴隶两阶级以及氏族制的成份，也都是大量存在的，但是后者不断为前者所克服。

封建等级的身分地位，在领地世袭的基础上②，也是世袭的。从而不但大领主的政治地位世袭，即最高领主和大领主们左右管理人的政治地位也是世袭的③。因而统治阶级内的阶级地位的等级世袭，被统治阶级内的身分地位的世袭，完全是被固定着的。这一面是爵位和职位的世袭，一面是《齐语》所谓

---

① “礼”是用以维系统治者阶级内各阶层的等级关系的。“刑”是用以统治“庶人”的。

② 例如《伯晨鼎铭》云：“王命韐侯伯晨曰：嗣乃祖考侯于韐。”是韐地为伯晨祖考以来的世袭领邑。此外如《遝尊铭》云：“王乎内史册命遝更乓祖考服。”其例甚多。

③ 例如《同毁铭》云：“王命同左右吴大父嗣昜林，吴（虞）牧……世孙孙子子左右吴大父。”《师晨鼎铭》云：“王乎作册尹册命师晨足师俗嗣邑人隹（与也）小臣，善夫，守□官犬，眔（及）奠人，善夫，官守友。”《师酉毁铭》云：“王乎史翻册命师酉嗣乃祖啻官。”此例甚多。请参看郭沫若：《金文丛考·周彝中之传统思想考》。

“士之子恒为士”，“农之子恒为农”，“工之子恒为工”，“商之子恒为商”。这样构成两者间之世袭的阶级、地位的悬殊。

因而在政治上，适应于等级从属的基础上，便构成其所谓“尊尊”制度；另一方面，适应于氏族制联系的遗留和农业生产组织与财产形态的基础上，便构成其所谓“尊祖”、“亲亲”的宗法制度①。从这两个方面去表现其政治形态上的特点及等级制和宗法制相表里的统治机能。

在意识形态上，也是表现为适应这种等级性的阶级制度的说教。例如《周书·洪范》说：

> 王省惟岁，卿士惟月，师尹惟日。岁、月、日、时无易，百穀用成，乂用明，俊民用章，家用平康；日、月、岁、时既易，百穀用不成，乂用昏不明，俊民用微，家用不宁。
>
> 庶民惟星，星有好风，星有好雨……月之从星，则以风雨。

“岁”、“月”、“日”、“时”观念，是与农业生产密切关联的，他们从这等自然现象上，去解释其阶级的等级构成的根据。一若这种等级制度一变动，便要引起自然间气候的不调，人类所依以获得生活资料的农业便要被毁坏，社会便要陷于混乱。从而等级制的阶级地位，依当时的统治者说来，不但是“天造地设”，而且是社会全体福利上所必要的。因此，各阶层人们在政治的社会的生活地位上的区别，便又给予如次的一个公式：

天子：“惟辟作福，惟辟作威，惟辟玉食”。

臣：“臣无有作福，作威，玉食；臣之有作福，作威，玉食，其害于而家，凶于而国，人用侧颇辟，民用僭忒”。

庶民：“凡厥庶民，无有淫朋，人无有比德，惟皇作极”。“凡厥庶民，极之敷言，是训是行，以近天子之光”。

这种思想，一到西周末期，由于西周封建过渡的完成和社会阶级矛盾的发展，便渐趋动摇。统治者一方面虽仍在扩大“天命”的说教和从所谓“内心”去求解释；一方面便不能不转而去扩大“礼”与“刑”的作用②。

---

① 参看《金文丛考·周彝中之传统思想考》。

② 请参阅拙著《中国政治思想史》第三编。——一九四六年补注。

D. 西周的衰落

在周朝封建主义的创造过程中，由于周室长期间的战争的持续①，不断加重了农民的赋役负担和使之疲于奔命。因而在最高领主邦畿所在的西北区域（陕甘一带），农民的生活便日趋恶化；据诗人的描写，农民的衣食住等生活

① 周朝在征讨三叔和殷代奴隶主反革命残余势力战争后，在原始公社制即氏族社会秩序下的国境内的各部落和种族，如荆楚、徐、淮、越等，仍不断反抗，并表现为落后的氏族制和新的封建制间的斗争；在国境外，如北方的严允和西北的西戎等，虽经周朝不断加以驱逐，仍不时进入国境骚扰，实行其原始性的掠夺的战争。因而在西周，这种种性质的战争便不断的持续着。据历史的记载说：周康王十六年南巡狩至九江庐山（今本《竹书纪年》）。昭王十六年伐楚荆涉汉（《初学记》卷七引《纪年》），十九年丧六师于汉（同上）；《左传》僖公四年云：昭王南征而不复。《逸周书·祭公篇》载穆王语云："兹申予小子追学于文武之蔑，用克龛绍成康之业，以将大命，用夷居大商之众。"穆王伐犬戎，得四白狼、四白鹿以归（《国语·周语》）。因而《穆天子传》记载穆王西征事，要亦有类此的事实作影子。《后汉书·东夷传》云：徐戎率九夷以伐宗周，西至河上，又云穆王令楚文王举兵灭之。今本《纪年》云：十七年秋八月，迁戎于太原，《诗》有"薄伐严允，至于太原"语，或即系这一事实的记述。今本《纪年》又云：三十五年荆人入徐，毛伯迁帅师败荆人于泲，三十七年大起九师东至于九江，遂伐越至于纡，荆人来贡。三十九年王会诸侯于涂山（《左传》昭公四年，穆有涂山之会。涂山即今安徽怀远县东南）。懿王七年西戎侵镐（今本《纪年》）。《诗·小雅·六月》云：侵镐及方，至于泾阳。十三年翟人侵岐（《纪年》）。《汉书·匈奴传》因云：王室遂衰，戎狄交侵，暴虐中国，中国被其苦。诗人始作疾而歌之曰：靡室靡家，佥允之故。岂不日戒，佥允孔棘。二十一年虢公帅师北伐，犬戎败逋（今本《纪年》）。孝王元年命申侯伐西戎（同上）。《后汉书·西羌传》云：夷王命虢公率六师伐太原之戎，至于俞泉。厉王三年淮夷侵洛，王命虢公长父征之，不克（《纪年》）。《后汉书·东夷传》云：厉王无道，淮夷入寇，王命虢仲征之，不克。十四年严允侵周西鄙，召穆公帅师追荆蛮至于洛（《纪年》）。据李泰棻考证云："《诗·小雅·瞻彼洛矣》篇即为此事而咏。宣王时，据《诗·小雅·六月》云："严允孔炽，我是用急"；又云："薄伐严允，至于太原。文武吉甫，万邦为宪"；又《诗·出车》云："王命南仲，往城于方……天子命我，城彼朔方。赫赫南仲，严允于襄"，"赫赫南仲，严允于夷"。此言征伐严允的经过。《诗·采芑》云："蠢尔蛮荆，大邦为雠。方叔元老，克壮其犹。方叔率止，执讯获醜。戎车啴啴，啴啴焞焞，如霆如雷，显允方叔。征伐严允，蛮荆来威。"又《诗·大雅·江汉》云："江汉浮浮，武夫滔滔。匪安匪游，淮夷来求，既出我车，既设我旟，匪安匪舒，淮夷来铺。……江汉之浒，王命召虎，式辟四方，彻我疆土，匪疚匪棘，王国来极。于疆于理，致于南海。"《诗·大雅·常武》云："赫赫明明，王命卿士，南仲大祖，大师皇父，整我六师，以修我戎，既敬既戒，惠此南国"；又云："率彼淮浦，省此徐土，不留不处，三事就绪。"此言宣王平服荆楚、徐淮并促进其完成封建化的经过。上述的史料，如今本《纪年》等，自是难作信史，然以之说明在宣王以前以至其后，西周所进行的战争的持续情况，证之其他记载，则是可信的。

条件，都逐渐陷于悲惨的状况中。例如《诗·七月》所说，住的方面："十月蟋蟀入我床下，穹窒熏鼠，塞向墐户"；食的方面："六月食郁及薁，七月亨葵及菽，八月剥枣，十月获稻，为此春酒，以介眉寿。七月食瓜，八月断壶，九月叔苴，采荼薪樗，食我农夫"；衣的方面："一之日觱发，二之日栗烈，无衣无褐，何以卒岁！"《周书·君牙》亦云："夏暑雨，小民惟曰怨咨；冬祁寒，小民亦惟曰怨咨。"金文也有这类记载。

因而农民对于封建领主的阶级反感，便跟着其赋役负担日趋苛重和生活日趋恶化，而逐渐成长起来了。诗人描写当时农民的阶级反抗情绪说：

骄人好好，劳人草草。苍天苍天！视彼骄人，矜此劳人。

不稼不穑，胡取禾三百廛兮？不狩不猎，胡瞻尔庭有县貆兮？彼君子兮，不素餐兮。

有饛簋飧，有捄棘匕。周道如砥，其直如矢。君子所履，小人所视。睠言顾之，潸然出涕。

荏染柔木，君子树之。往来行言，心焉数之。蛇蛇硕言，出自口矣；巧言如簧，颜之厚矣！

相彼投兔，尚或先之？行有死人，尚或墐之。君子秉心，惟其忍之。心之忧矣，涕既陨之。

莫高匪山，莫浚匪泉。君子无易由言，耳属于垣。无逝我梁，无发我笱。我躬不阅，遑恤我后！

明明上天，照临下土。我征徂西，至于艽野。二月初吉，载离寒暑。心之忧矣，其毒太苦。念彼共人，涕零如雨，岂不怀归，畏此罪罟。①

因此便引起农民的逃亡。诗人描写农民逃亡的情况说："黄鸟黄鸟，无集于栩，无啄我黍。此邦之人，不可与处。言旋言归，复我诸父。""硕鼠硕鼠，无食我黍；三岁贯汝，莫我肯顾。逝将去汝，适彼乐土。乐土乐土，爰得我所。"②

另方面，纪元前八五八年至八五三年（西周厉王二十一年至二十六年）

---

①《诗》《小雅·巷伯》；《魏风·伐檀》；《小雅·大东》；《小雅·巧言》；《小雅·小弁》；《小雅·小明》。《魏风》一般均认为系西周和春秋之交的作品，然此对西周时代的社会状况，是能正确反映的。

②《诗》《小雅·黄鸟》；《魏风·硕鼠》。

西周又遇着接连六年的大旱①。这回大旱的景况以及其给予西周社会政治经济的影响和经过，据诗人的记述说：

浩浩昊天，不骏其德，降丧饥馑，斩伐四国。昊天疾威，弗虑弗图，舍彼有罪，既伏其辜；若此无罪，沦胥以铺。周宗既灭，靡所止戾；正大夫离居，莫知我勚。三事大夫，莫肯夙夜；邦君诸侯，莫肯朝夕。庶曰式臧，覆出为恶。如何昊天，辟言不信？如彼行迈，则靡所臻。凡百君子，各敬尔身。胡不相畏，不畏于天？戎成不退，饥成不遂。曾我暬御，憯憯日悴。凡百君子，莫肯用讯；听言则答，谮言则退。哀哉不能言，匪舌是出。维躬是瘁，哿矣能言。巧言如流，俾躬处休。维曰于仕，孔棘且殆。云不可使得，罪于天子，亦云可使，怨及朋友。谓尔迁于王都，曰予未有室家。鼠思泣血，无言不疾。昔尔出居，谁从作尔室？②

照诗的记述看，很明显，由于连年天灾，又引起社会生活的饥荒，从而酿成群众大暴动，并攻占了首都，建立起起义者的政权（周宗既灭）。周朝朝廷的官僚都鸟兽散地逃走，即所谓“正大夫离居”。因而此次大旱，应是在厉王的被流放前，而不是在厉王的被流放后。公元前八四二年（厉王三十七年）西周社会的这一次人民大起义（彘之乱），直接的原因正由于大领主统治集团对人民的残酷剥削和对于小领主的兼并，加上连年旱灾的影响下发生的。

由于连年旱灾，致西周农业陷于空前歉收；社会经济生活全陷于恐慌的状态中。然而封建主集团，全不顾人民死活，为满足其自身的豪奢生活，反而更

① 按西周（公元前一一二二——七七〇年）三百五十年间，在陕甘区域内，曾发生过多次地震和旱灾。例如《初学记》卷七引《纪年》云：周昭王十九年（公元前一〇三四年）天大曀，雉兔皆震。《广弘明集》卷十一释法琳引《周书异记》云：周昭王二十四年（公元前一〇二九年）甲寅岁，四月八日，江河泉池忽然泛涨，井泉并皆溢出，宫殿人舍山川大地咸悉震动，其夜五色光气入贯太微，遍于西方，尽作青红色。上述两次地震是否为一次之传闻，则不能不待于地质学家去考定。《太平御览》卷八七八引《史记》云：周孝王七年（公元前九〇二年）冬大雨雹，牛马死，江汉冻。《初学记》卷二引《纪年》云：周夷王七年（公元前八八七年）冬雨雹，大如砺。惟对此次以前之灾情，并不曾叙述到对生产的破坏情况。今本《竹书纪年》云：自厉王二十二年至二十六年皆大旱。历史家认《诗·小雅·雨无正》篇即为此次旱灾而咏。徐文靖《竹书纪年统笺》云为刺幽王诗；郑笺则云为刺厉王诗。余按《雨无正》有“正大夫离居”语，恰合于“彘之乱”的情形。所谓“周宗既灭”，不过云首都为起义者攻占之意。厉王时曾经过一次较严重的旱灾，当系事实；至是否接连五年，则不能不待于天文学家、地质学家去考证。但此次旱灾与“彘之乱”却是直接有关联的。

②《诗·小雅·雨无正》。

加紧对农奴进行剥削，致农奴们的生活益陷于悲惨的景况。因而引起农民之不断的流亡和反抗。封建主们却反而来埋怨农奴。诗人描述当时的情形说："天方荐瘥，丧乱弘多。民言无嘉，憯莫惩嗟。""民之无良，相怨一方。"①

另方面，随着西周地区内封建主义生产力的发展和庄园内劳动人口之增多，随而又引起了各封建领主相互间的兼并。前此相互间的盟誓，至此已逐渐丧失其约束力，诗人描述这种事情说："君子屡盟，乱是用长；君子信盗，乱是用暴。盗言孔甘，乱是用餤。匪其止共，维王之卭。"② 因而便有许多小领主被兼并，例如说："人有土田，女反有之；人有民人，女覆夺之。"③ 所以《逸周书·史记解》说："弱小在强大之间，存亡将由之，则无天命矣。"这种丧失其"土田"和"民人"的小领主，便随着陷于生活无着的景况，而引发其对大领主集团的反感。《诗经》记载他们的生活景况说：

> 苕之华，其叶青青。知我如此，不如无生！牂羊坟首，三星在罶。人可以食，鲜可以饱。
>
> 有兔爰爰，雉离于罗，我生之初尚无为，我生之后，逢此百罹，尚寐无吪。
>
> 于我乎！每食四簋；今也，每食不饱。于嗟乎！不承权舆！……于我乎！夏屋渠渠；今也，每食无余。于嗟乎！不承权舆！
>
> 出自北门，忧心殷殷，终窭且贫，莫知我艰。已焉哉！天实为之，谓之何哉！
>
> 彼有旨酒，又有嘉殽，洽比其邻，婚姻孔云。念我独兮，忧心慇慇……哿矣富人，哀此惸独。④

《秦风》和《邶风》虽系西周和春秋之际的作品，然对于西周末期的情况是能正确反映着的。《诗经》又描述这种小领主的穷苦无聊和阿 Q 式的自慰说：

> 衡门之下，可以栖迟。泌之洋洋，可以乐饥。

---

①《诗》《小雅·节南山》、《角弓》。

②《诗·小雅·巧言》。

③《诗·大雅·瞻卬》。

④《诗》《小雅·苕之华》；《王风·兔爰》；《秦风·权舆》；《邶风·北门》；《小雅·正月》。

岂其食鱼，必河之鲂？岂其娶妻，必齐之姜？①

在这回连年旱灾到来后，那群没落的小领主们的生活，也更陷于悲惨了。因而益加深其对于大领主集团的反感。这也正是构成西周的这次人民大起义（彘之乱）的内容之一。

西周的大领主集团对于农民的阶级反抗情绪及没落小领主集团的反感，反采取着残酷的高压手段。据《诗经》的描述说；“民之讹言，宁莫之惩”，“民言无嘉，憯莫惩嗟……忧心如惔，不敢戏谈。”②《国语·周语》说：“厉王虐，国人谤王……，王怒，得卫巫，使监谤者，以告，则杀之。国人莫敢言，道路以目……。召公曰：‘是障之也。防民之口，甚于防川。川壅而溃，伤人必多；民亦如之……夫民虑之于心，而宣之于口，成而行之，胡可壅也？若壅其口，其与能几何？’王弗听，于是国人莫敢出言，三年乃流王于彘。”《史记·周本纪》亦有大略相同的记载。另一方面，他们从而反更加紧对农民的榨取，例如《国语·周语》说：

厉王说荣夷公。芮良夫曰：“王室其将卑乎？夫荣公好专利而不知大难。夫利，百物之所生也，天地之所载也，而或专之，其害多矣。天地百物皆将取焉，胡可专也？所怒甚多，而不备大难。以是教王，王能久乎？夫王人者，将导利而布之上下者也，使神人百物无不得其极，犹日怵惕惧怨之来也……今王学专利，其可乎？匹夫专利，犹谓之盗，王而行之，其归鲜矣。荣公若用，周必败。”既荣公为卿士，诸侯不享，王流于彘。

因而便引发历史上这次农民和没落小领主集团联盟的大起义。《诗经》关于这次起义说：“彼何人斯？居河之湄；无拳无勇，职为乱阶。既微且尰，尔勇伊何？为猷将多，尔居徒几何？”“庶曰式臧，覆出为恶。”“民之未戾，职盗为寇。”③这里所谓“为乱”的“盗”“寇”显然是指农民的身分。另一方面，参加起义的共伯和，却又是西周近卫的一个小领主④，——无疑是一个没

①《诗·陈风·衡门》。《陈风》的时代，亦大致与《秦风》等差不多，但也能反映西周末的社会情况的。

②《诗·小雅正月》、《节南山》。

③《诗》《小雅·巧言》；《小雅·雨无正》；《大雅·桑柔》。

④《史记·周本纪》正义引《鲁连子》：卫州共城县，本周共伯之国也。共伯名和，其地近卫，即汉河内郡之共县，亦谓之共首。按《庄子·让王》篇云：“而共伯得乎共首”，《吕氏春秋·诚廉》篇云：“武王使召公盟微子于共头之下。”余疑共应在西周畿内。

落的小领主。正因为这个起义是以农民为基础，所以它具备着人民起义的一些内容。

在起义发动后，西周的首都西郑便全入于起义者的掌握①，他们在西郑组织其临时的革命政府，以共伯和为临时革命政府的首领。所以《史记·周本纪》索隐引《古本纪年》云："共伯和干王位。"《庄子·让王》篇云："故许由娱于颍阳，而共伯得乎共首"，释文引《纪年》云："共伯和即干王位。"又《太平御览》卷八七九引《竹书》遗文云："伯和篡位立，秋又大旱。其年周厉王死，宣王立。"《诗·大雅·桑柔》篇说："天降丧乱，灭我立王。降此蟊贼，稼穑卒痒。哀恫中国，具赘卒荒。"这从统治者口中也反映了一点真实。

在起义的发展过程中，西周大封建领主集团，便拥立厉王的太子静于彘地，又重新组织一个政府，所以司马迁说："召公、周公二相行政，号曰共和。"《师訇毁铭》云："王曰：……天疾畏降丧，首德不克规，故亡承于先王，……今余佳黼亶乃命，命汝惠雝我邦小大猷。邦佑潢辟，敬明乃心，率以乃友干吾（斁敌）王身。谷（欲）汝弗㠯乃辟函于囏。"应是这个时期情形的写照。

封建领主在彘地的保守政府成立后，便号召四方封建武装向西郑的革命政府反攻。西郑的革命政府和群众的反抗运动，便在封建武装的包围袭击下归于消灭了，虽然关于这一点，我们还没有足够的具体的可靠材料来说明②。

随着起义和旱灾的过去，到宣王时代，西周的经济又获得暂时的复苏。然自宣王末年以迄幽王时代（约自公元前八百年代至七百七十年代间），西周又连续遭受空前的天灾——旱灾和地震。

按宣王时的一次旱灾究为何年，古文献的记载亦极不一致。《春秋繁露·郊祀》篇云：周宣王时天下旱，岁恶甚，王忧之。其诗曰：倬彼云汉，昭回

---

① 《史记·周本纪》云："国莫敢出言，三年乃相与畔袭厉王，厉王出奔于彘。厉王太子静匿召公之家，国人闻之，乃围之……（召公）乃以其子代王太子，太子竟得脱。"《左传》昭公二十六年亦云："至于厉王，王心戾虐，万民弗忍，居王于彘。"《国语·周语》云：监谤后，"三年乃流王于彘。……彘之乱，宣王在召公之宫，国人围之……乃以其子代宣王。"是厉王被起义者围袭出奔。起义者于占领王宫后，又围袭"召公之宫"。论理召公亦只有携太子静仓皇出奔之一途。这种情形很明白，首都已完全为起义者所攻占。所谓召公以子代宣王云云，当系附会。又按，西周自穆王以后，移都西郑。

② 按《史记·周本纪》正义云：共伯为其弟袭之于墓上，共伯入，釐侯羡自杀云云，这是值得注意的传说。

于天。《论衡·治期》篇云：《诗》道周宣遭大旱灾。是皆不言在何年。惟《帝王世纪》云：宣王元年（公元前八二七年），以召穆公为相，是时天下大旱。王以不雨，遇灾而惧，整身修行，期以修去之。祈于群神，六月乃得雨。大夫仍叔美而歌之，今《云汉》之诗是也。《纲鉴大全》载此事于宣王六年（公元前八二二年）。今本《纪年》则云二十五年（公元前八〇三年）大旱，王祷于郊庙，遂雨。是此次大旱究为何年，殊不易考定。余按要当在宣王"中兴"以后；盖在"中兴"以前，若果遇到如彼空前旱灾，则所谓"中兴"事业，便不啻为无本之花果矣。

又按幽王三年（公元前七七九年），据今本《纪年》云：冬大震电，四年夏六月陨霜。今本《纪年》自是不能尽信。《国语·周语》云："幽王三年西周三川皆震。伯阳父曰：'周将亡矣……夫水土演而民用也；水土无演，民乏财用，不亡何待？昔伊洛竭而夏亡，河竭而商亡；今周德若二代之季矣，其川源又塞，塞必竭。夫国必依山川，山崩川竭，亡之征也。川竭山必崩。若国亡，不过十年，数之纪也……。'是岁也，三川竭，岐山崩。"《史记》亦同此记载。今本《纪年》亦云：二年泾、洛、渭竭，岐山崩，初增赋。《诗·小雅·十月之交》亦云："烨烨震电，不宁不令，百川沸腾，山冢崒崩。高岸为谷，深谷为陵。哀今之人，胡憯莫惩！"是幽王承宣王末年空前旱灾之后，西周又遭遇空前的大地震。余按《诗》序云：《召旻》，凡伯刺幽王大坏也。又云：《瞻卬》，凡伯刺幽王大坏也。是宣王时之旱灾直接连到幽王时代。旱灾的严重程度以及其所给予西周社会的影响，诗人是这样的描述着：

倬彼云汉，昭回于天。王曰：呜呼何辜！今之人。天降丧乱，饥馑荐臻。靡神不举，靡爱斯牲，圭璧既卒，宁莫我听。

旱既太甚，蕴隆虫虫。不殄禋祀，自郊徂宫。上下奠瘗，靡神不宗。后稷不克，上帝不临。耗斁下土，宁丁我躬。

旱既太甚，则不可推。兢兢业业，如霆如雷。周余黎民，靡有孑遗。昊天上帝，则不我遗。胡不相畏，先祖于摧。

旱既太甚，则不可沮。赫赫炎炎，云我无所。大命近止，靡瞻靡顾；群公先正，则不我助，父母先祖，胡宁忍予？

旱既太甚，涤涤山川。旱魃为虐，如惔如焚。我心惮暑，忧心如熏。群公先正，则不我闻。昊天上帝，宁俾我遁？

旱既太甚，黾勉畏去。胡宁瘨我以旱？憯不知其故。祈年孔夙，方社不莫。昊天上帝，则不我虞；敬恭明神，宜无悔怒。

旱既太甚，散无友纪，鞫哉庶正，疚哉冢宰，趣马师氏，膳夫左右，靡人不周，无不能止。瞻卬昊天，云如何里？瞻卬昊天，有嘒其星。大夫君子，昭假无赢。大命近止，无弃尔成。何求为我，以戾庶正。瞻卬昊天，曷惠其宁。

昊天疾威，天笃降丧，瘨我饥馑，民卒流亡，我居圉卒荒。

天降罪罟，蟊贼内讧。昏椓靡共，溃溃回遹，实靖夷我邦。

皋皋訿訿，曾不知其玷；兢兢业业，孔填不宁，我位孔贬。

如彼岁旱，草不溃茂，如彼栖苴。我相此邦，无不溃止。

维昔之富，不如时；维今之疚，不如兹。彼疏斯粺，胡不自替？职兄斯引。

池之竭矣，不云自频；泉之竭矣，不云自中；溥斯害矣，职兄斯弘，不烖我躬。

昔先王受命，有如召公；日辟国百里，今也日蹙国百里。于乎哀哉！维今之人，不尚有旧。①

依此，这次旱灾，确是西周空前所未有。农业上所赖以灌溉的川流泉池尽成涸竭；草木森林尽皆枯死；农业生产几全陷于停顿。因之，社会便全陷于饥馑的恐慌中。从而不但大群农民为逃生而流向他方，致领主们的土地全成为不毛的荒原（民卒流亡，我居圉卒荒）；且从而又引起社会内部矛盾的扩大和人民起义（蟊贼内讧）。西周社会的秩序，便根本在崩解了（散无友纪）。继之以严重的震灾，社会的生产组织，便由于停顿的状态而几于完全破坏了。

随着社会生产的衰退以至濒于破灭，于是对于西北国境外的游牧民，不只不能用武力去平服他们，而当他们袭来时，也丧失了抵抗的能力。文献记载说：

幽王命伯士伐六济之戎，军败，伯士死焉。②

周幽为大室之盟，戎狄畔之。③

---

①《诗》《大雅·云汉》、《召旻》。

②《后汉书·西羌传》。今本《竹书纪年》略同。

③《左传》昭公四年。《史记·周本纪》谓：“戎围犬邱。”

实际上，不只是西周无力去伐戎，而当戎狄来侵袭西周时，也不能进行有效的抵御。随着西周军事力量的衰退，其疆土也便日形削缩。所以《诗·召旻》说："今也日蹙国百里"，便正是这种情况的反映。

从而到公元前七七一年，当周朝西北国境外游牧部落——犬戎族——从西面进袭，西周国家内的申、鄫两大诸侯①也乘机进攻，在东西两面大规模夹击的形势下，西周便陷落于犬戎的手中。从而名义上的最高领主平王，便不能不"东迁"去依附郑、虢两大地方诸侯，事实上，从此就无异成为他们的从属。历史家关于这次事件的记载，谓由于幽王宠幸褒姒，废弃其正后和太子宜臼，遂招致废后的生父申侯会同西戎及鄫攻西周。并谓由于幽王为取褒姒的欢心，曾举熢燧以召诸侯，诸侯至则无寇，致失信于诸侯，故这次当犬戎、申人、鄫人来袭时，诸侯皆不信熢燧而莫至。所以历史文献的记载说：

> 幽王逐太子宜臼而立伯服，太子出奔申；申人、缯人召西戎以伐周，周于是乎亡。②
>
> 申侯怒，与缯、西夷、犬戎攻幽王；幽王举熢火征兵，兵莫至，遂杀幽王骊山下，虏褒姒，尽取周赂而去。
>
> 褒姒不好笑，幽王欲其笑，万方故不笑。幽王为熢燧大鼓，有寇至则熢火，诸侯悉至。至而无寇，褒姒乃大笑；幽王说之，为数举熢火。其后不信，诸侯益亦不至。③

《诗·瞻卬》亦云："哲夫成城，哲妇倾城。懿厥哲妇，为枭为鸱；妇有长舌，维厉之阶。乱匪降自天，生自妇人。匪教匪诲，时维妇寺。"这不但在颠倒历史事实，且不啻是一种文字的游戏。实则西周的灭亡，一方面纯由于苛重剥削和连年的严重天灾等原因所引起的经济衰落和内政腐败，无力约束诸侯，及国境内外游牧部落进侵的结果。申、缯的进攻西周，和西北游牧部落西夷、犬戎对西周的侵袭，从地理上说，并不能找出其相互间有何直接的关联。西北游牧部落对西周的军事掠夺，实由来已久；不过在此时由于西周经济的衰落和相应的内政腐败，才失去其控制和抵抗力。和西周的经济衰落、内政腐败相对照的，却是地方各封邦经济的发展。因此，不但最高领主对地方诸侯已丧

---

① 按齐、吕、申、许均东方之"国"。据《括地志》及《后汉书·郡国志》，缯亦东方之"国"。

②《国语·晋语》。

③《史记·周本纪》。

失其军事上的号召和指挥权，而且地方诸侯已开始在兼并西周的土地。这在封建主义的发展过程上，又是有其必然性的。因此，司马迁所谓“幽王举燧火征兵，兵莫至”，便是这一历史内容。

和西周的没落相对照的，便是初期封建主义在开始其典型的发展。

二

初期封建制度的确立、发展和演变

A. 封建制生产的发展及其支配地位的确立和演化

在公元前九至八百年代之际，西周在天灾、人祸和外患的相续袭击下，地方领主的经济却获得急速的发展与兴盛，在各种生产方式相互斗争的过程中，封建制不断克服了奴隶制及原始公社制，在郑、虢、齐、鲁、晋、秦、楚、吴、越等各诸侯国，相续确立了封建制的支配地位。由于地方领主经济的发展，一方面增高了地方的独立性，一方面便反映着最高领主中央权力的衰落。

地方庄园经济，在适应于生产力发展的基础上获得其急速的发展与繁荣，并促起原来的奴隶和原始公社制向封建制转化。由于生产力的发展和劳动生产率的提高，领主们所得的剩余劳动生产量便得到空前的增大，从而提高了领主及其家族的物质生活的水准，扩大了对外来生产物的要求。这在一方面为着追求自己没有的东西，便激起商品交换的发展；一方面为着进行相互间的掠夺和扩大领地，又展开了领邑间的战争。留待后说。

同时随着经济发展和过渡的进程而来的各封邑人口的增殖①，一致在庄园内呈现着劳动人口的相对过剩和原有耕地的不敷分配。因而一方面过剩的一部

① 如《穀梁传》隐公七年云："夏城中丘……民众城小则益城"，便是一例。

分人口，由奴隶制下解放出来的手工业奴隶，便渐次转化为独立手工业者而存在于庄园内。这种手工业者和商人，不论是奴隶或“在官”的“工商”，原来就都是聚集在庄园内的，至此又渐次把庄园转化为中世的都市①。一方面由于耕地的不敷，也刺激领主相互间的土地兼并（自然他们不是为的担心农民没有耕地，只是为的扩大剩余劳动的所得），构成中世封建战争的一个要因。但是封建主的欲望是没止境的，矛盾是无法解决的，所以战争便只有步步持续与扩大。

随着各封邦到封建制过渡的进程和大领主领地的扩大，大领主的所在的首邑便聚集了大量的财富——由战争和赋役而来的剩余劳动生产物——从而更聚集了大量的手工业者和商人。所以在大领主的所在地，后来都成为较繁盛的中世都市。

但对庞大的领地的管理，原来的庄园组织已不能适应，从而到后来又转化出官僚系统的管理系统，如县、邑等。例如《国语·齐语》说：

> 制鄙三十家为邑，邑有司；十邑为卒，卒有卒帅；十卒为乡，乡有乡帅；三乡为县，县有县帅；十县为属，属有大夫；五属又立五大夫，各使治一属焉。

这不是齐国的独有，而是当时各国普遍的情形。例如《左传》昭公二十八年云：“晋韩宣子卒，魏献子为政。分祁氏之田以为七县，分羊舌氏之田以为三县。”《晋语》载夷吾谓公子挚云：“君苟辅我……君实有郡县，且入河外列城五。”《左传》宣公十一年云：“楚子……伐陈……因县陈”；又载楚庄王语云：“诸侯县公，皆庆寡人。”《左传》宣公十二年载楚伐郑，入郑都，“郑伯肉袒牵羊以逆曰：……若惠顾前好……不泯其社稷，使改事君，夷于九县，君之惠也，孤之愿也。”便是一些显例，虽或其名称有异。

然而这并不是说，在大领主之下，便没有其从属的中小领主存在，而在其封区内依样有其食县或邑的各级领主。也不是说，就排除了庄园；相反，庄园仍是这种县的基层组织。例如在楚国，《左传》昭公十三年说：“芋尹无宇之子申亥……芋尹申亥氏”，是芋为申亥的世袭领地。《左传》襄公二十二年说：“郑公孙黑肱……归邑于公，……曰：吾闻之，生于乱世，贵而能贫，民无求

---

① 中世的都市，一系由庄园转化而成，一系由定期的市集转化而成，一系由古代的都市演变而成。

焉，可以后亡。”又二十六年说：“子产辞邑”（辞八受三）；又二十九年说，吴公子札“聘于齐，说晏平仲谓之曰：子速纳邑与政。无邑无政，乃免于难。……故晏子因陈桓子以纳政与邑，是以免于栾高之难”。他如在鲁国，三孙各领有庞大领地。在晋国，六卿各领有庞大领地。在齐国，陈、国、高各家均有其庞大领邑，管仲也有大邑三百。战国时“四公子”也均系领有食邑的领主。他们在其自己的领地内，也设有官僚组织层的各级管理人，例如公山弗扰为季氏的费宰，佛肸为赵简子的中牟宰，冉求为季氏宰，尹铎为赵简子的晋阳令等。同时大领主也依样继续以其领地分赐其左右与亲属，如晋封桓叔于曲沃，郑封叔段于京等。又如《晋语》载晋夷吾语公子挚云：“中大夫里克与我矣，吾命之汾阳之田百万，丕大夫丕郑与我矣，吾命之负葵之田七十万，君苟辅我……君实有郡县，且入河外列城五。”《左传》宣公十五年云：“晋侯赏桓子狄臣千室，亦赏士伯以瓜衍之县，曰：吾获狄土，子之功也。”又如《左传》成公七年云：“子重请取于申、吕以为赏田。”这不过是一些例子。同时，县以下，仍有“田”、“邑”即庄园为其基层组织。不过在这种庄园内外，包含有封建主及其左右和亲属、“在官”工商、农奴、奴主和奴隶以及氏族制残留下来的自由农民等等，不过奴主和奴隶以至自由农民等成份在逐步减少，封建性的成份在逐步增多。

因而乃构成《晋语》所谓“公食贡，大夫食邑，士食田”之领地属性的等级从属。同时仍以“邑”为其基层组织，孔子有所谓“十室之邑”；《管子·乘马》篇云：“方六里名之曰社，有邑焉。名之曰央，亦关市之赋。”“方一里，九夫之地也。”是“邑”、“社”……仍不外是原来的庄园；在齐、鲁……的“社”或“书社”，和“邑”一样，原先都是公社的组织形式，在其基础上逐步转化为封建庄园的。

另一方面适应于封建领主间战争的进行和扩大，对于农民的徭役及军役、军赋的编制乃更为严密，而构成如次一类的组织，如《国语·齐语》云：

> 制国五家为轨，轨为之长；十轨为里，里有司；四里为连，连为之长；十连为乡，乡有良人焉，以为军令。五家为轨，故五人为伍，轨长帅之；十轨为里，故五十人为小戎，里有司帅之；四里为连，故二百人为卒，连长帅之；十连为乡，故二千人为旅，乡良人帅之；五乡一帅，故万人为一军，五乡之帅帅之。……春以搜振旅，秋以猕治兵，是故卒伍整于

里，军旅整于郊，内教既成，令勿使迁徙。

此外在郑国，《左传》襄公三十年云：“子产使都鄙有章，上下有服，田有封洫，庐井有伍。”晋文公亦作“被庐之法”①。楚国有所谓“使庀赋，教甲兵”，“鲁作丘甲”②。这在原则上殆为同一内容。

其次，适应于奴主和奴隶向封建成份的转化，及由“在官”的“工商”脱离出来的商人和独立手工业者的存在，适应于奴隶制与封建制的并存，在当时地方封邦生产最先进的齐国，便又有关于工商的管理和征税的组织。《国语·齐语》云：“制国以为二十一乡，工商之乡六，士乡十五；公帅五乡焉，国子帅五乡焉，高子帅五乡焉。参国起案，以为三官。”

但是对于农民的劳动编制，仍是包含着日益增长的封建成份和日益减少的奴隶制成份的庄园式的编制。赋役的征取，对农奴，是以农民的户为征取单位，领主不啻视农奴为其财产。例如《左传》定公十三年云：“晋赵鞅谓邯郸午曰：归我卫贡五百家，吾舍诸晋阳。午许诺。”杜预注：“十年赵鞅围卫，卫人惧，贡五百家，鞅置之邯郸。”然由于以冶铁风箱为标志的生产力的不断进步，由三圃制转向于深耕细作的经营，而引起劳动生产率的提高，便又引起地租形式的变化。生产力的进步，农民在其分有地上所表现的劳动生产率，较之在领主的土地上劳动所表现的，显出了差异。因而领主们为提高其剩余劳动生产物的所得，便开始由劳役地租转而向农民直接征取现物地租。所以在公元前五百年代的春秋末叶，便开始由劳役地租向现物地租转化了。历史文献的记载说：

季康子欲以田赋，使冉有访诸仲尼；仲尼不对，私于冉有曰：“求，来。汝不闻乎，先王制土，藉田以力，而砥其远迩；赋里以入，而量其有无；任力以夫，而议其老幼。于是乎有鳏寡孤疾，有军旅之出则征之，无则已。其岁收田一井，出稯禾秉刍缶米，不是过也。”③

十有五年，……初税亩。

初税亩，非礼也；穀出不过籍，以丰财也。

初税亩……古者什一，籍而不税……古者三百步为里，名曰井田。井

①《左传》昭公二十九年。

②《左传》襄公二十五年；《穀梁传》成公元年。

③《国语·鲁语》。

田者九百亩，公田居一。私田稼不善则非吏，公田稼不善则非民。初税亩者，非公之去公田，而履亩十取一也，以公之与民为己悉矣。古者公田为居，井灶葱韭尽取焉。①

“春，用田赋。”正义曰：“用田赋者，用田之所收以为赋，令之出牛马也。”②

郑子产作丘赋，国人谤之……子产曰：何害？苟利社稷，死生以之。③

楚苏掩为司马，子木使庀赋，数甲兵。甲午，苏掩书土田，度山林，鸠薮泽，辨京陵，表淳卤，数疆潦，规偃潴，町原防，牧隰皋，井衍沃，量入修赋，赋车籍马，赋车、兵、徒、卒、甲楯之数。④

其中关于郑、楚两条是混军赋以至军役和地租而说的。

现物地租在春秋时代虽已出现，但不曾取得支配形态。不过现物地租的出现，又刺激着农业劳动生产率的提高及生产力的发展，从而到公元前三百年代前半世纪的战国末期，现物地租便开始取得农民剩余劳动的支付形态上的主要形态了。

于此，又随同而出现了新兴地主。土地买卖在西周已开始出现，如《格伯𣪘铭》有倗生与梅伯以田换马的记载，《曶鼎铭》有以人赏田的记载。春秋时，《左传》隐公十一年记王与郑伯以地换地，桓公元年记郑伯以璧购买许国的田，等等。同时，在保有自耕地的前代遗留下的自耕农民间，也自始就存在着土地买卖的可能；随着独立商人等财富的增多，更增加了这种买卖的可能和进程。从而在春秋时就在庄园和农奴的旁边，出现了所谓“私属徒”或“隐民”之类的佃农，他们是与新兴地主的出现和其发展相追随的。

随同新兴地主的出现，更加速了现物地租的发展过程。

随同一般农业生产技术的发展，又渐次把灌溉制度变化了。原先的农田灌溉，除依赖自然的雨量外，主要是借凿井去调剂的。在《诗经·白华》篇虽然就有所谓“滮池北流，浸彼稻田”之借河渠行灌溉的事实存在，然而这在

---

①《春秋》宣公十五年；《左传》；《穀梁传》。
②《左传》哀公十二年。
③《左传》昭公四年。
④《左传》襄公二十五年。

当时并不是人工灌溉设备的主要形态。到战国，凿渠灌田的人工灌溉设备，据《史记·河渠书》等书的记述，如秦之郑国渠，西门豹之十二渠——引漳灌邺的水利设备——以及其所谓“荥阳下引河东南为鸿沟，以通宋、郑、陈、蔡、曹、卫，与济、汝、淮、泗会于楚，西方则通渠汉水云梦之野，东方则通鸿沟江淮之间，于吴则通渠三江五湖，于齐则通菑济之间，于蜀，蜀守冰凿离碓，辟沫水之害，穿二江成都之中。此渠皆可行舟，有余则用溉浸，百姓飨其利；至于所过，往往引其水，益用溉田畴之渠，以万亿计，然莫足数也”。这不但反映着农业生产力之一步较大的前进，而且反映着人类对自然占有程度的较大增进。这在另一方面，又充任了雇役佃耕制的灌溉制基础。

另一方面，和商业资本一同出现的高利贷资本，渐次把那在战争等重荷下感受财政困难的领主变成其债务者。但高利贷者对于领主们的借债也不是不需要担保品的；在历史的一般事实上，这在最初，领主们或以商业等税收作为其债务的担保，后来乃至以领地的赋税作担保。《左传》襄公十年云：“使王叔氏与伯舆合要，王叔氏不能举其契。”郭沫若释《散氏盘铭》云：“氒左执缨，史正仲农。”《曲礼》云：“献叔者执右契。”《左传》文公六年有所谓“质要”，杜注云：“质要，契券也。”《周礼·小宰》云：“六曰听取予以书契，七曰听卖买以质剂，八曰听出入以要会。”便都是关于债务以至不动产买卖的记述。故当债务者不能偿债时，便让债权者占有抵押品，或将抵押品卖予债权者，这样就转让了土地所有权。从而便逐渐发展了土地买卖，在封建领主的土地占有形态的旁边，出现了这一新的土地占有、即所有的形态，一步步去突破庄园的藩篱。

时代一转入到战国，大封建领主在财政重荷的情形下，几乎普遍陷在债务者的地位。而新兴地主的土地所有，却随同而日益增多和普遍地存在了。这种新的土地所有者，在其土地所有形态上，乃有把生产经营组织转换为佃耕制的必要。这种生产经营的组织，又能表现其在劳动生产率上的一步较大的提高。所以到战国时，对农业生产技术的讲求不只转入了“深耕易耨”的经营方式，把“一易”“再易”的“三圃式”的经营方式完全驱除，并出现对“深耕细作”技术的专门研究和获得成就。

在这种农业生产的经营技术和组织的发展基础上，不单是铁的生产量的扩大，而且是铁的冶炼术的大大进步，熟铁和制钢术的发明。同时在原来庄园内的农用劳动工具，农民自己生产的外，是庄园内生产的；农民须从领主或独立手工业者手中购买自己不能生产的工具，都是较少较落后的。佃耕制下农民所用的劳动工具便大大进步了，其中钢铁制的较犀利的，都来自农民自己的购买。《孟子·滕文公》说：

孟子曰："许子必种粟而后食乎？"曰："然。""许子必织布而后衣乎？"曰："否。许子衣褐。""许子冠乎？"曰："冠。"曰："奚冠？"曰："冠素。"曰："自织之与？"曰："否。以粟易之。"曰："许子奚为不自织？"曰："害于耕。"曰："许子以釜甑爨，以铁耕乎？"曰："然。""自为之与？"曰："否。以粟易之。""以粟易械器者不为厉陶冶，陶冶亦以械器易粟者，岂为厉农夫哉？且许子何不为陶冶，舍皆取诸其宫中而用之？何为纷纷然与百工交易，何许子之不惮烦！"

从而不但扩大了交换范围，连同钢和铁在内的"铁"较前扩大地进入了变换的领域中，并产生了从事生产工具制造的商人——地主，其中有些人并成了惊人的豪富。例如《史记·货殖列传》云："而邯郸郭纵，以铁冶成业，与王者埒富"，蜀卓氏，山东程郑、宛孔氏、鲁曹邴亦皆"铁器千石，比千乘之家"①。封建领主则转而向他们征取铁税，如司马迁四世祖昌于战国末"为秦主铁官"便是一例。

另方面，新兴地主的土地所有形态，以及佃耕制的经营组织，不是一个地区内相连的土地全属于一个主人的所有；相反的，而是一个主人在不同的地区内都有其所有地，或是在一个地区内有相互参杂着的数个主人的所有地。因此，他们并不能如领主一样去进行其庄园或采邑式的管理组织。而当时他们的所有地，仍存在于领主的领邑组织的管理之内，由领主去代行其对农民的统治；领主便向他们征取地税以为其应得的酬劳。易言之，即从原来领主所夺自农民的剩余劳动生产物总量中所支付在管理上与军事上的诸费用的部分，转化而成为地税。因而农民的被剥夺的剩余劳动生产物，便表现为地税和地租两部分。随着新兴地主的出现，这种地税便随着出现了。《论语·颜渊》说：

哀公问政于有若曰："年饥，用不足，如之何？"有若对曰："盍彻

① 我们的历史家有谓中国到战国时才知道用铁者，则是中国不但在其知道用铁之初就知道熟铁制造与炼钢，而且一开始就达到这样大规模的经营与普遍的冶炼，这简直不是历史，而是奇迹了。

乎？”曰：“二，吾犹不足；如之何其彻也！”

“彻”便是地租，“二”包括“彻”与军赋及徭役二者，新兴地主对领主负担的军赋和徭役便体现为地税。因此所谓“二”乃是包括地租与地税两者而说的①。

同时，这种农民依旧要为领主负担徭役，为其直接主人的新兴地主，却并不能征取其贡役，也不能对他们行使统治权力。这在新兴地主和旧领主间，便隐伏着一个深刻的利害矛盾。随着新兴地主的土地所有形态的日益增大，以及佃耕制经营形态的扩展，地主们便开始要求其自己的支配权，把庄园或采邑的组织冲破，转化为地主们的联立（合）统治即阶级统治的郡县组织。这是在中国历史上的封建制度过程中，分外表示得明显的部分的质的变化。这种变化，表现为专制主义的中央集权的封建制和初期封建制，在形式上的较多较显著的特异的色彩。

B. 经济的诸构成

（一）土地所有诸形态及土地所有者与直接生产者间关系的主要诸构成

土地名义上集中在各级领主的手中，但由于在各封邦封建领主的领区内，不只存在着原始公社制残留的自由农民的土地所有，并有着奴隶所有者的土地所有和它并存，因此，这种封建的土地所有形态，自公元前一千二百年代末开始发展；在西周至所谓“宣王中兴”，在各封邦，大都至春秋时代，有的直到战国，才取得支配形态。其对国境内的一些落后部落如巴、濮、肃慎等，则为期更晚。在封建主和奴隶主的所有形态下，土地所有者，都是完全离开生产劳动的名义地主；而生产的直接担当者，不是被束缚于土地之上的没有土地所有

① 有人谓“二”中之一为农民对领主的贡纳物，实则在行“彻”的原则下，农民对领主原即有其贡纳义务，故此处所说如系指贡物而说，便不能成其为“二”了。这是十分明白的。

权的农奴①，就是连自身也属于主人的奴隶②。但由于革命政权的巨大创造作用和新制度的不可战胜的力量，原始公社制和奴隶制的东西，便逐步被克服，以至于成为仅有的一些残余；新兴的封建制的东西，则不断壮大以至取得胜利。

这种封建的土地占有权的发生，我们已在前面论述过。主要由于占有土地的各级领主对其亲属和左右的分赐，而构成各级领地的相次的隶属性。自西周最高领主衰落后，不但各级领主继续着以其领地分赐其亲属与左右，在封建兼

① 例如《国语·晋语》云："公食贡，大夫食邑，士食田，庶人食力，工商食官，皂隶食职，官宰食加。"《鲁语》载公父文伯之母语云："君子劳心，小人劳力。"《左传》襄公九年楚子囊云："其卿让于善，其大夫不失守，其士竞于教，其庶人力于农穑，商工皂隶不知迁业。"《左传》襄公十三年云："世之治也，君子尚能而让其下，小人农力以事其上。"《孟子·滕文公》云："或劳心，或劳力，劳心者治人，劳力者治于人，治于人者食人，治人者食于人"；《尽心》云："公孙丑曰：'诗曰：不素餐兮。君子之不耕而食，何也？'孟子曰：'君子居是国也，其君用之，则安富尊荣；其子弟从之，则孝悌忠信。不素餐兮，孰大于是？'"又如《国语·齐语》所谓"勿令使迁徙"，《左传》昭公二十六年所谓"在礼，家施不及国，民不迁，农不移，工贾不变，士不滥，官不滔，大夫不收公利"，《孟子·滕文公》所谓"死徙毋出乡"，《管子·七法》所谓"轻民处，重民散"，正是把农民束缚于土地上的一些记述。

②《周礼·小司徒》："乃均土地，以稽其人民"；《大司徒》："以保息六，养万民……"的"万民"和"人民"，都有"均土地，和受到"慈"、"养"、"振"、"恤"等权利，如《穀梁传》庄公二十八年所称，他们还享有共同使用"山林薮泽"之权利。这都表明他们是原始公社制时代遗留下来的自由农民。这种原始公社制的残留，一面还表现为助耕公田的"藉田"；一面又表现为《诗》所谓"公族"（《汾沮洳》）、"宗族"、"国姓"（《杕杜》）、"邦族"（《黄鸟》），《尚书·吕刑》所谓"族、姓"等等；一面表现为《周礼·大司徒》"四闾为族，使之相葬；王族为党，使之相救"的"族"、"党"，《左传》哀公元年"（陈）怀公朝国人而问焉，曰：欲从楚者右，欲从吴者左。陈人从田，无田从党"的"国人"和"党"。其中所谓"从田"的"陈人"，正是原始公社制残留下来的自由农民。在吴、越，到春秋末的勾践时，一面有担任赋役的农奴，一面有"佣隶"、"臣妾"及"流放之罪人"等各类奴隶的存在，一面有所谓"国之父老"或勾践把他们看作自己的"父老昆弟"一样去养老、送死、问疾的"军中"人的"父老昆弟"的成份的存在，并有"均""食土"、"勾践身自耕，夫人自织"等原始公社制的残留，等等。（参看《史记·越王勾践世家》及索隐；《国语·越语》、《吴语》；《吴越春秋》；《越绝书》。）与封建制并行的奴隶制，在今豫东、冀南、山东、皖北地区的齐、鲁、卫、郕等国的诸侯领地内，都有叫作"社"或"书社"的殷代农村公社，即所谓"亡国之社"的遗存（《左传》昭公二十五年，哀公十五年、七年；《荀子·仲尼》；《晏子春秋》；《吕氏春秋·先识览》、《知接》；《公羊传》哀公四年）。在鲁国，《周书·费誓》表现了奴隶制受到保护与农奴制并存。在齐国，到春秋时，据《管子·轻重》、《立政》等篇所述，有与"民""臣"并存以之从事"断山木、鼓山铁"的大量"徒隶"，有"筑险塞"和派专司层层监守，以之圈禁起来的"群徒"、"臣妾"、"役属"等各种生产奴隶。《国语·晋语》记齐桓公女、晋文公妻姜氏也使用"蚕妾"等等。此外，在秦、楚等国，据《左传》、《史记》等书所述，在春秋以至战国时，还用相当数量的所谓"小臣"等人殉葬；《战国策·秦策》、《吕氏春秋·孝行览》等载秦在战国时还从韩、魏各国及氐羌各部落俘掳大量人口作奴隶，《商君书·境内》明文规定"给有爵人隶仆"，等等。

并战争中，地方的强大领主又不断以其并吞他人的土地赠赐其亲属、左右或从属。《左传》哀公二年载赵简子语其左右云："郑为不道，弃君助臣。二三子……从君命……除诟耻……克敌者：上大夫受县，下大夫受郡，士田十万，庶人工商遂，人臣隶圉免。"《左传》宣公十五年云："晋侯……赏士伯以瓜衍之县，曰，吾获狄土，子之功也。"便是一些例子。从而一方面引起许多弱小领主的没落，一方面便形成强大领主以及其属下的中小领主领地之扩大。

因而封建的土地所有诸关系，照孟轲的设想说：

> 天子之制，地方千里，诸侯皆方百里，伯七十里，子男五十里，凡四等；不能五十里，不达于天子，附于诸侯，曰附庸。天子之卿，受地视侯，大夫受地视伯，元士受地视子男。①

这自然是理想化了的。各级领主的土地占有，并不能构成这样划一的等差级数。而且到孟轲时，齐、楚各强大领主，其领地率皆已扩大至千里内外。孟轲所说，殆和《管子·乘马》篇所谓"上地方八十里，万室之国一，千室之都四；中地方百里，万室之国一，千室之都四；下地方百二十里，万室之国一，千室之都四"，为同一理想化的构图。不过以之作为说明各级封建主的土地占有，却是妥当的。

在这种土地占有的形态下，虽然自春秋时代便开始发现新兴地主的土地占有形态，然至公元前三世纪上半世纪止，都是领主的土地占有获得支配形态；自公元前三百年代上半世纪以后，才为新兴地主的土地占有形态所代替。不过两者虽然在形式上多少有其分别，然在本质的土地占有或所有的意义上却是同一的。

土地占有者的封建领主，给予农民以分有地或份地，把农民束缚于土地之上。这种分有地，便是领主支付给农民作为维持农民和其家庭生活的物质最低限的条件。这种分有地，即《诗经》上的所谓"私田"。领主给予农民这种分有地的面积标准如何，《周礼》所说既不可靠，《通典·食货·田制》所谓"六尺为步，步百为亩，亩百为夫，夫三为屋，屋三为井"，大抵亦本自《周礼》与《孟子·滕文公》所谓"井九百亩，其中为公田，八家皆私百亩，同养公田"的图式而来。《汉书·食货志》云："民受田，上田夫百畮，中田夫

---

①《孟子·万章》。

二百晦，下田夫三百晦。岁耕种者为不易上田，休一岁者为一易中田，休二岁者为再易下田。三岁更耕之，自爰其处，农民户人已受田，其家众男为余夫。”这又是以结合土壤学的原则去说明“三圃农制”的“分田”标准，虽颇符理论，然苦无两周的文献来证明。但就孟轲对梁惠王所说：“五亩之宅，树之以桑……百亩之田，勿夺其时，数口之家，可以无饥矣”，荀卿所说：“故家五亩宅，百亩田，务其业而勿夺其时，所以富民也”①，大概在原则上，领主所给予农民每年用作耕种的分有地为当时亩制的一百亩。适应于当时农业劳动生产率的程度下，百亩耕地的收获才能支持农民及其家庭的最低限物质生活；而且分有地的赐予，正是以这一原则为依据的。所以随着劳动生产率的提高，领主们便又提高其榨取量，他总是只让农民保持着物质最低限为保留其劳动生产物量的标准。《管子》的作者说得明白：“夫民之所主，衣与食也。食之所生，水与土也。所以富民有要，食民有率，率三十亩而足于卒岁，岁兼美恶，亩取一石，则人有三十石，果蓏素食当十石，糠粃六畜当十石，则人有五十石；布帛麻丝，旁人奇利，未在其中也。故国有余岁，民有余食。”② 所以领主之于农民，完全像“捕翠者”之于“翠鸟”一样③。其次领主给农民的分有地，原则上大概有“夫”——户主与“余夫”之分。《孟子》所谓“余夫二十五亩”，原则上应是确切的。大抵在最初，“余夫”便是未成年的农民家族中的子弟和劳动能力已趋衰退、即已过劳动年龄的年老农民；后来由于人口的增殖和耕地不足分配，正当劳动年龄的农民也不能如数领取分有地而作为“余夫”待遇了。因为把过多的劳动壮丁以“余夫”的名义束缚于土地上，于领主是特别有利的；同时对未到劳动年龄的年少者与已过劳动年龄的年老者保持其“余夫”的身分，便在标示他们不能解除赋役的负担。当时的赋役负担，是以户为单位的。《管子》说：“户籍田结者，所以知贫富，主不訾也”，《国语·晋语》载：“尹铎为晋阳，……损其户数”，即称作所谓宽民之政，便是

① 《孟子·梁惠王》；《荀子·大略》。

② 《管子·禁藏》。

③ 湖南中南部有一种俗名“翠鸟”的食鱼的小鸟，又名“鱼鸽鸟”。顶上生有一丛碧绿色的“翠毛”，可用作金银器装饰品的花纹翠饰添釉颜色的原料，其价格约与白银等。因而便有一种以捕“翠鸟”撮取“翠毛”为活的捕翠者，他们把翠鸟捕来拔取翠毛之后又送还原处，俟其“翠毛”再生出时又再捕。因此吾乡有句俗谚说：“鱼鸽鸟的毛长不到三分长”，常以之譬喻穷人不会有好日子过。

一例。

至于土地所有者对于所谓“隶农”，《国语·晋语》说：“其犹隶农也，虽获沃田而勤易之，将弗克飨，为人而已”，似属奴隶制剥削的范畴。

受有分有地的农奴被迫负担赋役的义务，易言之，即以其自身和其家庭的劳动去供领主剥削。这种被剥削的剩余劳动用赋役的形态去表现，其中最主要的则为地租。地租的形态，孔子说：“先王制土，籍田以力，而砥其远迩，赋里以人，而量其有无；任力以夫，而议其老幼。”在这里，我以为所谓“籍田以力”是指劳役地租；“赋里以人”是指贡纳；“任力以夫”是指力役。“籍”为劳役地租之一异称；《国语·周语》仲山父说得很明白：“王治农于藉，蒐于农隙，耨获亦于藉，狝于既烝，狩于毕时”，蒐、狝、狩即其他力役。〔按狩的本来意义，是具备与伤害农稼的禽兽斗争的内容，至此又具有侍候领主狩猎的内容了。——一九四六年补。〕到公元前五百年代的春秋末期，仍以劳役地租为主要。同时现物地租也大概从这时开始出现，已如前述。但到公元前三百七十年代至二百七十年代间，据孟轲当时说：“有布缕之征，粟米之征，力役之征。君子用其一，缓其二；用其二而民有殍，用其三而父子离。”① 余前曾谓“布缕之征”即贡纳物，“粟米之征”即现物地租，“力役之征”即徭役；后又以为“此一悬推甚谬误；盖贡纳、地租、徭役三者系封建时代被视为农民对名义地主之当然负担，此所谓于‘用其一’、‘用其二’、‘用其三’之说殊不可通；而孟轲在他处自始亦并无于地租、贡纳、徭役三者中只征其一的主张，而只是主张‘轻徭’、‘薄敛’。故这里所谓‘力役之征’盖即指‘劳役地租’的内容而说者。是孟轲的这段话，不但在说明当时‘劳役地租’和‘现物地租’的并行，而且又说明了领主对于同一农民行使两者兼征之苛重榨取”。然这于“布缕之征”云云又不可通。是孟轲此处确系指贡纳、地租、力役三者而说的。说所谓“粟米之征”，也可能是指劳役地租，而并不一定是指现物地租，自亦可备一说。不过现物地租，到孟轲的当时，虽不曾取得支配形态，却已相当普遍的行使了。《孟子·滕文公》上篇说得明白：

> 贤者必恭俭礼下，取于民有制。阳虎曰：“为富不仁矣，为仁不富矣。”夏后氏五十而贡，殷人七十而助，周人（主要指西周）百亩而彻；

---

①《孟子·尽心》。

其实皆什一也。彻者彻也，助者籍也。龙子曰："治地莫善于助，莫不善于贡。"贡者，较数岁之中以为常；乐岁粒米狼戾，多取之而不为虐，则寡取之；凶年粪其田而不足，则必取盈焉。为民父母，使民盻盻然，将终岁勤动，不得以养其父母，又称贷而益之，使老稚转乎沟壑，恶在其为民父母也？

大概这里所谓夏之"贡"系家庭公社或公社成员缴给公家的公费的传述；所谓"助"，大概系殷代自由民缴纳于国家的地税的传述；所谓"彻"则系西周的什一税的劳役地租，而所谓"其实皆什一也"则是对传闻的误述。

《商君书·垦令》有所谓："訾粟而税，则上壹而民平；上壹则信，信则臣不敢为邪；民平则慎，慎则难变。"这说明当时的秦国也正向着现物地租的支配形态转化。《管子·乘马数》的著者说："相壤定籍，而民不移；振贫补不足，而下乐上。"在《管子》本文著者的时代，封建生产领域中还是劳役地租取得支配形态。《管子·乘马》又云："丈夫二犂，童五尺一犂，以为三日之功。正月令农始作，服于公田。农耕及雷释，耕始焉，芸卒焉。"《霸形》又云："使税者百一钟。"前者是劳役地租的内容，后者是现物地租的内容。但到公元前三百年代的荀卿时候，现物地租似已开始取得支配的形态，例如《荀子·富国》篇所谓"轻田野之税……罕兴力役，无夺农时"。"今之世而（则）不然，厚刀布之敛以夺之财，重田野之税以夺之食，苛关市之征以难其事。"所谓"田野之税"虽不曾明白说是现物，《王制》篇又说："王者之等赋政事，财万物，所以养万民也。田野什一，关市讥而不征，山林泽梁以时禁发而不税。相地而衰政，理道之远近而致贡。"所谓"相地而衰政"，显然是说明行使现物地租的内容。

在新兴地主的所有地上，他们对于农民一开始便是行的现物地租，而征取的数量，据《管子·君臣》说："上稽之以数，下什伍以征"，《臣乘马》说："民食什伍之谷"，则为什伍半分。这正与后来秦朝地主所征自农民的租额相当。但战国末期，也行使着雇佣劳动的直接经营①，不过这对于佣客，并不立于平等关系上，依样保持着主从的关系。所以其剥削仍是超经济的强制性的雇

① 例如《荀子·议兵》云："是其去赁市佣而战之，几矣。"《韩非子·外储说左》云："夫卖佣而播耕者，主人费家而美食，调布而求易钱者，非爱佣客也。曰：如是耕者且深，耨者熟耘也。佣客致力而疾耘耕者，……非爱主人也。曰：如是羹且美，钱布且易云也。"

佣关系，正如马克思所指出，是在全部阶级制度社会都存在着的。

在原初由于农业劳动生产率的增进而出现现物地租；由于现物地租的出现，更刺激了农业技术的进步和生产率的提高。所以到战国时，农业生产技术和劳动生产率便更为进步和提高了。这从如次一列的记事中可以概见：

深其耕而熟耰之，其禾繁以滋。①

深耕均种疾耰。

十仞见水不大潦，五尺见水不大旱。十一仞见水，轻征——十分去二三，二则去三四，四则去四，五则去半，比之于山。五尺见水，十分去一，四则去二，三则去二，二则去一。三尺而见水，比之于泽。

上农挟五，中农挟四，下农挟三；上女衣五，中女衣四，下女衣三。……一农不耕，民有为之饥者；一女不织，民有为之寒者。②

裕民则民富，民富则田肥以易；田肥以易，则出实百倍。……不知节用裕民则民贫，民贫则田瘠以秽，田瘠以秽则出实不半。

兼足天下之道，在明分掩地表亩；刺屮殖谷，多粪肥田，是农夫众庶之事也。……高者不旱，下者不水，寒暑和节，而五谷以时熟。③

荀卿更说出农民负担过重，妨害了劳动技术的进步。这是到荀卿时代的实际情形。当时庄园内的农民和新兴地主土地上的农民所表现着的劳动生产率，以此而表现着巨大的差异。

因而到战国时代的农业生产率，孟轲所谓“一夫百亩，百亩之粪，上农夫食九人，上次食八人；中食七人，中次食六人；下食五人”④，便可见其梗概。

表现剥削农民的剩余劳动的又一种形式，便是徭役，即孔丘所谓：“任力以夫”，《左传》昭公三十二年所谓：“量事期，计徒庸”，孟轲所谓：“庶人召之役则役’与“力役之征”，荀卿所谓：“罕兴力役”，便都是在说明农民的徭役负担。

徭役的内容，包括着兵役、土木工事等徒役以及其他为领主私人服劳的各

①《庄子·则阳》。

②《管子》《小匡》、《乘马》、《揆度》。

③《荀子·富国》。

④《孟子·万章》。

种杂役等。初期封建时代从事战争的军队，大都是从服兵役的农民构成的。自春秋时代开始，随着封建战争的扩大与持续，农民们停止自己的生产去服兵役，是很频繁的。《左传》宣公十二年云：

楚军……昔岁入陈，今兹入郑，民不罢劳，君无怨讟，政有经矣。荆尸而举，商农工贾不败其业，而卒乘辑睦，事不奸矣。

这连封建统治阶级代言人的左丘明，也以频繁的兵役而致“民不罢劳”、“商农工贾不败其业”的现象，表明楚国的政治搞得有成绩。到公元前五百年代至四百年代之际，墨翟描述当时农民服兵役的情形说：“大国之攻小国，譬犹童子之为马也。童子之为马，足用而劳。今大国之攻小国也，攻者，农夫不得耕，妇人不得织，以守为事；攻人者，亦农夫不得耕，妇人不得织，以攻为事。”① 兵役使农业生产陷于停顿，直接影响农民及其家族的生活，是十分明白的。

农民的兵役编制，我们在上章已论述过。兵役是领主所课于农民的一种必要的义务。这在公元前三三八年逝世的秦国执政的一位中世政治家商鞅也说得很明白：“入令民以属农，出令民以计战”，“民之外事莫难于战，故轻法不可以使之，……民之内事莫苦于农，故轻治不可以使之。”② 同时，在商鞅的口中又说明了农民对兵役（赋役）的负担，也是在政治的强制下进行的。

其次，农民担负土木工事等方面的徒役，由于封主们扩大其宫室台榭的建筑，也日益频繁；同时，随着封建战争的扩大与战争技术的进步，领主们为设置防守，便扩大其城郭的建筑工事③。农民应征从事这类徒役，废弃生产，致生活益陷于穷乏。关于春秋和战国时代的这类事实，历史文献上有不少记载。例如伍举语楚灵王云：

不闻以土木之崇高彤镂为美，……今君为此台也，国民罢焉，财用尽

---

①《墨子·耕柱》。胡适说墨翟生于公元前五〇〇至四九〇年间，死于公元前四二五至四一六年间（《中国哲学史大纲》第一四七页）；梁启超考证其生年为公元前四六八至四五九年间，卒年为公元前三九〇至三八二年间（《墨子学案》第一六八页）；张季同谓其生于公元前四八〇年，卒于公元前四〇〇年（见《古史辨》第四册张文）。盖墨翟生卒之翔确年月已不能考知，但在春秋、战国之际是无疑的。

②《商君书·算地》、《外内》。商鞅卒于秦孝公二十四年，即公元前三三八年。

③ 在春秋时代，关于城某地（即筑城的记事），如所谓“筑郿”、“城绛”之类，不胜枚举。这种城寨的建筑，虽与都市的发展相关，然当时应以军事防御为主。《左传》所谓“以此攻城，何城不克”（僖公四年），“修成周之城，俾戍人毋勤”（桓公十一年），《孟子》所谓“凿斯池也，筑斯城也，与民守之，效死而民弗去”（《梁惠王》）云云，都是十分明白的。

焉，年谷败焉，百官烦焉，举国留之，数年乃成。……是聚民利以自封而瘠民也。……民实瘠矣，君安得肥？……若斂民利以成其私欲，使民蒿焉日忘其安乐而有远心，其为恶也甚矣。

令尹蒍艾猎城沂，使封人虑事，以受司徒。量功命日，分财用，干板榦，称畚筑，程土物，议远迩，略基址，具餱粮，度有司，事三旬而成，不愆于素。

宋皇国父为太宰，为平公筑台，妨于农功。子罕请俟农功之毕，公弗许。筑者讴曰：泽门之晳，实兴我役……子罕闻之，亲执朴以行筑者……曰：吾侪小人皆有阖庐以避燥湿寒暑，今君为一台而不速成，何以为役？

惟宫室、台榭、陂池、侈服，以残害于尔万姓。

土弥牟营成周，计丈数，揣高卑，度厚薄，仞沟洫，物土方，议远迩，量事期，计徒庸，虑财用，书餱粮，以令役于诸侯，属役赋丈。

昔者楚灵王作顷宫，三年未息也；又为章华之台，五年又不息也；乾溪之役八年，百姓之力不足而息也。

夫差……筑姑苏之台，七年不成。

日至六十日而阳冻释，七十日而阴冻释，阴冻释而秇稷，百日不秇稷，故春事二十五日之内耳也。今君立扶台，五衢之众皆作，君过春而止，民失其二十五日，则五衢之内，阻弃之地也。起一人之繇，百亩不举；起十人之繇，千亩不举；起百人之繇，万亩不举；起千人之繇，十万亩不举。春已失二十五日，而尚有起夏作，是春失其地，夏失其苗，秋起繇而无止，此之谓谷地数亡。谷失于时，君之衡藉而无止；民失什伍之谷，则君已藉九矣。……此盗暴之所以起，刑罚之所以众也。

夫陈小国也，而蓄积多，赋斂重也，则民怨上矣。城郭高，沟洫深，则民力罢矣。

齐宣王为太室，大益百亩，堂上三百户，以齐之大，兴之三年而未能成。①

这不过是一些例子。

---

①《国语·楚语》；《左传》宣公十一年；《左传》襄公十七年；《周书·泰誓》；《左传》昭公三十二年；《晏子春秋·内篇谏上》；《墨子·非攻》；《管子·臣乘马》；《吕氏春秋·似顺》；《吕氏春秋·骄恣》。

此外尚有服侍领主游猎等徭役。例如游猎的服役，除所谓“秋狝”“冬狩”① 等大规模的定期服役外，农民还须随时去供应领主的使唤。领主每次游猎取乐，都使用着大群农民以供驱策。这种游猎的方式，文献中有如次一类的记事：“虞人翼五豝，以待公之发”。“驱禽之左右，以安待天子”②。又徐中舒氏云：“四耳盂有乘者与徒者共搏一兽”③，这无异是一副活现的图画。

其次，农民对领主的贡纳物，除农业上的蚕丝及新鲜果蔬等外，主要则为家畜。这到春秋时，由农民向领主正式贡纳外，领主并直接向农民豪取强夺④。随着封建战争的扩大进行，农民向领主贡纳军马车仗，便渐次成为定制，而名为军赋了。例如在楚国，《左传》襄公二十五年说，芀掩为司马时，便制定“赋车藉马，赋甲兵徒兵甲楯之数”。《国语·楚语》称：楚斗且语其弟云：“吾见令尹，令尹问蓄聚积实，如饿豺狼焉，殆必亡者也。夫古者聚货不妨民衣食之利，聚马不害民之财用，国马足以行军，公马足以称赋，不是过也。”其他各国也都与此有类似的情形。

他如蚕丝布缕等贡纳，到战国时，也完全打破“赋里以人，而量其有无”的原则，而成为定则化了。

另一方面，在原先，山林川泽公共牧场等，是领主与自由农民以至农奴所共同利用的⑤。随着经济的发展，领主们便渐次以之全部占为私有，并逐渐把自由农民农奴化，而禁止农奴以至自由农民去共同利用；或圈作游赏的园囿陂池，或向农民征取税钱为允许其利用的条件。关于这种事实，文献上也有不少记载。例如：

山林川泽之利，所以与民共也；虞之，非正也。

贤者之长官也……收敛关市、山林、泽梁之利，以实官府……官府实，则万民富。

罢民三时，虞山林薮泽之利。且财尽则怨，力尽则怼……一年罢民

---

① 例如《左传》隐公五年：“春蒐，夏苗，秋狝，冬狩，皆于农隙以讲事也。”

②《毛诗·驺虞》传、《吉日》传。

③ 前引《古狩猎图象考》。

④ 例如《国语·齐语》说：“牺牲不略，则牛羊遂。”这正反映当时领主之强夺农民牲畜以为牺牲的事实。

⑤ 例如孟轲说：“文王之囿方七十里，刍荛者往焉，雉兔者往焉”（《孟子·梁惠王》），似是反映了这两种情况。

三时。

楚芳掩为司马……书土田，度山林，鸠薮泽，辨京陵，表淳卤，数疆潦，规偃潴，町原防，牧隰皋，井衍沃，量入修赋。

四会诸侯，令曰：修道路，偕度量，一称数，薮泽以时禁发之。

山泽虽广，草木毋禁；壤地虽肥，桑麻毋数；荐草虽多，六畜有征。闭货之门也。

修火宪，敬山泽林薮积草。夫财之所出，以时禁发焉，使民足于宫室之用。

臣闻郊关之内有囿方四十里，杀其麋鹿者如杀人之罪，则是方四十里为阱于国中，民以为大，不亦宜乎！……昔者，文王之治岐也，耕者九一，仕者世禄，关市讥而不征，泽梁无禁，罪人不孥。

暴君代作，坏宫室以为污池，民无所安息；弃田以为园囿，使民不得衣食。①

由于封建制的发展和支配地位的确立，领主们便渐次独占了山林川泽的利益，从而逐渐又禁止农民去到公共的江湖池泽中捕鱼，山林中采薪，牧场上畜牧；渐次又定出对山林池泽牧场的收税来（或圈作私人亭园陂池）。这是和两周社会形势的过渡的进程及领主对农民的剥削内容的扩大相照应的。同时随着领主们生活欲望的提高与豪奢化，把公共的山林池泽圈作个人的园囿池观，也是和这种进程及生产的发展相适应的。

从而盐铁等人类生活必要品，也便渐次由领主们的占有转而作为榨取农民的专利品了②。这在公元前七百年代的齐国，便由于实行对食盐专卖而获得很

---

①《穀梁传》庄公二十八年；《墨子·尚贤》；《穀梁传》庄公三十一年；《左传》襄公二十五年；《管子·幼官》；《管子·八观》；《管子·立政》；《孟子·梁惠王》；《孟子·滕文公》。

② 例如《国语·齐语》云："通齐国之鱼盐于东莱，使关市几而不征，以为诸侯利。"又如《管子》云："海王之国，谨正盐筴……十口之家，十人食盐，百口之家，百人食盐。终月，大男食盐五升少半，大女食盐三升少半，吾子食盐二升少半。此其大历也。盐百升而釜，食盐之重，升如分强；釜五十也。升加一强，釜百也，升加二强；釜二百也。鍾二千，十鍾二万，百鍾二十万，千鍾二百万。万乘之国人数，开口千万也。禺筴之商，日二百万，十日二千万，一月六千万。万乘之国正九百万也。月人三十钱之籍，为钱三千万。今吾非籍之诸君吾子，而有二国之籍者六千万。使君施令曰：吾将籍于诸君吾子，则必嚣号；今夫给之盐筴，则百倍归于上，人无以避此者，数也。"（《海王》）又云："君伐菹薪煮沸水为盐，正而积之三万鍾，至阳春，请籍于时，……令民毋得筑垣墙，毋得缮冢墓，丈夫毋得治宫室，毋得立台榭，北海之众毋得聚庸而煮

大的收入。至公元前五百年代和四百年代之际入于所谓战国之世，适应于新兴地主——商人力量的发展，以及领主们财政的穷乏，便渐次把这种特权转让，只保留其特种的税收。这均留后再说。

（二）手工业、商业、高利贷

在最初手工业者是以工奴的形态存在于庄园内，或仍以奴隶和自由民地位而存在于与庄园并存的农村公社内。手工业者的生产，前者直接为领主所支配，手工业生产者的工奴则在领主所设置的管理人①监视下劳动着；后者则为奴隶制的奴隶生产或自由民的独立生产。随着封建制生产的发展及人口的增殖，奴隶制生产的衰落以至消亡，一方面扩大了手工业生产的分业，一方面又表现为庄园内劳动人口的过剩，因而又在庄园内出现了独立手工业者。例如《管子·轻重甲》说：

> 北郭者尽屦缕之甿也，以唐园为本利。此为有道乎？管子对曰：请以令禁百鍾之家，不得事鞒；千鍾之家，不得事唐园；去市二百步者，不得树葵菜。若此……则北郭之甿有所雠其手搔之功，唐园之利，故有十倍之利。

《孟子·尽心》说：“孟子之滕，馆于上宫。有业屦于牖上，馆人求之弗得。”《滕文公》说：“彼（陈仲子）身织屦、妻辟纑，以易之（居室、食粟）也。”

《韩非子·说林》说：“鲁人身善织屦，妻善织缟，而欲徙于越。或谓之曰：子必穷矣！鲁人曰：何也？曰：屦为履之也，而越人跣行；缟为冠之也，而越人被发。”

《吕氏春秋·召类》说：“士尹池为荆使于宋，司城子罕觞之。南家之墙，

盐。然盐之贾必四十倍。君以四十之贾修河济之流，南输梁、赵、宋、卫、濮阳。恶食无盐则肿。守圉之本，其用盐独重。”（《地数》）又云：“请君伐菹薪煮沸水为盐，正而积之，桓公曰：诺。十月始正，至于正月，成盐三万六千鍾……盐……坐长而十倍……以令粜之梁、赵、宋、卫、濮阳，……得成金万一千余斤。”（《轻重甲》）又云：“一农之事，必有……请以令断山木，鼓山铁，是可以毋籍而用足”，“农事且作，请以什伍农夫赋耜铁。”（《轻重乙》）《管子》虽可能在战国才成书，上引各段叙述，如关于铁的专卖，亦只有战国时方能有此情形。不过从领主对山林川泽之专利以及《齐语》所说互证，这是和桓公时齐国的经济情况相适应的，这种食盐专卖的事情是确实存在了的。

① 所谓“工虞”便是这种工奴的管理人。

犨于前而不直，西家之潦，径其宫而不止。土尹池问其故。司城子罕曰：南家工人也，为鞔者也，吾将徙之。其父曰：吾恃为鞔以食三世矣，今徙之，是宋国之求鞔者不知吾处也，吾将不食；愿相国之忧吾不食也。为是，故吾弗徙也。”

这种独立手工业者的出现，并不曾破坏农民的自足经济。相反的，与家庭手工业相结合的小农业，反而是封建社会生产的一个主要特点；在严重压榨下的中国农民，不以家庭副业和小农业相结合，便更无以维持其物质最底限度的家庭生活。

自这种独立手工业者出现后，并不是工奴手工业以奴隶的手工业生产就不存在了。相反的，领主们直接支配下的工奴手工业，依样还占着支配地位。《穀梁传》成公元年说：“农工皆有职以事其上”；《晋语》说：“工商食官”；《齐语》说：“处工使就官府”；《管子·小匡》也说：“圣王之处士，必于间燕，处农必就田埜，处工必就官府，处商必就市井。”这种“食官”的“处官府”的手工业，便是领主直接支配下的工奴手工业。《周语》所谓“庶人工商各守其业，以共其上”，孔丘所谓“百工居肆，以成其事”，大抵便是包括工商两者而说的。奴隶制的手工业生产或使用奴隶从事手工业生产，直至战国末也还是存在的，如吕不韦等人都使用了相当数量的僮妾从事手工业生产以至商业活动。

这种独立手工业者和工奴不同的，只是他们在营其独立的经济，又必须以其生产物作为税纳去供给领主（无论其为物品或货币，本质上是同一的）。《管子·乘马》所谓“贾知贾之贵贱，日至于市而不为官贾者，与功而不予分焉。工冶容貌工能，日至于市而不为官工者，与功而不予分焉。不可使而为（商）工，则视货离之实，而出夫粟”，“征于市者勿征于官”，意即都市征税的对象，不是领主自己的商业和工奴手工业，而是独立商人（或外来商人）和独立手工业者。当时所谓“工商衡虞之人”，即是对这种独立手工业者和独立商人（或外来商人）……的征税。同时他们并须向领主缴纳人头税。《孟子·公孙丑》所谓“廛无夫里之布，则天下之民皆悦而愿为之氓矣”，即系每“夫”有缴纳一定额的人头税的明证。他们在人格上从而身份上，也是被固定着的，即《国语·周语》所谓“庶人工商各守其业”，楚子囊所谓“商工皂隶不知迁业”，《齐语》所谓“工之子恒为工……商之子恒为商”，便说明了这种情况。

这种独立手工业者，到公元前三百七十年代至二百七十年代间①，照《孟子》所说，还是以其生产物去和农民或手工业者相互间行使物物交换。例如前引孟轲与许行的一段对话，便无异在叙述缝工、织工、陶工、铁工等各以其生产品去和农民交换，易取食粮；上述陈仲子也以自己和其妻所生产的“屦”、“纑”去易取住处和粟。孟轲并叙述这种交换的构成说：“农有余粟，女有余布，子如通之，则梓、匠、轮、舆皆得食于子。……梓、匠、轮、舆，其志将以求食也。”不过孟轲又有如次的一段话：

夫物之不齐，物之情也；或相倍蓰，或相什百，或相千万；子比而同之，是乱天下也。巨屦、小屦同价，人岂为之哉？②

从这种关于价格的理论来看，则又是藉货币作媒介去进行交换的。而当时商品交换的发展和货币发展的情况，又是和藉货币作媒介进行交换相适应的。因而情况便应该是这样：当时独立手工业者的生产品，存在着现物的直接交换和藉货币去完成其交换的两种交换过程，但是独立手工业生产者的目的，却在为易得其自己必要的消费资料。

但庄园内的独立手工业从工奴手工业分离出来以后，在和生产力的发展相适应的情况下，不但使一般的分工渐趋细密化，而且渐次又引起这两者间的分工。这种独立手工业者，在最初，大抵只从事一些较轻便而粗杂的手工制造；关于较精细的奢侈品和军器制造等较复杂的手工制造业，仍保留在“在官”的工奴手工业的生产内。军器制造需要金属原料，矿山是为领主们所独占的，而且领主们也不容许独立手工业者去从事军器的生产。奢侈品等精细手工业，这种独立手工业者不但一时还不易掌握熟练技术，而在那有较高技术的工奴手工业所支配的领域内，也不易得到主顾。

适应于经济的发展，手工业生产技术随着手工业分工的发展，而得到一步步的发展，尤其是供贵族享乐的奢侈品制造，更渐趋精巧。如次的一些记载，可以表现出手工工艺精巧的程度来：

高堂邃宇，槛层轩些；层台累榭，临高山些；网户朱缀，刻方连些……砥室翠翘，挂曲琼些；翡翠珠被，烂齐光些；蒻阿拂壁，罗帱张

---

① 按孟轲生于周烈王初年，约当公元前三七〇年左右，卒于周赧王二十二三年之间，约当公元前二九〇年左右。

②《孟子·滕文公》。

些；纂组绮缟，结琦璜些；室中之观，多珍怪些；兰膏明烛，华容备些。

固时俗之工巧兮，偭规矩而改错；背绳墨以追曲兮，竞周容以为度。

为余驾飞龙兮，杂瑶象以为车。

抚长剑兮玉珥，璆锵鸣兮琳琅，瑶度兮玉瑱。

华采衣兮若英。①

工事竞于刻镂，女事繁于文章。②

隋侯之珠，不饰以银黄。

客有为周君画筴者，三年而成，君观之，与髹筴者同状。周君大怒，画筴者曰：筑十版之墙，凿八尺之牖，而以日始出时加之其上而观。周君为之，望见其状，尽成龙蛇禽兽车马万物之状备具。

宋人有为其君以象为楮叶者，三年而成，丰杀茎柯，毫芒繁泽，乱之楮叶之中而不可别也。③

此证之春秋、战国时代的各地地下出土的铜器、漆器、丝织、篾席等等，皆可信而有征。

另一方面，适应于封建战争的扩大与持续，军器军服等制造手工工艺，到战国时便达到相当程度的发展。例如《荀子·议兵》说："楚人鲛革犀兕以为甲，鞈如金石，宛钜铁𫓧，惨如蠭虿。"《吕氏春秋·贵卒》说："赵氏攻中山，中山之人多力者曰吾丘鸠，衣铁甲，操铁杖以战，而所击无不碎，所冲无不陷。"《楚辞·九歌》说："操吴戈兮被犀甲，车错毂兮短兵接。"《战国策·韩策》载苏秦语云："天下之强弓劲弩皆自韩出，谿子、少府、时力、距来皆射六百步之外；韩卒超足而射，百发不暇止，远者达胸，近者掩心。韩卒之剑戟皆出于冥山、堂谿、墨阳、合膊、邓师、宛冯、龙渊、太阿，皆陆断马牛，水击鹄雁，当敌即斩。"④《考工记》云："吴越之剑迁乎其地而弗能为良。"《管子·制分》说："屠牛坦朝解九牛，而刀可以莫铁。"《荀子·强国》说："刑范正，金锡美，工冶巧，火齐得，剖刑而莫邪已。然而不剥脱，不砥厉，

---

①《楚辞》《招魂》、《离骚》、《九歌》。

②《管子·立政》。

③《韩非子》《解老》、《外储说左》、《喻老》。

④ 晋《太康地理记》云："天下宝剑韩为众，一曰堂谿，二曰墨阳，三曰合膊，四曰邓师，五曰宛冯，六曰龙泉，七曰太阿，八曰莫邪，九曰干将。"

不可以断绳。”由于金属手工工艺的进步，同时也反映了冶金事业的进步，如发明熟铁或钢的制造，荀子所说的“惨如蠭虿”的“宛钜铁釶”，与苏秦所说的韩国的劲弩，非钢或熟铁不可能有如彼锐利，是可想而知的。所以《禹贡》[①] 谓梁州“璆铁银镂”，《史记集解》引郑玄曰：“黄金之美者谓之璆镂，刚铁可以刻镂也”，应该是确切的。从而更引起矿学知识的进步。例如《管子·地数》云：“山上有赭者，其下有铁；上有铅者，其下有银……上有丹砂者，其下有鉒金；上有慈石者，其下有铜金”，“上有陵石者，下有铅、锡、赤铜。”从而并发现着素朴的物理学知识，如《吕氏春秋·精通》云：“慈石召铁，或引之也”，便是一例。

但由于分业和手工工艺的发展，又产生有专门技术的熟练手工匠师和粗工的分别，即出现了所谓“大匠”和“拙工”、“良工”和“贱工”[②] 的差异。《越绝书》所称道的干将、莫邪，孟轲所称道的离娄和公输子，便都是具有熟练技术的手工匠师。这种具有专门熟练技术的手工匠师，即属独立手工业工人，也常为领主所收容，专去供宫廷生产[③]。

另方面，由于分工和手工工艺的发展，又引起地域的分工。最著者，如韩以制造弓弩著，吴、越以制造刀剑著，邯郸以冶铁著，巴蜀以“竹木之器”著，温轵以“作巧姦冶，多美物”著，齐以桑麻纺织著，合肥以皮革鲍木著[④]，豫章以黄金著，长沙以锡器著，番禺以珠玑、犀、瑇瑁著[⑤]，临淄以制陶著[⑥]。因而一方面又促进了各封邦间商业的交换，同时，适应新兴地主经济的成长又扩大了社会交换的领域，从而在另一方面，又引起独立手工业者生产范围的扩大，使独立手工业渐次取得了奴隶的手工业生产以至工奴手工业的地

---

① 《禹贡》书，余考为战国时人所作，当另文论之。

② 例如《孟子·尽心》云：“大匠不为拙工改废绳墨”，《滕文公》云：“天下之贱工也……天下之良工也。”

③ 例如《韩非子·喻老》篇云：“宋人有为其君以象为楮叶者，三年而成，丰杀茎柯，毫芒繁泽，乱之楮叶之中而不可别也。此人遂以功（《列子·说符》作巧）食禄于宋邦。”

④ 《左传》襄公二十六年亦云：“杞梓皮革，自楚往也。虽楚有材，晋实用之。”

⑤ 以上均据《史记·货殖列传》。

⑥ 拙著《史前期中国社会研究》引临淄出土陶器有所谓“楚贯购，某里豆”字样。同时有所谓“某里豆”之陶器甚多（参看《邹滕古匋文字》，山东图书馆出版）。不但临淄在当时制陶事业甚盛，而且远有楚地商人的定购。但从所谓“某里”等字看，参之《国语·齐语》所载齐国都市的组织，此似为工奴手工业或奴隶的手工业生产。

位。所以到战国时代，独立手工业者的生产，便侵入了各种手工业部门；铁工、陶工、织工、缝工、织屦工[①]、兵工、棺材木工、制甲工、制箭弓工[②]、制轮工、制车工、皮革工、冶炼工、梓镌工[③]等等，均属由独立手工业者在担任生产。自然，这不是说工奴手工业及奴隶手工业的生产在这些部门便完全绝迹了；相反的，这转入到封建地主的即专制的封建主义时代，仍是以官手工业的形式存续着的。

和手工业的发展相并行的，便是商业的发展。

在封建庄园制度的初期，每个庄园都保持其自足的生产领主和领主的家族及其左右用人的消费，几全凭庄园内农奴和工奴的生产去满足。随着生产力的进步，领主们所得的剩余劳动生产物量的增大，已超出他们肠胃所具的消费力之外，因而刺激其对异地生产物的要求，又扩大了庄园间的交易。然而在最初担任远地交易的，大抵为领主的用人或小领主，所谓“如贾三倍，君子是识”。“君子”便是小领主或领主的用人——武士。这种商人，不啻是领主们专为获得异地生产物而特设的，和农民可谓不相关涉。不过随着庄园内独立手工业者的出现，在其和农民间的现物交换也就开始了。《诗》所谓“氓之蚩蚩，抱布贸丝”，似是这一内容。

这种特设的商人，后来便形成在“官”的商业，贯通全封建时代存在着。所以《晋语》说：“工商食官”，《周语》说：“庶人工商，各守其业，以共其上”。但是随着生产的发展与交换的演进，独立商人便随着出现了。同时因为在封建时代，交通既不发达，商人在商业的旅途中充满了危险，所以大的利益常和大的危险相伴随。《墨子·贵义》说：“商人之四方，市贾倍蓰。虽有关梁之难，盗贼之危，必为之。”单为满足其奢侈欲望的领主，自身决不肯亲冒这种远地通商的危险。这样，一方面促进了独立商人的发展；一方面在官的特设商人也渐次用贱奴去充任了。《周礼·太宰》所谓“臣妾聚敛疏财”，便是显例。前此常赴远地为大领主购运物品的小领主，却也渐次成为其兼营业务去

① 前引孟轲、许行对话。

②《孟子·公孙丑》云：“孟子曰：矢人岂不仁于函人哉？矢人惟恐不伤人，函人惟恐伤人；巫匠亦然。故术不可不慎也。”

③《墨子·节用》云：“凡天下群百工：轮、车、鞼、匏、陶、冶、梓、匠，使各从事其所能，曰：凡足以奉给民用则止，诸加费不加于民利者，圣人弗为。”

进行了①。所以在官的特设商人，便由前此的“君子”而改为和“庶人”“皂隶”同等身份的商人了。如《左传》襄公九年云：“其庶人力于农穑，工商皂隶不知迁业。”《晋语》云：“庶人食力，工商食官，皂隶食职。”便是一些显明的例子。同时这种独立商人，在其社会身份上，一般仍是和“庶人”相等的②。因而领主们对远地商品的要求，主要便不能不依赖这种冒险犯难的独立商人作媒介。这种由远地运来的商品，其价格并不像资本主义时代受价值法则支配，而是完全由居奇和骗术去决定，所以其价格常在原价多少倍以上。商人只要能不死亡于商途上，便很容易成为暴富。在春秋时代，便开始出现了大群的这种暴富的商人，例如：

> 朱公以为陶，天下之中，诸侯四通，货物所交易也，乃治产积居与时逐。……十九年之中，三致千金。
>
> （秦师）及滑，郑商人弦高将市于周，遇之，以乘韦先牛十二犒师，曰：寡君闻吾子将步师出于敝邑，敢犒从者。不腆敝邑为从者之淹，居则具一日之积，行则备一夕之卫。③

这不过一二例子。此外如白圭、吕不韦以及孔子门下“闻一知二”的子贡等人，也都是富有的商人。不过商人们为着其资本流通的必要，也有折本出脱其商品的事情。例如《荀子·荣辱》篇云：“良贾不为折阅不市”，便是一例。

这种独立商人，并不靠在本地贩卖手工业者的生产物；独立手工业者的生产物，在当地，主要常是直接卖出的。《鹖冠子·武灵王》篇云：“工者，贵无与争”，便是这一内容。《鹖冠子》虽系伪书，但这种情况是可能的。所以商人的任务，是以本地物品贩往他处，而又以他处的物品贩运本乡。这正如

---

① 如子贡的出身为“士”，即小领主。《史记·货殖列传》云：“子贡既学于仲尼，退而仕于卫，废著鬻财于曹鲁之间，七十子之徒，赐最为饶益……结驷连骑，束帛之币以聘享诸侯；所至国君，无不分庭与之抗礼。夫使孔子名布扬于天下者，子贡先后之也。”《论语》亦云：“赐不受命，而货殖焉，亿则屡中。”（《先进》）“子贡曰：有美玉于斯，韫椟而藏诸，求善贾而沽诸。”（《子罕》）

② 例如《晋语》载晋叔向答韩宣子语云：“夫爵以建事，禄以食爵。德以赋之，功庸以称之，若何其以富赋禄也？夫绛之富商，韦藩木楗以过于朝，惟其功庸少也，……而无寻尺之禄。”《管子·八观》云：“金玉货财商贾之人，不论志行而有爵禄也，……权重之人不论才能而得尊位，则民倍本行而求外势。”《齐语》云：“令夫商，……日暮从事于此，以饬其子弟，相语以利，相示以赖，相陈以知贾，……其子弟之学，不劳而能。夫是故商之子恒为商。”亦即《孟子·万章》所谓：“在国曰市井之臣，在野曰草莽之臣，皆谓庶人。庶人不传质，为臣不敢见于诸侯。”

③《史记·货殖列传》；《左传》僖公三十三年。

《国语·齐语》所谓：

> 今夫商，群萃而州处，察其四时而监其乡之资，以知其市之贾；负任担，荷服牛轺马，以周四方，以其所有，易其所无，市贱鬻贵。

这种商人从远地贩来的商品的贩卖组织，大抵也有店肆，《管子·揆度》云："善正商任者，省有肆；省有肆，则市朝闲。"

这种远地行商的交通，《越语》说："贾人……旱则滋车，水则滋舟"，则有水陆两种。然而又不但有内陆的交通，照孔丘所谓"乘桴浮于海"来看，大抵已有海道的交通。这种海道的交通，在当时当然也不过是限于国内，因为采取海道，不但可以免除经过地的"关市之难，盗贼之危"，且可以免除其"关市之征"。不过当时商人到达通商的目的地，也有"关梁闭而不通"① 的困难。而获得通商许可者，必须缴纳苛重税物于当地领主。事实上，外来商人于缴税后，领主们仍有使其左右武士化装盗匪来行劫，甚至公开强夺。因而商人为应付此等危险，便每每组成商队，并携带自卫武器。由于他们成群结队携带武器，又常发生盗寇行为。因此，不只外来商人，连本地商人也常招致领主的不信任，常发生其有事时被杀戮，无事时被驱逐的情事。例如《左传》定公八年云：

> 王孙贾曰：苟卫国有难，工商未常不为患。使皆行而后可。

其次，商人去到外地贸易，本地带去的货币是不能照通常行使的，因为在封建时代的货币，都有其地域性，尤其是封建初期②。因而他们贩买外地的物品，除去用当地所要的实物去交易外，便只有用当地的货币。

他们把外地的商品运回本地，也不是可以任意出卖的，必须向本地领主缴纳税物而获得其许可。稍后大概便规定一定额的税纳；商人们于缴纳领主的一定税纳之后，领主们要想得着他们手中的商品，便要向他们购买了。这在《左传》昭公十六年的一段记事中说得明白："韩子买诸（玉）贾人。既成贾矣，商人曰：'必告君大夫。'韩子请诸子产曰：'……今买诸商人，商人曰：必以闻。敢以为请。'子产对曰：'昔我先君桓公与商人皆出自周，庸次比耦，以艾杀此地，斩之蓬蒿藜藿，而共处之。世有盟誓以相信也，曰：尔无我叛，

---

①《楚辞·九辩》。

② 例如周景王之"大钱"、齐莒之"刀"、赵之"刀"、魏之"铲"、燕之"化"、秦之"铲"等，后详。

我无强贾，无或匄夺；尔有利市宝贿，我勿与知。特此质誓。故能相保以至于今。分吾子以好来辱，而谓敝邑强夺商人，是教鄙邑背盟誓也，毋乃不可乎?’”稍后的文献如《管子·问》篇所谓“征于市者勿征于关”，《孟子·公孙丑》篇所谓“市廛而不征，法而不廛，则天下之商皆悦而愿藏于其市矣”，亦能说明领主向独立商人有一定之征税，征税后，如需要商人手中的商品，便须购买。这在郑国，即所谓“世有盟誓以相信也”。

不过领主们利于商税的收入与其对外地物品的获得，对于商路交通亦常予以关注。例如《左传》成公十二年云：“晋楚……盟于宋西门之外曰：凡晋楚无相加戎，……交贽往来，道路无壅”，便是一例。

独立商人所贩运的外地物品，大抵都是本地所没有的“难得之货”，专供领主们的奢侈享乐。故《老子》云：“不贵难得之货，使民不为盗”，“难得之货，令人行妨。”这便是当时商业的主要内容。自然他们和本地农民间，并不是全无交换关系存在，而且他们正在借本地农民的困乏与必要而与之作实物的交换，借以获得其运往外地和在本地买贱卖贵、乘时射利的物品。《史记·货殖列传》云：“白圭乐观时变，故人弃我取，人取我与。夫岁熟取谷，与之丝漆玺；凶取帛絮，与之食”，正是这一内容。

适应于手工业分业的发展与手工技术的进步，尤其是地域分业的发展，到战国时，这种独立商人的商业便更为发展了。随着商业的发展，不但使原来的都市益行发展，形成中世早期都市的繁盛，而且扩大了独立商人的业务与商路交通的范围①。

---

① 例如《史记·货殖列传》所载，独立商人不但有从领主的手中获得盐铁的专卖权（应是部分的），而且边远绝壤之奇产，均能从四方运来当地都市。所谓“富商大贾，周流天下，交易之物莫不通”。邯郸、关中、栾邑、巴蜀、天水、陇西、河内、河南、温、轵、中山、洛阳、临淄、邹鲁、睢阳、江陵、彭城、浙江、九江、江南、豫章、长沙、寿春、番禺、南阳，均为中世早期之著名都市，其各自之特产与其商路交通情形，参看《史记·货殖列传》。《史记·赵世家》載苏厉遗赵王书云：“代马、胡犬（《国策》作胡驹）不东下，崐山之玉不出，此三宝者，亦非王有已。”《荀子·王制》篇云：“北海则有走马、吠犬焉，然而中国得而畜使之；南海则有羽翮、齿、革、曾青、丹干焉，然而中国得而财之；东海则有紫紶、鱼、盐焉，然而中国得而衣食之；西海则有皮革、文旄焉，然而中国得而用之。故泽人足乎木，山人足夫鱼，农夫不斫削、不陶冶而足械用，工贾不耕田而足菽粟……天之所覆，地之所载，莫不尽其美，致其川。”此不但说明了商业的交通，而且说明了商品的种类，几全是属于贵族享乐的一类。又慎靓王五年（公元前三一六年）秦取蜀时，印度著作中谓已有中国丝之输入。丝入印度，究始此时抑在其前，目前尚难作充分之判定。按甲文所记殷时已知道制丝，其时统治权力已达到蜀，即今四川。

因而便出现了不少百万巨富的商人，故《管子·国蓄》篇说：“万乘之国，有万金之贾；千乘之国，有千金之贾。”《史记·货殖列传》说：“秦始皇令倮比封君……而巴蜀寡妇清，其先得丹穴，而擅其利数世，家亦不赀。”另一方面，商人们“擅其利”去垄断货物，投机射利的事情，也便普遍的出现了。故《管子·国蓄》篇继续又说：

然者何也？国多失利……岁有凶穰，故谷有贵贱；令有缓急，故物有轻重。然而人君不能治，故使蓄贾游市，乘民之不给，百倍其本。分地若一，强者能守；分财若一，智者能收。智者有十倍人之功，愚者有不赓本之事。然而人君不能调，故民有相百倍之生也。……物适贱，则半力而无予，民事不偿其本；物适贵，则什倍而不可得，民失其用。

凡轻重之大利，以重射轻，以贱泄平。万物之满虚，随财準平而不变……故大贾蓄家不得豪夺吾民矣。

商人资本与其投机垄断事业的发展，也促速领邑经济的衰落与领主们财政的困难。领主为自图挽救，因而一方面如上述《管子》的著者便主张用平价（準平）去统制[①]；一方面如孟轲则主张对商业资本“重征”。《孟子·公孙丑》云：“古之为市也，以其所有易其所无者，有司者治之耳。有贱丈夫焉，必求垄断而登之，以左右望而罔市利。人皆以为贱，故从而征之。征商自此贱丈夫始矣。”

然缘领主们财政的困难，他们不能不依赖商业上的征税去补足。以故在当时的所谓“市廛之税”，“关市之征”，大抵都奇重而无定则；所以在战国时代，如《管子》、《孟子》等书，又无不提出免“关市之征”、轻“市廛之税”的主张。大概到荀卿时，商税已更为奇重，商业也更为发展，从事商业的人也更多了，所以荀卿曾提出：“轻田野之税，平关市之征，省商贾之数……则国富矣。”“关市讥而不征，质律禁止而不偏，如是则商贾莫不敦悫而无诈矣。”[②]于此，我们不难想见当时已发展的商业资本者与领主间矛盾的尖锐，而此也正反映着当时的独立商人们提出了“平税”和“轻税”的要求。

随着商业的发展，各封邦的度量衡制也开始在要求定则化，不过到战国

① 《管子·乘马数》云：“布织财物，皆立其赀，财物之赀，与币高下，谷独贵独贱。”
② 《荀子》《富国》、《王霸》。

时，秦国在走完由奴隶制到封建制的过渡后，商业资本也随着发展了起来；到公元前四百年代的商鞅时，地主——商人在政治上已开始在代替领主的地位。以故自商鞅时，秦国已开始制定其度量衡的标准。例如《秦商鞅量铭》云："十八年，齐[走8]遣卿大夫众来聘，冬十二月乙酉，大良造鞅爰积十六尊五分尊一为升。"《秦公𣪘器铭》云："西元器一斗七升奉。"《盖铭》云："一斗七升大半升。"薛尚功《历代钟鼎彝器款识》释《秦权》及《平阳斤》云："二十六年，皇帝尽并兼天下诸侯，黔首大安，立号为皇帝。乃诏丞相状绾法度量，则不壹歉疑者，皆明壹之。"这不过是一些例子。他如在齐国，《管子·七法》说："尺寸也、绳墨也、规矩也、衡石也、斗斛也、角量也，谓之法……刚柔也、轻重也、大小也、实虚也、远近也、多少也，谓之计数。"也反映了度量衡制的发展情况。

随着商业的发展，便引起货币的发展。在西周初期，业已使用金属货币，已如前述。又据《国语·周语》云：

> 景王二十一年，将铸大钱。单穆公曰：不可。古者天灾降戾，于是乎量资币，权轻重，以振救民。民患轻，则为之作重币以行之，于是乎有母权子而行，民皆得焉。若不堪重，则多作轻而行之，亦不废重，于是乎有子权母而行，小大利之。今王废轻而作重，民失其资，能无匮乎？若匮，王用将有所乏，乏则将厚取于民；民不给，将有远志，是离民也。

《晋语》载晋夷吾语公子絷亦有"黄金四十镒，白玉之珩五双"语。

所以到春秋及战国，尤其到战国时期，金属货币较前益趋发展。据陆和九先生《古器物学》所引，有齐货（刀）、莒货（刀）、赵货（刀）、魏货（铲）、燕货（化）、秦货（铲），兹照描如图：

近年山东图书馆在齐国故址临淄所掘出土刀币亦甚多，该馆并藏有铲币甚夥。《管子·国蓄》篇云："玉起于禺氏，金起于汝汉，珠起于赤野……先王为其途之远，其至之难，故托用于其重，以珠玉为上币，以黄金为中币，以刀布为下币。"《史记》亦有与此大略相同的记述。

只是殷代奴隶所有者社会所通用的货币、贝货，我们虽还不曾发现金属铸造者①，然而却是统一的。这里的金属货币，连同周王室在内，则是各个大封

---

① 近年已在殷遗址中有铜贝发现（见《考古学报》第九册，第五二页）。——一九六一年补注。

邦均有其各自的相互不同的铸币。这正表现了各封邦经济的封建封锁性。

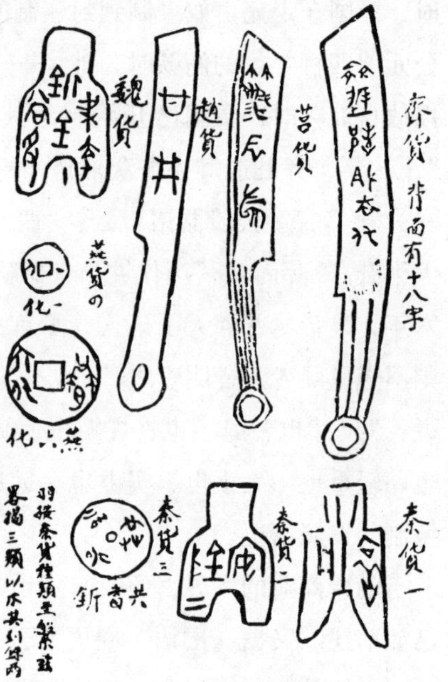

金属货币虽已存在，但在春秋、战国时，农民等民间所进行的交换，似乎主要仍流行着物物交换。各封邦的铸币，在其封疆以外也并不普遍具有货币的机能，所以在各封邦相互间的借贷和赙赆，也是以现物行使的。例如：

蔡为楚所围，饥乏，故鲁归之粟。

赵简子令诸侯之大夫输王粟。

越大夫种曰：臣观吴王政骄矣，请试尝之，贷粟以卜其事。请贷，吴王欲与，子胥谏勿与，王遂与之。

齐人输范氏粟。①

可见这是春秋时较普遍的情形。赠赙与俸给，也普遍以现物去行使。例如《史记·孔子世家》云："卫灵公问孔子居鲁得禄几何？对曰：'奉粟六万。'卫人亦致粟六万。"《论语·雍也》云："原思为之宰。与之粟九百，辞。子曰：毋以与尔邻里乡党乎？子华使于齐。冉子为其母请粟。子曰：与之釜。请益。曰：与之庾。冉子与之粟五秉。"这一类的例子不少。

但到战国时，据可靠文献所载，孟轲每至各国，各国的领主每以"黄金"若干镒相馈赆②，《国策》记苏秦游说各国，各国的领主亦皆以"黄金"若干镒相馈赆。在借贷上，亦有行使货币者，如《史记·孟尝君列传》载孟尝君以"钱"贷与其所食薛邑的农民，《苏秦列传》说"苏秦之燕，贷百钱为资"，便是一二例证。另一方面，同时固又有以现物为借贷者，例如《庄子·外物》

---

① 《左传》定公五年、昭公二十五年；《史记·越王勾践世家》；《左传》哀公二年。

② 例如《孟子·公孙丑》："陈臻问曰：前日于齐，王馈兼金一百而不受，于宋馈七十镒而受，于薛馈五十镒而受。"注云："古者以一镒为一金，一镒是为二十四两也。"

篇云："庄周家贫，故往贷粟于监河侯。监河侯曰：诺。我将得邑金，将贷子三百金，可乎？"这又说明了当时在借贷方面的现物与货币并行。《管子·问》篇云："问邑之贫人债而食者几何家？……问人之贷粟米有别卷者几何家？"依此，到战国时，与商业发展的情况相照应的借贷和赠贿，便都发展到现物和货币并行的程度了。

兹再略述这一时期的高利贷。高利贷和商业资本，本是历史上的一双孪生儿。所以随同商业资本的形成，高利贷便必然随着出现。

高利贷资本者，在春秋及战国之际，大致可分为两类：一为商人、一为领主向其属下农民所行的高利贷剥削。当时商人们在远途营商业务上，由于商途上的种种危险，因而便有许多商人宁愿以集资作借贷生利。同时领主们由于财政的困难也常常不能不向商人借债。但因这种借债关系，领主们往往以税收等特权作抵押，结果债务者每以其抵押品的主权转让于债权者。这样商人成为土地所有者而又成为特权者，而这种债权商人，原来就不少是小领主出身的。

随着战争的扩大与商业发展的结果，领主们在军费的开支上与商品购买上，益感受财政的困难。所以一入于公元前四百一十年代以后的战国时，领主们大抵都陷于债务的深渊，尤其是小领主。例如郑樵《通志·三王纪·周》引述赧王的一段故事云：

> 赧王虽居天子之位，为诸贷所侵，与家人无异，多负于人，无以归之，乃止台逃避。周人名其台曰逃债台。

依此不难概见当时一般的情形。但是封建领主因而益加紧对其属下农民的榨取与属领的榨取，以是愈促速生产的衰落与小领主的灭亡，把社会内在的矛盾愈益扩大了。新兴地主——商人的社会经济力量便愈见增大；领主们的占有地，事实上大部分已落于新兴地主的掌握中。所以《史记·货殖列传》云："及名国万家之城，带郭千亩，亩鍾之田……此其人皆与千户侯等"，《汉书·货殖列传》："秦破赵，迁卓氏之蜀……唯卓氏曰：此地狭薄，吾闻岷山之下沃野……之临邛，大憙，即铁山鼓铸，运筹算，贾滇、蜀民，富至童八百人，田池射猎之乐，拟于人君"，宛孔氏"用铁冶为业。秦灭魏，迁孔氏南阳。大鼓铸，规陂田。连骑游诸侯，因通商贾之利，有游闲公子之名"。这不过是一些例子。同时自土地占有这一新的形态出现后，随着土地买卖形态的发展而构成一个新的庞大新兴地主阶层，从而去改变初期封建社会的组织，显明的表现着封建社会的部分的质的变革作用，在土地所有制形态变化的基础上，推着封建制度前进了一大步。

领主们对于其属下农民的借贷，其性质完全为扩大对农民的剩余劳动的剥削。到春秋时，适应于领主们物质欲望的提高，战争的扩大，与财政渐趋困难，乃扩大其对农民的剥削，致农民们反因劳动生产率的提高而陷于穷乏。领主们乃更利用农民的穷乏去施行借贷，借以扩大其剩余劳动量的所得。例如《晋语》云：晋文公“救乏振滞，匡困资无”，“（栾）桓子骄泰奢侈，食欲无艺。略则行志，假贷居贿。”《左传》昭公三年云：“（齐）陈氏……以家量贷，而以公量收之。”

到战国时，领主们为弥缝其自己的穷乏，又进一步扩大对农民的剥削；农民们因更趋穷乏，致借债度生与借债“输供”，便成了普遍的现象。故《孟子·滕文公》说：“为民父母者，使民盻盻然，将终岁勤动，不得以养其父母，又称贷而益之。”《管子·问》篇说：“问邑之贫人债而食者几何家？……问人之贷粟米有别卷者几何家？”又《揆度》篇说：“无食者予之陈，无种者贷之新，故无什倍之贾，无倍称之民。”又《国蓄》篇说：“春赋以敛缯帛，夏贷以收秋实，是故民无废事而国无失利也。”农民的借贷，完全由于领主剥削的扩大而无力负担所致。这在《管子·轻重乙》和《治国》篇中也说得明白：

桓公曰：曲防之战，民多假贷而给上事者。

凡农者，月不足而岁有余者也。而上征暴急无时，则民倍贷以给上之征矣。耕耨者有时，而泽不必足，则民倍贷以取庸矣。秋籴以五，春粜以束，是又倍贷也，故以上之征而倍取于民者四。关市之租，府库之征，粟什一，厮舆之事，此四时亦当一倍贷矣。

农民在巨大的债务压迫下，无力偿还借债时，每致卖妻鬻子以还债。到战国末期（公元前三百年代上半世纪），许多地方的农民们大都丧失了偿还债务的能力。例如《史记·孟尝君列传》对这种情形，有这样一段记载：

孟尝君时相齐，封万户于薛；其食客三千人，邑入不足以奉客。使人出钱于薛，岁余不入，贷钱者多不能与其息，客奉将不给。孟尝君忧之，问左右，何人可使收债于薛者？传舍长曰：代舍客冯公，形容状貌甚辩，长者，无他技能，宜司令收债。孟尝君乃进冯驩而请之曰：宾客不知文不

> 肖，幸临文者三千余人，邑入不足以奉宾客，故贷息钱于薛；薛岁不入，民颇不与其息。今客食恐不给，愿先生责之。……冯驩曰：……有余者为要期；不足者，并守而责之，十年，息愈多，急即以逃亡。自损之，若急终无以偿。

当时农民无力偿债的情形，即此可以概见。农民在最后，当然便只有逃亡与暴动了。

另一方面，自春秋以来，大领主在战争的不断进行中，常累于军费的开支，致财政日趋困难；其从属下的中等领主，不惟在战争中常获得利益，而又每每以施放高利贷等手段去增殖其财富。以故在大领主财政日趋困难的年月，他们的经济力量反日益增大。因而形成齐、晋各国的实际权力，均移入大夫手中的局势，如鲁之三桓、齐之陈氏（即田氏）、晋之六卿等。不过到战国末期，随着领邑经济的衰落，他们也随同衰灭了。

C. 地方经济的发展和封建战争的扩大

（一）地方经济的发展和中世都市的形成与初步发展

基于庄园内生产的发展，出现了中世的独立手工业者和独立商人，随着这种独立手工业和商业的发展，到春秋初期，便形成了中世纪的早期的都市。这种都市的所在，大抵皆为地方大领主领地的首邑所在地；在公元前七百年代与五百年代之间，地方大领主所在的首邑，率皆成为一方的都市，如齐之临淄、晋之绛、秦之咸阳、燕之燕邑、楚之寿春、郑之郑邑等。这些地方之所以成为中世早期的都市，《史记·货殖列传》从各地的特产以及其所绾纽的商路去说明。虽然这种说明在我们今日看来觉得并不完满，然司马迁生于二千年前而具有此种卓见，诚不愧为中国史学的开山。

这些地方之所以能成为中世早期的都市，主要原因，由于在优良的经济地理等条件下，随同社会形势的过渡的进程，封建制的比重日益扩大，庄园内的农业等各种生产都获得较快的发展，创造出大量的剩余劳动生产物。其次，基于生产发展而来的领主间相互兼并的结果，大领主所在地，不但成为一个区域内的政治中心，并由于战争的掠夺与从属领的税贡所得，渐次成为财富集中的中心。从此又得以吸引和聚集独立手工业者和商人，由于独立手工业者和商人的聚集，便逐渐形成都市的雏形，从而又成为商路奔赴的绾纽；地方的特产和天然的交通条件，更促进了它的发展。

在这些都市中最先形成而获得发展的，为齐之临淄。《国语·齐语》载桓公问管仲曰："处士农工商若何？"管仲对曰："……处商使就市井。"《史记·管晏列传》亦说桓公时，"区区之齐，在海滨，通货积财，富国强兵，与俗同好恶"。是临淄在春秋初叶的桓公时，已具备了都市的雏形了。《史记·齐太公世家》所谓"太公至国修政，因其俗，简其礼，通商工之业，便鱼盐之利，而人民多归齐，齐为大国。"《史记·货殖列传》所谓"太公劝其女功，极技巧，通鱼盐，则人物归之，繦至而辐凑，故齐冠带衣履天下，海岱之间，敛袂而往朝焉。"《史记》所谓"因其俗"或"初从其俗"及《左传》定公四年所谓"启以商政，疆以周索"，又说明这种中世早期的都市，不但是在殷代奴隶所有制的基础上发展起来的，而且包含着奴隶制生产的一定内容。春秋、战国时使用奴隶从事生产的白圭、郭纵、刁间、猗顿、吕不韦等人，正都居住在原来殷人的"邦畿"之区。

齐地处黄河下游，为滨海最膏腴的大平原，系农桑特产之区。《史记·货殖列传》说："齐带山海，膏壤千里，宜桑麻；人民多文采布帛鱼盐，……邹、鲁滨洙、泗……颇有桑麻之业……沂泗水以北宜五谷桑麻六畜……齐鲁千亩桑麻。"又《史记·苏秦列传》说："齐南有泰山，东有琅琊，西有清河，北有渤海，此所谓四塞之国也。齐地方二千余里，带甲数十万，粟如丘山。"大抵自"东土"平定后，齐人以其新的生产方式和较进步的生产技术，一面在原先的奴隶制及原始公社制生产的废墟上建立起封建制，从太公到桓公，都大力奖进生产，并驱使大量的农奴从事生产劳动；一面因殷代之制、即所谓"因其俗"，仍允许奴隶制合法存在，采取逐步改变的方针。因而在西周衰落的前后，齐国的农业已达到较高度的发展了。所以当时及其后的齐国，一面有提供赋敛、徭役而又自有生产资料和室家的"农"或"农夫"等等；一面又有连自身也属于主人的"群徒"、"役属"等从事生产劳动等等。在农业发展的基础上，如上所述，手工技术也随同发展了起来，商业也渐次发展了。且因而齐侯便开始其对临近领邑的兼并；到桓公时代，海岱、河济间的小领邑，不是被其兼并便都成为其从属了，即所谓“人民多归齐，齐为大国”。齐国的经济势力便更形跃进，不但齐侯成为海岱、河济间惟一大侯，临淄且成了一方的政治的经济的中心。同时，由于生产技术的进步，又得以开发其天然的鱼盐之利；重以河济两水与渤海的自然交通条件，临淄便首先成为独立手工业者和商人荟集之区，成为中世最早的大都市。齐侯因此更获得商税与手工业者纳税的大宗收入，益增大其经济力量。因此齐桓公得以“九合诸侯”会盟中原，而自为盟主，企图获取最高领主的地位。然自晋国继起后，却截断了齐国西向的路线，因而便形成齐、晋两大侯国在黄河中部一个长期的角逐局势。不过临淄的都市地位并未降落，依然成为东部的惟一大都市，且随而发展至春秋末期，便更具有其规模了①。

继临淄而起者则为晋之绛。晋地处晋南及汾河流域，本沃壤②。因处北边，于西周衰落前后，常受到北方游牧部落的侵扰，致生产的发展受其牵制而较迟。然至公元前七百年代初的武公时，生产已达到相当的发展，步步在排除奴隶制和原始公社制的封建制生产也占有了重要地位。至献公时，把频为边患的北方游牧部落的骊戎平服，文公时因狐偃而与狄人谋得彼此相安。因而在经济上也和齐国为同一的过程而获得兴盛了，并以同一的过程而形成其初期的都市绛。《晋语》说：“公食贡，大夫食邑，士食田，庶人食力，工商食官，皂隶食职，官宰食加，政平民阜，财用不匮。”又云：“（晋文）公属百官赋职任功，弃责（债）薄敛，施舍分寡，救乏振滞，匡困资无，轻关易道，通商宽农……利器明德，以厚民性。”因而晋便成为河汾间的惟一大诸侯，绛邑也成为了一个经济的政治的中心都市。《左传》成公六年云：“晋人谋去故绛，诸

---

① 《左传》昭公三年载齐景公欲更晏子之宅，曰：“子之宅近市，湫隘嚣尘，不可以居，请更诸爽垲者。”辞曰：“……且小人近市，朝夕得所求，小人之利也。敢烦里旅。”公笑曰：“子近市，识贵贱乎？”对曰：“既利之，敢不识之。”依此不难概见其都市的规模。

② 山东阳谷熊氏藏澹园居士著《西行日记》钞本云：“晋都曲沃，迁绛，迁新田，皆在平阳南，内阻山而外据河，子犯所谓无害者，势固然。山以北尽平田，又多巨川，故皆沃壤。一军建国，成霸安疆，所自来也。”又云：“晋省大形，山势起西南，自雷首、中条，迤东而北，内牵霍、介诸山，附大行左转以趋恒岳；自恒而北，五台、雁门，跨接西山，循边左转，包云中、九原，绝河上流；而大河入北塞，脱龙门，千里一泄，独当西面，至风陵塠，绕南山而东。险阻外据，原隰中包；高壤洪川，沃衍磅礴。殷富之本，强大之规，至今可睹也。……物产则五谷外，饶煤铁，太原以北多骡马。”而晋南地区，就地下发现和古书记载，殷人在殷代及其以前，虽已分布到当地，但为数较少；主要却是夏人所居，较殷的“邦畿”区落后。

大夫皆曰：必居郇瑕氏之地，沃饶而近盐，国利君乐，不可失也。”这表明了封建制和其生产比重。但当时也存在辛苦劳动生产成果全归主人所有的“奴隶”①。

随着经济的发展，更扩大其土地的占领欲。从而企图去支配中原，继齐国而为盟主。

但在晋国强大时，西邻的秦国也开始强大了。秦国地处关中，本自古膏腴之区。《史记·留侯世家》所谓：“夫关中，左殽函，右陇蜀，沃野千里。”《货殖列传》所谓：“关中自汧、雍以东至河、华，膏壤沃野千里，自虞夏之贡以为上田，而公刘适邠，太王、王季在岐，文王作丰，武王治镐。故其民犹有先王之遗风，好稼穑，殖五谷。”上引《西行日记》亦云：“故西安大形，南则终南，西北渭水，东则浐、灞、骊山，为左腋之近殖，而自过临潼，北望见远山，盖沿塞固多山。北阻边情、南据武关与汉，西负陇首，而东控河潼，广域沃野，中数千里，乃关中之大势。古称四塞天府之国，今亲历益悉也。”自西周东迁后，秦伯的领地又获得空前扩大。秦国的生产原先是比较落后的，据《史记·秦本纪》称，在周孝王时还是牧畜部落，宣王封秦庄公的“大貉地大丘”也是生产落后的部落所散布之区。所以秦一面在西周封建制的推动下逐步推行了封建制的生产，以提供赋役的农民为农业生产的主要担当者；一面直至战国时，奴隶制还占相当比重，甚至大量用人殉葬。但由于自然富源条件较好，还由于西周末期的空前天灾之后，到春秋初期，西北区域的农业生产已渐形恢复，到穆公时，秦国的经济更形发展了。随同农业生产的发展而来的手工业和商业的发展，咸阳也成为中世早期都市了。《史记·货殖列传》说：“秦文、孝缪居雍隙，陇蜀之货物而多贾；献孝公徙栎邑，栎邑北却戎翟，东通三晋，亦多大贾。”因而秦国亦开始强大了起来。于是便展开了秦晋间争盟的局面。

另一方面，在晋侯强大之后，南方的楚子也继着强大起来了。荆楚在公元前九百年代末的西周宣王时，才开始其向封建制的转化过程。它原先的生产是比较落后的。但以地处天惠最丰的长江流域，加之占地辽阔（司马迁分为西楚、南楚、东楚），故自封建秩序出现后，又利用周人进步的生产技术，使用

---

①《国语·晋语》。

农奴劳动以从事生产，逐步排除原始公社制，并随同而出现了奴隶制，经济上便获得较迅速的发展。随同农业的发展而引起独立手工业和商业的发展①，首邑寿春也便形成中世初期的都市，因而楚国也强大起来了。自楚国开始强大，就向北方扩张其领地，于是展开晋楚在郑、卫、许、陈……间的角逐局势。

郑地处黄河腹部的中点，生产发展较早，完成封建制的过渡也较早。在公元前七百二十年代之际的东西两周交替间，郑已开始强大，已常兼并东周的土地，并掠夺其农产；郑武公、庄公并相继把周君置于其从属下，企图挟以支配诸侯。据前引子产对韩宣子所说的一段话来看，商业的发展亦甚早。在各国都市的发展后，郑地更成为东西南北交通的中枢。以故郑邑在中世早期的商业意义上，便获得重要的地位。《国语·郑语》云："出千品，具万方，计亿事，材兆物，收经入，行姟极，故王者居九畡之田，收经入以食兆民。"《左传》昭公十八年云：郑国大灾，"三日哭，国不市"。商业都市的发展情况，可以概见。同时，也便成了晋、楚、齐、秦各国支配中原所争夺的焦点，尤其是晋楚，自公元前七百年代至六百年代间相继强大，都以全力去争夺郑邑的宗主权。因为郑邑在当时地理的地位上，不但有凭以树立支配诸侯的政治意义，尤其有左右商路交通直接影响各诸侯国商税收入的经济意义，所以晋楚在最后便彼此在这一点上求得妥协，如前所述，即相互不许封锁商路。但是这种妥协是没有保障的，它们在此后仍存在着武装争夺。

他如宋、卫、燕、鲁等许多次要公、侯、伯等领地的首邑所在，也均形成为规模大小不同的中世早期的都市，聚集了一部分手工业者和商人。前引《左传》定公八年载王孙贾所云，卫国的首邑曾有不少独立商人荟集，便是一例。

最后则为吴越。吴越，尤其是越，在周朝封建制的直接推动和影响下完成其封建秩序的转化过程，尤后于荆楚，以故生产的发展亦较落后。然以地处滨

① 据《禹贡》所载，"淮海惟扬州……厥贡惟金三品，瑶琨筱簜，齿革羽毛惟木"，"荆及衡阳惟荆州……厥贡羽毛齿革，惟金三品"，是楚地系富于铁等金属矿藏与玉石、齿、革、木材等特产之区。所以自冶金术的发明后，农业便获得较迅速的发展。从而金属制造手工业尤其是军器制造手工业，据《吴越春秋》和《越绝书》等书所载，在春秋末期至战国，便达到其相当精巧的技术程度。〔按解放后，长沙及湖南他处的地下发现，战国时铁制器物及其他工艺，如织席、漆器、竹器、织绢等的制造品等，均已相当犀利和精美。——一九六一年补注〕《管子》所载齐国常从楚购入大量的铜货等等，也都不是不可信的。

海、长江与太湖三角的膏腴之区，不但为天然最宜于农业发展的区域，且有鱼盐等条件，因而自殷到周，经受了不断的接触和交互关系，尤其是革命的战争和政治的作用。加之，先进的农业等生产技术不断传入，尤其是冶铁术的传入，在其内在新因素形成的基础上，开始转变其原始公社的组织，便发生和发展到封建制和奴隶制。据《吴越春秋》和《越绝书》所载，吴越到春秋末期的公元前六百年代至五百年代间，农业和冶金事业（制铁和制铜）已较发展；同时在生产技术发展的基础上，并从事天然的鱼盐利益的开发。从而吴邑和会稽也先后由庄园而转化为都市。《史记·货殖列传》说："夫吴自阖庐、春申、王濞三人招致天下之喜游子弟，东有海盐之饶，章山之铜，三江五湖之利，亦江东一都会也。"自都市出现后，其和西方荆楚、北方齐鲁等侯国的交通便更为增进了。《越语》载文种语越王云："臣闻之，贾人夏则资皮，冬则资絺，旱则资舟，水则资车。"商业资本与商业交通发展的情形，可以概见。因之到公元前五百年代间，吴越便相继强大起来，相继成为支配东南部的大诸侯，从而便扩大其土地的占领欲和商业上税贡的争取。自完成其对东南区域的兼并与支配后，又开始向北方和西方进展，企图获得对诸侯的霸权。吴之阖庐与越之勾践都相继抱着这种尝试的企图，因而一方面便展开其与北方的齐，以鲁为争夺的中心而不断冲突；一方面又展开其与西方的楚，为争取长江中部的属地而不断冲突。

因而在春秋时期，由于地方经济的相继发展，一方面形成地方诸侯的强大，引出齐、晋、秦、楚、吴、越等大侯国的争霸，致演化为"七雄"争持的战国局面；一方面便形成了中世早期的都市。

自这种都市出现后，随同生产的发展而继续发展至战国，由于独立手工业及商业的发展，便更为发展而达到相当繁荣的程度。据历史所载，临淄、郑州、邯郸、洛阳、寿春、吴、燕……都已成为一方商业和手工业生产的中心，而表现着相当的繁荣。例如：

临淄，《国策·齐策》苏秦说："临淄之中七万户……甚富而实，其民无不吹竽、鼓瑟、击筑、弹琴、斗鸡、走犬、六博、蹹鞠者。临淄之途，车毂击，人肩摩，连袵成帷，举袂成幕，挥汗成雨。家敦而富，志高而扬。"又《史记·苏秦列传》说："临菑之中七万户，臣窃度之，不下户三男子，三七二十一万。不待发于远县，而临菑之卒固已二十一万矣。"

吴，《越绝书·外传记·吴地传》说：“大城周四十七里二百一十步二尺，陆门八，其二有楼；水门八。”《史记·货殖列传》说：“南则越……东有海盐之饶，章山之铜，三江五湖之利，亦江东一都会也。”

邯郸，《史记·货殖列传》说：“亦漳河之间一都会也。北通燕涿，南有郑卫。”

燕，“燕亦勃碣之间一都会也。南通齐赵，东北边胡，上谷至辽东地踔远，人民希，数被寇。大与赵代俗相类，而民雕捍少虑。有鱼盐枣栗之饶。北邻乌桓、夫余，东绾秽貉、朝鲜、真番之利。”

洛阳，“东贾齐鲁，南贾梁楚。”

寿春，“郢之后徙寿春，亦一都会也。”

秦，“秦文、孝缪居雍隙，陇蜀之货物而多贾；献孝公徙栎邑，栎邑北却戎翟，东通三晋，亦多大贾。武昭治咸阳。”

同时由于荆楚和吴越经济的发展，促进了齐楚、齐吴之间的商业，且从而促进了南北的内陆交通。在商路交通的联结线上，又形成了新都市的出现；因而在这一商业交通联结线上的齐之稷下（即今济南）和楚之合肥，便都成为新的都市而出现了。司马迁所谓“合肥受南北潮”，即系这一意义。但由于联结南北商业内陆交通发展的关系，齐国商业的重心，便渐次由临淄而移向稷下；战国末期，稷下便已代替了临淄的地位。

同样由于秦楚、秦齐鲁相互间的商业交通的发展，充任商业交通联结线的洛阳，便亦形成为新的都市而出现了。对洛阳的商业交通地位，司马迁的叙述并不完全，他完全忽略了秦这一重要因素。秦自战国中期以后，一面奴隶制虽还占有相当比重，另一面，新兴地主——商人的经济势力亦已特别发展，而成了当时商业上的一个重要区域。不是由于在地理上，充任秦与东方及南方各封邦商业交通的交叉点，洛阳在当时是难于取得都市地位的。由这种商业交通关系的相同原因，在战国时代，曾发展起许多新的都市。故《战国策》说：“古者，四海之内，分为万国，城虽大，无过三百丈者，人虽众，无过三千家者；今千丈之城，万家之邑相望也。”

这些都市，又皆以地方的特产而著称。例如《吕氏春秋·本味》云：“洞庭之鳟，东海之鲕，醴水之鱼”，“崑岑之苹”，“阳华之芸，云梦之芹，具区之菁”，“阳朴之姜，招摇之桂，越骆之菌”，“大夏之盐”，“不周之粟，阳山之穄，南海之秬”，“江浦之橘，云梦之柚”。《史记·货殖列传》云：“夫山西饶材、竹、谷、纑、旄、玉、石，山东多鱼、盐、漆、丝、声色，江南出柟、梓、姜、桂、金、锡、连、丹砂、犀、玳瑁、珠玑、齿、革，龙门碣石北多马、牛、羊、旃、裘、筋角，铜、铁则千里往往山出棋置，此其大较也。皆中国人民所喜好，谣俗被服饮食奉生送死之具也。故待农而食之，虞而出之，工而成之，商而通之。”从这种地方土特产的性质上考察，不但表现了中世商业的特色，而且又表现了中世都市的地方性。

在这种都市中，不但聚集了封建贵族及其使用人、商人、手工业者，而且聚集了流浪之群。例如上述《国策·齐策》说：临淄“其民无不吹竽、鼓瑟、击筑、弹琴、斗鸡、走犬、六博、蹹鞠者”。《史记·货殖列传》说：“中山……民俗懁急，仰机利而食，丈夫相聚游戏，悲歌慷慨；起则相随椎剽，休则掘冢作巧奸冶，多美物，为倡优；女子则鼓鸣瑟跕屣，游媚贵富，入后宫，遍诸侯”，“野王好气任侠”，“今夫赵女郑姬，设形容，揳鸣琴，揄长袂，蹑利屣，目挑心招，出不远千里，不择老少者，奔富厚也。”

到战国时，由于封建庄园经济的衰退和地主经济的代起，农村中便出现了大量相对过剩的人口；加之，适应于庄园经济的衰退而来的领主们对农民的扩大剥削等原因，又扩大了农民人口的逃亡。这种情势，由于商业资本与高利贷所直接间接不断地渗入农村的作用，便愈益加剧了。这种相对过剩的人口和逃亡的农民，除自卖为奴，或转化成“庸客”外，最后都市便成了他们的归宿地。《管子·权修》篇所谓“野与市争民”，即反映了这种内容。他们原是希望逃到都市能获得生活出路，然而都市也同样是不容穷人插足的陷阱。所以当他们逃到都市之后（如系私自逃亡的，还有被领主追捕的危险），并不能一一都获得餬口的职业。不能获得职业者，男则形成流浪之群去度其佣仆、游食、杂技、盗窃等生活，女则便流为娼妓，把自己的肉体供贵族及富商巨贾们享乐，以维持其残存的生命。获得职业者的所谓职业，亦不外投入贵族或富人门下而为其仆从，如侯嬴为“夷门监者”，孟尝君门下的“鸡鸣狗盗之徒”，平原君门下的“躄者”，等等。或投身商店而为佣客，如“市井鼓刀屠者”之朱亥，“藏于卖浆家”之薛公，或自为手工业者与小贩（如高渐离之为狗屠）等等①。

①《史记》《信陵君列传》、《孟尝君列传》、《平原君列传》。

此外都市中又吸收了大群没落小领主。这些小领主在其没落后，大多流为游说的政客，或游说诸侯，或充任有力领主的食客。如“四公子”[①]门下的食客，除一部分为流氓以至变质的任侠外，大抵都是没落小领主或主要由其转化而来的士。

另一方面，都市中又吸收了一部分知识分子，如《汉书·艺文志》等述齐威宣时的稷下便是一例。这种知识分子群中，包括有各种不同阶层出身的成分。他们中的一部分人，也充当政客和游士。

因而到战国末期的都市内，已包藏着各种复杂的社会成分。

（二）土地的兼并和封建战争的扩大

如前所述，在西周末期，由于封建庄园内生产的发展与人口的增殖，一方面发挥着地方领主的独立性，一方面刺激着地方领主的领地扩张，从而引起领主相互间的兼并。《穀梁传》隐公四年云：“莒人伐杞取牟娄……诸侯相伐取地于是始。”实则“诸侯相伐取地”早“始”于西周末；不过入于所谓春秋时期，这种土地的兼并便更扩大地进行罢了。

这种土地兼并的进行，在原初领主间也有借非战争的手段去实现者，例如《穀梁传》桓公元年所谓“郑伯以璧假许田……易地也”，则是类于土地买卖的性质。后来在领主间，便完全靠战争手段去实现了。《春秋》所记在春秋三百年间，言“侵”的六十次，言“伐”的二百一十二次，言“围”的四十四次，言“取师”的三次，言“战”的二十三次，言“入”的二十七次，言“进”的二次，言“袭”的一次，言“取”、言“灭”者更不胜计[②]。封建领主相互间所进行的战争，主要是基于扩大领地与掠夺财物而发动的[③]，为争夺

① 四公子为孟尝君、信陵君、平原君、春申君。《史记》各有本传。

②《困学纪闻》则云：《春秋》书侵者五十九，书伐者二百一十三。

③ 例如宋人取长葛（《穀梁传》隐公六年），鲁取郜取防（同上十年），宋人、蔡人、卫人伐载，郑伯伐取之（同上），齐师围郕，郕降于齐（同上庄公八年），齐师灭谭（同上十年），齐人灭遂（同上十三年），楚灭息（《左传》庄公十四年），楚灭邓（同上六年），鄣降于齐（《穀梁传》庄公三十年），晋师灭下阳（《左传》僖公二年），徐人取舒（《穀梁传》僖公三年），晋灭虢灭虞（《左传》僖公五年），楚灭弦（《穀梁传》僖公五年），楚灭黄（《左传》僖公十二年），楚伐陈取焦夷（同上二十三年），卫侯灭邢（同上二十五年），晋取阳樊、温及原（同上），楚灭隗（《公羊传》僖公二十六年），晋伐卫取五鹿（《左传》僖公二十八年），鲁取济西田（《穀梁传》僖公三十一年），鲁伐邾取訾楼（同上三十三年），楚灭六（同上文公五年），鲁伐邾取须句（同

领地，当和平手段无效时，更继之以战争的手段去实现①。同时名义上最高领主的周室，也依样在进行其兼并他人领地和被兼并②。

这种领地兼并的进行，不但在各大领主相互间进行着，而在大领主从属下之各中小领主相互间也进行着。例如《国语·晋语》云：“邢侯与雍子争田，雍子纳其女于叔鱼以求直。及断狱之日，叔鱼抑邢侯，邢侯杀叔鱼、雍子于朝。”《左传》昭公十四年亦云，晋邢侯与雍子争鄐田。《左传》隐公三年，郑太叔段令西鄙、北鄙贰于己，又收贰以为己邑，至于廪延，郑庄公伐之，太叔段出奔共。《左传》成公五年，郑伯与许男讼田于楚，郑伯不胜，归，请成于晋。同上十七年，郤锜夺夷阳五田；郤犨与长鱼矫争田，执而梏之。《左传》襄公二十九年，鲁季武子取卞邑以自丰。诚如《墨子·鲁问》篇所说：“鲁四

上七年)，楚灭庸(《左传》文公十六年)，齐人取济西田(《穀梁传》宣公元年)，鲁伐莒取向(同上四年)，鲁取根牟(《左传》宣公九年)，楚灭萧(《左传》宣公十二年)，鲁公孙归父帅师伐邾取绎(《穀梁传》宣公十年)，晋灭潞(《左传》宣公十五年)，鲁取汶阳田(《穀梁传》成公二年)，晋师从齐师入自丘舆，击马陉，齐侯赂以纪甗玉磬与地(《左传》成公二年)，郑伯伐许，取钮任冷敦之田(同上四年)，鲁取鄟(同上六年)，郑伯伐许，许人平以叔申之封(同上十四年)，楚灭舒、庸(同上十七年)，齐灭莱(《穀梁传》襄公六年)，莒灭鄫(《公羊传》襄公六年)，莒人伐鲁东鄙以疆鄫田(《左传》襄公八年)，晋灭偪阳(同上十年)，鲁取邿(同上十三年)，鲁取邾田自漷水(《穀梁传》襄公十九年)，楚灭舒鸠(同上二十五年)，鲁取鄫(《公羊传》昭公四年)，楚灭厉(同上同年)，晋人来治杞田(《左传》昭公七年)，楚县陈(同上八年)，平子伐莒取郠(同上十年)，吴灭州来(《穀梁传》昭公十三年)，晋取彭(《左传》昭公十五年)，鲁取阚(《公羊传》昭公三十二年)，吴灭巢(《穀梁传》昭公二十四年)，吴灭徐(《公羊传》昭公二十九年)，蔡灭沈(同上定公四年)，郑灭许(同上六年)，楚灭顿(《公羊传》定公十三年)，鲁伐邾娄取漷东田及沂西田(同上哀公二年)，齐师、卫师伐晋，取棘蒲(《左传》哀公元年)，齐人取讙及阐(《穀梁传》哀公八年)，晋赵鞅帅师伐齐取犁及辕，毁高唐之郭(《左传》哀公十年)，宋灭曹(《公羊传》哀公八年)。这均系春秋三百年间各领主为领地兼并而行使战争的记事。所以领主们所进行的战争的主要目的是为的什么呢？下面的一句话更说得明白：“无滋他族，实逼处此，以与我郑国争此土也。”(《左传》隐公十一年)是公然以“争此土”而发动战争的。战争同时又进行军事的掠夺，如郑祭足帅师取温之麦；秋又取成周之禾(《左传》隐公三年)，诸侯之师败郑徒兵，取其禾而还(同上四年)，宋伐郑取牛首，以大宫之椽归为卢门之椽(《左传》桓公十四年)，晋师大败齐师，获齐粟千车(《左传》哀公二年)，楚帅师取陈麦(同上十七年)，季武子以所得于齐之兵，作林钟(《左传》襄公十九年)，吴伐齐获革车八百乘，甲首三千(《左传》哀公十一年)，王及郑伯入于邬，遂入成周，取其宝器而还(《左传》庄公二十年)。《左传》哀公十一年所记获“甲首三千”，又表明吴当时还在获取人口作奴隶，也表明了吴比北方各封邦落后。

① 例如《左传》昭公十二年载楚灵王语云：“我皇祖伯父昆吾旧许是宅。今郑人贪赖其田而不与我；我若求之，其与我乎？对曰：与君王哉！周不爱鼎，郑敢爱田？”

② 例如《左传》隐公十一年云：“王取邬刘蒍邘之田于郑，而与郑人苏忿生之田。”《左传》成公十一年云：“晋郤至与周争鄇田，王命刘康公、单襄公讼诸晋。”《左传》昭公九年云：“周甘人与晋阎嘉争阎田。”隐公八年所述犹有以田易田的性质。

境之内，大都攻其小都，大家伐其小家，杀其人民，取其牛、马、狗、豕、布、帛、米、粟、货财，则何若？鲁阳文君曰：鲁四境之内，皆寡人之臣也。今大都攻其小都，大家伐其小家，夺之货财，则寡人必将厚罚之。”实际这是当时各国的普遍情形。

随着这种领地兼并进行之扩大与持续，一方面便引起许多小领主的灭亡。例如文献的记载说：

虞、虢、焦、滑、霍、扬、韩、魏，皆姬姓也。晋是以大，若非侵小，将何所取？武献以下，兼国多矣。

若敖蚡冒，至于武文，土不过同，慎其四境，犹不城郢；今土数圻，而郢是城。

荆庄王并国二十六，开地三千里，……齐桓公并国三十，启地三千里。

秦穆公……兼国十二，开地千里。

（齐桓公）并国三十五。①

故历史家说“周初盖八百国”，至春秋末则仅存“四十”。这一盖然的记事，可证到春秋末期，半独立性的小领主已大抵归于灭亡了。

被兼并而丧失领地的小领主，在这种兼并进行的过程中，通过春秋三百年间，曾引起多少次的反抗和动乱。最显著的，《左传》上有如次一类的记载：

丁巳，葬景王。王子朝因旧官百工之丧职秩者与灵景之族以作乱；帅郊要饯之甲，以逐刘子……单子逆悼王于庄宫以归。王子还，夜取王以如庄宫……王子还与召庄公谋曰：“不杀单旗，不捷；与之重盟，必来；背盟自克者多矣。”从之。樊顷子曰，“非言也，必不克。”遂奉以追单子，及领，大盟而复。杀挚荒以说，刘子如刘，单子亡……群王子追之；单子杀还、姑、发、弱、䣙、延、定、稠；子朝奔京。……秋七月戊寅……盟百工于平宫；辛卯，鄩肸伐王大败，获鄩肸；壬辰，焚诸王城之市。八月辛酉，司徒醜以王师败绩于前城，百工叛，己巳，伐单氏之宫，败焉；庚午，反伐之；辛未，伐东圉。冬十月丁巳，晋籍谈、荀跞帅九州之戎及焦、瑕、温、原之师以纳王于王城。

① 《左传》襄公二十九年、昭公二十三年；《韩非子》《有度》、《十过》；《荀子·仲尼》。

子驷为田洫，司氏、堵氏、侯氏皆丧田焉。故五族聚众不逞之人，因公子之徒以作乱。于是子驷当国，……冬十月戊辰，尉止、司臣、侯晋、堵女父、子师仆，帅贼以入，晨攻执政于西宫之朝，杀子驷、子国、子耳，劫郑伯以如北宫。子孔知之，故不死。……盗入于北宫，乃归授甲，臣妾多逃，器用多丧。子产闻盗，为门者，庀群司，闭府库，慎闭藏，完守备，成列而后出兵车十七乘，尸而攻盗于北宫；子蟜帅国人助之；杀尉止，子师仆、盗众尽死。侯晋奔晋，堵女父、司臣、尉翩、司齐奔宋。①

同时，许多原来大领主（公、侯）的领地，也不断的被蚕食，而致于领地缩小，转而作成其他强大领主的从属，如郑之于晋、楚，鲁之于齐、吴，便是显例。

另一方面，一些强大的领主，便都握有广大领地。《左传》成公八年说："夫狡焉思启封疆以利社稷者，何国蔑有？唯然，故多大国矣。"《墨子·非攻》说："饰攻战者言曰：南则荆吴之王，北则齐晋之君，始封于天下之时，其土之方，未至有数百里也；人徒之众，未至有数十万人也。以攻战之故，土地之博，至有数千里也；人徒之众，至有数百万人也。"所以入于公元前四百年代以后的战国时期，中国本部的土地，大抵都集中在齐、楚、秦、燕、韩、赵、魏七大诸侯的掌握中，而形成为七个势力相逞相竞的大封区。其他残存的半独立性的领主便均转而依附于强大领主作为其从属，以图保其生存。只是各强大诸侯的势力，却是随时消长的。因而地处强大之间的残存的半独立性的弱小领主，便只有"朝秦暮楚"的依违从属。可是在两大争持的局面下，他们便难于依违了。《孟子·梁惠王》有一段滕文公请教于孟轲的故事说："滕文公问曰：'滕，小国也，间于齐、楚，事齐乎？事楚乎？'孟子对曰：'是谋非吾所能及也；无已，则有一焉：凿斯池也，筑斯城也，与民守之，效死而民弗去，则是可为也。'"这也是当时一种较普遍的现象。

在七大诸侯并立的局势下，战争和土地兼并的进行并不因而停止；在他们之间，继续为争取属领和相互侵掠所发动的战争，反而较前此更为扩大、更为残酷了。《孟子·离娄》说："争地以战，杀人盈野；争城以战，杀人盈城"，正是这种为略取领地及财货而进行的封建战争的残酷现象的活描。

---

①《左传》昭公二十二年、襄公十年。

但是大诸侯领地的扩大，并不是改变了土地所有的属性，而是依样把其领地（无论是原有的或新领）分赐其亲属左右。如《左传》昭公十一年云："楚子城陈蔡不羹，使弃疾为蔡公"；庄公二十八年云："晋侯……使太子居曲沃，重耳居蒲城，夷吾居屈"，是即以领地分赐其子弟之例。又如《国语·晋语》述晋夷吾语公子挚云："中大夫里克与我矣，吾命之以汾阳之田百万；䘮大夫丕郑与我矣，吾命之以负葵之田七十万；君苟辅我……君实有郡县，且入河内列城五。"《左传》襄公二十六年云："公会晋赵武、宋向戌、郑良霄……以讨卫，疆戚田，卫取卫西鄙懿氏六十以与孙氏"；闵公元年云："（晋君）以灭耿灭霍灭魏还……赐赵夙耿，赐毕万魏，以为大夫"；襄公二十六年云："郑伯赏入陈之功，……赐之（子展）……先八邑，赐子产……先六邑"，又二十七年云："宋左师请赏……公与之邑六十"，"卫宁喜专，公患之。公孙免余……杀宁喜，公与免余邑六十"，又二十八年云："与晏子邶殿，其鄙六十"，是即以领地分赐其左右之例。赐予土地，则以"邑"或以"县"；邑即庄园，而一县之内，实包括许多邑。因而在这种大诸侯的侯国内，依样构成其等级从属的土地所有的属性。

不过作为大诸侯直接从属的属领，在军事上不能予以保护时，这种直属的中小领主，也常转而去求得其他强大领主的保护。如《左传》哀公七年邾大夫茅成子以茅叛邾，定公七年儋翩以仪栗叛周，成公十七年高弱以卢叛齐，襄公二十六年孙林父以戚叛卫，这不过是一些例子。

被保护的中小领主，他们对于其保护者的上级领主，则提供一定岁纳。然而事实上，这种税纳，后来却渐次成为强大领主对其支配下弱小领主的一种苛重榨取（实际的被榨取者当然还是农民）。这在如次的一些记事中说得明白：

> 《左传》哀公十三年述鲁子服景伯语吴人云："……自王以下，朝聘玉帛不同。故敝邑之职贡于吴，有丰于晋，……以为伯也。"
>
> 《左传》僖公十一年云："黄人不归楚贡，冬，楚人伐黄。"
>
> 《左传》宣公十四年述孟献子语云："臣闻小国之免于大国也，聘而献物。……而有加货，谋其不免也。诛而荐贿，则无及也。"
>
> 《左传》襄公四年云："公如晋听政"。杜注："受贡赋多少之政"。
>
> 《左传》襄公八年云："君命敝邑，修而车赋，儆而师徒，以讨乱略。"
>
> 《左传》襄公二十四年云："范宣子为政，诸侯之币重。郑人病之。……

子产寓书于子西以告宣子曰：子为晋国，四邻诸侯不闻令德而闻重币。……夫诸侯之贿聚于公室，则诸侯贰；若吾子赖之，则晋国贰。……"

《左传》襄公二十七年云："（鲁）季武子使谓叔孙以公命曰：视邾滕。"杜注："两事晋楚，则贡赋重，故欲比小国。"

《左传》襄公二十二年云："无岁不聘，无役不从，以大国政令之无常，国家罢病，不虞荐至。无日不惕，岂敢忘职。"

《左传》襄公二十九年述鲁叔侯语云："鲁之于晋也，职贡不绝，玩好时至……府无虚月。"

《左传》襄公三十一年述郑子产对晋士文伯语云："以敝邑褊小，介于大国，诛求无时，是以不敢宁居，悉索敝赋，以来会时事。……不敢输币，亦不敢暴露。其输之，则君之府实也。……其暴露之，则恐燥湿之不时而朽蠹，以重敝邑之罪。"

《左传》昭公十三年云："（平丘之盟）郑子产争承，曰：……郑伯男也，而使从公侯之贡，惧弗给也。……诸侯靖兵，好以为事。行理之命，无月不至；贡之无艺，小国有阙，所以得罪也。诸侯修盟，存小国也；贡献无极，亡可待也。……自日中以争，至于昏。"

《鲁语》云："叔孙穆子曰：……今我小侯也，处大国之间，缮贡赋以共从者，犹惧有讨。"

《左传》定公十年云："（鲁武叔答齐侯曰）所以事君，封疆社稷是以。敢以家隶勤君之执事。"

《左传》文公十七年云："郑子家使执讯而与之，书以告赵宣子曰：……小国之事大国也，德则其人也，不德则其鹿也。铤而走险，急何能择？命之罔极，亦知亡矣。将悉敝赋以待于儵，惟执事命之。"

战国时的情形，照《孟子·梁惠王》所载："滕文公问曰：'滕，小国也。竭力以事大国，则不得免焉。如之何则可？'孟子对曰：'昔者太王居邠，狄人侵之，事之以皮币，不得免焉；事之以犬马，不得免焉；事之以珠玉，不得免焉……'。"这是变本加厉了。这是表明那些处于"二大"之间的弱小领主，任何一方，都不能与以安全保障，只得同时从属于两个大领主，向两方面提供贡纳。这使弱小领主益陷于无力供应。

然而大诸侯在领地兼并的战争进行中，随着战争的扩大，不断提高了军费开支，便渐次陷于财政困难。但是其属下的中等领主即其左右的大夫，不但躲避在这种军费的负担之外，而且在战争中还能获得掠夺的财物与土地，因之他们从剥削农民的剩余劳动的积累和战争的掠夺所得，经济力反渐次的强大起来①。从而他们又对其同一大领主属下较弱小领主的领地，进行并吞②。大领主之不能阻止其属下各领主相互的兼并与其誓约的无效，犹之他们对最高领主的誓约与其相互间的盟约，不能约束其相互间的兼并一样。因而大领主属下的大夫便都握有广大的领地，成为事实上的权力者③，这是春秋时期的普遍现象。春秋所谓大夫会盟④，便是这种事实的反映。他们在最后，甚或夺取大领主地位而代之，如齐之田氏，晋之韩、赵、魏等是。

最末，各国强大的大夫，便实行弑诸侯而自为诸侯了。当时臣弑君的事情，层见叠出：如《左传》昭公十一年云："郑京栎实杀曼伯，宋萧亳实杀子游，齐渠丘实杀无知，卫蒲戚实出献公，若由是观之，末大必折，尾大不掉，

---

① 例如在齐国，在春秋时代，《左传》昭公三年载晋叔向问齐政于晏子，"晏子曰：此季世也，吾弗知，齐其为陈氏矣。公弃其民而归于陈氏。齐旧四量：豆、区、釜、锺，四升为豆，各自其四以登于釜，釜十则锺。陈氏三量皆登一焉，锺乃大矣。以家量贷而以公量收之。山木如市，弗加于山；鱼盐蜃蛤，弗加于海。民三其力，二入于公，而衣食其一。公聚朽蠹，而三老冻馁。国之诸市，屦贱踊贵，民人痛疾，而或燠休之，其爱之如父母，而归之如流水，欲无获民，将焉避之?"在晋国，叔向曰："吾公室今亦季世也……公乘无人，卒列无长，庶民罢敝，而宫室滋侈，道殣相望，而女富溢尤；民闻公命，如逃寇雠。"《左传》又云："（陈桓子于）公子公孙之无禄者，私分之邑；国之贫约孤寡者，私与之粟"，由是益得齐众心。这类情形，在战国时的一段文献中也记载得很明白："（范睢说秦王曰：）臣闻善为国者，内固其威而外重其权。穰侯使者操王之重，决裂诸侯，剖符于天下，征伐敌国，莫敢不听。战胜攻取，则利归于陶，国弊御于诸侯；战败则怨结于百姓，而祸归社稷。"（《国策·秦策》）

② 例如齐陈氏之灭国高，晋魏献子之分祁氏田为七县，分羊舌氏田为三县（《左传》），便是显例。最后他们甚而并吞到大领主直属的领邑，如"（鲁）季武子取卞邑"以自丰（《左传》襄公二十九年），鲁三孙"初作中军，三分公室而各有其一。季氏尽征之；叔孙氏臣其子弟，孟氏取其半焉。及其舍之也，四分公室，季氏择二，二子各一，皆尽征之，而贡于公"（《左传》昭公五年），便是显例。在这里，所谓"叔孙氏臣其子弟"，又说明了鲁国当时还存在奴隶制。

③ 如鲁三孙之三分鲁国，而尽其地；《左传》昭公五年所谓"韩赋七邑，皆成县也"，"十家九县"，"余四十县"，大夫领地的广大可以概见。大诸侯权力的秀落，如《左传》昭公三年载晋叔向语子产云："吾公室今亦季世也……公乘无人，卒列无长，庶民罢敝，……民闻公命，如逃寇雠。"在齐国，晏平仲说："齐其为陈氏矣。"在鲁国，孔丘总括当时的情形说："禄之去公室五世矣，政逮于大夫四世矣。"（《论语·季氏》）孟轲说："五霸者，三王之罪人也；今之诸侯，五霸之罪人也；今之大夫，今之诸侯之罪人也。"（《孟子·告子》）

④ 如《公羊传》襄公十五年云："诸侯皆在，是其言大夫盟何？……偏刺天下之大夫，君若赘旒矣。"《困学纪闻》述鸡泽之会与溴梁之会云："襄公三年鸡泽之会，叔孙豹及诸侯之大夫盟，言诸侯之大夫；十六年溴梁之会，直曰大夫盟，不言诸侯之大夫者，鸡泽之会诸侯始失政也，至于溴梁之会则又甚矣，鸡泽之会，政在大夫也。"

君所知也。”《孟子·梁惠王》也说：“万乘之国，弑其君者，必千乘之家；千乘之国，弑其君者，必百乘之家。”

另方面，封建战争不断的持续与扩大，又直接破坏农业的生产组织。《老子》所谓“大军之后，必有凶年”，《管子·八观》所谓“什一之师，三年不解，非有余食也，则民有鬻子矣”。同时，战争所给予农民的重荷，不但使农民无力改进其农业生产技术，而且引起农民不断的逃亡、反抗以至武装起义，致领主的土地上反而又感受农业劳动力的缺乏①。可见这种情形到战国时，是更形尖锐化了。因此，领邑内的经济更趋衰落，封建领主便更陷于穷困。另方面，由于战争等关系所发生的领主们的军费缺乏与财政困难，致使其自己陷于债坑之中，这又加速了新兴地主的土地占有②，渐次取代了领主的土地占有的地位。旧封建领主势力衰落一步，新兴地主势力便增进一步③。在公元前四百年代的后半世纪，秦国封建制的生产组织，已由领邑即庄园而转换为新兴地主

① 例如梁惠王所谓“邻国之民不加少，寡人之民不加多”，孟轲所谓“省刑罚，薄税敛，则天下之耕者皆欲耕于王之野矣”（均见《孟子·梁惠王》），当时领主深深感受农业劳动力的缺乏，于此可以概见。农业劳动力的缺乏，由于农民的逃亡等等。孟轲所谓“老弱转乎沟壑”，“壮者散而之四方”，当时农民的大量的逃亡，于此可以概见。

② 例如《汉书·王莽传》云：“秦为无道，厚赋税以自供奉……兼并起，贪鄙生，强者规田以千数，弱者曾无立锥之居。”《董仲舒传》云：“至秦则不然……小民……或耕豪民之田，见税什伍。”《吕氏春秋·为欲》篇云：“其视为天子也，与为舆隶同；其视有天下也，与无立锥之地同。”马端临《文献通考·田赋考》引苏洵语云：“井田废，田非耕者之所有，而有田者不耕也。耕者之田，资于富民；富民之家，地大业广，阡陌连接，募召浮客，分耕其中，鞭笞驱役，视以奴仆……田主日累其半以至于富强，耕者日食其半以至于穷饿而无告。”于此可以概见秦的新兴地主的土地占有获得支配形态的过程。在其他各国，新兴地主的土地占有，战国时也已表现了它的重要性。例如《史记·苏秦列传》云：“苏秦喟然叹曰……且使我有洛阳负郭田二顷，吾岂能佩六国相印乎？”又《廉颇蔺相如列传》云：“今括一旦为将……王所赐金帛，归藏于家，而日视便利田宅可买者买之。”《荀子·议兵》篇云：“中试则复其户，利其田宅。”《韩非子·外储说左》云：“中牟之人，弃其田耘，卖宅圃，而随文学者，邑之半。”

③ 在这封建领主日趋贫穷，而新兴地主——商人经济日趋发展的情况下，因而便展开了两者间的矛盾。这种矛盾的内容，到战国末期便很尖锐了。《管子·轻重丁》说：“桓公曰：四郊之民贫，商贾之民富，寡人欲杀商贾之民，以益四郊之民，为之奈何？”《轻重甲》说：“今欲调高下，分并财，散积聚；不然，则世且兼并而无止，蓄余藏羡而不息，贫贱鳏寡独老不与得焉。散之有道，分之有数乎？”这反映当时的领主在如何思所以制裁新兴地主——商人。这种情形，在《韩非子·五蠹》篇说得明白：“夫明王治国之政，使其商工游食之民少而名卑以寡，趣本务而趋末作。今世近习之请行，则官爵可买；官爵可买，则商工不卑矣；奸财货贾得用于市，则商人不少矣。聚敛倍农，而致尊过耕战之士，则耿介之士寡而商贾之民多矣。……其商工之民，修治苦窳之器，聚弗靡之财，蓄积待时而侔农夫之利，此五者，邦之蠹也。”“公家虚而大臣实，正户贫而寄寓富，耕战之士困，末作之民利。”

的农田组织。在新兴地主较高的农业生产率和其技术影响下，并促起旧封建主领邑内生产组织的解体。新兴地主阶层在秦国经济领域中支配地位的树立，从而便开始了秦国的政权形式的转换。地主阶级的特出政治家商鞅便从这种时代任务上，首先出现于秦国的政治舞台①，从而便展开了土地占有者阶级内的旧领主阶层和新兴地主阶层两者间的矛盾斗争——统一物内部的矛盾的斗争。易言之，以秦国为中心的新兴地主阶层便开始在排斥旧的封建领主阶层。从而并反映着所谓“合纵”和“连横”的两大政潮：一为新兴地主阶层以秦为中心的“连横”运动，一为旧封建领主阶层以“合纵”为口号的自救运动。因之引起“七雄”间所执持的战争性质的部分变化。

秦国所继承的西周地区，原是当时中国主要农业区，即所谓“膏壤沃野千里”的“上田”。自公元前八百年代末的西周末期，西北区经过长期的大旱灾后，始因土质变化而引起农业生产的暂时衰落。然自灾害的过去与封建制生产的逐步发展，尤其自郑国渠②开凿后，获得水流灌溉之利，“泽卤之地”又恢复为“沃野”了。除郑国渠外，秦国还兴修了其他规模较大的水利工程。如创建于秦孝王元年（公元前二五〇年），蜀郡太守李冰和其子李二郎主修的著名的都江堰，使雪融则泛滥成灾，水退又苦干旱的成都平原，成为沃野千里的谷仓。在这种沃野的农业地区，适用新兴地主较进步的农业组织和技术③，

① 请参看《中山文化教育馆季刊》第二卷第二期，拙著《杨朱派哲学思想的发展——由杨朱到邹衍》的商鞅节。

②《史记·河渠书》云：“韩闻秦之好兴事，欲罢之，勿令东伐，乃使水工郑国间说秦，令凿泾水，自中山西抵瓠口为渠，并北山，东注洛，三百余里，欲以溉田。中作而觉。秦欲杀郑国；郑国曰：‘始臣为间，然渠成，亦秦之利也。’秦以为然，卒使就渠。渠就，用注填阏之水，溉泽卤之地四万余顷，收皆亩一鍾。于是关中为沃野，无凶年。秦以富强，卒并诸侯。因命曰郑国渠。”

③《荀子·富国》云：“掩地表亩，刺草殖谷，多粪肥田。”《韩非子·解老》云：“所积力惟田畴，必且粪灌。”《吕氏春秋·孟春纪》云：“善相丘陵，阪险原隰，土地所宜，五谷所殖，以教导民”；又《任地》云：“上田弃亩，下田弃甽，五耕五耨，必审，以尽其深殖之度。……是以六尺之耜，所以成亩也；其博八寸，所以成甽也。耨柄尺，此其度也；其耨六寸，所以间稼也。地可使肥，不可使棘。人肥必以泽，使苗坚而地隙；人耨必以旱，使地肥而土缓”；《辩土》云：“晦欲广以平，甽欲小以深。”《吕氏春秋》对于农业上的禾、黍、稻、菽、麦、粟、麻的种植与气候季节等方面的讲求，亦均反映了较进步的农业生产技术与经营管理。他如商鞅“开阡陌”，其内容并非开所谓“井田一之阡陌，而是撤去庄园的土地区划间的沟渠与陌路，而减少废地，增加耕地面积；自然，也废除庄园藩篱。这亦正在反映农业生产、经营管理技术的进步。《商君书》又有弃灰于地者有罪，《吕氏春秋》有“地未辟易，不操麻，不出粪”（《上农》），这是在农业生产、经营管理技术进步的基础上，把讲究积肥作为一种政策。在此时，其他许多文献上，也都论述到注重农业灌溉和积肥，等等。

因而秦国的农业，从其存在的奴隶制生产比重说，是较落后的，而从新兴地主经济所占的比重说，却是当时全中国的最发展区域。秦国的经济力便随着而迅速的超过其他六国。

在新兴地主的农业急速发展的基础上，商业也随着而更为发展了，李斯《谏逐客书》说："必秦国之所生然后可，则是夜光之璧不饰朝廷，犀象之器不为玩好，郑卫之女不充后宫，而骏马駃騠不实外厩，江南金锡不为用，西蜀丹青不为采。所以饰后宫、充下陈、娱心意、悦耳目者，必出于秦然后可，则是宛珠之簪，傅玑之珥，阿缟之衣，锦绣之饰不进于前，而随俗雅化、佳冶窈窕赵女不立于侧也。"秦在当时与东西南北各区域商业关系的发展，于此可以概见。不过在这里当附带指明的，在如此发展的商业关系中所呈现的商品，仍不外是"娱心意，悦耳目"的宫廷贵族的享乐品，则此时以前的各封国的商业性质，便不难概见。

因而秦的商业交通路线便亦急速的扩展了。其商业交通上的主要干线，一为河渭的天然交通水道，即《史记·留侯世家》所谓"河渭漕輓，……顺流而下"。自巴蜀入秦后，又握得长江上游的交通线，《史记·张仪列传》述张仪说："秦西有巴蜀，大船载粟，起于汶山，浮江以下，至楚三千余里……。"一为南通巴蜀，由此以达滇僰的栈道交通，即《货殖列传》所谓："南则巴蜀……南御滇、僰……然四塞栈道千里，无所不通。唯褒斜绾毂其口，以所多易所鲜。"一为与西北方面的天水、陇西、北地、上郡的交通。

从而在当时，秦在政治上、军事上便都达到其突出的强大，而成为当时所谓"天府之国"。《张仪列传》说：

> （张仪）说楚王曰：秦地半天下，兵敌四国，被险带河，四塞以为固。虎贲之士百余万，车千乘，骑万匹，积粟如丘山，法令既明，士卒安难乐死；主明以严，将智以武。虽则出甲，席卷常山之险，必折天下之脊；天下有后服者先亡。

以此去排演其以新兴地主为主干的封建制度的更张，把旧封建领主的六国屈服，把封建制度的本身由初期封建制时期进到专制的封建主义，即专制主义中央集权的封建国家时期。这犹之资本主义时代由产业资本时期而进到财政资本时期一样。不过这种同一历史阶段内的分期的发展，具有较明显的较多的部分质变的性质。

三

上层建筑的诸形态

A. 阶级的构成及其矛盾的发展

（一）阶级的构成

根据上述各章的叙述，在所谓春秋、战国时期（公元前七七〇至二四五年），社会诸阶级的主要构成，一方面为农业生产主要担当者的农民——“庶人”阶级；一方面为土地占有者的名义地主，即各级封建领主构成的地主阶级。由这两个阶级构成社会诸阶级关系的主要内容。但由于楚芋尹无宇当时曾说过如次的一段话：

> 天子经略，诸侯正封，古之制也。……故《诗》曰：普天之下，莫非王土；率土之滨，莫非王臣。天有十日，人有十等；下所以事上，上所以共（供）神也。故王臣公，公臣大夫，大夫臣士，士臣皂，皂臣舆，舆臣隶，隶臣僚，僚臣仆，仆臣台，马有圉，牛有牧，以待百事。①

因而现在有些学者便认为当时社会阶级的主要构成，一为由王、公、大夫、士形成为统治的奴隶所有者阶级；一为由皂、舆、隶、僚、仆、台、圉、牧形成为被统治的奴隶阶级。皂、舆、隶、僚、仆、台、圉、牧等在社会身分上系奴隶或类似于奴隶的贱奴，是无可否认的。不过在这里，他们却都不是生

---

①《左传》昭公七年。

产的担当者，至少也不是主要的生产阶级，而是为封建贵族担任生产劳动以外的各种卑贱使役的奴仆，是十分明白的。楚芋尹无宇在这里，是仅从封建领主各等级及其左右管理人直至那些专为其服各种贱役的奴仆而说的。这种奴仆或贱奴系直接被畜养于领主的家庭中，近似于恩格斯所说的“家内奴隶”。《公羊传》宣公十二年说得明白，“诸大夫死者数人，厮役扈养死者数百人”。那种所谓皂隶等等，即这里所谓“厮役扈养”。其实，在“士臣皂”一语中，也说得很明白。当时所谓“士”，原初都是大领主左右的武士，后来他们或从所属领主那里受有土地而自为小领主，但他们依旧要去为其上级领主服务，办其家务及各种管理事务；或则不领有土地，而专门充任领主的左右管理、护卫人员，依附于领主所给赐的禄俸以为活，这即《孟子·滕文公》所谓“惟士无田，则亦不祭”之“士”。受有土地而为小领主之“士”，在其庄园内便有其直接的臣属，他自己便无异是其庄园内的君主。而所谓“士无土则不君”，又正是这种历史情况的反证。“士”自身系封建统治阶级内的最下层，所以“士”的身分的小领主在各种事务上所直接驱使的属僚，当然便只是一班贱奴。所以《左传》桓公二年说：“士有隶子弟”，这种“隶”，亦即司马迁所谓“用事奴仆”①。

当时的生产阶级是所谓“庶人”或“小人”。所以《左传》说：

> 天子有公，诸侯有卿，卿置侧室，大夫有贰宗，士有朋友，庶人、工、商、皂、隶、牧、圉，皆有亲昵，以相辅佐也。
>
> 天子建国，诸侯立家，卿置侧室，大夫有贰宗，士有隶子弟，庶人、工、商，各有分亲，皆有等衰。②

这和《左传》昭公七年所载不同的，便是这里又叙出了“庶人”和“工商”。关于“工商”，下面再说。这种“庶人”或“小人”是农业生产劳动的主要担当者，当时的历史文献上记载得很明白：《国语·晋语》说：“公食贡，大夫食邑，士食田，庶人食力，工商食官，皂隶食职。”《左传》襄公九年说：“其庶人力于农穑，商工、皂隶不知迁业。”《左传》襄公十三年说：“君子尚能而让其下，小人农力以事其上。”《周语》说：“庶人、工商各守其业，以共

---

①《史记·货殖列传》。

②《左传》襄公十四年、桓公二年。

其上。"《孟子·滕文公》说："或劳心，或劳力。劳心者治人，劳力者治于人，治于人者食人，治人者食于人。"在这里，"庶人"或"小人"是农业生产劳动的直接担当者，是十分明白的；同时，统治阶级完全依赖他们的劳动以为生，也是十分明白的①。

但是又有人怀疑这种"庶人"或"小人"也是奴隶，这似是也"只见树木而不见森林"。很明显，"庶人"或"小人"是在"营其独立经济"的农奴。《诗·灵台》篇说："经始灵台，经之营之，庶民攻之，不日成之。经始勿亟，庶民子来。"《左传》襄公十七年说："吾侪小人皆有阖庐以避燥湿寒暑。今君为一台，而不速成，何以为役?"《孟子·万章》说："庶人召之役，则役。"这已说得很明白，"庶人"或"小人"是"营其独立经济"的农奴，他们对领主有被召应役的义务。《孟子·梁惠王》所谓："百亩之田，勿夺其时，八口之家，可以无饥矣"，《曲礼》所谓："问国君之富，数地以对；……问庶人之富，数畜以对"云云，更说明了"庶人"是有其私有财产的。在春秋、战国时的文献中，类此的记载多着咧！而且，我在前面也很明白的叙述过。

这里该附带说及的，《孟子·万章》："在国曰市井之臣，在野曰草莽之臣，皆曰庶人"，所谓"市井之臣"是指"工商"而说的。这无论为独立的手工业者和商人，一般的工商（由小领主转化而来仍保有领主之身分者除外），他们的社会身分是和农民一样的。虽然到战国时，新兴地主——商人已开始构成为统治阶级内的一个阶层（从社会之部分质变的原则下去排演其转化的），而在"在官"的"工商"中的奴隶成分是还低于农奴一等的。所以孟轲的这段话，不过说明农民、手工业者、商人在当时的身分是被法律所固定着的。然而这正是封建主义的剥削关系上超经济的政治强制性的必要条件。

但这不是说，春秋、战国时没有生产奴隶的存在；相反，而是大量存在的，只是各国的情况不同，比重在逐步减少，但"庶人"或"小人"却不是

① 还有人误认春秋、战国为氏族社会者。有这种完全离开生产劳动依他人劳动以为生的一个庞大的阶级存在，还可以说它是"氏族社会"，然则要怎样才能算作"阶级社会"呢？那我们真是只有"废书三叹"，无法再进行历史的研究了。不然，华尔街的老板们将也可以联合他们的同类来向我们提出质问，说我们误称他们的社会是"阶级社会"，因为他们的额角上也并没有写着"资产阶级"的字眼。

生产奴隶。

统治阶级即土地占有者阶级的构成，在土地占有属性的基础上而构成为各种等级层的封建领主。这种等级层的封建领主，即前引《左传》所谓天子、诸侯、大夫、士，亦即前引《国语·晋语》所谓公、大夫、士。这由其权利地位上而又构成为等级不一的爵位，即《孟子·万章》所谓“天子一位，公一位，侯一位，伯一位，子、男同一位，凡五等也。君一位，卿一位，大夫一位，上士一位，中士一位，下士一位，凡六等”。所谓“五等”是爵位，“六等”是职位。具有这种等级爵位的各级领主所受的领地，当然不能像孟轲所说，构成那样规则化的等差数。但是这种等级爵位和职位的存在，我们在《西周初期封建制度形成的过程》一章中，已根据金文论征过，而且这是西周即初期封建制度创始时就已现实存在着了——即当时所谓某公、某侯、某伯、某男等——并不是什么悬想的构图。

不过这种爵位名义，在事实上，并没有那样严格的固定性。入于春秋时期，由于最高领主权力的旁落，便更趋纷乱了。由于地方诸侯权力的成长，自己僭越爵位，不受原来爵位约束者，成了普通的现象。齐、晋都以侯爵而僭称公爵，秦以伯爵而僭称公爵，楚以子爵而僭称王，都是一些显著的例子。到战国时，随着地方大诸侯的强大和最高领主的名实俱亡，在大诸侯们各自领地的区域内，俨然各成为一封建国家，所以所谓“七雄”便皆更进一步而自称王号，原来的爵位名义便更为紊乱了。

在爵位名分混乱的现象下，想把封建制度理想化的孔丘，便提出“正名”的口号；适应于原来爵位无法恢复的现象下，孔丘的继承者孟轲，便提出重新确定体制的主张。实则，这正是封建主义内在矛盾发展的必然结果，且为其特性之一。

因而在原则上，封建主义下等级身分的限制，是相对地被固定着的。然而这并没有“人”或家系的绝对固定性，而是跟着实际权力地位的转移而转移的。所以臧僖伯所谓“明贵贱，辨等列，顺少长，习威仪也”①，不过是等级属性上的构成原理，并不含有“人”或家系的固定绝对性的意义。从“人”或家系的绝对固定性上去解释，那不过是孔丘的“复古主义”的理想。然而

①《左传》隐公五年。

不图到今日还有穿上科学外衣的孔丘追寻者。若依孔丘追寻者们的解释，则各等级封建诸侯的地位一开始便被僵石般的固定着，那就只有不许有旧领主家族的灭亡，也不许有新领主家族的继续出现，那就无异认为封建时代的生产力没有自己发展的活力，不承认各领邑间的经济有不平衡的发展。然而历史的活生生的事实和马克思列宁主义却不曾这样告诉过我们。在真实的历史事实上，不但旧领主的爵位跟着其实际权力地位的变动而变动着，且不断有新领主的出现和代起。在领主的左右人员中有劳绩者受赏食邑，这是全部封建时代有效的原则，而且是在封建时代的政治构成上有着必然性的。《后汉书·南蛮传》有一段记事说：

板楯蛮夷者，秦昭襄王时有一白虎，常从群虎数游秦、蜀、巴、汉之境，伤害千余人。昭王乃重募国中有能杀虎者，赏邑万家，金百镒。

我提出这一故事，为的特别有趣而容易醒目。类此的事情，在中世，尤其在初期封建制时期多着咧！就孔丘来说，他曾被赐食邑，商鞅、吕不韦也都在秦国受爵食邑，吕不韦还是从新兴地主——商人出身并为其代理人。

另一方面，新兴地主——商人，他们原来的身份，是同于“庶人”的，但随着其社会实际权力地位的增长，到战国时期，他们已构成为统治阶级、即土地占有者阶级内的一个阶层，而开始参加政治。如春秋时子贡和郑弦高之出身于领主者姑置不论，而秦之商鞅与吕不韦等却都是新兴地主——商人的代理人，或其本身即系新兴地主——商人。这正表述了历史在其渐变过程中也不断引起部分质变的辩证法。

因此，到战国时，封建统治阶级的内部，便由原来各级封建领主所构成的阶级及其各阶层，而发展为封建领主和新兴地主这两个主要阶层。他们在对农民进行剥削的共同利益上，彼此是本质地一致的。同时，像原来由领主出身而拥有新的土地占有形式的商人如子贡之流，又如以新兴地主出身而又受着食邑者如吕不韦之流，都是拥有两种形式的土地占有。在这种土地占有者的土地占有的两种形态上，是在封建的土地占有性质上被统一着的。

因此，以历史的部分质变形势而曲解为突变形势的，不但完全忽略了历史的实际，把理论和实际对立着，而且完全忽视了历史自身的发展的辩证法。

关于其时的被统治阶级，“在官”的工商，原来为从所谓工奴、贱奴或奴隶构成的，已如前述。独立手工业者和商人，他们在政治上同是被剥削的，被剥削的性质和农奴没有本质上的区别，同表现在超经济的强制性下提供剩余劳动。因而不拿政治的权力去把他们的身分固定，超经济的强制榨取是无法继续的。前引《孟子·万章》所谓“在国曰市井之臣，在野曰草莽之臣，皆曰庶人；庶人不传质为臣，不敢见于诸侯”，便是意味着“庶人”身分之强制的被固定。这种被强制固定的身分，在原则上是家族世袭的，即《国语·齐语》所谓“士之子恒为士”，“农之子恒为农”，“工之子恒为工”，“商之子恒为商”。以故构成家系的门第区别，但何以能实现这种强制呢？即所谓“农不迁，民不移”，“农工商贾不迁业”。易言之，即系用政治的强制力，把农民束缚于土地上面，不令迁移，工商固定于其一定的业务上，不许改业。在这个基础上，才能进行其任意的强制榨取。在这种身分制度下，反映着被治者对治者之起居跪拜的习惯等身分等级的体现。《庄子·人间世》所谓“擎跽（跪）曲拳，人臣之礼也”，便是一例。

一般贱奴或奴隶的身分，也同样是世袭的、相对地固定的。不过他们社会人格的地位，还低于“庶人”。这由于皂、舆、隶、僚、仆、台、圉、牧所奉的职务是卑贱之役[①]。奴隶仍是连人身也属于主人的，但却不是没有被派从事较高职务的贱奴或奴隶。如前所述，由于远地行商的危险，领主自己为避免危险，甲地领主和乙地领主间的交换，便常由贱奴或奴隶去进行，因而形成贱奴或奴隶成为“在官”商业的直接行使者。他如《左传》僖公二十四年云：“晋侯之竖头须，守藏者也”，是又以贱奴充任仓库的看守人。又《左传》成公十六年云：“婴齐，鲁之常隶也”；襄公二十一年载州绰语齐君曰：“臣为隶新”；定公九年载鲍文子谏齐侯曰：“臣常为隶于施氏矣”。不过其身分，最初也并不因其职务的改变而改变，但后来他们便提出解除其身分限制的要求了。例如《左传》说：

> 子孔当国，为载书以位序听政辟，大夫诸司门子弗顺，将诛之。子产止之，请为之焚书。子孔不可曰：为书以定国，众怒而焚之，是众为政也，国不亦难乎？子产曰：众怒难犯，专欲难成；合二难以安国，危之道也。不如焚书以安众。……乃焚书于仓门之外，众而后定。

---

① 皂、舆、隶、僚、仆、台、圉、牧都是贱奴或家奴。其中之“仆”即马童，《楚辞·远游》云：“仆夫怀余心悲兮，边马顾而不行”，便是一例。

初，裴豹隶也，著于丹书。栾氏之力臣曰督戎，国人惧之。裴豹谓宣子曰：苟焚丹书，我杀督戎。①

贱奴和奴隶所有者时代的奴隶不同，他们有其独立的家族经济，这是最重要的一点区别。

这种贱奴或奴隶的来源，一为犯罪的犯人，《孟子》所谓“罪人不孥”，足证当时曾以犯罪者来充当贱奴或奴隶。其次则为战争得来的俘虏，例如《左传》襄公二十九年云：“吴人伐楚，获俘焉，以为阍，使守舟”，《左传》宣公十五年所谓“晋侯赏桓子狄臣千室”。这种俘虏的用途，亦即《左传》僖公十七年所谓“男为人臣，女为人妾”。孥、阍、臣、妾，都是贱奴或奴隶。

但是，用这种犯罪者和战争俘虏为贱奴或奴隶，却是贵族的特权，新兴地主——商人并没有特权去使用。因而到战国时，新兴地主——商人使用人口买卖的方式去获得其役使的仆隶。买卖的来源，一为穷苦农民的子女，一为从其他民族地方购买，如所谓“僰僮”“闽隶”之类。所以到战国末期的新兴土地贵族，手下大抵都有大群贱奴，如《史记·货殖列传》：蜀卓氏“富至僮千人”；《吕不韦列传》：“不韦家僮万人”，“嫪毐家僮数千人”等。

独立商人在其商业上使用“僮仆”，这是一点也不足奇怪的。所以《货殖列传》说：

白圭，周人也……与用事童仆同苦乐。②

齐俗贱奴虏，而刁间独爱贵之。桀黠奴，人之所患也；惟刁间收取，使之逐渔盐商贾之利。……终得其力，起富数千万。

这并不是什么奴隶制度的特征。而且像刁间使用“奴”单独为之“逐渔盐商贾之利”，这只有那有其家族之独立经济的“贱奴”才有可能。像原来的奴隶制时代的奴隶，并不能获得奴隶主人的这种信任。

此外，《货殖列传》所谓“僮手指千”，是以贱奴参加手工业生产。这在本质上，亦殆同于工奴手工业。不只如此，在西周至战国的社会形势的过渡性和不平衡性的发展过程中，在不同地区，奴隶从事生产劳动是占有相当比重的，在战国以后的长时期，仍有不少奴隶参加生产劳动。

---

①《左传》襄公十年、二十三年。

② 白圭系以小领主而营独立商业者。《孟子·告子》说：“白圭曰：吾欲二十而取一，何如？”他有其自己的领地，是十分明白的。

（二）阶级间矛盾的发展

随着经济的发展，封建贵族的生活愈益豪奢化。他们现在所榨取于农民的剩余劳动，已不以原来那种凭其肠胃的消化力为限度，而是已转向于膏粱、文绣、女色、大厦、游赏的亭池台榭等等方面的追求，以期满足其物质享乐的奢望。例如《国语·齐语》说：

> 昔吾先君襄公，筑台以为高位；田狩毕弋，不听国政……九妃六嫔，陈妾数百；食必粱肉，衣必文绣；戎士冻馁，戎车待游车之裂，戎士待陈妾之余。

这不特当时齐国如此，而是春秋时的普遍情形。封建贵族这种豪奢生活的基础，是对农民的剩余劳动的剥削。所以，贵族生活之逐渐豪奢化，便在反映着他们对农民榨取之愈益残酷，农民生活便更陷于困苦。随着封建战争的持续，直接又不断增加奇重负担，并给予生产组织以种种摧残与破坏，农民的困苦乃随着而益加深重。这样便展开了阶级间的矛盾，引起农民不断逃亡。《齐语》记管仲的政绩说："相地而衰征，则民不移……井田畴均，则民不憾；无夺民时，则百姓富；牺牲不略，则牛羊遂。"这正在反映当时领主对农民赋役征敛的烦重与任意略夺，而引起农民的逃亡。他如：

> 《楚语》说："斗且廷见令尹子常，……归以语其弟曰：楚其亡乎？不然，令尹其不危乎？吾见令尹，令尹问蓄聚积实，如饿豺狼焉，殆必亡者也。夫古者聚货不妨民衣食之利，聚马不害民之财用；国马足以行军，公马足以称赋……家货足以供用，不是过也。夫货马邮，则阙于民；民多阙，则有离叛之心。……民之羸馁，日日已甚，四境盈垒，道殣相望，盗贼司目，民无所放。是之不恤，而蓄聚不厌，其速怨干民多矣。积货滋多，蓄怨滋厚，不亡何待？"
>
> 《左传》昭公三年云："民三其力，二入于公，而衣食其一。公聚朽蠹，而三老冻馁。"
>
> 《左传》宣公二年云："晋灵公不君，厚敛以彫墙，从台上弹人而观其辟丸也。宰夫胹熊蹯不熟，杀之……。"
>
> 《左传》哀公十一年云："夏，陈辕颇出奔郑。初，辕颇为司徒，赋封田以嫁公女；有余，以为已大器。国人逐之。"

《论语·先进》云："季氏富于周公，而求也为之聚敛而附益之。"《颜渊》云："百姓足，君孰与不足？百姓不足，君孰与足？"

《老子》云："民之饥，以其上食税之多，是以饥。……民之轻死，以其上求生之厚，是以轻死。""金玉满堂，莫之能守。富贵而骄，自遗其咎。"

《孟子·梁惠王》云："今王田猎于此，百姓闻王车马之音，见羽旄之美，举疾首蹙頞而相告曰：吾王之好田猎，夫何使我至于此极也？父子不相见，兄弟妻子离散。"

农民不断逃亡，以及战争之直接间接的影响，引起封建庄园经济的衰退。因而在许多侯国内都发生严重的饥荒。例如在郑国，《左传》襄公二十九年云："郑子展卒，子皮即位，于是郑饥，而未及麦，民病。子皮以子展之命，饩国人粟，户一钟。"又如宋国，《左传》襄公二十九年云："宋亦饥，请于平公，出公粟以贷，使大夫皆贷，司城氏贷而不书"，《左传》文公十六年云："宋公子鲍礼于国人，宋饥，竭其粟而贷之。年自七十以上无不馈贻也，时加羞珍异。"在这些记事中，一方面表现农民普遍陷于饥荒之深渊，而构成社会危机；一方面在领主的手中，却掌握有大量的粮食。《左传》僖公十三年说："晋荐饥，使乞籴于秦，……秦于是乎输粟于晋"，隐公六年说："京师来告饥，公为之请籴于宋、卫、齐、郑"，是在当时各领邑内，曾普通的遇着饥荒。

封建领主为维持其豪奢生活与财政军费等开支，伴随着庄园经济的衰退，反益加重对农民的剥削，因而在农民的赋役重荷与生活愈趋困苦的情势下，便激起农民的反抗。《左传》僖公十九年云："初，梁伯好土功，亟城而弗处，民罢而弗堪。则曰：某寇将至，乃沟公宫曰：秦将袭我，民惧而溃"；《左传》襄公二十三年云："夏，屈建从陈侯围陈，陈人城柏队而杀人。役人相命，各杀其长，遂杀庆虎、庆寅。"到春秋末期，便引发了一次农民大暴动。关于这次农民大暴动的记事，我们只能从战国时的《庄子·盗跖》中找着一点记载：

盗跖从卒九千人，横行天下，侵暴诸侯。穴室枢户，驱人牛马，取人妇女。贪得无亲，不顾父母兄弟，不祭先祖。所过之邑，大国守城，小国入保，万民苦之。

盗跖方休卒徒大山之阳，脍人肝而餔之。孔子下车而前，……敬再拜谒者，谒者入通。盗跖闻之大怒，目如明星，发上指冠曰：此夫鲁国之巧伪人孔丘非耶？为我告之：尔作言造语，妄称文武；冠枝木之冠，带死牛之胁；多辞谬说，不耕而食，不织而衣；摇唇鼓舌，擅生是非，以迷天下之主；使天下学士不反其本，妄作孝弟而侥幸于封侯富贵者也。子之罪大极重，疾走归。不然，我将以子肝益昼餔之膳。

孔子（语盗跖）曰：……将军有意听臣，臣将南使吴、越，北使齐、鲁，东使宋、卫，西使晋、楚。使为将军造大城数百里，立数十万户之邑，尊将军为诸侯，与天下更始，罢兵休卒，收养昆弟，共祭先祖；此圣人才士之行，而天下之愿也。盗跖大怒曰：丘来前，……且吾闻之，好面誉人者，亦好背而毁之。今丘告我以大城众民，是欲规我以利，……盗莫大于子；天下何故不谓子为盗丘，而乃谓我为盗跖？……若告我以鬼事，则我不能知也；若告我以人事者，不过此矣。

就这段记事看，这次暴动的规模颇大，曾使当时封建统治阶级都张惶失措；农民军的赫赫声势曾笼罩了广大的区域。其次，从盗跖口中，充分表现了反封建的农民的坚强意志。只是这次暴动是怎样结束的，则无文献可征。这是读史者所深深引为遗恨的。

大概这回的暴动，是被封建领主所镇压下去的。但是社会内包的矛盾并不曾也不可能消解。照历史一般的规例推究，每当农民军被封建统治者镇服后，封建统治者必随着给予农民一回更残酷的压迫和反攻，从而反促成矛盾之内在的发展愈益深刻化。

随着时代入于所谓战国，一、战争的范围更为扩大，其内容也更为残酷，从而更扩大了封主们的军费开支；二、随同商业资本的进一步发展，更提高其对庄园经济的分解作用①；三、封主们生奉死葬的消费乃随同而更豪奢化，以

① 例如《管子》云：“野与市争民，家与府争货，金与粟争贵，乡与朝争治”（《权修》）。“万乘之国，必有万乘之贾；千乘之国，必有千乘之贾；百乘之国，必有百乘之贾：……则中一国而二君二王也……贾人乘其弊以守民之时，贫者失其财，是重贫也；农夫失其五谷，是重竭也”（《轻重甲》）。“国多失利，……岁有凶穰，故谷有贵贱，令有缓急，故物有轻重。然而人君不能治，故使蓄贾游市，乘民之不给，百倍其本。分地若一，强者能守；分财若一，智者能收。智者有什倍人之功，愚者有不赓本之事。然而人君不能调，故民有相百倍之生也。夫民富则不可以禄使也，贫则不可以罚威也。法令之不行，万民之不治，贫富之不齐也。……民人所食，人有若干步亩之数矣。计本量委则足矣。然而民有饥饿不食者何也？谷有所藏也。人君铸钱立币，民庶之通施也，人有若干百千之数矣。然而人事不及，用不足者何也？利有所并藏也”（《国蓄》）。“岁适美，则市粜无予，而狗彘食人食；岁适凶，则市籴釜十繦，而道有饿民。……物适贱，则半刀而无予，民事不偿其本；物适贵，则什倍而不可得，民失其用。”（同上）

此愈加重农民的负担，而扩大其剥削内容①。

---

① 关于这，墨翟当时曾有如次的揭发：

“以其极赏以赐无功，虚其府库以备车马、衣裘、奇怪，苦其役徒以治宫室欢乐，死又厚为棺椁，多为衣裘。生时治台榭，死又治坟墓，故民苦于外，府库单于内。上不厌其乐，下不堪其苦，故国离寇敌则伤，民见凶饥则亡。”（《墨子·七患》）

“当今之主，……必厚作敛于百姓，暴夺民衣食之财，以为宫室，台榭曲直之望，青黄刻镂之饰。”

“当今之主，其为衣服……必厚作敛于百牲，暴夺民衣食之财，以为锦绣文采靡曼之衣，铸金以为钩，珠玉以为佩。女工作文采，男工作刻镂，以为身服。”

“今则不然，厚作敛于百姓，以为美食刍豢蒸炙鱼鳖，大国累百器，小国累十器，美食方丈。”

“当今之主……必厚作敛于百姓，以饰舟车：饰车以文采，饰舟以刻镂。女子废其纺织而修文采，故民寒；男子离其耕稼而修刻镂，故民饥。人君为舟车若此，故左右象之，是以其民饥寒并至，故为奸邪，奸邪多则刑罚深。”

“当今之君，其蓄私也，大国拘女累千，小国累百。是以天下之男多寡无妻，女多拘无夫。”（同上，《辞过》）

“诸侯死者，虚库府，然后金玉珠玑比乎身。纶组节约，车马藏乎圹；又必多为幄幕、鼎鼓、几梴、壶滥、戈剑、羽旄、齿革，寝而埋之，……天子杀殉，众者数百，寡者数十；将军大夫杀殉，众者数十，寡者数人。”（同上，《节葬》）

“民之为淫暴寇乱盗贼，以兵刃毒药水火，迓无罪人乎道路率径，夺人车马衣裘以自利者并作，由此始。”（同上，《明鬼》）

“……百姓不利，必离散不可得用也。”（同上，《非命》）

这在封建领主的一个代言者孟轲的口中，也有类似之叙述。例如他说：

“若民则无恒产，因无恒心，……是故明君制民之产，必使仰足以事父母，俯足以畜妻子，乐岁终身饱，凶年免于死亡，……今也制民之产，仰不足以事父母，俯不足以畜妻子，乐岁终身苦，凶年不免于死亡。”（《孟子·梁惠王》）

“凶年饥岁，子之民，老羸转于沟壑，壮者散而之四方者，几千人矣。”（同上，《公孙丑》）

“庖有肥肉，厩有肥马，民有饥色，野有饿莩，此率兽而食人也。”（同上《梁惠王》）

“孟子曰：说大人则藐之，勿视其巍巍然。堂高数仞，榱题数尺，我得志弗为也；食前方丈，侍妾数百人，我得志弗为也；般乐饮酒，驱骋田猎，后车千乘，我得志弗为也。”（同上，《尽心》）

“师行而粮食，饥者弗食，劳者弗息，睊睊胥谗，民乃作慝，方命虐民，饮者若流，流连荒亡，为诸侯忧。”（同上，《梁惠王》）

《管子》亦说：

“上妄诛，则民轻生；民轻生，则暴人兴，曹党起，而乱贼作矣。”（《法法》）

“人甚忧饥，而税敛重；人甚惧死，而刑政险；人甚伤劳，而上举事不时。公轻其税敛，则人不忧饥；缓其刑政，则人不惧死；举事以时，则人不伤劳。”（《霸形》）

“今使人君行逆不修道，诛杀不以理，重赋敛，竭民财，急使令，罢民力。财竭则不能毋侵夺，力罢则不能毋堕倪，民已侵夺堕倪，因以法随而诛之，则是诛罚重而乱愈起。”（《正世》）

“民富则安乡重家，安乡重家则敬上畏罪，……民贫则危乡轻家，危乡轻家则取陵上犯禁。”

“凡农者，月不足而岁有余者也。而上征暴急无时，则民倍贷以给上之征矣；耕耨者有时而泽不必足，则民倍贷以取庸矣；秋籴以五，春粜以束，是又倍贷也。故以上之征而倍取于民者四。关市之租，府库之征，粟什一，厮舆之事，此四时亦当一倍贷矣。夫以一民养四主，故逃徙者刑，而上不能止者，粟少而民无积也，……今也仓廪虚而民无积，农夫以鬻子者，上无术以均之也。”（《治国》）

因而愈扩大了农民的逃亡与反抗，并形成了以盗窃为生的大量流浪之群；另一方面，由于战争、骚动、反抗以及农民逃散等等相伴而来，领主的庄邑经济愈陷于绝途。因农民穷乏而无力改善其生产，生产更日见衰退①。农民的逃亡，使领主的庄邑大感劳动力缺乏，以至于“田野荒芜”。《楚辞·九章》说：“皇天之不纯命兮，何百姓之震衍？民离散而相失焉，方仲春而东迁。”又《九辩》说：“农夫辍耕而容与兮，恐田野之芜秽。”这是战国时期的普遍情况。

可是领主的财政经济益陷于窘困，他们为维持其窘困的财政经济，除去向商人借贷外，便只有尽力去加重农民的负担。孟轲有一句话说得好：“今之事君者，皆曰我能为君辟土地，充府库。今之所谓良臣，古之所谓民贼也。”②足见领主们是如何在讲求聚敛之方，然而这并不能挽救领主们的财政窘困，反而加速了封建庄园经济的衰灭。

封建领主为弥补财政穷乏的第二个政策，便是加重对独立商人和独立手工业者课税。可是独立商人，他们以土地占有者的地位对农民所行的剥削关系，是和封建领主在原则上同一的；不过由于领主领邑内农民的逃亡，领主则予以严厉的禁止，前述《管子》所谓“逃徙者刑”便是这一内容，而新兴地主土地上的农业劳动力的来源，便是领邑内逃亡的农民，易言之，新兴地主的农业吸引了领邑内农民的逃亡。这更使土地占有者阶级内部两个阶层间发生着利益冲突。加之，商业课税的加重，便使两者间的利益冲突更剧烈化了，因而减免商税和市税，便成了当时新兴地主——商人的一种普遍要求。

在另一方面，没落小领主，到战国时，已形成了一个庞大的社会层，而陷于生活无告的窘困境地。他们从自身的实际生活利益上出发，对于大诸侯和新兴地主——商人都抱有很大的反感；虽然他们只知回忆其过去的剥削生活，而不能对未来有何向往。

因而初期封建制一发展到战国末，社会内在矛盾关系的发展，构成了一个复杂的内容：一方面有土地占有者阶级和农民间的阶级矛盾的对立；一方面有统治阶级内封建领主和新兴地主——商人以及没落封建贵族间的利害冲突等

① 《管子》说：“四种而五获，中年亩二石，一夫为粟二百石”（《治国》）。农业生产率的进步，可以想见。然自战国中期以后，反日见衰退。

② 《孟子·告子》。

等。当时一位统治阶级的代言人孟轲，他一面极力主张减轻农民的负担，给予农民作为维持其生命的物质资料以最低限的保障，以和缓两阶级间的矛盾；一面又极力主张减轻商税和市税①，想以此去缓和阶级内部间的矛盾和调协阶级内部诸阶层间的利益。而此，正反映了当时社会矛盾斗争的剧烈。

实则孟轲的这类主张，《管子》的著者和荀卿也都主张和强调过。

不过他们均不曾了解，在封建领主的领邑经济构成的基础上，这种矛盾已无法缓和了。在领邑经济的构成的基础上，不但不能适合新兴地主的土地占有形态，而且它已成了束缚着农业生产技术的进步的东西。这犹之资本主义经济，随着资本主义生产的发展，产业资本的支配不能适合其需要时，便不能不转入到财政资本的时期一样。

封建领主在债务重荷和财政窘困的情况下，不能不加重负担于农民，并借商课、市税以为挹注；另一方面，在庄园内存在着新兴地主的土地占有，不啻是领邑组织自身的否定。在新兴地主的土地占有形态下，他们要求排斥领邑给它的束缚，而要求转化为地主的阶级支配的郡县，正如《管子》所谓“乡与朝争治”。同时在新兴地主的农业生产组织的佃耕制的基础上，比较具有较高的劳动生产率，这对于农民的剥削，本质上虽和前者是同一的，然而农民却有了较多一点的人身自由——虽然还是隶属于地主的——并比较地富于麻痹性。以此，在封建领主支配下的农民，反多逃亡到新兴地主的门下，去接受他们的剥削。

因而战国时的社会矛盾斗争的局势，在封建领主的支配权转换为新兴地主的支配权以后，便暂呈和缓了。不过这种统治阶级内部诸阶层统治权之起伏，并不曾引起社会经济本质的变化——只是部分的质的变化。

① 孟轲主张：“省刑罚，薄税敛，深耕易耨，壮者以暇日修其孝弟忠信”（《孟子·梁惠王》），又说：“民……有恒产者有恒心，无恒产者无恒心，苟无恒心，放僻邪多，无不为矣。及陷于罪，然后从而刑之，是罔民也”（《滕文公》），又说：“易其田畴，薄其税敛，民可使富也”（《尽心》）。同时，孟轲说：“关讥而不征……耕者助而不税……廛无夫里之布”（《孟子·公孙丑》）。

B. 政治的组织

初期封建制时代的半国家的地方各封国，在其对内的关系上，便等于一个独立的国家。《左传》庄公十四年说："苟主社稷，国内之民，其谁不为臣?"昭公七年说："封略之内，何非君土；食土之毛，谁非君臣?"孟轲说："诸侯之宝三：土地，人民，政事"，又说："尺地莫非其有也，一民莫非其臣也。"[①]所以除去下级领主对上级在一般上有军事的从属，在特殊上并有贡纳外，上级领主对下级领主的裁判权，并不具有法律上的积极性，这种裁判权的行使，每每要借军事去实现的。

然在土地的属性从而军事从属的诸关系上，却奠下了等级从属的基础，更从而形成等级的爵位与身分。《周书》所谓"列爵惟五"，便是等级爵位之序列。《管子·立政》篇所谓："将军大夫以朝，官吏以命，士止于带缘，散民不敢服杂采，百工商贾不得服长鬈貂，刑余戮民不敢服絻，不敢畜连乘车。"这便是等级身分限制的一种表现。在这种等级身分的限制下，个人在社会地位等方面，都有一定的"名分"——分际的制限，不遵守制限者便是犯名分。例如晏子所谓"在礼，家施不及国"，"大夫不收公利"。齐陈氏"有施于民"而有其民，便算是犯"名分"，所以说"天子建国，诸侯立家，卿置侧室，大夫有贰宗，士有隶子弟"[②]。天子只是在名义上为最高的权力者。故《墨子·天志》说："天子为政于三公、诸侯、士、庶人。"事实上，随着初期封建主义的发展，最高领主的天子却成了虚拥名位的赘旒，西周以后的周天子事实上也已沦于小领主地位。这正是封建主义自身发展的必然结果。

这种等级制的名分内容，便是所谓"礼"。礼是表现各等级层名位身分的，而且也正是从等级的名位身分上创制起来的。犯名分者便算是"乱礼"。例如《左传》僖公三十年说："晋侯、秦伯围郑，以其无礼于晋，且以贰于楚

---

① 《孟子》《尽心》、《公孙丑》。

② 《左传》昭公二十六年、桓公二年。

也。”郑在当时本已作了晋的从属，故“其无礼于晋”，便该受讨伐。所以“礼”不啻是封建等级制度的骨干。孔丘所谓“礼乐征伐”，他认为“征伐”也完全是为维护“礼”而行使的，但是事实上，上级领主以“礼”去约束其从属，也只在他的军事力量能行使“征伐”时才能表现其约束力。然地方各领邑经济之不平衡的发展，地方各领主间的名位身分也不能不随着而引起变动。

按照“礼”的规定，上级领主和下级领主间有其一定的“朝觐”等关系；不相从属的各领主间有其“会盟”等关系。在维持名分的名义下，上级对下级所行的战争叫作“征讨”，诸侯相互间所行的战争叫作“伐”，但下伐上的便叫作“犯”，诸侯相互间无故的战争便叫作“侵”。

所以“礼”不啻是体现封建政治形态的具体条文，而为维系封建统治阶级之阶级内部等级序位的原则。所以说“礼不下庶人”。然而又拿什么去统治被统治者呢？那便是所谓“刑不上大夫”的“刑”。因而在“礼”与“刑”之间，便划分了封建政治体制内的一道阶级的鸿沟：一边是为统治者的阶级内部而设置的，一边则为统治被统治者而设置的。《荀子·王制》所谓：“夫两贵之不能相事，两贱之不能相使，是天数也。……先王恶其乱也，故制礼义以分之。使有贫富贵贱之等”，《富国》所谓“古者，先王……为之雕琢刻镂黼黻文章……使足以辨贵贱”，阶级间的界限是十分严格的。

不过随着封建制度自身的发展，所谓“礼”，早在春秋时，在封建领主的内部已呈现混乱的现象。这在为维护等级名分的孔丘学中，也能充分反映出来。然而，那并不是封建主义自身的否定，而正是封建主义的发展。

所谓“礼不下庶人”的一个原则，随着新兴地主——商人在社会经济领域中地位的形成与成长，便不能不有所修改，使之能包含新兴地主——商人。所以《孟子·公孙丑》说：“古者棺椁无度，中古棺七寸，椁称之，自天子达于庶人，非直为美观也，然后尽于人心”，是已由前此的“不下庶人”的冠、婚、丧、祭……之“礼”，至此而主张适应于“自天子达于庶人”了。盖由于新兴地主——商人，当时的社会身分还是“庶人”。

另一方面，随着新兴地主——商人经济力量的成长，他们对于“刑不上大夫”的“刑”，也要求代之以“法”，要求在统治阶级内部不适用身分限制，以获得其自身和封建领主在社会身分上的平等。这在新兴地主——商人的政治代言者杨朱一派的政治哲学中表现得很明白。例如申不害说："君必明法正义，若悬拟衡以称轻重，所以一群臣也"；慎到说："官不私亲，法不遗爱，上下无事，惟法所在"；商鞅说："故立法明分，中程者赏之，毁公者诛之"，"立法明分，而不以私害法，则治"，"宗室非有军功论，不得为属籍"①。然而他们却并非主张也给农民以法律上的平等地位；相反的，对于农民，也和封建领主一样，主张"愚"而"弱"之咧②！

所以统治诸阶层对付被统治者的方策，是完全一致的，都主张用"刑"作统治工具，其作用不外在防止农民的反抗与逃亡。例如《左传》文公六年说："宣子……为国政，制事典，正法罪，辟刑狱，董逋逃，由质要（注：用契券），治旧洿，本秩礼（别贵贱之意），续常职，出滞淹，既成以授太傅阳子与太师贾佗，使行诸晋国以为常法。"其意也不外在"道之以政，齐之以刑"③。商鞅也说："民之外事莫难于战，故轻法不可以使之。……民之内事莫苦于农，故轻治不可以使之。"④ 他们同样主张对农民用严刑酷罚去维护其统治。所谓"刑"，实包括着一个极其残酷的内容。因而"刑"不啻是统治阶级对被统治阶级行使统治权的表现，而具有其非理性的强制力。

封建的土地占有者把农民束缚于土地之上，使之对他们为人格的从属，以进行其超经济的、政治的强制榨取，必须具有这种政治的强制力才能实现；而这种政治的强制力，非有残酷的刑罚设置，便不能实现其横暴的作用。所以农民对领主之超越经济关系以外的人格的从属，是在领主们所设置的严刑酷罚的铁网下所迫使的。在这一点上，封建统治阶级的代言者，却从那"玄之又玄"的所谓人"性"上去求得其欺骗的解释。例如《论语·宪问》说："君子而不仁者有之矣，未有小人而仁者也。"《里仁》说："君子喻于义，小人喻于利。"《孟子·离娄》说："人之所以异于禽兽者几希，庶民去之，君子存之。"《荀

---

①《申子》（马国翰《玉函山房辑佚书》本）；《慎子·君臣》；《商君书·修权》；《史记·商君列传》。

② 例如老聃说："是以圣人之治（民），虚其心，实其腹，弱其志，强其骨，常使民无知无欲"（《老子》）。孔丘说："民可使由之，不可使知之"（《论语·泰伯》）。又如《商君书》中一般所谓"农"，系指新兴地主；对直接生产的负担者的农民，则主张"愚"而"弱"之。请参看《中山文化教育馆季刊》二卷二期拙著《杨朱派哲学思想的发展——由杨朱到邹衍》。

③《论语·为政》。

④《商君书·外内》。

子·性恶》说："问者曰：人之性恶，则礼义恶生？应之曰：凡礼义者，是生于圣人之伪，非故生于人之性也。……圣人积思虑，习伪故，是以生礼义而起法度。"这在荀卿虽表现了一点环境决定论的倾向，但也同样没有超出儒家相传的阶级论。这一贯相承的儒家的说教，都是把人类划分为"治人者"的"君子"和"治于人者"的"小人"两大阶级，从而作为其"刑"之专为"小人"而设和"礼"之专为"君子"而设的根据①。这就是我们的"至圣"、"亚圣"……们的一贯的"心传"。"圣人"的"万世馨享"的光荣，原来是农民的血和汗的凝结。虽然，在当时的历史条件下，像孔丘，是有其积极作用的一面的。

政治的等级构成，原则上已如上述。当时各封邑相互间，都等于独立的国家，彼此表现着严密的封锁性，不仅在商业关税的设置，而且在军事上和政治上。如《穀梁传》隐公元年所谓"聘弓鍭矢不出竟场"，即是关于这种情况的一个例子。所以在各个封邑彼此间，都有其一定的统治疆域，即所谓封疆。

统治机关的构成，在原初，各个封区内，都是以领主为最高政治权力的直接掌握者与行使者、军事的直接组织者与指挥者；帮同他行使这种权力的，则为其左右的武士或管理人。不过大领主的领地内，常包含有许多庄园；这些庄园有的系分赐其左右，而为其从属，有的则为其自己所领有。这种大领主自己领有的诸庄园，则任用其左右代为管理；这种管理者即《令彝铭》之"众里君"的"里君"，《周书·酒诰》篇所谓"内服"之"里居"（按居系君之误）。后来的"县令"、"县尹"，甚至秦以后的"郡守"等官僚系统，都是由此发展而来的。

愈是大领主，其左右管理人的分职便愈细密，人数也愈众多。《周书·酒诰》所说有所谓"越在内服：百寮，庶尹，惟亚，惟服，宗工，越百姓，里居（君）"。据《立政》篇所说，则有如次一类职务的分别："立政：任人、准夫、牧作三事，虎贲：缀衣、趣马、小尹；左右：携仆；百司：庶府、大都、小伯、艺人、表臣、百司；太史：尹伯、庶常吉士、司徒、司马、司空、亚

① 孟轲说："君子劳心，小人劳力。"荀卿说："君子者，天地之参也，万物之总也，民之父母也。"（《荀子·王制》）在《荀子·儒效》篇中的"儒"，也是和"君子"有其同一意义："大儒者，天子三公也；小儒者，诸侯大夫士也；众人者，工农商贾也。"是"儒"也是统治者之一别称。

旅。”在各种事务上所使用的管理人，又都有一个主管者①。其具体组织，已难于正确考知。这演化为后来的封建官僚的组织系统。但其基层的小领主，却只有“隶子弟”。

随着强大领主领地的扩大，其管理组织的政治系统，也随着扩大了。例如大领主直属领地的组织，在原先是以庄邑为单位的，现在则在庄园之上，又有乡、县各层管理系统的组织，一“县”包括数“乡”，一“乡”又包括数“邑”，或“社”、“书社”，这演化到后来便成为郡、县、乡（或区）、村（或屯）的地方组织。从而便出现了领主所使用的代理人：县令（或尹）、乡师、邑宰之类，形成一个官僚系统。春秋、战国之际的所谓儒家，大抵便是由失去土地的领主或小领主所转化而成，充任了这种官吏的候补者，如孔丘的门徒多充任过邑宰和县令，战国时期的儒家和其他知识分子也都充任过这种官吏。不过自这种官僚层出现后，以游说作为追求富贵的手段的政客，便在统治阶级的内部随同出现了。因而原来的“士”，不过为大领主左右的“武士”之类，只

① 例如“司徒”，《截毁铭》云：“命汝作司土（徒），官司籍田。”如“司空”，《蔡毁铭》云：“王若曰，蔡，昔先王既命汝作宰，司王家，今余隹灩豪乃命：命女众舀耤正对，各从司王家外内，毋敢有不闻，司百工……。”又《毛公鼎铭》云：“王曰，父唇，已曰及丝卿事寮大史寮于父即尹。命女耤司公族雩参有嗣；小子师氏虎臣雩朕褺事。以乃族于吾王身。”又《周书·顾命》云：“师氏、虎臣、百尹、御事。”尹即各种事务上执事者的主脑。又《立政》云：“司寇苏公，式敬尔由狱，以长我王国。”又《国语·周语》载仲山父语云：“夫古者不料民而知其少多；司农协孤终，司商协名姓，司徒协旅，司寇协奸，牧协职，工协革，场协入，廪协出。是则少多死生出入往来者皆可知也。”到战国末期，《荀子·王制》说：“司徒知百宗城郭立器之数；司马知师旅甲兵乘白之数；修宪命，审诗商，禁淫声，以时顺修，使夷俗邪音，不敢乱雅，大师之事也；修堤梁，通沟浍，行水潦，安水藏，以时决塞，岁虽凶败水旱，使民有所耘艾，司空之事也；相高下，视肥硗，序五种，省农功，谨蓄藏，以时顺修，使农夫朴力而寡能，治田之事也；修火宪，养山林、薮泽、草木、鱼鳖、百索，以时禁发，使国家足用而财物不屈，虞师之事也；顺州里，定廛宅，养六畜，间树艺，劝教化，趋孝弟，以时顺修，使百姓顺命，安乐处乡，乡师之事也；论百工，审时事，辨功苦，尚完利，便备用，使雕琢文采不敢专造于家，工师之事也；相阴阳，占祲兆，钻龟陈卦，主攘择五卜，知其吉凶妖祥，伛巫跛击之事也；修采清，易道路，谨盗贼，平室律（注：平，均布也；室，逆旅之室），以时顺修，使宾旅安而货财通，治市之事也；抃急禁悍，防淫除邪，戮之以五刑，使暴悍以变，奸邪不作，司寇之事也；本政教，正法则，兼听而时稽之，度其功劳，论其庆赏，以时顺修，使百吏免尽而众庶不偷，冢宰之事也。”很明显，政权机关的组织和政治的机能，完全在维护其阶级的统治——保护私有财产，防止人民反抗，实现阶级剥削。缘于初期封建时代的阶级身分世袭和政权之家族世袭，在原则上，被统治阶级的农民、商人（地主商人的特权商人则是例外）、手工业者等等，却是被排斥在政治权力之外的。例如《荀子·解蔽》篇说：“农精于田，而不可以为田师；贾精于市，而不可以为贾师；工精于器，而不可以为器师；有人也，不能此三技，而可使治三官，曰精于道者也。”

是护卫及管理人的性质（不管他是否同是小领主），至此则演化为官吏的候补人或政客的性质了。《荀子·非十二子》篇说：

> 古之所谓士仕者，厚敦者也，合群者也，乐富贵者也，乐分施者也，远罪过者也，务事理者也，羞独富者也。今之所谓士仕者，汙漫者也，贼乱者也，恣睢者也，贪利者也，触抵者也，无礼义而惟权势之嗜者也。……今之所谓处士者，无能而云能者也，无知而云知者也，利心无足而佯无欲者也，行伪险秽而强高言谨悫者也，以不俗为俗，离纵而跂訾者也。

照荀卿说来，这种“士”，不啻已成为一种伪君子，甚至成了一种“金玉其外，败絮其内”的无耻之徒。但他们学习“儒效”，却渐次成了封建统治阶级内直接掌握政权的一个阶层；后来并形成士阀，无论在朝在野，都是土地占有者阶级政治上的代理者。自然，这只是关于“士”的黑暗面而说的。

另一方面，原先的县令、乡师、邑宰，不过是领主个人所委派的代理人。但到新兴地主阶级支配下的政权机构和政治组织系统中，县令便成为地主阶级所委派的阶级的代表者，乡师、邑宰便形成后来的所谓“三老”、亭长、里正、保甲，……无论其由地主阶级的政府所直接委派与否，大抵不外是地方的豪绅。原则上，村乡中之最大的地主或其亲信便获得了这种地位。这是十分明白的。

所以后来的郡县组织，是封建政治自身发展上所构成的一种政治形态，是从封建领主政治形态的内部一步步发展起来的。不过这种政治形态的发达，便一步步在否定封建领主的政治形态，引起封建政治本身内部分的质的变化——注意，只是部分的。然而无论是封建领主支配下的政治形态和新兴地主支配下的政治形态，都是土地占有者之阶级支配的政治形态。

C. 意识诸形态的发展

（一）政治思想的演变及其各流派

在封建庄园制、即初期封建制度的初期，适应于自然力支配下的农民意识，神道的迷信便得以发挥其支配的作用。因而封建统治者便借神道的设教去行使和维护其统治。但随着封建主义的发展而引出的阶级间的矛盾渐趋扩大，加之商业和独立手工业的发展，给予人类对自然界较多的了解，因而“敬天”的观念便开始动摇了。如《诗经》所谓“昊天不佣”，“昊天不惠”，“昊天不平”，《左传》庄公三十二年记内史过所谓“虢必亡矣，虐而听于神”，昭公十八年记子产所谓“天道远，人道迩，非所及也”，严公所谓“夫惠本而民归之志，民和而后神降之福”，都是敬天观念动摇的反映。

敬天观念动摇后，统治者为“教民事君”①，乃不能不觅取他种东西来补充，因而便把前与“天道”并行的“礼”与“刑”的作用加以强调和发展。因而一方面适应于等级的政治的从属性，“礼”便发展而成为具有确定的等级身分和身分观念的内容；一方面适应于农业生产的家族经济组织的特性，又把氏族制时代遗留下的宗法观念，在西周已开始成为给封建主义服务的宗法制及伦理和伦理观念，至此乃更加以系统化。更重要的，乃是从阶级支配的基础上，强调刑罚的观念。自然，他们并不因此就放弃了神道的说教，而是依样拿所谓“天命”去欺骗农民。因而身分观念，宗法伦理观念，“天命”的观念，在封建社会的意识形态上便获得其支配的形态。这种意识形态，也是随着封建制度的发生而发生的②；不过随着两周社会形势过渡的完成和初期封建制度的发育成熟，这种意识形态也才随着而发育成熟，并相继在各个地方发挥其作用。

但是，随着封建主义的发展，到春秋末期，由于阶级矛盾的发展，又引起了身分观念和宗法观念的动摇。从维护其阶级统治的立场出发而作为其阶级意识形态表现的，便产生了孔丘的政治哲学。孔丘从维持等级制度的立场上而提出“正名”论，从稳定宗法制度立场上便发挥其所谓孝、弟、忠、信的伦理的社会论。

---

①《国语·周语》，载内史过语。

② 等级的身分观念和宗法的伦理观念，不只在春秋，而且在西周的文献及彝器铭文中，已能明显地表现出来。例如曾参云：“慎终追远，民德归厚矣。”《儔儿钟铭》云：“以追孝先祖。”《王孙遗者钟铭》云：“用享以孝于我皇祖文考，用蕲眉寿。”《中师父盨铭》云：“其用享用孝于皇祖文考。”《齐子仲姜镈》云：“用享用孝于皇祖圣叔，皇妣圣姜，皇祖有成惠叔，皇妣有成惠姜，皇考迹仲，皇母，用蕲寿考毋亲，保盧兄弟。”（参看郭沫若：《金文丛考·周彝中之传统思想考》）不过这到《国语》，尤其到孔丘的学说以及“三传”中便表现出了一个完全的体系。

然到公元前三七〇至二七〇年代的孟轲时代，新兴地主在社会经济的领域中已获得重要的地位，因而展开了封建领主和新兴地主两阶层间的矛盾；更重要的，土地占有者和农民两阶级间的矛盾，也剧烈地展开了。但是封建领主和新兴地主在对农民进行剥削与统治的阶级利益上，却是共同的、一致的。因而为维持其对农民的阶级统治，从封建领主的利益出发，便产生了孟轲的调协封建领主和新兴地主两阶层利益的主张。在维护等级制和宗法制的基础上，他把“礼”的解释扩充到新兴地主，把新兴地主容纳到统治阶层内；并同时主张减轻新兴地主——商人的负担。因此，他便进而主张让新兴地主也共同来参加政权。但在封建领主政权的家系世袭的形态下，让新兴地主来参加政权，这显然是一个矛盾，因而他便提出任“贤”的主张来。

另一方面，到孟轲时，不仅最高领主的周室已全归没落，地方的大领主亦已衰落，各国的“大夫”已成为实际权力者，因而他又主张由实际权力者来重新稳定封建秩序，所以便制造出“尧舜”禅让说和“定于一”的政论。但这和他所提倡的君臣伦常却是矛盾的。因此，他又找到了“民为贵，社稷次之，君为轻”的解释。某些所谓“历史家”不肯了解这一历史内容，却误认孟轲为民权主义者。

到荀卿时，封建领主阶层已益趋衰落，同时，不但阶级间的矛盾愈形尖锐，即新兴地主与封建领主两阶层间的冲突，亦益形剧烈。因而便演化出荀卿的“法后王”的政治论。依据荀卿的主张，并不否定初期封建制的等级构成，而是予以确定的；不过他认为当时的旧封建领主已经腐化和日薄西山，而新兴地主则已握有社会经济的实际力量。所以他主张“不问其世族也”，由这种实际权力者把等级的封建制度重建，故他说：“上贤禄天下，次贤禄一国，下贤禄田邑，原悫之民完衣食。”① 他认为，这样，便可以把新兴地主转化为封建领主。为着要推开旧领主，便不能不把旧封建贵族所视为存在依据的“天”与“命”的解释，予以相对的否定，而觅取新的解释。

从而由孔丘到孟轲到荀卿的根本的政治主张和观点，都是从维护封建制度的立场出发，是基本一致的。所以他们都是初期封建制时代封建统治阶级的代言者，而从中国封建制度的全过程说来，当时还在上升期，所以他们的思想，

---

①《荀子·正论》。

尤其是孔丘和荀卿，在当时又都具有一定的进步作用。

他们的阶级观，始终是一致的。孔丘在理论上，一开始便划出一道“君子”和“小人”的阶级鸿沟，并制造出两者间之“仁”、“不仁”的差异的阶级说教。孟轲更说得明白：“或劳心，或劳力；劳心者治人，劳力者治于人；治于人者食人，治人者食于人”。在荀卿，他创造出所谓“群”与“分”[①]的较进步的社会观；虽然，他是以之去曲解统治者和被统治者之存在的社会根据，故他说：“天地生君子，君子理天地。君子者，天地之参也，万物之总也，民之父母也。无君子，则天地不理，礼义无统，上无君师，下无父子，夫是之谓至乱。君臣、父子、兄弟、夫妇，始则终，终则始，与天地同理，与万世同久，夫是之谓大本。故……君君、臣臣、父父、子子、兄兄、弟弟，一也。农农、士士、工工、商商，一也。”又说：“传曰：治生乎君子，乱生乎小人，此之谓也。分均则不偏，执齐则不壹，众齐则不使。有天有地，而上下有差。明王始立，而处国有制；夫两贵之不能相事，两贱之不能相使，是天数也。……先王恶其乱也，故制礼义以分之，使有贫富贵贱之等。”[②] 又说：“人积耕耨而为农夫，积斫削而为工匠，积反货而为商贾，积礼义而为君子。”[③]这在一方面，等级制的阶级观、宗法制的伦理观以及“三纲五常”的封建主义原则等方面，荀卿与孔丘、孟轲并无立场的不同，只是解释上有极大的分别；而把阶级制度与宗法制度永恒化，是一致的。

可是，在封建制度发展过程中，由于不断有一部分封建领主的没落，而引起封建统治阶级内部的分裂，从而又引出其意识上的分歧。在没落封建领主的意识中，由于一方面感受阶级地位的变动，因而便达到其朴素的不完全的正反对立的辩证观点；一方面由于留恋过去，又形成其复古的思想；一方面从其自身的实际利益出发，并不反对封建制度，但却厌绝大领主的兼并和战争。在这

① “群”与“分”的内容，荀卿说：“……力不若牛，走不若马，而牛马为用何也？曰，人能群，彼不能群也。”（《王制》）“人何以能群？曰分。分何以能行？曰义。故义以分则和，和则一，一则多力，多力则强，强则胜物。故宫室可得而居也。故序四时，裁万物，兼利天下，无他故焉，得之分义也。”（同上）“礼起于何也？曰，人生而欲，欲而不得，则不能无求；求而无度量分界，则不能不争；争则乱，乱则穷。先王恶其乱也，故制礼义以分之。”（《礼论》）这在当时，都是有一定进步意义的。

②《荀子·王制》。

③《荀子·儒效》。

种情况下，便产生了老聃和庄周的政治学说。不过到庄周时，没落领主们已再无政治上的反攻力量与勇气，他们已大都作了大领主的食客。所以在庄周的政治思想中，便从老聃而放弃了复古主义的政论部分。

同时，在新兴地主出现后，便出现了土地占有者阶级内部的分裂。新兴地主——商人对于农民所进行的剥削，本质上和旧的领主是一致的。只是他们在社会身分上，从而政治权力上，还是处在封建领主之下的一个阶层。封建领主在领邑经济衰落和财政缺乏的情况下，乃转而向新兴地主——商人苛榨。同时封建领主间的战争，和新兴地主——商人的经济利益，也是有矛盾的。因而新兴地主的政治要求，第一便在打破身分制度，以获得其和旧领主政治地位上的平等；第二在打破政治权力的家族承袭制度，以确立他们得参加政权的前提。再次，便要求弭兵——消灭封建领主间相互的战争。从这种要求上，便形成为所谓“法家”的“法”的思想。因而便出现了杨朱一派的政治学说。不过这一派到商鞅时，由于新兴地主在秦国已获得政权，便由“弭战”而一变其主张为“力耕战”了。

上述孔丘一派的政治学说，老聃一派的政治学说及杨朱一派的政治学说，构成统治阶级内部的封建领主、没落领主及新兴地主各阶层相互对立的各流派。但由于这种相互对立的统治阶级内的各阶层，到战国末期，新兴地主在社会经济上已获得支配地位，从而又获得政治权力；旧的封建领主领邑的经济组织亦已向着封建佃耕制推进，易言之，旧的封建领主的利益已从属于新兴地主；同时没落的封建领主们，在新兴地主的社会构成上，已获得其候补官吏的前途。因而便产生那统一统治阶级内各流派的韩非的政治哲学。在封建统治阶级的政治理论体系上，采取着一个较新的姿态。它充任了由孔、孟、荀到贾谊、陆贾、董仲舒的过渡的桥梁。

在另一方面，从阶级矛盾的基础上，孕育着那和统治阶级的政治思想相对立的农民阶级的政治思想。在阶级矛盾的发展进程上，公元前五百年代初的春秋末期，便展开了盗跖为首的农民大暴动。在这群起义者的素朴思想和要求中，已表现对封建的等级身分制和宗法伦理制的坚决反对①。随着这种阶级矛盾的发展，便孕育出那反映农民阶级的利益和要求的墨翟一派的政治学说。由

① 参看《庄子·盗跖》。

于农民阶级的劳动生产的平等观念，墨翟便提出了“兼爱”“互利”等等思想和主张。从这种观点出发，去否定封建领主的别贵贱等级之“别”的观点。他确认“别”是建筑在“强执弱，富侮贫，贵傲贱，诈欺愚”的基础之上的，那不但是最不合理，而且是社会一切矛盾所由发生的根源。

适应农民阶级的利益和要求，墨翟和墨派反对封建领主的一切奢侈生活：一方面力斥儒家所提倡的歌舞声色的浪费，斥其不合于社会实际生活的公共利益；一方面力斥儒家所主张的“三年之丧”与“厚葬”，认为那不但毫无益处，只是消费社会财富和浪费社会劳动力。于是乃转而主张社会生活的节俭化，甚至矫枉过正，主张饮食以“黍稷不二，羹胾不重，饭于土增，啜于土铏”为度；衣服以“冬以圉寒，夏以圉暑”，“适身体、和肌肤而足矣……锦绣文采靡曼之衣……此非云益暖之情也。单财劳力，毕归之于无用也”；宫室以“高足以辟润湿，边足以圉风寒，上足以待雪霜雨露，宫墙之高足以别男女之礼”为度。总之，他主张“凡足以奉给民用则止”。对人类的物质生活，不致力去追求提高，这正是农民意识的反映。他更进而说明，贪图生活豪奢，便不能不剥削他人的剩余劳动，“暴夺民衣食之财”①。所以他认为奢侈是基于人剥削人的制度之上的。他主张把封建统治者的财产提取来提高大家的物质生活，才是合理的。他说：“把那些阔人所嗜好的‘珠玉鸟兽犬马’去掉了，挪来添补‘衣裳、宫室、甲盾、五兵、舟车之数’，立刻可以增加几倍。”② 从这里，他更进而主张，人类应该“各从事其所能”，“必量其力所能至而从事焉”的平等的去参加劳动，“譬如筑墙然，能筑者筑，能实壤者实壤，能欣（掀）者欣，然后墙成也”。反之，那般“贪于饮食惰于从事”的“罢不肖”的分子，根本便不容许其有生存的权利；“赖其力者生，不赖其力者不生”③。因为人类是必须劳动才能生存的，他说：

人和禽兽不同，禽兽是“因其羽毛以为衣裘，因其蹄蚤以为袴屦，因其水草以为饮食”。所以不必劳作，而“衣食之材固已具”。人类不然，一定要“竭股肱之力，亶（殚）其思虑之智”，才能维持自己的生命。所以各人都要有分事，什么叫作分事呢？就是各人分内的职业（我认为墨

① 《墨子》《非乐》、《节葬》、《节用》、《辞过》。

② 《墨子·节用》，从梁启超译。

③ 《墨子》《节用》、《公孟》、《耕柱》、《非命》、《非乐》。

翟之所谓“分事”是有“社会分业”之意义的。——羽)①。

最后他归结说，他的理想中的社会便是“有余力以相劳，有余财以相分”的平等享受的社会。但在这种社会中的政治的机能又当怎样呢？他不否定政治权力和其组织，且认为必要，他说：

古者，民始生，未有刑政之时，盖其语人异义，是以一人则一义，二人则二义，十人则十义；其人兹众，其所谓义者亦兹众，是以人是其义以非人之义，故交相非也。是以内者父子兄弟作怨恶，离散不能相和合；天下之百姓，皆以水火毒药相亏害。至有余力不能以相劳，腐死余财不以相分，隐匿良道不以相教，天下之乱若禽兽然。夫明乎天下之所以乱者，生于无政长；是故选天下之贤可者立以为天子。②

因此，他的国家政治的起源说，是近似于卢梭的“民约论”和洛克的“契约说”，以此去否定封建统治者的“天生民而立之君”的政权神授说。但他的所谓“天子”是由全员选举的，不是世袭的（“天子为天下之仁人”，“由万民选择而立”）。其次，“天子”也不是靠他人劳动以为生，其自身须亲自参加劳动，并须为全社会计划生活必需品③。这和卢梭等人之只为布尔乔亚说教的见解，又是不同的。

墨翟不但是一个农民派的政治思想家，同时还是一个实际行动者。作为实际行动者，他是扮演为一个宗教家的姿态出现的。历史上的农民起义，大抵都是借宗教运动去进行准备和组织的。墨派的宗教的根本精神是以“损己而益所为”和“以自苦为极”去推行其政治运动和建立政治信仰④。其次便是理论与行动的一致，如《墨子·公孟》篇记墨翟警诫告子说：“今子口言之而身不行，是子之身乱也”，即此可以概见。这种具有政党的一些内容的农民的宗教组织，在当时大概曾支配了广大的农村，《孟子》说：“天下之言不归于杨，则归于墨”，可以想见。其信徒大都有一种为革命去牺牲的伟大精神，《淮南

① 《墨子·非乐》，从梁启超译。

② 《墨子·尚同》。

③ 《墨子》《贵义》、《节葬》；并参看《庄子·天下》。

④ 《墨子·经上》；《庄子·天下》。孟子说：墨派“摩顶放踵，利天下为之。”墨翟自己说：“杀己以存天下，是杀己以利天下。”又《墨子·鲁问》篇云：“鲁人有因子墨子而学其子者，其子战而死，其父让子墨子。子墨子曰：子欲学子之子，今学成矣；战而死而子愠，是犹欲粜，粜售则愠也。”墨派以宗教为进行其政治活动的手段，是很明白的。

子·泰族训》说："墨子服役百八十人，皆可使赴火蹈刃，死不旋踵"，陆贾《新语》说："墨子之门多勇士。"其组织中以名"钜子"的为首领，这种首领是选举的，非世袭的；他们是宗教的首领，同时又是政治的首领。

他们的政治主张都包含于宗教的信条内，也就是借宗教教义的形式去表达政治的要求；但同时，也还有一种所谓对天帝和鬼神的崇信①。这种迷信的教条，和墨翟的唯物主义是相矛盾的。可是在这里，他系借宗教去推动革命运动；适应于自然力支配下的当时农民的意识，这种借神道的说教是有其一定作用的②。他们系从"天志"的观念去说明其"万民"平等的教义，以之去否定等级的观念；借"明鬼"去提高其斗争的精神，以之去否定封建统治者的"命定"论的说教。不了解墨翟派的这一根本精神，便无法理解墨子的本质。因此，我们可以看出墨翟的学说，在当时是具有不少伟大的观念的。

和封建统治阶级的政治思想相对立，代表农民阶级政治思想的墨翟一派，除墨翟而外，并有其继起的许多有进步性的理论家和实行家，如宋钘、告不害、许行等人，都是最著名的人物。

（二）宗教、哲学和科学

在中国，在公元前的国家时代，没有产生像西欧的奴隶制和封建制初期那样具有强大支配力的一神教的宗教。虽然，自殷代以来，就有以天帝为最高主宰神的具有一神教实质的宗教崇拜。不过在殷代，一般除以天帝为最高崇拜的偶像外，下层自由民和贵族，又盛行着祖先的崇拜，奴隶则是例外。到西周，适应于封建的各封区间的相对独立性，故除以上帝（昊天、皇天、上帝，如《毛公鼎铭》所谓"皇天弘厌厥德，配我有周，膺受大命"。《盂鼎铭》所谓"畏天畏"。《班毁铭》所谓"公告氒事于上，隹民亡徣才，彝忝天命，故亡允才。显惟敬德，亡逌（攸）违"。《宗周钟铭》所谓"惟皇上帝百神，保余小子，朕犹有成无竞，我惟司配皇天王……"）为其共同崇拜的偶像外，各地方又多有其独自崇拜的神。这种神，则系被视为掌管某个区域内自然界的绝对权

① 参看《墨子》《天志》和《明鬼》等篇。

② 在资本主义以前的历史上的农民暴动，大抵都是借宗教去进行准备和组织的，如德国农民战争中的"千载太平之国"和托马斯·闵采尔等的借宗教进行活动等等，便是显明的例子。参看恩格斯：《德国农民战争》。

力者，所谓“天子祭天地，诸侯祭山川……”。《周书·武成》所谓“底商之罪，告于皇天后土，所过名山大川”。这种山川之神，即系被视为其侯国内的神界最高权力者。但是在大领主下的各级领主也都有其独自的神的崇拜。《孟子》说：“惟士无田，则亦不祭”，意即不成为一个独立的庄园主的“士”，便没有其独自崇拜的神。这完全和政治的经济的现实权力相适应的。对这种独自的神的崇拜，大抵都有其宗教式的教坛的设置等，即当时所谓“社稷”。这构成为封建统治阶级的宗教。

在这种宗教崇拜存在的基础上，便形成了僧侣贵族的寺院领主。这种僧侣贵族借着宗教的权力，在当时的政治上，曾形成一种支配的作用。例如：

郑人囚诸尹氏，赂尹氏而祷于其主锺巫，遂与尹氏归而立其主。十一月公祭锺巫，齐于社圃，馆于寪氏。壬辰，羽父使贼弑公于寪氏。

丁丑，诸侯围许，晋侯有疾，曹伯之竖侯獳货筮史，使曰：以曹为解。

晋侯使医衍酖卫侯，宁俞货医，使薄其酖，不死。公为之请，纳玉于王与晋侯，皆十瑴，王许之。秋，乃释卫侯。

（楚）范巫矞似谓成王与子玉、子西曰：三君皆将强死。①

及夏商之季，上不象天而下不仪地，中不和民而方不顺时。不供神祇而蔑弃五则，是以人夷其宗庙，而火焚其彝器。②

僧侣在政治上的支配作用，于此可以概见。

其次，则为祖先崇拜，也表现一种等级性的内容。例如《楚语》云：“祀加于举，天子举以大牢，祀以会；诸侯举以特牛，祀以大牢；卿举以少牢，祀以特牛；大夫举以特牲，祀以少牢；士食鱼炙，祀以特牲；庶人食菜，祀以鱼。上下有序，民则不慢。”从这种祭典上也表现一个等级制度的内容。这完全和封建的身分制及土地的承袭制相适应的。不过在这里该补充一句，在前此奴隶所有者时代，奴隶系被视同物品一样，所以其死后，也被认为是没有灵魂的。到现在，农奴已被视为有一半人格的人类，所以其死后，当然也不能不同样认为有灵魂，以故庶人也有奉祭其祖先的权利。这而且和农奴之营其独立的

---

①《左传》隐公十一年、僖公二十八年、僖公三十年、文公十年。

②《国语·周语》载灵王太子晋与灵王语。

家庭经济相适应，正所以别于没有其独立经济以至没有其婚娶生殖的奴隶，从而封建统治阶级反借此去加强其统治农奴的机能。

另一方面，随着阶级间矛盾的发展，便产生了与封建统治者宗教意识相对立的农民的宗教。

在公元前五百年代间，反映着农民要求的墨翟派，便以“钜子”为教主而创为自己的宗教。他们的教旨，在《墨子·天志》、《明鬼》等篇有较详细的叙述。在这几篇中，他们首先也设定有一个最高主宰神的存在，设定它能统制着自然界和人类社会的日常生活；其教主便是神意的代表者。《天志》说：

> 我有天志，譬若轮人之有规，匠人之有矩，轮匠执其规矩，以度天下之方圆，曰：中者是也，不中者非也。
>
> 子墨子之有天之意也，上将以度天下之王公大人为刑政也，下将以量天下之万民为文学出言谈也。观其行，顺天之意，谓之善意行；反天之意，谓之不善意行。

中“天之意”的，“必得赏”；不中“天之意”的，“必得罚”。什么是“天之意”呢？他们说，天对于人类都是平等的看待的，人类都无异是天的儿子。《天志》说：“今天兼天下而食焉，我以此知其兼爱天下之人也。”因而，他们认为所谓“天意”，是不欲人之有等级（别）有阶级的剥削与相互残贼。故说：“顺天意者，兼相爱，交相利，必得赏；反天意者，别相恶，交相贼，必得罚。”又《法仪》说：“爱人利人者，天必福之；恶人贼人者，天必祸之”；“天必欲人之相爱相利，而不欲人之相恶相贼也。”

这和封建统治者的建筑于等级制度上的宗教观念，是正相对立的。从而他们从“万民”平等的精神出发，认为在最高主宰神的“天”的下面，一切人死后的灵魂也都是平等的，同时，一切人都可以平等的去奉祀其祖先，而此，也正是和农民的家庭经济的组织形式相适应的。

但是他们的宗教信念，并不涉及所谓“彼岸”和“来生”，而只注重于现实。所以它能充任革命农民的群众的组织形式。

这一农民派的宗教异端，作为策动农民群众的组织形式，当时在农村中已起了强大的组织作用，而拥有广大的信徒。通过战国时期，都在发展着；至战国衰亡以后，由于社会阶级矛盾获得暂时缓和，这个宗教和其领导的政治运动，便归于消散了。

由此，就不难明白，唯物论者的墨翟为什么又扮演为一个有神论的宗教家的姿态出现，墨派形成为一个宗教性的组织。由于墨翟是一个革命的实际行动者，墨派也是一个行动派，他们能了解农民阶级的一些思想特性，所以为了策动群众，必须把自己扮演为一个宗教和宗教领袖出现，同时，又必须扮演出一个具有意志的神出来为阶级的运动服务，才能较顺利的去号召和组织广大群众，使群众围绕在他们的周围。这是要从墨派的实践生活上着眼，才能了解其宗教的性质。为什么在人类史上，过去由农民所独自担负的革命运动，大抵都和宗教发生过联系，这却不是空谈家能够明白的。

其次，我们论述一下这时期哲学上的各流派。在阶级社会时代，人类的思想体系，从来便形成唯物论和唯心论两大流派的基本分野。在唯物论的体系中，无论其色彩如何，总是无神论或倾向于无神论的，虽然只有普罗列塔利亚才能达到彻底的无神论的结论。在唯心论的体系中，无论其色彩如何，在其研究上，总是有神论的，即使是康德派，也并不会丢脱其有神论的本性。其次，在人类的经历中，唯物论常是代表新兴的或较进步的阶级阶层的意识形态，唯心论则属于人类史上之统治阶级或其集团的哲学。这缘于阶级的对立而反映为意识形态的对立。前者根源于其在生产劳动上的日常生活的实践而发生和形成的意识形态；后者则由于其对生产劳动上的实践生活的隔离，更由于为维护其不劳而食的利益，把人类生活中的具体的现象即具体的劳动抽象化，且从而把一切社会现象神秘化，从活生生的能动的方面转入到静止的方面，唯心论便是在这样的社会根源上形成的。

在中国史上初期封建制度时期的哲学的各流派，好像是极其复杂似的；其实也同样可以归纳为统治阶级或其集团的唯心论哲学，被统治诸阶级阶层的唯物论哲学。由于阶级内都包含有不同的诸阶层，所以在同一阶级内，又常分裂为哲学上的不同的诸流派。例如在统治阶级内，由于一部分封建领主的没落，而引起封建统治阶级的内部的分裂，在哲学上便形成代表封建领主的孔丘一派的唯心论哲学和代表没落封建领主的老聃一派的朴素辩证的唯心论哲学。他们在其出发点上之被统一，正表现其阶级利益的共同性。另方面，在统治阶级内，由于诸阶层间地位的不同和利害矛盾，常在较进步的被支配的阶层中演化出唯物论。例如其时的新兴地主——商人，在政治上还处于被支配地位，和领主阶层有着种种利害矛盾，但他们同时又是剥削他人剩余劳动以为生的阶层，因而便形成杨朱一派的唯物论或带有唯物论倾向的哲学。到战国末期，新兴地主在社会经济的领域内已取得支配地位，同时封建领主的经济已开始转变为封建地主的经济，以至其转变的完成，因而便产生了荀卿的经验主义哲学，以至过渡到统一统治阶级内哲学各流派的韩非哲学。

在阶级矛盾对立统一的发展的基础上，便产生了代表被统治阶级的墨翟的唯物论哲学。

孔丘哲学的出发点是以所谓“仁”为中心的。这“仁”的内容是什么？他没有具体的说明。总括他的意见，“仁”便是具有无善不备的一种先验的东西，而为人之所以为人的天赋。这“仁”是怎样发生与存在的？他没有说明，而只是认为它是先验的存在着的。从这一先验主义观点出发，最后又达到不敢否认最高的主宰神“天”的存在，从而他又达到其“天命”说的宿命论的见解。但是孔丘在认识论方面却是客观主义的，并包含一些较积极的因素。正因为这样，他自己曾遇到不少矛盾，无法解决，因而对于其自己的有些论点，最后又回避解答，如所谓“子不语怪力乱神”便是一例。总的说来，由于孔丘生在正当封建主义上升的时代，所以他的学说，尤其是他的政治学说，在当时是有一定进步作用的。

孔丘继承者孟轲是以继承孔丘自命的。只是一方面，他把孔丘的所谓“仁”，解说为先验主义的“性善”论，并敷予独断论的说明，他降低了孔丘的客观主义的认识论。因而有人认为孟轲是唯物论者，是完全错误的。

到儒家学的另一大师荀卿，他一面承袭着孔丘学的精神。但由于社会的变迁，荀卿在政治论上，便主张由新兴地主把初期封建制度再建。因此，一方面，他便由孔丘的所谓“仁”和孟轲的所谓“性善”而提出“性恶”说，即认为由“伪”的修养去达到对先验的“性恶”的克服与人性的完成。这是他的有上升倾向的经验主义的出发点。但在究极上，他也同样在确认人类有一种先验的所谓“性”的秉赋。故他虽和孔、孟有很多不同，但没完全推脱孔、孟的衣钵。但他从其社会身分等级等等，即初期封建制之再建的立场出发，达到了人类克服自然的人定胜天论，和对于绝对天命说的否定的认识，并在所谓“群”与“分”的论旨中，提出了关于“群”的伟大观念。

另一领主流派的老子哲学，认为一切事物，都在一个正反对立的过程中，不断在变换位置。这缘于没落领主亲身所感受的社会阶级地位的部分变动等等而达到的一种认识。他们企图用这种观点去说明事物的发展法则，而归结出“道生一，一生二，二生三，三生万物”的原理。这也是古代的一个伟大观念。然而他却只了解外部的矛盾的对立，而不了解内在的矛盾对立的统一的法则，从而又不能了解由量到质和由质到量的辩证法，于是便不能不回到自然主义和复古主义中去。更重要的，他一方面虽然能说明“朴”先于“名”即概念而存在，但当他进而追究到它的究极时，提出了“天地万物生于有，有生于无”的论旨，在追究从“无”生“有”的发展过程，便又归结到一个“玄之又玄”、“众妙之门”的“道”。在他，“道”却是先于客观世界而存在的精神的东西。他从而把一切运动的现实存在的东西，一一在“道”的下面僵石化。转入到社会关系的问题上，便又把阶级关系在“道”的下面隐蔽起来。所以老聃只能从其不完全的辩证观而达到唯心论的阶级说教，把素朴的辩证法首尾倒置。

老聃派的唯心论哲学，发展到庄周哲学，便更堕落到形而上的玄学，即哲学上的诡辩论，政治上的厌世主义。

代表新兴地主的杨朱一派，在哲学的观点上，以客观主义出发去论证其法治论的根据，以之去对抗封建领主阶层的人治论，这在哲学上是唯物论或是有着唯物论倾向的。到后来，又发展为韩非的“参验”主义哲学。

从客观主义的认识论出发，到邹衍，便初步演出了归纳法的逻辑。《史记·孟子荀卿列传》关于邹衍学说：

> 其语闳大不经，必先验小物，推而大之，至于无垠。先序今，以上至黄帝……推而远之，至天地未生，窈冥不可考而原也。先列中国名山、大川、通谷、禽兽，水土所殖，物类所珍，因而推之及海外人之所不能睹。

很明显，他的逻辑方法是：一、从现实的分析出发（先序今），而上溯“至天地未生”的种种社会形态；二、先从单纯的范畴叙述开始（必先验小物），而达到各种复杂关系所构成的社会或宇宙的总体性（推而大之，至于无垠），而构成其一个较绵密的逻辑方法。这是有着唯物论内容的。

和封建统治阶级的哲学思想相对立的，反映农民阶级的利益和要求的，是墨翟哲学。它是一种素朴的唯物论哲学。首先，墨翟把人类一切的认识和活动，都置于客观存在的基础上，由客观的存在而给予人类以概念之构成的基础。因而把概念之构成的来源分作闻（闻知的传闻）、说（说知的类推）、亲

(亲知的经验)三个类型。所以人类的一切思维、意识形态的构成，都由于客观存在的反映；人类的头脑具有摄取客观现象的一种性能，所以经过人类的感官作用，方能达到其对客观世界的事物的认识。墨派在《经说》和《经》提出了这样一个公式：

知而不以五路，说在久。知，以目见，而目以火见，而火不见，惟以五路知；久，不当以目见，若以火见……。

易言之，精神是受存在所决定的。从这个基础出发，又发现了认识上的三段论的逻辑公式——“辩”的逻辑：

是——是；非——非——“辩，争彼也。辩胜，当也。”

非甲非乙即丙——“辩；或谓之牛，或谓之非牛，是争彼也，是不俱当。不俱当，必或不当。不当，若犬。”

非甲即乙——“谓辩无胜，必不当，说在辩。”“谓，所谓，非同也，则异也。同，则或谓之狗，其或谓之犬也。异，则或谓之牛，其或谓之马也。俱无胜，是不辩也。辩也者，或谓之是，或谓之非，当者胜也。”

“彼，不可两也。”“彼，此牛，马非牛，两也。”

再次，在这一时期科学上的可贵发明而特别值得提出的，其一是天文历数学上“周历”的发明①，由于农业生产及其技术的发展，而达到了对天文历数学的发展和其系统的完成。其次，由于商业交通的发展，到邹衍而初步达到了地圆说的可贵的发现，奠下了地理学的初步基础。再次，由于新兴地主——商人政治运动的经验而树立了法学的基础，自李悝的《法经》到杨朱等人的法治论，构成中世法学理论上的一个粗略体系。更次，由于冶铁事业的发展，如前引《管子》所述，而发现了素朴的矿学知识；从而又获得物理学上的磁石引力的发现，如《吕氏春秋》所称：“慈石召铁，或引之也。”这又奠下了物理学的初步基础。他如水利工程方面，如相传为李冰留下的兴修都江堰的六字诀“深淘滩，低作堰”等等，尤其是都江堰的工程本身，至今还保有它在水利工程学上的辉煌价值。

① 参阅《观堂集林》，卷一，《生霸死霸考》。

（三）文学和艺术

关于中国初期封建时代的文学，有两部最伟大的作品：西周以及西周和春秋之际的《诗经》，和战国时代的《楚辞》。从来中外的文学研究者一方面把这两部伟大的文学创作视作各自孤立的，对立起来去研究；一方面着眼于其各自文字构造的体裁去区分流派。因而说《诗经》是所谓古代中国的北方文学，《楚辞》则是所谓古代中国的南方文学。《诗经》主要系产生于古代中国的黄河流域，《楚辞》系产生于古代中国的长江中部，这是连小学生也知道的事情，并不需我们的文学家去研究才能明白。然而我们的文学家却正在使用这种伎俩，一方面割断文学发展的社会联系，一方面隐蔽着文学流派的阶级性。

关于文学的体裁，在《诗经》的时代，也不是只有声韵文学的诗歌文学作品，在记录文字的《尚书》中同时已包含有富有文学技巧的散文体作品，如《周书·金縢》篇便是一例。同时文学上的这两种体裁，自始便已并行地发展着。例如就散文体说，最初由《尚书》而发展到《国语》和《左传》，不但在文学的技巧上，已达到其相当的成就；而且已经开始出现了一种故事叙述的小说体裁，对于每个故事的叙述都描写得生动活泼。譬如《国语·晋语》，描写骊姬、申生和奚齐的一段故事，《左传》襄公二十五年描写棠姜的一段故事，无异以当时封建领主家庭的黑暗与其淫逸丑态的普遍现象为背景的成功的创作——自然，《国语》和《左传》的作者，不是居心来暴露封建领主家庭的丑态，而是从维护其阶级的立场上着眼的。再发展到战国时的诸子，尤其是《庄子》、《穆天子传》和《山海经》，不但在散文体的文学技能上更臻精巧，而且已经初步创造出一种传奇的小说体裁。在《吕氏春秋》、《管子》和《韩非子》等书中，也都包括有这种传奇小说式的作品。

从《诗经》的体裁来说，也并不如一般人所说，自《诗经》以后便绝迹了，而且也不可能有这样滑稽的历史现象。在《诗经》以后，像《诗经》那样的文学体裁，散见于所谓群经与诸子等书中者，所在皆是。例如《穆天子传》的所谓《白云谣》，《国语·晋语》的所谓《暇豫歌》，《左传》襄公三十年的所谓《子产诵》，《左传》哀公十三年的所谓《庚癸歌》，《史记·孔子世家》的所谓《去鲁歌》，《吴越春秋》的所谓《渔父歌》、《越群臣祝》、《祝越王辞》，《彤管集》的所谓《乌鹊歌》等，我们读来，其韵调无异在读《诗经》的诗，不过文字比较有进一步的清淡与通俗。然而这不过是一些例子。论理，当时的这类作品应该很多，不过没有人像编《诗》者那样来搜罗编辑，而归散佚罢了。另方面，从《诗经》的体裁演变到《楚辞》与像《荀子·成相》篇和《赋》篇的体裁，也自有其一脉的演变形迹，并不是偶然的。例如《孙叔敖碑》的所谓《忼慷歌》，我们读来，其韵调无异读《荀子》的《赋》篇；《淮南子·道应训》中所谓《饭牛歌》的前半篇，我们读来，无异读《荀子》的《成相》篇，后半篇则无异读《楚辞》。《说苑·善说》篇的所谓《越人歌》，《孟子·离娄》篇的所谓《孺子歌》，《战国策·燕策》的所谓《渡易水歌》，又如所谓《扈子》的《昭王反郢歌》等等，我们读来，味其韵调，亦无异在读《楚辞》。然而这也不过是一些例子。所以自《诗经》的体裁演变到战国末期，其原来的体裁虽然还残留着，但在另一方面已演变为《楚辞》的体裁与《荀子·成相》篇和《赋》篇的体裁，以后便演变为汉代的辞赋。

这是中国初期封建时代文学体裁演变的一些形迹。

但是由《诗经》到《楚辞》的韵文体文学，由《尚书》到群经诸子的散文体文学，并不是就各自成为文学上的一个社会流派。事实上，在《诗经》中，便包含着当时社会各阶层的诸流派。就《诗经》说，除雅、颂而外之所谓风，大抵都是当时民间的谣歌，可作为反映农民的一些要求和情调的作品；所谓雅、颂，大抵可说是代表封建领主各阶层的思想和情调的作品，并表现为歌功颂德和欺骗被统治者的东西。

在封建政权成立的初期，适应封建经济的形成和滋长，于是一方面便产生那种歌颂新制度的作品和封建领主的文艺，如《尚书》的《武成》、《金縢》等。《诗》《雅》、《颂》的一部分，便是属于这类性质的作品。另一方面，由于封建制的成长，其生产的发展，与剩余劳动生产量的提高，便产生了封建领主的享乐文学，如《关雎》、《鸡鸣》之类的恋歌，《鹿鸣》之类的宴享的描写，我以为是属于这一类的作品。同时适应于战争的频繁，由于农民对兵役的过重负担，于是一方面便产生了反映农民的一些感情和情调的文艺作品——歌谣，如《召南·小星》、《唐风·鸨羽》、《小雅·祈父》、《何草不黄》、《北山》、《王风·黍离》、《君子于役》、《豳风》等，我以为都是属于这一类的文艺作品。另一方面，由于封建剥削的逐渐加重和农民生活的恶化，于是产生农民对自己生活现状的不满与阶级反感的文艺作品，如《邶风·谷风》、《魏风·硕鼠》、《小雅·苕之华》、《桧风·隰有苌楚》、《豳风·七月》、《鄘风·相鼠》等，我以为都是属于这类性质的作品。另一方面，在西周和春秋之际，由于一部分中小领主的没落和其生活的贫困化，因而便产生了反映没落小领主的思想、情调的作品，如《小雅·正月》、《邶风·北门》、《陈风·衡门》等，我以为都是属于这类性质的作品。

随着封建主义的成长、发展和其内在矛盾的增长，于是一方面有鼓励战争、颂功歌德的封建领主的文艺作品，如《国语》、《左传》等书中所包含的文学作品，大都是属于表现这一类的思想的作品。同时，由于封建领主渐趋腐化，其家庭和社会的黑暗现象及其生活的淫逸，地位的动摇，于是便产生封建领主代言者的自我伤感的文艺作品，这在《国语》、《左传》以至孟、荀等书中具有文学性质的某些作品，是属于这一类的。这一派文艺的发展，至战国末期，封建领主灭亡的前夜，而归结为屈原、宋玉、景差等人的文艺作品《楚辞》。其中尤其屈原的作品，对封建领主的政治黑暗、生活腐化等情况，和孤忠无告的情怀，发为悲歌疾俗、慷慨行吟之辞，在技能上达到了巨大的成就。另一方面，在没落中小领主境遇愈趋恶化，以及其对现实生活愈形失望的情况下，于是便产生了悲观厌世的想入非非的文艺作品，如《庄子》中的具有文艺性质的作品，我以为都是属于这种意识形态的表现。

与封建领主的没落相并行的，一方面便是新兴地主——商人的代起，于是便产生了新兴地主——商人的文艺作品。作为这一社会阶层的意识形态的表现，如成书于战国时的《山海经》和《穆天子传》等，我以为都是属于这一类性质的作品。以后随着新兴地主——商人经济的发展和力量的成长，于是表现在文艺作品上，如《韩非子》和《吕氏春秋》等书中具有文艺性质的作品，我以为都是属于这一流派。

另一方面，由于封建战争的扩大与封建领主对农民剥削愈形苛刻，致农民生活愈陷于穷乏的状态下，便产生了反映农民的非战的阶级反抗情绪的作品，它一面暴露黑暗，一面又憧憬光明。如《墨子》等书中所包含的文艺作品，我以为都是属于这一流派的。

同时，适应于战国时的政治形态而出生了官僚层，于是便出现游士派的文艺，如《战国策》中所引述的苏秦、张仪等人的作品，便是属于这一流派的文艺，这都不能和地主的文艺分离。

上述初期封建时代的文艺各流派，又可大分为封建统治阶级和农民的两大流派，不过由于阶级内诸阶层的存在，又各自分化为诸阶层之不同流派。

关于文艺上这些流派及其阶级性的意见，都只是初步的、极不成熟的。

其次，我们说到初期封建时期的戏剧和歌舞。戏剧和歌舞，最初大都是从宗教仪式中演化出来的，而大抵由僧侣及其役使下的奴隶或贱奴在扮演。如《说文解字》云："巫，祝也。女能事无形以舞降神者也。象人两褎舞形。"《商书·伊训》云："恒舞于宫，酣歌于室，时谓巫风。"《诗·陈风》云："坎其击鼓，宛丘之下，无冬无夏，值其鹭羽"，"东门之枌，宛丘之栩，子仲之子，婆娑其下。"便是一些例证。然此在最初犹以祀神为名，嗣后则虽或犹以祀神为名，实则殆已成为贵族享乐的一种游戏。故王国维《宋元戏曲考》云："周礼既废，巫风大兴，楚越之间，其风尤盛，王逸《楚辞章句》谓楚国南部之邑，沅湘之间，其俗信鬼而好祀，其祠必作歌乐鼓舞，以乐诸神。屈原见俗人祭祀之礼，歌舞之乐，其词鄙俚，因为作《九歌》之曲。古之所谓巫，楚人谓之曰灵。《东皇太一》曰：灵偃蹇兮姣服，芳菲菲兮满堂。《云中君》曰：灵连蜷兮既留，烂昭昭兮未央。"依此，歌舞实已成了贵族享乐的一种游戏。在北方所谓"齐人馈女乐"的孔丘时，殆已名实如一的成了一种供贵族享乐的游艺了。自然，为祀神的歌舞的形态还同时存在着。

从歌舞演化出来早期形式的戏剧或其雏形。所谓倡优、侏儒等的更早的传说，自然不可信。然从信史考察，所谓晋之优施、楚之优孟，显然是后代伶人的前身。依此，在春秋时，已有供贵族享乐的戏剧雏形的萌芽。不过这时的优戏，其场面的组织与其表演内容，已无详细材料来供考证。

再次，关于这一时期雕刻等方面的艺术作品，我们目前所能见到的，仅是一些供祀神等用的钟鼎彝器，和供贵族享乐的食器，战争用的兵器等，其制作的精美与作风，开始表现出所谓"东方式"的艺术的独特的作风气派。详细的说明，由于材料的限制，已不可能。不过仅就上述这些东西来看，已能表现着艺术的时代性和伟大人民的伟大艺术才能。